统制与谎言

日本媒体法西斯化研究（1931—1945）

孙继强 著

人民出版社

本书系国家社科基金项目"战时日本媒体法西斯化研究（1931—1945）"（项目批准号：15BSS018）的最终成果，亦受"苏州大学人文社会科学优秀学术专著出版计划"资助。

目　　录

序　篇

　　起源于 18 世纪中叶的欧洲工业革命不但带来了生产技术的革命，也引起了社会关系的重大变革，极大地促进了资本主义生产关系和社会制度的发展。然而，在欧洲工业革命迅猛发展的同一时代，处于幕府封建统治体制之下的日本却大力推行闭关锁国政策，严重阻碍了日本近代资本主义的发展。19 世纪中期，在日本一些经济比较发达的地区出现了资本主义经济的萌芽，它冲击了封建自然经济，从根本上动摇了幕府的统治基础。

　　与此同时，随着欧洲资本主义经济的发展，获取资本主义销售市场，攫取资本主义生产资源，成为欧美国家战略东移的基本动因。英国通过两次鸦片战争，打开并扩大了中国市场，使中国陷入半殖民地半封建社会的深渊。欧美国家的西力东渐战略也覆盖了日本。实际上，自 18 世纪中叶起，欧美资本主义国家就开始觊觎日本市场。据统计，自 1764 年至 1854 年间，欧美国家去日本活动，同日本发生的摩擦达到 52 次之多。①其间，美国对日活动尤为频繁。1853 年，美国海军舰队叩关，要求日本开放门户，与其进行贸易往来，并于 1854 年签署了《日美亲善条约》。此后，幕府签署了一系列不平等条约，突如其来的"黑船开国"事件激化了长久以来日本国内的各种矛盾。

　　在日益严重的社会危机和民族危机的双重压力下，不堪忍受幕府统治和外国侵略者压迫的日本国内各派政治力量开展了轰轰烈烈的"倒幕"运动，迫使幕府于 1867 年 11 月宣布"大政奉还"。明治新政府建立后，加速推进中央集权国家的建立进程，着手制定了一系列政治纲领和方针政策，并在政治、经济、军事、文化等各方面推行了一系列改革，由此走上了资本主义发展的道路，使日本成为亚洲第一个实现近代化的国家，但同时也使日本走上了对外侵略扩张的道路，对此后的中日关系乃至世界局势影响深远。

　　近代日本对华关系的核心为大陆政策，该政策是伴随着日本的对外扩张思想，在

---

① 　[日]信夫清三郎编：《日本外交史》（上册），天津社会科学院日本问题研究所译，商务印书馆 1980 年版，第 36 页。

其对外扩张行动中逐步形成的，可以概括为征服中国、称霸世界的"四部曲"：第一步，吞并琉球和中国台湾；第二步，吞并朝鲜；第三步，夺取中国东北地区进而征服中国；第四步，进军东南亚，建立"大东亚共荣圈"，最终称霸世界。纵观日本对外扩张的历史可以发现，近代日本对外侵略基本上是沿着大陆政策划定的路线实施的。①

1874 年日本以"琉球贡船事件"为借口出兵中国台湾，并于 1879 年正式吞并琉球王国。与此同时，日本也加紧了对朝鲜侵略的步伐，于 1875 年挑起"江华岛事件"出兵朝鲜，进而取得了向朝鲜派兵的特权。然而日本并不满足于对台湾和朝鲜的侵略，随着对外侵略野心的不断膨胀，日本把触角伸向觊觎已久的中国大陆和俄国，到后来终于发展为 1894 年的甲午战争、1905 年的日俄战争。这两次战争不但实现了日本产业革命所必需的资本积累，使其跻身于世界强国行列，同时也是日本此阶段试图染指海外的外交政策在现实中的具体表现。

1914 年，第一次世界大战爆发，日本趁机扩大侵华权益，出兵山东，后提出对华"二十一条"，并试图通过扶植亲日派袁世凯、段祺瑞、张作霖等建立亲日政权，作为其侵华的工具，从而确立日本在华的优势地位。但在中国人民的反抗以及美国"门户开放"政策的打击下，日本的上述企图并未实现。1927 年，时任日本首相兼外相田中义一主持召开东方会议，讨论日本对华政策，并通过了所谓的《对华政策纲领》，其中最为核心的内容就是独霸"满蒙"，分裂中国。会后，田中向天皇递交题为《帝国对满蒙之积极根本政策》的秘密奏折，即"田中奏折"，提出了"唯欲征服支那，必先征服满蒙；如欲征服世界，必先征服支那"②的对外政策，该政策成为很长一段时间内日本对华政策的"基调"③。正是在该政策的指引下，日本在利用不平等条约攫取中国权益的同时，利用武力走向了全面侵华战争。

在"总体战"理论指导下，"二二六事件"后上台的广田弘毅内阁对内开始了大规模的扩张备战，大力扶植和保护军工业的发展，对外更是进一步扩大侵华战线，并于 1937 年 7 月发动了全面侵华战争，加快了"总体战体制"确立的进程。为解决战线扩

---

① 关于日本的"大陆政策"，可参阅沈予：《日本大陆政策史》，社会科学文献出版社 2005 年版。

② 近代史上"支那"一词为日本帝国主义对中国的蔑称，带有强烈的侵略主义色彩。为尊重史实，本书在引用日方相关史料时，对诸如"支那""北支""中支""南支""全支"等表述方法不做翻译处理，下同。

③ 关于"田中奏折"，学界长期存在着真伪之争。中国学界大多认为其真实存在，部分日本学者则认为其为"伪造"之物。不可否认的是，日本在九一八事变之后的对华政策与"田中奏折"内容高度一致。换言之，继续讨论"田中奏折"的真伪问题无实际意义。史实证明，即使"田中奏折"不存在，但日本"独霸满蒙、分离中国"的对华侵略扩张政策也是真实存在的。关于"田中奏折"出台经纬及真伪问题，可参阅米庆余：《日本近现代外交史》，世界知识出版社 2010 年版，第 227—231 页。

大所带来的人、财、物短缺的状况，日本政府于 1937 年 8 月实施国民精神总动员运动，通过在乡军人会、爱国妇人会、青壮年团体等组织将处于社会各层的国民统一到战争协力体制之下，开展精神教化宣传活动，号召国民为国家增产、储蓄，并通过种种手段操控舆论。为实现举全国之力推行战争的目标，陆军省于 1938 年 2 月向议会提交了旨在强化战时体制的《国家总动员法》，又相继颁布了《国民征用法》《电力国家管理法》等，加强了对人力资源和物资资源的控制。此后，内阁会议每年都制订物资动员计划，将物资供给向军需工业倾斜。这些法令的颁布，标志着日本国家总动员体制的最终形成。

战时，为强化所有社会资源对战争的服务功能，日本军国主义分子在全国范围内建立并完善了"总体战"战时体制。其中，因其强大的宣传、解读和引导功能，包括报纸、杂志、广播、电影等媒体被纳入到战时体制之中，并确立了适应国家战时体制的宣传新体制，它既是战时体制下的统制对象，以其特有的宣传功能被动服务于战时体制，又是战时体制的宣传机构，对战时体制的制定、实施开展主动宣传与舆论诱导。在诸多因素的合力推动下，日本媒体逐渐实现了对国家宣传机构的身份认同，完成了战时宣传机器的角色定位，并最终走上了法西斯化道路，由视自由、公正为从业准则的社会公器沦落为军国主义的宣传工具。

整体而言，战时日本媒体法西斯化的过程是其逐渐丧失应有的批判和监督功能的过程，是日本媒体参与战争、宣传战争、推动战争发展的过程，是日本媒体对强权政治屈服、迎合和协力的过程，它对形成全民总动员的"总体战体制"、煽动战争狂热和排外主义风潮、推动侵略战争进程的发展起着"军部想发挥却发挥不了"的作用。从该意义上讲，战时日本媒体和军部共同构成了对外侵略战争的两大推行主体，军部依靠武力掠夺他国土地和资源，并对他国人民实施殖民统治和屠杀，而媒体则依靠其传播功能为塑造全民精神总动员、构筑战时精神、统一国民思想、推行战时体制发挥了宣传鼓动作用，从而形成了"枪杆子"和"笔杆子"双管齐下的局面。

总而言之，在以"总体战"为核心内涵的战时体制下，在政府、军部、民间等外部势力的强制推动下，在媒体自身的主动迎合和参与下，不但完善了战时日本传播网络的结构内涵，也最终实现了战时日本媒体的法西斯化。具体表现在：日本媒体在传播网络方面体现出政军民一体化的特征，在报道机制方面具有浓厚的军事色彩，在宣传目标方面具有显著的"国策性"指向，在宣传体系方面呈现出多维性和立体性的特色，在宣传内容上呈现出强烈的虚假性和欺骗性。

1936 年 7 月 15 日，毛泽东在会见美国记者斯诺时明确指出：

　　大家都知道，法西斯宣传中包含的真实性是如此之微小，肉眼几乎无法看到。

当墨索里尼要征服阿比西尼亚时，他宣称他在解放非洲的奴隶。当希特勒在欧洲发动侵略时，他对德国人民说光荣胜于面包，对欧洲人民则说他是一个和平爱好者。日本军阀在吞并东北时也说，他们是在解放中国人民。……不管法西斯宣传多么愚蠢，少数人还是受了骗。因此有必要指出其根本的虚假性。①

概言之，统制与谎言构成了战时日本媒体的一体两面，这是战时日本媒体法西斯化的最真实、最妥切的概括和写照。

战败后，日本在驻日盟军总司令部的主导下实施了民主化改革，清算战争责任问题成为战后日本社会所面临的一个无法回避的问题。日本当局提出了所谓"一亿总忏悔"的口号，要求全体国民反省其战争行为。在此背景下，检视战争行为，追究战争责任成为当时社会的主流思潮，媒体更是不能置身事外。以战时主流媒体报纸而言，在盟国对日占领政策的驱使下，日本报界也开始在报纸上刊登一些评论文章，对战时追随日本军国主义的行为进行了反省和自我批判。但在论及战争责任问题时，仍有部分报纸将那段历史视为禁地，言谈之中对其避之不及，或一语带过，甚至有报纸将战时报界的历史称为"报纸死亡的日子"，认为战时法西斯言论政策扼杀了报界的言论自由，报界之所以追随军国主义并为侵略战争摇旗呐喊是被迫的，"作为个人，我辈相信不是所有人都是优柔寡断的，但作为组织的一分子进行考虑时，难免会强烈感觉到遵从组织的必要，因此……服从当时的政策以及我辈所属组织的要求是理所当然的"②，从而试图将战争责任归结为外部舆论环境，以此塑造军国主义侵略战争"受害者"的身份。概言之，战后日本报界大张旗鼓的"战争反省"言论避重就轻，不是反省报界在侵略战争中的鼓吹、煽动作用，而是刻意表达日本报界的"受害者"地位，其实质并非对自身战争责任的反省，而是试图逃避战争责任的无理辩解。

从上述意义上讲，对战时日本媒体法西斯化进行考察是学界深化研究日本军国主义侵华战争所必须重视的重要课题，同时也具有现实意义，对理解当前日本国内政治生态、舆论生态并作出应对之策具有实际参考价值。

第一，能够对战时日本媒体法西斯化进程有一个全面的理解和把握。日本当局话语权的构筑和媒体对战争的趋同性报道共同构成了日本战时传播网络并使之趋向法西斯化，从而勾勒出一条自上而下和自下而上的双通道构建模式，既存在着高度的组织性，也有着广泛的参与性，它对传播模式的原则、基本特性以及效果起着至关重要的作用。

---

① 《毛泽东自述》（增订本），人民出版社 2023 年版，第 131 页。

② 『朝日新聞』1945 年 8 月 23 日。

第二，能够对战时日本媒体的角色定位有一个客观、公正的认识。日本媒体既是战时舆论法西斯化过程的"受害者"，同时又是构成和完善舆论法西斯化进程的参与者，是事实上的"加害者"。但上述两种定位并非平行并列的关系，而是有着本质的区别，不可失之偏颇，但亦不能相提并论。"受害者论"着力强调客观因素，它是从外来因素对媒体影响的角度来加以论述的；而"加害者论"则强调主观因素，认为媒体在战时的所作所为都是由其自身的态度决定的。但"受害者论"是一个既不符合理论逻辑又违背历史事实的伪命题，无论是从理论上还是事实上都是站不住脚的。

第三，能够引起人们对政治与传媒的关系进行更深层次的思考。自媒体诞生之日起，其与政治之间就有割舍不断的联系，特别是在现代政治进程中，政治与传媒的关系更为紧密，双方既依附又斗争的关系贯穿始终，舆论对政治的影响是非决定性的，政治对舆论的影响是决定性的。作为政治的特殊表现形式，传媒与战争的关系也同样表现为依附与斗争并存，且后者对前者起决定性作用。战争条件下，有关战争的舆论宣传不但受新闻规律的约束，更受战争规律的支配，有时战争规律还处在比新闻规律更为重要的地位。

第四，能够对新时期处理国际关系过程中充分发挥传媒力量提供借鉴意义。随着全球化进程的不断深化和发展，传媒因素在国际关系中显得日益重要。由于传媒是国际社会和各国民众获知信息的重要渠道，因此在处理双边或多边关系的时候，为在舆论上争取主动，在话语权的构筑上获得先机，争夺舆论认同和话语权、构建传播网络、设置舆论生态往往成为各国政府首要着手解决的问题。大众传媒不但是认知国际关系的风向标，更在很大程度上影响着国际关系的发展，因此对传媒的引导和利用也成为处理国际关系的一个重要的手段。

总之，本书将着眼于研究方法的全面化、研究视角的多样化、研究层次的立体化、研究结果的科学化，在借鉴先行研究成果的基础上，运用辩证唯物主义和历史唯物主义的理论方法，结合历史学、新闻学、社会学、政治学等多学科领域交叉的研究手段，以战时日本传播网络的构建为切入点，从战时日本言论立法的构建、日本言论统制机构的设置、日本传播政策的完善以及日本媒体对政府构建的法西斯生存环境的趋同等视角出发，对战时日本媒体法西斯化生态的形成机制进行研究，以求廓清战时日本媒体的法西斯化进程，探究其特征、原因，并对考察当前日本国内政治生态、舆论生态提供参考。

第一篇　战前日本媒体的发展及生态

　　1868 年，明治天皇建立新政府，并积极推行近代化改革，政治上建立君主立宪政体，经济上推行"殖产兴业"，学习欧美技术，掀起工业化浪潮，文化上提倡"文明开化"，大力发展教育等，使日本成为亚洲第一个走上工业化道路的国家。明治维新促进了日本近代化发展，在此过程中也催生了日本近代媒体。"文明开化"政策的推行突破了幕府时代锁国政策带来的信息壁垒，刺激了民众的信息需求，促进了以"瓦版"①为代表的日本本土自然发生的传统信息传播方式向近代化的发展与蜕变，为日本近代媒体的产生奠定了基础。明治政府相对宽松的新闻政策以及飞速发展的生产力水平为近代媒体的诞生准备了社会条件；明治初年的政治斗争又在很大程度上促进了近代媒体的发展。1870 年 12 月 8 日，原幕府事务局大译官子安峻在横滨创办了日本近代第一份日报——《横滨每日新闻》，它是日本最早的真正具有代表性的近代报纸。几乎同一时期，杂志也登上了日本历史舞台。1867 年 10 月，日本早期西洋学者柳河春三创办了日本历史上最早的杂志——《西洋杂志》。而报纸、杂志等近代化媒体的发展也刺激了与之关系密切的书籍出版业的发展。

　　除报纸、杂志、出版等传统纸质媒体外，随着世界范围内电信技术的进步及其产业化的不断发展，基于无线电技术的广播事业开始兴起，使得新闻的速报性得以充分体现。但日本的广播事业较报纸等传统媒体出现的时间要晚得多，直到 1925 年 3 月 22 日，东京广播电台开始了日本历史上的第一次正式播音，广播作为新的媒体形式才正式登上日本历史舞台。

---

① 早在 17 世纪初，日本最大的商业城市大阪就出现了一种不定期出版发行的类似于报纸的读物，这种单面新闻印刷品是用黏土做成瓦坯，在上面雕以文图，经烧制定型后，印在纸上而成，故被称为"瓦版"，这可谓是日本报纸的雏形。

从战前至战时①，以报纸、杂志为代表的新闻界和以图书为代表的出版界以及作为新媒体的广播界诞生后，其所拥有的巨大传播力在近代日本政治进程中得到社会各界的承认。然而，日本媒体从其诞生之日起，日本当局就根据其不同时期的政策诉求，对其采取了或控制或利用的两面政策。日本媒体的生存环境与日本政治息息相关，并在很大程度上被日本政治左右。

---

① "战前"并非一个严格意义上的历史概念，其对应的参照时限为"战时"。广义上的"战时"通常指国家宣布进入战争状态、部队受领作战任务或者遭敌突袭时期。本书所提及的"战时"是一个狭义上的概念，特指从 1931 年九一八事变至 1945 年日本战败投降为止这一历史时期，也即日本学界所谓的"十五年战争"时期（以鹤见俊辅为代表的部分日本学者认为"满洲事变（九一八事变）、上海事变、日中事变（七七事变）以及大东亚战争……事实上是互相联系的"，由此将这段时间统称为"十五年战争"。参见鹤见俊辅：『戦時期日本の精神史：1931—1945』、東京：岩波書店、第 240—241 頁）。与之相对应，"战前"则指的是"十五年战争"之前，即 1931 年 9 月 18 日之前的历史时期。

第一章　战前日本媒体发展概述

"媒体"（Media）一词来源于拉丁语 Medius，音译为媒介，是信息传播过程中从传播者到接受者之间携带和传递信息的一切形式的物质工具的总称，是人类借助用来传递信息与获取信息的工具、渠道、载体、中介物或技术手段。媒体有两层含义，一是承载信息的物体，二是指储存、呈现、处理、传递信息的实体。它具有物质和精神的混合特性，物质形态是外壳，精神形态是内核，两者相辅相成，不可或缺。[1] 媒体的功能主要有七大项：监测社会环境、协调社会关系、传承文化、提供娱乐、教育市民大众、传递信息、引导群众价值观。鉴于媒体的监督功能，有很多人将传媒称之为继立法、行政、司法之后的"第四种权力"。

第一节　报纸、杂志、出版等纸质媒体的发展

就日本而言，日本的近代传媒始于明治时期。但在此之前的 17 世纪后期，日本江户地区出现了一种不定期出版发行的类似于报纸的读物——"瓦版"。这是发轫于日本本土的信息交流方式，可谓日本近代报纸的雏形。"瓦版"不定期出版发行，主要刊载地震、火灾、情死、仇杀、怪胎、神童等奇闻逸事。"瓦版"以街头叫卖的方式发行，所以有人称"瓦版"为"读卖瓦版"，甚至称其为"读卖的滥觞"[2]。与近代报纸相比，"瓦版"还不能称之为真正意义上的报纸，只能说它是一种报纸类似物。但在近代报纸问世之前的日本封建社会的环境下，它仍然起到了一定的宣传作用，为即将到来的明治维新提供了舆论准备，在日本新闻史上占有一席之地。"瓦版"在日本民间存续了 200 多年，直到 19 世纪 60 年代明治维新前后近代报纸出现，才逐渐退出历史舞台。

1870 年 12 月 8 日，《横滨每日新闻》问世，它宣告了日本近代传媒黎明期的到来。

---

① 李宏、李民等：《传媒政治》，中国传媒大学出版社 2006 年版，第 2 页。
② 日本新闻史学家重野安绎语。引自西田长寿：『明治時代の新聞と雑誌』、東京：至文堂 1961 年、第 1 頁。

此后，日本报业伴随着日本近代化的历程得以迅猛发展，其经营方针历经"政党政论性""报道本位主义""营利主义"之后日趋完善，至19世纪末20世纪初，日本报业已经走上了资本主义发展的道路。战前，日本的报业格局及经营理念基本成型，报纸数量众多，发行量也非常巨大。据统计，1934年日本共有报刊11690家，尽管此后遭遇了纸张短缺、报纸合并和监管升级等不利环境，致使报纸数量剧减，但到1941年日本全国仍存有报纸355家，平均日发行总量约为1078万份。[①] 尽管战时日本报纸数量众多，但是其发行量和影响力存在明显差异。一些地方性报纸的发行范围仅限于某个地区，其发行量也仅有区区几千份。而《朝日新闻》《每日新闻》和《读卖新闻》等全国性报纸不但牢牢确立了其中央大报的核心位置，还向地方发行地方版，其发行量占全国报纸发行总量的大半。巨大的发行量不仅意味着其在经济上获得巨额利润，更重要的是使得这些报纸拥有了绝对的话语权，其论调对报界发展趋势乃至日本整体的舆论导向均起着决定性作用。鉴于此，本书主要以《朝日新闻》（《大阪朝日新闻》和《东京朝日新闻》）、《每日新闻》（《东京日日新闻》和《大阪每日新闻》）以及《读卖新闻》等发行量大、影响面广的主流大报为分析对象。

与报纸几乎同时出现的另一重要纸媒是杂志。日本杂志的起源最早可追溯至江户时代旨在对俳谐、狂歌等进行宣传和评论的"评判记"，而此一时期外国杂志也开始进入日本社会。幕府官办的翻译机构"洋书调所"[②] 将收集到的荷兰杂志进行抄译编写，以《官板玉石志林》的名称出版，该杂志在述及消息来源时将"Hollandishe Magazien"一词译为"荷兰宝函"，无论是"志林"还是"宝函"均相当于现代"杂志"一词。最早将Magazien译为"杂志"的则是日本早期西洋学者柳河春三，他于1867年10月创办《西洋杂志》，主要介绍欧洲各国历史文化相关知识，这是日本最早的真正意义上的杂志。1868年9月，《明治月刊》创刊，成为明治新政府成立后的首家杂志。此后，《新塾月志》《俳谐新闻志》等综合性杂志相继创刊。除此之外，还出现了诸如《医事杂志》《教院讲录》等专门介绍宗教、医学、教育等内容的专业杂志。随着政治局势的推动，杂志开始逐渐走上了专业化发展的道路，特别是评论性杂志和政论性杂志在日本的政党政治生活中发挥了重要的作用。

随着日本资本主义的发展，杂志也逐渐走上了营利主义的发展道路。特别是甲午战争前后，一些杂志社纷纷进行了企业化改革，其中博文馆的改革最为成功，在甲午战争之前已经创办了26种杂志，1895年1月又创办了综合杂志《太阳》《少年世界》和《文

---

① 東洋経済新報社：『完結昭和国勢総覧』第三巻、東京：東洋経済新報社1991年、第223頁。

② 幕府官方研究洋学、翻译外交文书的机构，最早称为"蛮书和解御用""藩书调所"；1862年改称"洋书调所"，1863年改称开成所。明治维新之后又改称开成学校，后与东京医学校合并为东京大学。

艺俱乐部》，此后又陆续出版了《中学世界》《女学世界》以及数量众多的单行本。实业之日本社、金港堂、新潮社等也纷纷进行改革，逐渐确立起营利主义的经营体制。至大正年间，以普通民众为读者对象的"大众杂志"和以知识分子为读者对象的"精英杂志"均获得长足发展。到战时，在战争的刺激下，日本杂志更是获得飞跃发展。从发行量来看，杂志的量产特征明显，如讲谈社创办的娱乐杂志《富士》在 1930 年前后其发行量已达 600 万册，占日本杂志市场的 70%—80%。从种类来看，各种类型杂志开始泛滥，1928 年日本杂志市场有 679 种杂志，到 1931 年为 759 种，1934 年已达 883 种。①

在日本走向近代化发展过程中，来自社会各阶层的信息需求、不同政治势力的论战交锋在催生了报纸、杂志等近代化媒体的同时，也刺激了与之关系密切的书籍出版业的发展。与报纸、杂志相比，书籍从策划到撰写、印刷、发行、流通、销售等一系列环节需要很长的周期，且其阅读对象主要集中于文化素养较高的知识阶层，这就决定了其在时效性和普及性上存在一定劣势。但正是因为其流通时间长、读者专业性强等特点也使其在明治维新后日本政党政治的变迁中发挥着重要作用。尤其在自由民权运动及左翼思想传播过程中，由于其中的中坚力量为知识分子和精英阶层，因此杂志和书籍在舆论塑造、思想形成过程中的作用更为突出。鉴于此，日本当局对出版业的统制从未间断。早在 1868 年 4 月，明治新政府即发布布告，规定图书、杂志的出版、翻刻、重印均需获得官方许可。翌年 5 月，明治政府出台了日本历史上第一部出版法规——《出版条例》，对出版业从业资格、出版内容等作了详细规定。此后，该条例历经多次修订，最终于 1893 年以《出版法》的形式颁布。

20 世纪 30 年代的经济危机造成了日本社会的动荡不安，引发了一系列政治危机和社会危机，各种社会思潮涌动。其中，法西斯思想和势力抬头并逐渐向政治势力靠拢、渗透，而奉行民主自由思想的左翼思潮对法西斯思想的发展及政治实践均造成了巨大冲击。因此，思想取缔成为当时日本当局所面临的重要课题。鉴于出版界在社会思想传播过程中所发挥的重要影响，对左翼思想等所谓"不稳思想"的镇压也不可避免地波及到出版业。换言之，对出版物实施统制是日本当局强化思想统制的重要一环，随着思想统治的不断强化，出版统制也逐渐升级。

九一八事变后，随着日本国家总动员运动的实施及战时体制的确立，为进一步强化对出版业的统制，日本当局颁布了《出版事业令》等出版法规，组建了日本出版文化协会、日本出版会等出版团体，并出台了一系列针对出版业的政策措施，从出版用纸配额统制、出版策划审查、出版配给统制以至于出版物的销售环节的统制，实施了对出版全

---

① ［日］山本文雄编著：《日本大众传媒史》，诸葛蔚东译，广西师范大学出版社 2007 年版，第 149 页。

部环节统制的全覆盖，逐渐构筑起"出版新体制"和"出版决战体制"。

第二节　广播、电影等音画媒体的发展

除了报纸、杂志等纸质媒体外，还有诉之于听觉的新媒介广播。1925 年 3 月 22 日，社团法人东京广播电台在位于东京芝浦的东京高等工艺学校的新建图书馆内的临时播音室里开始了日本历史上的第一次正式播音。广播作为新的媒体形式登上了日本的历史舞台，这可谓日本传播界的一次革命。自日本广播事业诞生以来，广播就一直处于政府的有效控制之下。1926 年 3 月，日本政府将分散于东京、大阪、名古屋的各广播电台合并为社团法人日本放送协会，规定日本放送协会的事业计划以及收支预算等必须获得递信省的许可，并且节目内容必须在播放前日送交审查，审查按照《新闻纸法》① 和《出版法》的相关规定执行，从而实现了一元化指导。

九一八事变后，日本当局一边积极推进广播的普及工作，一边加强了对广播内容的管制，禁止在节目中宣传极端思想、理论、运动以及带有此种倾向的消息，规定诏书或者敕语必须经宫内省同意才能播放，并规定不得录用对国家法令、行政方针以及会议决议进行议论非议的人从事播音工作。②

作为一种新的媒介形式，必然会对旧的媒介形式产生一定的冲击，同时也会遭到旧媒介的阻碍和反击。特别是九一八事变当天，广播播出了多次临时新闻，以其消息的时效性和受众的广泛性抢占了先机，致使当时报纸的销量一度因受广播的冲击而有所下降。广播与报纸的对立凸显，"使日本广播与报纸的关系发生了翻天覆地的变化"③。

在战争的刺激下，广播的普及率也得以飞速提升。从收听人数看，1929 年广播收听人数为 62 万人，1931 年达到 95 万人，此后收听人数呈直线上升，1937 年达 358 万人，1941 年则突破 660 万人，1945 年达到 740 万人。从播放频率来看，日本广播开播时新闻的广播频率为平日 2 次，假日 1 次，九一八事变后增加到每日 6 次，且不定时插播临时新闻。

此外，日本当局还加强了对外广播。在日本境内广播正式开播后不足 5 个月，日本关东州递信局于 1925 年 8 月 9 日在中国境内开办的第一座广播电台——大连广播电台开始播音。在政策方面日本当局对该座广播电台给予了大力支持，不但同意该电台使用

---

① 日语"新闻纸"一词意为"报纸"。为行文方便及尊重史实，本书凡涉及该词的报纸名称、团体名称、法律法规名称等，均不作翻译处理。

② 内川芳美：『現代史資料・40・マス・メディア統制㈠』、東京：みすず書房 1991 年、第 221 頁。

③ 张采：《日本广播概观》，中国广播电视出版社 2001 年版，第 22 页。

日本无线电台呼号，还强制中国民众购买只能听日伪广播的廉价收音机，并强令没收可以收听外台的短波设备。九一八事变后，日本在国际舞台上渐渐处于孤立地位，为让国际社会理解日本所谓"正当立场和妥当政策"，部分媒体人士提出加强对外宣传的主张，要求"促进广播在世界范围内的扩张"①。自 1931 年起，日本广播协会开始与中国东北地区进行联播。此后，随着台湾广播协会、朝鲜广播协会的成立，日本的对外广播网络迅速建立起来，在日本广播开播 10 周年之际，正式开始海外广播。自 1941 年起，每天用 16 种语言、向世界 13 个地区广播，其广播网络遍布中国、东南亚等地。

作为新媒体，除诉诸听觉的广播外，诉诸视觉的更为直观的电影在战时也是重要的宣传媒介之一。1896 年，电影作为一种新的媒体形式传入日本，但受技术、认知等条件所限，电影在明治时期更多是作为一种娱乐工具。随着技术的进步、电影馆的普及以及人们对电影宣传力度的认知，"其作为一种新媒体在社会中崭露头角则是自明治末期至大正前半期"②。视觉和听觉所带来的直观、富有冲击力的宣传效果以及可重复放映的特点，使得电影在此后的大众宣传中的作用越来越受到重视。九一八事变后，日本各大报社向前线派出了电影拍摄人员，制作了大量被称为"新闻电影"的纪录片在日本各地巡回放映，此后大量战争题材的影片被炮制出来，它们或宣扬所谓"大东亚圣战"之正义，或粉饰日本殖民统治之"王道乐土"，或鼓吹前线士兵之英勇善战，或渲染后方国民之援战热潮，对日本战时内外宣传发挥了重要的推动作用。

与此同时，日本当局也加强了对电影事业的监管。经过一系列准备，日本当局于1939 年 4 月正式颁布实施的电影法规《映画法》③，不但强化了对电影内容的事前审查，还在电影制作、配给、放映等电影产业经营各环节实施"许可制"，实现了对电影事业全方位、全过程的监管，从而将电影事业纳入到国家总动员体制之下，并确立了电影新体制，完成了对战时宣传机器的身份塑造。

综上所述，从战前至战时，报纸、杂志、出版等纸质传统媒体和广播、电影等音画新媒体已经在日本社会得以相当程度的普及，并在日本政治社会生活以及对外政策制定和实施中发挥着重要作用。

---

① 海外放送研究グループ：『NHK 戦時海外放送』、東京：原書房 1982 年、第 114 頁。
② 内川芳美：『マス・メディア法政策史研究』、東京：有斐閣 1989 年、第 216 頁。
③ 日语"映画"一词意为"电影"，为尊重史实及行文方便，本书凡涉及该词的团体名称、法律法规名称等概不作翻译处理。

第二章　战前日本新闻出版政策

从日本媒体发展史来看，最先登上历史舞台的是纸质媒体，且诞生初期报纸和杂志的分界并不明晰。如由"洋书调所"发行的《官板巴达维亚新闻》[①]《官板六合丛谈》《官板中外杂志》《遐迩贯珍》等虽被称为报纸，但其采用杂志式装订，出版周期也不固定，依现在标准来看，其更具有杂志的基本特征。换言之，在纸媒产生的初始阶段，报纸、杂志基本处于未分化的状态。此外，在无线电技术尚不发达的时代，报纸、杂志等纸媒一直占据日本媒体的绝对主流地位。因此，战前日本的媒体政策主要是围绕新闻出版展开的，且报纸、杂志、出版等媒体政策的监管对象往往彼此涵盖，互相适用。

第一节　明治初期的舆论政策

明治维新初期，以报纸和杂志为代表的日本媒体迅速发展的原因，除了"文明开化"政策的刺激之外，另一个重要原因是当时媒体的舆论生态甚为宽松。只要具备一定的人、财、物等基本条件，并不需得到官方许可即可发行报纸、杂志。

自日本近代报纸诞生之日起，其强大的宣传功能就备受日本各界的关注。实际上，其强大的宣传功能正是促使日本近代报纸诞生并得以迅速发展的要素之一。在幕府从事翻译工作的福地源一郎于 1866 年第二次随幕使出访英法时，为英国记者敢于直言不讳的勇气所折服，回国后便决心创办报纸，"以痛论时事"[②]。1868 年福地源一郎创办《江湖新闻》，并以此为阵地发文痛陈时弊。他认为，新政府的大权并没有回归天皇，而是落在了萨摩和长州两藩手中，由此断言明治政府只不过是改头换面的新幕府而已。

当时堪与《江湖新闻》齐名的当推荷兰裔美国人尤金·范·里德（Eugene M.Van

---

① 文久二年（1862）正月，幕府责令洋书调所将荷兰总督府机关报《爪哇时报》翻译成日文公开发行。由于是幕府主导，故前面冠以"官板"二字，称为《官板巴达维亚新闻》，它由日本最早的洋书商人万屋兵四郎（1818—1894）发行，是日本最早公开发行的官方报纸，先后共发行 23 卷。

② 茶本繁正：『戦争とジャーナリズム』、東京：三一書房 1984 年、第 29 頁。

Reed）于 1868 年创办的《横滨新报藻盐草》①。面对日本当时国势衰微、四民凋敝、国体混乱的状况，范·里德在《横滨新报藻盐草》上发文批判了新政府的软弱。

> 夫国必有一政府，其威力内足以服国民，外可以御敌辱，故国内万民应奉戴一政府。（中略）二百八十二位大名，其领地、兵卒、武器、城郭、军费、军舰等一切与军事有关的物资应集于政府之手，供全国使用，则新政府指日可待。②

范·里德主张建立中央集权国家制度，这在当时的舆论界可谓先知卓见。此举被认为是"日本报纸进行政论的开端"③，掀开了日本报纸政论的第一页，该报在日本近代报业发展史上留下了浓墨重彩的一笔。

面对上述情况，明治新政府再也不能坐视不管，任由报纸随意发表于己不利的报道。明治新政府进驻江户后，立刻采取了一系列针对性措施。首先取缔了《江湖新闻》等带有明显"佐幕派"色彩的报纸，并以"国事犯"罪名逮捕了福地源一郎，处以 20 余日监禁。接着于 6 月 5 日发布通告，宣布"今后未获官许之报纸将一律予以取缔"，并要求自通告发布 10 日内将印刷底版上缴，"若有藏匿者，即为邪门歪道之事"④，将予以严惩。接着又于 6 月 8 日公布了《太政官布告第 451 号》，明确规定报纸须得到官方许可方可发行，否则将予以没收。

由于该规定颁布时适逢戊辰战争期间，因此上述布告可谓名副其实的战时言论统制法令，其目的为"根绝佐幕派报纸"。从实施结果来看，该布告对"佐幕派"报纸给予了沉重打击，庆应末年创刊的一些"佐幕派"报纸相继废刊，而"尊皇派"的《内外新闻》⑤、享有治外法权的《横滨新报藻盐草》、长崎官方发行的《崎阳杂报》⑥ 以及明治政府创办的《太政官日志》⑦ 等报纸均获得快速发展，日本近代报纸在诞生之初的政治属性也因此得以显现。

---

① 《横滨新报藻盐草》报头"横滨新报"4 字由汉字书写，"藻盐草"三字由假名"もしほ草"标记，有"随笔、杂录"的意思。
② 『横濱新報もしほ草』1868 年 5 月 15 日。引自茶本繁正：『戦争とジャーナリズム』、東京：三一書房 1984 年、第 30 頁。
③ 伊藤正德：『新聞五十年史』、東京：鱒書房 1943 年、第 9 頁。
④ 春原昭彦：『日本新聞通史』、東京：新泉社 1987 年、第 19 頁。
⑤ 1868 年 4 月创刊于大阪，是当时主要的"勤王派"报纸，8 月停刊，其间共发行 17 期。
⑥ 1868 年 8 月在长崎由当局支持创办，于 1869 年 2 月停刊，其间共发行 13 期。
⑦ 明治新政府非常重视报纸的宣传作用。出于对抗佐幕派政治宣传的需要，为"指示民心之所向"，明治新政府于 1868 年 2 月 23 日通过书商村上勘兵卫在京都创办并发行了官办报纸《太政官日志》，主要刊登天皇敕谕、政令及战报等消息。

然而，明治政府并非一味对报纸加以压制。为调动舆论，更好地利用报纸宣传国策，明治政府于1869年2月8日颁布了日本历史上第一部新闻法规——《报纸印行条例》，主要内容如下：

第一条：各报须有各自名称。

第二条：有标题并获准出版的各报不必每期送检，只将当日发行的报纸呈官方两份备案即可。

第三条：每期报纸须载明出版地点、日期、编辑或出版人姓名及各期期号。

第四条：凡当局对报纸所刊登之事项如有审问，编辑须做出解释，否则即课以罚金。

第五条：所有天变、地异、物价、商法、政法（不得妄加批评）、军事（其说错误而不改者有责）、火灾、嫁娶、生死、学艺、游宴、衣服、饮食、诸种官报、洋书、译文、海外杂话等，凡无害者均可刊登。

第六条：赠答书牍或个人所作文书及杂说等均应注明姓名（诗歌中作者不详者除外）。

第七条：严禁在报纸中诬告他人罪行。

第八条：对教法不得妄加说教。

附录

第一条：官版报纸由"开成学校"负责检查。

第二条：各府县出版的报纸则由府县裁判所实施审查。

第三条：外国人出版的日文报纸由各地运上所[1]负责监督，每事必报知裁判所。裁判所皆依据新规定的条例量罚。

第四条：开成学校专门监管东京出版的报纸。

第五条：东京出版的报纸若有违背条例者，由开成学校报告东京裁判所，由该裁判所对出版申请人进行询问并处罚。[2]

由上可知，该条例有三大特点：一是规定只要报纸具备基本的发行条件，且对当时的政治和法律不妄加评论，即可获准刊行，从而表现出了对报纸发行的鼓励态度；二是虽然规定了一系列禁止刊登的内容，但并不要求刊行前送检，而是采用对违规报纸进行

---

[1] 自江户末期至明治时期，在日本各开港地区设置的机构，负责对进出口商品实施监督和征收关税，类似于海关。

[2] 伊藤正德：『新聞五十年史』、東京：鱒書房1943年、第48—50頁。

事后处罚的方式，且并未制定详细的罚则；三是将裁决权交由开成学校等教育机构，先由开成学校进行判定，再由政府当局给予确认，从而避免了政府的独断性。因此，该条例体现出的是一种积极的新闻统制理念，"日本报业由此获得了发展的立足点"[①]。《报纸印行条例》是日本报业法的基础，此后日本当局制定的一系列报业条令皆多以此为蓝本。

由于《报纸印行条例》为"报纸重新发行准备了条件"[②]，此前遭到停刊处分的"佐幕派"报纸如《中外新闻》《远近新闻》《都鄙新闻》《内外新报》等相继获准复刊，另外《明治新闻》《六合新闻》《博问新报》《开知新报》等一系列新报创刊。虽然这些复刊或者创刊的报纸在形式上与幕末时期的报纸并无二样，但其中具有"佐幕"倾向的报道内容已然销声匿迹，他们开始站在新政府的立场上，讴歌明治新政府的政策，大量刊登维新变革的内容。

明治政府实行的"全面镇压—再许可"的策略是由参议木户孝允提出的。该策略一举获得成功，不但消除了报纸对政府的批判，导致了"佐幕派"报纸迅速走向溃灭，而且使得政府更加巧妙地控制了当时的舆论。木户作为"维新三杰"之一，在明治维新中立下了汗马功劳，同样在制定《新闻纸条例》的过程中也发挥了重要作用。不唯如此，木户还亲自参与报纸的创办。1871 年，木户资助山县笃藏创立《新闻杂志》，本来他想将该报发展成为政府的机关报，但他认识到"如果公然以机关报发行的话，反而会让一般民众对报道的性质产生怀疑，从而降低信用，削弱效果"，所以他最终还是放弃了机关报的创刊方针。对于报纸管理，他一方面允许报纸"对政府的政策多少有所批难"，另一方面则鼓励报纸刊登一些启发民智的报道并在偏远地区发行，"自然就会成为诱导人民之一端"[③]。

1871 年 7 月，京都府发布《新闻纸条例》，要求报纸必须"启发人类知识，打破顽固偏隘之心，引导人们达到文明开化之领域"，从而达到"为国家统治有所裨益"[④] 的目的。该条例还规定了报纸禁止刊登的内容，但同样未规定相应的处罚措施，所以缺乏强制力，更像是"一个新闻报道的规范基准"[⑤]。

除报纸外，明治政府还颁布了一系列书籍出版相关法令。1868 年 4 月 28 日，明治政府发布布告称，"新著并翻刻书类获得官许后方可刊行……所有未经官许者，严禁发

---

① 伊藤正德：『新聞五十年史』、東京：鳟書房 1943 年、第 48 頁。

② 長尾政憲：「明治二年の出版条例成立の意義——福沢諭吉研究の一部として」、『法政史学』1977 年第 3 号、第 63 頁。

③ 茶本繁正：『戦争とジャーナリズム』、東京：三一書房 1984 年、第 34 頁。

④ 「新聞紙条例」、『太政類典・第一編・慶応三年～明治四年・第五巻・制度・出版・爵位』、JACAR（アジア歴史資料センター）、Ref.A15070025400、国立公文書館。

⑤ 西田長寿：『明治時代の新聞と雑誌』、東京：至文堂 1961 年、第 38 頁。

售"①。但在上述布告中并未明确指定审查机关，再加上当时新政府羽翼未丰，势力还很薄弱，此举并未对当时的出版业产生太大影响。1869年1月，太政官发布图书开版再刻等规则，规定无论图书出版还是再版重印，"均需获得行政官许可，并需将制本一部提交行政官"②，从而明确了审查机关为行政官。

明治政府将报纸审查裁决权交由开成学校后，又于1869年4月将图书出版裁决权赋予了昌平所③和开成学校，并于5月13日颁布出版条例，对书籍出版物做了如下规定：

第一，鉴于书稿送检制度"有花费时日、贻误时机之虞，且伤害文化之事绝非少数"，故废除书稿送检制度，规定只需将"记载书中大意、明确表示提要"的相关文件送交审查即可。

第二，该条例第二条规定了禁止出版的内容，即"记载妄说教法、诬告他人、泄露政务机密或诽谤及教导淫荡者，按照轻重治罪"。该项规定与上述《报纸印行条例》中禁止报纸刊登的内容并无二致。

第三，该条例以较大篇幅论及出版版权问题，规定"出版图书者由政府加以保护并获得专卖所得利益。保护年限贯穿著述者整个生涯，但其亲属欲继续保护则听之"④。幕府时代的版权保护问题是由出版行业内部实施的，缺少权威性和执行力，而该条例则明确规定由政府公信力和法律来保障版权，从而确立了版权保护的官方化和制度化。

5月14日，明治政府又发布布告，要求在昌平、开成两学校设立出版取调所，负责"管辖书籍印行审查事务"，并规定所有出版事宜均应先向"昌平、开成两学校提出申请，以获得官方许可"⑤。

《报纸印行条例》和《出版条例》是日本新闻出版法的先驱，它们脱离了幕府时代

---

① 「新著并翻刻書類官許ヲ経ス刊行スルヲ禁ス」、『太政類典・第一編・慶応三年—明治四年・第一巻・制度・詔勅・臨御親裁・禁令・布令掲示』、JACAR（アジア歴史資料センター）、Ref. A15070004300、国立公文書館。

② 「図書開版再刻等ノ規則ヲ定ム」、『太政類典・第一編・慶応三年—明治四年・第五巻・制度・出版・爵位』、JACAR（アジア歴史資料センター）、Ref.A15070023000、国立公文書館。

③ 昌平所又称江户学问所或昌平坂学问所，为江户幕府直属的学校，其前身是林罗山开办的私塾。江户幕府第五代将军德川纲吉将其迁至汤岛（今东京都文京区），建成昌平黉。1790年升格为官方学校，称为昌平坂学问所。幕末时期，诸藩人才多聚于此，十分兴隆。明治维新后转交新政府，称昌平学校，后又称大学校。1870年停办，翌年废止。

④ 「出版条例ヲ創定ス」、『太政類典・第一編・慶応三年—明治四年・第五巻・制度・出版・爵位』、JACAR（アジア歴史資料センター）、Ref.A15070023100、国立公文書館。

⑤ 「行政官所管昌平開成両学校書籍印行検査事務ヲ管シ出版取調所ヲ学校ニ設ク」、『太政類典・第一編・慶応三年—明治四年・第十五巻・官制・文官職制一』、JACAR（アジア歴史資料センター）、Ref. A15070097800、国立公文書館。

消极的出版取缔法令框架，"是明治法制史上最能体现自由主义倾向的立法"①，构成了较为完整的出版法体系，具有划时代的意义。

第二节　自由民权运动时期的舆论统制政策

进入 19 世纪 70 年代之后，明治政府内部出现分歧，媒体也卷入其中，成为政论交锋的舞台，批判政府的文字时常在报纸、杂志的"社说"与"投书栏"中出现，让政府中的那些藩阀巨头们坐立不安。英国人布拉克（John Reddie Black）创办的《日新真事志》利用外国人所办报纸不受《报纸印行条例》限制的有利条件，于 1873 年刊登了由井上馨和涩泽荣一撰写的暴露日本财政危机的意见书，第二年又披露了板垣退助等人撰写的《民撰议院设立建白书》，在社会上引起强烈反响，无疑是对新政府权威的一次挑战。同时该时期日本报纸要求言论自由，积极推动"自由民权运动"的发展。鉴于此，明治新政府将国内局势的动荡归罪于媒体的报道，于是政府开始转变态度，逐渐放弃了此前所推行的宽松的言论政策，加强了对舆论的管控力度。

1873 年 10 月 9 日，明治政府对前述报纸印行条例进行了修订，以报纸发行条目的名义颁布，该条目增加了如下限制报纸出版发行的条款：

　　第九条：未经官方许可，不得私自发行报纸；

　　第十条：禁止诽议团体、国律以及因宣传主张外国法律而妨害国法；

　　第十一条：在刊登政事、法律等事项时严禁妄加评论；

　　第十二条：禁止乱登教法而妨害政法；

　　第十三条：禁止惑乱人心，诱导淫风；

　　第十四条：禁止以虚言诬陷他人；

　　第十五条：禁止私自刊登官员个人信息，即使生活琐事亦不得刊登。不能刊登有关外交文书，但业已公布且经长官同意刊登者不在此限；

　　第十六条：凡刊登事件有误者，须改之；

　　第十七条：凡对刊登事件有疑问时，编辑有说明之责；

　　第十八条：违反禁例条例时依律处理。②

---

①　弥吉光长：「明治維新の出版行政の変遷」、『国学院大学紀要』1969 年第 7 辑、第 317 页。

②　「新聞紙発行条目」、『明治 6 年自 9 月 28 日至歳秒　太政官日誌 4』、JACAR（アジア歴史資料センター）、Ref.C07040164100、防衛省防衛研究所。

其中第十五条是收录自 1873 年 4 月 10 日《太政官布告第 131 号》的内容，其他内容与 1869 年的《报纸印行条例》基本无异。虽然上述政策收紧了对报纸的控制，不再对报纸进行无限制的支持，但同样未对罚则作出明确规定，对言论自由仍然留有一定余地。

1875 年 6 月 28 日，政府又对上述报纸发行条目进行了改订，发布了新的《新闻纸条例》。与报纸发行条目相比，该条例的内容更趋系统完备。它详细规定了报纸发行人的责任细则，对报纸的发行手续作了种种繁杂、严密的规定，并首次明确了严厉的处罚规定，这使得政府对追究责任人的"过失"有章可循。因此，如果说报纸发行条目的目的是强化政府对报纸的指导，而《新闻纸条例》的目的则是对那些刊登批判政府言论的报纸进行取缔。以第四条为例，其"所有人或社主及编辑或临时编辑均限为日本人"①的规定完全切断了外国人利用治外法权批评日本当局而免遭处罚的退路，该项规定对《日新真事志》打击颇大。为彻底消除《日新真事志》的批判性言论，明治政府采取釜底抽薪之计，任命布拉克为左院顾问，由此割断了社主布拉克与《日新真事志》的关系。此后，该报逐渐衰落，在新的《新闻纸条例》颁布之后，被迫于 1875 年底停刊。为表达对政府言论统制的不满，布拉克曾于 1876 年 1 月 6 日新创《万国新报》，但最终因不符合《新闻纸条例》第 4 条规定，发行一期之后即遭停刊。

另外，该条例规定了严厉的处罚细则，并动辄即处以监禁和罚款，其罚则之详细、力度之严厉是此前颁布的《新闻纸条例》所无法比拟的。这表明政府已经放弃了宽松的言论政策，转而试图以强权来压制言论自由。

与新的《新闻纸条例》同时公布的还有《谗谤律》。《谗谤律》是日本历史上最早的名誉法案，其目的是防止大众媒体对官吏发表侮辱或毁谤性言论。其内容如下：

> 第一条　凡罔顾事实揭露公布毁坏他人荣誉者均构成谗毁，而非难他人行为并加以恶名进行公布者均为诽谤。使用著作文书或图画肖像进行展现或销售或贴示对他人进行谗毁或诽谤者，将按下述条例治罪；
>
> 第二条　以第一条所谓涉嫌冒犯乘舆（对"天子"之敬称——笔者注）者，处以 3 月以上 3 年以下监禁、50 日元以上 1000 日元以下罚金；
>
> 第三条　涉嫌冒犯皇族者，处以 15 日以上 2 年以下监禁、15 日元以上 700 日元以下罚金；

---

① 「新聞紙条例」、『明治 8 年「太政官布告 乾 従 1 月至 6 月」』、JACAR（アジア歴史資料センター）、Ref.C04017583000、防衛省防衛研究所。

第四条　对官吏职务进行谗毁者，处以 10 日以上 2 年以下监禁、10 日元以上 500 日元以下罚金；对官吏职务进行诽谤者，处以 5 日以上 1 年以下监禁、5 日元以上 300 日元以下罚金；

第五条　对华族、士族、平民进行议论谗毁者，处以 7 日以上 1 年半以下监禁、5 日元以上 300 日元以下罚金；对华族、士族、平民进行诽谤者，处以 3 日元以上 100 日元以下罚金；

第六条　依法向检察官或法官告发罪犯或作证者不属第一条所规定，而故意造谣诬告者依诬告罪处理；

第七条　若受到谗毁，触犯刑法者将由检察官对此事进行纠治，若谗毁者向检察官或法官自首，此时不再治以谗毁之罪；若待案件判决后对被告人治罪，此时则以谗毁罪论处。若未触犯刑法，仅仅损害他人荣誉者，在谗毁之后即使告官，仍处以谗毁之罪。

第八条　凡第四条、第五条所规定的谗毁诽谤者均等待官民自发控告被告后进行论处。①

上述两法案的颁布意味着日本政府实际上已经开始强化对新闻的管控，加之"诽谤"的定义以及处罚标准和罚则等法律条款存在诸多任意解释的空间，报界在实际操作中常因缺乏明确的执行标准而感到无所适从，并频遭处罚，日本新闻界进入了所谓的"言论恐怖时期"。对此，《东京曙新闻》主编末广重恭做了如下评价：

明治八年六月政府颁布的新闻纸条例以及谗谤律对我们记者来说犹如晴天霹雳。与其后改订的条例相比，程度非常严厉，完全丧失自由，舆论被套上枷锁，我们就像鸟被关进笼中，自由驰骋的野马被关进栅栏。维新以来，文字狱并未断绝，世人皆感有必要通过报纸来矫正政治上社会上之弊害，然而突然设置法律对从事舆论者施以监禁罚款处置，让人甚为惊愕，有人甚至将此评论为重蹈秦始皇"焚书坑儒"覆辙。我们尤为迷惑的是，什么是对现有法律的诽谤，什么是对官吏的侮辱，如果不经过充分考虑就动笔的话，则感到非常迷惑。于是各社报纸上往往没有社论，偶尔有文章刊登也是极其简短、毫无疑义的文字堆积。②

---

① 「讒謗律」、『明治 8 年「太政官布告 乾 従 1 月至 6 月」』、JACAR（アジア歴史資料センター）、Ref. C04017582900、防衛省防衛研究所。

② 伊藤正徳：『新聞五十年史』、東京：鱒書房 1943 年、第 68 頁。

面对上述言论统制法案，各报记者开始联合起来商讨对策。末广重恭本人于1875年7月20日在报纸上发表评论，对当局的做法提出了批评，几天之后甚至公开了反对该条例的匿名信，结果被罚款20日元，并被处以2个月监禁，成为日本言论统制史上第一个牺牲者。此后，《东京日日新闻》的甫喜山景雄、《邮便报知新闻》的栗本锄云、《朝野新闻》的成岛柳北等人因触犯相关条例"陆续落入法网，投入牢房，以至于各房内到处都是报社记者"①。

不只是反政府派媒体对上述言论统制法案提出批评，就连一向与政府保持一致的亲政府派媒体也对此表达了不满。《江湖新闻》创始人福地源一郎因发表反对新政府言论而遭受政府打击，后在涩泽荣一的介绍下与伊藤博文交好并于1874年加入亲政府派报纸《东京日日新闻》担任主笔。但是在上述两法案通过后，福地源一郎也表示了强烈不满。他曾用讽刺的笔调写道："条例的本意不过是禁教唆、防煽动、止诽谤，只要对现有法律没有只言片语的讨论，对政治不加辩解议论，则我们发布自己的自由思想与先前无异，绰绰有余"②，从而对政府的言论统制表达了愤慨。

就连一向以稳健著称的明六社也认为面对该法令，舆论界只有一条路可走，那就是"自我埋葬"。于是，在福泽谕吉的提议下，1875年9月，明六社宣布《明六杂志》停刊。福泽谕吉撰写的停刊词——《停止明六杂志出版之议案》称，《谗谤律》及《新闻纸条例》两大法律"与我辈学者的自由发论无法两立"。他认为，摆在杂志社面前只有两条路：

第一，立即改变社员本来的思想，屈节适应律令，迎合政府，从而继续出版杂志；第二，冒犯法律，触犯条例，自由自在挥笔，从而成为政府罪人，只此两条。然观察目前社内整体状况，此两条均难以执行。无论是屈节，还是自由发论，都应在精神内部做到万众一心，共同决定。若社员意见不能合而为一，不能做到一社如同一身，则无法实现共进退。然本社设立时日尚浅，每月仅召集两次集会，还不能视为一社一身。如上，既不能屈节迎合，又不能自由发论，则单剩停止杂志出版这一个办法。此一策绝非上策，然学者因如今的律令在社内不能触犯法律自由发论，又不甘于屈节迎合，杂志社不能成为夹在中间、进退不决的典型。③

---

① 成岛柳北著、成岛复三郎、山本德五郎校：『柳北遗稿』（第一卷）、東京：博文館1890年、第49頁。
② 伊藤正德：『新聞五十年史』、東京：鳟書房1943年、第71頁。
③ 福沢諭吉：「明六雑誌の出版を止るの議案」、『福沢全集．続 第7卷』、東京：岩波書店1933年、第166—167頁。

明治时代，报社主笔、记者大多为才华横溢、具有独特见解和人格魅力的社会名流，他们深受社会各阶层的尊敬，特别是当时的读者层大多为知识分子，因此政府的言论统制对社会的冲击是比较大的。加之当时的报纸已经在政治生活中发挥了重要的作用，所以政府试图通过压制来控制报纸的做法是行不通的，这反而导致政府处于不利的境地，更加激起一些有识之士对政府限制言论自由的行径进行斗争。

1876 年 6 月 28 日，《东京日日新闻》《邮便报知新闻》《朝野新闻》《读卖新闻》等报社 22 名记者在《新闻纸条例》和《谗谤律》公布一周年之际，于东京浅草寺召开"新闻供养大施饿鬼会"。集会当天，"盛况空前，参拜人数之多实为二三十年来未曾有之盛事"①。成岛柳北在会上诵读了《祭报纸文》，其中写道："三千余万人民各自具备五官四肢，然皆蠢然如虫，口不能吐一言，笔不得草一论，唯以政府之令、官吏之言为最高无比道理加以尊奉而已。……我等操觚执简之士常对贤明政府的律令进行驳议，对贤明官吏的品行进行指责，自东京府下至四隅派遣精密侦探，采录众人过失，甚至进行诽谤、谗毁，更甚撰写毁坏政府、颠覆国家的文章四处传播，其罪责甚大，因此震怒赫然庙堂，触犯肃然法庭宪律而锒铛入狱。"最后，文章指出，尽管报界人士"罪责深重"，然而"贤明政府以其仁慈不过监禁三年罚金千元而已"②，从而对政府妄图扼杀新闻自由的行径进行了揭露和讽刺。

据统计，在 1875 年至 1880 年，因触犯言论统制政策而引发的"笔祸事件"达到200 件以上。③ 自 1876 年 1 月始，不到半年时间，《评论新闻》就先后有 18 名编辑、记者入狱。但这并不能扭转政府的不利局面，攻击政府言论统制政策的言辞依然不绝于耳。鉴于此，政府又于 7 月 5 日颁布太政官布告，称"已经允许发行的报纸、杂志、杂报一旦被认定为妨害国家安全，内务应禁止或停止其发行"④，从而进一步强化了对言论自由的压制。对此，《评论新闻》发文进行了猛烈批判，最终遭到禁止发行一日的处罚。

> 妨害国家安全固为天下之大罪人，即使断然处以绞刑，谁也不会谓之苛酷。然我政府禁止其发行，岂能谓之宽仁政府？同时若世人认为国家安全即为官吏安宁，那我们就无话可说了。⑤

---

① 『評論新聞』1876 年 6 月 28 日。
② 成岛柳北著、成岛復三郎、山本德五郎校：『柳北遗稿』(第一卷)、東京：博文館 1890 年、第 41—42 頁。
③ 伊藤正德：『新聞五十年史』、東京：鱒書房 1943 年、第 71 頁。
④ 春原昭彦：『日本新聞通史』、東京：新泉社 1987 年、第 36 頁。
⑤ 『評論新聞』1876 年 7 月 10 日。

当时与《评论新闻》同时遭到处分的还有《湖海新报》和《草莽杂志》。但这三家报纸并未因遭到打击而放弃自己的主张，而是重新变换名称刊行。《评论新闻》改名为《文明新志》，《湖海新报》改名为《江湖新报》，《草莽杂志》改名为《莽草杂志》，后又改名为《莽草事情》继续发表对政府的批判。

此后，1876 年 12 月 4 日，明治政府又发布公告称，获得发行许可之后 30 日内没有发行的报纸以及休刊申请提交之后 50 日内没有再发行的报纸，将失去既得的发行权。但该公告中停止或禁止发行的规定只限于与政治有关的内容，并未涉及对破坏风俗的处罚规定。1880 年 10 月 12 日，《太政官布告第 45 号》规定：已经允许发行的报纸杂志杂报一旦被认定为妨害国家安全或者破坏风俗，内务省应禁止或停止其发行，从而将破坏风俗列入到言论统制的框架之中。

自由民权运动兴起之后，各报社纷纷组织力量，或刊登介绍西方自由民权思想的文章，或延揽雄辩名家发表演说，向大众灌输自由思想，号召人们争取自由民权。其中不乏一些言辞激烈的文章。最为著名的当属《东京曙新闻》总编永田苏武发表的《国民自尊的精神》一文以及《东海晓钟新报》创刊人前岛丰太郎发表的题为《事物的变迁》的演说。

1880 年 8 月 2 日，《东京曙新闻》临时总编永田苏武在报上发表社论，大力推崇"国民自尊精神"，主张实行立宪政治。在文中，永田首先对"国民自尊精神"做了解释，即一国人民的多数或者国民中的先进分子具有"万民平等"的觉悟。他认为，要实现"最良至善"的政体——立宪政治，这种精神是不可或缺的。超越人民绝对权力的帝王、君主是历史的产物，是在权力夺取者的谋略和人民的"妄想"中建立起来的，并非"神权""天意"或者"天命神意"，而"万民同等"则意味着要从君主、帝王统治的观念中解脱出来，从而彻底否定了君主、帝王的神秘性、不变性和绝对性。

另外，他还认为"国民自尊精神"与君主、帝王的"野心"与"无理"是格格不入的。他说："所谓立宪政治的精神即为国民自尊的精神，具体来说，自尊就是自我尊重义，大凡一国人民若承认万民同等，则其帝王、大臣宰相均为保护万民而设置的，即国家公用的臣仆，以上必然导致国民与君主帝王形成对峙，凛然保存、尊重自己体面的精神即为该精神，此精神与帝王的欲望、君主的野心是决不相容的。"[1] 他认为，实现"万民同等"的结果必然会使君主、帝王、大臣、宰相等成为保护国民享有权利的公仆。

在文章结尾，永田说："我日本人民亦固有同等天赋权利，享有尊荣地位。神武天

① 『東京曙新聞』1880 年 8 月 2 日。

皇肇始亦为日向一豪族，若想畅达民权，收获自由果实，首先应发挥自尊之精神"①。由此可知，永田试图通过论证自尊精神与君主权力的神圣性和绝对性之间的相悖，指出日本的天皇统治也不能排除在该理论归结的范畴之外。1880 年 8 月 19 日，政府以谗毁、诽谤天皇为名，对永田苏武处以两年监禁、100 日元罚款。

前岛丰太郎于 1881 年 10 月 8 日在静冈发表了《事物的变迁》的演说，主要内容如下：

> 提起天子，世人皆怀有感激之情，但绝非如此……本来天子开始就是通过讨伐、打倒、推翻不听从自己意愿的人而最终将国家据为己有，因此一言以蔽之，为第一等大贼……天子的成功与蜂须贺小六②的成功并无二样。小六通过掠夺众多财产，进而杀戮众多性命，并且以其战功位居天下大名，时至今日，这些人的子孙又官居华族……③

前岛在演说中慷慨激昂，旁征博引，强调无论是天皇还是天皇政治均属"变迁"之列，并号召人们团结起来支持开设国会，变革天皇政治。他彻底否定了当时人们对天皇尊崇敬畏的观念，并列举实例说明天皇与盗贼蜂须贺小六的成名没有任何区别，甚至放言天皇是"将国家据为己有"的天下"第一等大贼"。基于此，政府以"对圣族盛业如此大不敬，遂成危害国家安危事件，甚至可能引发内乱"为由，按照谗谤律第二条规定，对前岛处以 3 年监禁、900 日元罚款。

鉴于"政谈演讲会自明治十三年以来渐次流行"，对政府进行严厉批判的演讲活动层出不穷。尽管对永田、前岛等人施以重罚，但在自由民权思潮的推动下，"颇有死灰复燃之征兆"④。于是，明治政府开始着手制定集会条例以遏制"政谈演说"的蔓延。1880 年 4 月 5 日，明治政府颁布集会条例，对"关于政治事项的讲谈论议"以及政治演讲会实施取缔。该条例规定，政治性结社和演讲会必须事先向警察署登记，获得许可后方可进行；警察需要临席监视，必要时有权取消演讲会；禁止军人、警察、教员、学生等加入结社、旁听演说，更"禁止在户外召开公众集会"⑤等政治活动。违反上述规

---

① 『東京曙新聞』1880 年 8 月 2 日。
② 蜂须贺小六（1526—1586），又名蜂须贺正胜，羽柴秀吉家臣蜂须贺正利之子，是秀吉的第一股肱之臣，传说其为野盗出身，后趁国内骚乱之际，攫取政权，成为大名。
③ 静冈県民権百年実行委员会：『静冈県自由民権史料集』、東京：三一書房 1984 年、第 168 頁。
④ 「静冈県ノ部政谈演说」、『公文別録・甲部地方巡察使復命書・明治十六年・第七巻・明治十六年』、JACAR（アジア歴史資料センター）、Ref.A03022986700、国立公文書館。
⑤ 「集会条例」、『単行書・行政説明録九乾（正本）』、JACAR（アジア歴史資料センター）、Ref. A07090173700、国立公文書館。

定者即给予监禁或者罚款处分。6月，又增加了禁止发表过激言论的演讲者在一定时间、一定范围内进行演讲的规定。12月，又赋予警视厅长官和地方长官政治结社解散权以及一年以内禁止他人进行演讲的权力。

1882年6月，政府又对上述集会条例进行了修订，新增加的内容包括：政党结社必须事前提交申请；内务卿有权解散集会，并有权要求被取缔演讲者在全国范围内不得进行演讲；禁止政党、结社设立支部组织；禁止结社之间互相串联通信；等等。尽管集会条例与报纸、杂志等并没有直接的联系，但是1883年4月政府规定凡是受到禁止演讲处分的人不得担任报社、杂志社的社主或总编职务，给报纸、杂志的经营带来了直接的影响。由于演讲会和报纸、杂志是自由民权运动的主要宣传形式和开展方式，它们犹如自由民权运动的双翼，因此对演讲进行限制的集会条例必然也会对报纸产生重要影响。

对于该时期日本报界的状况，新闻学者小池洋次郎在其著作《日本新闻历史》中作了恰如其分的表述："明治二年，官始允许新闻杂志刊行以来，日尚浅年未久，于西于东，新闻杂志愈出愈盛，其数十百而犹不足也。虽然期间朝兴而夕亡，昨倒而今起，或触条例则罹法网，或犯谗谤律则科罚金。又蒙禁止者有焉，又命停止者有焉，纸面之改良，题号之更正等，沿革兴亡实可惊者多焉。"① 小池的话从侧面表明，当时日本的言论统制政策是极其严厉的，最终的结果便是导致报纸"朝兴而夕亡，昨倒而今起"。

第三节　政党政治时期的两面政策

明治初期日本报界对明治政府的批判性言论时常让政府有"若即若离地散布在政府周围，令人难以捉摸，有时甚至带有天然离心倾向"② 的"无力感"。这就使得日本当局对报界的风吹草动极为敏感，也使它不断地为夺取和保持舆论的主导权而费尽心机。

鉴于报纸强大的宣传作用，明治政府开始转变其管控策略，对报界采取了软化、收买、拉拢的怀柔政策，并收到了一定成效。首先，政府大肆收买部分民权派报纸，以达到分化、削弱民权派报纸整体实力的目的。政府不但收买了《东京日日新闻》将其转变为御用报纸，还通过种种手段加强了对《邮便报知新闻》《明治日报》《东京曙新闻》以及《朝野新闻》《横滨每日新闻》的拉拢和控制，其手段之一便是向报社提供补助金。自1882年5月至1885年4月，明治政府每月向《朝日新闻》提供补助金500日元。1885年8月，一次性支付《明治日报》补助金15000日元。政府拉拢和收买的对象还

① 小池洋次郎：『日本新聞歴史』、東京：厳厳堂1882年、第81頁。

② 周光明：《日本步入近代化过程中的政府与新闻媒体之关系》，《国际新闻界》2001年第2期。

包括报社编辑和记者。一些报社记者出身的人后来有的进了元老院，有的成为政客当上国会议员，有的甚至成为大臣、首相。该时期在严厉的言论统制以及政府的怀柔政策的双重打击下，极少人能够尽报社记者于一生。报社成了一些人窥测政局动向、问鼎政界的敲门砖。如古泽滋（《自由新闻》主笔）、岛田三郎（《横滨每日新闻》主笔）、矢野文雄（《邮便报知新闻》主笔）、犬养毅（东海经济新报社社长）、小松原英太郎（大阪每日新闻社社长）等人，早先都是报界名人，深受读者喜爱，但后来都先后进入政界担任要职。这在日本新闻史上是比较典型的现象，也从另一个侧面说明了报纸这一大众传播媒介与政治之间的关系以及其在政治变革过程中发挥的重要作用。

除此之外，日本政府还暗中挑唆分属不同政党的报纸互相揭短，以加剧政党之间的矛盾。1882 年，政府拉拢自由党的后藤象二郎说服板垣退助赴欧考察，并承诺费用由三井财团承担。然而，政府却暗中将该消息透露给立宪改进党机关报《横滨每日新闻》和《邮便报知新闻》，从而制造出板垣退助之行是被政府收买所致的舆论。结果报道一出即引起自由党内部大哗，自由党机关报《自由新闻》主编马场辰猪等人坚决反对板垣赴欧考察。反对无效之后，愤然退出自由党，而接替马场的古泽滋则早已和政府有了勾结。此后，《自由新闻》名誉主笔中江兆民也脱离了自由党，自由党由此失去了重要的骨干力量。此举使得政府不但削弱了自由党的势力，还沉重打击了《自由新闻》。

然而，政府的上述正反两方面的手段不但未能从根本上遏制自由民权运动的发展，反而刺激了运动的高涨。鉴于此，明治政府于 1883 年 4 月 16 日发布太政官布告第 12 号，公布了新的《新闻纸条例》，该条例除了对 1875 年制定的《新闻纸条例》进行修订外，又新增如下内容：

第一，不再要求公布编辑等人的姓名、地址、身份等信息，而是规定"无论社长、干事及其他任何人，一律视为报社所有者"[1]。由于当时的报纸主要依靠著名的编辑、记者或者撰稿人来吸引读者并以此为卖点加以宣传，将报纸上著名记者、编辑的姓名隐去，不仅削弱了报纸的吸引力，还在很大程度上阻断了报纸与读者之间的关系。

第二，对报社成员资格进行了严格限定。规定报社的所有人、编辑及印刷发行人必须为"内国人且年满 20 岁以上的男性"[2]，并规定在被剥夺公民权以及禁止演说期间或

---

[1] 「新聞紙条例改正」、『公文類聚・第七編・明治十六年・第十一巻・文書・出版・公文書式・記録志表・印璽・古文書・美術・受付進献』、JACAR（アジア歴史資料センター）、Ref.A15110435200、国立公文書館。

[2] 「新聞紙条例改正」、『公文類聚・第七編・明治十六年・第十一巻・文書・出版・公文書式・記録志表・印璽・古文書・美術・受付進献』、JACAR（アジア歴史資料センター）、Ref.A15110435200、国立公文書館。

者受到禁止发行处分的人，不得担任报社的社主、编辑、印刷发行人，从而在一定程度上限制了遭受言论统制处分的人再次踏入报界的可能性。

第三，规定时事评论性报纸杂志必须缴纳保证金。保证金金额各地不一。东京发行的报纸需缴纳 1000 日元，京都、大阪、横滨、兵库、神户、长崎等地需缴纳 700 日元，其他各地需缴纳 350 日元，月发行低于 3 期的报纸减半，而且此前已经发行的报纸要重新补缴。此举对那些经营状况不善的报纸来说无异于雪上加霜，也让那些计划创办新报而经济状况不佳者望而止步。据报道，到 1883 年 5 月 18 日为止的短短一月内，由于无力缴纳保证金，"东京府下的 83 家报纸杂志中，提出停刊申请的达到 32 家"。① 有的报纸不得不将发行所迁移到保证金相对较低的埼玉、神奈川等地。

第四，提出了"事前审查"制度。规定报纸在付印之前"必须向内务省提交两份，向辖区有关部门（东京府由警视厅负责）及辖区法院检事局各提交一份"② 以供审查。禁止或停止报纸发行的行政处分权由内务省下放到各府县知事，同时"无论战时还是平时"，陆海军卿、外务卿均享有对与其所管辖事项有关的报道进行取缔的权力。这样一来，对报纸实施干涉的主体进一步扩大，限制也更加苛刻。

第五，提出了"连带责任"制度。规定一旦报纸刊登违反《新闻纸条例》相关内容，"报社所有人、业主、编辑、印刷负责人及笔者、译者均视为共犯"，并且在一人或一家报社发行多份报纸的情况下，"若其中一份报纸遭到停刊处罚，停刊期间其他报纸也不得发行"③。此项"连坐制"规定增加了报纸的"违法成本"，强化了对舆论的管控。

另外还规定，如果刊登破坏政体、紊乱朝纲的文章，除了对作者处以一年以上三年以下监禁以及 100 日元以上 300 日元以下罚款之外，还将没收报纸杂志社的所有印刷设备。由于一些实力较弱的报社杂志社无力购买印刷设备，不得不依靠印刷厂来印发报纸。上述规定颁布之后，由于担心印刷设备被没收，为降低风险，印刷厂大幅提高印刷费用，致使印刷成本突增。无奈之下，报社杂志社只好筹资购买新的印刷设备，但设备供应商又趁机哄抬价格。加上向政府缴纳的保证金，大多数报社杂志社苦不堪言。

新的《新闻纸条例》是在日本定宪法、开国会之前"以确立出版取缔法规为意图而

---

① 『時事新報』1885 年 5 月 19 日。

② 「新聞紙条例改正」、『公文類聚・第七編・明治十六年・第十一巻・文書・出版・公文書式・記録志表・印璽・古文書・美術・受付進献』、JACAR（アジア歴史資料センター）、Ref.A15110435200、国立公文書館。

③ 「新聞紙条例改正」、『公文類聚・第七編・明治十六年・第十一巻・文書・出版・公文書式・記録志表・印璽・古文書・美術・受付進献』、JACAR（アジア歴史資料センター）、Ref.A15110435200、国立公文書館。

制定的"①，它进一步强化了对报纸杂志的压制，致使许多报纸杂志被迫停刊，或将印刷厂转移到埼玉等印刷费用较为低廉的地区，以降低成本。在此背景下，一些在自由民权运动中表现活跃的报纸杂志也逐渐丧失了生气，笔锋犀利的文章也一时在报纸杂志上难觅踪影。

为进一步打击自由民权运动，压制集会结社等活动，1887 年 12 月 25 日，日本政府以敕令的形式颁布保安条例，禁止集会和秘密结社，赋予警察集会审批权、取缔权，并针对集会、结社、扰乱人心、阴谋暴乱者制定了相应的罚则。此外，该条例又特别规定，"凡以阴谋或教唆内乱或妨碍治安为目的印刷文书或刻板者，除根据刑法及出版条例处罚外，将没收用于其犯罪的所有器械"，并且"未经警察审阅，禁止报纸及其他印刷品发行"②，从而再次强调了"事前检阅"制度。至此，《新闻纸条例》《出版条例》《集会条例》《保安条例》共同构成了明治前期日本的"言论四法"，是该时期日本言论统制的基础性法规。

日本政府一方面加大对现有报纸杂志的统制力度，另一方面也想方设法积极引导舆论导向，"官报"由此应运而生。1882 年，日本政府授命参议山县有朋出面主持"官报"的筹备事宜，以压制盛极一时的自由民权论。1883 年 7 月 2 日，山县有朋提议太政官文书局发行"官报"。山县在倡议书中说："纵观世间形势，报纸杂报皆以慷慨激烈为主，攻击政府，诽谤朝廷……政府应向大众广为传播其主义、旨趣"，而"官报"就是"政府公然发布的报纸，借此以阐明其主义政道"③。在"官报"筹备的最后阶段，山县有朋确立了"官报为经，私报为纬"的办报思路。需要指出的是，此处所谓"私报"并非私人创办的报纸，而是指接受政府暗中资助而发行的半官方报纸。因此，无论是"官报"还是"私报"，其本质上均具有官方性质。鉴于此，政府采取"政府购买"、提供助成金以及强制要求所有官吏必须订阅等方式，从资金和政策方面对其给予了大力支持。

1889 年 2 月 11 日，《大日本帝国宪法》公布。其中第 29 条作了如下规定："日本臣民在法律范围内有言论、著作发行和集会结社的自由"。换言之，这些权利是在法律框架内的有条件的"自由"，政府有权通过法律随时取缔公民的自由言论。此外在第 76 条中还规定："法律、规则、命令等现行法令无论使用何种名称，只要不与本宪法矛盾，

---

① 村上一博：「明治・大正・昭和戦前期における判決例の研究（二）」、『法律論叢』2014 年第 87 巻第 1 号、第 294 頁。

② 「保安条例」、『公文類聚・第十一編・明治二十年・第三十巻・衛生門・衛生総一疾疫、警察門・警察一雑載』、JACAR（アジア歴史資料センター）、Ref.A15111404600、国立公文書館。

③ 春原昭彦：『日本新聞通史』、東京：新泉社 1987 年、第 56 頁。

均有效力"①。从而为此前制定的"言论四法"等一系列言论法规的有效性提供了法律依据。

以《大日本帝国宪法》为基础，日本政府又出台了数量众多的言论统制法案。1893年，第 5 次修订的出版条例以《出版法》的形式固定下来。《出版法》的内容以 1887 年颁布的出版条例修正案为蓝本，共由 35 条构成，其中第 1—2 条对该法案的适用对象做了界定，规定"除报纸及定期发行的杂志外，文书图画的出版均依照此法"②；第 3—15 条对版权保护问题进行了详细规定，并要求图书出版前须向内务省送检；第 16—21 条规定了严禁出版的条目，凡涉及法律诉讼、外交军事、危及社会安定、破坏风情习俗等内容均在管制范围之内；第 22—35 条则针对前项内容制定了详细的罚则，动辄罚款、入狱并没收图书制版。

1909 年，日本政府又将第 4 次修订的《新闻纸条例》制定为《新闻纸法》。与《新闻纸条例》相比，该法案由 45 条正文外加 3 条附则构成，内容更加详细。除了对报纸的基本形态、发行人、编辑、印刷等基本要素进行了详细规定外，还规定了送检制度以及保证金制度。与前述《新闻纸条例》不同的是，日本政府提高了保证金数额，"东京市大阪市及其市外三里以内缴纳 2000 日元，人口 7 万以上城市、区及区外一里以内缴纳 1000 日元，其他地方缴纳 500 日元"③。此外，该法案详细规定了禁止刊登的事项，以及对违反此法者的行政、司法处分。

除宪法、"言论四法"外，该时期日本实施言论统制的另一个手段是"紧急敕令"。《大日本帝国宪法》第 8 条第 1 项规定，在议会休会期间，"为保护公共安全或规避灾难，天皇在紧急且必要时，可发布代替法律的敕令"，即所谓的"紧急敕令"与法律具有同等效力。在日本媒体发展史上具有重大意义的"紧急敕令"是 1891 年"大津事件"④ 发生后第 5 天发布的第 46 号敕令。

内务大臣可发布命令，要求报纸杂志或文书图画在报道外交相关事件时，预先

---

① 「大日本帝国憲法」、『御署名原本・明治二十二年・憲法二月十一日・大日本帝国憲法』、JACAR（アジア歴史資料センター）、Ref.A03020029600、国立公文書館。

② 「出版法」、『公文類聚・第十七編・明治二十六年・第三十七巻・地理・土地・観象、警察・行政警察』、JACAR（アジア歴史資料センター）、Ref.A15112725900、国立公文書館。

③ 「新聞紙法」、『公文類聚・第三十三編・明治四十二年・第十七巻・地理・土地・森林、警察・行政警察、社寺・神社・雑載』、JACAR（アジア歴史資料センター）、Ref.A15113739500、国立公文書館。

④ 1891 年 5 月 11 日，日本警察津田三藏行刺前来日本访问的俄罗斯皇太子尼古拉·亚历山德罗维奇·罗曼诺夫未遂。之后，日本政府与司法机关围绕判决准则展开了拉锯角力。最终，司法机构坚守住了司法独立的底线，该判决在日本司法史上具有重要意义。

提交其草案，并对其进行审查，可禁止其刊登。违反者，将对其发行人，编辑或发行者、著作人处以一月以上两年以下监禁或 20 日元以上 300 日元以下罚款。①

该敕令是"帝国宪法颁布后及帝国议会开设后最早的言论取缔紧急敕令"②。它为日本政府实施言论统制开辟了一条特殊的通道，能够在很大程度上弥补"言论四法"留下的空白。其中，最具代表性的案例是"反媾和运动"③后发布的紧急敕令。

在《朴茨茅斯和约》谈判过程中，由于条约内容与日本各界当初预期的目标相去甚远，引起了民众的强烈不满。除了亲政府的《国民新闻》外，大部分报纸都对政府的"软弱外交"提出了严厉批评。如 1905 年 9 月 1 日，《万朝报》发表评论号召人们对参加媾和谈判的日本代表进行抵制，称"他们归朝之日，所有市民要关门闭户。对那些使我们蒙受千古大辱的软骨汉表示欢迎是毫无血性、毫无公心、毫无义愤的丑奴所为"④。而当日的《邮便报知新闻》则在社论中首次提出了"非媾和运动"的主张。

> 战胜国当局遵从战败国的命令，以万古不灭的屈辱淹没空前绝后的大胜。我使节一再让步，唯唯诺诺听从对方命令，卖君卖民，卖掉忠烈无比的军队，继而卖掉蒙受陛下重托的臣节，自取奇耻大辱。这与还辽失败相比，其耻辱可谓更甚几倍。故吾人敬告国民：不论是官是民，应对陛下尽忠，以国民为友，一起奋起纠政府当局之罪，努力使之行使拒绝批准（条约）的权能。此为国民唯一的道路。⑤

1905 年 9 月 5 日，对《朴茨茅斯和约》不满的群众在东京日比谷公园召开国民大会，遭到政府的阻挠，愤怒的群众捣毁了内务大臣官邸和国民新闻社，并袭击、烧毁了东京的大部分警察局，最终酿成"火烧日比谷事件"。事件发生后，日本政府于 9 月 6 日发布戒严令，并发布第 206 号紧急敕令，其主要内容如下：

---

① 「帝国憲法第八条ニ依リ新聞紙雑誌又ハ文書図画ニ外交上ニ関スル件」、『公文類聚・第十五編・明治二十四年・第三十九卷・警察・行政警察』、JACAR（アジア歴史資料センター）、Ref.A15112385100、国立公文書館。

② 内川芳美：『マス・メディア法政策史研究』、東京：有斐閣 1989 年、第 5 頁。

③ 日俄战争后，在美国斡旋下，日俄两国在美国的朴茨茅斯签订媾和条约。由于条约内容与日本各界当初预期的目标相去甚远，引起了民众的强烈不满。以报纸为代表的媒体对日本政府提出严厉批评，并发起了反媾和运动，要求政府废弃媾和条约，继续进行战争。

④ 『萬朝報』1905 年 9 月 1 日。

⑤ 『郵便報知新聞』1905 年 9 月 1 日。

第一条　若报纸或杂志违反新闻纸条例，刊登冒渎皇室尊严、破坏政体或扰乱朝宪的事项或者教唆暴动、煽动犯罪的事项，内务大臣有权禁止其发行并予以没收，且禁止其以后发行；

第二条　对于依据前条规定受到停止发行处分的报纸、杂志，内务大臣认为有必要时，有权禁止同一人或同一社发行其他报纸或杂志；

第三条　对于遭到停止发行处分的报纸、杂志发行人以及违反第一条禁令的报纸、杂志发行人，处以1月以上6月以下监禁、20日元以上200日元以下罚款。（下略）①

该敕令最大的特点是恢复了内务大臣对报纸杂志等新闻媒体的生杀予夺大权。内务大臣对报纸杂志的行政处分权最早见于1875年修订的《新闻纸条例》，此后日本政府在1876年7月和1880年10月分别发布太政官布告，强化了内务大臣对媒体的控制权。该权力"是对反权力言论实施压制的最锐利的武器，在种种统制手段中发挥了核心作用"②。松方正义内阁时期，受自由民权运动的影响，无论是舆论界还是在野党，均对内务大臣对报纸杂志的行政处分权表示了强烈不满。鉴于此，松方正义内阁于1897年3月17日通过法律修订案，废除了内务大臣对报纸杂志的行政处分权。然而，上述敕令却重启了内务大臣对媒体的控制大权，并最终在1909年颁布的《新闻纸法》中得以确认，这不能不说是日本言论统制史上的一种倒退。

在如此严厉的言论统制之下，包括报纸在内的大量出版物因刊登或出版触犯《新闻纸法》《出版法》、敕令的内容而遭受处分，其中最著名的当属"白虹贯日事件"。

1912年7月，日本皇太子嘉仁继位，改年号为"大正"，自此日本历史进入短暂而相对稳定的"大正时期"。在这一时期，日本军国主义情绪不断高涨，统治集团内部矛盾日益深化。1918年，日本出兵西伯利亚，干涉苏俄革命。然而，日本并未如愿以偿，反而因为卷入第一次世界大战以及出兵西伯利亚造成国内粮食短缺，加之地主、米商囤积居奇，致使米价飞涨，最终酿成全国范围内的"米骚动"。

日本媒体对"米骚动"进行了报道，并对寺内内阁提出了尖锐的批评。寺内内阁对舆论采取了打压方针，不但对反对出兵的近60家报纸实行停止出版发行的处分，同时还以"米骚动"是报纸煽动的结果为由，于1918年8月14日颁布禁令，要求"禁止报

---

①　「勅令第二百六号」、『御署名原本・明治三十八年・勅令第二百六号・新聞紙雑誌ノ取締ニ関スル件』、JACAR（アジア歴史資料センター）、Ref.A03020642400、国立公文書館。

②　内川芳美：『マス・メディア法政策史研究』、東京：有斐閣1989年、第31頁。

道有关各地米骚动的任何消息，发行关于大阪米骚动的号外时应直接予以取缔"①。寺内内阁压制新闻言论的政策引起了报界的极大不满。8 月 15 日，由东京各报负责人组成的春秋会召开评议员会议，明确指出政府的禁令是"压迫言论自由的行为"②，并要求政府对此禁令予以解决。然而政府并不为所动。16 日，内务省发布公告称，"报纸煽动性、夸大性的报道给各地造成了恶劣影响"③，出于维持治安的考虑，不得已对这些报纸作出禁止发行的处分。

政府的行为引发了全国性的"言论拥护运动"。17 日，来自神户、京都等地的 53 家报社的 137 名记者在大阪集会，发出了"拥护言论、弹劾内阁"的呼声。25 日，全国 86 家报社的记者在大阪召开了关西记者大会，要求"寺内内阁负起失政责任"④，立即下台并恢复言论自由。

《大阪朝日新闻》记者大西利夫对关西记者大会的盛况进行了报道。

元帅陆军大臣……寺内正毅阁下以威风凛凛的金丝缎之光祸患国民的时代已经过去，沐猴之冠得不到任何人的尊敬。国民深受涂炭之苦，如空仓之雀般饿极而泣。（中略）现在对号称金瓯无缺的我大日本帝国进行最后宣判的日子迫近。古人常说的"白虹贯日"之兆如同闪电一般默默地在挥动肉叉的人们头顶闪过。⑤

在报界的猛烈抨击之下，寺内内阁被迫总辞职，报界取得了胜利。但是上述报道却引发了日本报界的一场"大地震"。大西利夫在报道中使用了"白虹贯日⑥"一词，被政府以"阴谋推翻天皇统制，教唆暴力革命"为由起诉。结果，刊登这一消息的当天的报纸被禁止发售，发行人兼编辑山口信雄和记者大西利夫被监禁两个月。后来，原敬内阁上台后，又以"紊乱朝宪，违反新闻纸法"为由起诉《大阪朝日新闻》，声称要永远禁止其继续发行。

在面临生死存亡的紧要关头，大阪朝日新闻社社长村山龙平被迫辞职，鸟居素川、长谷川如是闲、大山郁夫、丸山千治等编辑也被迫退出该报社。这次危机甚至波及到

---

① 「大正七年に於ける所謂米騒動事件の概要」、『昭和 14 年調・大正 7 年に於ける所謂米騒動事件の概要』、JACAR（アジア歴史資料センター）、Ref.A06030016200、国立公文書館。

② 山本文雄：『日本新聞発達史』、東京：伊藤書店 1944 年、第 246 頁。

③ 美土路昌一：『明治大正史　第 1 巻　言論篇』、東京：朝日新聞社 1930 年、第 272 頁。

④ 茶本繁正：『戦争とジャーナリズム』、東京：三一書房 1984 年、第 173 頁。

⑤ 『大阪朝日新聞』1918 年 8 月 26 日。

⑥ "白虹贯日"一词出自《战国策·魏策四》："聂政之刺韩傀也，白虹贯日"，意为一道白光直冲向太阳，此为自然现象，后经常被引申为有较大变革发生之前上天所降示的吉凶之征兆。

《东京朝日新闻》，以编辑局长松山忠二郎为首的 10 余名编辑宣布退出报社。继而，《大阪朝日新闻》于 12 月 1 日在报纸上发表《改过宣言》，称"我社创立 40 余载，常尊崇皇室，鼓励国民忠爱精神"，然而"反省我社近年之言论颇不稳健，亦自知具有偏颇倾向，产生如此倾向，实与我社信条相悖"，并表示"我社自知过错，将勇于悔改"。① 此外，该报还表示在今后的报道活动中，"应上下一心遵奉大誓，裨益立宪政治之完美，以之维护天壤无穷之皇基，图国家安泰国民幸福。同时立足于不偏不党之地，持公平无私之心，以正义人道为本，实现稳健妥当的评论、确实敏速的报道，革新报纸报道风气，考虑报纸的社会影响，树立忠厚之风"②。

鉴于朝日新闻社的上述一系列补救措施，兼任司法大臣的原敬首相于 12 月 6 日通知新任社长上野理一，可以免于"停止发行"的处分。至此，"白虹贯日事件"总算画上了句号。

"白虹贯日事件"是日本新闻史上著名的笔祸事件，它是日本新闻发展史上重要的分水岭，也是对言论自由的极大破坏。自此之后，大多数报纸在报道政府以及政治事件时都宣称遵照所谓"客观报道"的原则，不再敢于对政府进行批判，只是将事实向民众进行传达而不添加记者个人或者报社的任何主观评论。这既是对政治的消极抵抗，同时又是报社明哲保身的手段。这也反映出诞生于特殊的政治环境中并与政治有着千丝万缕联系的日本报纸在批判政治、表达民主、争取言论自由的时候，不可避免地带有局限性和脆弱性。

1925 年，日本政府又公布了旨在镇压革命运动、控制国民思想、压制言论自由的"恶法"——《治安维持法》。该法案规定："组织以变革国体或否定私有财产为目的的结社或者知情而加入此等团体者，处以 10 年以下徒刑或监禁"③。1928 年，政府又对《治安维持法》进行了修订，将最高处罚由 10 年改为死刑。修订后的《治安维持法》因遭到议会反对而未能通过，但是政府随后却采用了颁布"紧急敕令"的方法强行公布。日本宪法学者美浓部达吉批评此举"简直是对宪法的蹂躏，是权力的滥用"④。1929 年 3 月 5 日，强烈反对此法案的议员山本宣治被右翼分子暗杀，日本的"黑暗政治"逐渐走上了法西斯化道路。

修订后的《治安维持法》不但给政府提供了将新闻舆论逼入绝境的法律依据，还为

---

① 『大阪朝日新聞』1918 年 12 月 1 日。
② 塚本三夫：『実録　侵略戦争と新聞』、東京：新日本出版社 1986 年、第 123—124 頁。
③ 「治安維持法」、『公文類聚・第四十九編・大正十四年・第三十三巻・地理・土地—雑載、警察・保安警察、社寺・神社・寺院』、JACAR（アジア歴史資料センター）、Ref.A13100773300、国立公文書館。
④ 『朝日新聞』1928 年 10 月 15 日。

言论统制机构的设立大开方便之门。此后，除了在各府县设立特别高等警察之外，还在陆军宪兵队设立了思想统制部门，加紧了对报纸等舆论媒体的监督和控制。至此，战前的言论统制体制已经形成并渐趋完备。

第三章 战前日本广播政策

1865 年英国科学家麦克斯韦通过数学方法推导出电磁波的传播速度，并提出了电磁波理论。1887 年德国物理学家赫兹通过实验证实了电磁波的存在。1895 年意大利科学家马可尼首次完成了无线电波传送实验，并在英国政府的资助下于 1901 年末实现了长达 2000 多英里的跨洋通信，标志着无线电技术的成熟，无线电报和无线电话研究和应用随之在世界各国迅速展开。1904 年英国人弗莱明制造出第一支二极真空管，1907 年德福雷斯特将二极管加以改良制造出第一支三极管，从而为广播事业奠定了坚实的基础。

随着世界范围内无线电技术研究的不断推进，日本也开始涉足这一领域。递信省首先开始开展无线电研究，此后陆海军、铁道省也相继开始推进该领域技术研究和应用。1905 年日俄战争中日本海军首次利用无线电发出预警信息，在日本无线电发展史上留下了无法磨灭的印记。第一次世界大战结束后，美国等国家加大了无线电研究的投入，无线电事业更是取得了长足发展，日本也开始进行大规模研究，并逐渐向产业化方向发展。

鉴于无线电技术最早在军事上应用较为广泛，因此其对电信事业的控制几乎与日本电信业的发展同步进行，在正式开启广播事业之前，日本当局就制定了多项无线电信政策，将无线电事业纳入到政府监管体系之下。正式开播之后，日本当局更是强化了对广播事业的利用和管控。

第一节 广播事业开启前的电信政策

广播与日本电信事业的发展密切相关，它是伴随着无线电技术的发展而逐渐发展起来的，广播事业归根到底是无线电通信事业的一部分，因此对广播事业的统制和监管最开始是源于对无线电事业的监管。明治维新时期，随着西方科学技术的传入，电报电信事业也在日本发展起来。为规范电信事业的发展，明治政府于 1874 年 9 月颁布日本历史上首个电信政策——《电信条例》。该条例共有 17 条，前 3 条确立了电信事业国家监管的原则，规定电信寮"拥有在日本帝国内传送或收取电报等一切相关事务的处理专任权"①，从而将电信事业列为国家管理范畴。其余 14 条则是对触犯该条例的相关罚则，主要体现在两个方面：一是对损坏无线电设施的行为依据其损毁程度处以不同数额的罚款甚至不同刑期的拘役；二是对电信部门职员的业务开展造成阻碍或电信部门职员因不作为等行为造成信息传递滞后等后果时也将处以罚款或监禁。

由于电信业在军事方面应用较为广泛，因此为保障军事通信的通畅，1894 年 4 月，陆军制定了《军用通信条例》；后经帝国议会审议，于 1894 年 6 月 5 日以《军用电信法》的形式正式公布。该法案规定无论是设在各军事设施的固定式军用通信还是临时架设的移动式军用通信，均"由陆军大臣或海军大臣管理"②。此外，必要时军用通信可随时征用或占用民用通信、私营通信设施，同时也可根据敕令要求将其用于公共通信。这也为日后军部参与广播事业埋下了伏笔。

面对无线电事业发展的需求，作为监管部门的递信省深刻意识到无线电事业的未来发展趋势及对日本社会发展的作用，遂开始尝试通过政府力量对无线电事业实施统一规范管理。早在日本广播正式开播之前，日本政府就于 1915 年 6 月 19 日以第 26 号法律的形式颁布了《无线电信法》，该法第一条就明确规定"无线电信及无线电话业务由政府掌管"，并规定出于航行安全需要或无线电信试验等特定目的需要，在获得主管大臣许可后可以开设私营电信业务，但其"私设无线电信或无线电话机器装置及运用相关限制及从事私设无线电信通信者的资格"等均需获得主管部门的许可。主管部门对私设无线电信的业务运营实施监管审查，从事私设无线电业务者未经允许不可将无线电信或无线电话用于其他用途，但主务大臣出于公益上或认为有其他必要情况时，可要求其用于公共通信或军事通信或限制、停止其使用，且"认为公共通信或军事上之必要时，主务大臣可取消私设无线电信、无线电话之许可或命令变更其设备"③。该法案还赋予了政府对无线电信、电话设施的监督权，规定必要时主务大臣可派员赴设施所在地检查。一旦认定私设无线电业务者违反该法令，则其所经营之无线电信电话业务必须停止使用，不可通过变更所有人或经营者的方式逃避处分，从而将设施经营者与其设备实现了捆绑

---

① 「電信条例」、『明治 7 年「太政官布告 2　従 7 月至 11 月』、JACAR（アジア歴史資料センター）、Ref. C04017567600、防衛省防衛研究所。

② 「軍用電信法」、『御署名原本・明治二十七年・法律第五号・軍用電信法』、JACAR（アジア歴史資料センター）、Ref.A03020166900、国立公文書館。

③ 「無線電信法」、『御署名原本・大正四年・法律第二十六号・無線電信法』、JACAR（アジア歴史資料センター）、Ref.A03021028200、国立公文書館。

监督，而未经许可而设置或使用无线电设施者同样也将处以一年以下监禁、千元以下罚款。

《无线电信法》首先确立了无线电信事业"政府掌管"的原则，即规定了作为无线电事业之一的广播事业的"国营性"，但同时又确认在获得政府许可的前提下可以"私设无线电事业"，即承认其"民营性"。由于广播事业既需要作为播出方的广播机构的设备支持，也需要作为收听方的听众的设备支持，因此国家监管、民营实施的方式为广播事业的开展奠定了基础。

《无线电信法》公布后，递信省就开始着手起草私营无线电话业务管理规定，并于1923年10月完成草案。由于无线电话业务与军用通信密切相关，因此在该草案完成后，递信省将草案照会陆军省征求意见。陆军省针对与军事通信相关的内容，提出了如下修订意见：

一、战时、事变自不待言，即使在平时，出于军事上之必要，如特别大演习及其他演习时，如有需要，陆军可终止或限制其使用，此种场合下所产生之损失，陆军不承担责任；

二、为防止被恶意宣传所利用，应采取措施方法加以取缔，特别是许可外国人（从业）时，尤应如此；

三、军用无线电话在不支付报酬情况下可收听广播无线电话；

四、为防止空中信号混乱，应对一定区域内设施数量实施适当限制；

五、在对电话设施给予许可时，应预先与陆军省进行协商。①

从上述意见看，陆军省希望通过对无线电话事业的干预获得对无线电话监管的话语权，从正式公布的《放送用私设无线电话规则》来看，陆军的上述意见基本得到了贯彻。12月21日，递信省正式发布依据《无线电信法》之规定制定的日本广播事业基础性法规《放送用私设无线电话规则》。

该规则第一条明确了其适用对象为"播放或收听时事、音乐及其他事项而设置的私设无线电话"。该条规定表明该法规的约束对象既包括无线电话广播的播出方，也包括作为听众的接收方，同时播放或收听的内容涵盖时事类的新闻报道、音乐类的娱乐节目及其他内容。换言之，该条规定要求对广播事业的全过程和全内容实施监管。

---

① 「放送用私設無線電話ニ関スル件」、『永存書類甲輯第5類　大正13年』、JACAR（アジア歴史資料センター）、Ref.C02031182300、防衛省防衛研究所。

对于经营广播事业的播出方的资格及设备条件，该规则要求"设置以广播为目的之私设无线电话"的广播事业经营者在开办事业前须向递信大臣提交包括"起业计划书、工程设计图、工程费概算表、收支概算表及说明"等内容在内的申请书，标明该设施的目的、所有人、所在地及广播区域、广播内容和广播时刻以及所使用广播设备的型号、种类、规格等，且广播设备必须符合递信省规定的规格，其天线功率须在 10 千瓦以内，波长必须在 545—200 米，具体由递信大臣指定。而这一波长范围大大超出了传输距离长、常用于国际广播的短波波长范围。这表明，在日本广播事业的起始阶段，日本当局即禁止接收或收听国际广播。此外，广播事业经营者在对上述设施进行变更或停止该业务时须获得递信大臣许可。

对于广播事业经营者的经营，该规则规定广播事业经营者在收费、收支预算等业务经营方面必须获得递信大臣许可，并可以"公益上之必要"为由要求其变更收费标准或与听众签订的收听合同，且其技术负责人和广播负责人的聘用或解聘必须取得所在辖区递信局长的认可，即使在聘用后若递信局长认为其在职务上有失误时可要求其解聘。此外，该规则还规定"在战时、事变及其他必要场合，递信大臣可命令广播设施经营者播放公益相关事项，或可命令其在公益广播的实施方面采取必要措施"，当递信大臣认为有必要时"可要求从事公共通信和军事通信的无线电信或无线电话从业者终止广播"[①]。

对于"设置以收听广播事项为目的的私设无线电话"的广播事业接收方，该规则则要求其在设置每一台收听设备时，均须将记载有收听方住所、姓名、接收设备设置场所、接收设备种类及数量等内容的设施许可申请书及收听合同提交给通信管理部门，并须获得所辖区域递信局长许可，且机器必须符合递信省规定的规格，其波长及功率范围与广播设备的规格相同。递信大臣出于公益或其他必要情况时可要求收听方加装特别设施或禁止其使用收听设备进行收听。1924 年 2 月，又公布《放送用私设无线电话监督事务处理细则》，规定禁止播送政治评论、外交军事机密等内容。上述两方案此后历经多次修订，对广播事业的监管内容更加详细，监管力度也不断升级。

对于广播事业的开办资格，上述法规并无明确限制。无论是私人还是营利团体以及公共事业团体均可申请开办，但其性质明确为"私设"，即"民营"。之所以采用"民营"性质，递信省在此后针对"无线广播"的一份调查中阐明了如下原因：

　　　　广播事业虽具有公共性质，但其并非国民社会生活上绝对紧要事业，这一点与

---

① 「放送用私設無線電話規則」、『官報』第三千三百九十九号、1923 年 12 月 20 日、東京：大蔵省印刷局、第 358 頁。

一般电信、电话的趣旨有所不同。且如今日存在多种多样官营事业，在几无余力对其进行整顿、发展之时期，若由政府对成败兴衰难以预料之新事业实施经营绝非良策。加之从实际运用来看，与其他定则不变之通信事业相比，放送材料之入手、布置、欢迎度之观测以及播放人员之选定、雇佣、报酬之决定等经营方法上大有不同，不适合官营之处甚多。从各国之例来看，除德国半官半民之外全部为民营。①

上述法规颁布后，申办广播事业者数量众多，来源繁杂。为规范广播事业的开办及便于对广播事业的管理，1924 年 5 月，时任递信次官的米田奈良吉表示政府原则上仅允许法人开办广播事业，且"基于国家经济乃至行政上的必要，每个递信局管区内仅限设立一家放送局"②，并首先允许东京、大阪、名古屋三地建设长途无线电传输设施。

第二节　广播事业开启后的广播政策

上述政策公布后，东京、大阪、名古屋各地申办广播事业的团体在递信省的协调下通过合并的方式成立了单一的法人组织，并按照递信省要求递交相关申请，分别于 1924 年 11 月 29 日、1925 年 2 月 28 日、1925 年 1 月 10 日成立社团法人东京、大阪、名古屋广播电台，由此开启了日本广播事业的先河。

三大广播电台成立后，遂开始紧锣密鼓准备开播工作。东京广播电台在位于东京芝浦的东京高等工艺学校设立临时播音室，从东京市电气研究所、递信省电气试验所等机构租赁了播音设备，于 1925 年 3 月 1 日开始了日本历史上首次试播，3 月 22 日开始正式广播，7 月 12 日开始在新建的爱宕山播音室全面开启广播事业。大阪广播电台和名古屋广播电台分别于 6 月 1 日和 7 月 15 日开始正式广播。

就在东京广播电台正式开播后的第 4 天，递信省照会陆海军省、内务省、外务省、司法省、宫内省等机构，要求"禁止播放出版法、新闻纸法所禁止出版或刊登的内容，由所辖递信局长实施监督"，并要求各机构若发现上述违规播放内容"应速与递信省联络"，或由当地官方机构"直接通知所辖地区递信局长及广播无线电话设施负责人"③ 进行处理，但事后仍需向递信省汇报。对此，各机构均给予积极回应，并召开次官联席会

---

① 「放送無線電話ニ関スル調査」、『放送無線電話に関する調査』、JACAR（アジア歴史資料センター）、Ref.A09051804900、国立公文書館。

② 日本放送協会編：『日本放送協会史』、東京：日本放送協会 1939 年、第 7 頁。

③ 「放送無線電話ノ放送事項取締ニ関スル件」、『本邦無線電話関係雑件／法令関係 (F—2—3—2—1—1)』、JACAR（アジア歴史資料センター）、Ref.B10074978500、外務省外交史料館。

议于 5 月 22 日就广播节目取缔事宜作出如下决议：

放送无线电话放送事项取缔方法

一、向各广播电台下达如下命令

1. 禁止广播新闻纸法及出版法禁止刊登和出版之事项。

2. 关于特定事项，所辖递信局长命令禁止广播时，或检察官及其他主管部门禁止报纸、出版物刊登、出版时，该事项亦禁止广播。

3. 可能触犯禁止命令及明显会产生社会冲击的事件及其他在是否适合广播方面存疑的广播材料，在广播前须请示所辖递信局长。

4. 理事应对广播事项实施严格关注，此外在报道事业方面，应选定知识、经验丰富的常任人员进行慎重判断。

5. 广播节目最迟在该广播前日呈送所辖递信局长审查。

6. 节目发生变更或报道突发事件时必须获得所辖递信局长的许可。

7. 接到所辖递信局长中止广播命令时，须立即切断电源。

8. 对于已广播事项，当接到所属递信局长订正命令时，须在指定时刻广播订正。

二、递信省或递信局接到内务、外务、司法、陆军、海军、宫内各省或其地方部门禁止广播事项通知时，应采取适当方法迅速向各广播电台下达禁止命令；大藏、农林、商工、铁道、文部等各省发生禁止发布事项时，应通过内务省与递信省进行交涉。

三、在东京递信局、内务省警保局间及各递信局与其所辖广播电台之间设置直通电话；在递信省及递信局尽可能设置专人负责广播事项的取缔工作。

四、在递信局设置接收机对广播节目进行监听；当发现广播禁止事项或在广播中触及禁止事项时，应采取适当方法迅速终止该广播。

五、对于新闻及演讲，应采取方法保全证据。①

可以看出，尽管递信省没有直接表明广播内容适用于《新闻纸法》《出版法》等言论统制法规，但却明确规定禁止播送违反上述法令的内容，从而间接将广播内容的监管与《新闻纸法》《出版法》联系起来。在广播内容取缔方面，递信省一方面采用事前审

---

① 「放送無線電話ノ放送事項取締方法」、『例規類・文書課、商務局・大正 14 年』、JACAR（アジア歴史資料センター）、Ref.A16110206800、国立公文書館。

查和事后处罚相结合的方法，同时实施递信部门审查和广播电台自检相结合的方法，并保持与政府其他部门和军部之间的密切联系。这说明，日本当局对广播事业的控制从一开始就是严格而全面的。

三大广播电台开办以后，日本的广播事业得以快速发展，节目内容涵盖气象预报等生活类、物价行情等经济类、时事讲演等政治类及音乐等娱乐类，日均节目时长达 13 小时以上，仅开办一年半，听众合同数已达 30 万份，广播的价值也逐渐为社会大众所认知。

为进一步普及广播事业，充分发挥广播在宣传上的作用，日本各界逐渐形成了三局合并及建设全国性广播网络的共识。1926 年 3 月，递信省在制定《事业扩张五年计划案》时提出了"新社团法人组织案"，主张"解散三局，设立新的社团法人日本放送协会，继承其一切业务"①，并制订了建设计划、经费预算、收支概算等。4 月 19 日，递信省向上述三局传达了合并方案，并成立三局合并筹备委员会，就人员构成、债权债务等合并事宜进行了探讨并最终达成协议。

1926 年 8 月 6 日，社团法人日本放送协会创立总会在东京举行，会上通过了章程及细则，并确定了基本的人事安排。按照章程及细则规定，日本放送协会属于社团法人组织，其目的是"经营无线电话广播事业，且实现无线电话的进步发达"②。协会由总部和分部构成，其中总部负责"本协会事业计划、本协会预算及其财务和决算、会员总会相关事项"的制定和处理，各分部负责"管辖区域内日常广播业务的执行、向总部理事会提交管辖区域内事业计划及预算决算、依据总部理事会决定执行管辖区域内事业计划及预算、各分部出纳、分部总会及其他由本部理事会决定由分部掌管的相关事项"③。

同日，递信大臣安达谦藏发布日本放送协会设立许可书和命令书，要求自日本放送协会正式成立起 5 年内在日本各地完善广播设施和广播网络，其事业计划以及收支预算的制定及变更、资金用途、利益分配、人事安排等必须获得递信省许可，且递信大臣"认为在公益上或学术上有必要时"④，有权命令其增设或变更相关设施。此外，在每个业务年度的首月，须将上年度业绩及收支决算、上年度财产目录及上年度会员变动等内容向递信大臣汇报。递信省有权派员对协会业务、财产状况进行检查，也可派员参加

---

① 日本放送協会编：『日本放送協会史』、東京：日本放送協会 1939 年、第 19 页。
② 「社団法人日本放送協会定款（大正十五年八月六日）」、日本放送協会编：『日本放送協会史』、東京：日本放送協会 1939 年、第 36 页。
③ 「社団法人日本放送協会定款細則（大正十五年八月六日）」、日本放送協会编：『日本放送協会史』、東京：日本放送協会 1939 年、第 40 页。
④ 日本放送協会编：『日本放送協会史』、東京：日本放送協会 1939 年、第 26 页。

协会会员总会及各地方分部总会并具有发言权。节目内容必须在播放前日送交审查，审查按照《新闻纸法》和《出版法》的相关规定执行，从而实现了一元化指导。由上可知，尽管日本放送协会的章程规定其在民法上属于"社团法人"性质，但无论其业务内容还是组织架构均受递信省节制，其实质上不过是国家管理下的广播事业统制团体。

1926 年 8 月，"为促进放送无线电话的民众化"，递信省制定广播设施建设方案，计划数年内在东京、大阪、长野、广岛、札幌、熊本、仙台等 7 处广播电台增设发射功率 10 千瓦设备，在东京、大阪、名古屋 3 处设发射功率 1 千瓦设备，用于第二套节目的播放，在野付牛（北海道地名）、弘前、金泽、滨松等地设发射功率 3 千瓦设备。因担心广播的电波与军用通信电波互相干扰，递信省特向陆军省征求意见，并表示"确定新发射设备的装置场所、电力及电波长时将与陆军省协商"[1]。对此，陆军省答复要求对广播时间及每个广播电台信号接收范围内使用的广播波长进行限制，以避免对军用通信产生信号干扰。

针对陆军省的上述要求，递信省决定定期向陆军省通报各广播电台的播放时刻表，并要求各递信局"根据对广播设施的许可命令，严格执行管区内放送无线电话的广播时刻表"[2]，不得随意变更广播时间。针对临时广播或需要延长广播时间的情况，1928 年 9 月递信省特作如下规定：

一、临时广播由所辖递信局长（当涉及两个以上递信局时，由相关递信局之间协商）按照下述标准进行处理，并在事后向本省报告；

二、关于临时广播，特别是对于临时设置的无线电话装置中的接收装置（除短波外），只有在递信局长认为无技术障碍时方可给予许可；

三、在平日上午七时至下午五时间许可时间范围内要实施临时广播，递信局长只有在认定其对广播不造成妨碍时方可予以许可。但在上述时间内，需要终止目前正在实施的广播时间或广播次数二分之一以上，或连续三日以上需要终止三分之一以上时间或次数来播放同一事项，或需要终止新闻、经济、市场状况时则不在此限；

四、对于周日、节假日的临时广播及平日下午五时至晚上十时间的临时广播，

---

① 「放送無線電話施設計画ニ関スル件」、『永存書類甲輯第 5 類　昭和 2 年)』、JACAR（アジア歴史資料センター）、Ref.C01001008600、防衛省防衛研究所。

② 「放送時刻ニ関スル件」、『永存書類甲輯第 5 類第 2 冊　昭和 5 年』、JACAR（アジア歴史資料センター）、Ref.C01001196400、防衛省防衛研究所。

不需要终止新闻、经济、市场状况时，递信局长在认定其对广播不造成妨碍时可予以许可；

　　五、对于军事、外交及其他与国家枢要事项密切相关，或被认定为公共安全或公益上有必要之事项，以及递信局长认为其他相当于此等事项的临时广播，不受上述两条的约束，可根据需要临时延长广播时间。此种情况下于军事上有无障碍，另由军事机构认定。①

　　对于该规定，陆军省原则上表示同意，并确定了"陆军、递信两省共同协商"的机制。此后，日本放送协会在各地广播电台设立新设备时均将设备地点、波长、功率、广播时间等相关内容向陆军省通报并根据陆军省的反馈意见作相应调整。无论是临时广播还是更改节目时长均须向陆军省通报，这也从一个侧面说明军部对广播事业具有极大的话语权，这也是日本广播事业监管上的重要特征之一。

第三节　日本广播中央集权制的形成与确立

　　日本放送协会成立后，在东京设立总部，下设总务、事业、技术三部，同时将原先的东京、大阪、名古屋三放送局改组为关东、关西和东海三分部。1927 年又先后增设九州、中国、东北、北海道四分部。1928 年 6 月至 7 月间又分别设立广岛、熊本、仙台、札幌四分局，11 月完成了横跨东京、大阪、名古屋及新设四局的转播网络，其机构组织得以日益完善。自 1934 年 1 月 1 日起，日本放送协会在各分部实施统一的"部课制"，所有分部下设总务、放送、技术三部，总务部下设庶务、经理、周知、加入、料金五课，放送部下设社会教育、文艺、报道、业务四课，技术部下设调查、现业两课和放送所，从而在全国范围内实现了统一的广播统制体系。

　　随着日本放送协会各分支机构及组织体系的不断扩张，递信省也对其章程和细则进行了修订。1934 年 5 月 16 日，新修订的章程将其成立目的修订为"经营由主务官厅许可的无线电话广播事业及其他无线电通信事业，且实现无线电通信的进步发达"，其业务内容为"经营为达成上述目的的附带业务，或向为达成上述事业经营所必要的其他业务实施投资"②，从而将其业务内容限定在日本当局许可的范围内，并增加了"向其他业

---

① 「臨時放送ニ関スル件」、『永存書類甲輯第 5 類第 2 冊　昭和 5 年』、JACAR（アジア歴史資料センター）、Ref.C01001196400、防衛省防衛研究所。

② 「社団法人日本放送協会定款（昭和九年五月十六日）」、日本放送協会編：『日本放送協会史』、東京：日本放送協会 1939 年、第 46 頁。

务实施投资"的内容，这为其注资"同盟通信社"①（简称"同盟社"）提供了依据。

上述章程和细则修订后，日本放送协会对其业务组织进一步实施了全面改革，重点对组织架构和业务形态进行了改革，取消了先前的总部分部模式，将经营中枢转移至位于东京的关东支部，并将原关东分部与总部合并成为中央放送局，将原大阪、名古屋等分部改组为大阪中央放送局、名古屋中央放送局等，由中央放送局统一管理，由此确立了以中央放送局为主体、以各地放送局为分支机构的组织体系。

需要注意的是，改组后的中央放送局重要人事多由原递信省系统官员担任，如递信省出身的中央放送局长取代了原来的理事长，成为业务的实际管理者，常务理事兼总务局长由前递信省电务局长山本直太郎担任，理事兼技术局长由前递信省工务局长米泽与三七担任，六个中央放送局长均由原递信省不同地区的递信局长担任，其部长、课长甚至地方机构的负责人均为递信省官员出身。因此，改组后的日本放送协会上至局长下至小吏均被递信省所占据，被当时的舆论界讽刺为"完全化身为递信老资格官员的养老地"。其实权完全落入递信省手中，"确立了由递信大臣指定官员领导下的中央集权制，其名为社团法人，事实上却是一个与国有完全相同的机构"。由此可以看出日本政府对广播事业的统制非常缜密，"苏俄、德国等前辈也只能甘拜下风"②。

上述机构改革不仅体现在广播网络的完善和广播体制的统一上，其对日本放送协会节目编辑、内容选择等业务方面的影响也是显而易见的。节目编辑是广播事业经营的基础，在东京、大阪、名古屋三局并立时代，各局的节目编辑都是独立进行的，为吸引更多听众，各局在节目编排上煞费苦心，节目内容涉及政治、经济、生活、娱乐等，可以说"此一时期为日本广播节目的形式及内容奠定了基础"③。1928 年 11 月，连接旧三局（东京、大阪、名古屋）和新四局（广岛、熊本、仙台、札幌）转播网络建成后，在节目编辑上也采用了共同编辑体制，在发挥旧三局丰富的编辑经验的同时，实施七大放送局之间播放资料的共享，使得东京、大阪、名古屋等政治经济中心城市的资讯能够及时传达到地方，也能够促进地方特色文化向中心城市的传播和推介，这是该时期广播节目编排的最大特色。

综上所述，1861—1931 年的 70 年发展历程中，日本媒体的生存环境随当时的政治状况而变化。当统治阶级需要借助媒体的宣传力量来巩固其统治地位时，就会对媒体采取较为宽松的政策；而统治阶级一旦感到媒体的宣传不利于自己的统治时，就会动用权

---

① 日语"通信社"即汉语"通讯社"之意，本书中凡涉及日本通讯社名称不做翻译处理，下同。另外，关于同盟通信社，具体参见本书第三篇第三章"同盟通信社"相关内容。

② 『東京日日新聞』1934 年 5 月 19 日。

③ 日本放送協会编：『日本放送協会史』、東京：日本放送協会 1939 年、第 162 頁。

力的力量对媒体实施打压和控制。换言之，统治阶级总是对媒体实行控制和利用的两面政策，而反过来媒体则努力在政府的控制和利用的夹缝中求得生存。因此，从一定意义上说，某个历史时期的媒体生存环境事实上就是该历史时期内政治生态的反映。简言之，日本媒体自诞生之日起就是权力博弈的舞台，媒体生存的空间永远不会出现权力的真空。

第二篇　战时日本传播立法的法西斯化

　　20 世纪 20—30 年代，受资本主义经济危机的影响，日本陷入经济危机，社会矛盾错综复杂。在动荡不安的社会背景下，法西斯主义暗流涌动。为了转移国内矛盾，通过发动对外侵略战争摆脱经济危机的冲击，维护其摇摇欲坠的统治地位成为日本当局施政的重要选项。1931 年 9 月 18 日，日本关东军制造了九一八事变，"战时体制"在全国范围内逐渐得以确立和完善。

　　"战时体制"下，尽管日本政府与军部在诸多问题上态度不尽相同，甚至产生严重对立，但是在对待社会舆论的态度上却空前一致，即为动员全体社会力量参与战争，采用消极统制和积极诱导的两面政策，加紧对宣传媒体的控制和利用，其中新闻法治建设为战时言论统制提供法律依据。

　　1945 年 8 月，日本战败投降后，以美国为首的盟军对日实施占领。此后驻日盟军总司令部发出了一系列指令，瓦解日本战时体制，推行民主化改革。针对大众传媒，盟军总司令部采取了"直接统制"的方式，即直接发布有关大众传播的政策性文件[①]，对战时日本新闻政策实施清算，为战后日本大众传播体制奠定了基础。其中，9 月 10 日发布的《关于言论及新闻自由的备忘录》是盟军总司令部出台的首个大众传播类文件，该文件要求"对言论自由的限制必须减少到最小限度"[②]。9 月 27 日又发布《关于言论及新闻自由的追加措施》，要求日本当局停止对报纸、出版、广播、电影等大众媒介的审查及其他一切管束，并在第 7 条规定废除日本在战前、战时制定的包括《新闻纸法》《国家总

---

① 在盟军总司令部颁布的有关大众传播的文件中比较重要的有 7 个：《关于言论及新闻自由的备忘录》（1945 年 9 月 10 日）、《给日本的报纸准则》（1945 年 9 月 19 日）、《给日本的广播准则》（1945 年 9 月 22 日）、《政府与新闻事业分离备忘录》（1945 年 9 月 24 日）、《关于言论及新闻自由的追加措施》（1945 年 9 月 27 日）、《撤销对新闻、电影、通讯的一切限制法令》（1945 年 9 月 29 日）、《废除对政治、公民、宗教自由限制的备忘录》（1945 年 10 月 4 日）。

② 有山輝雄：『占領期メディア史研究——自由と統制・1945 年』、東京：柏書房 1996 年、第 68 頁。

动员法》《新闻纸等揭载限制令》等限制言论自由的 20 余部法令。这些法令法规仅仅是日本当局制定的言论统制政策的冰山一角，但从中可以窥见当时媒体的舆论生态。战时日本新闻法制政策经历了由最初单纯的言论立法到经济等法律外手段的综合运用，再到积极的言论诱导的发展历程，它是战时日本媒体"反抗—被动屈服—主动追随"历史变动曲线的投射。

第一章　九一八事变时期的言论统制法规

新闻法制政策是日本当局为加强媒体统制而寻找法律依据的手段。战时不同时期，日本当局推行的新闻法制政策的特点、侧重点也有所迥异。九一八事变时期，政府主要强化了对已有言论统制法规的扩充和利用，并在此基础上对言论统制实行了有组织的、系统化的、全面的改造。

第一节　九一八事变后日本国内舆论

1931 年 9 月 18 日，日本关东军制造了九一八事变，并在短短几个月内迅速占领了中国东北。九一八事变在中日关系史上是一个重要的历史分界点，它是日本帝国主义长期以来推行对华侵略扩张政策的必然结果，也是日本企图把中国变为其独占的殖民地而制订的计划中的一个步骤。它既是 14 年侵略战争的开始，也是军部抬头、天皇制法西斯体制真正形成的开始，同时它对日本的新闻舆论界来说更是一个生死攸关的转折点，日本国内媒体在多种因素的共同作用下开始发生"转向"，对关东军军事行动持认同态度的舆论占据主流。但在这种几近全体一致的舆论氛围下，也还是出现了一些怀疑和批评的声音。

一、对关东军行为的认同成为主流舆论

事变爆发后，日本无线电广播早于其他媒体率先播出了有关事变的消息，从而在与报纸杂志等纸质媒体的竞争中占得先机。受传播技术的限制，日本电报通信社（简称"电通社"）和日本新闻联合社（简称"联合社"）在事变爆发 4 小时后才将报道发回日本国内，九一八事变爆发的消息在 9 月 19 日始见日本国内各大媒体。

【奉天十八日发至急】本日午后十时半，暴戾之支那兵炸毁位于北大营西北之满铁线，并攻击我守备队，故我守备队被迫应战，以大炮轰击北大营之支那兵，并占领北大营。①

---

① 『東京朝日新聞』1931 年 9 月 19 日。

此后，针对事变爆发的原因及事变后局势的发展，日本国内舆论进行了大量报道。综合来看，当时日本媒体的报道基调大同小异，宣称事变爆发"其责任在于支那方面"，而将关东军的军事行动定性为"基于自卫权的当然措施"，并对其侵略行为表明了承认和支持的态度。此外，各媒体还颠倒黑白抹黑中国人民的抗日运动，称其"损伤日本之威信，对其权益造成不当压迫"，并呼吁"支那官民就其粗暴态度进行反省"①，试图以此为日军军事行动寻找"合法性"借口。如《每日新闻》极力鼓吹"满蒙特殊权益论"，反复强调日本关东军此次行动的"正当性"，认为日军的行动是合法的"正当防卫"。

> 满洲②是存有我特殊权益之地，这由历史事实和条约所证明，并得到了世界列强承认。支那军队缘何对我国做出如此暴戾之举，令人费解。我国所坚持的主义精神只有一个，即拥护我国权益，保持我帝国之威信和名誉。此次我们军队的行动完全没有超出此精神之外。我国过于重视与支那的友谊，而容忍支那怠于履行条约义务的行为。我国国论近来强调对此进行清算。因此，若将此事件作为解决过去悬案之端绪，必将为两国将来带来亲善与和平。③

《东京朝日新闻》也在社论中反复强调日本维护所谓"满蒙生命线"的"正义性"，认为"对日本事关重大的满蒙权益受到侵害、践踏时，日本即使豁出性命也要加强防卫"，这是"严肃无比的事实"，而"由于部分暴戾的支那军队破坏满铁线路，所以造成了日军奋起行使自卫权"④，继而又为日军的行动寻找"正当理由"，称"日本对满洲没有任何领土野心，此次事变完全只是为保护百万国人和 20 亿投资而行使的自卫"。⑤

由此可见，当时日本国内舆论在九一八事变之后，其论调发生了变化，诸如《每日新闻》等媒体更是对关东军的军事行为给予了支持。九一八事变因此甚至被称为"每日新闻后援、关东军主办的满洲战争"⑥。可以说，"正是九一八事变后立即出现的'奇妙

---

① 「日支軍隊衝突事件ニ関スル本邦新聞論調ニ関スル件」、『満洲事変（支那兵ノ満鉄柳条溝爆破ニ因ル日、支軍衝突関係）／輿論並新聞論調／本邦ノ部（A—1—1—0—21_4_3）』、JACAR（アジア歴史資料センター）、Ref.B02030288500、外務省外交史料館。

② "满洲"一词本为中国满族的族称，但在近代史上"满洲"一词成为日本对中国东北地区的称呼，带有浓厚的殖民主义色彩。为尊重史实，本书在引用日方相关史料时，对诸如"满洲""满洲事变""南满洲""北满洲"等表述方法不做翻译处理，下同。

③ 『每日新聞』1931 年 9 月 20 日。

④ 『東京朝日新聞』1931 年 9 月 20 日。

⑤ 『朝日新聞』1931 年 9 月 25 日。

⑥ 前芝確三、奈良本辰也：『体験的昭和史』、京都：雄渾社 1968 年、第 61 頁。

的''全体一致的'论调，使得这种倾向日后得以日益强化"①，这也是日本媒体在战时呈现出"举国一致"舆论状态的开始。

对于事变后媒体的"转向"，时任外务省情报部长的白鸟敏夫在战后远东国际军事法庭的供述词中曾作如下陈述：

> 1931年9月18日的满洲事变对币原外相及外务省官员来说犹如晴天霹雳，受到猛烈冲击，一时竟不知所措。按照对待突发事件的惯例，政府确定了不扩大并迅速实现现地解决的方针，并随即将此公布于众。我主管的情报部奉外相之命，全力开展了支持事件和平解决的舆论动员。但连过去一般被认为同情外务省的报纸，此次亦与伦敦裁军会议时迥然不同，未与我们保持步调一致。（中略）由于报纸及舆论站到了强力政策的一边，所以外相及其部下深感运用外务传统极为困难。②

从白鸟敏夫的供述中可知，当时媒体的"转向"是出乎政府意料之外的，而"由于报纸及舆论站到了强力政策的一边"，所以当时在该问题处理上与军部持不同意见的政府很难推行其"不扩大并迅速实现现地解决的方针"，这也从一个侧面说明当时舆论影响力之大。

而时任《大阪朝日新闻》记者森恭三对当时报社内部气氛的"转变"也做了描述，他说："满洲事变爆发时，我初出茅庐正在大阪担任经济部记者，开始我感觉大阪朝日新闻社内对关东军是持批判态度的，但不知不觉此氛围就减弱了。是否报社方针发生了转变，像我这种处于报社最底层的人是不得而知的。我想报纸已开始对潮流妥协。"③

对于九一八事变后日本媒体的"转向"，日本军部给予了高度关注。就在事变爆发两个月后，参谋本部第二课制定了"昭和六年秋末情势判断及对策"，称"日本国内舆论……至事变爆发后推动国民情绪达到高潮，同时也提升了对军部的信任"④，从而对媒体的"转向"给予了肯定。时任陆军大臣荒木贞夫也在演讲时特意对"事变以来新闻及

---

① 掛川トミ子：「マス・メディアの統制と対米論調」、細谷千博等編：『日米関係史：開戦に至る十年——1931—41年〈4〉マス・メディアと知識人』、東京：東京大学出版会1972年、第126頁。
② 「A級極東国際軍事裁判速記録第三三一號」、『A級極東国際軍事裁判速記録（和文）・昭和22.11.21—昭和23.2.10（第319—370号）』、JACAR（アジア歴史資料センター）、Ref.A08071310700、国立公文書館。
③ 森恭三：『私の朝日新聞社史』、東京：田畑書店1981年、第20—21頁。
④ 「昭和六年秋末ニ於ケル情勢判断及同対策」、『満洲事作戦指導関係綴 別冊其の2 昭和6年9月15日—6年12月10日』、JACAR（アジア歴史資料センター）、Ref.C12120035800、防衛省防衛研究所。

新闻人的活动表达了满腔敬意"。他说，"由此次满洲事变观之，各报纸以满蒙之重大性为经，以皇道之精神为纬，对国民舆论加以对内统制、对外显扬"，发挥了"将国民主张向同一方向集中"的作用，并称赞日本媒体对九一八事变及此后日本内外局势的报道"为日俄战争以来罕见之壮观，我国新闻及新闻人之芳勋伟功实为值得大笔特笔"①。由此观之，媒体的"转向"完全符合了军部的期待，使得事变爆发后的对外侵略的国内舆论占据上风，并由此获得民众的信赖，这也是战时日本媒体追随军部的重要证明之一。

对于当时舆论界的整体氛围及报道方针，战后一些报社在编修社史时多有提及，称"事变发生后不再允许进行自由议论，对满洲事变进行重新探讨或利害论证的自由均受限制"。因此，事变后，"在一举进入准战时状态的同时，所有的报纸不得不保持沉默"②。此主张虽有将媒体"转向"片面归罪于言论统制之嫌，但也在一定程度上展现出九一八事变后日本舆论动向的变化。此后，日本媒体开动宣传机器，展开了全方位、大规模的战争宣传，最终沦为军部法西斯主义的战争宣传工具。③

二、对关东军行为进行质疑和批判的舆论

尽管九一八事变后日本国内舆论整体上呈现出如上所述的"转向"趋势，但仍有部分媒体对于事变爆发的真正原因及事变后关东军的军事行动持怀疑态度，甚至出现了批评的声音。

首先，对于事变爆发的原因，尽管大多数媒体均对军部所称"中国军队所为"表示了认同，但一些报社派驻伪满地区的记者却从不同渠道获取了事实真相。例如，陆军省记者俱乐部成员之一的《东京朝日新闻》记者石桥恒喜回忆说，他们几名记者在俱乐部闲聊时，陆军省新闻班成员谷萩那华雄大尉就曾偷偷告诉他们说，事变"实际上是关东军所为"④。此外，《东京朝日新闻》的记者武内文彬早在事变爆发前的5月2日，拜访关东军司令部高级参谋板垣征四郎时得知关东军获得了爆破南满铁路的5万日元资金的事实。⑤

此外，1931年10月9日，日本宪兵队司令官外山丰造就派往伪满地区的《大阪每

① 新聞研究所編:『昭和八年日本新聞年鑑』、東京：新聞研究所1932年、第2—3頁。
② 朝日新聞社社史編修室編:『朝日新聞七十年小史：創刊七十周年記念』、東京：朝日新聞社1949年、第214頁。
③ 关于九一八事变后日本媒体的报道，参见孙继强:《侵华战争时期的日本报界研究（1931—1945)》（中央编译出版社2014年版）第二章第二节及第三章第一节的相关内容。
④ 石橋恒喜:『昭和の反乱』（上巻）、東京：高木書房1979年、第62頁。
⑤ 朝日新聞取材班:『戦後五〇年メディアの検証』、東京：三一書房1996年、第25頁。

日新闻》记者野中成童 ① 的言论动向向军部提交了一份秘密报告，从中亦可看出当时新闻舆论对九一八事变爆发原因的怀疑。

关于大阪每日新闻特派满洲事变记者的言行事件之报告（通牒）

大阪每日新闻门司支局记者野中成童于满洲事变爆发之际由大阪每日新闻门司支局特派，于 9 月 22 日自门司出发至奉天、铁岭、鞍山及其他事件中心地勤务。10 月 2 日回到门司后，其对友人所叙述的下述关于满洲事变的言论，引起我们注意。

一、因满洲事变而被派往现场，及至了解其真相，感到被欺骗，终以无法认真工作，便不待社命既已归来。

二、满洲军队除新闻班外，另外组织宣传班，极力利用日本报纸，努力进行有利宣传。

三、铁道破坏之举是日本军以炸弹自己爆破而嫁祸于支那方面，从而占领支那兵营。（后略）②

从上述秘密报告中可以看出，当时的媒体是了解事实真相的，也清楚炸毁南满铁路是关东军自编自演的把戏，因此"对事变不满的氛围自然也会在报道中流露出来"③。此外，受明治末期形成的营利主义办报方针以及第一次世界大战后资本主义办报方针的影响，日本报纸的商业化倾向日益明显，"报纸不再是言论机构，也不再是以笔追求理想的事业，而是为了在销售竞争中获胜而制造畅销商品的事业。新闻事业的目标是'巨大销量'，新闻制造的着眼点是兴趣和炒作"④，因此报社内部往往出现编辑阵营和经营阵

---

① 关于该处记者姓名，不同史料记载略有出入。据"満洲事変に特派せられたる大阪每日新聞記者の言動に関する件報告"（藤原彰、功刀俊洋：『資料日本現代史・8・満州事変と国民動員』、東京：大月書店 1983 年、第 86 頁）记载，记者的名字为"野中成童"。池田一之在"新聞ジャーナリズムの思想・行動——国家の進路選択時にみる一考察（上）"（『政経論叢』1986 年第 54 卷、第 260 頁）一文中则使用了"野中成章"的说法，疑为"野中成童"之误。但 1931 年 12 月出版的『昭和七年日本新聞年鑑』中记载的大阪每日新闻社记者名单中，门司支局中有叫"野中盛隆"的记者。后来据池田一之委托大阪每日新闻大阪本社人事部调查，此处记者的名字应为"野中盛隆"（池田一之：『記者たちの満州事変——日本ジャーナリズムの転回点』、東京：人間の科学新社 2000 年、第 43—48 頁）。为尊重资料的原始性，本书采用"野中成童"的说法。
② 藤原彰、功刀俊洋：『資料日本現代史・8・満州事変と国民動員』、東京：大月書店 1983 年、第 86 頁。
③ 大阪本社販売百年史編集委員会：『朝日新聞販売百年史——大阪編』、東京：朝日新聞社 1979 年、第 356 頁。
④ 大西林五郎：『日本新聞販売史』、東京：日刊新聞通信社 1931 年、第 10 頁。

营的意见对立，甚至报社干部"个人的主张与报社的报道完全互不相容"① 的情况屡见不鲜。如九一八事变前，《东京朝日新闻》内部已开始出现"对华强硬论"的论调，事变爆发第二天该报更是以《奉军炸毁满铁线，日支两军起战端》② 为大标题率先做了报道。然而时任《东京朝日新闻》编辑局长的绪方竹虎认为"战争应该能够避免，按照事实来处理是最好的做法"③，由此确定了"作为普通事件弱化处理"④ 的报道方针，并在9月20日的《东京朝日新闻》发表社论，主张"热切期望军事当局尽最大努力避免事态扩大。……同时期待应尽早进行外交交涉，将其作为现地问题加以处理"⑤。这充分说明绪方依然坚持外交手段解决两国争端，同时也表达了"不扩大"的主张，这与当时报社的主张并不一致。

其次，对于关东军的在华侵略行动，有部分媒体提出了质疑和批评。1931年10月5日，《帝国大学新闻》刊发法学部教授横田喜三郎的文章，否定了关东军"自卫"的说辞，认为关东军在占领北大营后几个小时内占领了中国大片土地的做法已经完全超出了自卫的界限。日本共产党机关报《赤旗》用了大量篇幅对九一八事变及此后关东军的军事行为进行了报道，旗帜鲜明地指出事变的本质是"日本资产阶级为从前所未有的经济恐慌中摆脱出来，挽救其必然的没落而采取的有计划的战争"⑥，并对日军不断扩大在中国东北地区的军事行动进行了批判，称"满蒙事实上已处于日本军队的统治之下，而关东军司令部则成为事实上的满蒙统治中心"⑦，从而揭露了日军所谓"有限自卫"的谎言。

如上所述，九一八事变后日本国内舆论在整体趋于一致的大背景下，仍然出现了一些不同的声音，这说明当时日本的舆论环境仍然存在着自由的空间，这也从一个侧面说明当时日本媒体"转向"并非唯一的选择⑧，而这一点在日本当局看来恰恰体现出了"言论不统一"的舆论统制现状，由此成为日本当局加强舆论管控的借口。

---

① 牧野伸顕：『牧野伸顕日記』、東京：中央公論社1990年、第478頁。

② 『東京朝日新聞』1931年9月19日。

③ 栗田直樹：『緒方竹虎———情報組織の主宰者』、東京：吉川弘文館1996年、第92頁。

④ 朝日新聞百年史編修委員会編：『朝日新聞社史　大正・昭和戦前編』、東京：朝日新聞社1995年、第374頁。

⑤ 『東京朝日新聞』1931年9月20日。

⑥ 『赤旗』1931年10月5日第55号。

⑦ 『赤旗』1931年10月26日第57号。

⑧ 关于战时日本媒体的"转向"及原因考察，参见孙继强：《侵华战争期间日本报界"转向"的历史考察》，载南开大学世界近现代史研究中心编：《世界近现代史研究》第四辑，中国社会科学出版社2007年版，第287—297页。

第二节　补充和完善言论统制立法

第一次世界大战结束后，随着普选运动的兴起，政治立宪主义思潮愈演愈烈，但《治安维持法》却极大压制了自由主义的发展，尤其在舆论方面。自大正末期开始，日本当局便着手完善言论统制立法，至九一八事变时期，日本当局一方面加强了对现有言论统制法规的扩充和利用，对言论统制实行了有组织的、系统化的、全面的改造，另一方面还出台了一系列新的言论统制法规。

一、言论统制法规的修订

1909 年制定的《新闻纸法》一直到战败后方被废除，但这期间却经历了多次修订风波，社会各界尤其是舆论界的修订诉求更加强烈，如新闻协会在 1913 年 4 月 8 日的成立大会以及成立 2 周年、3 周年大会上均提出了"修改《新闻纸法》第 19 条和第 23 条"[1]的要求。而接下来的护宪运动更是助推了修订《新闻纸法》的风潮，政府的态度逐渐妥协，开始着手法案的修订事宜。1914 年 7 月 13 日，《东京朝日新闻》对政府的修订要点进行了报道。根据该报道，政府的修订要点增加了报社经营者对报纸审查的话语权，并明确了行政处分的具体理由，但对于修订呼声最高的"保证金制度"不但没有取消，反而变本加厉，要求"所有报纸都必须实行保证金制度"[2]。此举更是激起了包括部分政府内部人士在内的日本各界的强烈反对，但日本当局对此却熟视无睹。"一战"后上台的寺内内阁更是采取了"绝对主义的言论取缔政策"，引发了全国性的"言论拥护运动"，最终导致寺内内阁倒台。此后上台的原敬内阁对新闻舆论采取了较为缓和的态度，在各方推动下开始着手对《新闻纸法》进行修订，提出"改变现行新闻纸法的专制主义、官僚主义，实现新闻纸法的民主化、立宪化"[3]主张。1920 年 2 月 19 日，立宪国民党众议院议员前川虎造在第 42 届议会上提交了《新闻纸法》改正法律案[4]，对"禁止刊登事项"进行了详细列举，对"破坏安定秩序"进行了明确界定，并对内务、陆海军大臣的舆论处置权进行了一定程度的限制，但对"发行保证金"制度却毫无触及。

此后又有多个类似方案提出，但均未突破前述方案，且在舆论统制政策方面，内务省存在着保守和进步两派的对立。保守派主张通过"自由裁量"的方式由行政官员行使

① 日本新聞協会：『日本新聞協会二十年史』、東京：日本新聞協会 1932 年、第 4 頁。
② 『東京朝日新聞』1914 年 7 月 13 日。
③ 「第四十一回帝国議会衆議院議事速記録第二十七號」、『官報』号外、1919 年 3 月 22 日、東京：内閣印刷局、第 465 頁。
④ 该法案全文见「第四十二回帝国議会衆議院議事速記録第十五號」、『官報』号外、1920 年 2 月 20 日、東京：内閣印刷局、第 271—272 頁。需要说明的是，由于该届议会上众议院解散，因此该法案并未进入实质性审议环节。

舆论统制权，而进步派则以言论自由为武器，主张"设立由学者、宗教家组成的特别法庭行使审议权"①。在内务省官员的协调下，两派达成妥协，决定"废除新闻纸法，将各种出版物统一起来，制定新的法规"②，从而首次提出将《新闻纸法》和《出版法》统一为单一法案的构想。该构想最终在1926年3月4日内阁会议上以《出版物法案》的形式提出，并提交第51届议会审议。该法案内容庞杂，共由68条构成，对出版物形态、保证金制度、限制刊登事项及相应的处罚细则均做了详细规定。与《新闻纸法》和《出版法》相比，该法案体系更加完备，限制更加严苛，处罚力度更大，其本质是"借修订之名，实际上越改越坏，无疑是一个反动的取缔法案"③。因此，该法案甫一提出即招致报纸、杂志、出版业界反对，议员也明确表示该法案"处处违背言论自由精神"④，并在审议过程中频频向政府施压，认为政府提出该法案表明虽然政府披着政党内阁的外衣，但"其精神依然是藩阀官僚内阁"⑤。在多方反对下，该法案在第51届议会上未获通过，但日本政府却将该法案做了细微修订后提交第52届议会审议。此举进一步激起了各界的批评，各报社及日本新闻协会等机构纷纷发表声明，明确表示"此次政府提交的出版物法案逆时代而行，极大损害了新闻文化事业"⑥，并呼吁抵制法案在议会上通过。时任《东京朝日新闻》论说委员的关口泰连续发表14篇评出版物法案的评论文章，指出该法案"不是为了保护出版物，而是专门为取缔出版物而设立的"⑦。在一片反对声中，《出版物法案》最终未能在该届议会上通过。

然而，日本当局并不甘心就此收场。田中内阁上台后，成立了一个包括舆论界人士和民间人士在内的警保委员会，重启出版物相关法案的审议工作。1928年8月2日召开的警保委员会总会经过审议后提出了"统一出版物法制"的方案，要求"对新闻纸法和出版法的内容进行整理，实现两者的统一"⑧，并就出版物形态、出版保护、出版物禁止刊登事项、保证金制度的存废以及相关处罚细则进行了讨论。该方案废除了保证金制度，但其他条款内容与出版物法案并无二致。尽管如此，内务省不仅未对该方案给予任

---

① 『東京朝日新聞』1921年1月19日。

② 『東京朝日新聞』1921年6月9日。

③ 内川芳美：『マス・メディア法政策史研究』、東京：有斐閣1989年、第145頁。

④ 「第五十一回帝国議会衆議院議事速記録第三十三號」、『官報』号外、1926年3月21日、東京：内閣印刷局、第888頁。

⑤ 「第五十一回帝国議会衆議院議事速記録第三十三號」、『官報』号外、1926年3月21日、東京：内閣印刷局、第893頁。

⑥ 新聞研究所編：『昭和三年日本新聞年鑑』、東京：新聞研究所1927年、第10頁。

⑦ 『東京朝日新聞』1927年3月7日。

⑧ 久保健助：「翻刻 内務省『警保委員会特別委員会議事録』（三）」、『現代法学』2017年第32号、第133頁。

何回应，还进一步强化了审查体制，"政府对舆论的态度更加暴戾，报道禁止、报纸查封事件频发"①，引发了舆论界更大不满。最终内务省不得不于1930年1月19日召集舆论界人士对出版物取缔方针进行了说明，并一再强调之所以强化舆论监管、加大舆论取缔力度是因为"共产主义、无政府主义实施煽动宣传，扰乱经济界"②所致，从而再次表明加强新闻出版统制的态度。

然而，随着经济危机的加剧、法西斯势力的抬头以及九一八事变的爆发，日本国内舆论氛围骤然收紧。不但上述谋求为报纸、出版松绑的诉求无疾而终，"甚至连资产阶级意识形态下要求排除制约新闻企业的企业活动的要求"③也无法得到回应。与此相对应的是，日本当局在接下来的言论统制法规修订过程中，进一步强化了对新闻出版的监管。

首先，扩大《出版法》监管范围，将监管对象由书籍延伸至音像制品。1934年2月，鉴于"现行出版法之罚则中存在与时运不相适应之内容"，内务省对《出版法》做了修订，决定将原本适用于治安警察法的"用于复制声音的机器"④纳入到《出版法》的监管体系中，从而正式将留声机、唱片等列为《出版法》的管制对象。此后，以"破坏军队统治纪律""扰乱社会稳定、破坏社会风俗"为由，一批相声、音乐等文艺唱片被禁止销售，且"禁止已销售唱片在咖啡馆及其他场所演奏"⑤。同年7月18日，内务省警保局下发关于《出版法》修订的通牒，对唱片监管和取缔做了详细说明，要求唱片发行时必须提前3天向内务省提交审查，当认定为违反《出版法》相关条例时，"内务大臣可禁止其销售发布，可没收其刻板（压片机、录音机、母带等）及产品"⑥。

其次，完善出版物送检制度，强化对合法出版物的事前审查。1934年3月，日本当局整合了《新闻纸法》和《出版法》中关于送检制度的相关规定，形成出版物纳付法方案，对各类获得批准的合法出版物的送检要求以及处罚规则做了规定，要求无论是书籍还是杂志均须在发行前履行送检义务，并向帝国图书馆提交样书，以供事后审查。

---

① 『東京朝日新聞』1929年12月15日。

② 新聞研究所編：「新聞及新聞記者」1931年第12巻2号、第56頁。

③ 内川芳美：『マス・メディア法政策史研究』、東京：有斐閣1989年、第161頁。

④ 「出版法中ヲ改正ス・（蓄音機レコード取締規定等）」、『公文類聚・第五十八編・昭和九年・第四十五巻・地理・土地─観象、警察・行政警察、衛生・衛生、社寺・神社』、JACAR（アジア歴史資料センター）、Ref.A14100437200、国立公文書館。

⑤ 「蓄音機レコードに関する件通牒」、『警保局長決裁書類・昭和9年』、JACAR（アジア歴史資料センター）、Ref.A05032324300、国立公文書館。

⑥ 「改正出版法施行に関する通牒（抄）」、『出版警察報』（第七十一號）1934年8月、第257頁。

与此前的送检制度不同的是，由于"出版工程最重要的场所是印刷所"①，印刷环节对实施出版物统制至关重要。因此，该方案要求"普通出版物的印刷人承担申报及送检义务"②，从而将送检义务的承担主体由发行人扩大到了印刷人。尽管该方案并未在该届议会上审议通过，但强化送检制度成为内务省此一时期实施出版统制的重要诉求。

最后，扩大送检制度的内容和范围，将当时处于非合法地位和秘密出版的书刊均纳入统制体系之下。1936 年 4 月，内务省制定"不稳文书等取缔法"草案，再次对出版物的送检制度进行了确认，并于 5 月提交议会审议。众议院经过讨论后，对该草案进行了修订，最终以《不稳文书临时取缔法》的形式公布。针对"紊乱军心、扰乱财界、惑乱人心为目的刊登妨碍治安事项"的非法出版物和"不注明或虚假注明发行责任人姓名及地址，或不遵照出版法或新闻纸法送检而出版发行"③的秘密出版物，该方案要求"给予严厉取缔，故施以重罚"④。

二、思想言论取缔方案的完善

九一八事变的爆发让本已蠢蠢欲动的法西斯势力更加活跃，而政府提出的依靠外交途径解决的"软弱政策"让对军部多有期待的极右势力非常不满，他们开始策划政变，试图建立军人政权来推行法西斯统治。1931 年 10 月，右翼团体——樱会⑤，密谋策划军事政变，最终因计划提前泄露而使政变胎死腹中。

1932 年 2—3 月，日本右翼恐怖团体——血盟团⑥，策划了一系列暗杀事件，枪杀了原大藏大臣井上准之助和三井财团首脑团琢磨。5 月 15 日，法西斯军人又制造了五一五事件，袭击首相官邸，打死首相犬养毅，又向警视厅、政友会本部、三菱银行等

① 「第六十五回帝国議会貴族院出版法中改正法律案特別委員会議事速記録第七號」1934 年 3 月 23 日、第 2 頁。「国会会議録検索システム検索用 API」、http://teikokugikai-i.ndl.go.jp/SENTAKU/kizokuin/065/3550/main.html。
② 「第六十五回帝国議会貴族院議事速記録第二十五號」、『官報』号外、1934 年 3 月 10 日、東京：大蔵省印刷局、第 282 頁。
③ 「不穏文書臨時取締法ヲ定ム」、『公文類聚・第六十編・昭和十一年・第五十七巻・地理・土地・都市計画・観象、警察・治安警察・雑載』、JACAR（アジア歴史資料センター）、Ref.A01200731100、国立公文書館。
④ 「第六十九回帝国議会貴族院議事速記録第十五號」、『官報』号外、1936 年 5 月 26 日、東京：大蔵省印刷局、第 241 頁。
⑤ 20 世纪 30 年代初日本法西斯团体，1930 年 9 月由桥本欣五郎等人发起，其成员多为陆军大学出身并在军部任职的年轻军官，主张成立军人政权，以武力解决内政外交。1931 年 10 月中旬，阴谋发动军事政变未遂，被解散。
⑥ 20 世纪 30 年代日本右翼恐怖组织，1931 年由法西斯日莲宗僧人井上日召发起，成员以农村青年和学生为主体，主张采用暗杀等极端手段在日本建立"君民共治"的法西斯制度。1932 年先后刺杀了井上准之助、团琢磨等政界、财界要人，后警视厅将所有成员逮捕。

多处投掷手榴弹，并散发"告国民书"，试图迫使政府成立军人内阁，强化军国主义体制。五一五事件后，日本成立了以海军大将斋藤实为首的"举国一致内阁"，从而结束了政党政治的历史。此后，日本加紧了迈向国家法西斯化的步伐。

1933 年 3 月 24 日，在第 64 届议会召开期间，众议院通过决议要求政府确立"坚实的思想对策"[①]。为推进"思想对策"的实施，同年 4 月，斋藤内阁设立思想对策协议委员会，负责"思想对策"制定和实施过程中"各部门之间的联络协调"[②]。该委员会在设立之后，相继提出了一系列法令，并经内阁会议审议通过后付诸实施。这些法令大体可分为以下三类：

一是《思想善导方策》，即依靠文部省社会教育局、内务省社会局和警保局等政府机构和国民精神文化研究所等民间机构对国民思想实施诱导，以确立"国家性指导原则"[③]。该方策的核心是阐明并向社会各阶层加以贯彻所谓"日本精神"，以应对"国民中动辄被不稳思想所迷惑"的状况，达到"振兴国民精神"的目的。与此同时，在学校开展"思想问题特别讲义"，在各地设立思想问题调查、指导、联络机构，以"充实思想方面的指导监督"功能。对于因思想问题而触犯刑律者，则要求对其实施"教化指导"，并"究明不稳思想，阐明其谬误"[④]。

二是《思想取缔方策》，即要求"完善现行取缔法令，强化取缔政策"，充实特别高等警察机构，设定特别诉讼程序，对试图变革国体、否定私有财产制度、危害国民道德的一切思想及行为实施从严从快处理，以达到对所谓"危害社会稳定"的思想实施事前预防和事后镇压的目的。其中，对言论出版事业，该方策要求厉行出版物送检制度，并进一步扩充审查机构的规模和力量，扩大审查机构的权力和地位，对凡涉及"不稳思想"的出版物施以禁售、停刊、没收等行政处罚甚至刑事处罚。而该方策的适用对象并不限于出版物，"对于作为思想发布手段、对社会产生一定影响力、有必要实施检阅的事物，将来均需设立检阅制度"[⑤]。

---

① 「思想対策樹立に関する決議」、『思想対策協議会参考資料』、JACAR（アジア歴史資料センター）、Ref.A15060231000、国立公文書館。
② 「内閣ニ思想対策協議委員ヲ設置ス」、『公文類聚・第五十七編・昭和八年・第二巻・官職一・官制一（内閣・外務省・内務省）』、JACAR（アジア歴史資料センター）、Ref.A14100349700、国立公文書館。
③ 「思想善導方策」、『思想対策協議会に関する件』、JACAR（アジア歴史資料センター）、Ref.A15060002400、国立公文書館。
④ 「思想善導方策具體案」、『思想対策協議会に関する件』、JACAR（アジア歴史資料センター）、Ref.A15060002400、国立公文書館。
⑤ 「思想取締方策具體案」、『思想対策協議会に関する件』、JACAR（アジア歴史資料センター）、Ref.A15060002800、国立公文書館。

三是《社会改善方策》，以根除政治经济、教育宗教等诸方面存在的可能形成不稳思想的诸要素。具体来讲，实施政治行政改革，革新议会制度和行政机构；推行经济财税改革，进一步促进经济方面的国家统制；开展教育改革，实施督学制度，强化对各级各类学校的指导及监督，将"教授和怀有不稳思想者彻底清除"①出教育界；完善社会政策，实施失业救助、疾病预防、防贫救贫制度，防止国民因生活不安定"动摇国民思想，酿成不稳思想"②。

　　上述"思想对策"相关法令对现有的个别法令中所呈现出来的不够完善的地方加以系统化改造，并改变事后取缔的做法，强调建立事前预防体制，可谓应对思想问题的"应急性对策"。与此同时，法令也要求"改善教育学问，改革政治，改善经济"③，注意从源头上去解决思想问题，可谓应对思想问题的"根本性对策"。因此，它是一个兼具消极与积极、兼顾暂时与长远的系统化"思想问题对策"方案。

第三节　出台宣传计划，为舆论宣传制定指导性意见

　　九一八事变前后，围绕对华问题，尽管政府与军部的主张不尽相同，但是在对待舆论的态度上却达到了空前一致，即：一方面，实施强硬宣传，"广泛动员报纸、出版人、著述家、评论人及其他宣传相关所有机构，宣传满洲是日本生命线，日本必须从经济、产业两方面对满洲实施开发"；另一方面，则大打感情牌，宣称"日俄战争中日本人在满洲流血流汗"。因此，无论从法理还是感情方面"日本均有权统治满洲"④，实现所谓的"王道乐土"。针对九一八事变后舆论不统一的局面，日本政府和军部出台了一系列宣传计划，提出该时期宣传政策的指导性意见，旨在进一步加强对舆论的管控。

　　一、军部系宣传计划

　　九一八事变前后，日本军部在"满蒙问题"相关政策的成案和实施过程中，非常重视舆论宣传的作用，推出了一系列宣传计划，以配合解决"满蒙问题"所开展的一系列军事行动。

---

① 「思想対策案に関する具体的の方策諸意見蒐録」、『思想対策協議会に関する件』、JACAR（アジア歴史資料センター）、Ref.A15060002500、国立公文書館。

② 「社会政策に関する具体的の方策案」、『思想対策協議会に関する件』、JACAR（アジア歴史資料センター）、Ref.A15060002900、国立公文書館。

③ 「思想問題に関する対策案」、『思想対策協議会に関する件』、JACAR（アジア歴史資料センター）、Ref.A15060001800、国立公文書館。

④ 「A級極東国際軍事裁判速記録第十五號」、『A級極東国際軍事裁判速記録（和文）・昭和21.5.3—昭和21.8.28（第1—57号）』、JACAR（アジア歴史資料センター）、Ref.A08071309400、国立公文書館。

（一）九一八事变前后军部的宣传计划

在"满蒙政策"①推行时期，军部认识到要达到霸占"满蒙"的目的，除了要依靠强大的军事力量外，还必须形成自发性的国内舆论并获得国际社会的理解。为此，陆军中央部②于1931年6月19日成立了一个以参谋本部作战部长建川美次为委员长的形势判断委员会，对日本的"满蒙政策"进行了讨论，并最终形成《满蒙问题解决方策大纲》。该大纲明确指出"要解决满蒙问题，必须获得国内外的理解"。因此，陆军大臣除了利用内阁会议等向各部门传达"满蒙局势"外，还要求军务局和情报部互相合作，利用一年左右时间"让全体国民特别是操觚界（舆论界）知晓满洲实情"③。应该说，该方策大纲的实施取得了一定成效，在随后发生的"万宝山事件"④和"中村大尉事件"⑤中，日本媒体的论调开始沿着军部所期许的方向发展，"对华强硬论"开始成为当时舆论的主旋律，就连一直持有反军立场的《大阪朝日新闻》也于9月2日发表社论呼吁在"满蒙问题"上要"举国一致"，并且于10月中旬，整个朝日系统内部统一了对九一八事变报道的口径，"决定收敛对当前军部及军事行动的发难批判，转而积极支持之"，并"视支那为敌国"⑥。此举获时任关东军司令官本庄繁大加赞赏，称"大阪朝日新闻的对支论说变得非常强硬，着实令人高兴"⑦。

九一八事变爆发后的第二天，在陆军大臣、参谋总长和陆军教育总监三长官会议上，军部制定了"对内善后策案"，要求陆军中央首脑、陆军各部、在乡军人会及海军统一武力侵略的思想，并制定了如下舆论指导方针：

---

① 日本的"满蒙政策"由来已久，早在德川幕府时期，佐藤信渊、吉田松阴等人就提出了"征服中国""海外雄飞"的论调，主张要征服中国，应先从"满洲"下手。1887年，日本参谋本部第二局局长小川又次撰写了《清国征讨策案》，提出"满洲另立一国"的主张，标志着"满蒙政策"初步形成。

② 战时日本陆军中央机构的核心是作为政府机关的陆军省、独立于政府机构之外的隶属于天皇的参谋本部和负责陆军教育的"教育总监部"，相对应的陆军中央首脑为陆军大臣、参谋总长、教育总监"三巨头"。

③ 「満蒙問題解決方策の大綱」、小林龍夫、島田俊彦編：『現代史資料・7・満洲事変』、東京：みすず書房1964年、第164頁。

④ 1931年4月，一批被日本帝国主义剥夺了土地的朝鲜农民流落到长春境内的万宝山，在日军的挑唆下，非法截流筑坝，与当地居民发生冲突。日军以保护朝鲜人为借口出动大批军警，挑拨中朝关系，使中朝关系走上恶化。

⑤ 1931年6月，日本关东军中村震太郎大尉和井杉延太郎两人化装成蒙古人，与一名蒙古人和一名俄罗斯人向导在外国人禁入的大兴安岭索伦一带作军事调查，被中国东北军兴安屯垦公署第三团团副董昆吾发现并扣留，在证据确凿情况下，团长关玉衡下令秘密处决中村震太郎。日本借机宣称东北军士兵因谋财害命而杀死中村，威逼中国交出关玉衡，并在日本民众中煽动仇华情绪。

⑥ 「大朝、大毎両社の時局に対する態度決定に関する件報告（通牒）」、藤原彰、功刀俊洋編：『資料日本現代史・8・満州事変と国民動員』、東京：大月書店1983年、第94頁。

⑦ 本庄繁：『本庄日記』、東京：原書房1995年、第17頁。

一、邀请各报社首脑，向其表明心迹，获其谅解，必要时可用黄白（金钱——笔者注）收买之；

二、为驻外武官提供所需资金，收买在外日本新闻记者及通讯员，以有利于海外舆论；

三、通过学校配备的将校军官向普通民众说明事态，阐明军部立场。①

该舆论指导方针最大的特色是确立了"分类指导"的方针，针对舆论界人士，确定了"收买"的方针，以消除内外舆论界的不同声音，并规定该方针不能奏效时，军部将"以断然之决议给予警告"，并"纠集右翼团体"开展拒买运动；而对普通民众则通过讲座、演讲等方式"阐明军部立场"，以求得民众支持，营造对军部有利的舆论环境。

1931 年 10 月 19 日，关东军司令部又出台了《满洲事变相关宣传计划》。该计划要求满铁、日本外务部门以及其他相关部门在宣传方面要保持密切联系，同时为了避免产生互相矛盾的情况，关东军还特别制定了下列条款：

（1）通过集体或个人接触的方式向国内报纸通信员及杂志记者提供材料，并获得其对局势的理解；

（2）主要通过接触的方式向外国报纸通信员及杂志记者提供材料，必要时特别要召集在支外国报社记者，向其介绍实情；

（3）军部应努力拍摄于日本有利的照片，以充作报纸材料及杂志材料，并根据需要随时配发；

（4）对于支那报纸，应设立特别联络人，以其为媒介向支那报界提供材料。②

较之上述对内善后策案，该宣传计划除了强调向内外记者提供经过筛选或处理的特定材料、照片等消息源，试图以此掌控宣传节奏外，还特别针对中国媒体，提出了通过"特别联络人"进行舆论操纵的意见。但需要说明的是，操纵中国舆论的做法并非该宣传计划首创，早在 1919 年 7 月 20 日，陆军省便提出了"官民一致操纵支那报界"的主张，要求"说服当地有力之会社，以官民一致之步调操纵支那报界"③，以缓和中国人的

---

① 「対内善後策案」、『満洲事変作戦指導関係綴 別冊其の 2 昭和 6 年 9 月 15 日—6 年 12 月 10 日』、JACAR（アジア歴史資料センター）、Ref.C12120032900、防衛省防衛研究所。

② 藤原彰、功刀俊洋編：『資料日本現代史・8・満州事変と国民動員』、東京：大月書店 1983 年、第 212 頁。

③ 「官民一致して支那新聞操縦の件」、『密大日記 4 冊の内 1 大正 8 年』、JACAR（アジア歴史資料センター）、Ref.C03022462700、防衛省防衛研究所。

"排日运动"。

（二）伪满洲国①建国后军部的宣传活动

九一八事变后，南京国民政府向国际联盟提起诉讼。1932年2月，国联派出调查团前往日本、中国东北地区进行调查。为强化"国际联盟调查员来满时的言论机构报道内容的统制"，以达到混淆视听、消弭国际舆论批判声音的目的，关东军参谋部宣传课于1932年4月出台了《新国家建设中对内宣传实施计划》，要求通过宣传员、学校教员、演剧、电影、报纸、列车内印刷品等形式，宣传所谓的"建国意义"，即"建国之大意在于顺天安民，政治基于王道，尊重民意。内外以亲和开放为宗旨，国人无种族之分，以正义大同建设光辉灿烂的东亚永久之王道乐土"②。该计划还针对日英文报刊、华文报刊、韩文报刊和俄文报刊分别制定了有针对性的宣传方针，向世人灌输伪满政权成立的"必然性"和"正义性"。

伪满洲国建国后，日军加快对华侵略步伐，试图将热河地区纳入伪满政权领土，并于1933年2月21日发动热河战役。在热河战役过程中，关东军参谋部出台热河作战宣传计划，要求媒体在实施宣传过程中应将战争爆发的责任全部推给张学良军队，要强调"热河经略是'满洲国'治安维持上之当然处置，特别是在张学良正规军侵入热河省的现状下，对其断然加以排击亦为恰当之措置"，并要求在宣传过程中消除"日本妄图以热河经略欲侵占华北或发起对华全面战争"的负面舆论，从而引导舆论"认识热河经略的必要性、妥当性"，以此营造出"讴歌'满洲国'和日满共存共荣"的舆论氛围。

该宣传计划将宣传过程划分为准备期、实施期和结束期三个阶段，每个阶段的宣传重点各不相同。准备期的重点是"指向对外及对日本宣传"，强化对"新闻通信的指导、统制和审查"；实施期的重点是对热河省进行宣传，为"作战、谋略及政治工作提供支援"，同时允许国内外记者从军报道，并"按照陆军从军记者须知③为其提供便利"；结束期则以承德地区为主要宣传对象，要求对该地区民众宣传伪满洲国"建国真相及揭露

---

① 满洲国，是1931年日本帝国主义侵占中国东北后制造的傀儡政权。1932年3月在长春成立伪满洲国，扶溥仪为"执政"。1934年3月称"满洲帝国"，"执政"改称"皇帝"。1945年8月，伪满洲国随着中国抗日战争的胜利而被摧毁。本书行文中有时无法避免用到"满洲国"字样，但其傀儡政权的性质不变。

② 「宣伝計画送付の件」、『昭和7年「満密大日記14冊の内 其8」』、JACAR（アジア歴史資料センター）、Ref.C01002811700、防衛省防衛研究所。

③ 日本早在1874年出兵中国台湾时即派出岸田吟香为从军记者，开启了派遣从军记者的先河。1904年2月，日本出台《陆军从军新闻记者须知》，对从军记者的条件要求、权利义务、身份待遇等做了详细规定（详见「陸軍従軍新聞記者心得」、『明治37年1月27日より明治37年3月1日まで 臨号書類綴 自臨第251号至第481号 2冊の内2 台戦第3号』、JACAR（アジア歴史資料センター）、Ref.C09123124200、防衛省防衛研究所）。

学良派暴戾非道的'满洲国'扰乱行为"①，同时在多伦、张家口地区重点对"赤化运动"开展宣传。

为配合日军在华北地区的军事行动及"华北分离工作"，"向中外宣传关东军进入关内的正当性，激起华北民众反国民党、反共产党意识，营造华北一带脱离中央的氛围"，1935年12月，关东军制订了华北工作中的关东军宣传计划。该计划要求各作战部队在开展军事行动的同时应按照上述宣传方针鼓吹"华北分离"和"华北自治"，具体宣传要领如下：

第一，从华北地区局势的角度强调"华北分离"和"华北自治"的必要性。该宣传计划要求媒体对南京国民政府在华北地区的统治状况进行批判，鼓吹"华北向来被视为国民政府之殖民地"，以激起民众对国民政府的不满。同时宣称中方的抗日行为将"使人民陷入生灵涂炭之苦境，导致国家破灭"，以此削弱中国民众的抗战意志，引导民众形成"从国民政府分离出来、建立自治政权的热切期望"，并积极动员民众参与"华北分离"运动。

第二，从对华政策和军事行动的角度强调"华北分离"和"华北自治"的可行性。该宣传计划要求媒体对"华北自治"的意义进行解读，同时呼吁日本当局对华北自治政权以"举国一致、坚忍不拔的态度予以声援"，并以军事力量保障"我方权益及日侨生活和'满洲国'的安定"，最终"确立东洋永久之和平"②。

由上述军部制定的一系列"宣传计划"来看，无论其内容还是方针均伴随关东军的军事行动展开，其目的是为其军事行动提供舆论上的支持，日本战时宣传由此染上了浓厚的军事色彩。

二、政府系宣传方针

九一八事变后，日本政府也制定了一系列宣传方针。与军部系宣传计划不同的是，政府的宣传方针更趋于谋求国内舆论的统一和寻求国际舆论的谅解。两者宣传重点的不同也反映了该时期日本政府与军部政策诉求和宣传诉求的不同。

（一）《关于情报宣传的实施计划纲领》

1936年5月，资源局③出台了《关于情报宣传的实施计划纲领》，要求官方及民间

---

① 「熱河討伐に伴う宣伝計画及宣伝資料の件」、『昭和8年「満密大日記24冊の内其7」』、JACAR（アジア歴史資料センター）、Ref.C01002848000、防衛省防衛研究所。

② 「A級極東国際軍事裁判速記録第二十九號」、『A級極東国際軍事裁判速記録（和文）・昭和21.5.3—昭和21.8.28（第1—57号）』、JACAR（アジア歴史資料センター）、Ref.A08071309400、国立公文書館。

③ 1927年5月，田中义一内阁成立资源局，由事务机构、执行机构、咨询机构和地方机构构成，主要负责"人力及物力资源的统制利用计划相关事项"及"该计划制定及实施过程中必要的调查及设施相关事项"的统辖（参见「御署名原本・昭和二年・勅令第一三九号・資源局官制」、『御署名原本・昭和二年・勅令第一三九号・資源局官制』、JACAR（アジア歴史資料センター）、Ref.A03021651100、国立公文書館），此后日本政府将其作为国家总动员的准备机构，出台了一系列总动员计划纲领。

各宣传机构及媒体的情报宣传必须与军事外交密切配合，既要强化对"言论机关、出版物、兴业物、通信及其他方面的审查取缔"，又要"防备敌国的情报宣传"。该纲领共由5章构成，涉及情报宣传的原则、组织机构、舆论统制、宣传要领等，体系庞杂，内容详尽。

在组织机构方面：该纲领要求在中央设立情报局作为情报宣传的最高机构，负责"情报宣传根本方针特别是重要方针及情报宣传相关统制事项"的制定和实施，在地方及国外设立情报委员会等宣传机构，负责各地情报宣传的组织、实施和管理，同时发挥国内外现有政治团体、社会团体的作用，为情报宣传提供组织上的便利条件，并"对反对当局情报宣传的行为实施预防和遏制"，同时强调"可根据实际情况强制设立"新的宣传机构，以加强对舆论的管控。

在舆论统制方面：对同盟社、放送协会等舆论机构给予"指导培育"，使其在一些重大事件的宣传报道方面"成为政府的代办人"。同时敦促成立全国映画协会、全国出版业者协会、全国演剧协会、全国音乐协会、全国美术协会等行业机构，将影视美术、新闻出版纳入到监管体系之中。涉外宣传方面则将由外务省出面"对本邦在留外国新闻记者通信员实施指导"，并在陆海军的协助下对"在外言论机关、出版物、兴业物、通信及其他机构实施指导和启发"。

在宣传要领方面：首先，要求政府各部门宣传机构在情报搜集和汇总方面加强沟通协作，特别要搜集"敌国及中立国的报刊杂志及其他出版物的珍贵情报"，并关注"外国特别是敌国对日本的情报宣传组织及活动"。其次，要求报纸、杂志以及各新闻团体、统制机构"按照既定的宣传方针和有组织的宣传计划"通力合作，开展对内对外宣传。

在对内宣传方面：要求重视"舆论的指导和启发"，将重点放在"统一国论、振奋国民精神"上。具体来讲，与同盟社、放送协会等舆论机构密切联系，对广播通信、书籍杂志、文化艺术等开展宣传指导，向其提供宣传资料，并对其宣传内容实施监督，同时在国外新闻机构中"充分利用亲日分子，给予新闻通信记者以优待，为其报道提供方便"。

在对外宣传方面：要在"扰乱敌对国思想、获得中立国舆论的支持及贸易金融产业等积极的援助"方面下功夫。其中，对中立国开展宣传工作过程中，要加强与中立国当权派的密切合作，"开展积极宣传"。所谓"积极宣传"，指的是利用各舆论工具和团体，向中立国新闻机构积极提供新闻来源，在新闻杂志的出版、影视文艺的创作等方面提供资金支持，并明确规定"可视情况对其收买，为我所用"。在对敌对国宣传中，则将重点放在谍报宣传和政治工作中，主要措施是在接近敌国国境的中立国设立宣传机构或在敌国内部设立秘密情报宣传机构，收买敌对国内的反政府团体和个人，"向其提供资金、反动出版物，派遣指导者等"，以此培育反政府力量。同时收买敌对国内的报刊杂志，向其提供反政府宣传材料或"伪装成中立国发行的宣传电影、演剧、脚本、音乐、美术等"①，以达到扰乱敌对国家政治局势、社会秩序的目的。

从上述内容来看，该计划纲领主要有两大特点：一是情报宣传活动的实施计划涵盖了平时和战时两个层次，尤其着眼于平时情报宣传的准备工作，要求在平时就要注意不断充实情报宣传机构设施、经费物资和人员配备等，以保证开战后能够迅速发挥情报宣传的作用；二是情报宣传活动的实施计划体现了积极和消极两个方面，既注重政策宣传、舆论指导、信息提供等话题设置、方向引导，又注重强化组织机构、加大打击取缔力度等传统舆论监管，特别要求设立各种文化统制团体的构想具有明显的法西斯化特征，"可视为对纳粹文化统制的模仿"②。

（二）关于日支问题的宣传方针

随着日军在华军事行动的不断扩大和升级，中国民众的反日情绪日益高涨。鉴于此，日方加大了对华宣传的力度。1936 年 9 月，"为改变世界舆论的对华认识，引导南京国民政府改变其政策，调整日支关系"，内阁情报委员会制定了《关于日支问题的对外宣传方针》和《对日支问题的对内对支宣传方针》两个文件，对日本的对内宣传、对外宣传和对华宣传的方针做了详细的规定。

在对外宣传方面，主要面向英美两国以及一些在对华问题上"对支那保持同情"的小国，利用同盟社为媒介，与外国驻日机构及日本驻外机构密切接触，对外国通信社及外国的新闻杂志实施所谓的"内面指导"，向其提供相关新闻来源，并通过演讲会、宣传材料的发布等形式，"阐明事态真相，贯彻我方意图"③。同时，对中日之间出现的一些诸如"大川饭店事件"④ 等外交摩擦进行片面报道，过度渲染中方所谓的"恐怖行为"，试图以此抵消因日军在华军事行动所带来的负面舆论。

在对内宣传方面，要求各媒体在宣传过程中要向日本民众灌输"中方责任论"思想，主张中日之间出现的一系列摩擦均因南京政府的对日政策所导致。"南京政府成立以来，其执行的内外政策在指导精神方面，与以确保东亚和平为使命的帝国国策从根本上不相

① 「A 级极东国际军事裁判速记录第十七号」、『A 级极东国际军事裁判速记录（和文）·昭和 21.5.3—昭和 21.8.28（第 1—57 号）』、JACAR（アジア歴史資料センター）、Ref.A08071309400、国立公文書館。
② 内川芳美：『現代史資料·40·マス·メディア統制㈠』、東京：みすず書房 1991 年、第 lxiv 頁。
③ 「日支問題に関する対外宣伝方針」、『密大日記 第 6 冊 共 8 冊 昭和 11 年』、JACAR（アジア歴史資料センター）、Ref.C01004230700、防衛省防衛研究所。
④ 1936 年 8 月，日本拟在成都设领事馆，驻沪情报官岩井英一携《大阪每日新闻》记者渡边洸三郎、《上海每日新闻》记者深川经二等人至成都，下榻在大川饭店内。闻讯而来的成都群众与日方发生冲突，造成两名日本人在事件中身亡，史称"大川饭店事件"或"成都事件"。

容"，以至于"排日侮日"事件频发，并威胁到日本在华权益。而对于所谓"根本解决对策"，该方针一方面要求日本民众"加强团结，冷静应对"，另一方面则要"诉诸最后之手段或不得已之行为"，从而让民众接受并理解日军在华军事行为。

在对华宣传方面，一是敦促南京国民政府认识到对日政策的"错误"，"从根本上改变其原有政策"，根除一切"排日侮日"行为；二是强调日方上述要求的"正当性"，塑造对日有利的舆论氛围，并加大宣传力度，鼓吹"依赖欧美、排日抗日"的政策"不仅对支那不利，也会阻碍东亚和平的确立"①。

上述两大宣传方针尽管是针对中日关系所确定的，但其宣传对象并未局限于中国，而是将国内宣传和国际宣传纳入其中，既重视通过对日本民众宣传，煽动日本国民的仇华情绪，渲染中国政府的"极恶非道"观念，以获取日本民众对其对华政策的支持；同时又重视对欧美等国家的国际宣传，且要求内外政策必须在对外宣传上有所反映，以达到"消除对敌国不得已强行采取的对策的国际障碍"②。可见，该宣传方针内容丰富，覆盖面广，为当时日本的内外宣传构筑了一条立体的、系统性的路线。

（三）国民教化运动方策及相关宣传方针

"二二六事件"后，广田弘毅上台组阁，恢复了陆海军大臣、次官"现役制"。由于现役军官的人事权由军部掌握，即使是首相也无权干涉，因此在实际操作过程中，军部可通过要求现任陆海军大臣辞职，并拒绝选派继任人选的方式迫使内阁解散，从而掌握了内阁的生杀大权。军部势力的扩张引起了政党势力的强烈不满，在第 70 届议会上，政友会议员滨田国松发表演说，矛头直指军部，并与陆相寺田寿一发生激烈辩论。广田内阁倒台后，陆军大将林铣十郎受命组阁，并提出了"祭政一致"的口号，主张"实现祭祀精神和政治运行的完全一致"③，由此确立了"政教合一"的政治体制。

1937 年 4 月 19 日，"为应对当下混乱之社会局势，贯彻国民教化，提高时局认识"④，内阁情报委员会制定了《国民教化运动方策》，经内阁会议审议后颁布。该方策的核心思想是"贯彻国体观念，昂扬日本精神，认识以帝国为中心的内外局势"，试图通过教化运动的形式统一国民思想，"形成勤勉其职务之风气，以充实坚实之国力"。在宣传方面主要着眼于四个方面：一是"宣扬肇国思想"，并对外来思想及外国文化进行

① 「日支問題に対する対内対支宣伝方針」、『密大日記 第 6 冊 共 8 冊 昭和 11 年』、JACAR（アジア歴史資料センター）、Ref.C01004230700、防衛省防衛研究所。
② 「日支問題に関する対外宣伝方針」、『密大日記 第 6 冊 共 8 冊 昭和 11 年』、JACAR（アジア歴史資料センター）、Ref.C01004230700、防衛省防衛研究所。
③ 津田敬武：『祭政一致の本義』、東京：京文社 1937 年、第 1 頁。
④ 「国民教化運動方策並時局宣伝方策に関する件」、『密大日記 第 4 冊 昭和 12 年』、JACAR（アジア歴史資料センター）、Ref.C01004292600、防衛省防衛研究所。

批判，以凸显日本所谓"宏远之肇国理想、灿烂之国宪精神"；二是"振奋国民精神"，向日本民众宣扬"日本之使命、国力、于世界之地位、日本的未来"，并强化勤俭节约、努力奉公的精神；三是"实施政治行政相关的国民教育，提高社会教养"，以培养遵纪守法的精神，"保存日本固有之醇美风俗"；四是"改善生活及体育、保健、卫生状况"。①此外，为确保达到上述宣传目标，该文件还确定了宣传实施要领，要求建立"全国性教化运动宣传体系"，对报纸、杂志、广播、电影等宣传媒体"按照宣传目的实施总动员"②，并对其进行培育和指导，而对于国外的宣传机构则由情报委员会联合拓务省、"对满事务局"等驻外机构共同依据该计划实施。该运动方策是此后推行的国民精神总动员的基础性文件，也是日本政治"脱离理性、走向神化的先兆"③，从而为"圣战"的战争认知埋下了伏笔。

"为应对当时的内外局势，促进国力划时代飞跃"，情报委员会于同日公布了《关于时局的宣传方策》，确定了当时日本内外宣传的框架性路线和方针，要求各宣传机构"应立足于不动之国策，以正确传达政府意图为根本宗旨"，在情报委员会的统管下，政府机构和民间机构互相协作，"与报刊杂志、放送事业保持密切联系，向其提供丰富资料"，同时强化对宣传出版行业的监管，以确保宣传方针的一致性。在宣传过程中要注重方式方法，应根据接受对象的心理及不同阶层的接受状况采取不同的方法，"按照不同项目设立宣传期限，官民集中总动员"。同时，结合国民的日常生活进行浸入式宣传，"在不知不觉间浸润人心"，避免采用"高压的、独断的、主观的、说教式的方法"。此外，还要求政府机构在开展直接宣传的同时，应将该方策贯彻在日常的工作中，重视宣传的间接效果。该方策力图通过时局宣传达到如下三大目标：

　　一、朝野和谐、文武一致，真正实现国家总管理，酿成国运畅达之气运；

　　二、使国民充分认识内外局势之真相，改革时弊，开展适合时世之革新，以此为急务并加以贯彻；

　　三、应在时局认识基础上实施革新，支持健全舆论，以此兴起积极的且具有建设性的舆论。④

---

① 「国民教化運動方策」、『密大日記 第 4 冊 昭和 12 年』、JACAR（アジア歴史資料センター）、Ref. C01004292600、防衛省防衛研究所。

② 「教化運動に関する宣伝の実施要領」、『密大日記 第 4 冊 昭和 12 年』、JACAR（アジア歴史資料センター）、Ref.C01004292600、防衛省防衛研究所。

③ 山中恒：『新聞は戦争を美化せよ！——戦時国家情報機構史』、東京：小学館 2001 年、第 176 頁。

④ 「時局に関する宣伝方策」、『密大日記 第 4 冊 昭和 12 年』、JACAR（アジア歴史資料センター）、Ref. C01004292600、防衛省防衛研究所。

上述两"方策"均着眼于当时日本所面临的内外局势,详细规定了宣传项目和负责部门,并制定了相应的具体实施方针,其最终目的是"提升国民的总体教化和时局认识",从本质上讲,两者互相联系、互为补充,共同构成由国家推行的《国民教化启发宣传大纲》。①

为配合国民教化运动的开展,对日本各地、各部门推行的教化宣传运动实施统一管理,"振作一贯之精神,贯彻其实施效果,新设定必要之宣传项目"②,1937年6月24日,内阁通过了《关于国民教化运动的宣传实施基本计划》,要求各部门定期开展宣传活动,推动国民教化运动的开展。该计划按照宣传实施机构分为甲乙两类。

甲类指的是由日本政府整体推行的宣传计划,它要求在情报委员会的协调下,政府内部各相关部门互相协作,共同制定具体的实施方案,其内容主要涉及"明征国体观念""提高社会教养,改善生活""强调举国一致""振奋国民精神"等,并设定了相关的"宣传周",与前述国民教化运动所着眼的内容几无二致。

乙类指的是由政府各部门自行开展的宣传计划,它要求内务、大藏、陆海军、司法、文部、农林、商工、递信、铁道等部门根据所辖业务内容制订相应的具体实施计划。计划内容与时局密切相关,如陆军省和海军省分别制定了"满洲事变纪念日"和"上海事变纪念日"宣传活动,农林省和商工省联合设立了"产业周"宣传活动,要求通过宣传册、海报、广播等形式大力宣传"国产振兴、国产爱用及资源爱护"等理念,力求"将国民对非常时期经济的协力体现在日常生活中,特别是通过各自所从事的产业振兴来实现后方国民的责任和义务"③。

国民教化运动及相应的一系列宣传方案"完全构成了国民精神总动员的基调,在此基础上,启发宣传工作舍弃了以前割据主义的做法,取而代之以全民动员的实施办法"④,在加深日本国民的时局认识、推动国民精神总动员方面发挥了重要作用。

此外,该时期日本政府继续利用《新闻纸法》对舆论界实施打压和控制。如前所述,《新闻纸法》《出版法》颁布后历经多次改订,限制报道的内容也随之更加详细和多元,涉及政治、经济、思想、皇室等社会生活的方方面面。在如此高压政策下,因违反言论

---

① 「国民教化運動ニ関スル宣伝実施基本計画ニ関スル件」、『内閣東北局関係文書・例規綴・昭和十年—昭和十二年』、JACAR(アジア歴史資料センター)、Ref.A10111132800、国立公文書館。

② 「国民教化運動に関する宣伝実施基本計画」、『情報部常務部会書類(国民精神総動員)』、JACAR(アジア歴史資料センター)、Ref.A15060361800、国立公文書館。

③ 「国民精神総動員産業週間に関する件」、『永存書類甲輯 第6類 昭和12年』、JACAR(アジア歴史資料センター)、Ref.C01001548500、防衛省防衛研究所。

④ 吉田裕、吉見義明:『資料日本現代史・10・日中戦争期の国民動員』、東京:大月書店1984年、第521頁。

统制政策而遭受处分的报刊杂志在"满洲事变以来呈现逐年激增的倾向"①。

由于该时期"关于日支问题、'满洲国'问题而遭受禁止报道的处分激增，加之左翼出版物宣传煽动相关反战思想"②，导致无论是从违反法律的角度看，还是从违反内容的角度看，1931 年遭受处分的案件数量开始飙升，1932 年达到顶峰。这与九一八事变的爆发不无关系。

---

① 内务省警保局：『昭和十年中に於ける出版警察概観』、東京：内务省警保局 1935 年、第 40 页。
② 内务省警保局：『昭和十年中に於ける出版警察概観』、東京：内务省警保局 1935 年、第 209 页。

第二章　全面侵华战争时期的言论统制法规

1937 年 7 月 7 日，侵华日军挑起了卢沟桥事变，拉开了日本全面侵华战争的序幕。对于事变后的处理方针，外务省经过紧急磋商，决定采取"不扩大"方针①，但是日本当局却以此次事件"完全是中国方面有计划的武装抗日"所致为由，最终作出了"采取必要措施，立即增兵华北"②的决定。然而，增兵华北引起了日本国内外舆论的极大反响，反对和批评之声不绝于耳。

就国内舆论而言，由于事变初期各方对事变处理方针不尽一致，导致各方舆论也不完全统一。支持"不扩大"方针的媒体主张不应诉诸武力，"应使日支两国国民冷静下来，首先解除精神武装，为改善国交而进行虚心坦诚的协助"③。而支持军部政策的舆论则力主"就地解决的做法违背了事不过三的原则"，必须果断采取措施"加以膺惩"④。

就国际舆论而言，日本的在华军事行动打破了列强在华权益的平衡，国际舆论纷纷对日方所持"自卫反击"论调提出了质疑和批评，美国舆论认为事变"并非偶发事件，与满洲事变一样是有准备、有计划的行动"，英国舆论则发表评论指出"日本以事变作为发动战争的原因不过是借口"⑤，从而揭露了日军侵略行为的本质。

鉴于国内舆论的不统一及国际舆论对日的"不友好"，随着战局的推进及国际局势的变化，日本当局在进一步强化、扩充现有舆论立法的基础上，还制定了一系列宣传指导方针，试图以此加强对舆论的监督和引导。

---

① 石射猪太郎：『外交官の一生』、東京：中央公論社 1989 年、第 295 頁。
② 「派兵に関する政府声明」、『週報』（第四十号）、1937 年 7 月 21 日、第 2 頁。
③ 『東京朝日新聞』1937 年 7 月 24 日。
④ 『国民新聞』1937 年 7 月 15 日。
⑤ 「北支事変に関する各国新聞論調概要」、『支那事変ニ関スル各国新聞論調概要　1—18 ／ 1937 年』、JACAR（アジア歴史資料センター）、Ref.B10070269000、外務省外交史料館。

第一节　制定和完善媒体立法，加强执法力度

卢沟桥事变后，日本当局强化、扩充了已有的言论法规，大力镇压与侵略战争、军国主义和法西斯主义唱反调的思想、言论。从某种意义上讲，这是对战前传统言论统制方法的继承和发展。

一、强化已有法律的监管力度

日本当局不但扩大了《新闻纸法》《出版法》的适用范围和处罚力度，还从制度上强化了监管和审查力度。

首先，加强了对国外印刷品的监管，尤其对通过各种途径进入日本国内或在其控制领土内发表反日言论的报刊杂志实施了严厉打击。根据《新闻纸法》第 24 条之规定"对于在外国及施行本法之帝国领土内发行之报纸所刊登之事项，若被认定为扰乱社会安定秩序或破坏社会风俗，内务大臣可禁止其在本法实施地域内发售，必要时可收缴其印版"① 及《出版法》第 20 条之规定"在外国印刷之文书图画，若被认定为扰乱社会安定秩序或破坏社会风俗，内务大臣可禁止该文书图画在国内发售，并可收缴其印版"②。1937 年 3 月 16 日，当时日本重要进出口港口城市之一的敦贺市的邮政部门分别向外务省欧亚课和电信课等部门发出"外来印刷物监查事宜"的照会，要求对入境日本的出版物进行严格审查，并将存在违反《新闻纸法》第 24 条相关内容的出版物"列为禁制品并直接送交内务省"③ 处置。如中华留日明治大学校友会机关报《学术界》第 2 卷第 23 期因刊登《唯物辩证法纲要》《唯物史观研究》《日本资本主义经济的特征》《去年日本教育探讨》等文章而被认定为具有"左倾反日"④ 倾向，最终被禁止在日发售，当期杂志相关内容也被命令删除。在南京成立的东亚和平拥护同盟筹备会于 1937 年 4 月发行机关报《东亚和平》创刊号，其刊登文章因被认定为"强调打倒日本帝国主义的左倾反日报道"⑤ 而遭禁止发行处分。此外，日本当局还进一步要求各相关部门加强联系，"继

---

① 「新聞紙法」、『公文類聚・第三十三編・明治四十二年・第十七卷・地理・土地・森林、警察・行政警察、社寺・神社・雑載』、JACAR（アジア歴史資料センター）、Ref.A15113739500、国立公文書館。

② 「出版法」、『公文類聚・第十七編・明治二十六年・第三十七卷・地理・土地・観象、警察・行政警察』、JACAR（アジア歴史資料センター）、Ref.A15112725900、国立公文書館。

③ 「外来印刷物検査の件」、『共産党宣伝関係雑件／対日宣伝関係／共産主義文書輸入、密輸、輸入禁止関係 (A—3—4—0—2_4_1)』、JACAR（アジア歴史資料センター）、Ref.B02030950200、外務省外交史料館。

④ 「中華留日明大校友会機関誌『学術界』発行に関する件」、『共産党宣伝関係雑件／対日宣伝関係／共産主義文書輸入、密輸、輸入禁止関係 (A—3—4—0—2_4_1)』、JACAR（アジア歴史資料センター）、Ref.B02030950200、外務省外交史料館。

⑤ 内務省警保局：「外事警察報」（第 179 号）、1937 年、第 112 頁。

续严密监控此类不稳文书"①。

其次，日本侵华战争全面爆发后，随着战争规模和范围的不断扩大，日本当局加强了对军事外交相关报道的监控。卢沟桥事变翌日，内务大臣下达命令，要求各部门在军事报道方面必须与军事当局保持密切联系，所有有关军事行动及动向的报道均禁止刊登。1937年7月11日，日本发表《派兵华北声明》后，日本当局更是强化了对军事报道的监管力度。声明发布当天，内务省发布命令要求相关部门密切关注各报社的报道方针，同时要求各媒体严守"军事机密报道方针"，凡涉及军事行动相关报道"即使是推测事项，均禁止在报纸上刊登"②。然而，依然有媒体对日军在华军事行动及日本对华政策提出了质疑。鉴于此，内务省警保局又于7月13日向各地方官长官发出通知，要求各地管辖下的新闻媒体在报道事变相关军事行动时应严格遵守前述有关规定，同时对于"反战或反军言论或招致军民离间"的内容、将日本对外国策认定为"侵略主义"性质的报道以及"扰乱国内治安"等"损害日本国家利益，损毁日本国际声望"③的言论进行严厉打击。当日，陆军省兵务课针对事变后日本国内舆论"不统一"的局面，制订了舆论取缔方案，设立报道审查委员会，负责"对报纸及出版物实施审查、对禁止报纸刊登事项进行核准、对无线电信电话、广播、与外国之间的有线电信电话进行取缔、对进口图书实施审查"④。

为在更短时间内贯彻陆军省下达的舆论管控命令，7月27日和29日，内务省相继向各府县警察局长下达《关于军队行动相关报道取缔事宜》及《关于军队行动等陆军省令相关事务处理事宜》的通知，明确表示"陆军省令及陆军大臣训令发布时，陆军省将直接向各府县长官发电报"⑤进行传达，获得刊登许可的新闻报道必须在显著位置标示"已获陆军省许可"字样，同时在内务省警保局图书课设立专人负责"处理陆军省令相关事务"⑥。

由于认定仍有部分报刊杂志的报道存在泄露军机危险，"为保持时局下军事机密，防止外谍"，内务省警保局遂于8月5日向各府县警察部长发出通牒，要求进一步强化

---

① 「中華民国より左傾反日宣伝印刷物『東亜和平』郵送越に関する件」、『共産党宣伝関係雑件／対日宣伝関係／共産主義文書輸入、密輸、輸入禁止関係（A—3—4—0—2_4_1）』、JACAR（アジア歴史資料センター）、Ref.B02030950200、外務省外交史料館。

② 「時局に関する記事取扱に関する件」、『出版警察報』（第一〇七號）、1937年8月、第9頁。

③ 「時局に関する記事取扱に関する件」、『出版警察報』（第一〇七號）、1937年8月、第9—10頁。

④ 「報道検閲委員会執務内規」、『本邦ニ於ケル新聞、雑誌取締関係雑件 第三巻（A—3—5—0—10_003）』、JACAR（アジア歴史資料センター）、Ref.B02031110700、外務省外交史料館。

⑤ 「軍隊の行動等に関する記事取締に関する件」、『出版警察報』（第一〇七號）、1937年8月、第12頁。

⑥ 「軍隊の行動等に関する陸軍省令関係事務取扱に関する件」、『出版警察報』（第一〇七號）、1937年8月、第16頁。

报道审查和监管体制，"唤醒其自制精神，努力防止事故发生"①。然而，卢沟桥事变后因违反相关法令而遭受处分的媒体数量呈现明显增长趋势，特别是7月份达到了617件。其中，因"破坏社会秩序"而遭受处分的案件多达220件②，比事变前的6月份增长了近一半。鉴于此，8月13日，内务省警保局向警视厅特高部长、各府县警察部长发出《关于时局的出版物取缔事项》通告，要求进一步强化所谓"破坏社会秩序"报道的判定基准，其内容如下：

北支事变相关一般安宁禁止标准

一、对我国的对支方针相关的政府内部特别是官僚之间的意见对立等揣摩臆测之议论；

二、国民对政府方针不予支持或造成民心离反、致使国论不统一之议论；

三、国民的对支强硬决心是当局表现出的假象，而国民的真实想法是惧怕战争、躲避战争等议论；

四、对政府采取的对支方针或事变经过进行批判时存在根本性谬误，或歪曲事实，甚至加以责难，造成妨碍国论统一或导致对外关系不利之议论；

五、通过此次事变，认为我国存在领土野心或行使武力的好战性格，从而污蔑帝国公正态度之议论；

六、可对排除英美等在支那的经济利益等进行议论，但不可有将其视为敌国并主张与之开战之议论；

七、与事变相关联，夸大国内特别是农村的贫困，或断言此次战时财政践踏国民生活，以此鼓吹反军反战思想，或企图离间军民关系之议论；

八、关于事变，可对国内局势进行议论，也可主张开展国内改革的必要性，但不可有为达其目的而煽动不法行为或过激手段之议论；

九、宣传、煽动共产主义或人民阵线运动，或赞美、讴歌苏俄政治形态或生活状况之议论；

一〇、暴露我国弱点或为支那辩护之议论；

一一、关于时局，散布流言蜚语，惑乱人心之议论。③

1938年8月，内务省警保局又制定了新的取缔标准，将暴露日本领土侵略野心、

---

① 「北支事变関係記事取締ニ関スル件」、『出版警察報』（第一〇八號）、1937年9月、第23頁。
② 『出版警察報』（第一〇八號）、1937年9月、第50頁。
③ 「時局ニ関スル出版物取締ニ関スル件」、『出版警察報』（第一〇八號）、1937年9月、第24—25頁。

"将北中支新政权曲解为我国傀儡政府，对圣战意义产生怀疑""酿成和平趋势、消磨国民隐忍持久精神"[1]、对内阁及军部大臣更迭作出猜测以及鼓吹消费等与"国民总动员"理念相背离或有碍于"国民总动员"推行的内容列入禁止报道的行列。

针对海军的军事行动，内务省在7月11日发出通牒，要求"除海军省发布之外，禁止报纸刊登海军兵力在支那方面的行动及驻扎地的相关报道"[2]。8月3日，内务省警保局图书课长向警视厅及各府县警察部长发出通知，要求各部门在处理海军军事行动相关报道监管业务时应获得海军大臣的许可，获得许可的新闻报道必须在显著位置标示"已获海军省许可"字样。这一点与上述对待陆军军事行动报道时所采取的做法基本一致。

为进一步明确关于海军行动的新闻报道取缔标准，8月16日，内务省警保局在向警视厅检阅课长和各厅府县特高科长下达的一份文件中对海军省和内务省关于海军军事报道的审查标准做了详细阐释，以增加报道审查的可执行性。次日，又针对海军制定的审查标准进行了一定程度的调整，要求内务省各部门在进行军事报道审查时，必须"同海军省保持紧密联系"，若内务省的审查标准和审查范围低于海军省，或两者出现矛盾之处，则"要保持两者取缔审查的均衡"，其具体执行办法是以海军省标准进行审查，并"以海军省发布的消息为准进行处理"[3]。

除对已有新闻、出版等言论统制法令的内容及处罚力度进行强化升级外，日本当局还针对新的宣传媒介电影，出台了一系列统制法令。电影作为新媒体登上日本历史舞台后，因其视觉直观化和可重复播放等特点，逐渐在社会娱乐中占据了主要地位。随着电影宣传地位的凸显，日本当局加紧了对电影的监管。

第一部对电影实施监管的针对性法令是1925年5月26日颁布的第10号内务省令——《活动写真"电影"检阅规则》，规定电影在放映前应提交内务省审查，"未经审查不可放映供多人观览"[4]。九一八事变后，随着电影事业在日本的发展及在内外宣传方面优势获得各界的认可，对电影实施积极统制的呼声越来越高。1934年3月13日，内阁会议正式决定成立映画统制委员会，负责"在内务大臣的监督下，对电影统制及其他电影相关重要事项进行调查审议"[5]。随着战时体制的发展，内务省开始酝酿起草针对电

---

① 「時局に関する新聞紙其の他出版物記事取締事項」、内川芳美：『現代史資料・41・マス・メディア統制（二）』、東京：みすず書房1996年、第145—146頁。

② 「内地出版物取締状況」、『出版警察報』（第一〇七號）、1937年8月、第9頁。

③ 「海軍省令関係検閲事務参考資料送付ニ関スル件」、『出版警察報』（第一〇八號）、1937年9月、第46頁。

④ 「活動写真『フィルム』検閲規則」、『本邦ニ於ケル写真撮影並活動写真取締関係雑件』、JACAR（アジア歴史資料センター）、Ref.B04012493800、外務省外交史料館。

⑤ 「映画統制委員会ノ件」、『公文類聚・第五十八編・昭和九年・第三巻・官職二・官制二（外務省・内務省・大蔵省・陸軍省）』、JACAR（アジア歴史資料センター）、Ref.A14100398800、国立公文書館。

影统制的专项法令草案，并在外务、陆海军、内阁情报部等部门的建议下，于 1938 年 12 月 28 日形成了经过修订后的《〈映画法〉法案要纲》。1939 年 4 月 4 日，该法案在议会通过，并于翌日正式公布。

《映画法》正文共由 26 条构成，在电影的制作和配给方面确立了"许可制"原则。规定电影业务的开展必须获得官方许可，并在相关部门登记备案，并要求电影业在"教育、教化、宣传、报道、慰安等各方面"作出"积极的协助"①。为达此目的，《映画法》要求对电影实施审查制，凡审查不合格的电影，禁止其出口和放映，同时对外国影片的配给、放映的种类和数量实施限制。综上，《映画法》通过"事前审查"和"许可制"两大手段，实现了对电影事业的全过程、全方位监管。

二、颁布实施国家总动员及国家机密保护相关系统法

然而，日本当局并不满足于对现有法律的修修补补，特别是随着局势的发展及全民总动员战时体制的推行，日本当局认为有必要对媒体实施更为全面的统制，遂颁布了一系列新的言论统制法令，其中最具代表性的法令为《国家总动员法》及《国防保安法》。这两部法律均为系统法，前者对新闻媒体的报道、经营等实施全面统制，后者则对舆论的报道内容限制实施了全覆盖。

（一）《国家总动员法》

随着战线不断扩大，为动员全部社会资源为战争服务，日本当局发起了国民总动员运动，并于 1937 年 10 月 23 日发布敕令撤销资源局，以企画院 ② 取而代之。作为国民总动员运动的管理机构，企画院在内阁总理大臣的领导下，负责"平时和战时综合国力的扩充运用"相关方案的起草、审查与预算管理以及"国家总动员计划的制定及实施相关各部门事务的统筹"③。

为更好地推动总动员运动的开展，日本当局认识到"有必要制定一个综合性的单一法律"，从而"为国家总动员实施制定法律依据"④。鉴于此，企画院成立后便着手进行总动员相关法令的编制工作。1937 年 11 月 8 日，企画院公布了总动员法编制方

① 「映画法逐条解説」、『映画法逐条解説』、JACAR（アジア歴史資料センター）、Ref.A04010505600、国立公文書館。

② "企画"一词在日语中有"策划、规划"等含义，为尊重史实及行文方便，本书凡涉及该词的机构名称、法律法规名称等概不作翻译处理。

③ 「企画院官制」、『御署名原本・昭和十二年・勅令第六〇五号・企画院官制制定企画庁官制及資源局官制廃止』、JACAR（アジア歴史資料センター）、Ref.A03022139700、国立公文書館。

④ 「国家総動員法制定ノ必要ナル理由」、『公文類聚・第六十一編・昭和十二年・第七十二巻・軍事・陸軍・海軍・防空・戒厳・雑載』、JACAR（アジア歴史資料センター）、Ref.A14100600200、国立公文書館。

针，决定将"对各种劳务、物资、资金、设备、事业等的统制运用及警备、情报宣传及其他必要事项"以及军需工业动员法①等内容统一到总动员法中，以应对"当下时局及未来战争或相当于战争的事变"②。12月23日，企画院公布了《国家总动员法案要纲》，刻画了即将出台的总动员法的基本框架，规定了政府在国家总动员实施过程中对"人力物力资源实施统制运用"的具体权限，以便"在战时及相当于战争的事变时在国防上最有效发挥全国之力"③。从内容来看，其涉及领域之广是此前任何法律所不及的。正如企画院总裁星野直树所言，"考虑该法律对哪些内容进行了统制，还不如寻找哪些内容没有被统制来得快"④。因此该法案要纲一经公布即招致有识之士以及媒体的反对。

政界元老西园寺公望曾公开表示，"很明显该法案是无视宪法的恶法，因此此等法令最好不要通过"⑤。《读卖新闻》于1938年1月26日以头版头条的形式对"总动员法"内容进行了专题报道，并称"《国家总动员法要纲》确立了全面覆盖物心两面的高度统制原则"⑥。2月8日，由报社编辑负责人结成的自治团体"二十一日会"⑦向首相近卫文麿及内相末次信正提出抗议，认为对报社动辄实施"发行停止"处分反而会招致"舆论萎缩之弊害"，并有"权限滥用之虞"⑧，强烈要求删除新闻出版相关条款。

尽管一片反对之声，但政府仍以"鉴于近代国防的特质，需要制定国家总动员实施

① 1918年4月公布，主要内容是政府在战时可强制使用、接管民间工厂的场地、设备和从业人员进行军需品的生产、维修和运输。具体内容参见：「軍需工業動員法」、『公文類聚・第四十二編・大正七年・第二十二卷・軍事二・陸軍二・海軍、学事・学制（小学校一雑載）』、JACAR（アジア歴史資料センター）、Ref.A13100327300、国立公文書館。

② 「国家総動員法制定ニ関スル方針案」、『公文類聚・第六十一編・昭和十二年・第七十二卷・軍事・陸軍・海軍・防空・戒厳・雑載』、JACAR（アジア歴史資料センター）、Ref.A14100600200、国立公文書館。

③ 「国家総動員法案要綱」、『国家総動員法に関する件』、JACAR（アジア歴史資料センター）、Ref.A15060149000、国立公文書館。

④ 高梨正樹編：『目撃者が語る昭和史（第5卷）日中戦争泥沼化する中国戦線』、東京：新人物往来社2007年、第118頁。

⑤ 高梨正樹編：『目撃者が語る昭和史（第5卷）日中戦争泥沼化する中国戦線』、東京：新人物往来社2007年、第38頁。

⑥ 『読売新聞』1938年1月26日。

⑦ 1925年4月21日，针对《国家总动员法》中关涉新闻出版的相关条令，各主要报社编辑负责人举行集会，会上提出成立报界同业组织的动议，并确定了组织名称、章程等。同年5月11日，报界举行成立仪式，正式宣告该组织成立。该组织章程规定每月21日举行例会，就报界的编辑等问题进行协商，故称"二十一日会"。

⑧ 新聞研究所：『昭和十三年版日本新聞年鑑』、東京：新聞研究所1938年、第11頁。

及准备所依据的法规，应对当下时局之推移及将来战时事变"① 为由，于1938年2月19日将该法案提交第73届帝国议会审议。在审议过程中，指责其违宪的呼声日益高涨。3月1日在众议院开会对该法案进行审议时，议员樱井兵五郎质疑法案"不但违背宪法形式，也违背宪法精神"，并尖锐指出该法律的目的无非是为了实现"独裁政治"②。在3月3日的审议中，有更多议员对该法案实施的条件提出了异议，认为"政府在认为有必要时可实施该法律"的规定过于模糊，事实上赋予了政府可随时实施、任意解释的至高特权。

针对议员的质询，由于首相近卫文麿因故未能出席，参与答辩的企画院总裁泷正雄、司法大臣盐野季彦、内务大臣末次信正等人也未作出正面回应，而是一直围绕《国家总动员法》的必要性进行阐述。如末次信正在对该法涉及舆论的条款进行说明时，就第三条"情报和启发宣传"强调"为国家目的提供协助"是"报纸作为报纸的本来业务"，并非"损害报纸的本来使命，也不会在内容上进行指导，甚至发布官制社论"，对于第20条"限制或禁止刊登"相关规定，末次一方面辩解说"不会给予特别苛刻的取缔"③，另一方面又强调该条款的目的是将此前未纳入取缔范围的内容纳入其中，从而明确了该法案对新闻报道内容的全面监管。毋庸置疑，上述政府方面避重就轻的说明并不能打消议员和媒体的疑虑，现场质疑声四起，一片混乱。

面对议员的质疑，担任"说明员"的陆军省军务课职员佐藤贤了对总动员法案的内容进行了说明，并对议员们的异议进行了回击。佐藤首先强调了该法案的合法性，认为该法案并不违宪，且赋予政府大权是必要的。他认为，战争单靠军人在前线冲锋陷阵是不够的，处于后方的平民百姓也必须倾力协助，即动员全民，实施"总体战"。而要保证全民动员的顺利实施，佐藤认为单靠国民的忠诚、爱国等精神方面的自觉是远远不够的，而是必须通过总动员法案这种法律手段进行强制性约束，而要使得这种强制性约束生效，就必须保证政府拥有对该法案的绝对控制权和解释权。从佐藤的上述答辩内容可以看出，佐藤的逻辑是，要取得战争的胜利，必须实施全民动员，要保证全民动员的实施，就必须有一个法案来加以保障，要使该法案的实施取得成效，就必须赋予政府特权。

---

① 「国家総動員法案理由書」、『公文類聚・第六十二編・昭和十三年・第七十一巻・軍事・陸軍・海軍・国家総動員・雑載』、JACAR（アジア歴史資料センター）、Ref.A02030075800、国立公文書館。

② 「第七十三回帝国議会衆議院国家総動員法案委員会議録（速記）第三回」、1938年3月1日、東京：衆議院事務局、第12頁。

③ 「第73回帝国議会委員会議録・衆議院　法律案三」、『第73回帝国議会委員会議録・衆議院　法律案三』、JACAR（アジア歴史資料センター）、Ref.A08070035900、国立公文書館。

不但佐藤发言的内容非常霸道无理，就连其态度也极其傲慢，"其口吻充满了对政党十分轻蔑的语气，其态度就像小学老师教训脑袋愚笨的学生那样"①。出席国会的议员们对佐藤蛮横无理的态度以及强词夺理的说辞表示了强烈不满，纷纷要求国会议长终止佐藤的发言。然而，佐藤却不顾议员反对，依然我行我素继续发言，这时政友会的宫协长吉议员出来制止，但佐藤却在会场对其大喊"闭嘴"②，致使会场一片混乱。

第二天，各报均对"闭嘴事件"作了报道。《东京朝日新闻》详细报道了事件发生的经过，并认为在审议总动员法案的关键时刻，佐藤的发言"带来了无谓的摩擦，令人遗憾"③。《东京日日新闻》则发表《总动员又一波澜／佐藤中佐的说明资格》文章，对佐藤在议会发言的资格提出了质疑。由于议员的反对以及施压，陆军大臣杉山元被迫道歉，佐藤本人却并未因此受到任何处分，反而在当年7月晋升大佐，出任大本营报道部长兼新闻班长。

"闭嘴事件"绝非佐藤个人偶然的失言事件，而是"陆军政治态度的极端表现"④，是以军部为代表的法西斯团体践踏民主、压制舆论的外在表现，是当时日本国内政治生态的一个缩影，它表明当时日本国内法西斯思潮已经蔓延并侵入政治体系之中，"说明当时日本已经进入到军部独裁的时代"⑤。

此外，早在总动员法提交议会审议时，一些右翼团体就积极为推动该法案的通过而四处奔走。2月17日，右翼团体防共护国团300余人闯入持反对意见的政友会和民政党总部进行恐吓。3月3日，又有4名右翼分子闯入社会大众党党首安部矶雄家中施暴。在军部压力下以及暴力事件的打击之下，立场本就不坚定的政友会、民政党和社会大众党最终妥协，3月16日，《国家总动员法》在议会未经任何修改一致通过。

4月1日，日本政府正式公布《国家总动员法》。该法案全文共有50条，其中第1

① 高梨正樹編：『目撃者が語る昭和史（第5卷）日中戦争』、東京：新人物往来社1989年、第135頁。
② 战后，佐藤本人对此事件非但毫无悔意，甚至在其回忆录中还特意进行了辩解。对于其是否具有在议会发言资格一事，佐藤承认其没有资格在议会中直接回答议员们的提问，但他强调他的发言是经过议长同意并且获得国务大臣及政府委员的授权，而且他认为司法大臣盐野季彦等人的答辩不尽人意，"政府对此（《国家总动员法》）没能做出令议会满意的解释，而且出席会议的人中只有我能对该法案的意义做出说明"，他自认为他的解释是最有说服力的。对于脱口而出的"闭嘴"一词，他辩解说因为议长小川香太郎同意他继续发言，而宫协长吉却无故打断了他的话，因此他愤怒至极便给予了回击。他还大言不惭地说，本来想说的是"住嘴，长吉！"但考虑到当时的场合以及宫协的身份（宫协长吉是佐藤在陆军士官学校学习时期的老师），才只说了"住嘴"两个字。言下之意，他还是给宫协长吉留足了面子的。详细参阅：佐藤賢了：『佐藤賢了の証言』、東京：芙蓉書房1976年、第116—122頁。
③ 『東京朝日新聞』1938年3月4日。
④ 『国民新聞』1938年3月4日。
⑤ 茶本繁正：『戦争とジャーナリズム』、東京：三一書房1984年、第323頁。

条对国家总动员的内涵做了界定，即"战时（包括相当于战争的事变）为达成国防目的，增强国家总力而对人力及物力资源进行统制运用"。第 2 条至第 31 条对战时日本政府实施总动员的权力进行了规定，具体内容涉及包括国民征用等劳力统制、物资生产、进出口限制等物资统制以及公司设立、资金运营等金融统制多个方面。第 32 条至第 49 条是详细的处罚条例，第 50 条则要求成立国家总动员审议会，负责对法案实施过程中的重要事项进行审议并回应政府咨询。《国家总动员法》对宣传的监管和控制主要从报道权和经营权两方面展开。

在报道权方面，《国家总动员法》第 3 条将"国家总动员上必要的情报和启发宣传相关业务"纳入到"总动员法业务"范畴中，并在第 20 条对该业务的具体执行方式作了如下规定："在推行战时国家总动员过程中，政府认为必要时，可以通过制定敕令对报纸及其他出版物的刊登实施限制或禁止。政府对违反上述限制或禁止事项并对国家总动员产生妨碍的报纸及其他出版物，可禁止其销售和颁布或实施查封。这种情况下，可查封原版。"而对于违反上述规定者，该法案第 39 条作了如下规定："违反第 20 条第 1 项所规定之限制或禁止条款时，对报纸发行人及编辑、其他出版物发行人及作者处以两年以下徒刑或监禁并 2000 元以下罚金。对于报纸的编辑之外实际担任编辑工作的人以及刊发报道署名人作同样处理；对于对第 20 条第 2 项所规定之查封处分的执行造成妨碍者，将处以 6 个月以下徒刑或监禁并五百元以下罚金；上述两条适用刑法上数罪并罚之规定。"换言之，政府在战时可对媒体报道的内容实施限制，如有媒体违反该禁令，则政府不但给予媒体本身禁售、查封等行政处罚，还将对发行、编辑等人员实施法律处分。需要说明的是，第 20 条的实施是以"有必要"为判定标准的，缺乏具体内容以及实际操作性。"当有具体的限制或禁止事项时，报纸及其他出版物将按照限制或禁止规定"进行报道，但新闻报道的内容超出现有法令规定时，则"可以示达的形式实施限制或制约"[1]，从而为政府的任意解释提供了可能。

在经营权方面，《国家总动员法》第 11 条至第 18 条赋予了政府在国家总动员时期对团体的经营权实施控制的权力，其中涉及团体的成立、资本的增加、合并、目的的变更、团体债券的发行以及股金的缴纳、设备的征用、新置、改良等，其中特别需要注意的是关于"团体统合"的规定。第 17 条规定政府在战时可命令同行业或跨行业之间"统制协定的设定、变更或取消，也可命令统制协定的加盟者以及非加盟者遵守该统制协定"。为更好地落实该项规定，强化对各行业的管制，该法案规定"政府对于同种

---

① 「国家総動員法案施行要綱」、『国家総動員法に関する件』、JACAR（アジア歴史資料センター）、Ref. A15060149600、国立公文書館。

或者异种事业的事业主或者团体，可以下令对该事业实行统制或者设立统制团体或者会社"①，从而赋予政府成立"统制团体"的权限。

1941 年 3 月，为进一步"完善强化国家总动员态势，充分发挥国家总力"②，日本政府又对上述第 17 条做了大幅度修订，增加了对团体的业务运营实施监管的内容，规定政府认为有必要时可命令各事业团体"业务的开始、委托、共同经营、转让、废止或休止以及法人目的的变更、合并或解散"③。该项规定对媒体影响深远，此后日本新闻联盟的成立以及"一县一报"合并政策都是依据上述两条规定实施的。

需要指出的是，该法案规定政府在实施上述权力时，凡认为必要时可不经议会审议，仅通过"敕令"的形式公布即可，从而赋予政府凌驾于议会之上的特权，从事实上否定了议会政治的存在，"全面确立了政治在法律上的优越地位，天皇制国家由此变为法西斯行政国家"④，这也是该法被各界所诟病为"违宪"的最主要原因。

此后，日本当局依据《国家总动员法》的上述规定，出台了一系列言论统制法令，涉及舆论导向、报道内容、印刷资材、营业业务等方方面面，"日本言论法西斯体制得以完成"⑤。

（二）《国防保安法》

除《国家总动员法》外，日本当局还针对军事机密保护问题制定了一系列法案。早在 1899 年 7 月 14 日，日本就颁布《军机保护法》，规定"明知其为军事秘密之事项或图书物件而探查、收集者"，以及无论有意还是无意，"凡将军事秘密之事项或图书物件向他人传达、交付或将其予以公布者将予以重罚"⑥。

日本侵华战争全面爆发后，军部开始酝酿对《军机保护法》进行修订。1936 年 9 月，军务局向下属各课长发出通知，就《军机保护法》修订事宜征求意见。在提交讨论的修

① 「国家総動員法」、『公文類聚・第六十二編・昭和十三年・第七十一巻・軍事・陸軍・海軍・国家総動員・雑載』、JACAR（アジア歴史資料センター）、Ref.A02030075800、国立公文書館。
② 「国家総動員法中改正法律案理由書」、『公文類聚・第六十五編・昭和十六年・第百八巻・軍事二・防空・戒厳徴発・国家総動員一』、JACAR（アジア歴史資料センター）、Ref.A02030326500、国立公文書館。
③ 「国家総動員法中ヲ改正ス・(国家総動員態勢ノ整備強化ノ為)」、『公文類聚・第六十五編・昭和十六年・第百八巻・軍事二・防空・戒厳徴発・国家総動員一』、JACAR（アジア歴史資料センター）、Ref.A02030326500、国立公文書館。
④ 北河賢三：『国民総動員の時代』、東京：岩波書店 1989 年、第 21 頁。
⑤ 前坂俊之：「太平洋戦争下の新聞メディア」、『マス・コミュニケーション研究』2005 年第 66 号、第 7 頁。
⑥ 「軍機保護法」、『御署名原本・明治三十二年・法律第百四号・軍機保護法』、JACAR（アジア歴史資料センター）、Ref.A03020379900、国立公文書館。

订意见稿中，第 15 条至第 19 条特别针对媒体在军事机密保护方面作出了规定和处罚措施，例如：

第 15 条　陆军大臣或海军大臣可依据命令对出版法及新闻纸法规定的出版物禁止或限制军事秘密相关事项的刊登；

第 17 条　陆军大臣或海军大臣可就军事秘密发布临时处置，特别可对相关事项作出指示，并可禁止或限制其在报纸或杂志上刊登或通过无线电信、无线电话播放；

第 19 条　内务大臣认定出版物或报纸或杂志刊登了第 15 条和第 17 条所规定的禁止或限制条款内容时，应指出刊登了该事项的内容，并可禁止该出版物的销售刊行，必要时可对其查封。①

从上述三条内容来看，与《出版法》和《新闻纸法》的相关规定互相重合。因此，有些部门在反馈中提出了其"与出版法和新闻纸法之间的关系"②的疑问，最终向议会提交审议并在正式公布的文件中删除了上述内容。

1937 年 7 月 9 日，陆海军省和司法省以"旧法不适应现状"为由，联合向内阁提交《军机保护法》修订法案。7 月 23 日，内阁审议后又将该法案提交议会审议。8 月 14 日，经议会审议后正式公布。新的《军机保护法》的内容由原来的 8 条扩充到 21 条，除规定不得以任何理由、任何方式泄露军事机密外，还规定军事秘密或相关图书资料的范畴"以陆军大臣和海军大臣的命令来确定"③，从而赋予了陆海军大臣在军事机密宣传管制方面的诸多特权，同时也将上述军务局制订的修订方案中有关媒体报道事项包罗其中。

尽管已存在诸如《国家总动员法》第 44 条④ 及《军机保护法》等相关保密法令，但

---

① 「軍機軍秩保護法改正案」、『公文備考 昭和 11 年 J 警戒計画 卷 1』、JACAR（アジア歴史資料センター）、Ref.C05035194500、防衛省防衛研究所。

② 「軍務 1 機密第 322 号の 2 11.9.17 軍機保護法改正案に関する件」、『公文備考 昭和 11 年 J 警戒計画 卷 1』、JACAR（アジア歴史資料センター）、Ref.C05035194500、防衛省防衛研究所。

③ 「軍機保護法」、『御署名原本・昭和十二年・法律第七二号・軍機保護法改正刑法施行法中改正（勅令第五百七十八号参看）』、JACAR（アジア歴史資料センター）、Ref.A03022076900、国立公文書館。

④ 《国家总动员法》第 44 条：从事总动员业务者，泄露或盗用其业务执行过程中获知的该官厅所指定的总动员业务相关内容的机密时，处以 2 年以下徒刑或 2000 元以下罚款。参见「国家総動員法」、『公文類聚・第六十二編・昭和十三年・第七十一卷・軍事・陸軍・海軍・国家総動員・雑載』、JACAR（アジア歴史資料センター）、Ref.A02030075800、国立公文書館。

日本当局依然不满足于此，认为"现有法律不能充分达到秘密保护的目的"，因此需要制定一部"能够全盘保护总动员秘密的法律"，而制定这样一部涵盖面宽、影响大的法律尚需时日。针对"总动员秘密中军用资源相关秘密的保护"①问题，1939年3月25日，日本又以第25号法律的形式公布了《军用资源秘密保护法》，规定陆海军大臣可根据需要指定人力物力资源为军用资源，凡是记载与军事相关的军工生产、物资供应、人力资源、交通运输等内容的图书物件均在指定范围内，以"防止需向外国保密的军用人力物力资源泄露"②，并对泄露该机密的个人、机构等制定了相应的处罚措施。鉴于新闻报道是可能造成军事机密泄露的重要途径之一，企画院于1939年9月26日公布了禁止新闻媒体报道的事项，主要包括矿产、电力、兵器、交通、人力等，并规定该法案"以普通出版物为对象，广播、演讲、电影等应尽量按照本法案主旨进行处理"③。

鉴于上述制定一部"能够全盘保护总动员秘密的法律"的诉求，日本当局除了《军机保护法》《军用资源秘密保护法》等一系列军事机密相关的立法外，开始寻求建立一部涵盖面更广的法律。于是，《国防保安法》的制定被提上日程。1940年9月10日，陆海军、外务、内务四部门联合提交《国防保安法案要纲》，旨在"确定国家机密的范围并防止其向外国泄露"，同时"对帝国内的外国宣传及经济上的谋略行为给予处罚"④。1941年1月29日，《国防保安法案要纲》提交第76届议会审议，在1月31日的审议中，司法大臣柳川平助认为出于"总体战"的需要，必须对所有国家机密进行保护，虽军事机密相关法律已较完善，但"对外交、财政、经济等相关国家重要机密进行保护的规定却依然不够完备"⑤，从而强调了该法案的必要性。在审议过程中，尽管议员们针对"国家机密"的范畴及判定标准提出了诸多质疑，2月27日该法仍在众参两院通过，并于3月6日以第49号法律的形式公布。

《国防保安法》第1条将"国家秘密"的范畴界定为"在国防上需对外国保密的外交、

① 「軍用資源秘密保護法について」、『軍用資源秘密保護法説明資料　昭和14.6』、JACAR（アジア歴史資料センター）、Ref.C15120257300、防衛省防衛研究所。
② 「軍用資源秘密保護法」、『御署名原本・昭和十四年・法律第二五号・軍用資源秘密保護法（勅令第四百十二号参看）』、JACAR（アジア歴史資料センター）、Ref.A03022328200、国立公文書館。
③ 「国家総動員機密保持ノ為ノ發表禁止事項」、『永存書類　甲輯　第4類　第2冊　昭和14年』、JACAR（アジア歴史資料センター）、Ref.C01001726000、防衛省防衛研究所。
④ 「国防保安法案要綱」、『公文類聚・第六十四編・昭和十五年・第百二十二巻・司法・裁判所・弁護士・民事・刑事・陪審法・雑載』、JACAR（アジア歴史資料センター）、Ref.A14100855400、国立公文書館。
⑤ 「衆議院国防保安委員会議録（速記）第1回」、『国防保安法委員会速記録　昭和16年1月31日』、JACAR（アジア歴史資料センター）、Ref.C12120372400、防衛省防衛研究所。

财政、经济及其他与国务相关的重要事项"，具体包括三大类内容：

  一、御前会议、枢密院会议、内阁会议或与之相当的会议审议的事项及其他会议所议事项；

  二、帝国议会秘密会议审议的事项及其他会议所议事项；

  三、提交上述两项会议的准备事项及其他行政各部的重要机密事项。[1]

  换言之，该法将处于起草、审议及正式通过的所有"与国务相关的重要事项"均列入需要加以保护的行列，从而使"国家秘密"的范畴几乎达到全覆盖。而对于"国家秘密"的判定基准和判定主体，该法并无明确规定，均由"主管部门决定何为国家机密"[2]，因此存在着自由裁量权过大的问题。

  该法由两章、共40条构成。第1章是违反该法的处罚细则，规定凡是对外泄露国家机密者均应按照情节轻重给予相应处罚，并规定即便不属国家机密，但对国防、治安、金融秩序等产生损害或可能产生损害的"外交、财政、经济等其他相关信息"也在取缔范围之内。第2章则是处罚所采取的刑事手续，其中将《军机保护法》《军用资源秘密保护法》《刑法》《陆军刑法》《海军刑法》《国家总动员法》等相关条款均纳入其适用范围。此外，还确定了该法的施行范围为"内地、朝鲜、台湾、桦太"[3]，但同时也明确规定"本法施行地区之外触犯罚则者亦适用该法"[4]，从而将适用内容和适用对象作了进一步的扩充。由此，在军部、政府相关法令的监管下，作为监管对象的媒体在报道内容选择方面的决定权被极大压缩，在很大程度上被剥夺了报道自由的空间。

第二节 颁布基于《新闻纸法》第27条的军事外交相关省令

  随着局势的发展，日本当局有关军事外交的报道监管愈加严厉，陆军省、海军省和外务省以《新闻纸法》第27条之规定"陆军大臣、海军大臣、外务大臣对于报纸可以

---

① 「国防保安法」、『御署名原本·昭和十六年·法律第四九号·国防保安法』、JACAR（アジア歴史資料センター）、Ref.A03022545200、国立公文書館。

② 「衆議院国防保安委員会議録（速記）第2回」、『国防保安法委員会速記録　昭和16年1月31日』、JACAR（アジア歴史資料センター）、Ref.C12120372500、防衛省防衛研究所。

③ "桦太"是日方对库页岛的称呼。1905年在日俄战争中获胜的日本取得了库页岛南部（北纬50度以南）的主权，并在此地设立"桦太厅"，负责该地方行政事务。

④ 「国防保安法」、『御署名原本·昭和十六年·法律第四九号·国防保安法』、JACAR（アジア歴史資料センター）、Ref.A03022545200、国立公文書館。

发布命令，禁止或限制有关军事或外交的报道"①为由，逐渐掌握了对军事外交报道的监管权。

一、军事报道相关法令

据此条例，陆军省于 1937 年 7 月 31 日发布第 24 号陆军省令，要求所有媒体未经陆军大臣许可，禁止刊登"军队行动及其他军机军略相关事项"②。虽然陆军省一再强调该法令着眼于事前预防，"以预防为第一要义"③，但却并未制定相关预防措施，反而对事后的处罚措施做了详细规定，并根据不同程度设立了起诉、严重警告、警告和提醒四类处分。同日，内务省警保局发出由陆军省军务局长和内务省警保局长联名签署的通牒，要求各地相关部门在处理陆军省关于媒体监管事务时，须遵照上述第 24 号陆军省令执行，特别是在判定是否禁止媒体报道的过程中产生异议时，"应经由内务省，接受陆军省的指挥"，而对违反该法令的媒体实施处罚时，也应"预先经由内务省，同陆军省进行协商"④，从而将最终决定权和裁决权均赋予陆军省。

除日本国内相关机构外，上述陆军省令公布后，日本国外的殖民统治当局也据此法令作出迅速反应。在此之前，朝鲜的媒体监管"按照报纸规则第十一条之规定⑤由朝鲜总督实施取缔"，驻军司令官在处理媒体监管事件时"应与总督进行协商后采取适当措施"⑥。换言之，媒体监管的主导权掌握在总督手中。而第 24 号陆军省令公布后，朝鲜驻屯军作出迅速回应，参谋长久纳诚向陆军次官梅津美治郎发电，声称此前以总督府为

---

① 「新聞紙法」、『公文類聚・第三十三編・明治四十二年・第十七巻・地理・土地・森林、警察・行政警察、社寺・神社・雑載』、JACAR（アジア歴史資料センター）、Ref.A15113739500、国立公文書館。

② 「第 9 類 軍司行政警察／陸軍省令第 24 号に依る新聞掲載禁止事項の標準並に同許否」、『秘憲兵令達集 第 2 巻』、JACAR（アジア歴史資料センター）、Ref.C13070823600、防衛省防衛研究所。

③ 「新聞紙法第二十七条陸軍省令第二十四號に依る「新聞掲載禁止事項の標準」改訂に関する件」、『昭和 15 年「陸支密大日記 第 40 号 1 ／ 3」』、JACAR（アジア歴史資料センター）、Ref.C04122555000、防衛省防衛研究所。

④ 「陸軍省令第二十四号に依る検閲事務取扱に関する件」、『出版警察報』（第一○七號）、1937 年 8 月、第 22—23 頁。

⑤ 1908 年 4 月 30 日，时任朝鲜统监伊藤博文发布第 12 号统监府令——《报纸规则》，其中第 11 条至第 14 条对报纸的禁售、取缔等作了明确规定。具体如下：第 11 条：认为有必要时，理事官可禁止刊登外交、军事及需要保密的事项；第 12 条：报纸违反第 10 条规定及第 11 条之命令时，理事官可对其实施禁售、收缴，且可停止或禁止其发行；第 13 条：对于进口至韩国境内的报纸，理事官认为其妨碍治安、破坏风气时，可禁止该报纸的发售并实施收缴；第 14 条：理事官可对违反下列规定的报纸实施收缴。（一）未按第 1 条及第 3 条之规定实施申报即发行者；（二）未缴纳保证金即发行者；（三）未缴纳足额保证金即发行者。参见「新聞紙規則」、『官報』第七千四百五十五号、1908 年 5 月 6 日、東京：大蔵省印刷局、第 129—130 頁。

⑥ 「陸密電七三 次官より朝鮮軍参謀長へ電報案（昭和一二年八月一二日）」、『密大日記 第 4 冊 昭和 12 年』、JACAR（アジア歴史資料センター）、Ref.C01004289500、防衛省防衛研究所。

主体的媒体监管措施不但"对本军的发布报道事项大加拘束",势必会"对半岛民心的指导产生妨碍",因此主张"尊重拥护在朝鲜陆军最高机构的指导地位,保护其活动能力",并进一步"扩大强化军部在朝鲜的指导力"①。鉴于此,朝鲜总督府与朝鲜驻屯军进行了多轮协商,并最终达成协议。"朝鲜总督在决定军事相关新闻报道的取缔事项时,应征求军司令官的意见",并且为了减少其中的矛盾,总督府将在朝鲜的媒体监管权限"委任给军司令官"②。同样"台湾总督府"也与台湾驻军进行了协商,决定在处理军事报道事务时"先同台湾军进行协商",并将关于军事报道的审查权限赋予军事当局,"军事当局交与报社的消息不经总督府许可即可刊登"③。桦太厅则在陆军省令公布后第一时间将省令及新闻取缔相关规定向管区内警察署长作了传达,并召集管区内主要报社负责人召开座谈会,要求在刊登军事报道时,必须获得陆军省许可,并"在报道开头标注已获陆军省许可"④的字样。

　　海军省也进一步加紧了对海军军事动向相关报道的监管,并依据《新闻纸法》第27条之规定酝酿制定相关法令。1937年8月16日,海军大臣米内光政发布第22号海军省令,要求所有媒体未经海军大臣许可,禁止刊登"舰队、舰船、飞机、部队行动及其他军机军略相关事项"⑤。同日,内务省警保局发出由海军省军务局长和内务省警保局长联名签署的通牒,要求各地相关部门在处理海军省关于媒体监管事务时,须遵照上述第22号海军省令执行,特别是在判定是否禁止媒体报道的过程中产生异议时,"应经由内务省,接受海军省的指挥",而对违反该法令的媒体实施处罚时,也应"预先经由内务省,同海军省进行协商"⑥,从而将最终决定权和裁决权均赋予海军省。此后,各地方官厅及朝鲜、台湾等海外殖民机构也纷纷响应,其态度、做法等与对待陆军省第24号省令完全一致,不再赘述。

　　为防止军事相关报道脱离监管轨道,军部、警视厅向内务省图书课特派担当官,对

① 「7月31日付陸軍省令第24号に係る意見の件（朝鮮軍）」、『密大日記　第5冊　昭和12年』、JACAR（アジア歴史資料センター）、Ref.C01004303800、防衛省防衛研究所。

② 「朝鮮に於ける軍事に関する新聞記事取締に関する申合」、『密大日記　第4冊　昭和12年』、JACAR（アジア歴史資料センター）、Ref.C01004289500、防衛省防衛研究所。

③ 「軍事上の新聞検閲に関する協定案」、『本邦ニ於ケル新聞、雑誌取締関係雑件 第三巻』、JACAR（アジア歴史資料センター）、Ref.B02031110900、外務省外交史料館。

④ 「陸軍省令第二四号に依る新聞取締に関する執務参考事項」、『本邦ニ於ケル新聞、雑誌取締関係雑件 第三巻』、JACAR（アジア歴史資料センター）、Ref.B02031111000、外務省外交史料館。

⑤ 「海軍省令ニ依ル新聞記事差止ノ件」、『本邦ニ於ケル新聞、雑誌取締関係雑件 第三巻』、JACAR（アジア歴史資料センター）、Ref.B02031111700、外務省外交史料館。

⑥ 「海軍省令第二二号に依る検閲事務取扱に関する件」、『本邦ニ於ケル新聞、雑誌取締関係雑件 第三巻』、JACAR（アジア歴史資料センター）、Ref.B02031111700、外務省外交史料館。

报道的原文和照片实行事前审查，只有获得"陆军省许可"① 方能刊登。审查对象更加多元，不仅覆盖报道、评论的内容，甚至对编辑、报道方针亦实行取缔或指导。

　　陆军省、海军省在发布上述省令时，同时也公布了相关的报道审查标准。陆军省制定的《新闻揭载禁止事项标准》对军队动员及编制、作战用兵、运输通信、国土防卫、谍报防谍等方面禁止报道的内容做了详细规定，并将"能够对上述各项内容作出推测的事项"② 也列入其中，从而使得该标准趋于模糊化和扩大化，为陆军审查机构赋予了极大的裁量权。海军省制定的《新闻揭载禁止事项标准》由 11 条内容构成，涵盖舰队行动、军需工业、作战用兵、军港要塞、运输通信、谍报防谍等方面，同样也将"推测事项"列入其中，并特别规定"直接间接军事机密相关事项"③ 也在禁止刊登之列。

　　鉴于上述标准在实际操作过程中"在实施判定方面极为困难"④，陆海军省又制定了更为详细的判定要领。陆军省于 1937 年 7 月 31 日公布了《新闻揭载事项许否判定要领》，规定与军队动员相关的所有报道、照片等均不得刊登，即使是士兵与家人见面、送别会、送行等报道因其可能推测出部队动向，也在禁止刊登之列，而"陆军省及支那驻屯军司令部所发布的事项无需获得许可"⑤。为防止新闻报道与上述"新闻揭载禁止事项"产生抵触，海军省于 8 月 17 日公布了《新闻（杂志）揭载事项许否判定要领》，要求在新闻报道中不得出现舰船名称、部队番号、武器装备、行军部署等战力战略相关信息，并禁止刊登"对我军不利之报道、照片"⑥。需要说明的是上述"判定要领"并非一成不变，而是会根据局势发展和实际需求进行修订。如陆军省于 9 月 6 日针对防空问题出台了相关的"判定要领"，规定"除特别规定外，凡军队所进行的防空相关报道严禁刊登"⑦。

---

① 「執務報告　昭和十二年度情報部／1937 年」、『執務報告　昭和十二年度情報部／1937 年（情 _274）』、JACAR（アジア歴史資料センター）、Ref.B10070274700、外務省外交史料館。

② 「新聞揭載禁止事項の標準」（昭和一二年七月陸軍省）、『昭和 15 年「陸支密大日記 第 40 号 1／3」』、JACAR（アジア歴史資料センター）、Ref.C04122555000、防衛省防衛研究所。

③ 「新聞揭載禁止事項の標準」（昭和一二年七月海軍省）、『本邦ニ於ケル新聞、雑誌取締関係雑件 第三巻』、JACAR（アジア歴史資料センター）、Ref.B02031111700、外務省外交史料館。

④ 「新聞紙取締に関する打合（陸軍省内務省）」、『本邦ニ於ケル新聞、雑誌取締関係雑件 第三巻（A—3—5—0—10_003）』、JACAR（アジア歴史資料センター）、Ref.B02031111800、外務省外交史料館。

⑤ 「新聞揭載事項許否判定要領」、『本邦ニ於ケル新聞、雑誌取締関係雑件 第三巻（A—3—5—0—10_003）』、JACAR（アジア歴史資料センター）、Ref.B02031111800、外務省外交史料館。

⑥ 「新聞（雑誌）揭載事項許否判定要領」、『本邦ニ於ケル新聞、雑誌取締関係雑件 第三巻』、JACAR（アジア歴史資料センター）、Ref.B02031111700、外務省外交史料館。

⑦ 「国土防衛中防空に関する新聞揭載事項許否判定要領」、『本邦ニ於ケル新聞、雑誌取締関係雑件 第三巻（A—3—5—0—10_003）』、JACAR（アジア歴史資料センター）、Ref.B02031111400、外務省外交史料館。

10 月 12 日，陆军省报道审查官向外务省发出通告，要求除陆军省及军司令部发布的消息外，媒体不得刊登"上海方面陆军部队的作战行动、阵中美谈等"①报道及照片。14 日，出于大量罗列死伤者名单会对"鼓舞国民士气"造成负面影响的考虑，陆军省报道审查官又向相关部门发出通知，要求不得向报纸通信社提供战死、负伤者名单，媒体在处理相关报道时，只可将"战死者负伤者的勇敢行为及美谈等与其肖像一起刊登"②。1938 年 9 月 1 日，陆军省又对省令进行了修订，特别强调了不可刊登对日军不利的报道和照片，如"对支那兵或支那人逮捕审讯等报道照片中给人虐待感的内容"，但"关于支那兵或支那人的残虐报道"③不在禁止范围内。而海军省方面，1937 年 9 月 27 日，海军省对前述判定要领作了修订，特别针对八一三事变后驻沪海军的军事行动报道做了补充规定，要求媒体在发布有关海军舰船名称、作战武器、军队动向等"暴露我方阵地状况"的报道时"必须接受当局的审查"④。

二、外交报道相关法令

负责对外交相关报道实施监管业务的是外务省情报部第一课。早在 1914 年 9 月 16 日，外务省就公布了第一号省令，称根据《新闻纸法》第 27 条之规定，"除预先获得外务大臣许可外，禁止在报纸上刊登对国交产生影响之事项"⑤，并列举了禁止刊登的 5 条标准。但该标准非常模糊、笼统，缺乏指导性，最终于 1922 年 12 月被废止。此后，酝酿新的外务省令被提上了日程。

然而，外务省认为运用法律、法规并非"统制言论机构的理想方法"。因此，在很长一段时间内对媒体监管一直奉行"自制"立场，但实际操作过程中，新闻媒体并没有达到外务省"自制"的预期，未经许可的日本外交相关报道、评论频见报端，同时也导致外务省相关省令的制定落后于陆海军两省而备受批评。鉴于此，外务省开始转变态度，加强了对外交报道的监管和限制，认为"以绅士态度对待之已完全不现实，一定

---

① 「陸新發第三一一號　上海方面ニ於ケル陸軍ノ作戦行動ニ関スル新聞記事寫眞掲載禁止ノ件」、『本邦ニ於ケル新聞、雑誌取締関係雑件 第三巻』、JACAR（アジア歴史資料センター）、Ref.B02031111800、外務省外交史料館。

② 「陸新發第三一四號　戦死傷者名ヲ新聞紙上ニ多数羅列セサル様指導相成度件」、『本邦ニ於ケル新聞、雑誌取締関係雑件 第三巻』、JACAR（アジア歴史資料センター）、Ref.B02031111800、外務省外交史料館。

③ 「新聞掲載事項許否判定要領ノ件」、『密大日記 第 3 冊 昭和 15 年』、JACAR（アジア歴史資料センター）、Ref.C01004734200、防衛省防衛研究所。

④ 「新聞（雑誌）掲載事項許否判定要領（昭和十二年九月改定　海軍省）」、『本邦ニ於ケル新聞、雑誌取締関係雑件 第三巻』、JACAR（アジア歴史資料センター）、Ref.B02031111700、外務省外交史料館。

⑤ 「新聞紙掲載禁止事項ニ関スル件／ 2 大正 3 年 9 月 16 日」、『新聞検閲一件 第二巻』、JACAR（アジア歴史資料センター）、Ref.B03040704500、外務省外交史料館。

要依据法规进行处理"①，特别是陆海军省令相继公布后，外务省也加快了省令制定的步伐，并为之做了大量政策准备。

首先是 1937 年 12 月 6 日，情报部对即将公布的省令的制定背景、内容、基本思想等作了通报。该通牒以《新闻纸法》第 27 条关于外交报道的相关规定为依据，以第 24 号陆军省令和第 22 号海军省令的颁布为佐证，以卢沟桥事变后日本所面临的国际国内形势为背景，以某些报道对日本外交造成不利影响为理由，决定于 12 月 13 日公布外务省令，对日本外交相关报道实施监管。该通牒还对外务省令与陆海军省令的不同做了概括，认为陆海军省令在对待军事报道时采用的是"许可主义"，媒体在报道前必须获得陆海军大臣的许可，且"所谓军机军略相关事项普通人即可加以判断"，而"影响国交之事项其范围模糊不清"，不但"媒体业界苦于判断"，就连"负责直接取缔工作的地方官厅对于是否允许均需一一仰赖中央指示"。因此，为避免此类事件的发生，外务省令决定采用"示达主义"，即"虽然是影响国交之事项，但只有外务大臣下达（不可刊登）指示才在禁止刊登的范围之列"②。

12 月 8 日，外务省情报部长、内务省警保局长联名向各相关单位发出通牒，要求在处理外交事务相关报道业务时，应获得外务大臣许可，"不允许刊登没有获得外务大臣指示的禁止事项"③。13 日，外务省正式公布了第 21 号省令，明确规定"未经外务大臣指示，对国交产生影响之事项禁止在报纸上刊登"④。

针对该省令，内务省警保局于省令发布当日发出通牒，就依据该省令开展新闻报道监管事宜作了相应规定，要求各机构在业务执行过程中产生疑义时"需经内务省禀告外务省"，而对于违反该法令的司法处分手续则需"经内务省同外务省商议"后决定，而司法处分的标准则"比照陆军省令规定的处理方法"⑤ 执行。

与陆海军省令一样，外务省第 21 号省令颁布后，外务省根据该省令并结合时局发展，实施了一系列新闻报道取缔措施。如 1938 年 3 月，在日本华中派遣军的操纵下，

---

① 「新聞紙法第二十七条ニ依ル外務省令関係（違反被疑事件処分関係ヲ含ム）」、『本邦ニ於ケル新聞、雑誌取締関係雑件 第二巻』、JACAR（アジア歴史資料センター）、Ref.B02031109400、外務省外交史料館。

② 「新聞紙法第二十七条ニ基ク外務省令公布ノ趣旨」、『本邦ニ於ケル新聞、雑誌取締関係雑件 第二巻』、JACAR（アジア歴史資料センター）、Ref.B02031109400、外務省外交史料館。

③ 「国交に関する記事取締に関する件（十二月八日 検第二三〇号）」、『出版警察報』（第一一〇號）、1937 年 12 月、第 34 頁。

④ 「外務省報第三百八十五号（昭和十二年十二月十五日）／省令」、『外務省報 第二十二巻（外・報 22)』、JACAR（アジア歴史資料センター）、Ref.B1309180070、外務省外交史料館。

⑤ 「外務省令第二十一号ニ依ル新聞記事取締事務取扱ニ関スル件」、『出版警察報』（第一一〇號）、1937 年 12 月、第 39—40 頁。

扶植成立中华民国维新政府傀儡政权。在新政权成立过程中，外务省根据上述省令于 3 月 4 日和 16 日分别发布通知，要求除外务省发布的消息外，包括"新政权相关支那人姓名、新政权的组织"① 以及新政权推迟成立的经过和理由等关于新政权的一切报道均禁止刊登。而在新政权成立前的 3 月 27 日，外务省又发出通知，决定新政权成立当日的 28 日上午 11 时解除上述两条禁令。

第三节 完善基于《国家总动员法》的媒体监管法令

为进一步加强对媒体的监管，日本当局依据《国家总动员法》第 20 条规定，制定了一系列相关的言论统制法令，比较有代表性的有《国民精神总动员相关宣传法令》《新闻纸等揭载限制令》等对舆论报道实施限制的法令以及《新闻指导要领》及《新闻统制方案》等对新闻报道实施统制的相关法令。

一、国民精神总动员相关宣传法令

在"总体战"思想的支配下，1937 年 8 月 14 日，日本政府决定开展国民思想运动。8 月 24 日，内阁会议通过了《国民精神总动员实施要纲》，正式揭开了国民精神总动员的序幕。该"实施要纲"号召全国上下"以举国一致、坚忍不拔的精神，为应对当前时局及今后克服持续的艰局，扶翼皇运，应官民一体，兴起一次大的国民运动"，并明确了运动的实施机构，即情报委员会、内务省、文部省为计划制订的核心部门，其他各部门积极配合；设立中央领导机构，并网罗民间力量组建外围团体，同时在都道府县甚至市町村设立委员会，负责运动的具体实施。该实施机构体现出各部门之间横向联动、中央地方纵向协作的特点。其具体的实施方法是上述各机构各司其职，制订具体实施计划，同时要求各部门"向各言论机构宣传本运动的精神，寻求其积极协助；充分利用广播；寻求文艺、音乐、演艺、电影等相关人员的协助"②。

9 月 9 日，政府公布《内阁告谕号外》，呼吁国民"齐心协力，认识时局的重要性，并更加坚持坚忍不拔的志向、情操"，以达到"忠诚奉公、和谐一心，昂扬日本精神，取得举国一致之成果，同时付诸实践，图谋国力之伸张，以此扶翼皇运"③ 的目的。其

---

① 「外務省令第二十一号ニ依ル新聞記事取締ニ関スル件」、『出版警察報』（第一一一號）、1938 年 2 月、第 16 頁。

② 「国民精神総動員実施要綱」、『種村氏警察参考資料第 132 集』、JACAR（アジア歴史資料センター）、Ref.A05020313800、国立公文書館。

③ 「国民精神総動員ニ関シ告諭ス」、『公文類聚・第六十一編・昭和十二年・第四十一巻・官職三十九・任免（内閣一雑載）』、JACAR（アジア歴史資料センター）、Ref.A02030012100、国立公文書館。

最大的特点是"强调作为国民精神总动员核心的国体观念的明征和日本精神的昂扬"①，终极目的是为顺利推行侵略战争而试图建立"举国一致"的战时体制。

国民精神总动员是以《国民教化运动方策》为基础开展的，因此围绕该运动的宣传也基本遵循了如前所述的国民教化运动方策及相关宣传方针②，且根据局势发展的需要，日本当局会对其作出相应的调整和强化。

1937 年 10 月 28 日，为进一步普及和贯彻国民精神总动员，陆军省发出通知，要求无论是全国性的宣传计划，还是各部门开展的宣传计划以及各地开展的宣传计划，在实施过程中"必须立足于国民精神总动员的主旨"。具体来讲，一是所有的宣传计划和宣传活动必须冠以"国民精神总动员 ×× 周"的名称，宣传册、海报等宣传品必须标注"国民精神总动员"字样；二是各机构的机关报及相关民间团体的机关报在编辑上应考虑突出国民精神总动员主题；三是利用车票、香烟包装等与民众日常活动息息相关的大众媒介开展"国民精神总动员的普及宣传"③。

1939 年 2 月 9 日，鉴于战争陷入长期化的局面，日本当局认为有必要一步强化国民精神总动员运动，遂制定了《国民精神总动员强化方策》，要求对中央联盟进行改组和扩充，充分发挥其领导和教化功能，同时设立一个直属于内阁总理大臣的官民协作的国民精神总动员委员会，以实现国民精神总动员运动的"企画、指导的综合和一元化"④。

此外，上述全面普及、多点开花的做法其负面影响在经过一段时间后开始逐渐显现，各部门及地方政府常常为这些宣传活动疲于奔命，而多头管理模式和有效沟通渠道的缺失使得宣传内容越来越倾向于同质化，从而造成了"劳力及物资的极大浪费"。鉴于此，1939 年 3 月 10 日，内阁情报部决定加强对上述宣传活动的统一管理，原则上停止开展全国性的宣传活动，各部门自行开展的宣传活动及民间各团体开展的宣传活动应采取适当措施，或整合、或取消，并强调在开展上述宣传活动时应避免"滥用国民精神总动员的名称"⑤。

---

① 鹿野政直、由井正臣：『近代日本の統合と抵抗・4・1931—1945』、東京：日本評論社 1982 年、第 205 頁。

② 详情参见本书第二篇第一章"国民教化运动方策及相关宣传方针"相关内容。

③ 「国民精神総動員ノ普及徹底ニ関スル件」、『昭和 12 年「陸普綴 記室」』、JACAR（アジア歴史資料センター）、Ref.C01005048400、防衛省防衛研究所。

④ 「国民精神総動員強化方策」、『国民思想善導教化及団体関係雑件 第四巻 (I—4—5—1—8_004)』、JACAR（アジア歴史資料センター）、Ref.B04012990700、外務省外交史料館。

⑤ 「週間行事等ノ形式ニ依ル国民教化宣伝運動統制ニ関スル件」、『永存書類 甲輯 第 6 類 昭和 14 年』、JACAR（アジア歴史資料センター）、Ref.C01001777000、防衛省防衛研究所。

1939 年 4 月 7 日，日本当局出台《国民精神总动员新展开的基本方针》，提出在战争面临长期化困境情况下国民精神总动员的三大纲领，即"彰显肇国伟大理想，建设东亚新秩序；振奋国民精神，充实并发挥国家总力；万众一心、励精业务，发扬奉公诚意"①。基于此，4 月 28 日，内阁会议通过了《贯彻时局认识方案》，要求按照上述三大纲领，加深国民的时局认识，并提出"贯彻启发宣传"和"完善实践网络"两大措施。其中，在"贯彻启发宣传"方面，要求"进一步强化官民各部的启发宣传机构特别是报纸杂志的全力协助"，并且在实施过程中"应进行调整，以防相互之间出现矛盾"。②

1939 年 9 月 7 日，国民精神总动员委员会制定了"时局照应政治、社会态势促进基本方策"，要求加强政治、舆论、国民组织、产业经济组织以及公私生活的"战时态势化"，以谋求"振奋举国一体的国民信念，彻底革新国内诸方面体制，以适应东亚新秩序的建设"。其中在统一舆论方面，要求督促媒体"进一步贯彻时局认识，指明国策指向"。一方面，向国民传达政府诉求；另一方面，向政府反映民众声音，达到"真正的官民一体的实际效果"③。值得一提的是，1939 年 12 月 7 日制定的《昭和十五年国民精神总动员运动实施方针》中对该项要求作了再次确认，要求言论机构在"统一国论""畅达民意"方面下功夫，以达到"打开官民一体困难局面"④ 的目的。

二、舆论报道限制相关法令

"为确保国策的顺利推行"，日本当局认识到"有必要对报纸及其他出版物的刊登内容实施统制，并对国家总动员产生阻碍的报纸及其他出版物的销售和刊行实施限制"⑤，遂于 1940 年 12 月 11 日就新闻报道管制向国家总动员审议会提交第 46 号咨询方案，对新闻报道限制刊登的内容及处罚规则等作了规定，并赋予内阁总理大臣"对报纸及其他出版物的刊登事项进行限制或禁止的权力"⑥ 以及对违反上述规定的媒体实施行政处分的权力。12 月 14 日，国家总动员审议会对该方案进行了审议，一致决议"该方案之趣

① 「国民精神総動員新展開の基本方針」、『国民思想善導教化及団体関係雑件 第四卷 (Ｉ—４—５—１—8_004)』、JACAR（アジア歴史資料センター）、Ref.B04012990700、外務省外交史料館。
② 「時局認識徹底方策」、『国民思想善導教化及団体関係雑件 第四卷 (Ｉ—４—５—１—8_004)』、JACAR（アジア歴史資料センター）、Ref.B04012990700、外務省外交史料館。
③ 「時局照応政治的、社会的態勢促進の基本方策」、『国民思想善導教化及団体関係雑件 第四卷 (Ｉ—４—５—１—8_004)』、JACAR（アジア歴史資料センター）、Ref.B04012990700、外務省外交史料館。
④ 「昭和十五年に於ける国民精神総動員運動実施方針」、『国民思想善導教化及団体関係雑件 第四卷 (Ｉ—４—５—１—8_004)』、JACAR（アジア歴史資料センター）、Ref.B04012990700、外務省外交史料館。
⑤ 「理由書」、『本邦ニ於ケル新聞、雑誌取締関係雑件 第二卷』、JACAR（アジア歴史資料センター）、Ref.B02031109900、外務省外交史料館。
⑥ 「新聞紙等ニ対スル掲載ノ制限ニ関スル勅令案要綱」、『各種情報資料・主要文書綴（一）』、JACAR（アジア歴史資料センター）、Ref.A03025358900、国立公文書館。

旨非常适当"①。1941 年 1 月 6 日，该方案又提交内阁法制局审议，"审议结果内定通过，并决定提交内阁会议审议后公布"②。1 月 10 日，内阁会议审议通过了以上述咨询方案为蓝本的《新闻纸等揭载限制令》，并以敕令的形式颁布。该法令以《国家总动员法》第 20 条第 1 项关于限制或禁止新闻报道的规定及第 2 项对违反禁令的新闻媒体实施行政处罚的规定为法律依据，制定了下述三大类禁止媒体刊登的内容。

一是违反《国家总动员法》相关规定的内容，主要包括"依据《国家总动员法》第 44 条之规定，该官厅所指定的总动员业务相关机密内容""可能对财政、经济、政策的推行产生重大妨害的事项"以及"其他可能对国策顺利推行产生阻碍的事项"；二是涉及军事机密的相关信息，主要包括"军机保护法所规定的军事秘密"和"军用资源秘密保护法所规定的军用资源秘密"；三是涉外宣传相关信息，主要有"可能对外交产生重大妨害的事项"及"需对外国保密的事项"。对于违反上述规定的媒体，"内阁总理大臣可禁止其销售、发行并可对其查封或没收其原版"。除此之外，该法令还赋予了总理大臣以及朝鲜、台湾、桦太以及南洋群岛各殖民地的长官享有对报纸实施"禁止销售及颁布，或者查封及没收原版"③ 的行政处分权。需要说明的是，内阁总理大臣的上述权限是通过情报局来实施的。情报局于 1941 年 1 月 22 日向警视厅及各府县长官发出通牒，就该法令的主管部门、实施细则、相关文件格式等作了规定，并明确要求对违反该法令的新闻媒体实施司法处分时，"应预先与情报局商量"④，从而获得了司法处分权，这也为情报局实施一元化言论统制政策奠定了基础。

《新闻纸等揭载限制令》公布实施后，拓务省、情报局等相关部门均作出了回应。拓务省于法令公布次日向朝鲜、台湾、桦太地区殖民机构负责人传达了法令全文内容。1 月 17 日，桦太厅长官小河正仪向拓务大臣秋田清发电，表达了桦太厅将"按照该法令（对新闻报道）锐意取缔"⑤ 的决心。同日，拓务省向情报局发文建议在法令实施过程中"密切内外地之间联络"的建议，希望情报局在依据该法令对新闻媒体实施处

① 「7. 国家総動員法第二十条ニ依ル「新聞紙案掲載制限令」関係／ 1 昭和 15 年 12 月から昭和 16 年 2 月 3 日」、『本邦ニ於ケル新聞、雑誌取締関係雑件 第二巻』、JACAR（アジア歴史資料センター）、Ref.B02031109900、外務省外交史料館。

② 「国家総動員法第二十条ニ関スル件」、『本邦ニ於ケル新聞、雑誌取締関係雑件 第二巻』、JACAR（アジア歴史資料センター）、Ref.B02031109900、外務省外交史料館。

③ 「新聞紙等掲載制限令」、『本邦ニ於ケル新聞、雑誌取締関係雑件 第二巻』、JACAR（アジア歴史資料センター）、Ref.B02031109900、外務省外交史料館。

④ 「新聞紙等掲載制限令事務取扱ニ関スル件」、『本邦ニ於ケル新聞、雑誌取締関係雑件 第二巻』、JACAR（アジア歴史資料センター）、Ref.B02031110000、外務省外交史料館。

⑤ 「新聞紙等掲載制限令ニ関スル件」、『本邦ニ於ケル新聞、雑誌取締関係雑件 第二巻』、JACAR（アジア歴史資料センター）、Ref.B02031109900、外務省外交史料館。

罚时"应向本省通报"，且为了"加强内外地之间的联系"①，希望派遣一名拓务省官员进入情报局任职，负责处理该事务。该建议最终获得情报局同意，1月28日情报局回电要求拓务省"推荐合适人选"②。

按照此前的舆论法律规定，对违反禁令的媒体实施行政处分时，在日本国内由内务大臣负责，在朝鲜、台湾等地区则由各殖民机构负责人实施。《新闻纸等揭载限制令》则将该权力实施主体变更为内阁总理大臣。对此，内务省和各殖民机构均给予了积极回应，表示若《新闻纸等揭载限制令》认为有必要加以取缔时，将"对现行新闻报道的禁止事项及报道编辑上的注意事项进行修订"③，以适应新的法令。

三、舆论宣传统制相关法案

日本侵华战争全面爆发以后，随着战局的推进及战时体制的不断强化，日本国内的政治氛围向着军事化、法西斯化的趋势发展，特别是国民总动员运动全面展开后，援军援战的气氛空前高涨。然而，自1939年后期以来，日本国内物资开始出现严重不足，日本当局所谋求的"全民动员"局面开始动摇，国民的反对呼声也越来越高，"其方法由露骨转向潜伏，其主体由特定、部分向整体转移的倾向"愈加明显，反战厌战情绪日益高涨。在日本当局看来，造成此种局面的根本原因在于媒体宣传的缺位，导致"未形成举国一致的强力体制"④。鉴于此，日本当局就加强舆论统制开展了新一轮探讨，并提交了一些相对比较成熟的草案。

总动员体制下尽管内阁情报部加强了对报纸等出版物的控制，并经常召集宣传媒体负责人举行"时局恳谈会"，要求媒体对政府的政策给予全力协助，但是政府依然不满于媒体的态度，认为媒体对总动员体制的回应不但不够积极，反而"试图挽回政党势力以及议会中的论战自由，以全然恢复原有的自由主义立场"，并且"以趣味本位的自由主义观念，夸大严峻的社会现实，以悲观的报道攻击政府"。鉴于此，为"始终贯彻顺应重大时局之编辑方针"⑤，内阁情报部官员针对"时局宣传"于1940年2月制定了题为《新闻指导方策》的

---

① 「新聞紙等揭載制限令運用ニ関スル内外地間ノ連絡ニ関スル件」、『本邦ニ於ケル新聞、雑誌取締関係雑件 第二巻』、JACAR（アジア歴史資料センター）、Ref.B02031109900、外務省外交史料館。

② 「新聞紙等揭載制限令運用ニ関スル内外地間連絡ノ為兼任情報局属推薦方ノ件」、『本邦ニ於ケル新聞、雑誌取締関係雑件 第二巻』、JACAR（アジア歴史資料センター）、Ref.B02031109900、外務省外交史料館。

③ 「新聞記事差止竝ニ記事編輯上注意事項ノ解除及国家総動員関係記事揭載禁止ニ関スル件」、『本邦ニ於ケル新聞、雑誌取締関係雑件 第二巻』、JACAR（アジア歴史資料センター）、Ref.B02031110100、外務省外交史料館。

④ 「反軍反戦運動ノ情況」、『昭和15年前半期思想情勢 昭和15.8』、JACAR（アジア歴史資料センター）、Ref.C14010405000、防衛省防衛研究所。

⑤ 内川芳美：『現代史資料・41・マス・メディア統制(二)』、東京：みすず書房1996年、第261—262頁。

草案，提出了从道义、法律、行政以及营业方面对新闻媒体实施"指导"的具体方法。

首先，强化媒体的"道德意识"，力图从道德层面强化媒体的"时局宣传"。当然，这里所谓的"道德"并非真正意义上的新闻道德或新闻伦理，而是日本当局"协力国策"的宣传诉求，其具体做法即上文所提及的"恳谈"。其次，发挥《新闻纸法》《国家总动员法》等法律效力，同时辅以审查、取缔等监管措施，从法律和行政两方面提升媒体的"时局宣传"力度。

但该文件同时指出，在商业主义经营方针的影响下，"通过恳谈进行舆论指导的效力是极其微弱的"，法律和行政手段也存在一定弊端，从而力陈无论是软控制的道义手段还是硬控制的法律、行政手段均存在着极大的局限性，由此提出了"掣肘新闻营业"的方法。

该文件认为新闻媒体不能满足国家总动员宣传的主要原因是报纸等宣传媒体的本质是"以销售为第一要义的商品"。因此，在营利主义路线指导下，编辑部无法左右媒体的舆论导向，该文件据此提出"新闻对策的根本在于压制其营业"的主张。其具体方法有二：其一，为完善报业纸张供给的国家管理制度，将报业纸张控制权由商工省转移到内阁，在内阁成立一个报业纸张管理委员会，负责控制印刷纸张的供给配额，从而将报业纸张问题由日常的"事务"升格为政府的"政务"；其二，为通过同盟社获取广告定价权，"想方设法对占报社收入一半以上的广告收入进行干预"[1]，以此从经济上实施对报纸的打压和控制。

1940 年 8 月，内阁情报部官员又提交了一份名为《新闻统制具体案》的参考意见书，建议政府进一步强化媒体监管，其核心内容是实现言论统制的中央集权制，即将主要精力放在中央大报上，将报社实权人物及编辑部长笼络至内阁情报部内，让其担任一定职务，同时持有报社半数以上股份，以"确保政府拥有对中央有实力的报社（朝日、日日、读卖）的经营及编辑两方面的发言权"。对于地方报纸，意见书认为，"随着国家统制力的强化，政治、经济、文化等均集中于中央，因此地方报纸的凋落为自然趋势"，因此应强化其"作为地方文化、政治代表"的使命和作用，并综合考虑报社财政基础、印刷设备、舆论导向等因素有计划地减少地方报的数量，实现"一县一报"的目标。该意见书提出要实现上述目标，除了加强新闻立法、干涉报社广告收入外，还应将新闻协会[2]

---

① 内川芳美：『現代史資料・41・マス・メディア統制⊜』、東京：みすず書房 1996 年、第 261—263 頁。

② 新闻协会成立于 1913 年 4 月 8 日，设立之初该团体宣称其为"超越一切政党政派的新闻机构的代表性公共团体"，并且在成立大会上提出了"修改《新闻纸法》第 19 条和第 23 条；取消报纸印刷纸张关税；降低电报、电话费；降低报纸运输费用及新闻通信的邮费"等要求。1922 年该协会改组为日本新闻协会。随着国际局势的变化，特别是在 1930 年皇族东久迩宫就任总裁后，日本新闻协会的主张便渐渐发生了转变，开始放弃其"超越政党政派"的中立立场，积极介入政治，为日本国策开展宣传活动。具体参见日本新闻协会：『日本新聞協会二十年史』、東京：日本新聞協会 1932 年。

改组为自治团体，通过"报社之间相互争夺利害关系"① 实现舆论的自我统制。

　　同样，军部也对言论统制策略进行了探讨。在陆军省情报部长兼大本营陆军报道部长松村秀逸的授意下，陆军省情报部于 1940 年 12 月 5 日提交了一份题为《新闻统制私案》的建议草案，认为"对言论、报道、启发、宣传相关各机构实施适当的统制是当务之急"。其具体意见可概括如下：

　　第一，在编辑方面，在情报局的一元化统制下充分发挥国家对新闻媒体的控制力。一是加强新闻立法，对《新闻纸法》等已有法律进行修订，使之符合国家总动员体制的要求，同时制定《新闻记者法》等新法，推行新闻记者登记制度，并定期对记者进行培训，以强化其"时局宣传"的参与意识；二是在发挥《新闻纸等揭载限制令》等舆论报道限制相关法令的消极统制基础上，向媒体主动提供"对国民的战时生活具有指导意义的新闻或评论"，开展积极的"新闻指导"；三是通过合并或关停的方式推行报社整顿，减少报社数量，但该草案认为关停那些"不能承担国策本质使命而毫无意义的报社"的做法更为可取。

　　第二，在营业方面，鉴于各媒体之间的商业竞争存在"引发与国策背道而驰之态势"等诸多弊端，不但极大浪费国家资源，而且"无论从经营方面看还是商业道德方面看均极不合理"。因此，为避免这种"有害无益的竞争"，应在情报局的监督下在报界成立共同贩卖会社，在出版界成立日本出版配给株式会社，实施报刊杂志的统一销售，将节约出来的"全部余力用于协助国家总体战"。

　　概言之，该草案所谓的"适当的统制"，从策略上讲就是将消极的取缔变为积极的引导，"发挥国家对言论的指导作用"，从方法上讲则主要强化对编辑和营业两方面的控制，以达到"言论机关须与国家同在"② 的目的。

　　需要指出的是，尽管上述方案为内阁情报部或陆军省情报部的内部参考资料，并未作为正式的政策明文颁布，但从后来日本实施的言论政策来看，并未完全超出这些草案的框架。如《新闻指导方策》里提出成立新闻用纸管理委员会的建议在 3 个月内即得以实现。此外，《新闻统制私案》提出的成立一元化共同销售公司的建议也被采纳。1941年 5 月 5 日，日本出版配给株式会社成立；12 月 1 日，新闻共同贩卖组合成立，各报社杂志社长期以来采取的专卖制被废除，取而代之以共同运输、共同配送、共同回笼资金为主要内容的共贩制 ③。

---

① 　内川芳美：『現代史資料・41・マス・メディア統制㈡』、東京：みすず書房 1996 年、第 272—273 頁。
② 　内川芳美：『現代史資料・41・マス・メディア統制㈡』、東京：みすず書房 1996 年、第 317—324 頁。
③ 　日语"共販"一词意为"共同销售"，此处作为专有名词不做翻译处理，下同。

第四节　制订宣传计划，强化舆论指导

卢沟桥事变及此后日本在华军事行动引发了日本国内外舆论的关注，为对内统一舆论、营造全民总动员的战争氛围，对外完成日本军事行为"正当化"的形象塑造，日本当局除了加强舆论监管，还根据时局发展及当局的宣传诉求，制定了一系列宣传计划和宣传要领，以强化国家权力对媒体的引导和形塑功能。

一、军部的战争宣传计划

作为卢沟桥事变的始作俑者及事变后"增兵华北"的力倡者和实施者，"创造一个确保今后日本在宣传上处于有利且主动地位的环境"[①] 成为军部宣传部门的首要任务，为此军部制订了一系列宣传计划。

日本华北方面军司令部于事变翌日凌晨三时即制订了宣传计划草案，要求"从宣传的角度对事态的发展实施主动引导"，做好"易于推行政战两略的基础工作"，并根据日本的国策进行相应的调整和完善。其具体的实施要领如下：

首先，针对不同的宣传对象制定与之相应的舆论统制方案。对于日本国内舆论，要求各主管机构向报纸、广播等媒体提供相关资料，并在军部的指导下"堂堂正正论述卢沟桥事件之真相、冀察及南京政府非法失信之态度、驻屯军处置此次事件之公正意图"，并以此"昂扬舆论"，形成"推动国内舆论的原动力"。对于第三国，首先通过欧系报刊、广播等媒体宣传日本军事行动的"正当性"，表明尊重各国在华权益的态度，以"防止对日舆论的恶化，并期待进而好转"，但对于那些对日本抱有恶意的所谓"不道德、不顺从的第三国人"则要抛弃"平时的礼让态度"；其次向外国记者、驻华外交官表明日本立场，以缓和其反日情绪。对于中国人，建议利用日人在华创办报刊或收买亲日华人报刊开展亲日宣传，"对知识分子，要营造抗日绝望的舆论大势"，以消弭其抗日热情；对于反日媒体，"使用收买或威胁等适当手段"实施舆论操纵，此外，还邀请在中国有影响力的要人和记者参加"恳谈会"，"按照军部意图实施言论统制"。

其次，要求媒体站在"公正的事实报道的观念"上开展宣传，"堂堂正正主张我方之立场，揭露敌方之失信、无知"，并制定了具体的宣传实施要领。

[①]　「宣伝計画」、『北支那方面軍状況報告綴　昭和 12 年 10 月 25 日—昭和 14 年 6 月 25 日』、JACAR（アジア歴史資料センター）、Ref.C11110932600、防衛省防衛研究所。

1. 报纸通信

（1）日本报纸

军部只支持同盟通信社，其他机构应合并其中，对不愿合并者实施通信镇压，从而在事实上禁止其报道。

（2）外国报纸

有偿利用外国通信记者，特别是要主动为其提供资料。

（3）华文报纸

按照外国报纸同等对待，但对于抗日倾向显著的报纸应通过张自忠及其他亲日要人实施镇压。

2. 广播

充分利用天津广播电台设施，此后若有需要可对其组织实施扩充。

3. 其他宣传资料

今后视情况逐渐对海报、传单、摄影、电影加以充分利用。[①]

综上，该方案既有指导性的宣传原则，又有针对性的宣传措施，既重视宣传的速效性，要求先于对手开展宣传，抢占舆论先机，又重视基础环境的营造，强调宣传与时局发展趋势紧密结合，以实现宣传与时局的互动。

1937年7月10日，针对卢沟桥事变后台湾岛内的舆论宣传，日本驻台湾军司令部也出台了相应的宣传计划。该计划除了着眼于宣传"帝国之公正态度及支那之奸诈"外，还提出了"反宣传"的建议，要求"搅乱南支、南洋方面的支那舆论，确保帝国之有利地位，策应中央当局及天津驻军的宣传"[②]。其具体计划是由日本驻台湾军司令部直接掌控岛内媒体，同时在"台湾总督府"成立临时情报部，负责对岛外媒体、广播、总督府各部门、台湾社会各团体进行监管，临时情报部的所有宣传资料的审查及战时一切宣传均由军司令部掌管。

7月下旬，北平陆军部针对事变后北平的治安问题，制订了北平治安维持宣传计划。鉴于"确保治安之要诀为民心之安定"，该计划将"周到适当的宣抚工作"作为宣传工作的重点，要求在稳定社会秩序的基础上，着力消除抗日言论，"鼓吹党民分离、反共思想"，为反日势力贴上"市民共同之敌""民生之破坏者""东亚共同之祸源"的

---

① 「宣伝計画」、『北支那方面軍状況報告綴　昭和12年10月25日—昭和14年6月25日』、JACAR（アジア歴史資料センター）、Ref.C11110932600、防衛省防衛研究所。

② 「北支事変ニ関スル宣傳計画」、『密大日記 第6冊 昭和12年』、JACAR（アジア歴史資料センター）、Ref.C01004321700、防衛省防衛研究所。

标签。为达此目的，该计划主张在治安维持会内设立"宣抚委员会"，负责"宣抚计划的立案及实施，言论通信机关的统制指导，广播、电影、演剧的统制指导，各种宣传资料的刊行，抗日宣传、集会、结社的禁止和取缔，排日教育的彻底排除，青年学生的指导，日支提携诸团体的设立指导，反共宣传，党民分离宣传，人心安定宣传，治安维持宣传，日支提携友好宣传，交通、通信机构的确保宣传，以及报纸、通信、杂志、电影等审查和其他业务"①。

为"收复民心，培育新生中华民国的建设主力"②，天津驻屯军司令部于 7 月 21 日急召关东军宣抚班班长八木沼丈夫，筹划在华北地区成立宣抚班。8 月 9 日，从满铁选拔的 52 名有宣抚工作经验的成员到达天津，华北宣抚班宣告成立。此后，宣抚班机构和人员均得以迅速扩充，至 1937 年末共有 80 个班，人数达到 829 名。③ 为更好地发挥宣抚班的作用，参谋部制定了《从军宣抚班宣传计划》，要求宣抚班以"提振皇军之威力，阐明支那军败退之真相，清除侮日、抗日、排日思想，昂扬敬畏亲和观念"④ 为宣传方针，并针对不同的宣传对象制定了相应的宣传要领。以此为基础，刚成立的华北宣抚班按照时局发展的需要制订了阶段性的宣传计划，如 8 月 10 日出台的首期宣传计划中确定了宣传重点和宣传口号，要求一方面鼓吹"皇军之威力""华北自治""南北分离"及"兴亚大道之本意"，塑造日本的"正义"形象；另一方面则要求就"二十九军的自我毁灭""共产党、蓝衣社、抗日团体结社在华北势力的延伸是扰乱华北之祸源"及"国民党的陈年积恶"⑤ 等开展宣传，塑造抗日势力的"负面"形象。9 月 24 日，华北宣抚班制订了第二期宣传计划，将重点放在"思想工作"上，力图"强化灭党剿共思想，灌输日满支善邻思想、促进联村防卫、自村自净趋势"⑥，为日军军事行动提供思想舆论方面的支持。

除陆军外，"依据昭和十二年度帝国海军作战计划"，海军于 1937 年 11 月 1 日出台

① 「平治安維持に伴ふ宣傳計画」、『北支事変解決後の処置　昭和 12 年 7 月 18 日—12 年 8 月 24 日』、JACAR（アジア歴史資料センター）、Ref.C11110451000、防衛省防衛研究所。
② 「宣撫工作指針」、『宣伝、宣撫工作資料　4　（附　情報）』、JACAR（アジア歴史資料センター）、Ref.C13032518900、防衛省防衛研究所。
③ 「昭和 12 年 12 月末日現在情況」、『宣撫班小史』、JACAR（アジア歴史資料センター）、Ref.C11110458700、防衛省防衛研究所。
④ 「従軍宣撫班宣伝計画抜粋」、『第 1 軍情報記録　1 ／ 8　昭和 12 年 10 月 22—12 年 11 月 17 日』、JACAR（アジア歴史資料センター）、Ref.C11110999700、防衛省防衛研究所。
⑤ 「駐屯軍宣撫班第 1 期宣伝計画概要（昭和 12 年 8 月 10 日）」、『宣撫班小史』、JACAR（アジア歴史資料センター）、Ref.C11110458800、防衛省防衛研究所。
⑥ 「駐屯軍宣撫班第 2 期宣伝計画概要（昭和 12 年 9 月 24 日）」、『宣撫班小史』、JACAR（アジア歴史資料センター）、Ref.C11110458900、防衛省防衛研究所。

了海军战时宣传计划，对该年度海军的宣传活动做了部署，要求大本营海军报道部、海军省海军军事普及部及地方和在外宣传机构通力配合，"对内巩固国民的团结，对外削弱敌国军队及国民的战意，对中立国营造对我国有利、于敌国不利的局势"①，并针对不同的宣传对象制定了相应的宣传重点和策略。

为"昂扬国民士气，提高防卫观念，稳定人心"，日本防卫总司令部于 1941 年 8 月 11 日出台了报道宣传业务计划，要求各地防卫部门在处理防卫相关报道事宜时"与大本营报道部及情报局密切联系"，以防止宣传过程中因"龃龉不一致"所导致舆论混乱的局面，并规定诸如防空命令的下达，国民防卫思想的提升，治安维持的强化及空袭、防空战斗的公告等"以防卫总司令部名义实施的报道及宣传"须通过大本营报道部具体实施，而各军司令部所实施的报道及宣传则在保持防卫总司令部和各军司令部密切联系的基础上，"由防卫总司令部实施统管"②。由此，防卫总司令部集防卫相关报道的实施权和管理权于一身。

需要说明的是，无论是陆军省还是海军省，其颁布的宣传计划均与日军的军事行动及日本所面临的国内外局势密切相关，以其为出发点，并为其服务，其军事性特点尤为显著。

二、政府的时局宣传方策

卢沟桥事变发生后，内阁情报委员会立即针对时局发展展开了情报管理相关业务。这些业务内容概括起来主要包括：一是根据陆军省和海军省提交的"声明草案"制定了正式的"政府声明"，确立了日本出兵华北的所谓"正当性"的舆论基调；二是召集报刊、杂志、电影及各宣传监管部门负责人举行"恳谈会"，宣布各宣传机关机构将强化"举国一致"宣传体制，充分发挥"启发宣传及对言论报道实施指导"③ 的功能。而"启发指导"的具体措施主要是编制时局宣传资料，制定时局宣传方针。可以说"正当性"的宣传口径是此一时期的"主旋律"，而"启发指导"则是实现该目的的重要途径。

1937 年 7 月 15 日，在首相官邸召开的由各地方主要官员参加的会议上，内阁情报委员会干事长横沟光晖提出各宣传主管部门应编制《时局宣传资料》，从而为"对演讲、座谈会、报纸、杂志、电影等实施指导"④ 提供参考资料。早在 6 月 5 日，内阁情报委

---

① 「昭和十二年度帝国海軍戦時宣傳計画」、『公文備考 昭和 12 年 Ｊ 警戒計画 巻 1』、JACAR（アジア歴史資料センター）、Ref.C05111071000、防衛省防衛研究所。

② 「防衛ニ関スル報道、宣伝業務計画」、『各種情報資料・主要文書綴（一）』、JACAR（アジア歴史資料センター）、Ref.A03025358000、国立公文書館。

③ 山中恒：『新聞は戦争を美化せよ！──戦時国家情報機構史』、東京：小学館 2001 年、第 207 頁。

④ 「時局宣伝資料」、『時局宣伝資料 昭和 12 年』、JACAR（アジア歴史資料センター）、Ref. C15120555200、防衛省防衛研究所。

员会就编印了由陆军省起草的第一份宣传资料——《支那的军备强化》，全面介绍了中国的军备状况及"对日动向"，并号召日本各界努力充实综合国力，以"改正其侮日态度，使其对日产生敬畏之心"①。至 1937 年 9 月底，内阁情报委员会共编印此类《时局宣传资料》19 份，内容主要涉及中日及世界各国军备状况、中国政治经济等国情及日本的内外政策等，且刊发时间均集中于事变爆发前后，这与当时日本国内的政治氛围、对外政策基调不无关联，可以说是对时局的集中反映。

内阁情报委员会的另一项重要业务便是制定"时局宣传方针"，以统一国内舆论。7 月 17 日，内阁情报委员会确定了"宣传方策"的 7 项框架：

一、迅速发布正确、详细的新闻，特别要加强对外宣传；

二、当地及各国派出机构应与外国方面接触，积极提供我方的报道资料，做工作防止列国支持支那；

三、动员有实力的报社对外国错误言论进行断然反击，同时向国内介绍那些对我方有善意或较小恶意的外国新闻论调；

四、向内外迅速而具体地报道支那方面的非法、非人道行为；

五、对于此次派兵的真正意义，今后应按照既定方针，彻底阐明是为了保障当地军队的安全及在留日侨的财产，除此外别无他求；

六、帝国在外官方机构应根据上述方针对所在国政府实施积极指导，特别要采取相应措施向对方表明外国的干预会导致事件的扩大；

七、同盟通信社的报道按照上述方针由情报委员会对其进行指导。②

该宣传框架的核心内容是宣传日本出兵的"正义"，并通过新闻操纵获取第三国的舆论支持，从而为日本在华军事行动创造良好的舆论环境，它为此后一系列"宣传要领"的制定提供了政策依据。

7 月 21 日，内阁情报委员会召集各部门宣传机构负责人对宣传方针进行了研议，决定加强情报的搜集、整理和共享，并确定了宣传的两大重点：对内向日本国民"充分灌输华北派兵的意义"，对外则向国际社会申明"我军攻击的正当性"③。以此为基础，

---

① 「支那に於ける軍備の強化」、『時局宣伝資料　昭和 12 年』、JACAR（アジア歴史資料センター）、Ref. C15120555200、防衛省防衛研究所。

② 著者不明：『戦前の情報機構要覧：情報委員会から情報局まで』、出版社不明 1964 年、第 78—79 頁。

③ 「今後の情報宣伝方策について」、著者不明：『戦前の情報機構要覧：情報委員会から情報局まで』、出版社不明 1964 年、第 81 頁。

内阁情报委员会于 7 月 22 日出台了《北支事变相关宣传要领》，确定事变后日本的宣传方针为"坚定国民信心，扭转世界舆论于我方有利"，宣传重点是向日本国民及世界舆论广泛宣传"事变的真正意义"①。8 月 12 日，情报委员会将上述"宣传要领"修订为《对北支事变宣传方策大纲》，要求媒体机构重点宣传"最坏情况下日本采取重大决议的不得已的苦衷"②，从而为接下来的军事行动做好舆论准备。

9 月 2 日，日本政府召开临时内阁会议，决定将"北支事变"改称"支那事变"。鉴于此，情报委员会于 9 月 3 日将上述《对北支事变宣传方策大纲》修订为《对支那事变宣传方策大纲》。具体的宣传内容由对内宣传、对外宣传和对华宣传三部分构成。

在对内宣传方面，要求各宣传机构"统一国内舆论，达到举国一致"，向日本国民强调日本在华权益的重要性以及维持"日满支三国共存共荣关系"的必要性，同时提醒日本国民随着国际局势的发展，"今后财政、经济乃至资源等各方面将遭遇种种困难"。因此，应酿成一种"坚韧持久、毅然不动的国内舆论"，动员国民参与到国民精神总动员运动中，"促进思想战、宣传战、经济战等全体国民的实践运动"。

在对外宣传方面，要求根据对象国与日本外交关系的好坏来确定宣传论调。凡对日本持"友好态度的国家"，应争取其给予日本支持；而对日本持批判态度的国家，则"以公正坚决的态度予以引导"，必要时予以坚决回击。具体来讲，一方面以所谓"日支特殊关系""支那排外政策"及"支那的非法、失信行为和支那人的残忍性"强调日军在华军事行动的"正义性"，另一方面又极力强调"尊重保护列国权益"，以消除西方各国的反日情绪，并对英国等西方各国的对华援助提出批判，认为对华援助不但"不能迅速平息事态，恢复秩序"，反而"对其不利"。

在对华宣传方面，除了坚持上述对外宣传的基本方针外，还极力强调抗日的"负面效应"，认为国民党的抗日政策不过是蒋介石妄图统治中国的工具，而共产党的抗日政策则可能"为中国的赤化提供方便"，从而"为日支的未来埋下祸根"③，试图以此摧毁中国人民的抗日决心和意志。

然而，局势并没有向着日本当局所希望的方向发展。日军攻陷南京后，中国人民的

---

① 「北支事変に関する宣伝実施要領」、著者不明：『戦前の情報機構要覧：情報委員会から情報局まで』、出版社不明 1964 年、第 81—84 頁。

② 「北支事変に対する宣伝方策大綱」、山中恒：『新聞は戦争を美化せよ！——戦時国家情報機構史』、東京：小学館 2001 年、第 220—221 頁。

③ 「支那事変に対する宣伝方策大綱」、『情報部常務部会書類（国民精神総動員）』、JACAR（アジア歴史資料センター）、Ref.A15060361500、国立公文書館。

抗日情绪更加高涨。为此，近卫内阁于 1938 年 1 月 16 日发表声明，称"国民政府不了解帝国之真意，竟策动抗战，内不察人民涂炭之苦，外不顾东亚全局之和平。故帝国政府今后不以国民政府为对手，而期望真正与帝国合作之支那新政权的建立与发展，并将与此新政权调整两国邦交，协助建设复兴之新支那"①，由此确立了"不承认国民政府，图谋另立亲日伪政权"的对华政策。在此背景下，内阁情报部于翌日对上述"宣传方策"进行了第 4 次修订，将阐明上述"不以国民政府为对手"的政府声明作为宣传的指导方针，要求对内宣传"避免消极的悲观态度，给国民以自信力"，以达到"充实国力，应对长期战争的准备"。针对国民政府的"联苏容共"政策，则特别强调将宣传的重点指向英美等国家，试图寻求英美国家在"防苏反共"路线上的共鸣，从而在援华政策方面"不让英美形成共同战线并孤立苏联"②。这一点是不同于以往"宣传方策"的内容，也是该次修订的核心。

1937 年 12 月，日军攻陷南京后将矛头对准武汉，开始制订武汉作战计划。1938 年 6 月 18 日，大本营下达了实施汉口作战的命令，随后日军向武汉进军。在此过程中，日本当局依然非常重视舆论宣传的作用。鉴于抗战以来世界各地华侨对抗日救亡运动给予了各方面的援助，"是蒋政权能够长期抗战的重要原因"，早在 6 月 13 日，内阁情报部即出台了《对华侨宣传方针》，要求各地媒体及驻外机构采用收买、拉拢或强制手段开展对华侨宣传，"使其丧失对蒋政权的信心，并向新政权靠拢"③。针对即将发起的武汉作战行动，8 月 24 日，内阁情报部出台了《汉口作战宣传计划案》，分别就对国内宣传、对敌国宣传和对国际社会宣传的侧重点作出了界定。其中，对国内宣传的重点是呼吁国民做好长期作战的心理准备和"强化精神总动员的必要"，对敌国宣传则要着重宣扬日军作战成果以"动摇敌国抗战意志"，并营造"除依靠帝国外别无收拾时局之途"④，对国际社会宣传则以宣传日本维护在华权益的决心为主。

8 月 25 日，内阁情报部又制定了《汉口会战前后启发宣传上的注意事项》，要求媒体对内强调"强化举国一致实施国民精神总动员运动的必要性"，对外则宣示"帝国对

---

① 「帝国政府声明」、『各種情報資料・支那事変彙報』、JACAR（アジア歴史資料センター）、Ref. A03023981800、国立公文書館。
② 「支那事変に対する宣伝方策大綱」、『情報部常務部会書類（国民精神総動員）』、JACAR（アジア歴史資料センター）、Ref.A15060361500、国立公文書館。
③ 「対華僑宣傳方針」、『情報部常務部会書類（国民精神総動員）』、JACAR（アジア歴史資料センター）、Ref.A15060361700、国立公文書館。
④ 「漢口作戦に伴う宣伝計画案」、『情報部常務部会書類（国民精神総動員）』、JACAR（アジア歴史資料センター）、Ref.A15060362000、国立公文書館。

新支那建设的决心"，使列国认识到"要维护其在华权益，只有支持帝国并停止援蒋"①。8月29日，内阁情报部将上述注意事项进行了细化，出台了《汉口作战中政府应实施的宣传方策》，要求内阁情报部、陆海军省、外务省等部门向各宣传机构提供宣传材料，并"在宣传实施上尽可能利用临时政府、维新政府、各治安维持会等名义及此等要人"，就武汉作战的意义及影响实施"强力宣传"，以"打击敌人的抗战意志，使国民政府倒台"，最终"确立东亚和平，实现善邻友好、互助共荣"②。

日军占领武汉后，开始陷入长期作战的泥潭。为摆脱困境，劝诱国民党政府屈服，近卫内阁于1938年11月再次发表声明，放弃了"不以国民政府为对手"的政策，鼓吹"日满支相互合作，在政治、经济、文化等各方面建立紧密相连的互助关系"，从而首次提出"建设确保东亚永久和平的新秩序"③的口号。12月22日，近卫内阁又发表第三次声明，号召"日满支以东亚新秩序建设为目标联合起来"，并提出了"善邻友好、共同防共、经济合作"④的"近卫三原则"，从而将"东亚新秩序"构想进一步具体化并确定下来。为向内外宣示"东亚新秩序建设"的内容、原则及精神，内阁情报部基于上述"近卫声明"，于1939年2月17日对前述第4次修订的《对支那事变宣传方策大纲》进行了新的修订，形成《东亚新秩序建设相关宣传方策大纲》。与以往"宣传方策"不同的内容主要有：

第一，以所谓日本"肇国之大精神"为理论武器，并将其纳入"东亚新秩序建设"的宣传重点，声称"东亚新秩序的建设源于我肇国之大精神，完成这一目标是现代日本国民的光荣任务，应以绝不退缩之意志向该事业的达成迈进"。因此，在宣传上应向国民传达"坚决实施国内诸方面革新、振奋国民精神、扩充国家总力"的政府诉求。

第二，在对外宣传方面，一以贯之重弹日本所谓维护东亚和平的"正义"论调，着眼于扭转世界各国的对日舆论，但在对内宣传方面，其基调却发生了变化，一改此前对局势高调乐观的宣传论调，转而要求各媒体宣传日本所面临的国际困境，即：一方面，在中国人民的全面抗战局势下，日本仅靠武力难以取胜，"需要动用思想战、经济战等

---

① 「漢口会戦ノ前後ニ於ケル啓発宣傳上ノ注意」、『情報部常務部会書類（国民精神総動員）』、JACAR（アジア歴史資料センター）、Ref.A15060362000、国立公文書館。

② 「漢口作戦に伴い政府の行うべき宣伝方策」、『情報部常務部会書類（国民精神総動員）』、JACAR（アジア歴史資料センター）、Ref.A15060362100、国立公文書館。

③ 「昭和13年11月3日の政府声明」、『支那事変戦争指導関係資料（大本営陸軍部の部）昭和12年5月29日—昭和15年12月2日』、JACAR（アジア歴史資料センター）、Ref.C12120070900、防衛省防衛研究所。

④ 「近衛声明」、『支那事変戦争指導関係資料（大本営陸軍部の部）昭和12年5月29日—昭和15年12月2日』、JACAR（アジア歴史資料センター）、Ref.C12120071400、防衛省防衛研究所。

各项战争手段"，这就需要强大的综合国力的支撑，为此"全体国民须作出不同寻常的努力"；另一方面，英美等国还将继续"对东亚新秩序进行干涉和妨碍，使得国际关系更加复杂"，从而强调战争的持久和困难，提出"不可消极悲观，亦不可过度乐观"的宣传基调，并将重点放在"增强国民自信，充实国力以应对长期战"[①] 上。

之所以在宣传方针上发生如此转变，与时下日本所面临的时局不无关联。日军攻陷广州、武汉后，并未实现其霸占中国的战略野心，中国各界纷纷表达了长期抗战的决心，战争进入"相持阶段"。加之近卫内阁在外交上采取了德意日三国合作的方针，使得日本与英美等国的矛盾日益加深。这些因素相互叠加，迫使日本在内外宣传方面作出上述调整。

三、出台《新闻指导要领》

卢沟桥事变后，日军在华军事行动不断扩大和升级，特别是攻陷上海、南京、武汉后，日本国内存在着一种对战争的乐观态度，而与之相对的是国际上对日本的批评之声愈演愈烈。鉴于此，1938 年 8 月 26 日，五相会议通过"关于时局宣传处理事宜"决议，要求政府各部门、民间宣传机构等在内阁情报部的统一管理下，贯彻"竭尽举国之总力，坚持长期建设之态势"的宣传理念，并对当时日本的内外宣传做了部署。在对内宣传方面，主要着眼于宣传"事变的真正意图、时局的推移及预期、时局处理相关国策"；在对外宣传方面，则将重点放在宣传"帝国对支那及第三国之毫不动摇之决议及公正态度"[②] 上，并要求所有宣传内容必须经五相会议或内阁会议审议通过方能发表。

此外，内阁情报部根据战局的需要，先后出台了一系列《新闻指导要领》，对媒体的报道内容、报道姿态以及论调作了严格的规定，强化了国家总动员体制下的舆论监管。需要注意的是，这些《新闻指导要领》均与当时日本的内外宣传密切相关，如在 1938 年 6 月 22 日制定的第一次《新闻指导要领》中，一方面，要求充分发挥总动员法等法令的约束效力，以法律武器统一新闻报道的基本方针，具体如下：

（一）关于现在战局乃至时局，避免予人以过于乐观之印象，应鼓吹长期持久、坚忍不拔之信念；

（二）以具体事实对时局之重大及短期打开局面之困难加以说明，同时应时常

---

① 「東亜新秩序建設ニ関スル宣傳方策大綱」、『情報部常務部会書類（国民精神総動員）』、JACAR（アジア歴史資料センター）、Ref.A15060362400、国立公文書館。

② 「時局宣伝処理ニ関スル件」、『支那事変関係一件 第十四巻（A—1—1—0—30_014）』、JACAR（アジア歴史資料センター）、Ref.B02030542400、外務省外交史料館。

宣示克服困难之决心与方法，不丧失未来之光明；

（三）应时常考虑对国民思想、社会风气等所产生之影响，不懈于对此进行修正革新之着意；

（四）对于某一报道之影响，其内容应与政治、经济、社会、外交等相适应，其处理方式应考虑如下因素：（1）对一线将士之影响；（2）对后方国民之影响；（3）对外国之影响；（4）对新政权及国民政府之影响。①

另一方面，该要领则要求各宣传机构通过"提供适当的报道材料及积极的内面指导"，对报道内容、舆论导向进行特定引导，以适应当前日本所面临的国内外局势。如为强化积极推行战争的全民意识，要求加大对"一线将士的英勇奋斗、后方后援的美谈"的报道力度，而对于后方国民的穷困潦倒、意志消沉等负面报道，则以"会给出征者带来后顾之忧"②为由予以取缔。需要指出的是，该要领既注重《新闻纸法》《出版法》等舆论法令的硬性规制，又注重通过定期召集各宣传机构干部开展座谈，向其传达政府宣传诉求的所谓"内面指导"的柔性控制。概言之，其核心理念是从积极和消极两方面促使媒体从业者发挥"作为社会木铎公器之使命"③，以满足政府对时局宣传的需求。

针对中国军民抗日战线的不断扩大以及"张鼓峰事件"发酵后日苏关系不断恶化等国际局势，1938年9月14日，内阁情报部又出台了第二份《新闻指导要领》，指出尽管日军攻陷武汉，但"认为军事行动告一段落，和平即将到来的乐观报道"要绝对禁止，并要求媒体将其作为新闻编辑的根本方针加以贯彻。该要领除了继续强调"举国一致、坚韧持久"的长期作战精神外，更关注国际局势变动引发的国际危机，着重强调对外宣传的重要性。在对华宣传方面，该要领要求遵循"排除抗日容共势力，培育并掌控亲日政权，以确立东洋永远之和平"的宣传路线，凡与该路线相悖的舆论均应排除在外，同时要求各宣传媒体加大对新政权的宣传，以获取日本国民对新政权的支持；在对第三国宣传方面，该要领要求将重点放在"排除第三国干涉"上，强调在处理日本与第三国关系时"尊重列国在华权益"，同时对英美等国"对日非合作态度"进行严厉谴责，对苏联的援华政策则要求从"赤化政策威胁世界和平"的角度开展"反共宣传"，而对于同

---

① 「新聞記事取扱方針」、『密大日記 第3冊 昭和15年』、JACAR（アジア歴史資料センター）、Ref. C01004737700、防衛省防衛研究所。

② 「新聞記事取扱方針」、『密大日記 第3冊 昭和15年』、JACAR（アジア歴史資料センター）、Ref. C01004737700、防衛省防衛研究所。

③ 「新聞ノ編輯指導ニ関スル件」、『出版警察報』（第一一二號）、1938年6月、第18頁。

一阵营的德意两国则要求"尽量表明好感，遵照防共协定精神，为处理与两国外交政策提供协助"①。由此观之，与第一份"指导要领"相比，该要领更强调对内宣传和对外宣传的一致性和互补性。

针对日本在华军事行动不断升级所带来的政治、经济、外交等方面的困局，内阁情报部加强了对内外宣传的监管和引导，于1939年4月26日公布了第三份《新闻指导要领》，呼吁新闻媒体应承担起所谓的"文化使命"，以回应国家诉求，并制定了新的报道方针，要求媒体在围绕"（一）东亚新秩序建设的意义（二）时局的多难复杂性（三）打破时局的各项对策（四）国民精神的昂扬"四个方面进行重点报道，"以促进国民对四方面的理解为编辑的根本态度"。

该要领一方面要求媒体对"东亚新秩序建设"的意义进行解读，对日本所面临的困难进行说明，并向国民宣传解决上述困境的对策，即"需要举国上下作出长期的有建设性的努力，以此进一步统一国论，以自主独立的气魄达到举国一致、坚韧持久"。具体来讲，就是要求媒体在报道的字里行间将"对外作战的推行、外交的完善，对消费的节约、废物的利用"理念贯穿其中，并号召国民尽职尽责以"满足国策的需求"。另一方面则要求媒体对日本所面临的国际形势进行分析，使国民理解所谓的"国际复杂性"以及"防苏反共"的必要性。

此外，鉴于"外来宣传"特别是英美国家的宣传活动"阻碍了新东亚建设及日德意的联系"，该要领要求媒体在发布对外关系评论或国际问题报道时，必须营造一种"坚决反对对我国国是之推行进行干涉和压迫"的强硬舆论氛围。该要领还特别针对中国国内局势及对华报道等制定了宣传方针，即应强调"帝国与支那共存共荣的必然关系"，而"大东亚共荣圈"的建设是为了帮助中国摆脱半殖民地地位，建立一个完全独立自主的新国家，而苏联等国的"容共抗日"政策及欧美各国的所谓"以夷制夷"政策其根本目的是"永远搅乱东亚和平""将民众陷入生灵涂炭之苦境"。因此，该要领要求"支那大陆的复兴建设及开发相关报道以及战况战事相关报道不但应有助于提升国民的时局认识，还应将国民的关心指向大陆，且此种新闻应在政治版、经济版和社会版大量刊登"②。

除上述《新闻指导要领》外，内阁情报部还针对"英国援蒋行动""美国废除日美通商航海条约""欧洲战争爆发""支那新中央政府成立""财政经济报道"等制定了专

---

① 「新聞記事取扱方針」、『密大日記 第16冊 昭和13年』、JACAR（アジア歴史資料センター）、Ref. C01004558900、防衛省防衛研究所。

② 「新聞記事取扱方針」、『情報部常務部会書類（国民精神総動員）』、JACAR（アジア歴史資料センター）、Ref.A15060362500、国立公文書館。

门的《新闻指导要领》①。这些"指导要领"的核心思想是要求媒体提高国民的时局认识，促进国民总动员的开展，以应对日本所面临的内外危机。

在上述种种法令、法规的限制下，报纸、杂志等出版物不得不面临着二重乃至多重控制，因违反法令而受到禁止销售、删除以及警告处分的报纸、杂志数量连年增长。

至此，日本政府或以指导为名，或以赤裸裸的行政命令，不断完善了一系列言论统制政策，给言论自由套上了沉重的枷锁。

---

① 上述各"指导要领"的具体内容参见：「新聞指導要領（一）送付の件」、『密大日記 第 3 冊 昭和 15 年』、JACAR（アジア歴史資料センター）、Ref.C01004737700、防衛省防衛研究所；「新聞指導要領（二）送付に関する件」、『密大日記 第 7 冊 昭和 15 年』、JACAR（アジア歴史資料センター）、Ref. C01004790600、防衛省防衛研究所。

第三章　太平洋战争时期的言论统制法规

　　1940 年 4 月，德国在欧洲"闪电战"的胜利对日本内外政策产生重要影响。第二次近卫内阁上台后于 7 月 26 日发布《基本国策要纲》，宣布日本将"向国防国家体制的完成迈进"，以实现"以大东亚新秩序建设为基础"① 的国防及外交建设。此后，日本加紧推进德意日三国同盟，企图利用德意在欧洲的战场优势，扩大"大东亚新秩序"的范围，"解决南方问题"，同时大力营造"对英美开战已不可避免"② 的舆论氛围。在外交上，日本当局"对英美尽外交手段"，同其就欧战态度、中国问题及双方在太平洋地区的军备问题等展开谈判，"努力向其贯彻帝国之要求"，而另一方面在军事上却"恢复和增强帝国所必要的国防力量的弹性"③，继续加强对华攻势，并将战略目标南移，明确表态日本将"做好对英美作战准备""强化南进态势"，并表示为达此目的可"不惜对英美开战"④。对于开战的时间，1941 年 9 月 6 日的御前会议确定"大体以十月下旬为准，完成战争准备"⑤。11 月 2 日，大本营联席会议则决定若对美谈判在 12 月 1 日前取得成功，则"将发动武力的时间定为 12 月初，陆海军要完成作战准备"⑥。事实上，日本在日美

---

① 「基本国策要綱」、『基本国策要綱』、JACAR（アジア歴史資料センター）、Ref.A06033004700、国立公文書館。
② 「世界情勢ノ推移ニ伴フ時局処理要綱」、『世界情勢の推移に伴う時局処理要綱　連絡会議議事録　昭和 15 年 7 月 27 日』、JACAR（アジア歴史資料センター）、Ref.C12120200800、防衛省防衛研究所。
③ 「支那事変処理要綱」、『支那事変戦争指導関係綴 其の 2 昭和 13 年 1 月—昭和 17 年 11 月』、JACAR（アジア歴史資料センター）、Ref.C12120058800、防衛省防衛研究所。
④ 「情勢ノ推移ニ伴フ帝国国策要綱」、『情勢の推移に伴う帝国国策要綱　御前会議議事録　昭和 16 年 7 月 2 日』、JACAR（アジア歴史資料センター）、Ref.C12120183800、防衛省防衛研究所。
⑤ 「帝国国策遂行要領」、『重要国策決定綴　巻 1　大本営政府連絡会議々事録　其の 1　其の 2 と同じである　昭和 15 年 7 月—16 年 12 月』、JACAR（アジア歴史資料センター）、Ref.C12120238900、防衛省防衛研究所。
⑥ 「帝国国策遂行要領」、『重要国策決定綴　巻 1　大本営政府連絡会議々事録　其の 1　其の 2 と同じである　昭和 15 年 7 月—16 年 12 月』、JACAR（アジア歴史資料センター）、Ref.C12120238900、防衛省防衛研究所。

谈判中是围绕如何确立日本在东亚霸权展开的,因此注定谈判难以取得成果。12月1日,日本召开御前会议,东条英机表示"依靠外交手段已不能贯彻帝国主张",加之英美等国在经济上和军事上对日施加压力,为打破日本所面临的困局,"帝国决定将对英美荷开战"①。经过前期外交、军事等系列谋划,12月7日,日本出动海军及航空部队突袭珍珠港美国海军基地,太平洋战争正式爆发。

大本营陆海军报道部在 1942 年 12 月 8 日早 6 时发布了日本向美英宣战布告,日本广播协会于当日早 7 时整播出的临时新闻向日本国民传达了太平洋战争爆发的消息,当天出版的各大报纸也在头版头条刊登了《进入战争状态》的报道。上午 11 时 40 分,情报局宣布"宣战布告诏书已发",12 点的广播正式播发了《宣战大诏》全文。此后,日本的宣传媒体开足马力,对太平洋战争进行了全方位报道。为进一步统一舆论,发挥媒体的所谓"国策功能",太平洋战争时期,日本当局进一步强化了言论统制,不但频繁颁布严厉的言论统制政策,而且在该时期,言论统制发生了质的变化,在保持消极的"言论统制"的基础上更倾向于积极的"言论诱导"。

第一节　制定和完善宣传指导方针

太平洋战争时期,日本的法西斯侵略行动引发了国际舆论的猛烈批评,日本外交面临极大压力,同时由于战局的扩大,英美等国对日实施贸易禁运,使得日本国内经济状况每况愈下。面对内外交困的局面,为营造一个对日本有利的舆论环境,确保舆论沿着日本当局所期许的方向发展,日本当局出台了一系列宣传指导方针。

一、太平洋战争初期的宣传指导方针

由于准备充分,太平洋战争初期日军在军事上表现出势如破竹的进攻态势,在短时间内攻占了泰国、菲律宾、马来西亚、香港等地,后又迫使美国驻巴丹守军投降,并重创英国远东舰队,占领新不列颠岛,1942 年 2 月后又相继侵占了新加坡、缅甸、印度尼西亚等地,控制了东南亚和西南太平洋地区,基本达到了其预定的全部战略目标。在军事上处于战略进攻阶段的该时期,消除国内外舆论对日本的负面影响,为日本开战及南进军事行动塑造有利的舆论环境成为日本当局在该时期宣传指导方针的重点。

(一)"英美问题"相关宣传方针

如前所述,自第二次近卫内阁发布《基本国策要纲》时起,对英美问题成为日本各

---

① 「对米英蘭開戦ノ件(御前会議決定書)」、『大東亜戦争関係一件/開戦関係重要事項集(A—7—0—0—9_51)』、JACAR(アジア歴史資料センター)、Ref.B02032967300、外務省外交史料館。

界关注的焦点，日本当局开始制定相应的舆论方针，为即将到来的"对英美开战"实施舆论造势。

1939 年 7 月，美国单方面宣布《日美通商航海条约》到期后不再续约，于 1940 年开始生效。此后，美国开始对日实施贸易禁运，对日本的经济、国防、外交等均带来极大影响。对此，日本内阁情报部制定了一系列宣传方针。一方面，要求舆论揭露美国此举为"对我国含有政治意图在内的非友好措施"，其目的是"罗斯福总统试图掩盖对内政策的失败并为选举造势"。另一方面，则要求舆论尽量弱化其"对我国政治经济的重大影响"①，特别是要扭转日本国民的士气，"向内外明示帝国毅然的态度，昂扬国论，特别是高度发扬国民志气"②。

随着日本当局所确定的"对英美开战"日期的临近，对英美问题所引发的一系列后果及未来发展趋势进行报道、预测等成为舆论热点。为配合日本在英美问题上的内外政策，统一内外舆论，1941 年 10 月 3 日，内阁会议通过了由情报局制定的"对美外交舆论指导方针"，要求在对美外交宣传上要秉持"排除软硬两大极端论调，在牢固的国民团结理念下，迅速向战时态势的强化迈进"的宣传方针，既要表明"谈判的终局或致开战"的可能，又要消除对美煽动性舆论及"有损外交自主性"③的舆论。11 月 4 日，内阁会议又通过了《对英美问题舆论指导方针》，一改此前对英美问题遮遮掩掩的舆论方针，要求放松英美问题相关报道的限制，加大"对英美外交紧张相关客观事实的报道"，同时杜绝能够"透露日本战备及战略行动的报道及舆论"④，从而为对英美开战做前期的舆论准备。

12 月 6 日，为迎接"有史以来的大规模战争及相当长时期的国家总力战"，日本政府确定了内外宣传政策的基本方针，要求宣传部门营造"活泼旺盛的启发宣传态势"，向国内外阐明日本开战的原因在于"确保帝国的生存和权威"，粉碎"敌国妄图称霸世界的利己要求"。同时要求"报纸、广播、通信及诸团体等各种情报宣传机构"一方面对日本的军事机密报道及对日本不利的政治、经济报道进行查禁，另一方面对英美等国"政治上、战略上、经济上的弱点进行反复宣传"，从而"向内外宣明我必胜之道义及具

① 「米国ノ日米通商航海条約廃棄通告ニ関スル記事取締ニ関スル件」、『情報部常務部会書類（国民精神総動員）』、JACAR（アジア歴史資料センター）、Ref.A15060362700、国立公文書館。

② 「国論昂揚ニ関スル件」、内川芳美：『現代史資料・41・マス・メディア統制㈡』、東京：みすず書房 1996 年、第 355 頁。

③ 「現下ノ対米外交ニ対スル世論指導方針」、『大東亜戦争関係一件／開戦関係重要事項集（A—7—0—0—9_51）』、JACAR（アジア歴史資料センター）、Ref.B02032970100、外務省外交史料館。

④ 「対英米問題ニ関スル世論指導方針」、『大東亜戦争関係一件／戦争準備資料（A—7—0—0—9_50）』、JACAR（アジア歴史資料センター）、Ref.B02032962400、外務省外交史料館。

体根据"①，以增强日本国民必胜信念。

（二）《对日英美战争的情报宣传方策大纲》

12月8日，日本偷袭珍珠港并发表对英美宣战的当天，情报局制定了《对日英美战争的情报宣传方策大纲》，要求媒体"以宣战诏书为基础阐明开战之大义名分"，为确保战争的胜利，"同军人作战遥相呼应，对内外局势进行指导"。该大纲为舆论界确定了新的宣传基调，即太平洋战争是"确保皇国的权威与大东亚生存而不得已发动的战争，战争的原因是敌国利己主义的世界观所致"。基于此基调，该大纲制定了具体的宣传要点，概括起来主要有四点：

第一，要求媒体大力宣传英美等国自明治以来对日本"向海外寻求生存之道，谋求自然和平的海外发展"实施压制的历史，极力强调英美等国对日本在华军事行动实施"不当干涉和压迫"，以及不顾日本通过外交途径解决分歧的诉求而实施"全面经济封锁和挑衅性战备"的"事实"，并主张其不但限制了东亚各国的发展，也导致"战争向长期化和大规模化发展"，从而试图从历史的角度去论证日本开战的"正义性"。

第二，要求媒体对"大东亚共荣圈建设"的理念进行解读，宣扬其"拥护人类生存、建设世界恒久和平"的"正义性"，并大力宣传日本在"台湾、朝鲜的开发、'满洲国'及中华民国国民政府的扶植及战地宣抚等实绩"，从理论和实证两方面论证所谓"大东亚共荣圈建设的必然性"，进而论证为"确保皇国之生存及大东亚诸国之安定"而实施开战的"必然性"。

第三，要求媒体重视内外宣传的互补性。一方面，要"不断报道陆海军之精锐及战略地位之优越"，并强调"事变以来国力特别是经济实力的显著增强"，以向日本国民宣示"我之必胜信念及实力"；另一方面，则将关注点转移到"敌国之弱点及失误"上来，"指出敌国战略上的弱点，同时坚持不懈地宣传敌国内部政治、经济上的弱点"，其目的是既可"振奋我国民士气，坚定推行战争的自信和觉悟"，又可动摇敌国国民的自信力，"更能分裂敌国国民舆论，导致中南美各国脱离泛美主义阵营"，可谓"一石三鸟"之计。

第四，要求媒体在强调"必胜信念"的同时，也应指出战争的"长期性"，并对"持久战对策"加以大力宣传，强调"国内自给自足经济的紧要性"，号召"通过各阶层国民的实践努力"推动增产节约，呼吁国民"为皇国大使命之达成而甘愿接受"暂时的窘迫生活，同时转移国民的不满情绪，"刺激同仇敌忾心理，从而振奋战争意识"②。

---

① 「新段階ニ対処スヘキ内外情報政策ノ基本方針」、『大東亜戦争関係一件／戦争準備資料（A—7—0—0—9_50)』、JACAR（アジア歴史資料センター）、Ref.B02032962500、外務省外交史料館。
② 「日英米戦争ニ対スル情報宣伝方策大綱」、『大東亜戦争関係一件／開戦関係重要事項集（A—7—0—0—9_51)』、JACAR（アジア歴史資料センター）、Ref.B02032970000、外務省外交史料館。

综上所述，该宣传方策大纲基本上是对宣战诏书的解读，在理念上遵循宣战诏书所提出"恢弘祖宗之遗业""保全帝国之光荣"①的"皇国"理念，将战争美化为完成"神武肇国之大理想"的"圣战"；在实际操作中则将报纸等舆论工具等同视之为完成战争不可或缺的宣传工具。

太平洋战争爆发当日，情报局向报社、通信社等宣传机构发出指示，要求"除大本营许可之外，关于大东亚战争的战况及推移，包括彼我之状况在内，一切均禁止报道"。"大本营发表"由此登上历史舞台。当日，情报局还按照陆军省令规定制定了禁止报道的新标准，即"对我军不利的事项一般禁止刊登，但有助于促使国民认识战争实情、提高同仇敌忾心理的内容则允许报道"②。这两个指示成为战时将媒体改造为"大本营发表机构"的决定性文件。

12月9日，情报局第二课紧急召集出版社相关人员召开临时会议，制定了新的舆论指导方针。该文件所确定的总体方针与前述各项宣传指导文件并无二致，均要求强调对英美战争的"自卫性"和"必然性"。而其具体指导方针为：

一、不但要宣传战况好转，还要鼓吹我国在战略上处于绝对有利地位；

二、增强国民对国力特别是经济力的自信，并努力提升盟国、中立国特别是南方民族的对日信任；

三、努力揭露敌国在政治、经济及军事上的弱点并加以宣传，打击其自信，并努力使第三国失去对其信任；

四、在国民中间培植对英美的同仇敌忾心理，同时努力彻底清除对英美国民的依赖心理；

五、培养长期战的心理准备。③

此外，该文件还确定了应严厉禁止的报道内容，除了诽谤和否定日本内外政策、危害社会安定等基本内容外，还特别指出严禁散布"政府、军部之间意见对立的论调""助长国民反战、厌战情绪的论调""助长具有反军思想倾向的论调"以及"打击国民士气的论调"。④

---

① 「米国及英国ニ对スル宣戦ノ詔」、『勅語類・昭和詔勅・秘書課』、JACAR（アジア歴史資料センター）、Ref.A14110357400、国立公文書館。
② 三枝重雄：『言論昭和史——弾圧と抵抗』、東京：日本評論新社1958年、第133頁。
③ 三枝重雄：『言論昭和史——弾圧と抵抗』、東京：日本評論新社1958年、第134頁。
④ 三枝重雄：『言論昭和史——弾圧と抵抗』、東京：日本評論新社1958年、第134—135頁。

尽管该指导方针是针对出版社作出的指示性文件，但同时也适用于包括报纸在内的所有媒体，它确定了"太平洋战争时期舆论指导的基本方向"[1]。

（三）新加坡陷落后新阶段舆论指导方针

1942年2月15日，日军占领新加坡，此后又加紧攻势，席卷东亚大陆和南洋各地，"赫赫战果"报道充斥报端，"祝捷活动"层出不穷，日本举国上下一片欢腾，过于乐观和懈怠心理在国民之间蔓延。为防止上述情绪导致国民盲目乐观，"给敌国的思想谋略带来可乘之机"，情报局制定了新的舆论指导方针，其宣传要领主要有以下三点。

第一，解读"大东亚共荣圈"的建设内涵及建设条件。该方针强调日本发动此次战争的目的是"根除英美武力和经济压迫的祸根，实现肇国之大理想"，为此要使民众了解"大东亚共荣圈建设的目标及此目标达成前的现实事态之间的关联"，即既要了解战争的目的，也要对此过程中的困难做好心理准备。鉴于此，该方针要求舆论对"大东亚共荣圈"理念从"体""用""相"三个层面进行解读。"体"指的是"以皇国稳定势力为中心，拥护圈内诸民族公平生存权的'国防圈'"；"用"则包括"自给自足的'广域文化圈'"及"未来大东亚的'文化圈'"；"相"指的是依靠"体"和"用"将"八纮一宇"理想付诸实现的结果。与此同时，该方针要求媒体大力宣传日本在"大东亚共荣圈"建设中的领导地位，宣传只有确保"皇国的指导地位"，才能使东亚各国免遭英美压迫，并"确保皇国的存立和大东亚的稳定，确立世界的永久和平"。而要达此目的，则应向国民宣传"建设高度国防国家体制的重要性"。

第二，阐述日本所面临的内外局势，强调国民应做好进行长期战的心理准备。该方针一方面要求媒体认清形势，充分理解此次战争对于英美等国同样具有重要意义，因此对方一定会举全国之力进行军备扩张，发动游击战、宣传战以及海空优势等与日本抗衡，从而进一步促使民众了解"未来的武力战及外交战将是长期战"的可能性，同时要求对于那些"认为战争已达到鼎盛期并因此在国民之间产生的过早的安逸感，及占领南方可获取物资的盲目乐观"等言论予以取缔。

第三，强调"经济建设"和"思想建设"的重要性，呼吁国民为完成战争目的而参与国内体制建设。在经济建设方面，该方针称日本能否保持有利的国际局势取决于日本的"国家总力"如何。"经济建设若能取得显著成功，则伴随着武力战的伟大胜利，也可能以短期战而告终"。鉴于此，要求媒体呼吁国民应认识到"皇国国防生产力及国内粮食自给力"在"大东亚共荣圈"建设中的核心地位，努力增产、厉行节约，"积极纳税、储蓄和购买国债"，与前线士兵一样"以殉国奉公之精神"在各自的岗位上努力参与"经

---

① 塚本三夫：『実録 侵略戦争と新聞』、東京：新日本出版社1986年、第240頁。

济战"。在思想建设方面，该方针要求媒体加强"思想国防建设"宣传，向国民灌输"日本精神是大东亚文化创造之根源"的思想，试图唤起国民对"日本精神"的认同感和参与"大东亚建设"的荣誉感，以对抗英美等国的思想谋略。

综上，该舆论指导方针内容广泛，涉及政治、经济、思想、文化等各领域，与已颁布的其他舆论指导方针相比，它不再一味通过强调日本发动战争的"正义性"来强化"必胜信念"，而是在此基础上重点强调此后日本可能遇到的困难，消除因战争捷报频传带来的懈怠情绪，以提高日本国民应对战争"长期性"的思想准备，并呼吁国民"为突破难关在各自岗位上完成应承担的总力战任务"，从经济上和思想上"强化坚忍不拔之国内战时体制"①。因此可以说，此舆论指导方针是对已有方针的补充和完善。

二、战略防守期的舆论指导方针

1942年6月4日至7日，山本五十六率领日本联合舰队进攻中途岛的美国太平洋舰队，企图彻底摧毁美军在太平洋的势力。然而，事与愿违，日本舰队在中途岛海战中遭受重创，战局开始向着有利于美国的方向发展，日军战略主动权逐步丧失。但此时"大本营发表"却依然充斥着"捷报"，此举引起了国内各界的质疑和批评。然而，首相东条英机却在第81届帝国议会上仍坚称"大本营发表"的"准确性"，并将与其不一致的报道定性为"打乱国民步伐的国内恶劣流言蜚语"而表示要"毫不怜悯予以严厉取缔"②。这成为此后日本政府制定一系列以提高国民士气、坚定必胜信念为基调的舆论指导方针的理论基础。

（一）针对归国人员的言论制定宣传指导方针

随着日本对外侵略步伐的不断扩大，与交战国的外交关系也随之破裂，驻在国外交人员及侨民纷纷回国。由于外交人员不可避免受驻在国政治、经济、文化等各要素影响，在日本当局看来其归国后"对驻在国印象、观察及归国后的感想"对日本国民的思想将会产生巨大影响，"适当的言论发表对昂扬国民战意、实践战争生活决心大有裨益"，而不当的言论则会招致反战意识高涨，盲目乐观情绪蔓延。鉴于此，1942年8月，情报局针对归国外交官的言论制定舆论指导方针，要求通过"积极的言论发布"进一步统一日本国内舆论。

针对归国外交官"深受敌国宣传影响"的状况，该方针要求通过媒体宣传、演讲座谈等形式宣传日本"开战之大义名分"，揭露交战国的"利己措施"，阐释"开战时政府

---

① 「新嘉坡陥落後ノ新段階ニ応ズル輿論指導方針」、赤沢史郎、北河賢三、由井正臣：『資料日本現代史・13・太平洋戦争下の国民生活』、東京：大月書店1990年、第191—194頁。

② 「第八十一回帝国議会貴族院議事速記録第四號」、『官報』号外、1943年2月2日、東京：大蔵省印刷局、第8頁。

声明及外务省发表的趣旨"，以加深外交官对日本开战理由的认同。同时要向外交官宣传"举国之必胜信念、完成战争的决心和努力、支那事变以来形成并不断增强的形而下的实力以及开战以来以赫赫战果所获得的不败地位等"，以消除其对战争前景的担忧。此外，还要向外交官就政府的对外宣传方针及敌国宣传战的实施状况进行说明，宣称其言论思想对国内舆论具有重大影响，可能导致"国民战意走向沮丧或者疏忽大意两个极端"，以此提出其应与政府的舆论宣传保持步调一致并提供协助的诉求。

基于上述目的，该方针将"诉诸归国者的爱国热情"作为宣传的第一要义，并在外交、军事、敌国局势及归国印象等方面制定了具体宣传方针。

在涉及外交言论上，该方针以英美等国对日施加经济压力、实施对日战争准备为切入点，强调战争爆发的责任在于英美等国"无视谋求皇国权威和大东亚稳定的皇国意图，以经济压迫乃至武备扩张对我实施威吓"，以此论证日本发动战争"不得已而为之"的观点。为此，该方针要求外交官言论中应避免出现对日本外交颇有微词或将外交和战争对立起来的内容，特别是"对与满支两国不可分关系及与轴心国之间的合作造成恶劣影响"的言论应予以严厉取缔。

在敌国局势相关言论上，该方针要求一方面不可对"敌国的经济力和敌国民的精神力"进行夸大宣传，以防止交战国以此对日本国民进行反宣传；另一方面则要求对敌国内部的弱点进行宣传，特别是"应大力强调政治、经济、社会各方面的不安、不满、不一致等"，并对敌国所谓"虚构宣传"进行反驳，以防止国民士气低落。此外，还特别强调在言论中不可提及和平谈判之类的内容，以防止滋生和平思想。

在军事关系相关言论上，该方针要求对于归国外交官所掌握的敌国对日作战企图、计划及敌国兵力等信息应及时向参谋本部或军令部通报，不可向普通民众传播，而对于"在当局公正判断基础上可以发表"的内容，虽在言论中可以提及，但不可低估敌国的战争意志，也不可对敌国的军备扩张进行夸大，以免对敌军实力作出过小或过大评价。

在归国印象相关言论上，该方针要求舆论加强对"祖国平静的真实状态和其强大不可动摇的国力"进行宣传，以唤起归国外交官对日本国力的认同，并使其认识到"敌国宣传之荒诞无稽"。若对国内体制有所不满或对政府政策有所异见，"应向责任当局直接开陈，不可向普通民众泄露任何轻率的批判性言辞"，以免为敌国宣传谋略所利用，对"军国民之间的一致团结"造成危害。对于因战局扩大导致日本国内物资匮乏的状况，该方针要求舆论加大宣传力度，强调收紧物资配给可促进消费的合理化，能够以最少限度的生活物资确保战时国民生活的运行是"达到必胜的经济手段"。

该方针以归国外交官所拥有的驻在国和本国认知偏差为切入点，在要求加深其对日本内外政策、国内局势理解和认同的基础上，试图改变其对交战双方力量及战争局势的原有认知，防止其言论对日本当局所塑造的舆论环境造成冲击，从而"维持并强化国论的统一"①。

日本对外开战后，除外交人员外，在交战国的大量日本侨民也被迫回国。日本当局同样对归国日本侨民的言论给予了充分关注，要求媒体在发布归国侨民相关报道时除"能够昂扬国民敌忾心的报道"外，不得营造出一种"凯旋而归"或"欢迎归来"的气氛，以防止其与日本的内外政策、宣传方针产生矛盾。具体指导要领如下：

在侨民驻在国报道方面，对于侨民驻在国的对日作战行动及策略，只能报道"大本营发表范围内的内容或获得大本营许可的内容"，除此之外禁止报道；对于侨民驻在国的国情，禁止正面报道"敌国军事力、经济力、精神力等"，以免成为敌国宣传的对象，但"能激起国民敌忾心"的报道则不在取缔之列。此外，凡是报道"敌国内对日和平愿望主张"②的言论以及造成国民轻敌心理或盲目乐观心理的内容均应予以取缔。

在外交关系报道方面，对于开战前双方的外交关系，只能以日本当局发布的正式声明为准，凡违背政府声明，与敌国宣传口径一致的报道应予以取缔。此外，对于开战前日方所采取的对英美外交进行批判的言论，或认为日本的外交谈判和作战行动互相矛盾的言论也在取缔范围之列。

（二）两次《适应大东亚战争现阶段的舆论指导方针》

面对日本国内经济状况逐渐恶化，消极、厌战情绪在日本国民之间蔓延的状况，1942 年 11 月 27 日，情报局首次制定了《适应大东亚战争现阶段的舆论指导方针》，以"促进国民一大觉醒，巩固其隐忍持久、胜而不骄、穷而不动的决心，进一步强化总力战体制"。该舆论指导方针的核心是"在不动摇必胜信念的限度内，改变国民对战争的安逸感"，从而在两者之间寻求一个平衡点，让国民认识到战争的长期性和艰苦性，以此"振奋举国上下共赴国难的气概"。其宣传的要点主要有：

第一，既要强调做好应对长期化战争的心理准备，提高国民对战争的紧张感，也要唤起国民对战争的责任感，"强调战争能够快速取得成效取决于今后国民的努力"，以此努力消除因国民意识的懈怠而对战争所造成的负面影响。

第二，既要强调敌国的军备扩充、国民斗志等状况，让国民意识到敌国即将实施的总决战意图，防止"轻视敌国国民的战意及对战争的努力"的报道对日本国民的战争观

---

① 「国論ノ統一ヲ維持強化スル為外交官交換船帰国者ニ対スル言論指導要領」、赤沢史郎、北河賢三、由井正臣：『資料日本現代史・13・太平洋戦争下の国民生活』、東京：大月書店 1990 年、第 194—196 頁。

② 「第二次日米英外交官等交換船ニ依ル帰国者ニ関スル記事取締指導要領」、赤沢史郎、北河賢三、由井正臣：『資料日本現代史・13・太平洋戦争下の国民生活』、東京：大月書店 1990 年、第 170—171 頁。

带来盲目乐观的情绪，同时也要报道敌国的"非人道行为及对我国的诽谤"，以激发日本人的同仇敌忾心理。总而言之，"夸大宣传"和"过低评价"的报道均被列入禁止的范围。

第三，既要强调日本国民对战争贡献的不足，要求其倾注全力提升国力，特别要求"举国奋起，增强国防生产力和促进国民储蓄"，也要大力宣传美国等交战国所实施的经济统制政策，以此论证战时日本的经济统制政策并非导致物资匮乏的原因。同时表明南方占领区的资源"只能满足军事上的需求"，无法用于改善国民生活，因此"后方应学习战场精神"，努力克服物资窘迫带来的暂时困难，从而强调"隐忍持久"的信心和决心。

综上可见，该舆论指导方针主要着眼于宣传日本所面临的内外困境，并将国民自身对战争的支持态度与"皇国的兴废存亡"联系起来，试图以此改变"国防生产力低下，国民储蓄亦呈现钝化征兆"[①]的现状。但需要说明的是，尽管情报局制定该方针的目的是实施积极的舆论引导，但在注意事项中却明确规定"除中央当局进行处理的事项外，不得作为政府公告或指示事项予以公布"，而原文中"国防生产力低下，国民储蓄亦呈现钝化征兆"这句话则要求"作为官厅首脑部或取缔当局的参考，应藏在心中"，向他人传达时应"口授要旨"[②]，不得公开，以防止"有助于敌国宣传或酿成对储蓄的畏缩心理"[③]。这从一个侧面表明该方针在实际执行过程中具有不透明性。

中途岛海战之后，日军为挽回不利局面，夺回被美军占领的南太平洋战线的重要据点瓜达尔卡纳尔岛（Guadalcanal），投入大量兵力与美军展开了旷日持久的争夺战。然而，在此次战役中日军损失更加惨重，日军不仅没有实现重新夺回战略主动权的作战企图，反而其军事实力进一步受到削弱，最终陷入了完全被动的局面。

1943 年 2 月，日军被迫从瓜岛撤退。为避免因撤退对国内和前线造成消极影响，2月9日大本营发布通告，将"撤退"一词以"转进"代之，称自开战以来"始终对敌施以强压，对其震慑，使其屈服"，取得了太平洋上的控制权，而瓜岛战役"目的基本已达到，所以自2月上旬开始撤出阵地，转进至其他战线"[④]。尽管军部此后对"转进"的意义进行了解读，但却掩盖不了其"败退"的本质。为扭转因"转进"所引发的负面舆论，情报局于2月27日针对日军"转进问题"制定宣传方针，要求强调"转进是自主

---

① 「大東亜戦争の現段階に即応する輿論指導方針」、赤沢史郎、北河賢三、由井正臣：『資料日本現代史・13・太平洋戦争下の国民生活』、東京：大月書店 1990 年、第 197—198 頁。

② 「大東亜戦争の現段階に即応する輿論指導方針」、赤沢史郎、北河賢三、由井正臣：『資料日本現代史・13・太平洋戦争下の国民生活』、東京：大月書店 1990 年、第 198 頁。

③ 山中恒：『新聞は戦争を美化せよ！——戦時国家情報機構史』、東京：小学館 2001 年、第 647 頁。

④ 「大本営発表　昭和 18 年」、『昭和 17.1.12—19.12.30　大本営発表（B）陸海軍部』、JACAR（アジア歴史資料センター）、Ref.C16120664700、防衛省防衛研究所。

112

进行的"，而非军事失败造成的，并强调正是因为"统帅权的英明决断及陆海军的合作"才使得日军在极其困难的情况下得以"消灭敌军的海空力量"①。在此宣传方针的指引下，"辉煌战果""军国美谈"等充斥着媒体的宣传报道。

战局并没有因为上述宣传方针而向着日本有利的方向转化。相反，瓜岛战役之后，日军开始节节败退。1943 年 4 月 18 日，联合舰队总司令山本五十六战死。5 月 30 日，驻守阿图岛的日军被美军全歼。此后，标榜日军英勇作战的"玉碎"开始在"大本营发表"及媒体报道中出现。在此背景下，为"振奋举国上下共赴国难的意志，培养强韧的精神力，以迎接日益增加的障碍困难所带来的考验"，情报局制定了新的舆论指导方针，即第二次《适应大东亚战争现阶段的舆论指导方针》，并于 6 月 28 日经内阁会议审议通过，其确定的宣传重点如下：

一、基于宣战大诏阐明我大义名分，同时促使国民反省在大诏奉戴实践中是否仍有不足之处，并期待不辜负天皇的信赖；

二、使国民认识到今明年为决战之年的重大时局，消除因战争胜利所带来的乐观情绪，强调只有每个人作出非常的努力才能确立胜利的基础；

三、促使国民认识到战局的一张一弛是战争的常态，应甘受考验，并养成闯过考验的坚毅精神；

四、即使发生不利之事态，也应将其引向战意昂扬，以有助于生产的增强和战争生活的确立；

五、适当揭露敌人内部所隐藏的严重困难、弱点等，努力振奋我方士气，但要留意不要因此给国民带来懈怠和疏忽大意；

六、对于共荣圈建设的进展所带来的帝国繁荣和东亚隆盛，应使国民对前途抱有光明的希望，并要求其在战争完胜前应忍受苦难；

七、强调国土防卫的必要性，对敌人的进攻应迅速做好物质、精神两方面的准备。②

由于日军在战局上的劣势越来越明显，因此该舆论指导方针不再将重点放在粉饰太平上，而是在承认"战局一张一弛"及"即将迎来决战的重大时局"的前提下，要求通

---

① 「『ガダルカナル』島及『ブナ』島方面陸海軍部隊転進に関する内外宣伝方針」、山中恒：『新聞は戦争を美化せよ！——戦時国家情報機構史』、東京：小学館 2001 年、第 651 頁。

② 「大東亜戦争の現段階に即応する輿論指導方針」、赤沢史郎、北河賢三、由井正臣：『資料日本現代史・13・太平洋戦争下の国民生活』、東京：大月書店 1990 年、第 199 頁。

过媒体的新闻操作来呼吁民众忍受苦难，做好决战的准备，这也是战时日本当局试图将媒体塑造成战争宣传工具的一个例证。

（三）适应战局现状的报道宣传要领

到了1944年，美军加强了攻势，2月攻下被日本海军视作保卫日本本土天然屏障的特鲁克岛，此后又占领了马里亚纳群岛，突破了日军在太平洋的内防御圈，最终的决战已不可避免，但此时陆海军之间却围绕政治主导权展开了"本土决战论"和"海上决战论"的争论。为掩盖日本败退的事实，"大本营发表"只能通过"情报操作"的手段不断发表日军胜利的虚假消息，蒙骗国民。

在此背景下，首相兼陆相东条英机为激发国民"本土决战"的热情，在内阁会议上发表所谓"竹枪宣言"，要求国民拿起用竹子制成的简易武器——竹枪，以必胜的信念迎接"本土决战"。"竹枪宣言"遭到舆论的批判，《每日新闻》记者新名丈夫撰文指出"决定帝国存亡的是我海洋航空兵力的快速增强所带来的战力的集结程度如何"[1]，从而主张增强日本的海空兵力，在太平洋上与美军决战。此文激怒了东条英机，东条以"侵犯军部统帅权"为由要求处分新名丈夫和《每日新闻》。该事件虽经多方斡旋得以解决，但它一方面反映了当时统治阶级集团内部的矛盾，同时也是战时法西斯主义分子对内实行高压政策，妄图压制思想言论的具体表现。

在1944年6月占领塞班岛之后，盟军在西太平洋获得空中和海上的绝对优势，日军失败已成定局。7月7日，情报局针对塞班失守后日本的舆论宣传，发布报道宣传要领，将以下内容确定为宣传重点。

    1.强调此时国民更应为国体护持、国土防卫而以一亿决死之觉悟战斗至最后；

    2.使国民认识到本土即将成为战场，巩固其思想觉悟，使其沉着冷静加以应对，克服所有苦难，死守各自岗位，迈向最终的胜利；

    3.使国民认识到战争胜败取决于战争意志的强弱，强调不应拘泥于战局的波澜，应确信最后的胜利，英勇斗争；

    4.强调大东亚的解放和建设只有依靠我国的胜利方能达成，如没有我方胜利，则东亚将再次被英美侵略压榨。[2]

从上述4条内容不难看出，其第1条至第3条从"国体护持"的内部角度出发论述

---

① 『毎日新聞』1944年2月23日。

② 「戦局の現況に即応する報道宣伝要領」、『雑誌指導資料』、JACAR（アジア歴史資料センター）、Ref. A06030046000、国立公文書館。

克服困难，从思想上和行动上做好"本土决战"准备，以确保战争获胜的"必要性"，而第 4 条则从"大东亚解放"的外部观点出发论证战争"正义性"。因此，该宣传要领是一个兼顾内外宣传的有机整体，它为此后的舆论宣传制定了基本的宣传框架。"大本营发表"也基本遵循了该原则，如 1944 年 7 月 18 日大本营发布关于"塞班岛战役"的通告时，除了通告日军"英勇战斗，给敌人带来巨大损失"并"全员壮烈战死"外，还着力强调塞班岛日侨"始终协助军队，勇敢参与战斗，与官兵共命运"①，以此唤起本土国民对即将到来的"本土决战"的支持和协助。

尽管东条英机垂死挣扎，但依然无法改变日本走向失败的命运。国内反东条的声音越来越高涨，1944 年 7 月 20 日，东条被迫引咎辞职，引发日本政坛变动。当天情报局发布通告，对东条内阁总辞职的理由进行了说明，称决战时期政府痛感"革新人心、举国一致完成战争"的必要性而作出了总辞职的决定，并期望出现一个"更加强力的内阁"，带领"前线后方向必胜持续迈进的一亿国民"② 完成战争目的。

为防止因内阁更迭引发舆情事件，情报局还于当日发布舆论指导方针，对内阁更迭的宣传口径作了统一设定，要求媒体强调内阁更替的目的是"强化举国一致的国内战时体制"，以适应战局的发展，并强调"与大东亚诸民族协力，与欧洲盟国合作，打败英美、迈向新秩序建设的国家政策"不会因内阁更替而发生变化，从而坚定国民"一亿一心，以真正决死之觉悟履职奉公"③ 的决心。

三、决战阶段的宣传指导方针

东条内阁倒台后，小矶国昭上台组阁，成立所谓"强力决战内阁"。小矶于当年 8 月 8 日的"大诏奉戴日"④ 发表"谨奉大诏"的演讲，宣布"绝对信奉天皇之大业"，动员军、官、民各自发挥"本分使命"，团结一致，增进生产，提高国力，"扶翼天壤无穷之皇运"，以获得战争胜利，为"皇国之前途带来长治久安"。⑤ 但小矶内阁同样无法改变日本的命运，1944 年 10 月 20 日，美军进攻菲律宾群岛中部的莱特岛，不但切断了

---

① 「大本営発表　昭和 19 年（1）」、『昭和 17.1.12—19.12.30　大本営発表（B）陸海軍部』、JACAR（アジア歴史資料センター）、Ref.C16120664800、防衛省防衛研究所。

② 「内閣総辞職ニ関スル件」、『収受文書（内閣関係）・第十五冊』、JACAR（アジア歴史資料センター）、Ref.A17110149900、国立公文書館。

③ 「内閣更迭ニ伴フ輿論指導方針」、『雑誌指導資料』、JACAR（アジア歴史資料センター）、Ref.A06030046000、国立公文書館。

④ 为纪念 1941 年 12 月 8 日"宣战诏书"的发布，首相东条英机宣布将每月 8 日设为"大诏奉戴日"，强制要求当天日本各地学校、工厂等举行诏书奉读仪式。

⑤ 「謹みて大詔に応へ奉る（昭和一九.八.八放送）」、『小磯内閣総理大臣訓示演説集』、JACAR（アジア歴史資料センター）、Ref.A15060309400、国立公文書館。

日本本土和其在南太平洋地区占领地之间的联系，也使得日本海军力量遭到毁灭性重创。1945 年 3 月，美军开始在冲绳登陆。7 月，苏美英三国召开波茨坦会议，敦促日本投降，并确立了苏联出兵日本的方针。节节败退的战局使得日本前线后方士气低落。因此，这一时期日本的舆论政策把鼓舞士气作为宣传重点，并极力为侵略战争寻找"正义"的借口，宣称战争的目的是解放东亚民众，从而蛊惑国民为侵略战争服务。

（一）《决战舆论指导方策要纲》

由于小矶国昭已从军部退役，对军部的影响力减弱，再加上此前并无从政经历，所以为了取得议会对内阁的支持，小矶内阁在情报局总裁绪方竹虎的主持下推行"言论畅达"政策，主张"将战况如实告知国民，同时使他们畅所欲言，让战争更加接近国民"[①]，从而在一定程度上缓和了东条内阁时期严苛的言论统制政策。1944 年 10 月 6 日，内阁会议通过了《决战舆论指导方策要纲》，该要纲基本继承了上述小矶国昭演讲中所贯穿的"天皇绝对国体护持"的精神，颇具宗教色彩和悲壮气氛。

该要纲首先确定了决战时期日本的舆论宣传方针，要求各舆论机构要从舆论生发的根源去寻找舆论统制的方法，在实施舆论指导时必须遵循"民可使知之、使由之"的原则，及时将相关信息传递给国民并获得国民的认可，如此方能实现"贯彻国体护持的精神，激起国民同仇敌忾心理，振奋战斗精神"的目的。由此可知，这一点与上述"言论畅达政策"的主旨基本一致。关于具体实施要领，该要纲作了如下规定：

首先，宣扬"万邦无比之国体"，唤起日本国民对国体的认同和信仰，并以此为精神武器，呼吁发挥"军民一体"的优势，加深"皇土防卫在国体护持上的绝对紧迫性"的认识，贯彻宣战诏书所确定的主旨，动员国民参与本土决战，并强调战争在实现"皇国自存自卫上的必要性"，从而将国民的援战行为上升到"国体护持"的精神层面。

其次，要实现"国体护持"的目的，就应加深国民对决战状态下时局的危机意识，对敌国的"政治局势及思想的变动、国民生活水平的降低、经济困境、道义颓废等"进行大力宣传，并揭露"英美领导人的野心"及"英美人的残忍性"，以激发日本国民的仇敌心理，与此同时宣称日本"有天佑神助，具天时地利"，因此日本国民若安分守己，在各自岗位上努力增进生产，"将所有的人力物力等国力化为战力"，则可击败英美，取得战争的最后胜利，以此巩固"必胜信念"。

最后，为确保战争的胜利，强调强化国民生活的战时体制。一方面，要继续忍耐因战争所带来的暂时的生活困难；另一方面，则要加强团结、友爱互助，营造"道义昂扬的氛围"，确保决战时期国民生活的"明朗化"。

---

① 　嘉治隆一：『緒方竹虎』、東京：時事通信社 1962 年、第 231—232 頁。

在舆论指导方法方面，该要纲主张应遵循"言论畅达"原则，将空袭、损失等战况及时传达给国民，同时采取措施将国民的声音向上传达，并针对不同的宣传对象制定相应的宣传策略。一方面充分发挥国民运动的作用，形成自发性舆论生成机制；另一方面则充分发挥大政翼赞会及其外围团体的作用，并发动宗教人士、宗教团体，必要时可动用政府发言人对国民进行宣传，形成促发性舆论生成机制。

在舆论内容管制方面，该要纲规定，凡是"动摇国体信仰、妨碍军事外交秘密保护、招致国内分裂、厌战和平"① 等对战争的推行造成任何妨碍的言论均应严厉取缔。

综上，该舆论指导方策要纲的最大特点是其宣传方针由传统的"战时生产军事化"转为"战时生活精神化"，并将决定战争胜负的经济要素、军事要素等决定性要素进行了弱化，取而代之以"天佑神助"的国体优势和日俄战争获胜的历史事实来强化精神的力量，这是有别于以前所有舆论指导方针之处。

此外，为有效实施舆论指导，该要纲还决定将对言论集会取缔方针进行重新修订。1944 年 12 月 5 日，内务省出台了修订后的言论集会取缔方针和取缔标准，规定除动摇国体信仰等危害战争推行的言论要严加取缔外，对其他言论则在"事前指导"的基础上"待之以宽容态度"，以实现上传下达的"言论畅达"。而对于取缔标准，该文件要求在一定程度上"缓和审查取缔"的力度，但其缓和的范围和条件是有严格限制的。如在国外局势报道方面，揭露敌国国内困境的言论中，只有那些不会给国民带来负面影响的言论才在缓和范围之列；在国内局势报道方面，对日本国内局势提出建设性意见的舆论在允许发表的范围内，但到底何为"建设性意见"并无明确规定；在激发同仇敌忾心理方面，描写敌方残虐行为及战场惨烈状况的内容原先由于担心"对国民的思想及道德风化产生影响"② 而被严加取缔，但该要纲规定上述报道及照片均在允许刊登范围内。因此，所谓的"缓和"并非为言论自由松绑，其出发点不过是为了塑造对战争推行有利的舆论环境而已。

（二）第三次《适应大东亚战争现阶段的舆论指导方针》

1942 年，日军占领菲律宾群岛最大岛屿吕宋岛（Luzon）后，当时负责防守菲律宾的最高军事指挥官道格拉斯·麦克阿瑟上将及剩余的美军被命令撤往澳大利亚及巴丹半岛。鉴于吕宋岛极高的战略价值，麦克阿瑟多次提出收复该岛的计划，最终于 1944

---

① 「決戦輿論指導方策要綱」、『決戦輿論指導方策要綱（閣議決定）』、JACAR（アジア歴史資料センター）、Ref.A06030161600、国立公文書館。

② 「決戦輿論指導方策要綱に基く言論集会の取締方針再検討に関する措置概要」、赤沢史郎、北河賢三、由井正臣：『資料日本現代史・13・太平洋戦争下の国民生活』、東京：大月書店 1990 年、第 203—204 頁。

年底得到批准。1945 年 1 月 9 日，美军发起吕宋岛登陆行动，随即展开了大规模攻势。与此同时，美军加大了对日本本土轰炸的频率，1945 年元旦轰炸东京，1 月 14 日轰炸名古屋伊势丰受大神宫，多处建筑受损。日本各大媒体均对美军攻势作了报道，但报道的重点并非日军及日本各地受损状况，而是沿袭"大本营发表"的一贯风格，在极力弱化受损状况的同时对美军给予谴责，甚至以宗教信仰为武器对美军军事行动进行批判，称其为"对天生之神国、天生之神族的最大挑衅"①。但是，日军战败已经是依靠"天皇绝对国体"等任何意识观念都无法改变的事实，也是无法掩盖的事实，民心不安、战意动摇等情绪开始在日本国民之间蔓延。在此背景下，内阁会议于 1 月 30 日通过第三次《适应大东亚战争现阶段的舆论指导方针》，确定了国内舆论指导和对外宣传的基本方针，进一步加强了对舆论的控制和引导。

在国内宣传方面，该方针要求舆论继续"阐明我国发动战争的目的，强调战争的正义性"，同时揭露敌人"欲征服日本民族、统治世界的野心"，强调"战争的结果若非胜利，则必灭亡"，试图以此唤起民众的危机感，并进一步强化"必胜信念"，宣称"若团结一致、勇于战斗，则确信胜利必属于我方"。对于日本所面临的不利局势，该方针认为"战争是交战国国民战争意志之间的斗争"，国民意志的强弱决定着战争的结果，因此号召国民"不因战局的一退一进而悲喜"，要克服空袭下的生活困难，坚定国民意志，积极协助政府推行的战时政策，"以一亿特攻之精神，在各自岗位上英勇奋斗"，增进生产，提升战力，为本土决战打下牢固的基础。基于上述原则，该方针制定如下具体宣传策略。

第一，在报道战况进展及国内局势时，不可使国民对局势产生错误认知。一方面，不能"过于强调局部战果及乐观资料"，以防产生松懈情绪；另一方面，也不能过于强调战争所面临的困难及日本的损失，以防"阻碍我方之战争意志"。

第二，在巩固国民战争意志和必胜信念时，以适当的方式公布战前的外交文件，以阐明"大东亚战争爆发前的真相"，论证日本开战是出于"不得已行使自存自卫"的理念。一方面，将反法西斯同盟制订的对日处分方案、无条件投降主张及"此次战争中的暴虐行为"传达给日本国民，以"昂扬敌忾心"；另一方面，则大力宣扬"敌国国内局势之困难及人员的损失"，以"愈加坚定必胜信念"。

在对外宣传方面，对于日本所占领的"大东亚诸地区"，要大力开展宣抚工作，向被占领区人民灌输"大东亚的解放与复兴必须依靠大东亚战争才能完成"的思想，并号召其"与日本一起共同战斗"，积极协助推行皇民化政策，以获得"大东亚的解放和复

---

① 『朝日新聞』1945 年 1 月 15 日。

兴"。而针对英美等国提出的"解放东亚"的宣传口号，该方针要求媒体强调"解放"不过是英美等国的宣传口号，"是以美丽的文字掩盖其再侵略和野心"的伎俩，其真实目的不过是试图"对大东亚发动再次侵略"。对于交战国及中立国，该方针则要求揭露"敌国战争目的之错误及暧昧"，并强调之所以英美等国出现人力物力的重大损失皆因"敌国之无名之师"，并指出"敌国无谋之反抗必将在我特攻队精神之打击下"①造成更大的损伤，从而试图以此打击英美等国人民的战争斗志，引发包括交战国在内世界舆论的反战、厌战情绪。

由上可知，该方针通篇贯穿着"精神胜利法"，其秉持的逻辑是战争的成败取决于敌我双方意志的对比，只要意志足够强大，依靠精神力量即可取得战争的最后胜利。众所周知，在"总体战"时代，决定战争胜负的是包括政治、经济、军事、文化、思想等在内的国家综合国力，这就决定了"精神胜利法"只不过是自我安慰和自我欺骗，其最终结果必然导致失败。正如时任大本营报道部成员的平栉孝在战后曾对此作如下评议：

> 盟军制定了具体作战计划并一一推行，而日本首脑们能做的只是不断重复精神论，让人耳朵都起了茧子。"必胜信念""奉戴大御心""一亿一心""八纮一宇""圣战完遂""断然击灭""所向无敌""胜利只差最后一步"……全然为空洞的词汇罗列。仅靠官僚的作文是打不了仗的，难道他们认为对这些毫无内容、全无感情的词语进行适当操作，胜利就会不知不觉收入囊中了吗？②

然而，就是这种几近荒谬的"精神胜利法"却成为当时舆论的指向标，即使在实践中被证实是无效的，但依然无人提出异议。即便有人提出异议，但在"精神胜利法"占据舆论主流的社会背景下，"作出冷静判断的人被当成'战败主义者'、'懦夫'而被排除，而口头上大肆卖弄精神主义的人却装扮成爱国者的样子横行无忌"③。因此可以说，贯穿着"精神胜利法"的上述方针"如同军事教练的教科书那样，它是以一种类似于新兵教育手册的命令口气编写的"④，是当时日本当局舆论政策的反映。

（三）《对敌宣传方策要纲》

1944 年 8 月 19 日，日本最高战争指导会议召开御前会议，明确了当时日本所处的

---

① 「大東亜戦争の現段階に即応する輿論指導方針」、『昭和 20 年　大東亜戦争　戦争指導関係綴　内政経済の部　其 1』、JACAR（アジア歴史資料センター）、Ref.C12120310200、防衛省防衛研究所。
② 平栉孝：『大本営報道部——言論統制と戦意昂揚の実際』、東京：光人社 2006 年、第 184 頁。
③ 平栉孝：『大本営報道部——言論統制と戦意昂揚の実際』、東京：光人社 2006 年、第 184 頁。
④ 山中恒：『新聞は戦争を美化せよ！——戦時国家情報機構史』、東京：小学館 2001 年、第 713 頁。

形势，指出"敌人正趁把握战争主动权之现状，倾尽全力在政治和军事上进行强化决战攻势，军事与政治局势的发展将愈发严重"①。基于此形势，该会议还确定了新的战争指导大纲，要求在太平洋及南方战场展开攻势，"最高度发挥国军之战斗力，指导决战，击毁敌之企图"。同时，要"贯彻国体护持之精神，激起敌忾之心，振奋斗争之魂，指导国内战争斗争到底"。其具体措施除了对内要求增强国力，确立国内防卫体制外，还要求关注世界各国动向，应对世界政治局势的变动，大力开展对外宣传。一方面，对东亚占领区民众，要"把握其民心，确保增进其对帝国战争的合作"；另一方面，则要求"在一贯方针指导下，有组织地且不间断地开展对敌宣传谋略"。宣传的重点是阐明日本开战的所谓"正义目的"的同时，大力宣传敌国的负面消息，"离间美英苏中，并摧毁敌方的谋略攻势"②。

10月5日，最高战争指导会议制定了《破坏敌方思想谋略方策》和《对敌宣传方策要纲》两个文件，对上述战争指导大纲的"对敌宣传"作了具体细化。

在"破坏敌方思想谋略"方面，要求加大监管和反宣传力度，"采取万全之策大力取缔敌之谋略宣传报道及敌方广播的接收"，并根据不同内容提出针对性的反制措施，防止敌国有开展任何思想谋略的可乘之机。与此同时向日本国民灌输"国体护持、民族存立"的战争观，着重强调"中止战争或战败将意味着帝国及大东亚诸国的灭亡"③，并通过国内外各方渠道揭露敌国野心，以杜绝抗日思想、和平思想、战败思想、厌战思想在日本的传播。

在"对敌宣传方策"方面，主要着眼于以下四大方针：

（一）阐明我方战争目的并揭露英美战争目的的欺骗性，指出其战争是基于各自领导人的野心，只会给国民带来毫无意义的牺牲；

（二）究明英美发动战争的责任；

（三）彻底宣示我方之战意，同时向英美表明短期内不可能结束战争的事实，并揭露其在人力、物力方面的巨大牺牲，使其丧失斗志；

---

① 「世界情勢判断 昭和19年8月19日」、『今後採るべき戦争指導の大綱 御前会議議事録 昭和19年8月19日』、JACAR（アジア歴史資料センター）、Ref.C12120198300、防衛省防衛研究所。

② 「今後採るべき戦争指導の大綱 昭和19年8月19日」、『今後採るべき戦争指導の大綱 御前会議議事録 昭和19年8月19日』、JACAR（アジア歴史資料センター）、Ref.C12120198500、防衛省防衛研究所。

③ 「敵側思想謀略破摧方策」、『重要国策決定綴 其6 昭和19年8月4日—20年3月29日』、JACAR（アジア歴史資料センター）、Ref.C12120228000、防衛省防衛研究所。

（四）指出敌国间战争目的的不同及利益的不一致，伺机离间敌国间关系。①

此外，对敌宣传实施过程中，该要纲要求"保持国策推行和宣传之间的密切联系"，以发挥宣传在内外国策的传播、解释和引导方面的重要功能，重视宣传对国策的指向作用，同时要求强化国家机构对对外宣传的管理职能，不断完善相关指导机构的监管权，扩充对外宣传设施、资材及人员配备，实现"对外宣传指导的一元化"②。

除了"对敌宣传"外，1944年10月，日本当局还针对当时的内外局势制定了1944年秋季《对外宣传实施要纲》，针对不同的宣传对象制定了具体的宣传要点。

在对英美宣传方面，向其宣传日本强大的军事实力、日本国民高涨的战争意识及"我方长期连续实施的决战体制"，在此基础上极力放大英美各方的损失，以此营造一种"战争努力终将以徒劳告终"的印象。同时揭露英美国内政权的弊端，指出英美政权为实现称霸世界的野心而不顾民众的巨大牺牲，从而"酿成国民对政府的不满"，试图以此引发英美国内的反战意识，并造成其国内舆论的分裂。与此同时，还要大力宣传英美关系在太平洋战争中的不平衡，向英国民众灌输"英国为美国而战"的观点。此外，面向澳大利亚民众宣传澳大利亚伤亡的同时"暗示美国势力趁机渗透并谋求确立美国统治权"的野心，以此离间美英、美澳等盟国之间的关系。在强调英美"恶"的同时，该要纲又不忘宣传日本的"善"，要求向英美人民宣示日本开战"是为了自存自卫，毫无领土及统治权的扩张企图"，宣称日本不但无排斥他国利益的欲求，反而作出了"对世界和平的最大贡献"。

在对东亚各国宣传方面，高举"大东亚宣言"旗帜，"将民心聚集在完成战争和大东亚共同建设上来，尤其要给予大东亚民众我方必胜之信念"，并向东亚各国民众灌输"大东亚共存共荣"理念，强调"此次战争的胜败关系到大东亚的共同命运"，树立"一荣俱荣、一损俱损"的"利益共同体"观念。具体宣传要点包括："大东亚复兴理念；帝国军事实力的强韧；帝国对实现大东亚宣言趣旨的满腔热忱；敌方对东亚的帝国主义野心；敌方阵营内部的不统一及战争目的的非道义性和脆弱性；揭露敌方宣传的虚假性，以破坏敌方的大东亚宣传谋略"。

在对重庆国民政府宣传方面，除了秉持上述对东亚各国的宣传方针外，主要将重点放在揭露英美对华政策的野心上，"特别要揭露最近美国所谓对华援助政策已演变为美

---

① 「対敵宣伝方策要綱」、『重要国策決定綴　其6　昭和19年8月4日—20年3月29日』、JACAR（アジア歴史資料センター）、Ref.C12120228000、防衛省防衛研究所。

② 「対敵宣伝方策要綱」、『重要国策決定綴　其6　昭和19年8月4日—20年3月29日』、JACAR（アジア歴史資料センター）、Ref.C12120228000、防衛省防衛研究所。

国对华处理政策"这一点，以离间英美与重庆政权的关系，减轻日本在中国战场的压力。另外，则向重庆政权释放"善意"，强调"清算帝国政府对华政策过去的残渣，以完全平等互惠为基础在大东亚建设上开展同志式合作"，以此对抗英美对华援助政策。

在对中立国宣传方面，强调日本的"正义"、国力的强盛，揭露英美称霸世界的野心，在"谋求其维持中立的同时离间其与英美关系，使其与我靠近"。具体做法是，对于那些因受英美政治压力而被迫放弃中立地位的国家，不可在宣传中过于苛责，而应"慢慢促使其进行平静反省"，对于立场摇摆不定的中立国，则要着力强调英美等国"牺牲小国，维持强权"的企图，并向其大力宣传英美战后处理方案所包藏的"强权支配主义、独善主义的空虚性及与人类发展倒行逆施的事实"，由此来论证"我方公正之大东亚政策是世界和平不可或缺之前提"的论点。

该要纲最后特别指出应充分发挥不同宣传工具的特性，制订周密的宣传计划，在对外宣传上除重视目标明确、指向单一的直接宣传外，还要重视"面向海外居留同胞的日语广播、面向东亚各地的日语广播、同盟通信社的无线报道、国内广播"① 等间接宣传的作用，以尽量避免宣传的显在性，弱化宣传的指向性，从而达到最大的宣传效果。

（四）《关于国民士气昂扬的启发宣传实施要领》

1945 年 5 月，德国宣布无条件投降，轴心国集团开始瓦解，日本国内兔死狐悲厌战情绪不断蔓延。然而，日本当局依然垂死挣扎，妄图通过"本土决战"来挽救残局。就在日本宣布无条件投降的前一个月，情报局又制定了《关于国民士气昂扬的启发宣传实施要领》，要求媒体在"冲绳战局于我不利、敌人空袭日益加剧、本土决战迫在眉睫"的时局下，激发国民"圣战完遂"的士气和"一亿决战"的斗志。

该要领首先从"本土决战"与"皇国存亡"的角度出发强调决战的重要性，称"即将到来的本土决战是一场决定皇国存亡的战争，若本土决战失败，皇国他日之计则绝无所图"，从而向国民渲染战败危机感，由此顺理成章呼吁国民克服生活困苦和精神颓废等要素，"将全部生活、全部精力集中于本土决战"。对于"本土决战"的命运，该要领无视日本所面临的不可扭转的颓势，要求媒体继续宣传必胜信念，强调"本土决战"是"一举歼灭敌人巨大兵力获得胜利的最后时机"，号召"一亿国民全员加入战列"，保卫"神灵镇守、父祖传承之地"。为达到上述宣传目的，该要领确定了如下具体宣传内容。

首先，该要领一方面分析了日本面临的战争形势，认为随着冲绳战役的结束，英美等国军队很快将登陆日本本土，"本土战场化必然而至"；另一方面却要求媒体强调日本

---

① 「昭和 19 年秋期に於ける対外宣伝実施要綱」、『最高戦争指導会議に関する決定綴　昭 19.8.4—19.9.29』、JACAR（アジア歴史資料センター）、Ref.C14061059200、防衛省防衛研究所。

可集中兵力并可实现快速补给，而英美长途奔袭、补给困难等所谓"本土决战的有利之处"，以增强日本国民的战斗信心。

其次，该要领要求媒体宣传英美等国的负面消息以及日本的利好消息，强调"战争是意志与意志之间的较量"，呼吁日本国民"坚韧不屈，无论是精神上还是肉体上均要作出彻底努力"。与此同时，要求媒体大力宣扬"万邦无比之日本国体"，充分贯彻"放弃战争就会破坏国体、灭亡日本民族"的思想，极力渲染战败后日本将面临的灾难，强调"敌之野心是破坏我国体，杀戮或奴役我国民，将皇国从地球上抹杀掉"。因此，呼吁"军官民真正团结一致，扫除所有不平不满"[1]，争取"本土决战"的胜利。

在宣传方法上，该要领强调要发挥报纸、广播、杂志、电影等宣传媒介的作用，动员思想、文化、教化、宗教等团体的力量，利用演讲会、座谈会、街头宣传等不同宣传形式，且根据不同的宣传对象制定相应的宣传策略。

综上所述，该要领虽然反复强调局势对日本不利，但其出发点并非引导舆论向"结束战争"的方向发展；相反，是为了贯彻"本土决战"国策而塑造"战斗到底"的舆论环境。因此，归根结底，该要领的本质依然是为实施国策宣传而挥动的舆论指挥棒。

第二节　完善舆论取缔相关法规

太平洋战争爆发后，日本当局除出台宣传方策大纲，为开战初期的情报宣传和舆论指导制定宣传方针外，还通过了一系列法案，加强了对舆论的取缔力度。

一、社会治安方面相关取缔法规

在战争特殊社会背景下，维持稳定的社会秩序，为"总体战"创造一个有利的社会治安环境一直是日本当局舆论监管的重点。为此，日本当局通过了多项法令，对战时宣传舆论、集会结社、社会治安等实施严厉取缔，试图清除一切不利于战争推行的要素。

（一）《言论、出版、集会、结社等临时取缔法》

为确保太平洋战争爆发后"国内治安安全，完成大东亚战争"[2]，1941 年 12 月 16 日，日本召开第 78 届临时国会，对政府提交的"言论、出版、集会、结社等临时取缔

---

① 「国民士気昂揚に関する啓発宣伝実施要領」、赤沢史郎、北河賢三、由井正臣:『資料日本現代史・13・太平洋戦争下の国民生活』、東京: 大月書店 1990 年、第 205—207 頁。

② 「言論、出版、集会、結社等臨時取締法案理由書」、『公文類聚・第六十五編・昭和十六年・第百二十八巻・地理・土地・都市計画、警察・保安』、JACAR（アジア歴史資料センター）、Ref. A14100957200、国立公文書館。

法"草案进行审议。在众议院审议过程中，首相兼内相、陆军大臣东条英机认为，现有舆论法规确定的申报制度使得舆论完全处于放任自流的状态，致使战时流言蜚语盛行、左翼思想泛滥、反军反战思想流布，从而"扰乱社会安定秩序，对战争推行造成极大妨碍"①，由此力陈强化言论、出版、集会、结社监管的必要性。尽管审议过程中有多位议员对该法案的适用时期、适用对象等提出诸多质疑，但在政府的坚持下，12 月 18 日该法案得以通过并正式颁布。

《言论、出版、集会、结社等临时取缔法》共有 18 条，其中第 1 条确立了该法案的目的是"对战时言论、出版、集会、结社等实施适当取缔，以此保持社会安定秩序"。当然，此处所谓的"适当取缔"是相对于此前的取缔状态而言的。在政府看来，此前的言论统制无论在执法原则和执法力度等方面均存在着诸多不足之处，因此需要通过该法对其不足之处加以弥补，强化取缔的范围及力度，试图以此加大对反国家、反政府舆论活动的清剿力度。

第 2 条至第 6 条及第 8 条对集会、结社、公共活动的取缔作了相关规定。此前的《治安警察法》规定集会、结社、公共活动实施申报制，而该法案则将其更改为许可制，所有上述活动须"获得行政官厅许可"方可举行，即使《治安警察法》规定无须申报的与政治无关的公共活动也须执行许可制。此外，该法案还规定，在上述活动已获得政府许可的情况下，政府认为有必要时可以随时撤销许可。

第 7 条和第 9 条对言论、出版的取缔作了规定。1887 年新修订的《新闻纸法》规定，报纸在发行前两周内"经由发行地管辖部门向内务省进行申报"②，从而确立了报纸发行申报制的原则。但该法案却要求出版物的发行必须经过行政官厅的许可，从而恢复了原先的许可制。此外，1897 年新修订的《新闻纸法》废除了"停止发行"的行政处分，而本法案则规定出版物一旦遭到禁止发售、发行处分，"行政官厅认为有必要时可停止该题号出版物后续的发行，也可停止同一人或同一家报社发行的相关出版物的发行"③，再次恢复了"停止发行"的行政处分。此外，若出版物不顾"停止发行"命令而出版发行的，相关部门可对其实施查封，从而牢牢掌握了言论、出版的生存权。

---

① 「第七十八回帝国議会衆議院議事速記録第一号」、『第 78 回帝国議会（臨時）・衆議院議事録・昭和 16.12.16—昭和 16.12.17』、JACAR（アジア歴史資料センター）、Ref.A07050036900、国立公文書館。

② 「新聞紙条例ヲ改正ス」、『公文類聚・第十一編・明治二十年・第九巻・文書門・出版写真附・記録志表・印璽・受付進献』、JACAR（アジア歴史資料センター）、Ref.A15111298600、国立公文書館。

③ 「言論、出版、集会、結社等臨時取締法」、『御署名原本・昭和十六年・法律第九七号・言論、出版、集会、結社等臨時取締法』、JACAR（アジア歴史資料センター）、Ref.A03022550000、国立公文書館。

第 10 条至第 18 条为处罚规定，违反上述条例者将处以一定刑期的监禁和不同数目的罚款，其中特别针对"散布流言蜚语"作了相应规定。"流言蜚语"的相关取缔规定在《刑法》《陆海军刑法》及《国防保安法》等现行法令中均有所涉及，如《刑法》第105 条第 3 项"在天灾及其他事变时散布扰乱人心或诱发经济混乱之虚假消息"① 者将被处以 3 年以下监禁和 3000 日元以下罚款，而在《陆海军刑法》中则规定"战时或事变时制造军事相关流言蜚语者处以 3 年以下禁锢"②。可以看出，上述法令将"流言蜚语"的范围限定在经济和军事相关领域，但该法案将"流言蜚语"的范围定义为"与时局相关"的所有言论，且规定即使不属于"流言蜚语"，但"有关时局且扰乱人心之事项"也在取缔范围之内。所谓"时局"，指的是当时日本所面临的国内外局势的总称，它涵盖政治、经济、外交、社会、治安、思想等方方面面，而且何为"扰乱人心之事项"，该法案及此后通过的"施行规则"均未给出明确的判断基准，全凭相关行政部门来裁定。此外，政府以"战时立法"为由，"与通常法令的行政罚则所确定的法定刑罚相比，其刑期和罚款数额均有所加重"③。因此，上述规定不但将"流言蜚语"的范围进行了无限扩大，也将执法的裁量权进行了放大，将行政处罚力度进行了升级，从而进一步强化了舆论统制。

由上可知，《言论、出版、集会、结社等临时取缔法》无论从深度还是广度上均比现存舆论法令更为严苛。正因为此，该法案在审议过程中被多次提及"违宪"的问题。首先，对于审议程序问题，该法案的审议是以临时国会的形式举行的，会期只有两天，因此有议员认为过于仓促，但政府以为应对随时可能发生的不测而需"提前做好万全之策"为由予以回应。其次，针对该法案侵犯了"言论、集会、结社自由为宪法所保障的臣民最为重要的权利"这一质疑，政府以《大日本帝国宪法》第 29 条之规定"日本臣民在法律范围内有言论、著作发行和集会结社的自由"④ 为依据，强调上述自由须在"法律范围"框架内，从而力主该法案并不"违宪"。

此外，需要注意的是，日本当局一方面通过本法案强化了对言论、出版、集会、结社的取缔力度，但同时又发表声明称对那些所谓"纯良政治、思想的国民运动以及舆论

---

① 「刑法」、『御署名原本・明治四十年・法律第四十五号・刑法改正』、JACAR（アジア歴史資料センター）、Ref.A03020700700、国立公文書館。
② 「陸軍刑法ヲ定ム」、『公文類聚・第三十二編・明治四十一年・第十八巻・司法二・刑事（刑法—陸海軍監獄）』、JACAR（アジア歴史資料センター）、Ref.A15113701000、国立公文書館。
③ 「言論、出版、集会、結社等臨時取締法中罰則に関する説明書」、『憲兵関係雑史料　昭和 16.3—12』、JACAR（アジア歴史資料センター）、Ref.C15120284000、防衛省防衛研究所。
④ 「大日本帝国憲法」、『公文類聚・第十三編・明治二十二年・第一巻・政体・政体総・詔勅・布告式・議会』、JACAR（アジア歴史資料センター）、Ref.A15111658400、国立公文書館。

著作等活动"不但不予取缔，反而还"给予资助，以振奋活泼旺盛的国民意识"①。这也体现出该时期日本舆论统制法令消极控制与积极诱导相结合的特点。

（二）《战时刑事特别法》

战时日本当局尤为重视国内治安状况，针对"战时灯火管制时或人心产生动摇状态下"的社会治安，日本政府于1941年12月18日颁布了《战时犯罪处罚特例相关法律》，以特别法的形式提高了对"可能对国内治安造成重大妨碍行为的刑罚"②的处罚力度，以此加强"对危害社会生活安全的犯罪行为的预防及镇压"③。然而，日本政府并不满足于此，认为该法依然存在监管覆盖面窄、处罚力度小、执行周期长等不足。为此，司法局于1942年初制定了"战时刑事特别法"草案，并于1942年2月提交第79届议会审议后，于2月23日正式公布。

《战时刑事特别法》共由31条构成，第1条至第18条为犯罪行为及相应的处罚措施，第19条至第31条为刑事手续。其主要特点有三：首先，它除着眼于上述"战时灯火管制时或人心产生动摇的状态"外，还将法律的适用范围扩大至"其他战时状态下"的犯罪行为，从而扩大了监管覆盖面。其次，它加大了处罚力度，将纵火、骚扰等危害社会治安罪行的刑期提高至无期徒刑甚至死刑，并增设"国政变乱罪""特殊建造物损坏罪"等新罪名，规定凡是实施"以扰乱国家政治为目的"④的罪行及对上述罪行起到教唆、帮助、煽动作用的行为以及破坏国防设施等行为均须接受不同程度的刑罚。再次，简化了刑事手续，限定辩护人数，目的是实现"刑事案件的快速审理审判，如判定犯罪则直接逮捕，迅速消除社会不稳定因素"⑤。因此，无论从形式上还是内容上看，该法毫无疑问是《战时犯罪处罚特例相关法律》的升级版。

1943年3月，该法案进行了修订，除了加重对"国政变乱罪"的刑罚力度外，还针对"危害治安罪的协商、煽动等"⑥补充了新的处罚规定，在第7条新增"宣传罪"，规定"战时以扰乱国家政治及其他社会稳定为目的，对明显对治安造成危害事项进行宣

---

① 「言論、出版、集会、結社等臨時取締法について」、『週報』(第二七三号)、1941年12月31日、第6頁。

② 「戦時刑事特別法について」、『週報』(第二八三号)、1942年3月11日、第21頁。

③ 「戦時犯罪処罰ノ特例ニ関スル法律案理由書」、『公文類聚・第六十五編・昭和十六年・第百三十六巻・司法四・刑事（刑法・刑事訴訟法・陸海軍刑法—陪審法）』、JACAR（アジア歴史資料センター）、Ref.A02030343000、国立公文書館。

④ 「戦時刑事特別法」、『御署名原本・昭和十七年・法律第六四号・戦時刑事特別法』、JACAR（アジア歴史資料センター）、Ref.A03022687700、国立公文書館。

⑤ 「戦時刑事特別法について」、『週報』(第二八三号)、1942年3月11日、第26頁。

⑥ 「戦時刑事特別法中改正法律案理由書」、『公文類聚・第六十七編・昭和十八年・第百二十七巻・司法三・刑事（刑法・刑事訴訟法—陪審法）』、JACAR（アジア歴史資料センター）、Ref.A14101175400、国立公文書館。

传者"① 将处以 7 年以下徒刑。但由于该法并未对"对治安造成危害事项"进行明确说明和界定，这为其扩大解释提供了可能。

综上所述，《战时刑事特别法》虽然加强了对战时犯罪行为的打击，谋求对治安状况的治理，但其重点关注的是消除以扰乱国家政治为目的以至动摇人心的行为，而这些行为与思想、舆论、宣传密切相关。换言之，其借战时社会治安治理之名而行舆论取缔之实的企图是不容忽视的，这一点在国会答辩中有所体现。3 月 22 日，针对议员提出的该法案修订必要性的质疑，时任司法大臣岩村通世对该法修订动机进行了说明，称要取得战争的胜利，必须确保"国内万众一心、团结一致"，而"对反军反战事实及否认私有财产制度等进行宣传"则与上述目的背道而驰，造成"国民之间思想的离间"②。总之，该法的颁布标志着"接近极限的警察国家体制的完成"③，也为战时言论取缔罗织了一张法网。

（三）战时国民思想报道相关法令

"万邦无比之国体"被视为日本精神的核心，也是战时国民精神总动员运动的中心理念。1925 年的《治安维持法》经过修订后将"变革国体"的思想和行为的处罚力度确定为死刑；1933 年的《思想取缔方策》对试图变革国体的言论施以重罚；1937 年的《国民教化运动方策》及此后的国民精神总动员运动要求贯彻国体观念，昂扬日本精神；而到了太平洋战争时期，无论是舆论宣传方针还是取缔方针，均提出了"国体护持"的观念。然而，随着瓜岛战役后日本在太平洋战场上的劣势越来越明显，加之德国、意大利在欧洲战场上也节节败退，特别是 1943 年 9 月 8 日意大利宣布无条件投降，12 月 1 日《开罗宣言》公布，这些都加速了日本军国主义的灭亡，国民思想随之出现动摇，"国体变革"的危机日益加深。鉴于此，日本当局出台了《战时国民思想确立的基本方策要纲》，旨在"振奋忠诚奉公精神""强化必胜信念""提升大东亚建设实践能力"，以此唤起国民对"国体护持"的决心。

首先，在"贯彻国体本义，振兴教学改革"方面，该要纲要求动员一切宣传力量"阐明皇国之道"，清除自由主义、个人主义和社会主义思想，确立"真正基于日本精神之诸学"，对国民实施教育教化，以达到"贯彻万邦无比之皇国国体本义，政教合一奉戴圣旨，匡正学问、思想、文化之根源，振奋昂扬忠诚奉公之精神"的目的。

---

① 「戦時刑事特別法中改正法律案」、『公文類聚・第六十七編・昭和十八年・第百二十七巻・司法三・刑事（刑法・刑事訴訟法―陪審法）』、JACAR（アジア歴史資料センター）、Ref.A14101175400、国立公文書館。

② 「第八十一回帝国議会衆議院戦時刑事特別法中改正法律案委員会記録（速記）第三回」、1943 年 2 月 26 日、東京：衆議院事務局、第 207 頁。

③ 内川芳美：『現代史資料・41・マス・メディア統制㈡』、東京：みすず書房 1996 年、第 xliii 頁。

其次，在强化"必胜信念"方面，该要纲要求从战争与国民生活的关系角度出发去"昂扬斗志，强化必胜信念"，以此号召国民确立"国内即战场，国民即战士"的思想意识，自发参与国民总动员运动，"提升大东亚建设实践能力"，实现"战力增强、粮食自给、战时生活的确立"，切实承担起"大东亚战争的重大责任"。

再次，在国民思想建设方面，该要纲一方面要求向国民阐明"基于八纮一宇大义之大东亚共同宣言之趣旨"，灌输"大东亚建设观念"，以唤起国民对"大东亚建设"的责任意识；另一方面则要求强化思想取缔，"清除英美崇拜思想"，对宣传和平思想、厌战反战思想以及"共产主义运动、谍报活动、反军思想、非合法直接行动""分裂弱化国民战争意志乃至战力"和"诸外国的宣传、谋略"① 等予以严厉取缔。由于媒体既是各类思想的宣传媒介，又是国民思想的反映载体，因此该要纲对媒体具有相当的法律约束力。

可见，有关国体等国民思想宣传的监管一直是日本言论立法重点关注的内容，为进一步强化"国体意识"，情报局也出台了如下有关国体报道的取缔标准：

　　　　一、有晦暝天照大神为本来最高贵之神的国民信念及其他动摇天照大神之本质的国民信念之虞的记述；

　　　　二、有动摇天照大神确立国体本义及肇国基础的国民信念之虞的记述；

　　　　三、将天皇之尊严解释为宇宙神之显现或基于其修行之结果等，给人以对天皇之尊严附加条件等印象，从而有冒渎其绝对性之虞的记述；

　　　　四、对神敕、诏敕进行诽议或曲解的记述；

　　　　五、有通过对三种神器进行穿凿附会或牵强附会之论说，以此动摇对神器的神圣观或国民共同观念之虞的记述；

　　　　六、有对记纪（《古事记》《日本书纪》两大日本史书——笔者注）等阐明国体本义之古典进行诽议，动摇对上述古典的国民共同观念之虞的记述。②

从该取缔标准可以看出，不但动摇国体的言论被置于严厉取缔的地位，甚至对国体有任何怀疑、曲解的言论以及与日本国体密切相关的"天皇之绝对尊严"等也列入被取缔的范围之内。但其判定的标准却未有明确指示，这也意味着政府在实际执行过程中有

---

① 「戦時国民思想確立ニ関スル基本方策要綱」、『各種情報資料・主要文書綴（一）』、JACAR（アジア歴史資料センター）、Ref.A03025359500、国立公文書館。

② 「国体ニ関スル記事取締標準」、赤沢史郎、北河賢三、由井正臣：『資料日本現代史・13・太平洋戦争下の国民生活』、東京：大月書店 1990 年、第 158 頁。

着较大的自由裁量权。

但需要指出的是，日本政府谋求取缔的并非仅限于与天皇相关的言论，凡是跟皇室有关的报道、措辞甚至相关照片的刊登位置、大小等均有详细规定。1943 年 5 月 12 日，内务省发布《皇室相关记事及照片的取缔》命令，要求各宣传机构就皇室报道注意事项及取缔标准加强对媒体的指导。

首先，对于皇室相关报道中所用照片的位置，该文件规定"天皇、皇后、皇太后及皇太子的照片原则上应放在头版上方位置，且要放在其他普通照片的上方"，而其他皇室成员的照片也要有别于普通照片，其位置也需谨慎斟酌，以显示皇室的绝对权威。

其次，对于皇室报道和照片的取缔标准，该文件要求严格执行"以事前指导为第一要义"的方针，尤其是报纸在发布皇室报道时，在形式上要避免出现"皇室相关文字的误用、误报、误排"，且对报道的版面设计、标题等因素也应予以充分考虑。对于皇室报道的照片，除了上述位置有要求外，还规定凡画质低劣、图文不一、容资不整、涂抹修改的皇室照片均不予刊登，而对于因印刷设备落后等原因造成印刷质量难以达到预期目标的报社，"应事前对其进行约谈，在此基础上对其皇室照片的刊登进行限制"①。此举也间接对一些资本薄弱、设备落后的报纸造成了打击。

二、时局报道相关取缔法规

如前所述，在全面侵华战争时期，日本当局针对当时日本所面临的内外局势，制定了《时局宣传方针》，发布了《时局宣传资料》，以强化媒体对时局的宣传，提升国民的时局认知，以此呼吁国民对时局政策的思想认同和积极参与。太平洋战争时期，随着局势对日本越来越不利，增强国民"必胜信念"，塑造"一亿总决战"舆论氛围成为该时期时局宣传的重点。与之相适应，日本当局还制定了一系列针对时局报道的取缔法规。

（一）《时局宣传相关报道取缔事项》

为确保时局宣传与政府诉求一致，情报局于 1943 年 1 月 10 日出台了《时局宣传相关报道取缔事项》，对战争进程、对外关系、政治经济等方面的禁止报道事项进行了详细规定。

在战争报道方面，该规定要求，凡是对战争推行造成妨碍的内容均在禁止报道的范围之内，主要包括：一是"曲解皇国真意、诽谤我公正态度措施"、认为开战是出于日方的武力挑衅等否定日本开战"正当性"的报道；二是对政府的战争政策"提出不同主张，对政府的大东亚经纶产生混淆"以及对政府声明质疑或批判，或暗示政府军部之间、陆

---

① 「皇室関係記事、写真ノ取締ニ関スル件」、赤沢史郎、北河賢三、由井正臣：『資料日本現代史・13・太平洋戦争下の国民生活』、東京：大月書店 1990 年、第 164—165 頁。

海军之间以及当局要员之间的矛盾对立，从而"给国民带来疑惑"的报道；三是对敌国国力、日本损失及战争所带来的负面影响进行夸大报道，对日本战争能力及战争前景持悲观态度，从而"动摇国民必胜不败信念"的反战、厌战思想报道，以及宣传与敌国达成和平协议或对战争前景持盲目乐观态度，从而"消磨国民坚韧持久精神"的和平、乐观思想的报道；四是对战争本身持有疑义，"视战争为罪恶"或认为"大东亚战争为人种战"，从而"招致应征者或其遗属不平不满，或产生后顾之忧"的报道。

在对外关系报道方面，该规定按照日本对华关系、对轴心国关系及对苏关系的不同政策而制定了相应的宣传策略。其中，在对华宣传方面，对日本与伪满政府及国民政府之间外交关系的根本方针提出反对或质疑，或将伪满政府及国民政府视为日本傀儡等"对日满不可分关系或日华协力关系产生阻碍的事项"均应取缔；在对轴心国及日本盟国宣传方面，对日本与德意等轴心国之间外交关系的根本方针提出反对或进行曲解，或对轴心国及盟国的首脑及国策进行诽谤或片面夸大轴心国的不利战况等"对轴心国及其他盟国之间的合作关系造成负面影响的事项"均应取缔；在对苏宣传方面，贯彻《日苏中立条约》，凡是"破坏日苏中立关系"或"主张对苏开战或刺激苏联的事项"均应取缔。

在政治相关报道方面，该规定提出三项要求：一是批判现任内阁"无能力、无自信、无计划、无准备等"，对其执政能力质疑或对内阁的人员构成进行批判，将内阁视为"特权内阁""独裁内阁"，从而导致国民对内阁产生不信任、危及内阁威信甚至导致内阁辞职的报道应予以取缔；二是批判政府政策"背离国体、无视宪法、侵犯皇权"，或认为政府政策缺乏公平，"无视民意，不顾国民疾苦"，仅维护特权阶级利益等，从而对政府的政策措施进行批判的报道应予以取缔；三是认为大政翼赞会、翼赞壮年团等"与政府处于表里一体关系"的外围政治团体是出于"强行推行独裁政策，实现其他政治野心"而成立的，以此对其存在的必要性、正当性及存在意义进行歪曲、批判和否定的报道应予以取缔。

在经济相关报道方面，该规定要求，凡是对日本经济状况进行负面报道的言论皆应被列入取缔之列。具体而言，一是对"经济统制的缺点加以批判"，歪曲其实施目的，认为其为"官僚的独裁或纸上谈兵"，并由此鼓吹"缓和经济统制"，实施自由主义经济，以此反对战时经济统制政策的报道应予以取缔；二是对物资紧缺以及生产力低下等状况夸大宣传，从而引发国民不安情绪，进而对战争积极性造成挫败的言论应予以取缔；三是过于强调财政的恶化状况，预测日本将迎来通货膨胀，从而"消磨国民的储蓄决心"①，并对国民收入和消费的降低等经济状况进行宣传的报道应予以取缔。

---

① 「時局関係記事取締事項」、赤沢史郎、北河賢三、由井正臣：『資料日本現代史・13・太平洋戦争下の国民生活』、東京：大月書店 1990 年、第 158—162 頁。

由上观之，上述报道取缔事项紧扣日本当时所面临的内外局势，涵盖日本政治、经济、社会生活的方方面面，是一个内容广泛、规定详尽、针对性强的舆论统制法规。

（二）关于俘虏报道的取缔方针

随着战争的发展，俘虏管理问题开始备受各方关注，日本当局发布了《俘虏管理规则》《俘虏处理要领》等一系列法令，成立了俘虏情报局、俘虏管理部等管理机构，努力加强对俘虏的思想改造和宣传宣抚工作，并针对俘虏管理过程中引发的国际舆情强化了俘虏相关报道的监管。

首先，日本当局加强了对俘虏的宣抚和改造。大部分俘虏特别是战俘出于对本国先天性的爱国主义情怀，对日本当局的管理带有抵触心理。他们"盲目信奉美国的物质力量，对皇军大捷视而不见，对祖国的胜利抱有极大期待"[1]，坚信最后的胜利属于英美等国。这与日本当局所鼓吹的"圣战完遂"的必胜信念是背道而驰的，因此加强对俘虏的宣抚和思想改造就成了当局的重要任务。1941 年 12 月，第五师团司令部制定《俘虏管理规定》，要求俘虏收容所管理人员"对俘虏实施宣传、宣抚"，特别是要通过谈话、报纸、杂志等手段向其灌输"圣战目的及其他内容"[2]，以期实现对俘虏的思想改造。

其次，日本当局加强了对俘虏的管理和使用。特别是到太平洋战争时期，日本当局更是将俘虏视为解决劳动力匮乏的重要手段，大量"用于生产扩充及军事劳务"[3]。加之日本在俘虏管理过程中因转移、劳役、疾病等原因致死的俘虏众多，从而导致日本的俘虏管理工作屡遭国际社会的强烈批评。为消解日本在俘虏使用问题上的负面形象，1943 年 11 月 25 日，陆军省报道部出台了《关于俘虏报道的注意事项》。该注意事项要求关于俘虏的报道"应有助于国民战意的昂扬及强化增产"，因此对于"歪曲报道我公正态度，为帝国的负面宣传提供谈资"的报道应予以取缔。具体取缔标准如下：

第一，在俘虏收容所报道方面，由于当时日本俘虏收容所生活、工作条件较差，为避免招致国际社会诟病，该规定要求除东京、大阪、善通寺等已公开的收容所外，任何新闻报道不得透露其他未公开的收容所及其位置，"收容所内设备、报酬、卫生及其他生活状态等相关具体事项"均不得报道。

---

① 「A 級極東国際軍事裁判速記録第百四十六號」、『A 級極東国際軍事裁判速記録（和文）・昭和 21.11.4—昭和 22.2.3（第 104—165 号）(2)』、JACAR（アジア歴史資料センター）、Ref.A08071309900、国立公文書館。

② 「俘虜取扱規定」、『第 5 師団馬来作戦戦闘詳報別冊　昭和 16.11.15—17.2.15』、JACAR（アジア歴史資料センター）、Ref.C14110576600、防衛省防衛研究所。

③ 俘虜情報局編：『俘虜ニ関スル諸法規類聚』、東京：俘虜情報局 1946 年、第 168 頁。

第二，在俘虏个人待遇报道方面，禁止刊发"给人以优待或虐待俘虏印象的报道"，既不能宣传俘虏"无为美食"或劳动条件优越，也不能涉及对俘虏进行体罚或"裸体劳动"等内容，"劳役之外使用俘虏状况"的报道更是明令禁止。此外，可以报道"俘虏所表达对皇军之精锐的感想"，但不得报道对其审讯的状况和审讯内容，更不能报道包括姓名、出生地、所属部队等俘虏个人信息，以免"对其后的管理造成负面影响"。同时，为避免引发"大东亚共荣圈"内各国人民的反感，禁止刊发诸如"对东洋人俘虏实施收容和劳役"①的报道。

可以看出，日本的俘虏报道监管主要从两个层面展开：一是针对俘虏本身的思想认识开展宣抚，试图改造其对日认知和其战争认识；二是针对俘虏管理引发的国际批评开展宣传，试图改变国际社会对日负面舆论。无论哪个层面都是基于日本所面临的局势而制定的，也与日本的内外国策密切相关，是日本内政外交在舆论方面的映射。

（三）针对空袭报道的取缔要领

自 1942 年 4 月 18 日美军首次跨海轰炸日本本土后，美军对日空袭频率越来越密集。空袭不但使日本本土基础设施、生产设备、社会生活、生命财产遭受重创，同时使得"民心动摇、士气沮丧"，对日本国民的心理造成极大的打击。鉴于此，情报局和大本营均规定所有跟空袭有关的新闻必须经过事前审查方可报道，且"一律不得报道空袭被害状况"以及"对敌国有利的内容"。甚至因为担心天气预报会为敌军提供参考，"4月 18 日空袭以来与气象有关的报道遭到严厉禁止"②，就连一张带有雨伞的照片也在被禁之列。

为防止空袭后舆论出现"相互龃龉不一致"的现象，1942 年 8 月，大本营与情报局就空袭后舆论报道的管理分工达成一致，规定"空袭时国内报道中，作战用兵相关事项由大本营负责，其他事项由政府掌管实施"③，且两者应密切保持联络，在发布相关通稿时应相互通报。还针对空袭报道首次对情报局和陆海军报道部的宣传报道分工进行了界定。尽管其宣称目的是统一舆论，但也从另一个侧面表明，政府和军部在舆论报道方面存在着矛盾和分歧。

经中途岛海战、瓜岛战役等一系列战役，日本海军实力遭受重创，战局由攻转守，

---

① 「A 级极东国际军事裁判速记录第百四十六号」、『A 级极东国际军事裁判速记录（和文）・昭和 21.11.4—昭和 22.2.3（第 104—165 号）(2)』、JACAR（アジア历史资料センター）、Ref.A08071309900、国立公文书馆。

② 山中恒：『新闻は战争を美化せよ！——战时国家情报机构史』、东京：小学馆 2001 年、第 640 页。

③ 「敌袭时二於ケル国内报道二関スル大本营陆海军部报道部、情报局间协定觉书（昭和十七年七月三十一日承认）」、『各种情报资料・主要文书缀（一）』、JACAR（アジア历史资料センター）、Ref.A03025358700、国立公文书馆。

132

日本国内舆论开始出现分裂，民心产生动摇。在此背景下，情报局认为有必要进一步强化情报宣传的一元化统制，对内"努力指导启发国内舆论、振奋国民士气、燃起战争意识"，对外"踊跃开展对敌宣传，使敌国丧失斗志，引发国内纷乱"，同时加强对东亚各国的"思想战"宣传攻势，"使其理解帝国之真意，与大东亚新建设保持步调一致和合作"。遂于1942年11月制订相关方案，决定对宣传报道体制进行改革，"整合情报宣传功能，在一元化规划下，使国策推行更加有力，更趋活跃"。该方案于11月17日经内阁会议审议通过，确立了如下新的报道体制框架：

> 一、内阁会议决定之事项（包含仅向内阁会议附议事项）的发布由情报局负责实施，但内阁会议决定之事项的细节部分则由各厅在同情报局联络后进行发布。
>
> 二、对于前项之外与舆论指导有重要关联之事项，各厅发布声明或其他通报时，需事前与情报局联络，就其内容及发布方法进行协商。
>
> 三、陆海军报道部原则上负责纯军事相关之报道宣传。情报局发布之事项中与战争指导有重大关联内容时，需事前与报道部联络，同时报道部发布之事项中与舆论指导有重大关联内容时，需事前与情报局联络。
>
> 四、为有计划强化对敌宣传，需进一步强化情报局对同盟通信社及日本广播协会的指导监督，为此需对相关各厅间共同管理之事项进行适当调整，并对情报局的功能进行必要改革。①

该方案不再局限于"空袭报道"，而是将上述情报局和陆海军报道部达成的备忘录进一步拓展至所有的宣传报道，确立了情报局负责舆论指导、陆海军报道部负责军事指导的宣传框架。1943年5月，情报局根据上述方针向政府各部门发出通知，要求所有非军事相关通告均由情报局统一发布，"除特殊情况外，大本营以外的各省不再发布通告"②，这也成为太平洋战争时期日本官方信息发布的基本框架。

为进一步加强"国民从物心两面做好应对空袭准备"，1944年3月22日，情报局出台《空袭舆论指导要领》，对空袭前后的舆论报道做了详细规定。

首先，针对空袭前报道，该要领要求各媒体应动员国民从物质方面积极做好防空措

---

① 「報道、啓発及宣伝（対敵ヲ含ム）機能ノ刷新ニ関スル件」、『各種情報資料・主要文書綴（一）』、JACAR（アジア歴史資料センター）、Ref.A03025358200、国立公文書館。

② 「敵襲時ニ於ケル発表要領ニ関する各省情報局間申合事項」、『各種情報資料・主要文書綴（一）』、JACAR（アジア歴史資料センター）、Ref.A03025358500、国立公文書館。

施，同时"昂扬敢斗精神"，从精神上做好应对准备。具体措施为：

首先，向日本国民阐明敌国空袭的目的是企图从物质和精神上摧毁日本国民的斗志，而空袭结果不完全取决于敌国空袭的强度和频度，"精神力的强弱不同，其影响也会有较大差异"。因此，该要领：一是要求媒体呼吁国民"以强韧的神经应对事态"；二是向国民鼓吹即使空袭后日本损失惨重也应坚守"必胜信念"，以此塑造"本土决战"的舆论氛围；三是向国民阐明政府为应对空袭而采取的粮食、金融、交通等方面的措施是为了防止出现"惑乱人心的流言蜚语"，以确保社会稳定。

其次，针对空袭期间及空袭后报道，该要领要求按照上述大本营与情报局达成的空袭后舆论报道管理分工，第一时间发布大本营公告，"在发布稳定民心的布告、谈话等内容时也应在'大本营发表'范围内进行"，且应控制发布和报道的频率，以免"神经质的空袭报道"造成民心不稳的局面。需要指出的是，该要领并不关注空袭受损状况，而是将关注的重点放在日本当局所采取的应对措施上，"努力营造迅速实施诸种救灾措施的印象"，并要求以具体案例介绍"勇敢适当的防空措施"，同时规定"对'大本营发表'及防空措施乃至民间防空措施有疑义，助长国民不安情绪的言论须严厉取缔"。① 此外，日本当局所宣传的"防空措施"无非是传统的灯火管制、挖掘战壕等，甚至鼓吹"只要身着军服类服装即可消除烧伤担心"② 等荒谬言论。自然，这些措施并不能奏效，空袭受损状况日益加剧。

三、外交关系报道相关取缔法规

要完成"圣战遂行"的目的，除了加强对内宣传，营造一个有利于战争推行的国内舆论环境外，日本当局还非常重视对外宣传，特别是围绕开战前后的外交问题，更是制定了一系列宣传指导方针。一方面寻求日本国民对外交政策的理解和支持，另一方面则试图谋求国际社会对日本开战的所谓"正确认识"。

（一）日苏关系问题的报道取缔方针

日俄战争后，随着苏维埃政权的建立、反共思维的盛行以及国际局势的发展，日俄关系日趋紧张。日本提出"北进策略"，试图通过中国向苏联远东地区扩张。1936 年 11 月，日德缔结"防共协定"，并积极推进针对苏联的军事行动。但这些军事行动均以日本失败而告终。为此，日本开始调整对苏关系，提出"南进策略"，把解决中国问题和南方问题作为日本外交重点。为顺利推进"南进策略"，减少来自苏联的压力，日本于 1941 年 4 月同苏联缔结《日苏中立条约》，承诺双方保持和平友好关系，互相尊重对方

---

① 「空襲ニ対スル輿論指導要領」、赤沢史郎、北河賢三、由井正臣：『資料日本現代史・13・太平洋戦争下の国民生活』、東京：大月書店 1990 年、第 165—166 頁。

② 『朝日新聞』1945 年 8 月 10 日。

领土完整和不可侵犯。

对于《日苏中立条约》的签订，日本国内出现不同声音，由此导致日本民众对日本的对苏政策多有猜测。军方对此给予回应，表示条约的签订并不意味着日本放弃对苏战备。"在对苏战备的充实方面与既往方针无任何变化，且在思想、防谍及其他各种谋略对策方面应以更加周密毅然的态度加以应对。"① 鉴于此，日本当局对《日苏中立条约》签订相关舆论报道加强了管理，以统一国内舆论。

首先，情报局制定了舆论指导方针，要求媒体向普通民众宣传条约缔结的目的，提高国民"以自主精神在长期持久态势下向国策推行迈进的觉悟"，并规定凡与条约精神相违背，"降低条约效果的一切言论应予以排除"。基于此，该方针强调要从"三国同盟精神得以扩充和强化""促进日苏关系正常友好化"和"推进支那事变处理"三大宣传重点对条约签订的意义进行解读，并确定以下禁止报道的事项。

第一，凡否定"本条约对日苏两国关系未来具有重大意义"的新闻报道应予以取缔，主要包括：

1. 本条约签订过于强调皇国外交成功，使普通国民为此忘乎所以的言行；
2. 国内对于本条约意见产生对立和冲突的言行；
3. 主张对苏军备裁减的言行；
4. 利用对苏外交调整之机企图恢复或扶植自己势力的国内左翼分子的阴谋言行；
5. 对对苏外交调整表示厌烦的国内部分思想团体的阴谋言行；
6. 对三国同盟的强化表示厌烦的第三国阴谋策略。②

第二，凡因条约签订而"对皇国的内外政治方针进行推测或对内外政治产生不利影响"的新闻报道应予以取缔，主要包括：

1. 暗示对英美开战或煽动皇国武力南进的言行；
2. 轻率要求消除苏联援蒋行为的言行；
3. 急于解决渔业问题、通商问题等言行；

---

① 「日『ソ』中立条約締結に伴う軍の態度に関する件」、『陸密綴昭和 14 年』、JACAR（アジア歴史資料センター）、Ref.C01007771800、防衛省防衛研究所。
② 「日蘇中立条約成立ニ関聯スル輿論指導暫定方針」、『公文類聚・第六十五編・昭和十六年・第八十四巻・外事一・国際一』、JACAR（アジア歴史資料センター）、Ref.A02030304400、国立公文書館。

4.认为本条约是基于苏联在巴尔干地区的不利立场而签订的言行。①

其次，内务省公布了取缔方针，并要求各监管部门将该方针向媒体传达。根据该方针，"反对本条约的缔结或对其进行诽谤的内容"首当其冲成为被取缔的对象，主要包括：

1.本条约的签订将酿成容共思想，造成国体不明等内容（仅要求排除共产国际策动阴谋的内容除外）；

2.仅宣扬苏联在以前国际关系中的背信行为，在本条约签订方面，对苏联抱有极不信任态度的内容；

3.认为本条约的签订是由于松冈外相独断专行或无视国民的反共信念而导致的；

4.认为本条约是在所谓"苏联反英派"的策划下实现的。②

换言之，无论出于什么目的，凡是对条约签订持任何反对意见，从而妨碍日苏外交关系的言论均予以取缔。同时，对条约签订抱有过大期待，从而"混淆动摇国民的反共精神"或"动摇国民的（特别是对北方的）国防观念"的言论也将予以取缔。此外，对于条约签订后"鼓吹以武力解决我国南方政策或主张对美即时开战"以及"动摇对三国同盟条约的国民感情"③等妨碍日本外交政策的言论均要予以取缔。

（二）对华问题报道取缔方针

1940年3月，汪精卫在日本扶植下成立傀儡政权中华民国国民政府后，在外交上追随日本加入《国际防共协定》，并"根据中日基本关系条约之精神"于1943年1月9日正式发布对英美宣战布告，称将"悉其全力，与友邦日本协力，一扫英美之残暴，以谋中国之复兴，东亚之解放"④。为大造舆论，汪伪政府迅速制定了《关于参战的宣传要点》及《参战宣传计划》，要求各媒体着重强调汪伪政府参战的自主性和参战的意义。

---

① 「日蘇中立条約成立ニ関聯スル輿論指導暫定方針」、『公文類聚・第六十五編・昭和十六年・第八十四卷・外事一・国際一』、JACAR（アジア歴史資料センター）、Ref.A02030304400、国立公文書館。

② 「日蘇中立条約締結ニ関スル記事取締事項」、赤沢史郎、北河賢三、由井正臣：『資料日本現代史・13・太平洋戦争下の国民生活』、東京：大月書店1990年、第166—167頁。

③ 「日蘇中立条約締結ニ関スル記事取締事項」、赤沢史郎、北河賢三、由井正臣：『資料日本現代史・13・太平洋戦争下の国民生活』、東京：大月書店1990年、第166—167頁。

④ 《国民政府对英美宣战文告》（1943年1月9日），中国第二历史档案馆藏。转引自石源华：《汪伪政府对英美"宣战"述论》，《军事历史研究》1999年第4期。

无论是汪伪政府的成立还是其采取的诸如对英美宣战等一系列外交政策，背后都有日本政府的推动和战略考量。为配合汪伪政府宣战，日本甚至与汪伪政府签订《关于交还租界及撤废治外法权协定书》，决定交还租界和治外法权。然而，围绕汪伪政府宣战及交还租界和治外法权问题，日本政府内部出现了意见分歧。由于担心由此引发的舆论与日本国策相悖，情报局于汪伪政府宣战当天就日本对华政策相关宣传问题发布了舆论指导方针。

　　第一，关于汪伪政府对英美参战问题。首先，该方针对诸如认为汪伪政府参战是出于其权术私利，"参战于国民政府单方有利，于我方无利"或认为汪伪国民政府实力微弱，"参战毫无意义或毫无价值"，且会增加日本战争负担等反对汪伪政府参战的言论予以取缔；其次，对认为汪伪政府是在日方强迫下参战，以补充日方战力劣势，或认为参战是汪伪政府为获得战后发言权和其他权益而坐收渔翁之利之举，从而"歪曲国民政府参战本意"的言论予以取缔；再次，对参战的结果持乐观态度或过于倚重参战从而"强求国民政府承担过大战争义务"或"同时要求'满洲国'参战，对其不参战表达不满的言辞"予以取缔。

　　第二，关于交还租界和治外法权问题，该方针一方面要求取缔以交还租界和治外法权换取汪伪政府参战的所谓"交易论"言论，另一方面则规定凡是反对交还租界和治外法权的言论均须取缔。主要包括：

　　　　1. 认为抛弃过去之战果，辜负战殁将士之劳苦而加以反对的言论；
　　　　2. 认为时机尚早或主张依然保持租界及治外法权的言论；
　　　　3. 认为仅有利于国民政府，而于我方无利而加以反对的言论；
　　　　4. 认为是国民政府要弄权术而加以反对的言论。①

　　日本在扶植汪伪政府的同时，并未放弃其对重庆国民政府的所谓"和平工作"。在汪伪政府对英美参战后的所谓"对华新政策"时期，日本更是以汪伪政府为媒介，"指导国民政府开始对重庆的政治工作"②。对于"重庆工作"③，日本国内舆论出现主战、主和两种声音。为统一国内舆论，情报局出台了《关于重庆问题的报道取缔要领》，加强对"重庆工作"舆论报道的管制。

---

① 「对支新国策（国民政府参战问题、租界还付及治外法权撤废问题）ニ関スル记事取缔事项」、赤泽史郎、北河贤三、由井正臣『资料日本现代史·13·太平洋战争下の国民生活』、东京：大月书店1990年、第167—168页。
② 「对重庆政治工作ニ関スル件」、『大东亚战争関係一件／本邦ノ对重庆工作関係』、JACAR（アジア历史资料センター）、Ref.B02032986000、外务省外交史料馆。
③ 关于"重庆工作"，请参阅臧运祜：《抗战中后期日本的"重庆工作"述论（1941—1945）》，《抗日战争研究》2008年第2期。

首先，该要领规定，凡是能体现日方和平意愿的新闻报道应予以取缔，包括"劝说重庆方面投入和平阵营或与之合流、要求国民政府促进重庆和平工作、要求政府当局或普通国民开展重庆和平工作或营造和平氛围的内容"。虽然上述内容均为日本政府在重庆工作中的政治诉求，特别是以汪伪政府为媒介推进重庆工作的做法更是成为日本"对华新政策"的重要内容，但为确保在和平谈判工作中的有利地位，日本当局却对其大加掩饰，禁止媒体发布"暴露国民政府暗地开展重庆工作"的相关内容。

其次，对于"重庆工作"的态度。一方面，该要领反对迅速以武力"消除重庆方面的抗日抗战名目"的主战派主张，因此凡是报道重庆政权武器弹药匮乏或重庆政权内部矛盾对立，从而"极端夸张重庆方面抗战力低下"的内容均须予以取缔。另一方面，该要领又极力反对主和派的主张，特别强调新闻报道不可过于强调日本国内外各方的"和平运动"，"应尽量弱化和平运动相关报道"，同时不可过于关注重庆方面在和平工作上所展现的态度，"不可对重庆要人的和平意图作出臆测"①，也不可夸张报道"重庆民众和平气氛的抬头"①，以免营造出"和平氛围"。这也从一个侧面表明，日本的"重庆和平工作"其本质并非谋求和平，而是试图借着"和平"的幌子解决中国问题，以减轻日本在南方战线的压力。

（三）南方占领区相关报道取缔方针

太平洋战争时期，日本推行"南进策略"，占领了南洋地区大片领土，试图"将南方占领地区全部纳入日本版图，将其作为帝国推行世界政策的前方基地"。日本在南方占领区大力推行军事政治一体化的"军政"统治，主张"其治安、警备以至于经济均受军事目的制约"，并明确表示"决不容许出现军事、政治的二元统治"②。然而，日本在南方占领区的军政统治不但引起了被占领区人民的反抗，也备受国际社会的谴责。为减轻国内外舆论压力，日本当局收紧了南方占领区相关报道。

首先，由于南方占领区军政统治含有"获取重要国防资源，确保作战部队自力更生"③的战略目的，因此备受舆论关注。为此，情报局出台军政报道相关方针，就南方占领地政策、军政行政、产业经济等严禁报道的事项作了规定。在南方占领地政策方面，诸如宣扬日本实施军政的目的是减轻日本战争负担，从而损害当地人民利益等"不

---

① 「重慶問題ニ関スル記事取締事項」、赤沢史郎、北河賢三、由井正臣：『資料日本現代史・13・太平洋戦争下の国民生活』、東京：大月書店 1990 年、第 172 頁。

② 「占領地軍政施行に関する基礎要綱」、『南方軍各方面作戦計画等綴 昭和 17 年』、JACAR（アジア歴史資料センター）、Ref.C14060097900、防衛省防衛研究所。

③ 「第二段作戦ニ於ケル南西方面ノ作戦／第三、防衛分擔と軍政實施」、『昭和 17 年 4 月昭和 18 年 3 月第 2 段作戦に於ける南西方面の作戦』、JACAR（アジア歴史資料センター）、Ref.C14061133700、防衛省防衛研究所。

利于军政实施"的报道应严加取缔;在军政行政方面,除最高指挥官、军政监、行政长官等主要官员外,不得对军政机构人员的详细构成进行报道,南方占领地行政事务相关报道以"陆军省当局的解释为准",且必须获得陆军省同意方可报道;在产业经济方面,除陆军当局发布的消息外,凡南方占领区的资源开发状况,包括产地产量、开发计划、设施状况、从业人员、资金状况以及电力供应、矿山的破坏、修复、作业等状况均禁止报道。此外,铁路、船舶等运输设施、军队战术、兵力部署以及"民族对策特别是对华侨和荷兰人的措施"① 也不得加以报道。

其次,为顺利推进对南方占领区的军政统治,军政府还策划了缅甸独立、印度独立等"南方经略"问题。但所谓"独立"不过是形式上的"独立形态",实质上的傀儡统治,其真正目的是"确保国防及军事上帝国的指导权,分担帝国国防费用,为帝国国民提供经济、资源、交通开发的优先自由"②。其中,1943 年 8 月,"为使缅甸与帝国真正实现紧密一体,为战争的推行提供协助"③,日本扶植巴莫成立缅甸新政府,宣布缅甸独立。为掩盖日本在"缅甸独立"中的战略诉求和巴莫政府的傀儡性质,情报局发布关于"缅甸独立"报道的取缔方针,要求不得反对或歪曲日本在"缅甸独立"问题上的方针政策,同时也不得发布诸如"缅甸政府为日本傀儡政权""日本取代英国统治缅甸"的言论以及"对缅甸首脑或其国力国情进行诽谤"④ 从而损坏"日缅合作关系"的言论,以免遭到缅甸方面和国际社会的批判。

1943 年 10 月,日本扶持印度人鲍斯成立"自由印度临时政府",并于 1944 年 1 月制订了英帕尔作战计划,试图以印度临时政府取代英国在印度的统治。为配合日本在印度的战略意图,情报局于 1944 年 4 月出台宣传要领,要求媒体强调此次印度作战的重要性,"对内昂扬国民士气,对外将敌国及大东亚诸地区的关注聚焦于此,以此动摇敌方战争目的,实现印度的独立解放,增强大东亚诸地区的对日信任,加强大东亚民族的团结"。具体宣传要领为,大力宣扬占领英帕尔地区的重要战略意义,强调此战不但表明日本拥有推行战争的强大战斗力,同时也将沉重打击英美及重庆政权,"动摇了英帝国榨取印度之暴政","将印度从英国的桎梏中解放出来",从而以此佐证"大东亚战争

---

① 「南方占領地等ニ於ケル陸軍軍政関係記事取締事項」、赤沢史郎、北河賢三、由井正臣:『資料日本現代史・13・太平洋戦争下の国民生活』、東京:大月書店 1990 年、第 169—170 頁。

② 「占領地軍政施行に関する基礎要綱」、『南方軍各方面作戦計画等綴 昭和 17 年』、JACAR(アジア歴史資料センター)、Ref.C14060097900、防衛省防衛研究所。

③ 「大東亜戦争完遂ノ為ノビルマ独立施策ニ関スル件」、『大東亜戦争関係一件/緬甸問題/緬甸独立ト日緬同盟条約締結関係』、JACAR(アジア歴史資料センター)、Ref.B02032943700、外務省外交料館。

④ 「緬甸独立ニ関スル記事取締事項」、赤沢史郎、北河賢三、由井正臣:『資料日本現代史・13・太平洋戦争下の国民生活』、東京:大月書店 1990 年、第 168 頁。

的真实性格"①。

再次，日本在建设"大东亚共荣圈"过程中一直强调"东亚建设是肇国理想之具体表现"，并由此极力强调日本在"大东亚地区"拥有领导地位，"负有东亚建设的责任和义务"，这也是日本发动"大东亚战争"所谋求的重要目标之一，该目标引起了东亚各国和国际社会的强烈反对。为减少因此带来的舆论压力，情报局出台了新的报道取缔方针，要求取消"给人以我国在大东亚具有领导地位印象"的报道，具体取缔标准为：

　　1. 认为东亚各国独立因我国方得以实现，从而给人以强加我国恩惠或庇护印象的言论；

　　2. 给人以我国为东亚之轴心国家（或中心、核心），其他国家为卫星国或从属国印象的言论；

　　3. 认为东亚各国为落后国家，在我国指导或培育下方可期待其发展的言论；

　　4. 对东亚各民族进行优劣等级划分，宣扬我民族优越性或指导性的言论。②

关于日本在"大东亚地区"领导地位的问题一直是各方舆论关注的焦点，特别是大东亚会议后，该问题更为国际社会所瞩目。1943 年 11 月 5 日，日本当局召集伪满、汪伪及日本扶植的菲律宾、泰国、缅甸等傀儡政权代表举行大东亚会议，就"完成大东亚战争和大东亚建设方针"进行了协商，并发表《大东亚共同宣言》，鼓吹"大东亚各国应互相提携，力求完成大东亚战争，使大东亚解脱英美之桎梏，保障其自存自卫"③。

---

① 「『インパール』占領ニ関スル宣伝要領」、赤沢史郎、北河賢三、由井正臣：『資料日本現代史・13・太平洋戦争下の国民生活』、東京：大月書店 1990 年、第 175 頁。

② 「大東亜各国ニ対スル我国ノ指導性ニ関スル記事取締要項」、赤沢史郎、北河賢三、由井正臣：『資料日本現代史・13・太平洋戦争下の国民生活』、東京：大月書店 1990 年、第 171 頁。

③ 《大东亚共同宣言》的具体内容为（参见「大東亜共同宣言」、『大東亜条約集　第一卷（日本国ト大東亜諸国トノ条約）　昭和十八年十一月外務省条約局編（大東亜条約集 001）』、JACAR（アジア歴史資料センター）、Ref.B13090817500、外務省外交史料館）：

　　夫世界各国各得其所，相倚相扶，以同享万邦共荣之幸福，此乃确立世界和平之根本要谛。惟英美两国惟己国之繁荣是图，压迫其他国家其他民族，尤以对于大东亚横加侵略，恣意榨取，并肆行其奴化大东亚之野心，致大东亚之安定根本推翻，此次大东亚战争发生之原因即在于此。

　　故大东亚各国应互相提携，力求完成大东亚战争，使大东亚解脱英美之桎梏，保障其自存自卫，根据下列纲领建设大东亚，俾有助于世界和平之确立：一、大东亚各国共同确保大东亚之安定，以道义为基础，建设共存共荣之秩序。二、大东亚各国互相尊重其自主独立，力求互助敦睦，以确立大东亚之亲和。三、大东亚各国互相尊重其传统，发展各民族之创造性，以阐扬大东亚之文化。四、大东亚各国本于互惠紧密提携，以促进其经济发展，增进大东亚之繁荣。五、大东亚各国增进与万邦之友谊，撤废人种差别，普行沟通文化，进而开放资源，以期贡献于世界之进展。

为"向内外弘扬大东亚各国完成大东亚战争的决议及对大东亚战争的团结协力"，日本相时而动立即开动宣传机器，鼓吹"大东亚会议及大东亚共同宣言的重要性"，宣传"大东亚建设的高度道义及必胜信念"，号召日本国内及占领区人民参与到"大东亚战争和共荣圈建设"①之中。然而，国际社会对《大东亚共同宣言》中所包含的日本图谋东亚霸权地位的野心大为不满，因此日本当局在《大东亚共同宣言》相关宣传报道上除了强调"大东亚建设"的意义、增强"国民对大东亚建设的自信"外，更注重对外宣传效果，以消除国际社会对日本的负面舆论。鉴于此，日本当局规定媒体的报道宣传中不得出现如下内容：

　　　　一、给人以帝国在大东亚地区居于领导地位等直接印象的言论。对于认为我方将帝国领导地位强加给他国的言论应予以取缔，但若他国言及此，则我国可以引用；

　　　　二、给人以大东亚对世界具有排他性和封闭性等印象的言论；

　　　　三、过于夸大大东亚共荣圈的范围，特别是将苏联领土包含在内的言论；

　　　　四、给人以大东亚战争为人种战争等印象的言论。②

　　最后，中途岛战役、瓜岛战役后，美军逐渐扭转了在太平洋战场的被动局面，1943年12月，美军开始对马绍尔群岛实施大规模空袭，1944年2月1日发起登陆作战。此次战役日军伤亡、被俘约1.1万人，而美军以较小的代价突破日军外围防御圈，为进军马里亚纳群岛开辟了道路。然而，马绍尔群岛战役打响后，"大本营发表"却大肆鼓吹"陆海军部队神圣不灭之必胜信念和击灭敌人之敢斗精神"③，并称"陆海军守备部队勇战奋斗"④击落敌机多架，击沉敌舰多艘，并击退登陆之美军，从而继续此前"夸大美军损失、弱化日军损失"的"虚报"方针。为配合"大本营发表"，情报局和大本营海军报道部相继出台报道指导取缔方针，加强了对与"大本营发表"相悖的言论报道的审查与监管。

　　1944年2月5日，情报局就马绍尔群岛战况报道制定宣传方针，要求媒体在报道

① 「大東亜会議並ニ大東亜共同宣言ニ関スル宣伝実施概況」、『各種情報資料・主要文書綴（一）』、JACAR（アジア歴史資料センター）、Ref.A03025363300、国立公文書館。

② 「大東亜共同宣言と報道」、『大東亜戦争放送指針彙報』第三〇集、1943年11月。引自竹山昭子：『史料が語る太平洋戦争下の放送』、京都：世界思想社2005年、第260頁。

③ 「マーシャル諸島の激闘」、『週報』（第三八二号）、1944年2月16日、第3頁。

④ 「大本営発表　昭和19年　（1）」、『昭和17.1.12—19.12.30　大本営発表（B）　陸海軍部』、JACAR（アジア歴史資料センター）、Ref.C16120664800、防衛省防衛研究所。

马绍尔群岛战况时，在内容上不要过于强调战况本身，不能暴露日军的颓势，在表达手法上不能有诸如"经马绍尔方面战况，战争大势已定等极端表达"，也不可使用消极悲观的用词，以免造成日本国内人心不稳。该方针要求将报道的焦点放在"昂扬斗志"上，对内"明确战局愈加严峻，以此唤起国民奋起，引导其促进生产增产乃至革新生活"，对外则"强调我方斗志愈加炽烈，并指出敌人之焦虑和我战斗力之提升"①，以此增强国民"必胜信念"。

2月6日，大本营海军报道部也出台了相关舆论指导和审查规定，确立了舆论宣传的具体方针和审查标准。从宣传方针来看，与上述情报局所确定的宣传要领基本一致，即强调战局的严峻性，指出马绍尔群岛登陆战是"开战以来敌人首次对帝国领土内发起的进攻"，但其出发点并非以战争的惨烈呼吁尽快结束战争，而是以此"振奋国民之敌忾心"，引导国民参与"本土决战"。由此，该文件着力强调对国民思想的引导和塑造，以"第一线部队的敢斗精神和旺盛士气"鼓舞国民投入到"飞机及船舶的急速增产"之中，"加强团结，一亿一心，迈向使敌人屈服之路"。为了避免因美军登陆马绍尔群岛给日本国民自信心造成打击，该文件要求媒体转移视线，不要将焦点放在马绍尔群岛，而是应引导国民认识"南北太平洋、支那大陆、印度洋等方面战局的推移"，以免触动国民对"本土空袭紧迫感"的敏感神经，"给予普通国民相当的希望与光明"。

针对上述宣传方针，该文件制定了宣传报道审查方针，要求各监管机构在审查报道时应以"大本营发表"为准，凡未获大本营许可的报道均不得刊登，且宣传战局难以为继，挫败国民士气，从而"诱发国内战败思想或助长厌战思想的所有报道"②应予以严厉取缔。

第三节　颁布单项法令

太平洋战争时期，除了宣传指导方针和舆论取缔方针等综合性法规外，日本当局还颁布了报纸、出版、杂志等一系列相关单项法令，这些单项法令的监管对象更具针对性，其条款内容更加细致详备。

---

① 「『マーシャル』方面戦況ニ関スル言論指導要領」、赤沢史郎、北河賢三、由井正臣：『資料日本現代史・13・太平洋戦争下の国民生活』、東京：大月書店1990年、第174頁。

② 「『マーシャル』諸島方面戦況ニ関スル記事指導方針並検閲方針」、赤沢史郎、北河賢三、由井正臣：『資料日本現代史・13・太平洋戦争下の国民生活』、東京：大月書店1990年、第173—174頁。

一、报纸相关法令

（一）《新闻事业令》

尽管战时日本当局对报纸的发行实行了种种限制，但由于日本报业在19世纪末20世纪初走上了资本推动发展的道路，只要具备一定资本条件，经过一系列审批程序后即可发行，因此报纸数量不断增加，到1934年日本发行的大小报刊已达1.1万余家。庞大的数量及资本话语权的提升均对舆论统制的实施造成巨大阻碍。为此，日本当局开始积极寻求舆论统制的新路径。

1941年3月，日本当局又对《国家总动员法》进行了修订。其中，新增加的第16条第3款规定，"政府在战时认为国家总动员上有必要时可依据敕令命令业务的开始、委托、共同经营、转让、废止或休止以及法人目的的变更、合并或解散"。第18条规定，必要时政府可跨公司甚至跨行业"设立统制团体或者会社"[1]，从而赋予了政府对经营团体的经营实施统制的权力。

为实现"报社运营与国家目的的一致"，1941年12月13日，日本政府依据上述《国家总动员法》的两项规定，颁布了《新闻事业令》，力图通过对业务经营的干涉及监管团体的设立实现"报业的整备和刷新"[2]。

在业务经营干涉方面，该法令规定创办报刊以及报社法人目的的变更、合并、解散等均需获得主管大臣的许可，且主管大臣认为必要时可通过命令要求"报社事业主进行事业的转让、受让或公司合并"，甚至可命令其"事业的废止或休止"，并规定尽管上述业务变更以事业主之间的协商为主，但达不成协议时"由主管大臣裁定"。

在统制团体设立方面，该法令赋予主管大臣设立相关团体的权力，并由此团体负责对"报纸的编辑及其他报业运营事项""报业整治""报业共同经营机构""报社记者登记""新闻用纸及其他资材的配给调整"等业务实施指导，以加强"报业的综合统制运营及报业相关国策的立案及实施"[3]。

1941年12月15日，日本政府又公布了《新闻事业令施行规则》，对报社经营者的资格、业务变更申请事项等具体实施细节作了规定。1942年1月5日，情报局和内务省联名向各地相关机构发出通知，要求强化情报局和内务省对报业的指导权，并提出

---

① 「国家総動員法中ヲ改正ス・(国家総動員態勢ノ整備強化ノ為)」、『公文類聚・第六十五編・昭和十六年・第百八巻・軍事二・防空・戒厳徴発・国家総動員一』、JACAR（アジア歴史資料センター）、Ref. A02030326500、国立公文書館。

② 「新聞事業令ヲ定ム」、『公文類聚・第六十五編・昭和十六年・第百十一巻・軍事五・国家総動員四』、JACAR（アジア歴史資料センター）、Ref.A02030331700、国立公文書館。

③ 「新聞事業令」、『御署名原本・昭和十六年・勅令第一一〇七号・新聞事業令』、JACAR（アジア歴史資料センター）、Ref.A03022661000、国立公文書館。

"地方报纸应努力实现一道府县一报"① 的报纸合并目标，为此后的"一县一报"报业格局打下了基础。

《新闻事业令》公布当日，情报局第二部长吉积正雄在日本放送协会的广播节目中对该法令的意义进行了说明。吉积认为，在战时体制下，日本各界应团结一致，实现"朝野一体、官民一体"的局面，而作为宣传工具的媒介也应顺应时代发展的趋势，发挥"社会木铎"的功能，为全民一致的总体战体制舆论的塑造贡献自己的力量。在吉积看来，日本新闻联盟向政府提交的报界新统制方案②不但是报界基于对战时体制自我认知的行动选择，也促使政府认识到确立报界新体制的必要性，从而催生了《新闻事业令》的颁布。换言之，《新闻事业令》是基于《国家总动员法》通过委任立法的形式颁布以确保报界战时体制的一项舆论法令，它赋予了促进报界新体制形成的法律依据，使得报界在新体制确立过程中"不再仅仅游走于空想，也不再因循守旧"，而是能够确保报界"超越本报社、个人的利害关系"③，形成新的报业统制局面。此外，与已有言论统制法规着眼于报社的编辑业务、报道内容等方面监管的做法不同，《新闻事业令》将报社的业务运营纳入到法律监管体系内，赋予主管部门对报社业务实施监管的生杀予夺大权，从而完成了对报社从编辑方针到报道内容直至事业运营等全方位的监管，"是明显的法西斯式的积极导入"④。

该法令实施成果显著。首先，1942年1月10日，日本政府发布告示，决定"1942年2月28日前成立新闻统制团体"⑤，并指定104家报社为该团体成员。2月5日，新闻统制团体日本新闻会召开成立大会，2月11日正式开始运营，主要负责报纸的统制和监管、记者的登记和培训、印刷资材的调配和发放、记者俱乐部的运营和管理等业务。其次，"一县一报"的报社合并工作得以顺利推进。1934年日本共有报刊11690家，到1940年末减至8124家，到1941年4月则仅剩5190家，而到太平洋战争时期的1943年仅存54家。⑥

（二）《南方占领区通信社及报社工作处理要领》

日本在南方占领区除了依靠军事管制对被占领区人民进行残酷镇压、奴役和经济掠夺外，还向被占领区人民灌输"大东亚共荣圈"思想，实施奴化教育，试图从思想上控

---

① 「新聞事業令施行ニ関スル件」、『昭和十六年十二月以降・非常措置ニ関スル参考通牒綴（他課他官衙関係）・警保局保安課庶務係』、JACAR（アジア歴史資料センター）、Ref.A06030089800、国立公文書館。

② 关于日本新闻联盟向政府提交的《关于报纸的战时体制化》的建议详情，敬请参阅本书第三章第三节"日本新闻会"相关内容。

③ 小野秀雄：『日本新聞史』、東京：良書普及会1948年、第327頁。

④ 山中恒：『新聞は戦争を美化せよ！——戦時国家情報機構史』、東京：小学館2001年、第610頁。

⑤ 「内閣内務省告示第二号」、『官報』第四九九号、1942年1月10日、東京：大蔵省印刷局、第168頁。

⑥ 法政大学大原社会問題研究所：『太平洋戦争下の労働運動』、東京：労働旬報社1965年、第190頁。

制和征服被占领区人民。为确保日本在南方占领区"军政"统治的顺利实施，日本军政当局动用报纸、通信社等一切公共传播媒介手段：一方面，通过政治打压和经营合并等手段对当地原有报刊杂志进行整顿；另一方面，则推动《朝日新闻》等日本国内大报以"委任运营"的方式分片接管占领区报纸，以此加强对占领区人民的政治宣传和思想引导。为此，日本军政当局于1942年9月16日制定了《南方占领区通信社及报社工作处理要领》，对占领区的宣传工作提出了规划。

首先，在通讯社管理方面，由于通信社为战时特别是战争后期报社信息的主要来源渠道之一，因此日本军政当局加强了对占领区通讯社的监管，规定除作为"国策通信社"的同盟社外，禁止日本国内其他通信社进驻该地区，也不允许"第三国通信社在此设立分社，开展采访活动"。此外，还规定同盟社"必须在军部的指导下在各地设立同盟总局或分局"，同盟社的这些机构承担着对内对外信息供给的任务，"除向内地提供新闻外，还要向法属印度、泰国提供信息，且伴随着资材的完善还要向海外各国实施新闻供给，开展宣传"。可以说，该规定从政策上进一步拓展了同盟社的"国策性"内涵，奠定了同盟社在南方占领区的垄断性地位。

其次，在报社管理方面，采用与通信社管理相同的"政府指定"方式，只允许"朝日、东日（大每）①、读卖三家内地报社在占领区设立分社或通讯部门"，将来是否允许其他报社进驻，由军部中央决定并实施管理。军政当局对进驻南方占领区的这三家报社委以"渗透日本文化、启发现地日侨及指导土语报纸、外文报纸"的重任。因此，要求选派"人事交流、经验及其他综合能力"较强的人员赴南方地区，并在当地驻军管理下开展分社的设立和经营事业。而三家报社在南方地区扩张所需资金"由南方开发金库进行融资"，在经营上若出现亏损则"由各所在地军政会计交付所需补助金"。上述三家报社除在南方占领区开设分社外，还担负着创办新报的任务，且各报社"按照与军政区域划分一致的原则划定区域范围"。原则上作如下划分：马来、昭南岛、苏门答腊、北婆罗洲等地由同盟社负责，爪哇由朝日新闻社负责，菲律宾群岛由东京日日新闻（大阪每日新闻）社负责，缅甸由读卖新闻社负责。且原有的日语报纸须在军政当局的指导下分别并入上述四家报社、通讯社中。对于当地的土语报纸及外文报纸的处理，则由各地军政当局视情况确定其处理方针，"必要时可由上述日本报社负责其运营"②。

---

① 1872年《东京日日新闻》在东京创刊，1888年《大阪每日新闻》在大阪创刊，1911年两者合并后仍以各自名称在两地分别出版，1943年元旦起统一采用《每日新闻》作为报名。由于此时报名尚未统一，故分别列出。

② 「南方占領地域に於ける通信社及び新聞社工作処理要領」、『新聞の整理統合関係書類　昭和17年』、JACAR（アジア歴史資料センター）、Ref.C12122145500、防衛省防衛研究所。

综上所述，该处理要领以"政府指定"和"分而治之"的方式指派日本国内最具实力的报社和通信社进驻南方占领区，由日本本土派往当地的记者"作为'天皇的记者'，成为实现'大东亚共荣圈'建设这个今日看来荒诞无稽之基本理念的工具"①。他们或创办分社，或发行新报，或收买当地报纸，以对抗被占领区原有的报刊杂志，改变了占领区原有的新闻格局和新闻生态，对占领区新闻事业造成了极大的破坏。

二、出版相关法令

（一）《出版事业令》

与报界一样，战时体制下日本出版界也开始寻求自我规制。1940 年 12 月 19 日，出版界自治团体日本出版文化协会成立，配合情报局负责制订出版业界纸张分配方案，对 1941 年 5 月成立的日本出版配给株式会社实施监督指导，推进出版业整合，并与情报局、内务省、文部省相关部门合作，对出版物内容实施审查，以实现"出版报国之目的"②。

然而，由于日本出版文化协会属于财团法人，并无执法权，在一定程度上弱化了其对出版界的监管力度，导致"对五千有余全国出版业者发出统制指导号令变得极其困难，所期待的业界革新也未能实现"③，从而对日本当局谋求的"出版新体制"建设造成阻碍。为进一步"使出版事业的运营与国家目的达成一致"④，日本政府根据总动员法中关于对经营团体运营实施统制的相关规定，进一步强化了对出版业的统制，并于 1942 年 12 月向国家总动员审议会提交《出版事业相关敕令案要纲》。以此为蓝本，日本政府对该议案进行了完善，最终于 1943 年 2 月 17 日以敕令的形式颁布《出版事业令》，其主要内容如下。

第一，强化对出版界业务流程的全程监管。该法不但规定出版业的运营申请需要取得主管部门的许可，同时还规定政府认为有必要时，"可命令出版业主进行事业的转让、受让或公司的合并"，转让或合并协议须获得主管部门的许可，若双方无法达成协议，则须遵从主管部门的裁决。此外，当出版事业的运营"对国策推行造成重大妨碍时"，主管部门可命令该业务停止或废止。

第二，"为实现对出版事业的综合统制运营"，该法规定主管部门可下达命令设立新

① 浅野健一：『天皇の記者たち——大新聞のアジア侵略』、東京：スリーエーネットワーク 1997 年、第 12 頁。
② 日本読書新聞社雑誌年鑑編纂部編：『雑誌年鑑』、東京：日本読書新聞社 1941 年、第 374 頁。
③ 大久保純一郎：『文化統制の研究』、東京：東洋書館 1943 年、第 119 頁。
④ 「出版事業令ヲ定ム」、『公文類聚・第六十七編・昭和十八年・第九十七巻・軍事三・国家総動員一』、JACAR（アジア歴史資料センター）、Ref.A03010134100、国立公文書館。

的出版统制团体，负责出版事业的统制指导、出版资材的配给调整、出版事业的调查研究等，"以协助国策的立案及推行"①。

《出版事业令》公布的第二天，内阁又公布《出版事业令施行规则》，对出版事业主的资格、事业变更申请事项、各业务内容的主管部门等具体实施细节作了规定。同《新闻事业令》一样，《出版事业令》从商业主义的角度出发，以"许可制"等政府的行政命令为武器对出版业的经营实施监管和干预，体现出行政手段和经济手段并重的舆论统制模式。

《出版事业令》公布后不久，上述设立"出版统制团体"的构想便得以实现。1943年3月26日，日本出版文化协会解散后，日本出版会取而代之，作为一个"完全的官制统制团体"，该会开始对出版界大张旗鼓实施整顿，大规模合并出版团体数量，提出将图书出版领域的团体数量由1777家削减为200家的目标，并大量压缩出版零售店的数量，计划将全国16000家书店平均削减35%。其中，东京都削减比例高达65%，岐阜为60%，静冈为45%。该项措施成效颇为显著，截至1944年5月，上述目标基本实现。②

面对战局的发展及日本国内资源的日益匮乏，日本当局进一步加强了对出版业界的统制，力图"举全部出版事业之人力、物力，昂扬战意，增强战力，强化对外宣传"。1943年10月15日，情报局依据《出版事业令》制定了《出版事业整备要纲》，旨在强调出版业的公共性，强化出版业界整顿，构建出版业新格局，以此谋求确立"出版决战体制"。

首先，该要纲所确立的整顿对象除了《出版事业令》所规定的拥有日本出版会会员资格的出版事业团体外，还包括从事出版事业的官方外围团体、政治思想团体、学术研究团体以及非日本出版会会员，基本实现了对所有出版领域事业团体的全覆盖。

其次，该要纲要求出版业实施"自治"，但必要时则要求"发动出版事业令"，采用强制命令对出版业实施整顿。整顿的重点主要有："确立并发扬出版业的公共性；确立出版业的经营基础，强化其规划力和实践力；尽可能确立专业体制，最大程度发挥其创意；重点发挥劳务及资材的作用；考虑出版业的地域分布；加强与印刷、制本、配给及其他出版相关行业的联系；加强作者与出版业之间的有机联系"。

再次，该要纲提出的整顿方法主要是根据出版业的性质、规模并在对出版部门进行调查的基础上进行"综合判定"。判定的基准完全由日本出版会来确定，即日本出版会

①　「出版事業令」、『御署名原本・昭和十八年・勅令第八二号・出版事業令』、JACAR（アジア歴史資料センター）、Ref.A03022797600、国立公文書館。

②　日本出版協同株式会社：『日本出版年鑑』、東京：日本出版協同 1947 年、第 6—7 頁。

认定其是否具有优良的性质、合理的规模、适当的企画、编辑、组织及"具备日本出版会所特别指示的条件"。凡不符合上述条件的现有出版事业团体必须停业整顿。在一定期限内自发停止出版事业的团体还可获得日本出版会提供的补偿金；符合上述条件的出版事业团体则需"在日本出版会的积极指导下，以合并或收购的方式实施统合"①。

（二）《关于以出版物实现战时生活明朗化事宜》

随着战局的不断恶化，日本当局在贯彻国体本义、强化国民思想的同时，还强调确立所谓"战时生活体制"。为此 1944 年 5 月 1 日，内阁次官会议通过了《关于战时生活明朗化的决议》，要求各宣传机构在呼吁国民对战争提供协助的同时，也要通过适当的方式给国民以安慰，缓解其紧张情绪，"艺能、文艺、广播、出版物及报纸等内容应健全明朗，富有趣味，并能滋润生活"②。按照此文件，情报局随后出台了《关于以出版物实现战时生活明朗化事宜》，旨在通过图书等出版物媒介消除因战局不利导致国民士气低落的状况，"从根本上清除此沉滞消沉的气氛，举一亿国民浩然之气概，进一步充实明朗阔达之生活"。

该文件认为，要实现"明朗润达的战时生活"，必须"坚持昂扬积极的、持续不断的敌忾心理"。要达此目的就必须依靠出版物的"宣传启发功能"。其具体方针和内容如下。

一、要自觉认识到，只有充分认识大东亚战争的性质及意义，并建立在击溃试图挑战国体的不逞之敌的绝对必胜信念以及击灭敌人后无上喜悦之斗魂基础上才能实现，应向国民灌输并唤起此信念及斗魂；

二、出版物应与旨在实现皇民生活的建设和必胜政策的渗透的国民运动相辅相成，十二分发挥其宣传启发功能；

三、唤起国民身处艰难而悠然不乱、生活于大义悠久之神州中的光荣感；

四、大力振奋战时道德，特别是基于奉献观、正义观的谦逊和"和"的精神；

五、身心健康，以期确立沉稳而活泼的战时生活；

六、让国民认识到为达"生活明朗化"，当局进行适当指导和辅助是必要的，但国民自身自发的积极的建设态度才是最为期待的；

七、应指导国民无条件相信大本营发表、轴心国发布的报道，并消除对敌方发

---

① 「出版事業整備要綱ノ件」、『各種情報資料・主要文書綴（一）』、JACAR（アジア歴史資料センター）、Ref.A03025360300、国立公文書館。

② 「戦時生活の明朗化に関する件」、『各種情報資料・主要文書綴（三）』、JACAR（アジア歴史資料センター）、Ref.A03025364500、国立公文書館。

表过于敏感的风气；

八、在不妨碍宣传谋略战实施的前提下，使国民知晓战局及政策的实情，以此促进国民的积极奋起；

九、对普通国民来说日常饮食生活是其主要课题之一，此事实不可忽视，应诱导坊间日益渐盛的饮食生活匮乏的声音转向生产建设的方向；

十、使国民强烈认识到必须要过忍耐贫穷的生活，并真正与前线士兵合为一体，磨炼、涵养耐得住贫穷的斗魂，另一方面也要重视健康的精神娱乐，特别要将该方向转向义理人情或涵养或哭乐参半的情操，为此应充分发挥小说、讲谈、浪曲、漫画及其他读物的作用；

十一、为避免将部分恶习（如大肆采购等）认为全体国民的现状而加以斥责，从而导致国民萎靡不振，应广泛且大张旗鼓报道其优点、长处，消除其愁闷情绪；

十二、同时应指导或辅助国民改正恶习并使其在建设方面提供协助（如：严禁大肆采购的同时，要让那些万不得已前往农村者自觉形成热爱农村、协力粮食增产的积极态度，为此应指导其做好化为一小撮灰烬的心理准备）；

十三、编辑人、执笔人及其他处于领导地位的人士应磨炼其气概，明朗、严肃、积极、主动坚守自己的岗位。①

从上述内容看，该文件尽管名为"战时生活明朗化"，但其并不关注如何改善物资匮乏、国民物质生活日益凋敝的状况，而是试图通过出版物开展"思想建设"，转移国民视线，引导国民塑造甘于忍耐、勇于奉献、"为悠久之大义而献身"的精神。换言之，日本当局所谋求的"明朗化"并非物质上的"明朗化"，而是精神上的"明朗化"。出版物由此成为塑造"战时生活明朗化"的宣传工具。

三、杂志相关法令

1944 年 4 月，内阁会议通过决议，要求加强对杂志的"一元化"管理，规定各部门、各地区及相关团体在利用杂志开展"启发宣传"时，应事前同情报局联络，"在情报局的协调下，对各杂志进行报道管理方面的指导"②。按照情报局内部机构分工，杂志管理业务由第二部出版课负责。出版课根据内外局势对杂志的监管和指导方针作出相应调整，并出台了一系列针对杂志的相关法令。

---

① 「出版物による戦時生活の明朗化に関する件」、『雑誌指導資料』、JACAR（アジア歴史資料センター）、Ref.A06030046000、国立公文書館。

② 「雑誌利用調整に関する件」、『出版関係綴　昭和 18—20 年』、JACAR（アジア歴史資料センター）、Ref.C15120274300、防衛省防衛研究所。

（一）《杂志指导方针》及其"实现方策"

在太平洋战争末期日本陷入内外交困的困境下，出版课结合其所承担的业务内容，制定了《杂志指导方针》，将"大东亚战争必胜信念"定位为杂志指导的根本理念，并明确"杂志指导三原则"，即"彻底激发敌忾之心、促进生产飞跃发展、确立明朗阔达之战时生活"① 为杂志指导的根本方针。

为有效贯彻"杂志指导三原则"，该指导方针要求杂志相关管理机构制定相应措施以保证该指导方针能够"渗透至启发宣传的末端"，发挥"指导的一元化"，促进"全体杂志的综合联系"和"各家杂志社的有机综合统一"，而杂志编辑人员则应增强责任意识，在"当局的大纲性指导下"② 开展与战时日本国策诉求相适应的编辑活动。其主要方式是定期召开杂志指导联络会、编辑责任者总会及分科会，对当前杂志的出版报道等状况进行通报或批判，并向与会的杂志社相关人员解读战局发展、日本国内外局势，下达杂志指导相关指示，并对杂志内容开展"事前审查"。

在日本当局看来，由于多数国民未亲身体验战争的残酷，使得"国内即战场、国民即战士"的理念成为空谈，导致国民精神懈怠、信念丧失，"使皇国处于胜败之歧路"。而要改变上述局面，就应该发动杂志媒体，从舆论宣传的角度"触动日本人的灵魂，依靠日本人的忠烈殉国精神"。鉴于此，出版课又针对《杂志指导方针》出台了配套政策，对上述"指导三原则"的具体落实措施作了详细规定。

在"彻底激发敌忾之心"方面，由于担心日本国民受英美等国宣传蛊惑而丧失"必胜信念"，原来的言论指导方针禁止报道"战斗详报"及"空袭被害、人马伤亡的内容和照片"，对英美首脑的讲话，杂志等媒体一般秉承"付之一笑或秘而不发"的处理原则，但该指导方针却一改上述做法，要求杂志对未公开的战斗详报、英美首脑言论及日本受灾状况进行大肆报道，并将英美等国视为"不共戴天之敌"，以激发日本国民的仇敌和杀敌心理，宣称"即使一兵一卒也不应使之存活"。另一方面，则要求杂志在刊登英美等国家元首的漫画和文章时，要从形象上产生一种"嫌恶感"，同时对英美文化加以贬低和丑化，以"唤起英美抹杀论"。

在"促进生产飞跃发展"方面，要求杂志将农民和工人定位为主要的宣传对象，唤起对土地和机械的"爱"，"在土地和工厂贯彻死而后已的精神"，号召农民从事农业生产，实现"粮食储存、蔬菜自给"的目标，号召工人增强对"产业战士"的身份认同，

---

① 「第二部出版課所管事務概要」、『第二部出版課所管事務概要』、JACAR（アジア歴史資料センター）、Ref.A06030118200、国立公文書館。

② 「雑誌指導方針」、『雑誌指導資料』、JACAR（アジア歴史資料センター）、Ref.A06030046000、国立公文書館。

提高工作效率，促进兵器生产，并有计划、有针对性向农民和工人提供"健全的读物"和航空、化学、农业等专业文献。

在"确立明朗阔达之战时生活"方面，要求杂志向国民灌输"忍耐清贫"的生活理念，以"国民精神的畅达"来抵抗衣食住等方面的物质匮乏，同时发挥作者、编者的聪明才智，以丰富的文字表达"日本人沉着冷静的情操"，探寻"皇国之传统"，以提高日本国民"一亿报国"的精神追求。

最后，该方案要求杂志在开展宣传时应"着眼于三原则的综合性，不偏向于编辑技术的软硬任一极端"，以此"激发全国上下之敌忾心，使其各司其职，在各自岗位上挺身而出"，同时"应巩固坚定不移的信念，促进国民生活自然明朗，促使其加速前进步伐"①，从而指出上述"杂志指导三原则"是密切联系、相辅相成的。

（二）《杂志紧急重点指导要纲》

随着战局的发展，到太平洋战争末期，战场由海外转到日本本土已不可避免，日本当局遂提出了"本土决战"的口号。面对此"紧急"局势，情报局制定了《杂志紧急重点指导要纲》，进一步明确将"杂志指导三原则"作为"顺应决战的重点指导"的当务之急，并提出了制定该方针的两大依据：

一是"决战阶段的战局下现在及将来日益严峻、更趋激烈的作战"局势。该要纲分析了日本在太平洋战场的战局，认为太平洋战场不但是"日本国防内线作战的决定性战略防线"，也是"主导太平洋战争及欧洲战争走向"的重要战役，而决定太平洋战场胜败的最根本问题是"国民士气"，这就需要从精神层面实现"国民战斗意识的昂扬"。该要纲指出无论太平洋战争结局如何，日本都将陷入长期作战的状况，而生产力状况左右战局发展，因此国民需要在"旺盛的敌忾心"指导下，在现实层面上实现"生产力的飞跃增强"。此外，该要纲认为，太平洋战争的结局会对国民的战时生活造成一定影响，胜则容易导致战时生活"懈怠轻挑"，败则容易导致战时生活"自暴自弃"，最终导致"战败情绪低落，生产活动低下"。因此，为保证"生产力的飞跃增强"，必须确立"明朗阔达的战时生活"②。一言以蔽之，当时日本所面临的战局要求各杂志社必须贯彻"杂志指导三原则"。

二是"国内总动员体制"。1943 年 9 月 21 日，内阁会议通过了《当前局势下国政运营要纲》，指出在日本所面临的极其不利的内外局势下，应"贯彻悠久之国体观念，

---

① 「雑誌指導方針実現方策」、『雑誌指導資料』、JACAR（アジア歴史資料センター）、Ref.A06030046000、国立公文書館。

② 「雑誌緊急重点指導要領」、『雑誌指導資料』、JACAR（アジア歴史資料センター）、Ref.A06030046000、国立公文書館。

越发坚守必胜信念，将各项措施聚焦于战争完胜，以此完成圣战目的"①。为此，日本当局要求强化"国内态势"，思想上以"必胜信念"涵养"不屈不挠、尽忠报国"精神，行动上举全国之力促进军需生产，实现粮食自给自足，在舆论宣传方面则"确立圣战思想，振作民心，加强国内舆论指导，同时强化各项取缔措施，对有分裂国论企图者采取彻底措施"②。针对《当前局势下国政运营要纲》，情报局于9月29日制定了旨在促进"思想对策及情报宣传决战体制化"措施，要求"完善强化情报宣传机构的决战体制"③，扩充情报局机构，强化内外宣传，开展对国民思想的积极指导。鉴于此，《杂志紧急重点指导要纲》要求杂志重点向国民"阐述和把握大东亚战争的意义及性格"，号召日本国民"将全部生活集中到战争完成上来"，动员所有人力、物力投入战争，确立"生活即勤劳即教养的勤劳生活原则"④。

而对杂志实施重点指导的具体方法则是根据上述《杂志指导方针》及其"实现方策"，对与国民生活密切相关的大众杂志实施一元化指导，"从思想情操上对所有杂志实施统一指导，以此完成国家赋予杂志的任务"。由于国策推行的主体和核心是青年，情报局将面向青年读者的杂志或青年团体的机关杂志作为一元化统制的重点对象，"以青年杂志为核心组建一元化指导组织"。此外，在指导方式上取消原来由单一部门对不同领域杂志实施监管的"横向指导"方式，采用"纵向指导"，即"打通所有部门，对同一领域的杂志实施综合性一元化指导"，而指导的内容为"使国民贯彻生活即勤劳即教养的生活原则，磨炼人格，成为皇国的勤劳国民"⑤。

综上所述，为保障对传播渠道的有效控制，掌握话语权，作为战时传播主体的日本当局利用其自身掌握的政治优势和资源优势，根据"总体战"推行的需要，千方百计地加强新闻报道管制，压缩言论自由空间，其中最重要的手段便是制定言论统制法令、法规，控制信息来源，设定报道方针，设置报道红线，从而按照政府意志构建一个可控的舆论生态。

---

① 「現情勢下ニ於ケル国政運営要綱」、『枢密院文書・官規ニ関スル書類附儀礼』、JACAR（アジア歴史資料センター）、Ref.A06050930200、国立公文書館。

② 「国内態勢強化方策」、『枢密院文書・官規ニ関スル書類附儀礼』、JACAR（アジア歴史資料センター）、Ref.A06050930200、国立公文書館。

③ 「現情勢下ニ於ケル国政運営要綱ニ関スル情報局措置ノ件」、『各種情報資料・主要文書綴（一）』、JACAR（アジア歴史資料センター）、Ref.A03025356500、国立公文書館。

④ 「雑誌緊急重点指導要領」、『雑誌指導資料』、JACAR（アジア歴史資料センター）、Ref.A06030046000、国立公文書館。

⑤ 「国民雑誌系列部門志に関する一元的指導要綱」、『雑誌指導資料』、JACAR（アジア歴史資料センター）、Ref.A06030046000、国立公文書館。

第三篇　战时日本传播机构的法西斯化

公共政策是"政府依据特定时期的目标，在对社会公共利益进行选择、综合、分配和落实的过程中所制定的行为准则"①，而参与和影响公共政策决定、执行、监督等过程的组织、团体和个人等则构成了公共政策的主体。公共政策主体综合运用法律、制度等各种手段，将决策转化为可以操作的现实。战时日本宣传政策作为公共政策的一部分，在其发案、形成、实施、监督等过程中均有日本政府、军部等权力资源的介入，也回应了政府、军部的宣传诉求。

在战时宣传政策的执行过程中，除了完善法律环境，为其实施提供法律保障外，还离不开一系列强有力的言论统制机构的组织保障。为更好地加强对新闻媒体的控制，日本当局不断完善机构建设。战时日本言论统制机构主要有两类：一类是位于权力秩序之中实施监管、引导职能的机构，其推行主体为日本政府和军部，权力资源即为其行使舆论控制功能的驱动力和保障；另一类则是位于权力秩序之外宣扬新闻自治、实施自我管理的新闻自治团体，其暗地接受政府或军部的支持，对新闻媒体实施间接控制，而且这种统制方式更具有隐蔽性和欺骗性。

上述两类言论统制机构因其定位不同，决定了其在战时日本言论统制体系中的地位和任务也有所差异。以情报局和军部为中心的官僚、军人集团组成的体制内机构因其掌握国家资源的分配和使用权，在言论统制体系中居于领导地位，承担着政策制定、实施监管、舆论诱导等功能，同时又通过各自掌控的政治影响力互相争夺舆论控制权；而体制外团体则是言论统制体系的外围构成部分，主要依据体制内机构的指令，引导实际参与言论统制政策的实施。两者共同构成了战时日本言论统制机构体系。

---

① 陈庆云：《公共政策分析》，中国经济出版社1996年版，第9页。

第一章　政府系统言论统制机构

自明治以来，以报刊为代表的媒体不但成为推动明治维新后政党政治发展的舆论宣传工具，更凭借其强大的传播力和教化力而成为日本军政当局内外政策推行的舆论塑造工具，甲午战争后"日本国民"这一共通意识的塑造就是借助媒体完成的。① 媒体在日本国家政治与国民动员中的地位和作用日益凸显，唯因如此日本当局也逐渐加大了对媒体的监管力度，政府相关部门也承担起法律制定、颁布、实施的重任。从管理主体看，不同形态的宣传媒介分属不同部门管理，如内务省警保局依据《新闻纸法》《出版法》等法律对报刊杂志、图书出版实施审查和取缔，递信省电务局则根据《无线电信法》《放送用私设无线电话法则》等对广播事业实施监管。即使同一形态的宣传媒介甚至因其业务所涉部门有所交叉而造成多头管理的局面，如留声机、唱片等媒介在登上历史舞台之初按照《治安警察法》第 16 条规定由警察部负责管理，但 1934 年《出版法》修订后，留声机、唱片等被纳入《出版法》的管制对象，其审查和取缔由内务省警保局统一实施。

上述媒体监管模式对明治维新后日本当局实施媒体统制发挥了重要作用，内务省、递信省等机构也因此成为"支撑明治以来天皇绝对主义体制的有力的物理装置"②，但同时我们应该看到，这种模式也存在着诸多不足。一方面，条块式分割的监管模式会造成审查标准的不统一，甚至出现互相矛盾、互相冲突的现象；另一方面，依据法律法令以权力干涉的形式实施的传统的、消极的监管模式往往使得宣传效果大打折扣。基于此，日本当局一方面谋求一元化言论统制，努力消除多头管理弊端；另一方面，在保持传统言论统制的同时开始通过言论指导、话题设置等方式寻求积极的言论统制模式。传统的消极统制和积极的情报宣传在功能上和机构上实现整合是日本媒体法西斯化过程中的最大特征。在此过程中，作为言论政策的主体，隶属于日本政府系统的情报局在战时言论政策的制定、实施过程中发挥了主导性作用，最终发展成为战时言论统制的最高统制

---

① ［日］大谷正：《甲午战争》，刘峰译，社科文献出版社 2019 年版，第 128 页。

② 内川芳美：『マス・メディア法政策史研究』、東京：有斐閣 1989 年、第 222 頁。

机构。

　　然而，情报局并非一开始即有之，而是经历了由非正式组织——情报委员会，发展为隶属于内阁的正式组织——内阁情报委员会，1937 年改制为内阁情报部后于 1940 年再次升格为战时一元化统制机构情报局的发展历程。情报局的发展历史是战时日本言论统制发展历程的缩影，也是助推日本媒体走向法西斯化道路的重要组织力量。

第一节　言论统制分化时期政府宣传机构——外务省情报部

　　1936 年 7 月成立的内阁情报委员会是"真正意义上的、在中央政府组织中出现的最早的"[①] 言论统制机构。在此之前，特别是第一次世界大战后，日本当局相关各部门在处理舆论宣传工作时，已经出现了重视舆论操作和舆论诱导的言论统制倾向。一些机构应运而生，如：陆军省于 1920 年在陆军大臣官房设置新闻班，负责陆军省军事普及相关宣传；外务省于 1921 年设立情报部，负责外交国策推行方面的情报宣传；海军省于 1923 年设海军省军事普及委员会，负责海军省内相关宣传工作；内务省的警保局负责报纸杂志的审查、监管和取缔；特高课[②] 则专门负责防共宣传。其中，外务省情报部的设立构想、组织机构及业务分担等为此后一元化言论统制机构的成立提供了参照。

　　一、外务省情报部设立构想

　　第一次世界大战后，日本对"一战"及巴黎和会进行了考察和研究，特别反思了其在对外宣传方面的劣势和不足，这使日本各方认识到"对外宣传在外交政策推行上不可或缺"的紧要性以及"迅速完善机构，着手实施宣传"的紧迫性，从而推动了"日本政府对广报外交的觉醒"[③]，坚定了其强化宣传组织和领导的决心。为打破对外宣传过程中存在的诸如"经费不足、机构不完备、指挥监督极其散漫不统一"[④] 的局面，日本当局基于上述考察和反思，提出了在开展宣传活动的过程中应该注意的事项，包括：

　　第一，在国内报道方面，由于碎片化的宣传"其影响仅及局部，其效果也甚为薄

[①]　内川芳美：『マス・メディア法政策史研究』、東京：有斐閣 1989 年、第 223 頁。

[②]　特高课全称为"特别高等警察课"，19 世纪末 20 世纪初成立，隶属内务省，最初成立的目的是应付日本国内局势变动，但随着日本不断加快其对外侵略步伐，特高课职能也随之发生转变，开始涉足情报搜集、谍报宣传等领域。

[③]　松村正義：「外務省情報部の創設と伊集院初代部長」、『国際法外交雑誌』1971 年第 70 卷第 2 号、第 74 頁。

[④]　「宣伝機関整備ノ急務」、『帝国外務省官制雑件　第四卷』、JACAR（アジア歴史資料センター）、Ref. B15100780400、外務省外交史料館。

弱”，甚至会影响到政府决策的实施，因此为保证宣传效果，就必须实施有组织的、统一的宣传，这就要求建立一个“有力的中央机构”，执行统一的指导方针。而在国际报道方面，由于在国际纠纷的解决过程中舆论在很大程度上发挥着重要作用，而若舆论的宣传导向不能真实反映政府决策，甚至与政府的决策意向相悖，则会误导国际社会的认知，从而对国际问题的解决造成障碍，因此宣传“绝对有必要在全世界范围内普遍实施，且其规模必须要大”。

第二，在宣传内容方面，要让国际社会理解日本的国家立场和国民理想，除了宣传日本的政治、经济、思想外，人文地理、风俗习惯等内容也都应该纳入其中，因此宣传内容应具有“普遍性”。在宣传方式上，既要持之以恒，坚持不懈，又要避免过于刻板生硬，应根据宣传对象国的具体情况采用灵活的宣传方式。此外，宣传过程中要充分利用对方的弱点开展反宣传，“戳穿其假面目，使之丧失舆论同情”，从而达到对外宣传的目的。

基于上述指导方针，日本当局认为“经费不足是此前宣传甚为不振的最大原因”，而“缺少一个组织完备、内容充实的机构则导致大半经费被浪费”①，力主建立一个统一的言论统制机构。为此，外务省提出了情报宣传机构的基本组织框架构想，即“宣传机构大体分为中央机构及宣传网两大类”，其中在外务省专设一个部门充当中央机构，发挥着情报宣传中枢的作用，既统一负责不同领域的宣传活动，又与外务省内其他部门保持密切联系，以确保在人员和设备方面实现共享和互通，并承担起对外宣传的重任，不能成为“一味为政府辩护的机构”②。宣传网指的是在日本国内外设置的实施情报宣传和情报搜集的机构和人员。为避免因扩充专门的宣传网而引起国际社会的过度关注，日本当局建议先完善中央机构的建设，同时以日本驻外公馆及相关新闻通信等媒体为基础构建宣传网，并将有新闻通信事业从业经历的人网罗其中。

对于中央宣传机构的建设问题，由于该机构的主要职责是“对外宣传及海外报道的搜集”，从业务内容归属看属于外交事务，且在实际执行过程中需要依赖日本驻外使领馆的配合，故外务省在草案撰写过程中即提出在外务省内设置情报部作为“对外宣传中央机构”的建议。对于该组织的名称，当时外务省内部多有争议，由于该部门是以强化日本的“对外宣传”为目的而设立的，因此有人认为情报部这个名称“名不副实”，应采用宣传部的名称，但“宣传”二字在当时的语境中并非一个积极的词汇，“其否定意

<hr>

① 「宣伝実施ニ関シ注意スヘキ事項」、『帝国外務省官制雑件　第四巻』、JACAR（アジア歴史資料センター）、Ref.B15100780400、外務省外交史料館。

② 「宣伝機関」、『帝国外務省官制雑件　第四巻』、JACAR（アジア歴史資料センター）、Ref.B15100780400、外務省外交史料館。

义比较强烈"，多数情况下指的是"敌对方所从事的活动"。① 因此，虽然宣传部这个名称"能够明确显示出其主要目的"②，但容易因其负面意义而引起对方反感，故而最终采用了情报部这个模棱两可的称呼。

按照外务省的规划，在机构构成方面：情报部下设总务部和宣传部两部，其中总务部主要负责"宣传方针""外务省与外部的接触联络""宣传人员培训""部内人事及会计""宣传文化事业的经营及补助"等相关业务；宣传部主要负责"新闻及通信审查"，向报社和通讯社提供经过遴选的报道素材，同时负责"海外报道的搜集整理"及"报刊杂志报道评论的搜集整理"，并在此基础上编辑海外宣传报道材料。

在经费预算方面：外务省主张不但需要向情报部提供"内部所需经费"，还需要向宣传网提供相应经费，其数额相当庞大，仅情报部设立当年所需经费，外务省即提出了包括创建费、运营费、通讯费等在内的 500 万日元的预算，并要求以"临时事件费"的形式在当年度预算中支出。同时，鉴于情报部的特殊性质，若在预算中全部以机密费形式列支，则"不但会招致诸外国之疑惑，还会致使侨民提出分配要求"③。因此，建议一部分经费以机密费形式列支，其他部分则以驻外使领馆的招待费等名义支出，以达到掩人耳目的目的。

二、外务省情报部设立方案

外务省经过上述前期调研后，于 1920 年 3 月向制度取调委员会提交情报部设立草案。该委员会经过研议后提出了"采取措施以适当的方法尽快增加情报部所需人员"和"情报部会计"④经费的修改意见。在此基础上，外务省提出新的情报部设立方案，其主要内容如下。

第一，关于情报部的任务，该方案提出情报部主要负责以下 9 项内容：

（一）内外情报的搜集及整理

（二）宣传刊行物的编纂及配布

（三）与各方之间关于情报及宣传的必要联络及外交相关情报的供给及配布

---

① 有山輝雄：「満州事変期日本の対米宣伝活動」、東京経済大学大学院コミュニケーション学研究科編：『日本の国際情報発信』、東京：芙蓉書房出版 2004 年、第 138 頁。

② 「外務省情報部」、『帝国外務省官制雑件　第四巻』、JACAR（アジア歴史資料センター）、Ref. B15100780400、外務省外交史料館。

③ 「外務省情報部」、『帝国外務省官制雑件　第四巻』、JACAR（アジア歴史資料センター）、Ref. B15100780400、外務省外交史料館。

④ 「情報部組織案ニ関スル答申」、『制度取調委員会関係雑件　第二巻 (6—1—1—17_002)』、JACAR（アジア歴史資料センター）、Ref.B15100721000、外務省外交史料館。

（四）与内外报刊杂志之间的内部联络

（五）内外报纸及通信的经营及补助

（六）宣传文化事业的经营及补助

（七）对各国政府的外交政策及其国家舆论趋向进行调查及研究

（八）对内外一般思潮及问题进行研究及接触

（九）向驻外公馆通报内外局势①

从以上内容看，该方案赋予情报部情报搜集和整理、信息提供和发布以及对外宣传的联络调整等业务，其对外宣传的监督、审查、管理等功能相对较弱。

第二，在组织结构方面，该方案将前述构想进行了优化。在人员配置上设立部长、次长、各部主任、部员等，部长由天皇直接任命，接受外务大臣的指令总揽情报部工作；在机构设置上，计划设立第一部（远东）、第二部（欧美）、第三部（宣传事业）和第四部（会计、人事、庶务）四部。其中，第一部和第二部分管远东地区和欧美地区及其海外殖民地的"宣传方针相关事项、内外情报的搜集、整理及配布相关事项、报纸及通信材料的选择及供给相关事项、机密刊行物的编纂及配布相关事项、报纸及通信的审查相关事项、报纸及通信的经营及补助相关事项、宣传文化事业的经营及补助相关事项"；第三部主要负责"宣传刊行物的编纂及配布相关事项、内外情报的编纂及刊行相关事项、一般社会宣传相关事项"②；第四部主要负责财务、人事等日常行政工作，确保情报部的正常运转。

第三，在与其他机构的调整联络方面，该方案规定凡是涉及如下内容，均须事前与情报部联系或事后向情报部通报。

（一）帝国之一般对外政策及重要对外交涉案件

（二）帝国与外国间及诸外国相互间之国际关系

（三）各种国际会议

（四）诸外国之重要内政问题

（五）内外重要人物之动向、意见

---

① 「外務省情報部ノ任務及組織（内規）」、『制度取調委員会関係雑件　第二巻 (6—1—1—17_002)』、JACAR（アジア歴史資料センター）、Ref.B15100721000、外務省外交史料館。

② 「外務省情報部分課規程（内規）」、『制度取調委員会関係雑件　第二巻 (6—1—1—17_002)』、JACAR（アジア歴史資料センター）、Ref.B15100721000、外務省外交史料館。

（六）对帝国之对外关系产生影响的内政问题 ①

　　与上述内容相关的宣传问题则由情报部主管，在制定相关宣传方针及具体实施过程中，情报部须与相关机构进行协商。而其他机构在特殊情况下处理上述由情报部主管的宣传业务时，也必须在事前同情报部协商，各部门之间的来往文件、电报以及调查报告等均须向情报部提供副本。

　　三、外务省情报部主要业务

　　上述方案基本上奠定了外务省情报部的业务内容、组织架构。以此为基础，1921年8月12日，利用外务省官制修订的契机，日本当局正式宣布"在外务省设置情报部，掌管情报事务"，情报部设部长及次长各一名，部长由外务次官或"外务部内的亲任官或敕任官"② 担任，在外务大臣的领导下掌管全部事务。

　　外务省情报部在外务省的领导下展开了一系列宣传活动，其内容主要涉及两方面：

　　其一是向报刊杂志、通信社等提供新闻素材。这一点从时任外务省情报部长的白鸟敏夫在远东国际军事法庭的供述词中可得到印证。白鸟在谈及九一八事变后外务省情报部的工作时强调，情报部扮演着"外务省发言人"的角色，其主要工作就是"每日向国内外媒体提供新闻资料"。当然，他也强调，由于当时军部法西斯势力已在日本决策中握有重要发言权，"在国内政治中无力无能的外务省左右时局动向的限度是极微小的"，因此其所提供的新闻资料也是极其有限的，不过是一些"政府关于外交的声明或宣言"。③ 但是我们应该看到，尽管九一八事变后，外务省和军部的力量对比导致外务省情报部新闻源的提供存在一定制约，但当时外务省情报部提供的新闻源并不局限于白鸟所说的"政府声明"，其中不乏有大量煽动性内容，且外务省情报部"发布的信息之外的其他内容是不能在报纸上刊登的"，甚至在给各媒体提供新闻源后，还会"对他们提出额外要求"④，而这些要求不过是政府宣传诉求的反映。

　　其二是搜集整理了大量包括中国、欧洲、美国等在内的相关资料，这些资料内容较

---

①　「各局課ト情報部トノ執務上ノ連絡ニ関スル件」、『制度取調委員会関係雑件　第二巻(6—1—1—17_002)』、JACAR（アジア歴史資料センター）、Ref.B15100721000、外務省外交史料館。

②　「御署名原本・大正十年・勅令第三百八十三号・外務省官制中改正」、『御署名原本・大正十年・勅令第三百八十三号・外務省官制中改正』、JACAR（アジア歴史資料センター）、Ref.A03021344600、国立公文書館。

③　「A 級極東国際軍事裁判速記録第三三一號」、『A 級極東国際軍事裁判速記録（和文）・昭和22.11.21～昭和23.2.10（第319—370号）』、JACAR（アジア歴史資料センター）、Ref.A08071310700、国立公文書館。

④　「A 級極東国際軍事裁判速記録第三三二號」、『A 級極東国際軍事裁判速記録（和文）・昭和22.11.21～昭和23.2.10（第319—370号）』、JACAR（アジア歴史資料センター）、Ref.A08071310700、国立公文書館。

为广泛，主要涉及以下方面：

第一，关于中国国情的调查资料，如《中国国民党及国民政府现行法规辑要》（1930
年）、《中国共产党年史》（1932 年—1937 年）、《蓝衣社的防谍及谍报工作相关资料》
（1937 年）对中国国内政局、党派进行了考察，《现代中华民国满洲国人名鉴》（1932 年、
1933 年、1937 年）、《支那地名集成》（1925 年、1936 年、1940 年）对中国要人、地名
进行了详细调查，对日本判断中国国内形势及制定对华政策均有重要参考价值。

第二，对国际局势进行考察分析的资料，如 1924 年出版了 6 辑《最近欧美人的支
那观》，对华盛顿会议后欧美各国的对华政策进行了考察，以此把握"近来欧美人支那
观如何发生变化"[1]，从而对日本在对华政策方面如何与欧美协调提供参考；1938 年出版
了 10 卷本《国际读本》，对各国地理风貌、人文历史、政治经济、军事外交等进行综合
考察。

第三，对国际舆论及某国舆论动向进行把握的调查研究成果，如《支那（附远东西
伯利亚）报纸及通信相关调查》（1920 年）、《外国报纸·昭和 7 年版上卷（满洲及支那
部）》（1932 年）和《满洲国及支那报纸》（1937 年）对中国特别是东北地区中外报刊事
业进行了调查；自 1931 年 10 月 1 日起至 12 月 5 日连续发布 11 期《满洲事变相关外纸
论调》，对九一八事变后国际舆论的反应进行了调研；在 1932 年 4 月至 1933 年 4 月一
年内编写了 110 期《满洲事变相关欧美新闻论调》，对九一八事变后欧美各国的对日舆
论进行了调查。

在上述宣传活动实施过程中，前者是将信息由日本向国际社会实施宣传，后者则是
将国际社会信息向日本宣传，尽管信息流动的方向不同，但其目的和指向都存在着共同
性，即都是通过一定的遴选机制实施主动的宣传，从而为日本制定外交政策提供参考。

除了上述宣传活动外，外务省情报部还参与了东方通信社（简称"东方社"）的扩
张和同盟社的建立工作。在支持东方社扩张方面：一是在经费上以"对外报道日本主张
的业务委托费"的名义向东方社每年提供 45 万至 50 万日元"通讯购买费"，并不定期
支付一定数额的补助费；二是在组织上推动东方社进行机构改革，于 1920 年改组为新
东方社，其职责是"一方面窥知支那时局发展所带来的确切实情，以资我对支那政策的
制定实施，另一方面开展广播及宣传事业，以解除支那国民对我之误解，广泛宣传我之
公正态度"[2]。1926 年，又积极支持东方社和国际通信社合并为日本新闻联合社。1936
年 4 月，外务省和陆海军省共同主导推动日本新闻联合社和日本电报通信社签署合并协

---

① 　外務省情報部：『最近ニ於ケル欧米人ノ支那観 . 第一輯』、東京：外務省情報部 1924 年、第 1 頁。
② 　「東方通信社拡張ニ関スル件」、『東方通信社関係雑纂』、JACAR（アジア歴史資料センター）、Ref.
　　 B03040706300、外務省外交史料館。

议，于 6 月 1 日正式组建社团法人同盟社。关于同盟社成立的详细经过将在后文作专题考察，在此不再赘述。①

第二节　非正式组织时期的政府言论统制机构

随着九一八事变后日本在华军事行动的扩大，"满蒙问题"不再是局限于中日两国之间的双边问题，随着国际联盟的介入，它已发展成为一个涉及包括欧美列强在内的国际问题，中国东北地区因此成为世界舆论关注的焦点。加强舆论宣传的组织和领导对日本来说势在必然。尽管此前外务省、陆军省等在言论统制机构的组建上作出了一定尝试，但外务省情报部等上述各机构分属不同部门，缺乏沟通和合作，所开展的舆论宣传工作处于孤立、分化的状态，导致宣传理念方针、宣传内容方式等均存在诸多差异，甚至矛盾和冲突。

为消除前述言论统制分化状态下所带来的弊端，形成统一的舆论导向，日本各界开始探讨设立一个超越单一部门、打破各部门壁垒的言论机构。最早进行尝试的是 1932 年 6 月成立的时局同志会及其后身情报委员会，但需要指出的是尽管这些机构的参加人员均为政府、军部要人，但这些组织并未被纳入到政府行政机构序列之中，属于非正式组织。

一、时局同志会

因中国东北地区特殊的历史地位，九一八事变后，日本在华军事行动的不断扩大引起了国际社会的极大关注。与日本国内"支持军事行动"一边倒的主流舆论形成鲜明对照，国际舆论对日本对华政策及行动提出了批判。《伦敦时报》在 9 月 24 日发文称，经过记者的实地调查，确信此次事件是日军为解决中日双方在"满蒙问题"上的摩擦而"按照预定的阴谋政策实施的既定的计划"。《纽约时报》则在 9 月 22 日发文称关东军的此次军事行动井然有序，表明其"做好了充分的准备"，其目的是"向中方宣示日本的威力"。②

而作为当时国际社会的代表组织，国际联盟针对日军在华军事行动，多次召开理事会作出了要求日军撤兵的决议。但日本政府拒不执行撤兵决议，反而继续增兵，并阴谋拥立清朝废帝溥仪建立伪满傀儡政权。日本在华一系列行动威胁到各列强的在华利益，引起各国的强烈不满，日本在外交上更是逐渐陷入孤立境地，在国际舆论中处于不利

---

① 关于东方通信社、国际通信社、日本新闻联合社及同盟通信社，详见本书第三篇第三章相关内容。

② 「満洲事変に関する外紙の論調」、『国際事情 287—315（情—12）』、JACAR（アジア歴史資料センター）、Ref.B02130688300、外務省外交史料館。

状态。

　　另外，尽管日本国内主流舆论发生整体性"转向"，但作为舆论宣传的主管部门，外务省情报部、陆军省新闻班、海军省普及班等部门舆论宣传工作各行其是，缺少必要的沟通，造成了各部门之间在舆论方针、政策、主张等方面存在着诸多矛盾、冲突之处。最具代表性的例子就是支持军队行动的电通和支持外务省政策的联合两家通信社的宣传论调经常产生分歧，"不但使国内新闻界困惑不已，甚至也招致国际上的不信任"①，从而"导致国论不统一，遂对国策推行造成障碍"②。

　　为消除国际舆论的负面影响，统一国内舆论，"向中外阐明满洲事变的真相、其背后隐藏的支那方面的不法行为、我方措施、主张的正当性，以此使内外人士持有对本事变的正确认识"③，在时任外务省情报部长白鸟敏夫和陆军中佐铃木贞一的共同推动下，1932 年 6 月成立了时局同志会。该组织是一个非正式的联席会议形式的宣传机构，由外务省和陆军省局长级官员构成，针对当时日本所面临的时局问题进行政策探讨。其中，对内主要针对因农村凋敝、城市恐慌等所引发的社会稳定问题进行探讨；对外则主要着眼于探讨启发宣传对策，向国内外宣传日本立场的"正当性"，以解决"满蒙问题"所带来的一系列外交纷争。

　　6 月 3 日，时局同志会在外务省召开第一次会议，与会人员共 7 人，其中外务省 3 人，分别为文化部长坪上贞二、情报部长白鸟敏夫、情报部第二课长筒井洁；陆军省 2 人，分别是中佐铃木贞一、秋山义隆；参谋本部 2 人，分别为大佐松本健儿、中佐武藤章。上述人员均为外务省和陆军省负责舆论宣传工作的官员。从人员构成看，军部人员占据优势，使得该组织逐渐脱离了外务省所预期的"意见调整机构"性质，成为军部主导的言论统制机构。

　　在第一次会议上，松本健儿提交题为《对外宣传要点》的建议书，对日本对外宣传方针做了规划。该建议书要求，日本对外宣传应放弃此前"卑微、辩解的态度"，积极向国际社会宣传"满蒙问题"对日本所具有的重要意义，称"满蒙的经济发展是帝国生存的绝对要求"，以此明确表明日本在"满蒙问题"上决不让步的态度，并将其上升为"国民决意"。该建议书指出"宣传的重点在于大国，但小国亦不容轻视"，要达到上述对外宣传的目的，应将原先分属外务省和军部的宣传业务统一起来，建立一个统一的宣

---

①　著者不明：『戦前の情報機構要覧：情報委員会から情報局まで』、出版社不明 1964 年、第 7 頁。

②　情報局：「情報局設立ニ至ル迄ノ歴史（上）」、荻野富士夫編：『情報局関係極秘資料 第 8 巻』、東京：不二出版 2003 年、第 17 頁。

③　情報局：「情報局設立ニ至ル迄ノ歴史（上）」、荻野富士夫編：『情報局関係極秘資料 第 8 巻』、東京：不二出版 2003 年、第 17 頁。

传机构。在中央、伪满地区、日本驻外公使馆、领事馆之间建立一个缜密的联络网。对于上述提案，与会人员基本表示赞同，但同时认为关于"满蒙问题"的宣传工作不应局限于外务省和军部，还应将主管科学文化事业的文部省，主管外国通信、无线电通信业务的递信省，主管国内治安、思想舆论、新闻出版业务的内务省纳入到对外宣传的框架之下。

会后，在外务省情报部第二课长筒井洁、陆军中佐铃木贞一、参谋本部中佐武藤章3人的奔走下，时局同志会于1932年8月27日提交了组建内外宣传委员会方案，建议将时局同志会进行改组，"设立一个直属内阁并负责统一和强化时局宣传的委员会，负责对非常时期或战时情报宣传机构的统一等相关事项进行研究和准备"①，并对宣传方针、方法、政策的制定和实施进行研议。

对于该机构的组织形式，该方案提出了委员会和干事会两种形式，其中委员会的委员长由内阁书记官长担任，委员由外务、陆军、海军各2人和文部、内务、递信各1人构成；而干事会由委员会相关各省的课长或同等级别的人士担任，干事长由外务省情报部长兼任，此外，根据需要还可邀请民间人士担任干事会或委员会顾问。至此，建立一个统一的情报宣传机构的方案基本成熟。

二、情报委员会

按照上述时局同志会提出的内外宣传委员会方案，相关各方开始进入正式的筹建阶段。按照原计划，该委员会是一个直属内阁的正式官方机构，按规定"必须办理官制手续，也必须获得预算"。然而，时值李顿调查团赴中国东北地区调查并向国联提交调查报告书的关键节点，若按正常程序，着手撰写《内外宣传委员会设置案》并提交国会审议，经一系列手续批准后再开展对外宣传活动，"需要相当时日"，从时间上看已然来不及。为了能够及时应对李顿调查报告书发布后引发的舆论战，各方一致决定放弃"官制机构"方案，以"非正式组织"的形式取而代之。随后推举外务省次官有田八郎任情报委员会委员长，委员和干事人选则由各省自行推荐。

1932年9月10日，情报委员会正式宣告成立，它由外务、陆军、参谋本部、海军、文部、内务、递信等部门次官构成，每周二下午定期召开会议，主要负责"统一、强化时局宣传""审议、研究宣传方针、方法、手段"，并"研究非常时期或战时情报宣传机关的统一事项"②。而其中央机构、伪满地区机构及在外机构的业务又各有侧重。具体来看：

---

① 著者不明：『戦前の情報機構要覧：情報委員会から情報局まで』、出版社不明1964年、第4頁。
② 著者不明：『戦前の情報機構要覧：情報委員会から情報局まで』、出版社不明1964年、第4頁。

1. 中央机构

除确立并统一实施相关宣传方针外，还负责政府当局或权威人士的声明及谈话的发布、与在东京外国使臣的联络、报道机构的操纵、英、法、西等语种小册子的制作和配发。

2. 满洲机构

负责当地局势的报道、报道机构的操纵等，特别是指导"满洲国"的宣传业务，向中外宣明将其从支那本土分离并实现独立的不得已之局势。

3. 在外机构

负责与驻在地当局或实力派人士之间的联络、报纸杂志的操纵、在留日本侨民的利用等，以此按照中央机构的方针，对宣传要纲中所列事项进行宣传。

4. 从中央及满洲遴选合适人员派往各地，指导在外机构

5. 将对内宣传与对外宣传协调起来，将国内舆论向国际政局反映 ①

尽管各机构的业务内容有所侧重，但"报道机构的操纵"则是各机构共有的一项业务。之所以将其作为宣传工作的重点，与九一八事变后日本各界对日本所面临的舆论环境的认知有密切联系。对于国际社会对日持批评态度这一点，日本各界并没有从日本在华军事行动为侵略行为这一事实去加以认知，而是认为日本的对外宣传做得不够才导致日本舆论处于劣势。正是基于这一错误认知，情报委员会将"报道机构的操纵"作为其工作重点，而要实现该目标，就必须通过强制力实现对日本国内外宣传报道机构的统制和指导。

除了上述长期工作要点外，情报委员会还根据时局发展制定了更具针对性的《当前工作方针》。如针对李顿调查团报告书即将发布一事，情报委员会确定了时下日本宣传工作的五大重点。

一、新外务大臣到任时，坦率阐明事态之真相和帝国之境遇，特别是将满蒙置于帝国经济势力下事关帝国存亡之原因，并向世界表明贯彻上述事实之国民决意。

二、外务大臣、陆海军当局及文部大臣要求疏于国内局势的驻外大使公使、领事及驻外武官和留学生作出完全之努力，认识当下非常时期之局势，并使世界了解帝国之立场和主张。

三、为牵制国际联盟，对报纸杂志逐次实施指导，表明帝国对联盟调查委员最

---

① 著者不明：『戦前の情報機構要覧：情報委員会から情報局まで』、出版社不明 1964 年、第 5 頁。

终报告内容的愿望及恕难接受之处，并暗示报告内容将会招致帝国与联盟关系之重大危机。与此同时，对联盟退出论、"满洲国"承认论（反对委任统治）、九国条约改定论等进行报道。

　　四、邀请外国报社记者及通讯员赴满洲视察，将其实际情况特别是其事实上处于独立状态、位于支那主权外之情况告知世界，兴起与调查委员报告相对立的舆论。

　　五、为宣示国论统一、举国一致之事实，达到让调查团来日之目的，采取对策，兴起舆论。①

　　从上述 5 项内容看，很明显情报委员会设立之初的工作重心是对外宣传，即让世界了解"事态之真相"和"帝国之境遇"。但此处所谓"事态之真相"和"帝国之境遇"不过是建立在日本错误认知基础上并按日本当局意志改造后的"事实"。而日本宣布退出国际联盟后，情报委员会将工作重心转移到对内宣传上来，公布了《对内舆论指导计划》，决定对日本国内知识分子和舆论监管机构实施"启发宣传"。

　　情报委员会成立后，遵照上述宣传方针开展了一系列宣传活动。尽管其存续 4 年时间内的活动记录或议事录等资料缺失，但我们通过一些间接资料仍能够对其活动窥知一二。

　　首先发动日本国内媒体对李顿报告书提出了批判。在日本无视国际联盟决议拒不撤军的情况下，国际联盟派出李顿调查团赴日本和中国东北地区进行调查，并于 1932 年 10 月 2 日在北平公布报告书。该报告书肯定了东北是中国领土的一部分，其主权属于中国，对事变经过和伪满政权也有某些公正和客观的叙述，并明确表示日本在中国东北地区的军事行为完全是侵略行为，否定了九一八事变以来日本对"满蒙问题"的主张。但同时该报告书也存在着大量模糊是非、混淆黑白的内容，甚至"对日本的政治、文化抱有好意，多有赞美之词，而对中国的内乱及军阀之弊大加批判"②，充分暴露了西方帝国主义国家对日本侵略中国东北的绥靖政策。尽管如此，报告书内容还是引起了日本各界的强烈不满，日本国内媒体对其展开了口诛笔伐。日本媒体的上述反应应视为上述"情报委员会'当前工作方针'在日本国内有效实施"③的结果。换言之，日本国内媒体对李顿报告书的宣传论调是对情报委员会宣传方针的正面回应。

　　情报委员会最具历史意义的活动是积极参与设立战时最大的国家通信社——同盟通

①　著者不明：『戦前の情報機構要覧：情報委員会から情報局まで』、出版社不明 1964 年、第 6 頁。
②　渡辺銈蔵：『自滅の戦ひ』、東京：修文館 1947 年、第 109 頁。
③　山中恒：『新聞は戦争を美化せよ！——戦時国家情報機構史』、東京：小学館 2001 年、第 128 頁。

信社的建立。如前所述，外务省与军部是情报委员会的主要力量。由于外务省和军部在内政外交方面素来分歧颇多，这就决定了情报委员会内部两者摩擦不断，这一点在国家通信社的设立方面表现得尤为突出。1932 年 9 月 26 日，情报委员会作出创建"国家代表通信社"的决议，积极推动电通和联合两大通信社合并，以确立该通信社在国际通信界的地位，从而"服务于将世界舆论引向于我国有利之国策"①。然而，上述合并方案遭到电通的反对，致使合并计划一时搁浅。对此，情报委员会决定由外务省、陆军省、海军省委员对电通及其他持反对意见的宣传机构进行"合并劝告"，以此推动新通信社的设立进程。在情报委员会等各方的共同游说下，最终电通于 1936 年 4 月签署合并方案，同盟社正式成立。"在此过程中情报委员会明里暗里促进了同盟的成立"②。

尽管该委员会的出发点是为了将各部门舆论宣传业务优化整合，强化舆论宣传的统一性监管，但由于其为非正式组织，缺乏对各部门的行政约束力，除了积极参与设立同盟社之外，并无较大动作。尽管如此，作为最早的言论统制机构，其意义不容小觑，可称之为"未来一元化统制机构的母胎"③。

第三节　正式组织时期的政府言论统制机构

随着内外局势的发展及国内外舆论力量对比的变化，进一步加强言论统制并强化其对国策的宣传功能成为日本各界的共识。为"确保国论统一万无一失"④，日本各界要求对现有情报宣传机构进行强化的呼声愈加高涨。1936 年 7 月，作为正式组织的官方情报机构内阁情报委员会成立，一年后又升格为内阁情报部，一元化言论统制机构日臻成熟。

一、内阁情报委员会

如前所述，情报委员会在各部门情报宣传业务的联络调整方面发挥了重要作用，但是由于其非正式组织的性质，在很大程度上限制了其作用的发挥。为了更好地发挥舆论宣传在内外政策制定、实施过程中的作用，日本当局将非正式组织情报委员会纳入到国家机构体系之中，成立了直属内阁的内阁情报委员会。

（一）内阁情报委员会的设立

九一八事变后，日本在华军事行动的扩张所引发的一系列外交危机引起国内民众的

---

① 著者不明：『戦前の情報機構要覧：情報委員会から情報局まで』、出版社不明 1964 年、第 7—8 頁。
② 内川芳美：『マス・メディア法政策史研究』、東京：有斐閣 1989 年、第 224—225 頁。
③ 塚本三夫：『実録 侵略戦争と新聞』、東京：新日本出版社 1986 年、第 100—101 頁。
④ 著者不明：『戦前の情報機構要覧：情報委員会から情報局まで』、出版社不明 1964 年、第 29 頁。

质疑和国外舆论的批评。为消除国际舆论压力，强化国内政治体制，事变后日本当局动用大众传播工具开展积极宣传，试图制造整齐划一的舆论氛围。在此过程中，宣传"浮出国家政策的水面"[1]，其引导功能不断得以强化。

如前所述，从外务省情报部的设立到时局同志会和情报委员会的成立，外务省在宣传政策的制定和实施过程中发挥了主导性作用。但是，随着法西斯势力抬头并逐步染指日本政局，军部在宣传政策制定和实施方面的发言权也得以逐步强化。1934 年 10 月，陆军省新闻班发表题为《国防本义及其强化之提倡》的宣传册，全面阐述其"总体战"国防观，认为国防要素包括"人的要素、自然要素和混合要素"在内的"构成国家的所有要素"[2]，而"混合要素"主要由经济、技术、武力及"通信、情报、宣传"构成，其中尤为重视宣传工作的重要性，认为自九一八事变以来日本所面临的一些内外困境皆因日本"处于宣传劣势"所致。因此，该小册子主张建立一个"类似于宣传省或情报局的国家机构"，作为"思想宣传战的中枢机构"[3]。

另外，1930 年签订的第一次伦敦海军条约将于 1936 年末失效，美、英、日、法、意五国于 1935 年 12 月 9 日在伦敦再次召开海军裁军会议商定新的海军条约，但日本因不满裁军会议的约束，遂于 1936 年 1 月宣布退出裁军会议，由此引发了国际舆论的关注。对此，海军省军事普及班于 4 月 28 日出台《宣传普及实施要领》，要求强化内外宣传，向国际社会宣传日本退出裁军会议的真实原因是英美等国试图限制日本海军力量，"以有助于其推行称霸远东的政策"，同时在对内宣传中则要求向日本民众阐明退出裁军会议的原因、意义，并号召国民"一致合作，充实国防，推动国力的发展"[4]。

1936 年 5 月，内阁资源局出台《情报宣传实施计划纲领》，对"开战前及战争初期总动员所必需的情报宣传"的组织化作了详细规定，要求"情报宣传相关机构浑然一体"，不但要完成各自的宣传业务，还要加强相互间的联络和协作，以实现其"综合效果"。按照该纲领，日本的宣传机构由中央和地方两级机构构成。其中，中央机构的最高机构为内阁，负责确定"宣传根本方针、重要方针及情报宣传相关统制事项"。同时，根据时局，特别是在"外交紧张期迅速设立情报局"，负责内外信息的搜集、调查和报道、"宣传方针和宣传要领的制定、各情报宣传机构的统制指导及其他必要的统制事务"。另外，中央各部门设立独立的情报部门，与情报局保持密切联络。地方情报机构包括国内

---

① 内川芳美：『マス・メディア法政策史研究』、東京：有斐閣 1989 年、第 195 頁。
② 陸軍省新聞班：『国防の本義と其強化の提唱』、東京：陸軍省 1934 年、第 14 頁。
③ 陸軍省新聞班：『国防の本義と其強化の提唱』、東京：陸軍省 1934 年、第 44 頁。
④ 「海軍軍縮会議脱退後の於ける對部外(国内) 宣傳普及実施要領」、『公文備考 昭和 11 年 E 教育、演習、検閲 卷 1』、JACAR（アジア歴史資料センター）、Ref.C05034858300、防衛省防衛研究所。

机构和国外机构，均由地方情报宣传机构和地方情报委员会构成。前者负责所辖地区情报宣传的具体实施，后者则负责所辖地区"宣传实施纲领的制定、各厅地方情报宣传机构的联络统制、所辖地区民间情报宣传机构、诸团体言论机构、出版物、娱乐等的利用相关统制事务"①。可以说，该纲领为官方言论统制机构的组织架构、业务内容勾勒出基本轮廓，其核心思想与上述"陆军小册子"基本一致。

此外，随着无线电技术的发展及广播接收设备的普及和广播网的完善，广播事业在内外宣传中的作用越来越受到重视。按照《电信法》等法律规定，对广播事业的监管、指导等业务由递信省负责，但长久以来递信省往往从"保护公共安全的消极立场"出发，依靠"通信警察权"对广播事业实施管理，而忽视了"从国家立场进行积极的信息发布"。此外，由于广播内容涉及内政外交、军事安全、经济文化等各个领域，单靠递信省往往难以把握，这就需要"在情报联络方面设置一个可靠的机构"②。

基于上述状况，1935 年 11 月，外务、内务、陆军、海军、递信五省就时局宣传达成协议，决定由五省情报次官组成非官方组织情报次官会议，负责对"相关各省与时局相关的共同事项的启发方针"③进行协商。同时，"为强化和统一时局相关对内及对外启发宣传"，决定废止情报委员会的运营，取而代之以五省情报委员会。该机构由委员会和干事会构成，委员会的委员长由内阁书记官长担任，委员由上述五省事务次官担任，干事会的干事长由外务省情报部长担任，干事则由上述五省的情报宣传官担任，负责"相关各省共同情报业务的调查和审议"④，并落实情报次官会议所确立的方针。

在此基础上，各部门经过多次协商后最终达成共识，一致同意建立一个"从国家的综合立场对各厅情报事务进行联络调整的常设机构"⑤。陆军省军务课中佐池田纯久以前述时局同志会提出的内外宣传委员会方案为蓝本撰写了新的情报机构设置方案，并将其交给时任内阁总务课长横沟光晖。池田的方案较为笼统，仅仅勾画了该新情报机构的基本设置方向，规定该机构"设置于内阁，并在首相官邸设置一室，由常任干事专职负责"。除此之外并无细致规划，"对于委员会的职务、权限、运营无任何触及"，因此，

① 「A 級極東国際軍事裁判速記録第十七號」、『A 級極東国際軍事裁判速記録（和文）・昭和 21.5.3—昭和 21.8.28（第 1—57 号）』、JACAR（アジア歴史資料センター）、Ref.A08071309400、国立公文書館。

② 著者不明：『戦前の情報機構要覧：情報委員会から情報局まで』、出版社不明 1964 年、第 29 頁。

③ 「時局啓発方針協議ニ関スル外務、内務、陸軍、海軍、通信五省申合セ（案）」、『帝国官制関係雑件第二巻』、JACAR（アジア歴史資料センター）、Ref.B14090008400、外務省外交史料館。

④ 「五省情報委員会設置ノ件」、『帝国官制関係雑件第二巻』、JACAR（アジア歴史資料センター）、Ref.B14090008400、外務省外交史料館。

⑤ 著者不明：『戦前の情報機構要覧：情報委員会から情報局まで』、出版社不明 1964 年、第 34 頁。

横沟光晖认为，"要想在总理大臣官舍内设置这种敷衍的机构是不太可能实现的"①。于是，他对池田的方案进行了完善，将该机构定性为"受法律保障的直属内阁总理大臣的官制组织"②。横沟前后两次召集外务、陆海军、递信省宣传负责人对该方案进行协商，最终形成了《情报委员会官制》《情报委员会职务》及《情报委员会事务规程》等草案，并于 1935 年 12 月 24 日的次官会议获得承认。1936 年 5 月召开的第 69 届特别帝国议会批准了该机构 12 万日元的预算。6 月 19 日，内阁会议通过了上述三项草案，并于 7 月 1 日正式公布内阁《情报委员会官制》，内阁情报委员会正式宣告成立。

7 月 2 日，内阁情报委员会在首相官邸内召开第一次总会，首相广田弘毅到场讲话，要求各部门对委员会提供协力，"从国家全局的综合立场上"处理情报事务。首任委员长藤沼庄平和首任干事长横沟光晖在致辞中对委员会的设置初衷、职能任务进行了说明，并表示委员会是"基于内阁官制保持行政各部统一，谋求各厅情报事务联络调整的'职能部门'，是为坚定不移之国策在树立并实施过程中确保万无一失而设立的整合各厅力量的综合机构"③。7 月 3 日，委员长藤沼庄平向相关各部门次官发出通牒，要求各部门根据内阁情报委员会官制、职务等文件"确保情报通报及其他事项的紧密联络万无一失"④。7 月 14 日，委员会又向各部门派驻委员会的委员、干事发出通知，要求其按照《情报委员会事务规程》相关规定，督促各部门及下属地方部门向委员会通报"国策相关情报""国策相关声明及其他布告"以及"国策相关启发宣传"⑤ 材料的内容等。

为进一步理顺内部工作流程，"将情报相关联络调整反映在国策遂行上"，内阁情报委员会于 12 月 21 日出台了《情报处理内规》，要求委员会应与各部门保持密切联系，对平时及非常时期"各厅获得的情报、各厅提出的政策及各厅的意见、同盟通信社的情报、一般新闻情报"⑥ 进行处理，而对于与国策相关的重要情报则须由委员会事务局与相关各部门进行研议，经常任委员会审议后向总理大臣及内阁汇报。

---

① 内川芳美、春原昭彦：「横溝光暉——情報部の生みの親 育ての親」、日本新聞協会編：『別冊新聞研究：聴きとりでつづる新聞史（8）』、東京：日本新聞協会 1979 年、第 95 頁。
② 里見脩：『ニュース・エージェンシー——同盟通信社の興亡』、東京：中央公論新社 2000 年、第 134 頁。
③ 著者不明：『戦前の情報機構要覧：情報委員会から情報局まで』、出版社不明 1964 年、第 45 頁。
④ 「情報委員会ニ関スル件」、『永存書類甲輯　第 1 類　昭和 11 年』、JACAR（アジア歴史資料センター）、Ref.C01005963700、防衛省防衛研究所。
⑤ 「情報事務処理ニ関スル件」、著者不明：『戦前の情報機構要覧：情報委員会から情報局まで』、出版社不明 1964 年、第 48 頁。
⑥ 「情報委員会ニ於ケル情報処理内規」、『昭和十一年から昭和十二年まで・例規・第八冊』、JACAR（アジア歴史資料センター）、Ref.A17110025700、国立公文書館。

内阁情报委员会是在日本各界取得"从国家整体立场处理情报事务"共识的基础上，在各部门互相斗争和妥协的背景下实现的。尽管外务省一直是日本情报政策的主导力量，但内阁情报委员会相关草案和构想均是由军部提出的，军部在此过程中获得了较大发言权。可以说，内阁情报委员会是"军部与宣传政策决定体系的主流接轨，从制度上获得正当性并将自己意向具体化的最初的堡垒"①。

（二）内阁情报委员会的组织架构及职能

1936 年 6 月 19 日，内阁会议通过的《情报委员会官制》（7 月 1 日以敕令形式正式公布）、《情报委员会职务》及《情报委员会事务规程》三项法案对内阁情报委员会的隶属关系、业务内容、组织架构、行政职能等作了界定。

首先，从隶属关系看，《情报委员会官制》规定"情报委员会归属内阁总理大臣管理"②。这一点与传统意义上的委员会截然不同。以往的委员会在隶属关系上一般会规定其归属某个部门监督，在形式上游离于该部门的行政体系之外；而但内阁情报委员会尽管名为委员会，但它不是一个单纯的服务于某项特定事务的咨询机构，而是一个能够反映"政府整体立场"的组织。正如横沟光晖所言，内阁情报委员会"并非单纯的委员会，而是更具政府机构性质和部局性质"③ 的联络调整机构。此外，内阁情报委员会在内阁总理大臣官舍内的"日本间"设有独立的事务局，负责处理日常事务性工作。因此，作为"日本行政组织历史上最早的情报宣传机构"，其实质是一个"可与资源局和调查局比肩的独立部局"④。

其次，从组织构成看，《情报委员会官制》规定内阁情报委员会"由委员长和委员进行组织"⑤，其中委员长由掌控政府全局事务性工作的内阁书记官长担任，委员则由各省次官以及对"满"事务局次长、法制局参事官、资源局长官、外务省情报部长、内务省警保局长、陆军省军务局长、海军省军事普及部委员长、递信省电务局长等政府官员担任，同时由外务、内务、陆军、海军、递信五省敕任官担任常任委员。委员会下设干事会，由干事长和干事组成，干事长由情报委员会专任事务官担任，干事则由上述五省主管情报业务的课长构成。此外，委员会设 3 名专任事务官和 4 名书记官，同各省派遣的

---

① 内川芳美：『マス・メディア法政策史研究』、東京：有斐閣 1989 年、第 196 頁。

② 「情報委員会官制」、『御署名原本・昭和十一年・勅令第一三八号・情報委員会官制』、JACAR（アジア歴史資料センター）、Ref.A03022032000、国立公文書館。

③ 横溝光晖：「国家と情報宣伝」、『思想戦講習会講義速記　第 1—4 輯　昭和 13.2』、JACAR（アジア歴史資料センター）、Ref.C14010448900、防衛省防衛研究所。

④ 著者不明：『戦前の情報機構要覧：情報委員会から情報局まで』、出版社不明 1964 年、第 30 頁。

⑤ 「情報委員会官制」、『御署名原本・昭和十一年・勅令第一三八号・情報委員会官制』、JACAR（アジア歴史資料センター）、Ref.A03022032000、国立公文書館。

常任事务官共同负责事务局日常工作，并"召集委员会、干事会，发挥联络调整作用"①。

由此可见，内阁情报委员会的组织构成体现出整体和局面相结合的特点。一方面，委员会的委员、事务官等均由政府各部门官员构成，这体现出该机构的"政府整体立场"，体现的是政府的整体意志；另一方面，常任委员和常任事务官由外务、内务、陆军、海军、递信五省掌管情报业务的官员担任，这主要是由于五省向来在各自主管的情报宣传工作中各有侧重。"内务省负责出版行政和治安行政，外务省负责国际情报，陆海军省负责各自的军事情报和启发宣传，递信省负责广播的指导监督以及与情报关系密切的通信业务"②。正因为各省在舆论宣传工作中的特殊地位，使得上述五省得以形成委员会的中枢系统，在决策制定、组织运营方面发挥着重要作用。

再次，从其主管业务来看，《情报委员会官制》规定内阁情报委员会"负责各厅情报相关重要事务的联络调整"③，从而确定了该委员会的业务对象和业务内容。就业务对象来看，其业务施行的对象为"各厅情报"。按照 1936 年 6 月 12 日内阁会议通过的官制谅解备忘录，此处"情报"的内涵包含"狭义上的情报以及报道和宣传三部分"④，同时"其中亦包含'启发宣传'"⑤的意思。就业务内容来看，其主要承担各厅情报的"联络调整"，它"既不直接搜集情报，也不向外部发布情报，也不同外国公馆或外国新闻通信社相关人员接触"，而是将政府内部各部门所承担的、各自为政的舆论宣传相关业务"紧密联系，保持统一"⑥。因此，在业务执行过程中，它既不对各部门原有官制作任何变更，也不直接插手各部门所承担的各自业务内容。

最后，从其行政职能来看，《情报委员会事务规程》根据《情报委员会官制》所确定的主管业务，对委员会的"联络调整"的内容进行了细化，确定了"对国策推行基础的情报进行联络调整、对内外报道进行联络调整、对启发宣传进行联络调整"⑦三大职能，具体如下：

① 著者不明：『戦前の情報機構要覧：情報委員会から情報局まで』、出版社不明 1964 年、第 35 頁。
② 著者不明：『戦前の情報機構要覧：情報委員会から情報局まで』、出版社不明 1964 年、第 31 頁。
③ 「情報委員会官制」、『御署名原本・昭和十一年・勅令第一三八号・情報委員会官制』、JACAR（アジア歴史資料センター）、Ref.A03022032000、国立公文書館。
④ 横溝光暉：「国家と情報宣伝」、『思想戦講習会講義速記 第 1—4 輯 昭和 13.2』、JACAR（アジア歴史資料センター）、Ref.C14010448900、防衛省防衛研究所。
⑤ 「情報委員会官制制定ニ当リテノ閣議諒解事項」、『公文類聚・第六十編・昭和十一年・第三巻・官職一・官制一（内閣）』、JACAR（アジア歴史資料センター）、Ref.A14100483600、国立公文書館。
⑥ 「情報委員会官制制定ニ当リテノ閣議諒解事項」、『公文類聚・第六十編・昭和十一年・第三巻・官職一・官制一（内閣）』、JACAR（アジア歴史資料センター）、Ref.A14100483600、国立公文書館。
⑦ 「情報委員会事務規程」、『公文類聚・第六十編・昭和十一年・第三巻・官職一・官制一（内閣）』、JACAR（アジア歴史資料センター）、Ref.A14100483500、国立公文書館。

第一，对作为国策推行基础的情报进行"联络调整"。日本各界认识到，国策推行必须建立在"正确情报基础之上"，而单一部门往往会从自身立场对情报进行解读。因此，对于同一问题的认知往往会导致"彼此龃龉"，从而对国策的推行造成一定的障碍。鉴于此，为对情报进行"迅速而准确甄别，以此保证国策推行的具体性和妥当性"①，《情报委员会事务规程》规定"各厅应及时将与国策相关各种情报向委员会通报，其地方部门向总部及相关部门通报时，也须同时向委员会通报"②，这样内阁情报委员会就成为掌握国策相关信息的"中枢"。在此基础上，委员会就会充分发挥"联络调整"功能，对搜集到的国策相关信息进行综合分析和研判，并将结果向相关部门传达和反馈，以实现信息的统一和共享。

第二，对内外报道进行"联络调整"。对内对外报道是各宣传部门的重要业务，也是国策推行所不可或缺的重要环节。但各宣传部门在开展内外报道时同样也会受各自立场的影响，作出片面的判断，从而"难以捕捉到从国家全局作出的综合性结论意见"，由此导致"对内误导舆论，对外误解国论"③的结果。因此，《情报委员会事务规程》规定"各部门在发布国策相关声明或其他布告时，应事前向委员会通报"④，由委员会"从国家综合立场对国策相关内外新闻进行研议"，以消除各部门间可能存在的矛盾，从而实现"各省信息发布的内在统一性"⑤。除此之外，为保证内外报道中内政外交等内容能够体现出"国家意志"和"国家利益"，还要求内阁情报委员会与舆论宣传相关各部门协作，努力实现同盟社"基于国家立场的健全发展"⑥，以通过同盟社开展积极的内外宣传。

第三，对启发宣传进行"联络调整"。所谓"启发宣传"，指的是在特定宣传诉求下，政府通过政策法规、情感诉求等软硬措施以"舆论指导"的形式对媒体的宣传论调进行特定引导和塑造。启发宣传实施过程中如果缺乏统一组织和管理，同样也会引发各部门实施路径、方针的混乱，从而导致"与国家全局的综合立场发生背离"，妨碍国策的推

---

① 「情報委員会ノ職務」、『公文類聚・第六十編・昭和十一年・第三卷・官職一・官制一（内閣）』、JACAR（アジア歴史資料センター）、Ref.A14100483400、国立公文書館。

② 「情報委員会事務規程」、『公文類聚・第六十編・昭和十一年・第三卷・官職一・官制一（内閣）』、JACAR（アジア歴史資料センター）、Ref.A14100483500、国立公文書館。

③ 「情報委員会ノ職務」、『公文類聚・第六十編・昭和十一年・第三卷・官職一・官制一（内閣）』、JACAR（アジア歴史資料センター）、Ref.A14100483400、国立公文書館。

④ 「情報委員会事務規程」、『公文類聚・第六十編・昭和十一年・第三卷・官職一・官制一（内閣）』、JACAR（アジア歴史資料センター）、Ref.A14100483500、国立公文書館。

⑤ 著者不明：『戦前の情報機構要覧：情報委員会から情報局まで』、出版社不明 1964 年、第 33 頁。

⑥ 「情報委員会ノ職務」、『公文類聚・第六十編・昭和十一年・第三卷・官職一・官制一（内閣）』、JACAR（アジア歴史資料センター）、Ref.A14100483400、国立公文書館。

行。鉴于此，内阁情报委员会在"遵照国策之宏大方策"对"舆论指导相关一般性大方针及应对随时发生的各种局势的方针"①进行研议时，要求各部门应在事前将其实施的启发宣传内容向委员会通报，并在活动结束后提交活动实施状况相关报告，以确保各部门的启发宣传都能够统一到国策推行的大方针下。

综上所述，作为首次被正式编入中央政府机构的内阁情报委员会，尽管其主要业务是"联络调整"，但其业务内容涉及"情报""报道""宣传"三方面。因此，它不仅是一个言论统制方针制定的立案机构，也是一个言论统制政策实施的协调机构。该机构不但重视"内外报道"，力图"通过内务省的出版警察权或递信省的通信警察权消极地保持公共安全"，更注重通过"启发宣传"的方式"实施积极的信息发布，并对其加以国家性批判，以有助于国家利益"②，从而提出了"消极取缔和积极宣传有机结合"③的言论统制模式，这也是该时期及此后日本言论统制政策的重要特征之一。

此外，内阁情报委员会的上述三大行政功能指向，均着重强调"与国策相关情报"，其目的也是为了说明委员会所采取的政策"并非一党一派的情报政策，也非单纯追求一内阁之利益的政治情报政策"，而是"可供国政运行参考的情报及有助于时局认识的情报"④，从而凸显委员会的整体性和国家性。

（三）内阁情报委员会的活动

内阁情报委员会于 1936 年 7 月 1 日正式开展业务，至 1937 年 9 月升格为内阁情报部，其共存在一年两个月的时间，但其在国策情报的联络调整、舆论宣传方针政策的制定等方面作用显著，"不但在国策推行方面发挥重大作用，其活动对国运的畅达亦大有裨益"⑤。

首先，内阁情报委员会发挥"内外报道的联络调整"职能，根据时局发展及日本政府的宣传诉求，制定了一系列舆论宣传方针，这些方针归纳起来主要有两大类。

第一类，在外交方面，针对因日本在华军事行动及日德协定缔结所引发的一系列外交问题，内阁情报委员会出台了一系列旨在"阐明真相，消除不安"的宣传方针。如针对九一八事变后中日之间摩擦的加剧和升级，内阁情报委员会于 1936 年 9 月出台了《关于日支问题的对外宣传方针》和《对日支问题的对内对支宣传方针》等宣传文件，对日

① 「情報委員会ノ職務」、『公文類聚・第六十編・昭和十一年・第三卷・官職一・官制一（内閣）』、JACAR（アジア歴史資料センター）、Ref.A14100483400、国立公文書館。
② 「情報委員会ノ職務」、『公文類聚・第六十編・昭和十一年・第三卷・官職一・官制一（内閣）』、JACAR（アジア歴史資料センター）、Ref.A14100483400、国立公文書館。
③ 内川芳美：『マス・メディア法政策史研究』、東京：有斐閣 1989 年、第 226 頁。
④ 著者不明：『戦前の情報機構要覧：情報委員会から情報局まで』、出版社不明 1964 年、第 33 頁。
⑤ 著者不明：『戦前の情報機構要覧：情報委員会から情報局まで』、出版社不明 1964 年、第 44 頁。

本在中日问题上的对内宣传、对外宣传和对华宣传的方针作了详细规定。1937 年 7 月又出台了《北支事变相关宣传要领》，9 月颁布了《对支那事变宣传方策大纲》，确定了卢沟桥事变后日本的内外宣传方针和策略。①

除此之外，1936 年 11 月 25 日，日本与德国签订《日德防共协定》，在军事情报交换、航空军事合作、"反共产国际"等方面展开合作。为"揭露'共产国际'真相，阐明日德防共协定之真意，清除内外对本协定之误解"，内阁情报委员会于 12 月 21 日通过了《日德防共协定相关宣传方针》，要求各宣传机构在开展《日德防共协定》相关宣传时应大力强调共产国际对日本国体的威胁、国际防共政策的必要性以及日德两国在防共政策上的共同立场，以此论证《日德防共协定》的必要性和可行性，并要求将重点放在"对国内舆论的指导和启发"上，向日本民众宣传该协定的真正意图和价值，并强调该协定不带有附加条约，不针对特定国家和特定民族，不对日本国内政治局势产生任何影响，以此"消除误解乃至不安"，从而"极其系统性和有组织性、一丝不乱地努力完成宣传目的"②。

第二类，在内政方面，受日本在华军事行动不断扩大并逐渐陷入长期化的影响，迷茫厌战、信念动摇等情绪在日本国民中间蔓延。鉴于此，日本当局发起了旨在强化国体信念、统一国民思想的国民精神总动员运动。"为应对当下混乱之社会局势，贯彻国民教化，提高时局认识"③，内阁情报委员会于 1937 年 4 月出台了《国民教化运动方策》及《宣传实施基本计划》，为国民精神总动员的展开和宣传制定了宣传框架。④

除《国民教化运动方策》外，日本当局还策划于 1940 年举办"神武纪元二千六百年"庆典，以宣扬国体观念，凝聚国民共识，强化战争意识。鉴于此，内阁情报委员会于 1936 年 11 月开始探讨针对该活动的宣传对策，经与各部门协商后于 1937 年 2 月出台了《纪元二千六百年相关宣传方策大纲》，要求日本国内各宣传机构在情报委员会的协调下，"开展适当宣传，强化国民对日本的自觉意识，向内外宣示公正之日本，以助于国力之充实，向宇内宣扬国威，期待国运之隆盛"。

该方针将贯彻国体观念和提高思想认识作为宣传的重点内容，并将其分为三个层次：第一个层次是"基础性宣传"，内容包括"回顾光辉的日本历史，贯彻尊严的国体

---

① 上述宣传计划的详细内容请参见本书第二篇第一章相关内容。
② 「日独防共協定ニ関スル宣伝方針」、著者不明：『戦前の情報機構要覧：情報委員会から情報局まで』、出版社不明 1964 年、第 57—58 頁。
③ 「国民教化運動方策並時局宣伝方策に関する件」、『密大日記 第 4 冊 昭和 12 年』、JACAR（アジア歴史資料センター）、Ref.C01004292600、防衛省防衛研究所。
④ 关于《国民教化运动方策》及《宣传实施基本计划》的详细内容，请参见本书第二篇第一章相关论述。

观念；增强对日本的使命、国力、世界地位的认识；认识国民性，促进优点，改正缺点；对外国思想及外国文化进行公正批判；昂扬日本精神，强化日本人特有的自豪感；提高普通国民的教养，保护日本固有的淳朴风俗，排除浅薄的外国式的模仿；提升国民政治素养；普及国民保健、公共卫生思想"。第二个层次是"对象性宣传"，即针对"神武纪元二千六百年"，对内宣传庆典活动的意义，并号召国民给予协助，对外则大力介绍日本文化，"鼓吹日本武士道，促进武术体育的普及"。第三个层次是"附带性宣传"，即"开展保守国家机密的国民教育，防止暴露国耻"①。

其次，内阁情报委员会发挥"启发宣传的联络调整"职能，在消极言论统制的基础上积极开展舆论指导。尽管内阁情报委员会成立之前，日本当局已出台了一系列旨在统一舆论宣传的方针政策，但由于此前的宣传机构均为非官方机构，在内外宣传的实际执行过程中依然存在诸多不足。为避免宣传报道特别是政府发布相关报道出现互相矛盾、误报或泄露机密等情况，内阁情报委员会干事长横沟光晖于1936年8月18日向各宣传主管部门发出通告，要求各部门一旦出现"毫无事实依据或明显误报"的情况，须立即查清事实，查明根源并向内阁情报委员会汇报。

除了上述带有强制性的统制政策外，内阁情报委员会还于1936年8月制定了《政府发布相关方针》并经内阁审议通过。该方针内容如下：

一、为实现政治之公明，向国民贯彻国策，只要不属机密内容，各省均应向报道机构提供正确、丰富的报道资料；

二、报道资料的提供应立足于国家综合性立场，应消除各省之间矛盾龃龉，以此确保政府的一体性；

三、报道资料的内容应以诱发正确舆论、反映帝国真意为宗旨，应努力实现其建设性和积极性。②

从上述内容可以看出，该方针要求宣传机构在确保立足"国家立场"基础上开展积极宣传，主动向宣传机构提供报道资料，不但可以从报道源头上保证宣传口径的统一，还可以此"诱发正确舆论"，使得报道遵循政府诉求方向发展。可以说，该方针首次明确了积极宣传的策略。关于开展积极宣传的方法，主要有以下三种。

---

① 「紀元二千六百年ニ関スル宣伝方策大綱」、『各種調査会委員会文書・内閣紀元二千六百年祝典事務局書類・四ノ二庶務書類』、JACAR（アジア歴史資料センター）、Ref.A05021159100、国立公文書館。
② 「政府発表ニ関スル方針」、著者不明：『戦前の情報機構要覧：情報委員会から情報局まで』、出版社不明 1964 年、第 48—49 頁。

第一种，召集新闻机构负责人参加座谈，加强对舆论宣传的指导与审查。内阁情报委员会认为，"获得与报社干部进行恳谈的机会并进行内面指导为贤策"。因此，委员会决定定期召集 8 家主要新闻单位① 就"宣传政策方面的新闻政策交换意见"，向其传达政府的宣传诉求，特别是"时事相关内容及其他具有共性的具体'选题'"，同时由内阁情报委员会全体事务官组成审查委员会对报社、通信社的编辑方针进行审查，审查的要点为报社、通信社的"采访角度、编辑角度"是否符合政府宣传诉求，是否存在"夸张报道"和"误报"，是否"对政治、外交、社会、经济、教化造成相关宣传影响"。审查过程中若发现上述问题，则须"进行订正、取消、辩驳等处置"②。

第二种，为同盟社提供助成金，从经济上强化对同盟社的监管和指导。内阁情报委员会的业务内容之一为"同相关各厅合作，实现同盟社基于国家立场的健全发展，并发挥其功能"③，其方式除了通过上述"恳谈会"或例会等形式对同盟社的业务实施指导外，内阁情报委员会还作为政府与同盟社之间的中介，为同盟社提供经费支持。1936 年 8 月，内阁情报委员会常任委员干事会就同盟社资助方案达成协议，规定 1936 年度政府给予同盟社的经费资助由外务、陆军、海军三省共同负担，1937 年以后资助经费列入当年"内阁的综合预算，其使用管理由情报委员会实施"④。9 月，"鉴于内外之局势、帝国之国际地位及世界通信界之趋势"，常任委员干事会又确立了同盟社资助基本方针，决定"对同盟事业进行各项资助，特别是给予充足的助成金"，并提出了 300 余万元经费资助，用于国内外报道网络的扩充、国内外信息的发布和搜集、外国通信社的联系与合作，以助力同盟社"毫无遗憾地发挥其国策功能"，实现"基于国家立场的健全发展"⑤。

第三种，发行内阁情报委员会机关刊物《周报》，对新闻舆论实施引导与监督。由于各新闻机构均为独立的经营单位，其编辑方针不可避免受营利主义影响。因此，为将政府的宣传诉求完全贯彻到新闻报道之中，"将政府所要实施的政策的内容和意图广泛传达给普通国民，以获得正确理解和公正的舆论声音"⑥，内阁情报委员会在成立之初即

---

① 这 8 家新闻单位包括《东京日日新闻》《东京朝日新闻》《读卖新闻》《报知新闻》《中外新闻》《都新闻》《国民新闻》和同盟社。

② 著者不明：『戦前の情報機構要覧：情報委員会から情報局まで』、出版社不明 1964 年、第 49—52 頁。

③ 「情報委員会ノ職務」、『公文類聚・第六十編・昭和十一年・第三巻・官職一・官制一（内閣）』、JACAR（アジア歴史資料センター）、Ref.A14100483400、国立公文書館。

④ 「同盟通信社助成方策」、内川芳美：『現代史資料・41・マス・メディア統制㈡』、東京：みすず書房 1996 年、第 546 頁。

⑤ 「同盟通信社助成ニ関スル件」、内川芳美：『現代史資料・41・マス・メディア統制㈡』、東京：みすず書房 1996 年、第 547—550 頁。

⑥ 「發刊に際して」、『週報』（第一号）、1936 年 10 月 14 日、第 1 頁。

筹划创办一个由政府发行的官方宣传媒介。1936 年 9 月 21 日，事务局会议一致同意创办机关刊物《周报》，并确定了其编辑、印刷、发行等事宜。《周报》刊登的内容主要有法令、法案及政府政策的解读、日本内外局势以及日本经济、产业、科技、教育等信息，其目的是促使日本民众"正确认识时代变迁与日本当前所面临的国内、国际局势的真实状况"。需要特别指出的是，"作为广告统制问题的试验"，《周报》还特设广告栏，其编辑方针"以遵循国策为主要着眼点"[1]，内容仅限于政府部门相关事项、公益法人、国策公司广告，政府部门刊行图书、文部省推荐图书及获得内阁情报委员会认可的广告。

综上所述，内阁情报委员会由非正式组织情报委员会变更为直属内阁的正式组织，该过程并非仅仅是隶属关系的变更，其更大意义在于，通过正式机构的身份构建获得了对舆论宣传的话语权和统制权，是战时最高言论统制机构——情报局在"机构系谱上的直接起点"[2]，为此后战时一元化言论统制机构的设立奠定了基础。

二、内阁情报部

1937 年 7 月，以卢沟桥事变为起点，日本发动全面侵华战争。为适应"总体战"体制，日本政府机构进行了相应改革，内阁调查局改组为企画厅，负责物资动员计划的制订与实施。而在宣传方面，日本当局则将内阁情报委员会升格为内阁情报部，并在业务权限、组织规模等方面进行了扩张。

（一）内阁情报部的设立及其职能

日本全面侵华战争爆发后，日本国内舆论整体处于狂热状态。报纸、广播等媒体，一方面开足马力展开了激烈的"报道战"，另一方面又组织国民捐款、捐物，举办各种战争展览和演讲会，号召国民进行"铳后奉公"等一些非新闻活动来开展"思想战"。在此背景下，要求对内阁情报委员会进行改革和扩充，将其由"行政委员会转为政府内部部局"[3] 的呼声越来越强烈。1937 年 9 月，日本政府颁布《内阁情报部官制》，将内阁情报委员会升格为内阁情报部。

《内阁情报部官制》规定，内阁情报部直属内阁总理大臣，其业务内容继承了内阁情报委员会所执掌的三大职能，即"一、作为国策推行基础的情报相关各部门事务的联络调整；二、内外报道相关各部门事务的联络调整；三、启发宣传相关各部门事务的联络调整"[4]，并在《情报委员会事务规程》中规定各部门及其下属单位的"凡与国策相关

---

[1]　著者不明：『戦前の情報機構要覧：情報委員会から情報局まで』、出版社不明 1964 年、第 53—54 頁。

[2]　内川芳美：『マス・メディア法政策史研究』、東京：有斐閣 1989 年、第 194 頁。

[3]　横溝光暉：『昭和史片鱗』、東京：経済往来社 1974 年、第 244 頁。

[4]　「内閣情報部官制」、『御署名原本・昭和十二年・勅令第五一九号・情報委員会官制ヲ改正シ内閣情報部官制ト改題』、JACAR（アジア歴史資料センター）、Ref.A03022131100、国立公文書館。

的各种情报均应及时向内阁情报部通报",各部门在发布重要声明时应"事前将其内容向内阁情报部通报",各部门在实施"启发宣传"活动时应"事前就其内容同内阁情报部取得联络"①,同时需将实施概要向内阁情报部通报。从该意义上看,内阁情报部带有"内阁总理大臣的辅佐机构和幕僚机构的性质"②。

除上述三大"联络调整"职能外,内阁情报部又增加了"不属于各省的情报搜集、报道以及启发宣传"③的业务内容,即不属于某一部门专门管理的业务或者需要多部门合作的业务均由内阁情报部负责,如国民精神总动员运动开始是由文部省提出的,但在实施过程中单靠文部省一个部门的力量是远远不够的,必须仰赖政界、财界、舆论界及中央各部门、地方各部门的合作和支持。因此,1937年8月24日,内阁通过了《国民精神总动员实施要纲》,规定该运动"以情报委员会、内务省及文部省为策划主管部门"④。情报委员会升格为内阁情报部后,该运动也就成为内阁情报部的重要业务内容。为进一步强化对国民精神总动员运动的指导,1939年6月,日本政府对《内阁情报部官制》进行修订时,在其业务范围里特别增加"国民精神总动员相关事项"⑤的内容。

由此可以看出,内阁情报部的职能不再仅仅局限于传统意义上的"联络调整"功能,还着眼于"积极的言论统制",可直接开展情报搜集、信息发布和启发宣传事业的组织和实施。从该意义上看,内阁情报部由联络调整的媒介一跃升格为具有独自管理权限和直接实施权限的国家情报机构。

(二)内阁情报部的组织架构

内阁情报部成立后,对人员配置和组织架构进行了扩充。在人员配置方面,内阁情报部除设立部长、书记官和专任属官外,为加深"各部门与内阁情报部之间的联络",还新设情报官一职,从书记官及相关部门的高级官员中遴选。同时,内阁总理大臣可根

---

① 「内閣情報部事務規程(昭和一二.九.二四)」、『国民精神総動員機構改組ニ関スル件』、JACAR(アジア歴史資料センター)、Ref.A15060253700、国立公文書館。

② 「思想戦講習会講義速記 第1集/国家と情報宣伝 横溝光暉」、『思想戦講習会講義速記 第1—4輯 昭和13.2』、JACAR(アジア歴史資料センター)、Ref.C14010448900、防衛省防衛研究所。

③ 「内閣情報部官制」、『御署名原本・昭和十二年・勅令第五一九号・情報委員会官制ヲ改正シ内閣情報部官制卜改題』、JACAR(アジア歴史資料センター)、Ref.A03022131100、国立公文書館。

④ 「国民精神総動員実施要綱」、『種村氏警察参考資料第132集』、JACAR(アジア歴史資料センター)、Ref.A05020313800、国立公文書館。

⑤ 「御署名原本・昭和十四年・勅令第四〇三号・内閣情報部官制中改正」、『御署名原本・昭和十四年・勅令第四〇三号・内閣情報部官制中改正』、JACAR(アジア歴史資料センター)、Ref.A03022375000、国立公文書館。

据需要任命常任情报官，负责"执掌情报、报道及启发宣传事务"①，但实际操作中该职务一般由军人担任，这为以后的"军部主导型"言论统制埋下了伏笔。

另外，值得一提的是，内阁情报部还设"参与"一职，由"拥有学识经历者"担任，并赋予其敕任官 ② 待遇，可参与内阁情报部部务，人数定为"10 名之内"。从内阁情报部公布的名单来看，"参与"均为当时报界、通讯界以及广播界的重量级人物以及"情报、报道、启发宣传方面造诣颇深的代表性人物"③，例如，小林一三（东宝映画社长）、藤沼庄平（原内阁情报委员会委员长）、片冈直道（日本放送协会常务理事）、芦田均（日本时报社长）、增田义一（大日本印刷社长）、绪方竹虎（《朝日新闻》主笔）、高石真五郎（《每日新闻》会长）、大谷竹次郎（松竹映画社长）、野间清治（报知新闻社社长）、古野伊之助（同盟通信社社长）等均名列其中。换言之，内阁情报部的人员由政府各部门的委员、情报官和来自民间的参与三部分构成，特别是来自民间的舆论界人士以"参与"的身份成为内阁情报部重要成员，在一定程度上意味着此前作为政府管制对象的舆论界与政府的关系发展到一个新阶段——协调互利的关系。在 1939 年 6 月的《内阁情报部官制》修订中，又对书记官、情报官和"参与"的人数进行了扩充，书记官增至 6 人，专任情报官增至 7 人，"参与"增至 15 人。

按照《情报委员会事务规程》规定，内阁情报部设立委员会，由内阁书记官长担任委员长，委员由各部门高级官员担任。委员会下设总务部会和常务部会。总务部会由担任各省次官的委员构成。常务部会由"担任与情报宣传关系最为密切的外务、内务、陆军、海军、递信五省主管部长、局长、课长的委员"④ 构成。内阁情报部总务部会由此与作为重要决策机构的次官会议合二为一，而作为部长的横沟光晖同时又兼任内阁书记官长一职。这种双重身份"对情报部工作的运营颇有好处"，横沟既可参加次官会议，也可参加内阁会议，使得内阁情报部成为一个"可对提交给内阁的议案进行预备审议，具有高度国政企画水平"⑤ 的机构。

---

① 「内閣情報部官制」、『御署名原本・昭和十二年・勅令第五一九号・情報委員会官制ヲ改正シ内閣情報部官制ト改題』、JACAR（アジア歴史資料センター）、Ref.A03022131100、国立公文書館。

② 所谓"敕任官"，指的是由天皇直接任命的高级官员。"奏任官"，指的是由内阁总理大臣奏明天皇后任命的官员，而由各部门直接任命的官员则被称为"判任官"。

③ 「内閣情報部は何をするところか」、『国民精神総動員機構改組に関する件』、JACAR（アジア歴史資料センター）、Ref.A15060253900、国立公文書館。

④ 「内閣情報部は何をするところか」、『国民精神総動員機構改組に関する件』、JACAR（アジア歴史資料センター）、Ref.A15060253900、国立公文書館。

⑤ 内政史研究会：『内政史研究資料・横溝光暉氏談話速記録（下）』、東京：内政史研究会 1973 年、第25 頁。

在组织架构方面，内阁情报部的内部组织根据其业务内容进行了多次调整。1937年10月，内阁情报部设置庶务班、调查班、整理班和编辑班四部门，分别负责内阁情报部的日常运营事务、宣传活动策划业务、组织及实施业务、报纸通信事业的整理业务及宣传资料的编辑业务。1938年4月，又改设三大事务室，其中第一事务室分管人事、预算、会计等庶务，第二事务室分管各部门汇总情报的分析处理和各种宣传方案的制定，第三事务室分管各项宣传业务的实施及与各部门之间的联络调整。同年7月，内阁情报部又对其内部组织进行了调整，设立庶务班、情报班、报道班和宣传班四大部门，其中庶务、情报、宣传三部门所掌业务与前述方案并无二致，新增加的报道班机构最为庞大，主要负责"报纸杂志报道指导、通信查阅"①业务。

1939年6月，内阁情报部对官制进行上述修订的同时，根据新增加的业务内容及人员配置颁布新的《事务分掌规程》，将内阁情报部分为情报官室以及总务、文化、精动三课。总务课负责内阁情报部的日常运营，而其他三大机构与前述所有机构设置方案均有不同。其中，情报官室是为充分发挥情报官"执掌情报、报道及启发宣传事务"的职能而特设的，主要负责各类宣传方针的制定，其具体主管业务如下：

一、政府声明相关事项；
二、内外局势判断相关事项；
三、内外宣传方策的企画相关事项；
四、报道政策相关事项；
五、关于情报、报道及启发宣传的各部门之间的联络调整事项。②

从上述业务内容来看，情报官室将前述机构设置中的情报班、报道班和宣传班的功能集于一身，是内阁情报部的核心机构。文化课与精动课均为新设机构。前者的主要任务是通过"思想战"相关事项的组织与实施实现"启发宣传的指导"，包括防共思想宣传等"思想战"的调查、组织与实施，出版物、广播等宣传媒体的调查，《周报》等出版物的编辑等；后者的主要任务是国民精神总动员的组织与实施，主要包括国民精神总动员的策划、督查与调查，国民精神总动员委员会及外围团体的运营及与各部门、各团体之间的"联络调整"。

1940年4月，日本当局对国民精神总动员委员会和国民精神总动员中央联盟进行

---

① 著者不明：『戦前の情報機構要覧：情報委員会から情報局まで』、出版社不明1964年、第96頁。
② 「内閣情報部事務分掌規程（昭一四・六・二一）」、著者不明：『戦前の情報機構要覧：情報委員会から情報局まで』、出版社不明1964年、第97頁。

改组，成立国民精神总动员"官民一体的运动本部"①，纳入新体制运动，国民精神总动员运动名存实亡。鉴于此，内阁情报部于1940年6月颁布新的"分课规程"，再次对其组织架构进行了调整，撤销精动课，另设四课，除第一课负责内阁情报部日常事务性工作外，其余三课分别负责报道、情报和宣传业务。具体来讲，第二课由新闻通信、杂志出版、广播三部门构成，负责"内外报道相关各部门事务的联络调整事项、不属于各部门的报道相关事务、报纸杂志用纸统制委员会相关事项"。第三课分政治、经济、国际、防共四部门，负责"各部门作为国策推行基础的情报相关事务的联络调整事项、不属于各部门的情报搜集的实施相关事项"。第四课由事业、讲演、编辑、映画四部门构成，负责"启发宣传相关各部门事务的联络调整事项、不属于各部门的启发宣传相关事务、周报及写真周报的编辑相关事项"②。

由此可知，内阁情报部组织架构的设置与其业务内容密切相关，其业务内容发生改变，在组织架构上也会做出相应调整，由此最大程度上保证了其业务内容能够得以高效执行。

（三）内阁情报部的活动

内阁情报部成立于1937年9月，至1940年12月升格为情报局为止的3年时间里，正是日本发动全面侵华战争的历史时期。随着战争进程的发展，日本国内经济日趋恶化，反战、厌战情绪蔓延，国际上也逐渐陷入孤立，为扭转内外局势的不利局面，日本在此期间不断强化"总体战"体制，而内阁情报部的活动即围绕国家总动员运动展开。

内阁情报部继承了内阁情报委员会的"联络调整"职能，在国民精神总动员的组织与实施、时局宣传材料和研究材料的编写及宣传方针的制定等方面开展了一系列活动。

一是为强化对国民精神总动员的组织与实施，"振作尽忠报国之精神，并将其具体反映在国民日常生活的实践中"③，内阁情报部积极推进国民精神总动员运动的机构建设，协调内务、文部、内阁等相关部门于1937年10月12日成立国民精神总动员中央联盟。该机构是国民精神总动员运动的"强力的外围团体"，在内阁情报部的领导下将爱国妇人会、在乡军人会、国防妇人会等74家"全国范围内拥有细胞组织的强力团体"纳入其加盟团体框架下，并负责其与其他各团体和相关机构之间的联络事宜。同时，按

---

① 「国民精神総動員改組要綱」、『国民精神総動員機構改組に関する件』、JACAR（アジア歴史資料センター）、Ref.A15060253200、国立公文書館。

② 「内閣情報部分課規程」、『収受文書（内閣関係）・第十二冊』、JACAR（アジア歴史資料センター）、Ref.A17110143900、国立公文書館。

③ 「国民精神総動員中央連盟声明」、『国民精神総動員中央連盟声明書 昭和12年10月』、JACAR（アジア歴史資料センター）、Ref.C12121701800、防衛省防衛研究所。

照"内部性、精神性""具体性、成效性"和"全体性、协力性"① 三大原则，通过出版印刷品、制作电影唱片、举行讲演会等形式"普及、贯彻国民精神总动员趣旨"②，以实现"奉体圣旨，遵照国体之本义，举国一心，克服坚韧持久之时艰，达成皇国之大使命，扶翼皇运"③。

二是在继续刊行《周报》《写真周报》等刊物的基础上编写《时局宣传资料》《情报宣传研究资料》。其中，截至 1940 年底《时局宣传资料》共刊行 22 辑，其内容主要涉及国民生活、城市建设、电力通信、财政经济等日本国情及对苏政策、日美关系、防共枢纽、委任统治等国际局势；《情报宣传研究资料》共发行 15 辑，主要对"一战"以来欧洲各国的宣传活动进行反思性研究，以此提升日本宣传的效力。如第 2 辑对"一战"期间德军的谍报宣传进行了考察，阐明了"作为世界大战新面孔的谍报和宣传战的真相"，从而为做好"未来该方面的战争准备"④ 提供参考和借鉴。此外，内阁情报部还召集各省文书课长召开时局问题研究会，并派遣要员参加各地举行的时局问题研究会，向普通民众宣传政府的方针政策，就"战局动向、物资动员问题、外交问题、财政经济问题等进行演讲"⑤。同时，内阁情报部还每周举行一次研究座谈会，主要负责"德国、意大利新闻统制资料的购买、翻译以及思想战讲习会的演讲策划"⑥。

三是出台一系列宣传方针，强化国家总动员体制下对舆论的监管和指导。首先，根据战局的需要，先后出台了 8 次《新闻指导要领》，对媒体的报道内容、报道姿态以及论调作了严格规定。其中既有针对日本所面临的内外局势而制定的整体宣传方针，也有针对"英国援蒋行动""美国废除日美通商航海条约""欧洲战争爆发"等个别宣传方针。其次，根据战局制定有针对性的宣传方针，如针对对华问题，先后出台《对支那事变宣传方策大纲》《对华侨宣传方针》《汉口作战中政府应实施的宣传方策》《支那新政府成立相关舆论指导要纲》等文件。⑦

需要注意的是：第一，情报局制定的上述宣传方针并非传统意义上消极的命令式舆

---

① 「国民精神総動員中央聯盟の活動概況」、『国民精神総動員中央聯盟関係』、JACAR（アジア歴史資料センター）、Ref.A15060233200、国立公文書館。

② 「国民精神総動員中央連盟規約」、『国民精神総動員中央連盟声明書 昭和 12 年 10 月』、JACAR（アジア歴史資料センター）、Ref.C12121702000、防衛省防衛研究所。

③ 「国民精神総動員中央連盟声明」、『国民精神総動員中央連盟声明書 昭和 12 年 10 月』、JACAR（アジア歴史資料センター）、Ref.C12121701800、防衛省防衛研究所。

④ 「情報宣伝研究資料第 2 号 大戦間独逸の諜報及宣伝」、『報宣伝研究資料』、JACAR（アジア歴史資料センター）、Ref.A06031100300、国立公文書館。

⑤ 著者不明：『戦前の情報機構要覧：情報委員会から情報局まで』、出版社不明 1964 年、第 162 頁。

⑥ 小野秀雄：『新聞研究五十年』、東京：毎日新聞社 1971 年、第 264 頁。

⑦ 关于上述《新闻指导要领》及各项"宣传方针"的详细内容，敬请参阅本书第二篇第二章相关内容。

论统制，而是采用了"内部指导"的方式加强对舆论的引导，既注重"统一国论、举国一致，避免对内宣传的消极、悲观态度"，又要求"避免对外宣传的辩解态度，积极说明我方态度及客观情况"①；第二，上述《新闻指导要领》均以"新闻报道处理方针"的名义发布，针对时局制定的各项宣传文件也是以"宣传方针"或"宣传方策"的名义发布，但其中却贯穿着政府宣传诉求下的舆论指导意志，如针对欧战爆发而发布的第六次《新闻指导要领》及随后颁布的《伴随欧洲战争爆发的宣传方针》《欧洲战争爆发之际的启发宣传注意事项》等均从国家层面对欧战爆发后日本的内外宣传方针作了指导性规定，要求各宣传单位通过内外宣传"顺利推行对内政策，对外阐明帝国毫不动摇之决心"②。因此，其"舆论指导方针"的本质是毋庸置疑的。换言之，尽管"舆论指导方针"的名称是在情报局成立后才出现的，但上述"指导要领"及"宣传方策"从内容上看，可谓"后来'舆论指导方针'的原型"③。

内阁情报部除"联络调整"功能外，还直接参与各项宣传活动的组织与实施，其最具代表性的活动为参与并领导了国民精神总动员运动。1937 年 8 月 24 日，日本内阁会议颁布《国民精神总动员实施纲要》，正式开启了国民精神总动员的序幕。9 月 9 日，时任内阁总理大臣近卫文麿向政府各部门发布"内阁训令"，要求将"昂扬并率先实践日本精神"④ 作为该运动的目标。作为国民精神总动员运动的主管机构，内阁情报部对其方针的制定及活动的实施都发挥了重要作用。

第一，与全国性的国民精神总动员运动相呼应，积极开展部内实践活动。首先，面向全国征集国民精神总动员主题曲，营造全民动员的社会氛围。内阁情报部成立后，立即投入到国民精神总动员运动中，并于升格后发行的首期《周报》（1937 年 9 月 29 日发行，总第 50 期）中打出了"爱国行进曲悬赏募集"的广告，向全国国民征集"可使国民永远传唱的国民歌曲"，要求歌词"优美明朗，英勇雄壮"，内容"能够赞美日本真正雄姿，象征帝国永远之生命与理想，且有助于振作国民精神"⑤。在 3 周时间里，共征集歌曲 57500 余首，"所有歌词真正体现出爱国赤诚及日本精神"⑥。中

---

① 吉田裕、吉見義明編：『資料日本現代史・10・日中戦争期の国民動員』、東京：大月書店 1984 年、第319 頁。

② 「欧州戦争勃発に伴う宣伝方針」、『情報部常務部会書類（国民精神総動員）』、JACAR（アジア歴史資料センター）、Ref.A15060363000、国立公文書館。

③ 山中恒：『新聞は戦争を美化せよ！——戦時国家情報機構史』、東京：小学館 2001 年、第 327 頁。

④ 「国民精神総動員ニ関シ各官庁ニ訓令ス」、『公文類聚・第六十一編・昭和十二年・第四十一巻・官職三十九・任免（内閣一雑載）』、JACAR（アジア歴史資料センター）、Ref.A02030012000、国立公文書館。

⑤ 「愛国行進曲懸賞募集」、『週報』（第五十号）、1937 年 9 月 29 日、第 48 頁。

⑥ 「愛国行進曲懸賞募集当選歌詞発表に就て」、『週報』（第五十六号）、1937 年 11 月 10 日、第 2 頁。

选歌词中"金瓯无缺""万世一系""八纮一宇"等具有浓厚天皇专制主义色彩的词语随处可见，这与国民精神总动员运动的诉求高度一致，这也是该歌词最终胜出的原因。作为国民精神总动员运动的主题曲，内阁情报部要求在军队出征、群众集会等场合必须传唱"爱国行进曲"，试图通过此方式向国民灌输"国体观念"。换言之，从中选歌词及普及方式来看，内阁情报部"不但在情报工作中灌输意识形态，甚至将宗教性的信仰体系也夹杂其中并向国民渗透"①。其次，出台《战时服务纲领》，提出"精动实践""大和协力""机密保持""即时即决""时间厉行""效率增进"等口号，对内阁情报部职员的工作态度作出规定，要求其"一亿一心，励精业务，增进奉公之诚"②。此外，内阁情报部还配合全国范围内实施的"兴亚奉公日""铳后后援强化周"等活动，在内部推行相应的活动，如在"兴亚奉公日"要求全体职员每天早上八点齐唱国歌、遥拜皇宫、朗读敕语，并"彻底贯彻《战时服务纲领》"，对出征士兵及其家属进行慰问，"追悼战殁将士英灵，祈念出征将士武运长久"③。在"铳后后援强化周"活动中选派代表参拜靖国神社，并召集全体职员"捧读军人援护敕语"，"追悼护国英灵，祈求伤病军人痊愈及出征士兵武运长久"，同时强制职员向"忠灵塔的建设及其他彰显忠灵之事业"④捐款，捐款数额根据职员级别不同，分别由会计部门直接从其工资中扣除。

第二，配合国民精神总动员运动的开展，制定相关宣传方针，加强对"精神总动员"运动的宣传和引导。国民精神总动员的核心是强化日本国民对日本国体及日本精神的认同。因此，对日本国体观念造成颠覆性冲击的共产主义思想首当其冲成为国民精神总动员运动的批判和取缔对象。内阁情报部对1936年11月内阁情报委员会制定的《日德防共协定相关宣传方针》进行了修订，于1937年11月29日颁布《防共宣传方策》。该方策的核心思想是通过内外宣传批判共产主义，宣扬日本精神。在对内宣传方面，通过对共产主义的批判来论证日本国体的正义性，以此巩固日本国民对"我传统思想毫不动摇"的决心，并向日本国民力陈防共协定的意义，竭力防止"共产主义的侵入"；在对外宣传方面，除了继续宣扬共产主义思想的危害，号召"扩充和强化国际防共思想阵营"外，重点"向世界宣扬日本精神，向肇国理想的实现而迈进"。该方策明确规定，该宣

<hr>

① 山中恒：『新聞は戦争を美化せよ！——戦時国家情報機構史』、東京：小学館 2001 年、第 249 頁。

② 「戦時服務綱領（昭一四・六・二一）」、著者不明：『戦前の情報機構要覧：情報委員会から情報局まで』、出版社不明 1964 年、第 144—145 頁。

③ 「興亜奉公日実施事項」、著者不明：『戦前の情報機構要覧：情報委員会から情報局まで』、出版社不明 1964 年、第 145—146 頁。

④ 「銃後後援強化週間中実施事項」、著者不明：『戦前の情報機構要覧：情報委員会から情報局まで』、出版社不明 1964 年、第 146 頁。

传计划由内阁情报部常务部会负责联络调整，各部门具体实施，且内阁情报部内应设立防共宣传主任情报官，负责"防共宣传实施相关事务，宣传资料的搜集、整理和配布，与审核警察机构、民间团体之间的联络及其他防共宣传实施上的必要事项"①。此外，为强化日本国体与内外局势的关联，内阁情报部在其刊行的《周报》《写真周报》上刊登《日本书纪》所载神武天皇诏书，并要求广播、各部门机关报及中央各地方各部门所掌控的宣传机器给予宣传协助，将诏书中体现的"兼六合以开都、掩八纮而为宇"的精神"与此次事变联系起来进行解说，加深国民对作为国是的八纮一宇之精神的理解"②。

第三，为加深各部门官员对"思想战"的理解和认知，内阁情报部于1938年至1939年间举办3期思想战讲习会，主要目的是"培养思想战要员，确立思想战战备"。第一期讲习会会期7天，共举办22场讲座，主要围绕"思想战"与国家政策、日本精神、战争指导、新闻传播等领域的关系展开，并着重强调"思想战在战争指导中的重要作用"③。第二期讲习会会期6天，共举办8场讲座，主要对"思想战"及国家总动员运动的现状及"思想战"与内外局势的关系进行解读，同时还举行研究会，就"时局处理方策、对支对外宣传、舆论指导、国民精神总动员"④等问题交换意见，以增强从事"思想战"指导工作的官员的业务能力。第三期讲习会会期6天，共举办13场讲座，举行"时局问题认识""启发宣传""思想对策"3场研究会，以"加深对思想战的理解和认识，同时对思想战推行方策进行共同研究"⑤。此外，为"加强每一名国民对思想战战士身份的自我认知，以助于国民精神总动员运动"⑥的开展，还举办了"思想战展览会"，加深了普通民众对"思想战"重要性的认识。

综上，内阁情报部除了具有传统意义上的"联络调整"职能外，还突破了政策研究的框架，直接参与和开展相关舆论宣传活动，这是内阁情报部区别于此前所有机构的最

---

① 「防共に関する宣伝方策」、『情報部常務部会書類（国民精神総動員）』、JACAR（アジア歴史資料センター）、Ref.A15060361400、国立公文書館。

② 「八紘一宇ノ聖旨宣明ニ関スル件」、『国民思想善導教化及団体関係雑件 第二巻』、JACAR（アジア歴史資料センター）、Ref.B04013005760、外務省外交史料館。

③ 「戦争と宣伝」、『思想戦講習会講義速記 第1—4輯 昭和13.2』、JACAR（アジア歴史資料センター）、Ref.C14010449700、防衛省防衛研究所。

④ 「思想戦講習会要綱」、『国民思想善導教化及団体関係雑件 第四巻』、JACAR（アジア歴史資料センター）、Ref.B04012990200、外務省外交史料館。

⑤ 「第三回思想戦講習会要綱」、『収受文書（内閣関係）・第十二冊』、JACAR（アジア歴史資料センター）、Ref.A17110141800、国立公文書館。

⑥ 「思想戦展覧会要綱」、『本邦展覧会関係雑件 第二巻』、JACAR（アジア歴史資料センター）、Ref.B04012294600、外務省外交史料館。

大特点，"为应对当时的时局作出了巨大贡献"①。但是，内阁情报部在组织上仍存在一定缺陷，特别是兼任内阁书记官职务的横沟光晖卸任后，继任部长均无法参加内阁会议，导致其制定的政策常常与内阁决议产生游离。更重要的是，它既不具有执法权，也不拥有监督权，它只能对相关部门的宣传业务进行协调，而不能对舆论宣传实施直接统制。这些缺陷在一定程度上制约了其职能的发挥。

第四节　战时日本最高言论统制机构——情报局

如上所述，尽管内阁情报部在日本全面侵华时期，尤其在国民精神总动员运动中发挥了重要作用，但鉴于其职能权限方面的局限以及日本所面临内外局势的发展，对情报机构进行改革的呼声越来越高。1940年7月22日，近卫内阁第二次上台，在大力推进新体制运动的同时，决定对内阁情报部机构进行改革，最终于1940年12月成立情报局。

一、情报局的设立

设立情报局的构想最早可追溯到1936年5月20日内阁资源局企画部出台的《关于情报宣传的实施计划纲领》。该纲领主张"尽快设立情报局"，负责"情报宣传根本方针特别是重要方针及情报宣传相关统制事项"的制定和实施，具体任务为"内外情报的搜集、审查及必要的报道、总动员相关内外局势的判断、情报宣传实施时必要事项的统辖事务"②。此外，该纲领还主张在地方及国外设立宣传机构，负责各地情报宣传的组织、实施和管理。目前虽无资料证明该纲领与情报局的设立有直接关系，但"在内阁情报部向内阁情报局扩大改组的过程中，（该纲领）至少是重要的参考资料"③。而在第一次近卫内阁时期，为了加强对统帅权的干预，近卫内阁在内阁制度改革中曾提出将内阁情报部进行扩充并升格为情报局的构想。此后各方的机构改革方案相继出台，情报局设立的构想逐渐浮出水面。

（一）陆军情报机构改革方案

如前所述，在言论机构的充实和完善过程中，一直伴随着军部力量的渗透和对机构设置话语权的争夺。1938年6月，为掌握在情报机构中的主导权，陆军省出台了一系列情报机构改革方案，再次宣示了其在情报机构改革中的领导地位。

1938年6月22日，情报委员会发布了《情报宣传机构临时改革案（试案）》等3

---

① 著者不明：『戦前の情報機構要覧：情報委員会から情報局まで』、出版社不明 1964 年、第 105 頁。

② 「A 級極東国際軍事裁判速記録第十七號」、『A 級極東国際軍事裁判速記録（和文）・昭和 21.5.3—昭和 21.8.28（第 1—57 号）』、JACAR（アジア歴史資料センター）、Ref.A08071309400、国立公文書館。

③ 内川芳美：『マス・メディア法政策史研究』、東京：有斐閣 1989 年、第 230 頁。

份文件。无论是从时间上看，还是从内容上看，此处的情报委员会并非内阁情报委员会，而是内阁情报部下设的常务部委员会，而这些方案"均出自陆军情报官之手"①。

为"实现紧急国策的企画和情报宣传政策的调整以及新闻报道机构对国家的有效协力"，该临时改革方案建议专设一名"与企画院总裁相当的亲任官"，主管宣传报道事宜，并以同盟社、朝日新闻、读卖新闻等八大报道机构为基础新建一个新闻委员会，由上述亲任官担任委员长，内阁情报部长担任干事长，且国务大臣、内阁书记官长、内阁情报部长必须出席该委员会，负责"重要国务与舆论指导之间协作的一切相关事项"②。且委员长应"参与政务枢机，特别要出席内阁会议及五相会议，充当所有政务的政府代言人"③。

上述方案中，临时新闻委员会是将内阁情报部常务部会所掌管的新闻业务单独独立出来而设立的，这必然涉及到对内阁情报部的机构进行改革，因此，陆军省在同日公布的改革方案中还提出了《内阁情报部改组要纲》，明确提出对内阁情报部进行机构改革，以实现"情报报道宣传的一元化"④。按照该方案，内阁情报部的人员构成除原有的书记官、情报官、属官外，还设立总长、次长、局长等职务，其中总长为"政府代言人"。该方案提出改组后的内阁情报部下设总务局、外事局、情报局、陆军局、海军局、报道局、教化局、宣传局八部门，其中外务局长由外务省情报部长兼任，情报局长由内务省警保局长或保安课长兼任，陆军局长由陆军省军务局长或陆军省新闻班长兼任，海军局长由海军省海军军事普及部委员长兼任，教化局长由文部省社会教育局长兼任。由于采用兼任制，不仅加大了内阁情报部与各厅之间"联络调整"的难度，也使得各部门之间关系更趋分化和复杂化。

6月24日，曾炮制出著名的陆军小册子《国防本义及其强化之提倡》的时任情报官、陆军报道部中佐清水盛明提交《内阁情报部扩大强化私案》，对上述方案进行了补充和完善。清水认为，要扩大情报宣传机构，必须具备如下条件：

　　　一、情报宣传机构的最高长官必须能够出席内阁会议和五相会议，参与最高政策，且应作为最高政策的发布责任人；

①　山中恒：『新聞は戦争を美化せよ！——戦時国家情報機構史』、東京：小学館 2001 年、第 334 頁。
②　「情報宣伝機構臨時改革案（試案）」、『内閣情報部並外務省情報部拡充及統合関係一件』、JACAR（アジア歴史資料センター）、Ref.B14090111800、外務省外交史料館。
③　「臨時新聞委員会設置要綱（試案）」、『内閣情報部並外務省情報部拡充及統合関係一件』、JACAR（アジア歴史資料センター）、Ref.B14090111800、外務省外交史料館。
④　「内閣情報部改組要綱（試案）」、『内閣情報部並外務省情報部拡充及統合関係一件』、JACAR（アジア歴史資料センター）、Ref.B14090111800、外務省外交史料館。

二、情报宣传机构不应仅仅为联络调整的合议机构，也应是不专属各省掌管的综合国策的发布机构，同时在情报宣传政策的根本问题上，应赋予其以总理大臣名义对各省进行指挥的权限；

　　三、应配置充分的预算。①

　　由上可知，清水主张新机构不但要参与最高决策，还能以总理大臣名义指挥其他各部门，从而赋予其凌驾于其他部门的极高权限。同时，他认为上述三大要素缺一不可，否则就很难打破内阁情报部的现状，并建议扩大后的内阁情报部可以更名为"战时情报厅、临时情报厅、情报院等名称"。此外，按照清水的设想，新机构下设总务部、调查部、宣传部、情报委员会、新闻委员会和参与，其中新闻委员会由"在京八大报纸通信社最高干部构成"②，与情报委员会并列，独立行使职权。

　　为"统一强化内外情报、报道、启发"，陆军省军务局军务课对上述所有方案进行了优化，于 6 月 28 日发布"宣传机构"改革方案。该方案首先对内阁情报部改组后成立的新机构与政府的关系作了界定，规定新机构归内阁总理大臣管辖，其总裁"在内阁总理大臣的指挥监督下掌管部务"，且可根据《国家总动员法》规定，要求民间团体提供协助，而与军事相关的业务则须接受陆海军大臣的指挥监督。对于改组后的新机构业务，该方案主张除了"战争指导及国策上必要的情报、报道及启发宣传的实施相关业务"外，还应将"各省专门负责情报、报道及启发宣传的机构统合其中"，同时国民精神总动员相关业务也应"由内务、文部两省实施移交"③，从而为新机构的一元化特征奠定了基调。

　　从上述一系列情报机构改革方案可以看出，其核心观点有二：一是提高情报机构在国家行政体系中的地位，以确保其能够参与内外政策的决策，从而发挥其影响力；二是谋求情报机构的一元化，将分属不同部门管理的情报宣传事业统归新成立的情报机构管辖，以便强化对舆论宣传的统制与管理。

　　（二）宣传省设置方案

　　在上述陆军提交的一系列改革方案中，除对内阁情报部进行改组的方案外，还有一份题为《宣传省设置要纲》的提案，认为要推进"作为国策树立、推行基础的情报的搜

---

① 「内閣情報部拡大強化私案」、『内閣情報部並外務省情報部拡充及統合関係一件』、JACAR（アジア歴史資料センター）、Ref.B14090111800、外務省外交史料館。

② 「内閣情報部拡大強化私案」、『内閣情報部並外務省情報部拡充及統合関係一件』、JACAR（アジア歴史資料センター）、Ref.B14090111800、外務省外交史料館。

③ 「宣伝機構」、『内閣情報部並外務省情報部拡充及統合関係一件』、JACAR（アジア歴史資料センター）、Ref.B14090111800、外務省外交史料館。

集整理及国内外报道、启发、教化、宣传业务的统合"，须效仿德国设置一个统管全部舆论宣传业务的机构——宣传省，并对宣传省的组织架构、人员构成、业务内容作了勾画。

在组织架构方面，该提案主张宣传省除设负责处理日常运营工作的官房外，还设立教化宣传局、情报调查局和检阅指导局三局。其中，教化宣传局的职责为"国策相关政府声明发布事项；国内外报道、启发、教化、宣传的企画及实施相关事项；教学革新、振兴相关事项；国民精神文化的研究、指导、普及相关事项；吸引对外游客相关事项"，情报调查局的职责为"情报的搜集、整理相关事项；报道、启发、教化、宣传效果的调查相关事项；报道、启发、教化、宣传理论、技术的研究相关事项"，检阅指导局的职责为"报纸、通信、杂志及其他图书的审查及内容指导相关事项；广播内容的审查及指导相关事项；唱片、电影、演剧、演艺的审查及内容指导相关事项"。从各局掌管的业务内容看，与其他部门所掌管的业务多有重合，如教化宣传局的职责与文部省的职责有重叠，情报调查局的"情报的搜集、整理"业务又涉及军部、外务、内务、大藏等部门所掌管的业务，而检阅指导局的职责与内务省警保局的业务高度一致。

在业务内容方面，该提案不仅要求上述三局涉足其他部门的宣传业务，甚至明确要求各部门将相关业务移交宣传省统一管理，主要包括：

（一）内阁情报部所管全部事项
（二）外务省所管事项中
    （1）情报相关事务（与外交谈判直接相关的内容除外）
    （2）对支文化事业相关事务
    （3）国际文化事业相关事务
（三）内务省所管事项中
    （1）图书出版及著作权相关事务
    （2）电影、演剧、演艺相关事务
（四）大藏省所管事项中
    海关的报纸及其他出版物以及电影的审查相关事务
（五）陆军省所管事项中
    陆军的情报、启发、宣传相关事务（与统帅直接相关的内容除外）
（六）海军省所管事项中
    海军的情报、启发、宣传相关事务（与统帅直接相关的内容除外）
（七）文部省所管事项中
    （1）社会教育相关事务（与学校教育直接相关的内容除外）

（2）基于国体本义之教学的革新振兴相关事务（与学校教育直接相关的内容除外）

　　（3）国民精神文化的研究、指导、普及相关事务

（八）递信省所管事项中

　　广播用私设无线电话内容的审查、指导、监督相关事务

（九）铁道省所管事项中

　　吸引外来游客相关事务①

　　除了陆军提交的宣传省构想外，持此意见的民间人士也为数众多。早在 1936 年 4 月，民间人士若杉浪雄出版了《做好国际宣传战的准备》一书，在力陈宣传重要性的基础上，考察了美俄等国的宣传策略、宣传技术、宣传机构，由此提出在日本设立宣传省的主张。按照若杉的构想，宣传省下设"军事局、内事局、外事局"三局，并成立统制综合顾问委员会，除吸收政府机构要员参加外，还将网罗学者、报社记者、实业家、教育家等民间人士参加，"以成熟、周全的决议，与民间职能顾问一起开展强有力的指导"②。

　　1939 年和 1940 年，若杉先后出版了《创设宣传省》和《宣传省创设论》两本书，从理论上对宣传省创设构想作了进一步明晰化。若杉对各时期日本宣传机构的现状进行了批判式研究，指出内阁情报部尽管在各宣传部门的联络调整方面发挥了重要作用，但"尚未形成一个网罗公私机构的国家性宣传组织"③，由此提出进一步强化宣传机构的建议，并从政治体制改革的角度论证了宣传省成立的可行性。

　　但是，无论是军部的机构改革方案，还是宣传省设置方案，均未进入实质性的实施阶段，究其原因在于，无论是新机构的职责内容还是其他各部门移交至新机构的业务内容都将极大威胁到其他部门的职权和利益，而当时缺乏一个能够缓和上述矛盾的环境。而第二次近卫内阁上台后大力推行的新体制运动，试图建立一个全国性的国民组织，以确立强有力的一元化政治指导体制，这为新机构的成立提供了制度保障。

　　为配合新体制的开展，近卫内阁决定对内阁情报部进行改革。1940 年 7 月 22 日，近卫文麿在会见记者时表达了对情报机构进行改组的愿望。8 月 13 日，近卫起用伊藤

---

① 「宣伝省（仮称）設置要綱（試案）」、『内閣情報部並外務省情報部拡充及統合関係一件』、JACAR（アジア歴史資料センター）、Ref.B14090111800、外務省外交史料館。

② 若杉浪雄：『国際宣伝戦に備へ——宣伝省の新設を促進せよ！』、東京：東亜国勢調査所 1936 年、第 14 頁。

③ 若杉浪雄：『宣伝省創設論』、東京：東亜国勢調査所 1940 年、第 49 頁。

述史担任内阁情报部长，并于同日召开的内阁会议通过了对内阁情报部机构进行改革的决议，决定将"外务省情报部、陆军省情报部、海军省海军军事普及部及内务省警保局图书课的事务等进行统合，实现情报及启发宣传的统一和机敏"①，并要求各部门就新机构的建设展开研议。

8月16日，内阁会议又通过决议，决定成立协议会，由法制局第一部长为核心，召集内阁情报部、企画院、外务、内务、陆海军等部门的部局级官员就内阁情报部改革进行协商。协议会经过多轮协商，提交了关于新设宣传机构的一系列草案，并于9月28日形成《情报局设置要纲》的最终决议案，提交内阁审议。该要纲对情报局的机构组织、人员构成、业务内容等作了规定，并特别规定了其他宣传部门须向情报局移交的业务内容。其中，外务省情报部的全部业务及文化事业部的部分业务、内务省警保局对"唱片、电影、演剧及演艺方面有关国策推行基础的事项进行启发宣传的必要指导和取缔"业务、陆海军省除仅涉及陆海军内部相关事项的其他业务、递信省"关于广播内容取缔的相关事务及社团法人日本广播协会和社团法人同盟通信社大法人监督相关事务"②均被统合到情报局的业务内容之中。此举在很大程度上威胁到其他部门的权限和利益，因此遭到了陆海军省、内务省的激烈反对，如陆军省情报部长兼大本营陆军报道部长松村秀逸就发言说"仅仅整合情报相关业务，不会增加首相的权限，反而会增加各省之间的混乱，效果不大。目前情报部不就很适合吗？"③从而对《情报局设置要纲》表示了不满。

尽管有反对的声音，但协议会还是将《情报局设置要纲》经法制局审议后提交枢密院附议。11月27日，内阁情报部长伊藤述史到会阐述设置情报局的理由，称现有的情报机构体系各自为政，导致"缺乏从国家全局来审视的综合性"，因此需要对现有机构的情报业务进行整合，实现"各方面情报宣传机构的一元化"④。经过枢密院审议后，《情报局官制》于12月5日以敕令形式颁布，正式宣告废除内阁情报部，成立情报局。

二、情报局的组织架构

按照《情报局官制》规定，情报局归内阁总理大臣管辖。情报局机构庞大，由1官房、5部17课组成，共设专职人员144人，其中总裁、次长、秘书官各1人，专任情

① 「内閣情報部ノ機構改正ニ関シ閣議決定ノ件ヲ通牒ス」、『公文類聚・第六十四編・昭和十五年・第四卷・官職二・官制二（内閣二）』、JACAR（アジア歴史資料センター）、Ref.A02030165900、国立公文書館。

② 「情報局設置要綱」、『各種情報資料・内閣情報局設置関係書類』、JACAR（アジア歴史資料センター）、Ref.A03024735000、国立公文書館。

③ 松村秀逸：『三宅坂』、東京：東光書房 1952 年、第 227 頁。

④ 著者不明：『戦前の情報機構要覧：情報委員会から情報局まで』、出版社不明 1964 年、第 193 頁。

报官 51 人，专任属官 89 人，专任技手 1 人。需要特别说明的是，鉴于情报宣传工作的重要性和特殊性，这些专职人员并非通过考试录用，而是从各部门具有相关经验的官员中遴选，这是情报局专职人员构成的最大特色。除专职人员外，情报局还设 15 人以内的"参与"，从学识经历丰富的各界人士中遴选，给予敕任官待遇，可参与情报局的局务。

情报局最高长官为总裁，由内阁总理大臣提名，对内阁总理大臣负责，接受内阁总理大臣的管理。因此，情报局总裁在行政上是处于内阁总理大臣监管下的行政部门的长官，但其并不具有独立行政权力，只是依据内阁总理大臣命令或以内阁总理大臣名义行使其职权。换言之，情报局总裁不过是"辅助内阁总理大臣的机构"[1]。

情报局下设官房和 5 个部门。官房由两课组成，主要负责机密、人事、会计、文件等情报局日常运营庶务。

第一部负责内外舆论的策划、指导，各种情报的搜集、整理以及内外舆论动向调查，下设三课。第一课负责"内外舆论指导及内外启发宣传的基本企画""思想战对策的企画及实施""参与会议及其他启发宣传企画相关会议"以及不专属情报局内其他部门所管业务；第二课负责协调各宣传部门，动员遍布中央、地方、海外等地的情报网开展情报搜集、整理、编制和下发工作，以达到"情报业务反映在国策推行"的目的；第三课负责与中央及地方各部门密切联系，加强各部门间情报交换，同时还发动各民间团体提供各种情报，开展"内外舆论及思想调查"，从而为"战时国策推行、启发宣传"提供参考。

第二部是情报局最为核心的部门，负责对国内报纸、出版、广播等事业的指导、监督和管理，下设三课。第一课负责向报纸、通信社发布政府决策，并在政府其他部门发布国策通告时"进行综合判断"，提出修改意见。同时还通过"内部指导"的方式对报纸报道进行指导，并对报社、通信社提供经费资助等。第二课负责对书籍、杂志等的生产、配给、销售等相关业务进行指导监督，并负责新闻杂志用纸统制委员会、日本出版文化协会、日本出版配给株式会社等机构的管理。第三课负责广播相关业务，通过广播实现"高度国防国家建设所需的国民意识和情操的涵养"。需要说明的是，第二部的核心成员均为军部官员，如部长为陆军少将吉积正雄，第一课课长为陆军大佐松村秀逸，第二课课长为海军大佐大熊让，7 名专任情报官中包括陆军中佐铃木库三等 2 名军人。换言之，情报局的核心部门为军部所掌控。

第三部继承了外务省情报部的工作，负责对外报道、文化、宣传工作，是政府对外

---

① 著者不明：『戦前の情報機構要覧：情報委員会から情報局まで』、出版社不明 1964 年、第 196 頁。

宣传的窗口，下设三课。第一课负责向国外报纸及通讯社发布政府政策，并定期召集外国记者、通讯员开会。第二课负责通过外国出版物、电影等媒介开展对外宣传，同时通过国内媒介向日本国民介绍国际局势及各国情况。第三课主要继承了原外务省文化事业部所掌管的"对外宣传日本文化事业"。

第四部负责对报纸、杂志、电影等进行审查和取缔，并为各种新闻机构编辑、提供关于政府声明的宣传册，下设两课。第一课主要根据《国家总动员法》第 20 条规定对报纸、杂志实施审查和监管，同时对电影、唱片等媒体在国策推行方面的启发宣传事项进行监管。第二课负责"政府综合性国民启发杂志"《周报》《写真周报》等刊物的编辑工作，同时向其他杂志提供稿件，并在杂志上开设"国策解说""时局解说"等专栏。

第五部负责国内文化设施、电影、艺术的指导与监督，并负责与各种活动及团体进行联络，下设四课。第一课负责博览会、展览会、海报等媒介的启发宣传活动并对其实施指导和监管。第二课负责电影、演剧等媒介的启发宣传活动并对其实施指导和监管。第三课负责文学、音乐、美术及其他艺术形式的启发宣传活动并对其实施指导和监管，同时对国民文化的内容及相关团体进行指导。第四课负责国民运动、讲演会、讲习会及其他形式的启发宣传活动并对其实施指导和监管，同时加强"与国民运动有必然联系的各团体之间的联络"①。

1943 年 4 月，情报局的内部机构进行了调整，由原来的五部调整为四部，同时为强化"情报宣传的基本事项的企画及调整"，在总裁官房设置审议室，将原属第一课所管辖业务转移到审议室。此外，在第一部设置国民运动课，专门负责"国民运动及活动的指导和统制"②，并将原第五部所管辖的有关讲演会、研习会、博览会、展览会等启发宣传活动的指导和监管转移至国民运动课。

1943 年 11 月，政府又对情报局机构进行了调整，进一步优化了组织架构，由四部改为三部，同时为加强"情报宣传基本事项的企画和调整"业务，在审议室新设事务室，负责"舆论指导方针策定的联络调整"③ 及其他事务性工作。此外，还在总裁官房设立了负责内外情报搜集的战时资料室。战时资料室下设两课。第一课负责国内情报的搜集整理、舆论思想的调查以及对内宣传业务。第二课负责搜集整理对外宣传所必需的

① 「情報局ノ組織ト機能」、『情報局ノ組織ト機能 昭和 16 年 5 月』、JACAR（アジア歴史資料センター）、Ref.A06031104700、国立公文書館。
② 「情報局分課規程（昭和十八年四月）」、『各種情報資料・主要文書綴（一）』、JACAR（アジア歴史資料センター）、Ref.A03025356900、国立公文書館。
③ 「情報局分課規程（昭和十八年十一月）」、『各種情報資料・主要文書綴（一）』、JACAR（アジア歴史資料センター）、Ref.A03025357100、国立公文書館。

资料，对对外宣传工作所面临的国际局势进行判断，并开展对外宣传。

1944 年 11 月 8 日，"为谋求有效利用（情报局）战时资料室第一课所搜集到的国内情报"[①]，情报局对审议室进行了扩充，增加敕任情报官 1 名、奏任情报官 2 名、专职情报官 2 名。对于扩充审议室的理由，情报局总裁官房文书课作了如下解释：各政策的建立及实施由情报局及各省各行其是，其中最值得留意的则是各厅政策之间的矛盾龃龉。（中略）为此，应该对掌管本事务的情报局总裁官房审议室的阵容进行扩充，配备有实力的人物，协调各厅的政策，以确定合适的舆论指导及宣传启发方针。[②]

1945 年 3 月 1 日，日本政府解散日本新闻会[③]之后，将日本新闻会的职权全部交由情报局来行使。4 月，"为统一对军事、外交、政治相关报道、宣传、启发的实施"，情报局又进行了最后一次重组，将陆军省报道部、海军省军务局以及外务省等部门的相关权限转移给了情报局。主要内容如下：

1. 为开展军事相关报道和启发宣传，在情报局设置一部门，将现在由陆军省报道部、海军省军务局第四课负责的部分事务交该部门办理；

2. 在外交相关的新闻发布以及对外宣传方面，将现在由外务省及大东亚省所负责的部门事务交由情报局办理；

3. 统管报纸、通讯社记者会；

4. 强化、完善报道、宣传的地方机构。[④]

应该指出的是，尽管陆军省报道部、海军省军事普及部以及外务省等情报部门的相关业务被转移到了情报局，但没有一个部门完成全部业务的移交，他们大都保留了部分业务甚至是主要业务，如外务省虽然将对外宣传相关业务转移到情报局第三部，但对内报道仍然归外务省及大东亚省管辖，而军事报道方面，尽管陆海军相关业务转移至事务室管理，但该部门主要由"陆海军武官构成，除具有情报官身份外，同时拥有陆海军省及大本营身份"[⑤]。

[①]　『毎日新聞』1944 年 11 月 8 日。

[②]　栗田直樹：『緒方竹虎——情報組織の主宰者』、東京：吉川弘文館 1996 年、第 144 頁。

[③]　关于日本新闻会，请参阅本书第三篇第三章"日本新闻会"相关内容。

[④]　「情報局改組ニ関スル件」、『公文類聚・第六十九編・昭和二十年・第九巻・官職三・官制三（内閣一）』、JACAR（アジア歴史資料センター）、Ref.A14101274000、国立公文書館。

[⑤]　「情報局改組ニ関スル補足の説明事項」、著者不明：『戦前の情報機構要覧：情報委員会から情報局まで』、出版社不明 1964 年、第 251 頁。

三、情报局与各省的关系

由于情报局统合了外务省、内务省、陆海军省及递信省的相关业务，因此其与五省之间在业务执行、人员配备等方面均存在着交叉并立的情况。

按照《情报局事务规程》规定，在开展宣传相关工作时，五省"须及时将与国策相关的各种情报向情报局通报"，其地方机构向各省中央及其他机构进行通报时也必须同时向情报局通报，各部门在发布重要声明时应"事前与情报局取得联系，同情报局就其内容及发布方式进行协议"①，各部门在实施"启发宣传"活动时应将宣传资料的发行及广播内容与情报局进行协商，将演讲、电影等相关宣传活动向情报局通报。据《情报局事务规程》，五省均与情报局在各自主管业务方面达成谅解或备忘录。

第一，在广播相关业务方面，由于战时日本广播事业属于国家垄断行业，日本广播协会是从事日本国内广播事业的唯一合法团体，自日本开启广播事业以来，广播一直处于递信省的监管之下，但情报局成立后，由于递信省电务局的部分业务转移至情报局，因此情报局也拥有了对广播事业的监督权。为进一步厘清两者在广播事业监管方面的关系，1940 年 12 月，情报局与递信省就广播业务的处理达成协议，决定在日本广播协会的法人监督方面，如重要人事、法人章程、业务计划及收支预算、资金管理等"均由情报局递信省共管"，而"放送事项的指导取缔相关事务主要由情报局主管"，"放送设施相关事务由递信省主管"②，且上述两项业务须分别事前同对方协商。1942 年 12 月 4 日，内阁对上述谅解备忘录进行了修订，规定"广播设施相关事项由递信大臣主管，广播运营相关事项由内阁总理大臣主管"③，且关于广播业务的重大事项须经内阁总理大臣和递信大臣事前协商。12 月 8 日，情报局和递信省针对上述修订签订备忘录，规定日本广播协会的"重要人事、章程及章程附属细则、职制、事业计划及收支预算"④ 须经内阁总理大臣和递信大臣事前协商，且双方在行使其主管业务时须尊重对方的意向。如前所述，内阁对宣传的监管是通过情报局来实现的。因此，上述备忘录进一步强化了情报局对广播事业的监管，由"广播指导取缔"扩大至"广播事业的运营"层面，从而实现了

---

① 「情报局事务规程」、『各种情报资料・主要文书缀（一）』、JACAR（アジア历史资料センター）、Ref. A03025356700、国立公文书馆。

② 「情报局递信省两厅间二於ケル放送关系事务处理二关スル阁议谅解事项」、『公文类聚・第六十四编・昭和十五年・第五卷・官职三・官制三（内阁三）』、JACAR（アジア历史资料センター）、Ref. A02030167900、国立公文书馆。

③ 「放送关系事务处理二关スル件」、『公文类聚・第六十六编・昭和十七年・第七卷・官职三・官制三（内阁三）』、JACAR（アジア历史资料センター）、Ref.A14100980500、国立公文书馆。

④ 「社团法人日本放送协会ノ监督二关スル情报局次长通信次官间ノ觉书」、『各种情报资料・主要文书缀（一）』、JACAR（アジア历史资料センター）、Ref.A03025360100、国立公文书馆。

对广播事业的全面统制。

此外，在同盟社监管方面，外务省、递信省和情报局三部门于 1940 年 12 月达成协议，决定外务省将同盟社的法人监督权移交给情报局，由"内阁总理大臣和递信省共同监管"①，其中与外交相关事务须与外务大臣事前协商，而与电信及电话设施相关的业务归递信省管理，其他业务由内阁总理大臣负责管理。

第二，在外交报道相关业务方面。1940 年 8 月 13 日通过的《内阁情报部机构改革决议案》决定将外务省主管的部分情报宣传业务移交至情报局。此后，为更好地理顺情报局与外务省之间的关系，"避免两厅间所掌管事务的混淆重复等弊端"，两部门就业务分界进行了协商，明确规定下述内容由外务省移交至情报局。

一、关于帝国基本外交政策的对内外舆论的指导相关事务

（一）基本外交政策相关舆论指导方针的确立。

（二）外交关系事项中经内阁会议决定之事项及适合由内阁发布之重要事项相关事务。

（三）内外报纸通信的指导相关事务。

二、以外国舆论指导及国内外交及国际知识普及为目的的下述事项相关事务

（一）出版物。

（二）电影、写真、唱片。

（三）广播。

（四）上述诸项相关诸团体的补助、指导。

三、下述文化事业相关事务

（一）一般文化宣传及文化宣传资料的编写。

（二）国内文化宣传机构（如国际文化振兴会、国际学友会、日德文化协会、日意协会等）的资助。

（三）学者、学生交换、派遣、邀请的资助。

（四）各种艺术介绍的资助。

（五）国际体育相关活动的资助。②

---

① 「情报局、外務省、逓信省三庁間ニ於ケル社団法人同盟通信社ノ監督事務処理ニ関スル閣議諒解事項」、『公文類聚・第六十四編・昭和十五年・第五巻・官職三・官制三（内閣三）』、JACAR（アジア歴史資料センター）、Ref.A02030167900、国立公文書館。

② 「外務省、情報局間ノ事務分界並協力ニ関スル外務事官、情報局次長間申合」、『各種情報資料・主要文書綴（一）』、JACAR（アジア歴史資料センター）、Ref.A03025357300、国立公文書館。

除上述业务内容外，与外交密切相关的事务，如外务省的外交政策发布、记者招待会、驻外文化宣传机构的管理以及在外情报的搜集等仍由外务省负责。

此外，1942 年 11 月，为加强日本与占领区之间的联系，东条英机内阁决定成立大东亚省，执掌"大东亚地区诸般政务的施行、保护帝国在该地区内的商务及在留帝国臣民以及该地区的移民、海外拓殖事业及对外文化事业相关事务"[①]。很明显，大东亚省所管业务与情报局存在交叉。为此，情报局与大东亚省就业务分界达成协议，规定"情报局所管事务中，属于大东亚省所辖区域的文化事业移交大东亚省"，而与国策密切相关的对外宣传、情报搜集及"大东亚省所辖区域内发行的报纸杂志及广播事业与本邦发行的报纸杂志及广播事业之间的联络及协作"[②] 则须在同大东亚省协议的基础上由情报局主管。

第三，在舆论审查方面。按照《新闻纸法》和《出版法》的相关规定，对报纸杂志等实施舆论审查的权力由内务省掌握。情报局成立后，第四部第一课掌握了根据《国家总动员法》第 20 条相关规定对报纸及其他出版物实施内容限制、禁止销售、没收扣押等处置权。这与内务省警保局所掌管的依据《新闻纸法》《出版法》等法律对出版物实施监管和取缔的权力有所重合，且"情报局、内务省、警视厅、陆海军报道部都各自享有独立的言论审查权限，互相竞争"[③]。为加深"情报局第四部所执掌的审查及其他取缔事务与内务省警保局所执掌的审查及其他取缔事务之间的相互密切联系"[④]，情报局与内务省签订谅解备忘录，一致同意在人员配置方面，负责审查工作的情报局第四部长须由内务省推荐，并兼任内务省事务官，而内务省警保局审查课长须兼任情报局情报官，并兼任情报局第四部第一课长，两部门其他从事审查工作的职员均互相兼任，同时拥有双重身份。因此，情报局的审查部门在设置之初即与内务省的审查机构处于"一体两面"的关系。如此处理的结果是，上述两部门的活动"在法规上暂时得以区分，而在事务处理的实际过程中则处于一体的关系"[⑤]，从而最大限度兼顾了审查范围和审查力度。

第四，在军事报道方面，情报局成立之前，军事国防思想的普及、军事相关宣传报道及舆论指导等主要由陆军省情报部和海军省军事普及部负责。随着情报局的设立，陆

---

① 「大東亜省官制」、『枢密院審査報告・昭和十七年』、JACAR（アジア歴史資料センター）、Ref. A03033470100、国立公文書館。

② 「情報局、大東亜省間ノ協力及事務分界ニ関スル大東亜次官、情報局次長間申合事項」、『各種情報資料・主要文書綴（一）』、JACAR（アジア歴史資料センター）、Ref.A03025357600、国立公文書館。

③ 清沢洌：『暗黒日記』、東京：東洋経済新報社 1954 年、第 175 頁。

④ 「久富情報局次長挟間内務次官間情報局第四部職員ニ関スル諒解事項」、『各種情報資料・主要文書綴（一）』、JACAR（アジア歴史資料センター）、Ref.A03025357400、国立公文書館。

⑤ 著者不明：『戦前の情報機構要覧：情報委員会から情報局まで』、出版社不明 1964 年、第 275 頁。

海军宣传部门的大部分业务被转移至情报局，仅保留部分与陆海军省内部密切相关的业务，但陆海军内情报部门并未因此撤销。陆军省情报部更名为陆军报道部，海军省军事普及部更名为海军报道部继续行使其职能。此外，在业务转移过程中，陆海军强化了对情报局的话语权，不但将原来在陆海军从事舆论宣传工作的文官转移至情报局，同时也取得了"现役陆海军武官专任情报局情报官"①的任职资格。结果，在情报局成立时，出身于陆海军的情报官达 15 名，占全部情报官人数的 30%。此外，武官出身的课长级以上高级职员中也占据近三分之一的比重。

太平洋战争爆发后，随着战局的发展，大本营陆海军报道部在舆论宣传中的影响力与日俱增，其业务内容甚至超出军事相关宣传报道，与情报局的业务发生冲突。鉴于此，情报局于 1942 年 11 月 17 日向内阁会议提出报道体制改革议案，要求"陆海军报道部原则上负责纯军事相关的报道宣传。情报局发布的事项中与战争指导有重大关联内容时，须事前与报道部联络，同时报道部发布的事项中与舆论指导有重大关联内容时，须事前与情报局联络"②。为配合该项改革，情报局进行改组，在总裁官房设置审议室，陆军省报道部长、海军省报道部第一课长兼任情报官，参与情报局内情报宣传业务的审议及策划。

1944 年 5 月 1 日，"为统一敌袭时国内报道事务"，内阁会议审议并通过了由情报局制定的《敌袭时中央国内报道措施要纲》，决定以大本营陆海军报道部、情报局及内务省为中心设立中央"军官一体的报道联络机构"，其设立、运营、撤销等事务须获大本营陆海军报道部、情报局许可，日常运营由情报局负责处理。在业务上，所有信息发布以及新闻报道审查工作原则上由该机构负责，而常驻该联络机构的"主要报纸、通讯社记者及广播电台成员需提前遴选"。尽管该措施要纲是针对敌袭时的信息发布制定的，但"其他非常事态下的报道措施也适用该要纲"③。

1944 年 7 月，大本营陆海军报道部、情报局及内务省又针对地方"联络报道机构"的设立达成一致意见，决定在除东京之外的各地成立"旨在统一军、官报道的军官一体的报道联络机构"，其组织运营、管理分工、业务管理等主要由各地驻军及各地方政府部门共同负责，其成员"主要由地方军及厅府县报道相关部门构成"。为加强对广播的

---

① 「現役ニ在ル陸海軍武官ニシテ情報局情報官ニ専任セラレタル者ノ分限等ニ関スル件」、『各種情報資料・内閣情報局設置関係書類』、JACAR（アジア歴史資料センター）、Ref.A03024736200、国立公文書館。

② 「報道、啓発及宣伝（対敵ヲ含ム）機能ノ刷新ニ関スル件」、『各種情報資料・主要文書綴（一）』、JACAR（アジア歴史資料センター）、Ref.A03025358200、国立公文書館。

③ 「敵襲時中央ニ於ケル国内報道措置要綱決定ノ件」、『各種情報資料・主要文書綴（三）』、JACAR（アジア歴史資料センター）、Ref.A03025364200、国立公文書館。

控制，"递信局负责广播审查的相关官员应在本机构成立后立即常驻，负责广播事务的处理"①。

1945年5月，情报局在最后一次改组中将军事相关业务归第一部负责，该部职员由陆海军武官构成，并同时兼有大本营报道部身份。因此，情报局第一部和大本营报道部在人员和业务方面高度统一，从而实现了"统帅和国务相关情报宣传事务事实上的一体化关系"②。

综上，尽管情报局成立后原属陆海军、外务省等部门的宣传机构并未撤销建制，在业务上与情报局互相交叉并存在一定竞争，形成了"多头领导"的局面，但从情报局的构成以及职责来看，它将原属递信省、外务省情报部、内务省警保局以及陆海军情报部的职责集于一身，实现了一元化集权，成为战时国策宣传和"思想战"的最高统制机构。它凌驾于各有关宣传部门之上，使政府的言论统制更加体系化、细致化和有组织化。

四、情报局的活动

根据《内阁情报局官制》的规定，情报局的职责有四：一是"对作为推行国策基础的有关情报进行搜集、报道以及启发宣传"，基本上继承了先前内阁情报部的职责；二是将本来由内务大臣掌管的对报纸、杂志等出版物的取缔或处分事项交由情报局来负责，"执行关于报纸等出版物的《国家总动员法》第20条中所规定的处置措施"；三是"对广播事项进行指导、取缔"；四是对电影、唱片、戏剧及其他媒体的"有关国策推行基础的事项进行启发宣传进行必要指导和取缔"。此外，情报局在开展业务过程中，必要时"可要求相关各厅在情报搜集、报道及启发宣传方面提供协助"③。情报局的活动主要集中在三方面。

第一，针对日本国内外局势的发展，根据政府的宣传诉求，制定了一系列舆论宣传方针。这些宣传指导方针与日本所面临的内外局势密切相关，具有极强的针对性，且不同时期的侧重点也有所不同。战略进攻期，宣传方针的重点是引导社会舆论，为日本开战寻找"正当"的理由，并以战争"长期性"为切入点强化国民对"总体战"的认同和参与。如日本偷袭珍珠港的当天，情报局出台的《对日英美战争的情报宣传方策大纲》，即以提高国民士气、坚定必胜信念为基调。战略防御期，则在"宣扬基于大诏的皇国理想，阐明国是"，以"唤起明朗刚健的国民风气，昂扬斗志"④，同时强调战争的长期性。

① 情报局第二部放送课：『大東亜戦争放送指針彙報』第三十八輯、東京：情报局1944年、第12页。
② 著者不明：『戦前の情報機構要覧：情報委員会から情報局まで』、出版社不明1964年、第280页。
③ 「情報局官制」、『御署名原本・昭和十五年・勅令第八四号・情報局官制制定内閣情報部官制廃止』、JACAR（アジア歴史資料センター）、Ref.A03022524600、国立公文書館。
④ 内川芳美：『現代史資料・41・マスメディア統制(二)』、東京：みすず書房1996年、第451页。

此外，情报局制定的两次《适应大东亚战争现阶段的舆论指导方针》均极力强调"在不动摇必胜信念的限度内，改变国民对战争的安逸感"①，从而寻求必胜信念和长期作战的平衡点。战略溃败期，则把鼓舞士气、"护持国体"作为重点，以驱使国民开展所谓的"本土保卫战"，如《决战舆论指导方策要纲》极力弱化决定战争胜负的经济、军事等要素，取而代之大肆鼓吹"天佑神助""万邦无比"的国体优势来强化精神力量，以近似道德绑架的形式强化国民对国体的认同，以达到"一亿决战"的目的。

第二，加强对战时日本舆论的统制，构建适应战时体制、符合政府诉求的舆论宣传新格局。一方面，推动报纸、出版等行业"自发地"组织统制团体，实行记者、编辑资格审查与登记制度，实施印刷用纸、资材配给制。在情报局的推动下成立的团体主要有依据《新闻事业令》成立的日本新闻会、根据《出版事业令》成立的日本出版会以及专门负责报刊杂志用纸分配的新闻杂志用纸统制委员会等。另一方面，在通过《总动员法》《新闻纸法》《出版法》等法令对媒体实施"硬性"统制的同时，通过"内部指导"的方式加强对媒体的"柔性"引导。日本当局认识到，要充分发挥媒体的宣传作用，单靠行政命令强制推行是难以奏效的，必须依靠宣传媒介的支持，才能"昂扬国论，最大程度涵养国民意志"②。因此，必须对媒体报道进行有效指导，避免出现与日本内外政策相悖的声音。于是，情报局进一步加强了对前述东京 8 大主要新闻单位的指导，随时召集 8 家新闻单位召开编辑局长会议、政治部长会议、经济部长会议和社会部长会议，确定每一阶段的宣传方针和宣传基调。虽说这些会议美其名曰"恳谈会"，但实际上情报局官员却往往在会上直接宣布禁止执笔和禁止刊登的命令，并要求舆论界对国策给予支持和协助，毫无疑问，其实质是带有强制性的自上而下式的命令。

1941 年 2 月 26 日，情报局第二课召集中央公论社社长岛中雄作和所有编辑人员开会，对该杂志社不积极协助国策给予批评，并要求《中央公论》彻底消除自由主义倾向。对此，岛中认为，军部命令国民服从的做法是军队式的思维方式，并指出"言论指导并非如此简单，在这方面我们才是行家，因此假以时日思想指导应该由我们来负责"③。岛中的言论触怒了情报官铃木库三，他批评岛中的主张是在宣传自由主义方针，称"任凭有这种想法的人在出版界横行，无论何时都会将国策置若罔闻"④，并要

① 「大東亜戦争の現段階に即応する輿論指導方針」、赤沢史郎、北河賢三、由井正臣：『資料日本現代史·13·太平洋戦争下の国民生活』、東京：大月書店 1990 年、第 197—198 頁。
② 内川芳美：『現代史資料·41·マス·メディア統制（二）』、東京：みすず書房 1996 年、第 355 頁。
③ 日本ジャーナリスト連盟：『言論弾圧史』、東京：銀杏書房 1949 年、第 101 頁。
④ 畑中繁雄：『覚書　昭和出版弾圧小史』、東京：図書新聞社 1965 年、第 18 頁。

求《中央公论》转变态度，否则将立即捣毁杂志社。1941 年 3 月 31 日，情报局又向一些所谓"不合作"的报纸、杂志社下发通知，命令各单位提供"购买读者卡"，从而将言论统制的触角延伸到读者身上。有一些读者因此受到牵连，受到地方特高警察以及陆军的迫害。

第三，在总裁绪方竹虎推动下，推行"言论畅达"政策和"思想战总部"构想。1944 年 7 月 22 日，绪方作为国务大臣兼情报局总裁进入小矶国昭内阁。绪方将调整东条内阁时期的言论政策、谋求"言论畅达"作为上任后的主要任务。他在入阁后的首次记者见面会上即表示，"使国民知晓战局实情及内外局势是提高国民斗志的根本，应该对此前政策的缺陷进行追查并制定相应对策"①。绪方的对策就是保持"言论畅达"，"将战争的情况如实告知国民，同时使他们畅所欲言，让战争更加接近国民"②。绪方的主张获得小矶内阁的支持，"言论畅达"政策也收到了一定成效，它加强了媒体与情报局之间的关系，又赋予了媒体一定程度的新闻自由，"审查取缔因总裁的努力而有所缓和"③。

绪方一方面希望媒体能够实事求是地进行报道，另一方面又期待媒体对战争进行自发协助，并通过与媒体的编辑负责人进行会谈的"内部指导"方式对媒体进行引导。早在绪方担任情报部"参与"一职时，他就在演讲中强调了媒体在"思想战"中的重要作用。在就任情报局总裁之后，绪方更是将情报局定位为推行"思想战"的重要机构，表达了"为使官民一体共同推进作为特别重要领域的思想战，希望通过情报局来充分发挥自己责任"④ 的抱负。在翼赞政治会情报部理事会上，他坚定表示"鉴于思想战是战争最后的决定条件，情报局必须具有'思想战本部'的性格"⑤。然而，无论是情报局主导下的"言论畅达"政策，还是绪方竹虎提出的"思想战本部"构想，对陆军省来说，都意味着剥夺了其在战时体制下的主导权，因此遭到陆军的强烈反对，绪方的"思想战本部"构想也最终破产。

尽管如此，作为言论统制的最高机构，情报局的成立意义重大，它整合了外务省、内务省、陆海军省等宣传机构的部分职能，将报纸、杂志等出版物以及广播、电影、唱片等战时所有大众传播媒体纳入其监管体系，对其实施审查、指导、宣传，形成一元化国家情报统制机构，甚至被赋予"思想战"中枢地位，其宣传活动"按照世界局势，

---

① 『朝日新聞』1944 年 7 月 23 日。

② 嘉治隆一：『緒方竹虎』、東京：時事通信社 1962 年、第 231—232 頁。

③ 中村正吾：『永田町一番地』、東京：ニュース社 1946 年、第 28 頁。

④ 『読売報知』1944 年 7 月 23 日。

⑤ 『朝日新聞』1944 年 8 月 10 日。

遵照政府政策，谋求日本立场的正当化"①，并煽动日本国民的仇外心理。到日本战败为止，情报局一直发挥着舆论操控的作用，对"政府内外各项政策举国舆论的形成"② 发挥了重要作用。

---

① 「A 級極東国際軍事裁判速記録第十五號」、『A 級極東国際軍事裁判速記録（和文）・昭和 21.5.3—昭和 21.8.28（第 1—57 号）』、JACAR（アジア歴史資料センター）、Ref.A08071309400、国立公文書館。

② 「内閣情報部官制中○高等官官等俸給令中ヲ改正ス・（拡大強化ノ為ノ準備事務等ノ為勅任情報官設置）」、『公文類聚・第六十四編・昭和十五年・第四巻・官職二・官制二（内閣二）』、JACAR（アジア歴史資料センター）、Ref.A02030166300、国立公文書館。

第二章　军部系统的舆论统制机构

"一战"后，日本各界对欧洲各国的宣传活动进行了考察，总结了德国等国家在宣传工作上的优缺点，并结合日本内外局势及其媒体发展状况对日本在"一战"中的宣传活动进行了反思。在此过程中，日本各界认识到重视舆论操作和舆论诱导的积极的舆论政策的重要性。按照当局意志，配合局势需要，有组织地开展宣传活动成为各界的共识。要实现舆论宣传的组织化，就必须强化言论统制机构建设。为此，日本各界就舆论宣传的机构建设问题进行了探索和尝试。陆军省先于政府其他部门成立了新闻班。此后，新闻班历经多次组织隶属的变更，于 1938 年 9 月被改组为陆军省情报部。在此之前，随着 1937 年 11 月大本营的重设，陆军省成立了大本营陆军报道部，负责陆军宣传计划的制定与实施。1940 年随着情报局成立后业务关系的重构，陆军省情报部被编入大本营陆军报道部。而海军省则于 1923 年设立海军省军事普及委员会，负责海军省内相关宣传工作，1932 年 10 月改组为海军省海军军事普及部，负责海军军事知识普及及海军省宣传工作。情报局成立后，海军军事普及部被撤销，情报宣传业务被转移至情报局，军事普及业务则转移至海军省军务局第四课，后被编入大本营海军报道部。

情报局将陆海军等部门的情报机构业务整合至其麾下，从而发展成为战时舆论宣传的一元化统制机构，陆海军省的宣传机构虽然历经多次改组，但依然与情报局并存，在军事知识的普及、军事相关报道以及战况发布等方面发挥着重要作用。

第一节　陆军省新闻班

随着日本政党政治的发展，民众的政治参与意识越来越高涨，并在各种因素的合力下，爆发了继自由民权运动之后的第二次民主运动高潮——大正民主运动。此后，围绕"西伯利亚出兵"及"米骚动"等事件所引发的一系列媒体事件让陆军省认识到国民舆论动向对政策形成有着极其重要的影响。在此历史背景下，陆军省成立了专门从事舆论统制的机构——新闻班。新闻班尽管隶属于陆军省，但它是一个存在于陆军省官制外的机构，且成立之初规模较小，但随着日本国内政治局势的发展及日本舆论宣传的发展，特别是九一八事变后随着日本军部势力的急速膨胀，新闻班的规模和业务内容也不断得以扩张。除了通过其掌控的审查权对舆论宣传实施监管外，还参与编写被称为"陆军小册子"的宣传资料，开展直接宣传。在政府系统的情报局成立过程中，陆军省新闻班先后被改组为陆军省情报部、陆军省报道部，对战时日本的言论政策产生了极大的影响。

一、新闻班的成立

随着日本资本主义报业的发展，报纸在政治、经济、军事等领域的作用逐渐为各界所认识。陆军省早在1904年即设立新闻检阅委员一职，负责处理与军事相关的报纸报道的审查和取缔，并加强中央与地方在报纸监管方面的联络，于设置后不久即向地方各省下发通牒，要求"本省（陆军省——笔者注）对东京发行的报纸杂志进行检举时，均将其事项以电报通知，为贵厅在对地方报纸进行取缔时提供参考"①，从而将审查的触角伸向地方各省。新闻检阅委员对报纸杂志的审查力度是比较大的，特别是日俄战争中更是收紧了对日军军事行动的报道审查，凡涉及陆军军事行动的报道均在被检举的范围内。

为防止各报社的自行报道与陆军的宣传诉求出现矛盾，陆军省于1904年2月发出告示，宣布允许各报社派遣记者从军，并出台《陆军从军新闻记者须知》，对从军记者的条件要求、权利义务、身份待遇等作了详细规定，要求从军记者在从军过程中必须接受高等司令部的管理，服从高等司令部的命令，其报道内容须"经高等司令部指示的将校的审查，获得验讫章的通信才能发出"②。而负责审查工作的即为新闻检阅委员。陆军省不但允许本国记者从军，也接受外国记者的从军申请，向其发放从军记者资格证，并向其提供尽可能的便利，以便其能够"保持健康，充分视察，以正确、公平的报道来完成诸君的任务"③。

1914年7月，第一次世界大战爆发。8月，日本对德宣战。8月16日，陆军省依据《新闻纸法》第27条之规定发布第12号陆军省令，规定"禁止在报纸上刊登军队进退及其他军机军略相关事项，但预先获得陆军大臣许可者除外"④。这就意味着，不仅内务省掌

① 「新聞紙記事に対し告発したる場合通牒の件」、『明治37年「満大日記1月 坤 甲」』、JACAR（アジア歴史資料センター）、Ref.C03025423000、防衛省防衛研究所。

② 「陸軍従軍新聞記者心得」、『明治37年1月27日より明治37年3月1日まで 臨号書類綴 自臨第251号至第481号 2冊の内2 台戦第3号』、JACAR（アジア歴史資料センター）、Ref.C09123124200、防衛省防衛研究所。

③ 「外国通信員諸君ニ告ク」、『日露戦役ノ際戦況視察ノ為外国新聞記者従軍一件 第一巻』、JACAR（アジア歴史資料センター）、Ref.B07091020900、外務省外交史料館。

④ 「新聞記事取締の件」、『永存書類甲輯第4類 大正11年』、JACAR（アジア歴史資料センター）、Ref.C02031073800、防衛省防衛研究所。

握了新闻报道的审查权，陆军省借助该省令也拥有了该项权力，而行使该权力的也是新闻检阅委员。上述省令公布后，新闻检阅委员便向陆军大臣官房提交"陆军省副官向内务省警保局长、司法省法务局长的通牒案"①，确定了包括《东京日日新闻》《报知新闻》《读卖新闻》等在内的 24 家报纸的审查名单，并规定"对新闻报道原稿进行审查后允许其刊登时，应标记'已审查'字样"②。

　　为进一步明确新闻报道审查的标准，新闻检阅委员于 1914 年制定了《揭载禁止标准》，对禁止报道的"军机军略相关事项"作了界定，规定凡涉及军用船舶、汽车、人马资材等军需物资，集结时间数量、兵种番号、进军动向等军队基本状况的相关内容均不得报道，并特别规定"军事相关邮政、电信及其他通信相关事宜"③也在取缔范围之内。

　　新闻检阅委员除了负责报道审查外，还承担着"战报发布"的任务，而"新闻情报的搜集"以及"新闻记者的引荐接待"等业务则由秘书官及副官负责。由此可知，新闻检阅委员对报纸等媒体采取的无疑是以禁止、取缔为主的传统的消极的统制策略。此一时期还未呈现出任何"积极的宣传意义"④。

　　真正让陆军省认识到舆论指导必要性的则是围绕"西伯利亚出兵"而引发的舆论问题。1918 年日本出兵西伯利亚干涉苏俄革命，引发"米骚动"，寺内内阁发布命令禁止"米骚动"报道及反对出兵报道，从而引起了声势浩大的"言论拥护运动"。尽管这次"言论拥护运动"最终以"白虹贯日"事件收场，但报纸等媒体对政局的影响力却对日本各界造成了极大冲击。特别是由于日本当局出动军队镇压"米骚动"，更是助长了国民反军情绪的高涨。鉴于此，陆军省决定强化对新闻舆论的监管，首先是充实舆论监管力量。此外，1918 年 9 月田中义一担任陆军大臣后，为扭转军部在国民中间的负面印象，田中作出了种种努力，其中在对待宣传报道方面"努力粉碎陆军传统的门户闭锁主义，试图以笔来增进国民对陆军的理解"⑤。

　　在此背景下，1918 年 12 月 17 日，陆军步兵中佐秦真次被任命为"临时军事调查

---

①　「検閲スル新聞紙名通知ノ件」、『欧受大日記　大正 3 年 8 月下』、JACAR（アジア歴史資料センター）、Ref.C03024287900、防衛省防衛研究所。

②　「新聞紙記載禁止事項ニ関スル件」、『欧受大日記　大正 3 年 8 月下』、JACAR（アジア歴史資料センター）、Ref.C03024285200、防衛省防衛研究所。

③　「新聞記事禁止制限標準書の件」、『欧受大日記　大正 3 年 9 月下』、JACAR（アジア歴史資料センター）、Ref.C03024324100、防衛省防衛研究所。

④　「業務顛末書提出の件」、『欧受大日記　其 3　3 冊の内　大正 13 年』、JACAR（アジア歴史資料センター）、Ref.C03025405000、防衛省防衛研究所。

⑤　田中義一伝記刊行会編：『田中義一伝記』（下巻）、東京：田中義一伝記刊行会 1960 年、第 219 頁。

委员"①，主要负责报纸的审查工作。鉴于"时势的发展及西伯利亚时局的变化"，陆军省充分认识到"舆论不可轻视，且有必要对其进行指导"，遂于1919年1月6日任命秦真次为陆军大臣官房御用挂，担任"新闻系"一职。对于其承担的业务内容，当时并无任何官方规定可供遵循，主要是根据陆军大臣的指示开展以下工作：

（1）每天通读东京大型报纸、地方重要报纸及特别有必要的杂志及新刊书籍等报纸杂志，并将其中紧要事项向大臣及次官报告；

（2）通读大臣特别指示的文件，并向其报告要点；

（3）根据报纸通信员的希望，供给材料；

（4）起草在报纸上刊登的报道，并与高级副官及各局课取得联系，向报纸通信员印发；

（5）注意社会民众思想与军队内部思想之间的关系，若要向普通民众普及军事思想，则要与宪兵、内务省、文部省、警视厅及著名思想家取得联系；

（6）通读宪兵报告及外国电报（参谋本部及外务省通报）；

（7）以普及军事思想为目的，向地方派遣演讲人员或者向杂志投稿。②

从上述内容来看，"新闻系"的业务大致可分为"报告""普及"及"情报调查"三大类。其中"报告"的内容主要来自各大报纸及重要文件，采用口头报告的形式向田中义一传达。这说明，"新闻系"是一个近似于直属陆军大臣的机构，也从一个侧面说明田中对新闻舆论的重视程度。"普及"占据"新闻系"业务的大半，这是基于田中对当时局势的认知而作出的决定，也是改变民众对军部负面印象的一大措施。"情报调查"则是实施"军事思想普及"的基础和要求。

此外需要说明的是，"新闻系"除了负责原来由情报官和新闻检阅委员所承担的"新闻情报的搜集、消息的发布及新闻记者的接待等与新闻相关的一切业务"外，还增加了诸如通过演讲、投稿等方式开展"军事思想普及"的内容，从而迈出了主动宣传的重要一步。

---

① 临时军事调查委员设立于1915年9月，其主要任务是"实施欧洲战争（第一次世界大战——笔者注）相关各项调查，同时进行战略战术相关研究，以此为国政军政改善提供帮助"（参见「臨時軍事調査委員会解散顛末書」、『大正13年「歐受大日記3冊之内其3」』、JACAR（アジア歴史資料センター）、Ref.C03025405000、防衛省防衛研究所）。1922年1月19日，临时军事调查委员被取消。
② 「臨時軍事調査委員会解散顛末書」、『大正13年「歐受大日記3冊之内其3」』、JACAR（アジア歴史資料センター）、Ref.C03025405000、防衛省防衛研究所。

尽管陆军省设置"新闻系"承担"报告""普及"及"情报搜集"三大业务，但当时陆军内部的言论政策并未实现统一。就对待记者的态度而言，陆军省认为"以击退记者来保护秘密的时代一去不返"①。因此，一贯对记者采取开放的态度。参谋本部也自设非正式职务情报主任，负责定期会见记者并向其提供新闻素材，其他各部门记者也均可自由出入。这种开放的态度尽管密切了与记者之间的关系，却因为缺乏统一的监管造成了记者报道各行其是，新闻报道经常出现互相矛盾的情况。

为改变上述局面，陆军省自 1919 年 5 月上旬开始一改对记者的开放态度，禁止记者出入参谋本部，陆军省内各部门也对记者出入实行严格限制。这样，除一些专业性较强的采访外，会见记者的工作原则上"无论是陆军省还是参谋本部均由大臣官房'新闻系'统一实施"②。另外，从海外各地搜集的情报在送达参谋本部后也须首先经"新闻系"进行审查后方能发布。这使得"新闻系"的业务量激增，由于最初的"新闻系"成员仅有秦真次和另外一名陆军大尉，难以应付繁琐庞杂的业务，为更好地发挥"新闻系"的作用，同时"将各局职员从接待报社记者的繁琐中解放出来"③，陆军省开始谋求对"新闻系"进行扩充，计划将规模扩充至一个班。于是在"新闻系"设置仅 4 个月后，陆军省新闻班取而代之登上历史舞台。

二、新闻班的组织架构及业务内容

1919 年 5 月，陆军省新闻班正式成立，临时军事调查委员长、陆军少将村冈长太郎兼任监督一职，秦真次任首任班长，另有成员 4 人，分为两个班，其业务分担如下表所示：

新闻班业务分担表（1919 年 5 月）④

班别	任务概要		负责人
第一班	报纸杂志的调查 情报的调查 报纸报道的撰写（与情报相关） 报纸记者的会见 与参谋本部的联络	香椎浩平中佐	仁礼精粹少佐 叶室俊雄大尉 田北惟中尉

① 宝藏寺久雄：「新聞に関して」、『偕行社記事』第六〇七号、1925 年 4 月、第 78 页。
② 「臨時軍事調査委員会解散顛末書」、『大正 13 年「歐受大日記 3 冊之内其 3」』、JACAR（アジア歴史資料センター）、Ref.C03025405000、防衛省防衛研究所。
③ 小野晋史：「陸軍省新聞班の設立とその活動——大正期日本陸軍の言論政策」、『法学政治学論究』2002 年第 55 号、第 267 页。
④ 「臨時軍事調査委員会解散顛末書」、『大正 13 年「歐受大日記 3 冊之内其 3」』、JACAR（アジア歴史資料センター）、Ref.C03025405000、防衛省防衛研究所。

班别	任务概要	负责人	
第二班	舆论概观的编辑 向大臣、次官报告 报纸报道的撰写（与陆军省内业务相关） 宪兵报告的调查 与陆军省内各局课的联络 杂务	秦真次中佐	仁礼精粹少佐 叶室俊雄大尉 田北惟中尉

从上表可以看出，新闻班基本继承了前述"新闻系"的"报告"和"情报调查"业务，而"普及"业务内容大量缩水，且普及的手段仅为"报纸报道的撰写"这一项，取消了同内务省等各部门合作以及派遣专人演讲等形式，但这并非意味着新闻班不重视"普及"业务，相反"通过报纸以外手段实施普及活动在此后一直得以持续"①。除"报告"和"情报调查"业务外，由于新闻班是在陆军省改变了对报社记者态度的背景下由"新闻系"扩充而成立的，因此新闻班继承了记者接待相关工作，这就决定了新闻班的另一重要任务是负责与参谋本部和陆军省内各部门之间的联络。

此后，随着局势的进展及业务开展的需要，新闻班又不断进行了改组和扩充，先后补充了分别负责俄、中、美等国业务的情报主任和调查主任以及专门负责外国报纸业务的新闻主任等。至 1920 年初完成了"作为适应时势发展的宣传机构的第一阶段的扩张"②。到 1920 年 3 月，除村冈长太郎、秦真次继续担任原职外，香椎浩平以参谋本部成员兼临时军事调查委员的身份负责参谋本部和新闻班之间的联络。成员扩充至 5 人，嘱托 2 人，书记官 5 人，勤杂工 1 人。改组后，新闻班由先前的 2 个班扩展至 3 个班。其中，第一班负责"报纸调查（论说、政治、社会等）、宪兵报告、与省内各局课之间的联络、杂志、舆论概观的编辑、报纸报道的撰写(海外情报除外)、报纸报道的发布"；第二班负责"外电、参谋本部电报、参谋本部谍报的调查、报纸（电报）通信的调查、电报审查、报社记者的会见、报纸报道的撰写、与参谋本部之间的联络、情报日志的编写"；庶务班（即第三班）的主要任务是"报纸、杂志、文件的收发、文件的整理、印刷分发、其他一般杂务"③。

---

① 小野晋史：「陸軍省新聞班の設立とその活動——大正期日本陸軍の言論政策」、『法学政治学論究』2002 年第 55 号、第 268 頁。

② 「臨時軍事調査委員会解散顛末書」、『大正 13 年「歐受大日記 3 冊之内其 3」』、JACAR（アジア歴史資料センター）、Ref.C03025405000、防衛省防衛研究所。

③ 「臨時軍事調査委員会解散顛末書」、『大正 13 年「歐受大日記 3 冊之内其 3」』、JACAR（アジア歴史資料センター）、Ref.C03025405000、防衛省防衛研究所。

与成立之初的业务内容相比，此次新闻班的业务内容有"一增一减"两大变化：其一，增加了"报纸报道的发布"这一项内容，即主动向报纸提供新闻素材或直接在报纸刊登相关报道，这一点有别于此前陆军省的新闻政策。此前尽管陆军省在接待记者时会提供一些新闻素材，但此次业务分担的变更首次明确了主动发布报纸报道的积极的舆论政策；其二，删减了"向陆军大臣和次官报告"的内容，而是将报纸报道相关报告内容整合到"舆论概观"中。如前所述，"报告"业务是"新闻系"三大业务内容之一，且由秦真次直接向陆军大臣作口头报告。而新闻班将此项内容进行了弱化，这说明新闻班"更加重视其作为普及宣传机构的特性"[①]。此外，在实现第一阶段扩张之前，新闻班所下发的文件一般使用"普传班"的印章，这也从一个侧面说明新闻班更加重视"普及宣传"业务。

尽管新闻班拥有直接向陆军大臣报告的权力，且其组织不断扩张壮大，但其在组织架构上仍是一个"官制外组织"，即非正式组织，其隶属关系也多次发生变化。新闻班成立之初，与其前身"新闻系"一样隶属陆军大臣官房，接受临时军事调查委员的监督。1922 年 3 月，临时军事调查委员废除后，新闻班转入作战资材整备会议，但并不接受该会议的领导和指挥，事实上仍归陆军大臣直属。1926 年 10 月，作战资材整备会议改组为整备局后，新闻班划归军事调查委员管理，1933 年转为军事调查部所辖，1936 年8 月又划归军务局管理。尽管此间隶属关系频繁变更，但其业务内容并无大的变化。

1937 年 11 月，大本营复设后不久，即在陆军成立大本营陆军报道部，但新闻班并未随即被撤销，而是与大本营陆军报道部分工协作，依靠不断整合的宣传力量及陆军省内部资源，开展舆论宣传相关活动，其业务主要有：

第一，依据陆军省出台的第 24 号陆军省令，要求各部门加强对新闻报道的审查力度，并寻求内务、外务、拓务、司法、递信、大藏等各部门对"对满事务局"的协助。同时在陆军省内设立以新闻班长为首的报道审查机构，负责"审查相关业务及与本业务相关各官厅之间的联络"，以此强化日本国内的舆论统制。

第二，基于事变后"悲观论抬头、共产国际及其他左翼分子、反战宣传"将有所强化的判断，新闻班要求结合国民精神总动员运动，"事前将军部意图融入其中"，同时充分发挥陆军省记者俱乐部的作用，要求陆军大臣、次官、各局局长等高级官员定期会见记者，更是规定新闻班长"至少每天会见一次并进行指导"。指导的内容主要是配合大本营报道部向记者提供军部发布的诸如《陆军省发表》《陆军当局谈》等通稿，其中报

① 小野晋史：「陸軍省新聞班の設立とその活動──大正期日本陸軍の言論政策」、『法学政治学論究』2002 年第 55 号、第 270 頁。

道部主要负责与作战计划、战力配备、兵力转移等相关新闻通稿的发布,除此之外的通稿则主要由新闻班负责。同时,新闻班还重点关注舆情动向,特别是当出现不利于军部舆论时,则通过向记者提供资料的形式"使记者能够忖度当局意向"①。

第三,向华北方面军宣传部、上海派遣军报道部等前线部队派遣人员,充实其报道监管力量,同时按照内阁情报部制定的宣传方策大纲,与外国驻日武官、外国记者保持直接或间接联系,向其提供相关资料,以确保对外宣传的效果。

三、新闻班的活动

作为陆军省的"官制外组织",新闻班的主要业务均是围绕着陆军省的舆论宣传展开的,其业务内容、业务范围及业务的侧重点均与陆军省宣传诉求密切相关,并深受其实力消长的影响。九一八事变前,新闻班的业务主要集中在舆论动向的把握和军事思想的宣传两方面,但九一八事变后随着日本军部势力的急速膨胀,新闻班的规模和业务内容也不断得以扩张,逐渐发展成为陆军省舆论统制的重要机构。

(一)九一八事变前新闻班的活动

新闻班的主要业务概言之主要由两方面构成:一是考察内外局势和舆论倾向,并向陆军大臣及相关业务执行机构报告,即所谓"消极的半面",这一点与"新闻系"的业务范围基本重合;二是向普通民众普及军事思想,并对军事相关媒体机构实施舆论指导,即所谓"积极的半面",宣传的范围既包括日本国内,也包括海外。下面从"消极"和"积极"两个层面对新闻班的业务作一简单考察。

1."消极的半面"

新闻班业务的"消极的半面"主要包括三方面内容,除了上述考察内外局势和舆论动向外,还承担着新闻审查和思想调查的任务。

第一,继承了"新闻系"时代的业务,对日本内外舆论实施综合观察并向相关舆论执行机构或相关人员直接通报。同时,为进一步扩大信息的接受面,新闻班将上述内外舆论动向进行梳理,集结成《舆论概观》定期发行。

《舆论概观》最早起源于"新闻系"时代。"新闻系"的首要任务便是通读报刊杂志、书籍文件等,并由负责人秦真次将其要点直接向陆军大臣口头汇报。后来随着业务量的增多,报刊杂志的阅读量急剧膨胀,单靠秦真次一人之力难以完成,且陆军大臣也难以抽出更多时间来听汇报。为解决信息需求量大和当面汇报在现实操作中的困难之间的矛盾,秦真次决定由"新闻系"成员通读杂志报刊,将其中的评论、观点、动向等进行抄

---

① 「昭和 12 年 12 月　陸軍宣伝機関業務報告」、『大本営に関する綴　昭和 12 年—19 年』、JACAR(アジア歴史資料センター)、Ref.C12120350600、防衛省防衛研究所。

录，集结成册后以《舆论概观》的名义供陆军大臣阅览，并向相关部门的负责人印发。

1919 年 3 月 26 日，第一期《舆论概观》发行，此后至第七期每日发行，自第八期开始改为每周发行两期。《舆论概观》以抄录各大报纸的新闻评论要旨为主，并将外报纳入抄录范围。从所涉内容看，尽管其由陆军省发行，但其内容并不仅限于军事，还涉及政治、经济、社会等方方面面，因此省去了各部门搜集新闻舆论的诸多繁琐，备受各部门的欢迎，其发行数量呈不断增加的趋势。发行之初，其发行量不过 20 份，到 1920 年 1 月增加至 80 份，到 1921 年底增至 150 份，且其发行范围也并不局限于陆军省内部，同时也向参谋本部、内务省以及驻外派遣军配发，甚至因为"印刷能力的限制而不得不婉拒配发需求"①。

第二，新闻班还有一项重要功能为协助陆军省法务局实施新闻审查业务。如前所述，按照 1909 年《新闻纸法》第 27 条之规定，陆军省通过发布省令的形式获得了对新闻实施审查的权力，但该权力仅适用于战时，和平时期陆军省是没有新闻审查权的。但是经历"一战"及西伯利亚出兵等所引发的一系列舆情，陆军省认识到和平时期新闻舆论监管的重要性，遂于 1914 年 8 月 16 日发布第 12 号陆军省令，获得了和平时期新闻审查权，并设立新闻检阅委员负责该权力的具体实施。新闻检阅委员被废除后，新闻审查权转移至陆军省法务局管辖。由于秦真次担任过新闻检阅委员，因此其就任新闻班长后，将新闻审查作为新闻班的附属业务，由此形成了新闻班和法务局共同执行新闻审查的局面。为减少两者在行使职权过程中的矛盾，1920 年初，双方就新闻审查业务的分担进行了协商，并达成如下协议：

一、新闻班发布新闻禁止事项的命令及对违反命令的处分方案后须提交给法务局；

二、法务局根据上述新闻班的提案进行实际业务处理；

三、新闻的审查由两者合作进行；

四、与陆军省令无关的禁止事项则由新闻班委托给内务省警保局负责。②

此外，对于往来于日本和海外的电报的审查，原则上由递信省外信课负责，但外信课会咨询新闻班意见，并由新闻班进行判定。换言之，新闻班的审查对象并不仅限于新

---

① 「臨時軍事調査委員会解散顛末書」、『大正 13 年「歐受大日記 3 冊之内其 3」』、JACAR（アジア歴史資料センター）、Ref.C03025405000、防衛省防衛研究所。

② 「臨時軍事調査委員会解散顛末書」、『大正 13 年「歐受大日記 3 冊之内其 3」』、JACAR（アジア歴史資料センター）、Ref.C03025405000、防衛省防衛研究所。

闻，也不仅限于陆军省内部事务，即使与陆军省令无关的事项也是通过与其他部门合作的形式间接参与其中。

综上，在新闻审查业务方面，形成了新闻班负责政策制定和方案拟定、法务局负责具体实施的分工模式。但需要说明的是，新闻审查业务只是新闻班的附属业务，且大部分时间新闻班并不具有行使新闻审查的权限，而是"通过内务省警保局（图书课）参与间接审查"①。

第三，1920 年 5 月 2 日，日本民众在上野公园举行了首次五一游行，并提出了要求"八小时工作制""防止失业"等口号。鉴于此，日本当局逐渐认识到思想问题的重要性，并成立了一些机构专门负责思想问题相关对策的研究、制定和实施。陆军省虽然未成立相应机构，但包括军事课、人事局在内的各部门却结合各自所承担的业务内容，开展了相应的思想调查研究，如军事课主要负责"涉及陆军行政、教育及其他设施相关事项的调查"，铳炮课、工政课等主要针对从事军需品制造工作的工人进行"思想状况、行动等调查"，同时对非军工厂的"劳动问题及思想界的一般状况实施调查研究"。而新闻班也被赋予思想调查的任务，具体来讲就是"对日常报纸上所刊登报道对陆军设施及其他行政所造成的影响进行必要的研究"②。而相关的调查研究结果则根据其重要性通过不同途径公布，重要内容通过陆军大臣训示的形式向各机构下达，一般内容则通过通牒或机关报公布。

2."积极的半面"

新闻班业务的"积极的半面"主要体现在内外"普及宣传"上，面向日本国内的普及宣传主要通过报纸、杂志等媒介开展，而面向海外的普及宣传则通过陆军电报、外国记者实施。

第一，在面向日本国内的普及宣传方面。鉴于当时占媒介主流的报纸对政治生活的重要影响力，当时的新闻班成员叶室俊雄意识到报纸"在军事思想的普及方面作用甚大"，他认为"应适当利用之"。在叶室俊雄看来，当时报纸的军事报道"极为贫弱"，且"常常忘却国防之大义，成为政治斗争之工具，或误解军队，阻碍军事思想之发达"③的报道居多，为此新闻班加强了报纸的"普及宣传"功能。宣传的内容主要包括三点："一、发布战报及其他军事相关事项；二、提供作为新闻报道材料的情报；三、出于作战

---

① 小野晋史：「陸軍省新聞班の設立とその活動——大正期日本陸軍の言論政策」、『法学政治学論究』2002 年第 55 号、第 280 頁。

② 「思想問題研究に関する件」、『密大日記 5 冊の内 5 大正 9 年』、JACAR（アジア歴史資料センター）、Ref.C03022528700、防衛省防衛研究所。

③ 葉室俊雄：「一般国民に軍事思想を普及せしむへき具体的策案」、『偕行社記事』第五二七号、1918 年 6 月、第 61 頁。

的特殊目的而进行的军政设施方面的普及宣传"①。

首先，在战报发布方面，1918 年日本出兵西伯利亚，干涉苏俄革命，由此引发全国性"米骚动"，舆论对此也基本持批判态度，甚至召集聚会对日本出兵及内阁政策发起了猛烈抨击。在陆军省看来，这种氛围会对"派遣将士之士气产生恶劣影响"。因此，"为消除西伯利亚问题引发的对军阀外交的批判等对陆军的诸种反感、误解"，新闻班决定在报纸上定期发布战斗公报，向国民公开派遣军行动及军事设施等相关信息，"以正国民视听"②。所发布资料多由新闻班成员自主选择，有时也会遵照上级部门指示或其他部门的需求，以《陆军省发表》《陆军当局谈》等形式进行公开。

其次，在情报材料的供给方面，新闻班除了利用报纸开展军事思想普及活动外，"为实施有效宣传"，还加强了与报社记者的联系，并坚持每天向隶属陆军省记者俱乐部的北斗会提供相关资料。此外，还针对记者提出的各项问题给予详细说明。尽管新闻班并未明确要求记者对其"普及宣传"工作提供协助，但其所提供的资料是经过严格遴选的，"每日提供的材料中常常混入普及宣传资料，不知不觉间收到普及宣传效果"③。

再次，在特别宣传方面，除了上述常规性宣传外，针对一些突发事件或影响较大的热点事件，新闻班基于特殊的宣传目的会利用各报的"评论"专栏进行特定引导，甚至在必要时不惜动用"特殊手段"。所谓"特殊手段"，并无明确说明，但 1922 年 2 月 1 日公布的《班员业务分担表》中显示，秦真次分管的业务中含有"机密费的使用"一项。所谓"机密费"，指的是预算中无法列出使用明细的支出，主要在开展某项秘密工作时支付给相关个人或机构的秘密费用。由于其"属于机密，为防止其泄露，只能在普通法规之外使用"④。换言之，"机密费"具有暗箱操作的私密性。由此或可推断，在实施特别宣传的过程中，新闻班所使用的"特殊手段"应该含有"通过金钱进行操纵的可能性"⑤。

除了上述通过报纸开展的"普及宣传"活动外，新闻班还动员了杂志、电影、演讲

① 「臨時軍事調査委員会解散顛末書」、『大正 13 年「歐受大日記 3 冊之内其 3」』、JACAR（アジア歴史資料センター）、Ref.C03025405000、防衛省防衛研究所。

② 「臨時軍事調査委員会解散顛末書」、『大正 13 年「歐受大日記 3 冊之内其 3」』、JACAR（アジア歴史資料センター）、Ref.C03025405000、防衛省防衛研究所。

③ 「臨時軍事調査委員会解散顛末書」、『大正 13 年「歐受大日記 3 冊之内其 3」』、JACAR（アジア歴史資料センター）、Ref.C03025405000、防衛省防衛研究所。

④ 「機密費取扱手続」、『密大日記 4 冊の内 4 大正 7 年』、JACAR（アジア歴史資料センター）、Ref.C03022449200、防衛省防衛研究所。

⑤ 小野晋史：「陸軍省新聞班の設立とその活動——大正期日本陸軍の言論政策」、『法学政治学論究』2002 年第 55 号、第 275 頁。

等媒介参与其中。就杂志而言，新闻班不但向在乡军人会发行的军事杂志《战友》《吾家》等提供了大量稿件和报道材料，还向非军事杂志如青年团机关杂志《新青年》《太阳》等供稿。此外，由于电影媒介具有其他媒体所不具有的直观性，"若能有效利用，则会（使宣传）印刻在青年子女的脑里"①。因此，新闻班对电影媒介给予了充分的关注并在普及宣传活动中加以运用，邀请电影公司派出摄制人员拍摄了大量军事演习影片，并在电影院循环放映，"对军事知识的普及发挥了极大的效果"②。

第二，在面向海外的普及宣传方面，最初新闻班设立时并没有专门负责对外宣传的机构，对外宣传普及活动是通过日本国内的媒体间接实施的。然而随着日本对外侵略政策的推进，对外宣传普及工作愈加重要，新闻班开始直接参与对外宣传普及。1919年11月，陆军省与参谋本部之间制定《向在外军司令部等供给宣传资料的相关内规》，同意两家机构合作，共同向日本驻外机构、日本在海外操纵的新闻机构及报社"在提供宣传资料的同时进一步讲究宣传方法"③，以促进对外宣传活动的时效性，其中陆军省所负责的业务由新闻班具体执行。新闻班负责撰写宣传资料草案，并在同陆军省其他部门和参谋本部进行充分讨论的基础上形成最终方案，并以"陆宣电报"的形式向日本驻国外机构发送。由此可知，在对外普及宣传方面，新闻班在方案的制定、内容的选择及具体的实施方面具有极大的发言权。

（二）九一八事变后新闻班的活动

1925年，新闻班转归军事调查委员会管辖后，其主要任务为通过记者招待会和记者"恳谈会"等形式实施舆论引导。九一八事变爆发后，新闻班进一步强化了其"积极的半面"和"消极的半面"两方面的功能，为推动战时舆论统制和战时内外宣传发挥了重要作用。

1."消极的半面"

九一八事变后，中国东北地区局势的动向不但对东北亚关系乃至整个世界局势带来巨大冲击，同时也对日本国内政局的走向产生重要影响，该地遂成为世界各国媒体关注的焦点。作为九一八事变的始作俑者，陆军省一方面密切关注国际舆论对事变及事变后中日关系的观点，以此调整对外宣传的方针；另一方面则加强对日本国内舆论的控制，

---

① 葉室俊雄：「一般国民に軍事思想を普及せしむへき具体的策案」、『偕行社記事』第五二七号、1918年6月、第62頁。

② 「臨時軍事調査委員会解散顛末書」、『大正13年「欧受大日記3冊之内其3」』、JACAR（アジア歴史資料センター）、Ref.C03025405000、防衛省防衛研究所。

③ 「在外軍司令部等へ宣伝資料供給ニ関スル内規」、『自大正9年至同11年　間島事件関係書類共2冊其2　陸軍省』、JACAR（アジア歴史資料センター）、Ref.C06031233300、防衛省防衛研究所。

以消除舆论不统一及对军部舆论不利的局面。新闻班在上述陆军省"消极"舆论政策的指导下，充分发挥其以资料搜集和舆论监管为代表的"消极的半面"的功能。

第一，在资料搜集方面，为配合关东军在中国东北地区的军事行动，唤起日本民众对该地区于日本国策重要性的认知，为伪满洲国建国推波助澜，新闻班搜集了大量有关该地区政治、经济、金融、物产等方面的资料，以论证"日满经济一体化"的谬论。1932 年 1 月，新闻班编发了《满洲国经济事情概况》，对该地区的财政、金融、贸易等经济状况，铁路、航空、通信、邮政等交通状况，农业、林业、畜产、水产等自然资源，矿业、工业、城建、社会设施等基础设施进行了全面调查，指出无论从现实来看还是从"国家存立、国民生活"等方面来看，"日本和'满洲国'在经济上有必要形成一大经济联盟"[1]，从而对"日满经济一体化"给予了确认。

为论证伪满洲国建国的所谓"正确性"和"实效性"，新闻班根据伪满政权成立后第一年财政预算状况，作出"经年后渐次岁入增加，国库盈余，财政上今后不再依赖日本"的结论，并对其未来进行了展望，指出随着税收的扩大和产业开发的加速，该地区财政"前途光明"。新闻班之所以一再高唱"牢固的'满洲国'财政"论调，其目的一方面是为了打消日本国内对因援助"'满洲国'财政"而带来巨大经济负担的担忧，从而坚定伪满洲国建国的信心，但另一方面我们应该看到，新闻班在论述该地区财政"前途光明"时指出，"满洲地区天然资源丰富，各地生产力充裕"，贸易呈现巨大顺差，这些有利条件都必将转化为日本国内经济发展的动力。新闻班明确指出，日本应承担"满洲开发"的重任，"开发资金自然最大程度仰赖日本资金"，并号召日本资金"开拓满洲遗利，密切彼我经济联系"[2]。由此看来，其根本目的无非是出于对该地区资源的觊觎。

1935 年 3 月，针对因喀尔喀地区归属问题而产生的日本、苏联和中国之间的纠纷，新闻班又编写了《外蒙古及新疆近况》的小册子，介绍了该地区地形、人文、历史和现状及苏联在该地区势力的消长，并分析了围绕该问题苏联和中方的态度，指出"苏联对本事件的谈判如影随形，坚决反对，而支那方面则几乎持毫不关心的态度"[3]，从而为日本干涉外蒙古问题提供参考。

卢沟桥事变后，日本国内舆论对日军不断扩大的军事行动提出了质疑和批评。为消

---

① 「満州国経済事情概況」、『各国財政、経済及金融関係雑纂／満洲国ノ部　第一巻』、JACAR（アジア歴史資料センター）、Ref. B08060659500、外務省外交史料館。

② 「強固なる満州国財政」、『各国財政、経済及金融関係雑纂／満洲国ノ部　第一巻』、JACAR（アジア歴史資料センター）、Ref.B08060659500、外務省外交史料館。

③ 「外蒙及新疆の近況」、『満洲の工業開発を語る等（8 冊）　昭和 8 年 3 月—12 年 7 月』、JACAR（アジア歴史資料センター）、Ref.C13010276100、防衛省防衛研究所。

除日本民众的疑虑，营造援战的舆论氛围，1937年7月20日至8月9日新闻班先后印发4期《北支事变概要》宣传册，对事变的经过、事变后局势发展等进行了介绍，同时将"长久以来严重且彻底的抗日教育"归咎为事变爆发的"最大原因"。对于事变后日军增兵华北的举动，新闻班依然将其归咎于中方的抗日，认为中国的全民抗战威胁到日本在华权益，"增加了驻屯军自卫和居留民保护上的风险"，而日本采取的"隐忍自重"更加助长了中国的"反日侮日"风潮，由此呼吁日军"举国一体，以不动之决议发扬国威，贯彻我公正之主张，促进支那方面反省，以此将事变祸因拔本塞源清除干净，确立东洋永远之和平"①。该系列宣传册介绍了事变后中日双方动向，认为事变后局势"极其混沌曲折"，前景"丝毫不容乐观"，从而为日军此后扩大军事行动埋下了伏笔，同时也对日军在廊坊、通州、天津等地的军事行动进行了大肆渲染，称"自事变发生以来首次真正展现我方实力"②的廊坊战役后的一系列军事行动不但给国民党第二十九军造成打击，完成了"对平津一带进行'扫荡'"的目标，也扭转了民众对日军的态度，"和平的曙光在北支中央闪耀"③。随后，新闻班又刊行了两期《事变经过概要》特辑，对华北、华中、上海等地日军不断扩大的军事行动进行了介绍。

第二，针对事变后国际舆论的反应及对日批判，不但负责对外宣传工作的外务省给予了持续关注，作为事变的"当事人"陆军省也高度关注，特别是国际联盟介入后，事变后中国东北局势更是发展成为引发各国利益冲突和较量的国际性事件，尤其是在客观上对美国在太平洋区域的利益构成严重挑战，因此事变后美国在多个场合表达了对日本的批判。然而日本对美国的批评并不以为意，反而继续增兵并于次年发动一·二八事变。2月下旬，美国国务卿史汀生（Henry Lewis Stimson）再次警告日本，申述维护中国门户开放政策及九国公约、非战公约的重要性，并重申"不承认主义"的立场。8月，史汀生在国际联盟发表演说，再次重申应尊重非战公约精神。对于史汀生的演讲，国际舆论赞否皆有，新闻班整理了美英法三国舆论的反应，指出英法两国舆论对史汀生演讲态度截然相反，而美国国内舆论也经历了"初期支持，日后批判"的变化过程，并着重搜集了《旧金山晚报》等对史汀生演讲的批判，称美国介入中日两国纠纷扮演了"支那安全保护人"的角色，实则为

---

① 「北支事变の概要　第1号」、『北支事变の概要第1—4号　昭和12年7月—10月』、JACAR（アジア歴史資料センター）、Ref.C11111716200、防衛省防衛研究所。

② 「北支事变の概要　第2号」、『北支事变の概要第1—4号　昭和12年7月—10月』、JACAR（アジア歴史資料センター）、Ref.C11111716300、防衛省防衛研究所。

③ 「北支事变の概要　第4号」、『北支事变の概要第1—4号　昭和12年7月—10月』、JACAR（アジア歴史資料センター）、Ref.C11111716500、防衛省防衛研究所。

干涉他国外交之举，不但表明其"外交的拙劣"①，甚至会引发美日之间冲突。

对于日本推动成立伪满洲国的举动，国际社会亦给予了高度关注，对日批判性论调成为国际舆论的主流，"外国报纸中对日进行种种批判责难者不在少数"，尽管如此，新闻班却坚持认为"大报基本保持了冷静的态度"。为证明此观点，新闻班有偏向性地遴选了部分外国媒体针对伪满洲国成立的"冷静"报道，并将其称为"对日策略"。其中除了《华盛顿邮报》批判日本"丧失信用"的论调外，其他报道不外乎"没有国家与日本进行战争""不可以示威手段对待日本""不可抵制日货"等对日有利的论调，甚至警告世界各国不可对日采取强硬措施，以防止日本退出国际联盟，从而"极大损害联盟的权威"②。由此可知，这里所谓"冷静的态度"无非是日本当局所希望的对日非批判性论调。

第三，在舆论控制方面。一方面，针对国外舆论对日批判的局面，新闻班对上述舆论进行主观性选择，以减轻军部在华不断扩大的军事行动所产生的舆论压力；另一方面，针对国内舆论不统一的局面，军部加强了对舆论的管控。1931 年 12 月 15 日，新闻班向内务省警保局、拓务省管理局、递信省电务局发出通牒，要求"满洲事变相关新闻发布禁止事项"及此后向该地区派遣军队时的"兵种、兵力、部队番号"等相关事宜"除军部发表外一切禁止刊登"③。此后，随着局势的发展，陆海军省加强了对军事报道的监管，并出台了相应的省令，规定凡涉及军事相关的报道，未经陆海军省同意均不得刊登。基于此，新闻班出台了一系列"取缔事项"，对涉及飞机飞行、军队动向及编制改革等报道实施取缔，并规定凡与在华日军相关的所有报道"今后一切均由本省发布"④，即只能刊登新闻班发布的通稿。同时，对"满洲及北支派遣或归还部队进行报道"时的具体取缔要领作了详细规定，规定凡涉及"派遣事实或能够对其进行推测的事项""派遣日程或能够对其进行推测的事项"⑤及派遣的经过、驻扎等详情的报道均在取缔之列。

---

① 「満洲事変ニ関スル外字新聞論評（第三十六号）」、『国防思想普及時局関係資料　満洲事変に関する外国與論綴（其 2）　昭 7.9 月』、JACAR（アジア歴史資料センター）、Ref.C14030049500、防衛省防衛研究所。

② 「満洲国承認に対し外国新聞に掲載せられたる対日策　昭和 7 年 9 月 26 日」、『国防思想普及時局関係資料　満洲事変に関する外国與論綴（其 2）　昭 7.9 月』、JACAR（アジア歴史資料センター）、Ref.C14030050500、防衛省防衛研究所。

③ 「新聞発表禁止の件」、『昭和 7 年「満密大日記 14 冊の内 其 1」』、JACAR（アジア歴史資料センター）、Ref.C01002752000、防衛省防衛研究所。

④ 「軍事機密記事差止に関する件」、『密大日記 第 4 冊 昭和 12 年』、JACAR（アジア歴史資料センター）、Ref.C01004285900、防衛省防衛研究所。

⑤ 「満洲又は北支派遣若は帰還部隊にしてその旨発表せざる場合における差止事項第一項に依る記事取締要綱」、『密大日記 第 4 冊 昭和 12 年』、JACAR（アジア歴史資料センター）、Ref.C01004285900、防衛省防衛研究所。

综上所述，九一八事变后，新闻班充分发挥其信息整理、汇总的传统职能，关注内外局势及相关舆情的发展，并推动和强化舆论的监管和统一。在此过程中，资料整理与汇总为舆论监管方针的制定与实施提供了一定的依据，舆论监管方针也会根据局势和舆情的发展而有所调整，两者共同服务于军部的言论统制。

2. "积极的半面"

除了资料搜集和舆论取缔等传统监管手段外，新闻班还注重加强对舆论的引导和构建，实施积极的舆论政策。

第一，加强对新闻记者的组织和引导。作为新闻的主要传播媒介，新闻记者的价值取向在很大程度上左右着舆论指向。因此，做好新闻记者工作，为其提供经过过滤的新闻成为战时日本军部开展新闻操纵的重要手段。

首先，组织日本国内记者赴伪满地区考察。事变爆发后，日本国内各大报社纷纷向伪满地区派出大量记者，陆军省则为记者的采访活动提供手续上的便利，并特别向关东军发文，要求其为陆军省记者俱乐部所属记者赴伪满地区采访提供生活上的便利。1933年8月，新闻班又特别组织了由11名报社记者组成的记者视察团赴伪满地区考察，考察团历时15天，先后视察了奉天、新京①、吉林、哈尔滨、大连、旅顺等"满蒙核心"区域，取得了"超出预期的收获"②。

其次，除记者外，新闻班还对其他民间人士赴伪满地区考察提供便利。1933年8月，新闻班以隶属于民间组织"对露支协会"的会员木下健治等人"与军部关系密切且时常注重时局对策"③为由向关东军参谋长发出通牒，要求对其赴伪满地区视察给予指导和协助。1934年6月，东京府立第一商业学校向陆军省提出赴"鲜满地区视察旅行"的请求，并希望视察期间观看"鲜满相关影片"的要求。对此，新闻班给予积极回应，要求陆军省征募课给予全力协助，并表示"影片由本班负责安排"④。

最后，除为本国记者及各界人士赴伪满地区采访、调查提供便利外，新闻班还积极促成外国新闻记者赴中国东北地区"视察旅行"，并为其提供"信息的交付及诸种便利"，试图通过外国记者向"欧美各国报纸传达其所见所闻"以及"远东特别是满

---

① 1932年长春被定为伪满洲国首都并更名为"新京"，伪满洲国灭亡后，"新京"复名长春。为尊重史实，凡史料中涉及"新京"地名，本书概不做翻译处理。

② 「陆军省记者俱乐部员满洲视察の件」，『昭和8.9.7—8.9.27「满受大日记（普）其14 1/2」』、JACAR（アジア歴史资料センター）、Ref.C04011676800、防卫省防卫研究所。

③ 「对露支协会员满洲视察ノ件」，『昭和8.8.5から8.8.31「满受大日记（普）其13 1/2」』、JACAR（アジア歴史资料センター）、Ref.C04011661600、防卫省防卫研究所。

④ 「鲜满地方视察旅行に关し便宜供与方の件」，『昭和9.5.31—9.6.19「满受大日记（普）其6 2/2」』、JACAR（アジア歴史资料センター）、Ref.C04011887600、防卫省防卫研究所。

洲的实情"①，以图改变世界舆论对日本的批判态度。1933 年 4 月，新闻班班长接见了一名"对我国具有相当好意"②的德国报社记者，并为其赴伪满地区视察提供诸多便利。同年 8 月，新闻班又向关东军发出通牒，要求其为一名美国记者赴"满洲各地旅行及北支旅行"提供便利，并在通牒的最后阐述了原因："该氏曾赴俄国各地旅行，精通其内情，作为一名对俄承认反对派人士，曾于 8 月 2 日会见陆军大臣，从其过去所作所为看，其对日本具有相当的好感"③。此外，新闻班还为法国、南斯拉夫等国记者提供过此类服务。在此有两点需要加以说明：其一，新闻班并非对所有海外记者的"渡满请求"来者不拒，其对"渡满"海外记者的选择是有一定倾向的。其选择标准，简言之，均为对日持"友好态度者"的所谓"亲日家"，其目的不过是为了"有利于海外宣传"。这一点从 1934 年 2 月新闻班向关东军参谋长发出的一份电报中可窥见一斑。在这份题为《关于外国通信员操纵一事》的电报中，新闻班首先向关东军通报了一名隶属于匈牙利联合通讯社的记者将赴伪满地区视察一事，接着便阐述了该记者的立场——"该人为亲日家，其对当前欧洲方面大众氛围受上海或经由西伯利亚的犹太系通信所祸极为愤慨，遂希望通过自己的见闻开展正确的通讯活动，以此与之进行对抗"。正是基于该原因，新闻班不但对其赴伪满地区提供种种便利，甚至还明确表示将"为其支付旅费"，并要求关东军在该记者赴伪满地区期间为其提供如下协助：

一、为维持其本人的通信权利，接受其谒见，时间在典礼（伪满建国两周年纪念典礼——笔者注）前后均可；

二、资助其本人的经费不能适时到达时，应尽量为其补助电报费；

三、为其提供住宿休养，但不必奢侈；

四、为其提供防寒器具等；

五、其本人了解英语，可用德语会话，请为其配备向导。④

其二，这些记者在伪满地区期间并非绝对自由的，新闻班在要求关东军对其提供便

---

① 「渡満者に便宜供与の件 2」、『昭和 8.6.7—8.6.15「満受大日記（普）其 10 2/2」』、JACAR（アジア歴史資料センター）、Ref.C04011617400、防衛省防衛研究所。

② 「独逸新聞記者渡満便宜供与方の件」、『昭和 8 年「満密大日記 24 冊の内其 9」』、JACAR（アジア歴史資料センター）、Ref.C01002858500、防衛省防衛研究所。

③ 「米人記者渡満に付便宜供与の件」、『昭和 8.8.5 から 8.8.31「満受大日記（普）其 13 1/2」』、JACAR（アジア歴史資料センター）、Ref.C04011663500、防衛省防衛研究所。

④ 「外国通信員操縦ニ関スル件」、『昭和 9 年「陸満密綴 第 3 号」自昭和 9 年 2 月 5 日至昭和 9 年 3 月 13 日』、JACAR（アジア歴史資料センター）、Ref.C01002964900、防衛省防衛研究所。

利的同时也要求对其"实时监视并进行指导"①。"监视"是确保这些记者在关东军规定的区域内活动，而"指导"则是确保新闻报道的论调符合军部诉求。而为达到"指导"目的，新闻班要求向海外记者提供的所有新闻来源须事前向新闻班通报，所有消息在发布前"均须由主务部门提供相关资料，由新闻班起草草案，在同相关部门合作的基础上由上司决定"②，从而保证了舆论的统一。换言之，"监视"和"指导"的目标均为保证其在关东军提供的信息框架内进行新闻报道。

第二，积极开展舆论指导。舆论氛围的塑造在很大程度上取决于当局的舆论指导方针。九一八事变次日，军部便提出通过"收买"等方式操纵日本国内外舆论的方针。10月下旬，关东军出台宣传计划，要求各宣传机构积极向内外记者提供新闻来源，以确保内外舆论的统一。为保证舆论不脱离陆军省的宣传轨道，新闻班配合军部的宣传计划，出台了一系列针对性的宣传指导方针，并动员报刊、出版、电影、演讲等媒介形式加强"时局宣传"。

首先，采用"话题设置"式报道方针，为日军军事行动背书。九一八事变后，关东军不断扩大在华军事行动，西侵锦州，北犯哈尔滨，并将热河纳入其攻略计划，确定了"若外交手段无效，则以必要之兵力"③加以应对的方针，试图将其划入伪满的"版图"。为配合热河军事行动的开展，新闻班就"热河问题相关舆论指导"致电关东军参谋长，要求在发动军事行动之前向内外大肆渲染南京国民政府和张学良的所谓"挑衅性言行""汤玉麟的背叛行为"及"对'满洲国'的扰乱行为"，从而为入侵热河做舆论准备。同时为配合即将在平津地区开展的军事行动，新闻班要求关东军"向内外特别是海外反复宣传其必然性"。总而言之，新闻班的舆论策略是对内营造一种"内外局势紧迫，国民极其关心，激愤难平，热切期望问题快速解决"的舆论氛围，对外则要"获得列国对军事作战必要性的首肯"④，从而将舆论指导与军事行动融为一体。

其次，针对时局发展及热点事件，制订相应的宣传计划，积极实施舆论引导。1937年2月，陆军省新闻班向各师团参谋长下发《时局宣传计划》，要求通过讲演会、电影、广播、报纸、杂志、小册子等形式向普通民众"阐明当下国际局势，普及国防思想，将

---

① 「外国映画会社员渡满ノ件」、『昭和 9.2.1—9.2.23「满受大日记（普）其 2　1/2」』、JACAR（アジア歴史資料センター）、Ref.C04011762300、防衛省防衛研究所。

② 「本省に於ける新聞記者指導に関する件」、『密大日記 第 6 冊 共 8 冊 昭和 11 年』、JACAR（アジア歴史資料センター）、Ref.C01004231000、防衛省防衛研究所。

③ 外務省：『日本外交年表並主要文書』（下卷）、東京：原書房 1966 年、第 269 頁。

④ 「熱河問題に関し輿輪指導の件」、『昭和 8 年「満密大日記 24 冊の内其 1」』、JACAR（アジア歴史資料センター）、Ref.C01002835300、防衛省防衛研究所。

军部所怀有的时局认识加以贯彻"①，并确定了具体的实施标准。新闻班对上述各种形式的宣传活动同样实施了具体的指导。如对由现役军官进行的演讲内容，新闻班要求阐明"确立日本在东亚领导地位"的必要性和可行性，以及为达此目标而实施的军备充实、军政改革等措施，并就伪满洲国问题进行特别解读，号召"不问朝野老幼举国努力"，积极推进"日满产业的一元化经营"。而对非军人举行的演讲，新闻班要求在演讲中应灌输"国体明征"思想，"清除个人主义、自由主义思想，将国民统一到日本精神中来"②。包括陆军省各师团在内的相关宣传部门参照该计划确定的方针开展了诸多时局宣传活动，从事后各部门的反馈来看，此类活动"加深了时局认识，取得了相当大的效果，一般言论机关的论调、地方民众的言行等可见显著变化"③，其效果似基本达到预期。

最后，为加强对舆论的引导，自九一八事变以来，新闻班还陆续编写了一系列名为"陆军小册子"的宣传资料。从发行数量来看，1931 年共发行 18 种，1932 年激增为 37 种，1933 年达到 33 种。④ 这些小册子的内容涉及日本国内政治、经济、国防、思想、国际局势以及中国国内政局、战局等，其基本出发点是向日本国民普及军事、国防思想，从而为其在华军事行动提供舆论支持。在这些小册子中最具代表性、引起争议最大的当属1934 年 10 月发行的《国防的本义及其强化的提倡》。

1934 年 7 月，新闻班发行了题为《跃进的日本与列强的重压》的小册子，提出了"卧薪尝胆"对抗欧美列强的口号，声称"满洲事变与其说是日支纷争，毋宁说是与在背后操纵否定与皇国联盟的列强之间的争斗"⑤，并提出"高调宣传日本精神，推行国防本位国策"⑥的建议。而《国防的本义及其强化的提倡》则为《跃进的日本与列强的重压》的"姊妹篇"，其目的是"强化对非常时期的认识，明确近代国防的本义，树立并推行国防国策"⑦。该册子开篇即提出"战争乃创造之父，文化之母"的法西斯侵略论调，旗帜鲜明地打出了"国防国家体制"的口号，是军部公然介入国策的标志，因此引起各方争议。中野正刚等法西斯主义思想家"对其大唱赞歌，并对军队表达了感谢和激励"，而大部

① 「時局宣伝計画」、『密大日記 第 4 冊 昭和 12 年』、JACAR（アジア歴史資料センター）、Ref. C01004292500、防衛省防衛研究所。

② 「時局宣伝講演内容に関する件」、『密大日記 第 4 冊 昭和 12 年』、JACAR（アジア歴史資料センター）、Ref.C01004292500、防衛省防衛研究所。

③ 「時局に対する宣伝及指導に関する実施報告」、『密大日記 第 4 冊 昭和 12 年』、JACAR（アジア歴史資料センター）、Ref.C01004292500、防衛省防衛研究所。

④ 前坂俊之：『太平洋戦争と新聞』、東京：講談社 2007 年、第 227 頁。

⑤ 陸軍省新聞班：『躍進日本と列強の重圧』、東京：陸軍省新聞班 1934 年、第 1 頁。

⑥ 陸軍省新聞班：『躍進日本と列強の重圧』、東京：陸軍省新聞班 1934 年、第 105 頁。

⑦ 「小冊子「国防の本義と其強化の提唱」に関する件」、『永存書類乙集第 2 類第 5 冊　昭和 9 年』、JACAR（アジア歴史資料センター）、Ref.C01002049300、防衛省防衛研究所。

分有识之士则对其大加批判，对军部干预政治生活表达了担忧。但在新闻班看来，这些反对的声音不过是"通过维持既成政党财阀等现状来谋求其利益"，声称经过一段时间沉淀后其态度会"渐次软化下来"①。卢沟桥事变后，新闻班又发行了《支那事变关系小册子集》，对事变发生的原因、经过及未来发展进行了阐述，并号召日本国民做好"长期战"的思想准备。

1938 年 9 月 27 日，陆军省新闻班被改组为陆军省情报部，其业务内容与新闻班并无二致，尽管其组织形态依然游离于官制外，但实际上一直"处于陆军大臣管辖之下，并接受军务局长的指挥监督"②，因而与军事课、军务课并称为陆军省军务局三大机构之一。

综上，无论是战前还是战时，尽管新闻班是一个存在于陆军省官制外的机构，但其通过消极的舆论管控和积极的舆论诱导，对战时日本舆论特别是与军事相关的舆论统制的发展发挥了巨大的作用。

第二节　大本营报道部

大本营是日本战时最高的军事机构，最初是在甲午战争中为了协调陆海军军令部的关系而设置的。在 1893 年 5 月 19 日颁布的"战时大本营令"中，规定大本营为"在天皇之大麾下设置的最高统帅部"③。此后，大本营在日俄战争中也发挥了重要作用。日本侵华战争全面爆发之后，陆军省于 1937 年 11 月 18 日下达新的"大本营令"，宣布复设大本营，除了仍然规定大本营是天皇统治下的最高统帅机构外，还明确规定"大本营在战时或发生事变时根据需要设立"④，从而为大本营在非战时的设立确立了法律依据。11 月 20 日，陆海军共同发表声明，宣布自即日起"在宫中设置大本营"⑤，从而正式宣告了大本营的设置。大本营不但是军事上的最高统帅机构，同时也是舆论宣传上的统制机构。大本营正式成立后，在陆军省和海军省分别设立报道部，分别负责陆海军内部的宣传工作，在军事知识的普及、军事相关报道的统制以及战况发布等方面发挥着重要作用。

---

① 「『国防の本義と其強化の提唱』の反響に就て」、『「国防の本義と其の強化の提唱」書類綴　1/6　昭 9.10 月』、JACAR（アジア歴史資料センター）、Ref.C14020007600、防衛省防衛研究所。

② 「陸軍省新聞班について」、内川芳美：『現代史資料・40・マス・メディア統制㈠』、東京：みすず書房 1991 年、第 654 頁。

③ 稲葉正夫：『現代史資料・37・大本営』、東京：みすず書房 1996 年、第 28 頁。

④ 稲葉正夫：『現代史資料・37・大本営』、東京：みすず書房 1996 年、資料解説第 21 頁。

⑤ 「昭和 12 年 11 月 20 日　陸海軍省発表（大本営設置の件）」、『大本営に関する綴　昭和 12 年—19 年』、JACAR（アジア歴史資料センター）、Ref.C12120349000、防衛省防衛研究所。

一、大本营报道部的任务

按照大本营陆军部的执务要领,"宣传、谋略、防谍相关业务由第二部长主管"①,第二部下设的第八课负责宣传计划的制定。而大本营陆军报道部成立后,"作战相关宣传及报道相关业务"成为其主要任务。但是,这并非意味着大本营报道部与军部内外其他宣传机构之间存在着互相倾轧、互为排斥的关系。恰恰相反,陆军部特别强调在业务实施过程中应加强与"陆军部幕僚、海军报道部、内阁情报部及外务省情报部之间的密切联系",即便是在战况报道及陆军军事行动相关报道等"基于战争指导的宣传计划的立案"方面,陆军部也强调陆军报道部在发布相关声明或报道时,"其内容、发布时间及方法等"② 应与幕僚机构充分沟通,以防止军事机密泄露。

除加强与陆军幕僚之间的密切联系外,大本营陆军报道部尤其重视与陆军省新闻班和内阁情报部之间的关系。1937 年 10 月 30 日,负责宣传工作的陆军中佐滨田平对大本营陆军报道部的任务作了归纳,并将其与陆军省新闻班、内阁情报部的任务作了比较,以厘清三者在舆论宣传方面的职责。

大本营陆军报道部的任务

战争推行所必要的对内、对外及对敌国宣传报道相关计划及实施

陆军省新闻班的任务(宣传报道相关以外省略)

一、陆军军政相关对内外宣传的实施

二、对内外报道进行审查和取缔(报道检阅部)

三、陆军部内报道宣传(报纸的编辑及发行)

内阁情报部的任务(宣传报道相关以外省略)

一、作为国策推行基础的一般宣传的计划、实施(为此应强化内阁情报部的宣传实施机构)

二、宣传报道相关各厅事务的联络调整

三、启发宣传相关各厅事务的联络调整

四、不属于各厅的情报搜集、报道及启发宣传 ③

---

① 「大本営陸軍部執務要領」、『支那事変関係一件 第十八巻』、JACAR(アジア歴史資料センター)、Ref.B02030551700、外務省外交史料館。

② 「昭和 12 年 12 月　陸軍宣伝機関業務報告」、『大本営に関する綴　昭和 12 年—19 年』、JACAR(アジア歴史資料センター)、Ref.C12120350600、防衛省防衛研究所。

③ 「昭和 12 年 10 月 30 日　大本営報道部の任務」、『大本営に関する綴　昭和 12 年—19 年』、JACAR(アジア歴史資料センター)、Ref.C12120347600、防衛省防衛研究所。

从上述内容可以看出，尽管大本营陆军报道部、陆军省新闻班及内阁情报部在舆论统制业务方面存在着一定的交叉，但三者各有侧重，特别是在所涉及的业务领域方面，陆军省新闻班的业务范围基本局限于陆军省内部，内阁情报部则主要负责国策相关宣传业务，而大本营陆军报道部则明确规定为"战争推行所必要的对内、对外及对敌国宣传报道相关计划及实施"，即凡认为有助于战争推行的所有宣传要素均在大本营陆军报道部的管辖范围内，其业务领域比前两者更为广泛。

在与陆军省新闻班的关系方面，陆军省新闻班并没有在大本营报道部设置的同时完全解散，而是对其组织架构和业务内容作了相应调整。首先，在组织架构方面，新闻班设立总务、发表、宣传、检阅四大部门，同时还向内阁情报部派遣人员辅助其军事报道相关业务的处理。各部门承担的业务如下：

新闻班业务分担表（1937 年 11 月）①

部门	业务内容	负责人	分担业务内容
总务	一、与相关官厅的联络 二、部内宣传机构的指导 三、与派遣机构的联络	松井中佐	一、偕行社记事；二、与地方宣传机构的联络
		安达少佐	一、宣传计划的立案；二、内外舆论的观察；三、苏联相关事项；四、政策相关事项的处理；五、重要记录的整理
		岩崎少佐	一、庶务事项的统辖；二、国内诸团体的指导；三、与派遣机构及军师团的联络；四、编制相关事项；五、日志记载
发表	一、发表文案的编写 二、面向国内新闻的发表 三、对外国武官、通讯员的信息发布	滨田中佐	一、信息发布的统制；二、对欧美武官及通讯员的指导；三、与相关局课的联络；四、与内阁情报部的联络（发表相关内容）
		林中佐	一、政府发布相关机密日志的起草；二、发表草案的编写；三、对记者俱乐部的指导；四、报纸相关发表效果判定
		冈本大尉 松冈少尉	一、政治部相关采访；二、社会部相关新闻采访；三、日志记载；四、政府发布相关事项；五、庶务
		齐藤中佐	一、对外国武官、通讯员的指导（法语相关）；二、新闻广播

---

① 「昭和 12 年 12 月　陸軍宣伝機関業務報告」、『大本営に関する綴　昭和 12 年—19 年』、JACAR（アジア歴史資料センター）、Ref.C12120350600、防衛省防衛研究所。

部门	业务内容	负责人	分担业务内容
宣传	一、小册子周报的撰稿 二、讲演资料的编制 三、宣传资料的搜集、编写 四、与民间宣传机构的联络 五、对杂志及其他出版物的指导 六、对各种团体的指导 七、对电影、广播、演艺、唱片、活动的指导 八、对各方面演讲的指导和协调 九、情报的搜集、整理 十、庶务	大久保中佐	一、杂志及出版物的指导；二、国内舆论观察；三、演讲的指导和协调
		左间中佐	一、对电影、广播、演艺、唱片、活动的指导；二、对广播（新闻除外）的指导
		出渊大尉	一、日志记载；二、庶务
		福山大尉 上田大尉 田边大尉 安部大尉 松冈少尉	一、经过一览表；二、周报的撰稿；三、小册子及其他宣传资料的编制；四、宣传资料的搜集、整理；五、与同盟通信社的联络；六、情报的搜集、整理；七、情报相关庶务；八、日志记载
检阅	一、报纸杂志的报道禁止 二、广播的取缔 三、外信的取缔	齐藤中佐 林中佐	一、与递信省、内务省图书课的联络，委托其实施发表、广播、发信的禁止与取缔；二、著作规则相关业务
内阁情报部派驻人员	一、在内阁情报部机构内，负责陆军与内阁及相关各省的联络、情报交换 二、内阁情报部相关宣传、情报业务的实施 三、国民精神总动员的计划及实施	清水中佐 多田大尉 情报部情报官兼任 竹田大尉	一、情报的搜集、整理与配发；二、内外舆论观察、局势判断；三、政府实施的宣传方针的制定；四、情报、报道、宣传的联络、调整及实施；五、对同盟通信社、放送协会的指导；六、对民间各团体的指导；七、各种宣传资料的编写；八、对报纸、杂志、电影、演艺的指导

此外，卢沟桥事变后，由于日本各界充分认识到"此次事变宣传意义极大"。因此，陆军对新闻班的人员编制进行了扩充，从教育总监部、参谋本部及其他机构临时增调12人，同时将8名华北方面军司令部宣传负责人、7名上海派遣军司令部宣传负责人指定为新闻班兼职班员，以加强对前线的报道。此外，还从日本国内各留守部队及在乡军人会等选拔专门从事宣传业务的人员，以强化对后方的报道，并负责新闻班与兼职成员所在机构的联络，其目的是"密切相互联系，促进业务顺利开展"[①]。

而同一时期大本营陆军报道部主要由企画课、宣传课、庶务课三部门构成。其中，企画课的业务基本集中在"舆论观察"和"联络调整"两方面，具体主要负责"舆论观察、宣传相关企划、与相关官厅的联络、与派遣机构的联络、机密政略日志"。宣传课主要

---

① 「昭和 12 年 12 月　陆军宣传机关业务报告」、『大本营に関する綴　昭和 12 年—19 年』、JACAR（アジア歴史資料センター）、Ref.C12120350600、防卫省防卫研究所。

负责信息的发布，涉及"发布文案的编制、日本国内新闻发布、针对外国武官及通讯员的发布、与海军方面及外务省的联络"。庶务课则集中在"内外信息的搜集整理"方面，主要包括"情报的搜集整理、情报图、情报记录的编制、阵中日记的记载"。大本营陆军报道部的编制、人员构成及任务分担表如下所示：

大本营陆军报道部任务分担表 [1]

部门	业务内容	负责人	分担业务内容
部长		雨宫大佐	整体统筹（兼企画课长） 负责政策相关事项、人事、预算
企画课	舆论观察 宣传相关企划 与相关官厅的联络 与派遣机构的联络 机密政略日志	岩崎少佐	内外舆论观察、与派遣机构的联络 舆论概观的编制、机密作战日志记载
		铃木大尉	
		坂井少佐	苏联舆论观察、宣传相关企划
		清水中佐	旬报的记载、与内阁情报部的联络
宣传课	发表文案的编写 内国新闻发布 对外国武官、通讯员的发表 与海军方面及外务省的联络	长滨田中佐	信息发布的统制、对外国人的信息发布、与外务省的联络
		林中佐	国内新闻发布、与海军报道部的联络 发表文案的编写
		铃木大尉	大陆情报、对驻外武官的战况通报
庶务	情报的搜集、整理 情报图、情报记录的制作 阵中日志的记载	佐伯少佐	情报的搜集、整理、情报图、情报记录的制作 向新闻班提供情报
		坂口少佐	庶务、阵中日志的记载 判任官以下取缔
备注：尽管各部门作如上任务分工，但在实际工作中要求互相协作			

比较上面两表可以看出，尽管大本营陆军报道部与陆军省新闻班在组织架构方面不尽相同，但一方面在业务内容方面，陆军报道部是一个宣传报道的政策立案机构，其具体活动的执行主要通过陆军部下属的各部队宣传机构、驻外武官等实施，新闻班也是其政策的具体执行者之一，"战争指导相关宣传计划转移至幕僚，新闻班成为执行机构"。另一方面在人员配置上互为兼任，拥有双重身份，在新闻班改组为陆军省情报部后亦是如此。"陆军省情报部职员的主力兼任大本营报道部的职员"[2]，以最大限度确保两者在

---

① 「昭和 12 年 12 月　陸軍宣伝機関業務報告」、『大本営に関する綴　昭和 12 年—19 年』、JACAR（アジア歴史資料センター）、Ref.C12120350600、防衛省防衛研究所。

② 「陸軍省新聞班について」、内川芳美：『現代史資料・40・マス・メディア統制㊀』、東京：みすず書房 1991 年、第 654 頁。

业务执行过程中的通畅合作。换言之，无论在人员配备上还是业务内容方面，两者高度重合，关系更为紧密。

除大本营陆军报道部外，各派遣军也成立了宣传部门负责所在地区的宣传工作。如华北方面军成立了宣传部，通过散发传单、派遣秘密宣传员、操纵报刊杂志、广播电影等方式"挫败敌国军民及华北官民的继续抗战意志及维持军队占领区的稳定"①。而上海方面的宣传业务则由松井集团特务部承担，其宣传的重点则是"中国军队的分裂和内讧、抗战意志的消耗、反共产主义宣传"②。

综上所述，无论是与同属陆军系统的陆军省新闻班以及各派遣军宣传部门，还是与政府系统的内阁情报部，大本营陆军报道部都与其他舆论宣传监管机构在业务和人员方面保持着密切联系，从而谋求实现"政战两略一致的宣传"③的目标，这也为战时最高一元化言论统制机构——情报局的成立奠定了基础。

二、大本营报道部的活动

作为战时军事报道的主管机构，大本营报道部的任务是"战争推行所必要的对内、对外及对敌国宣传报道相关计划及实施"，其活动均围绕该任务展开。

首先，通过"恳谈会"等形式加强对舆论的控制。大本营陆海军报道部对舆论控制的主要手段是定期召集报纸杂志的负责人举行"恳谈会"。1937 年，大本营陆海军报道部召集《改造》《中央公论》《日本评论》《文艺春秋》四家杂志社成立了所谓的"四社会"。1942 年，又将《公论》和《现代》两家杂志社囊括其中，发展成为"六社会"。"六社会"每月分别在陆海军报道部召开，陆海军现役将校及报道部长参会，在向各杂志社传达大本营报道部宣传诉求的同时，通过与各杂志负责人座谈掌握其舆论动向。此外，宪兵司令部还以保护军事机密为由，暗地里对这些杂志实施监控和审查。

为进一步强化对杂志的统制，巩固其在舆论统制方面的话语权，1941 年 12 月 19 日，陆军报道部主导成立了"六日会"。每月 6 日定期召集东京地区所有杂志负责人参加座谈会，由现役将校或报道部长对当月出版的杂志进行评论，同时对当下的舆论界动向以及报道态度进行通报，并当场对那些不符合军部报道政策的杂志进行批判，批判甚至已经脱离内容本身。如 1942 年 11 月 6 日的"六日会"上，负责对杂志进行评论的陆军报

① 「北支ニ於ケル宣伝ノ実況」、『大本営に関する綴　昭和 12 年—19 年』、JACAR（アジア歴史資料センター）、Ref.C12120350600、防衛省防衛研究所。
② 「上海方面ニ於ケル報道、宣伝業務ノ現況」、『大本営に関する綴　昭和 12 年—19 年』、JACAR（アジア歴史資料センター）、Ref.C12120350600、防衛省防衛研究所。
③ 「昭和 12 年 12 月　陸軍宣伝機関業務報告」、『大本営に関する綴　昭和 12 年—19 年』、JACAR（アジア歴史資料センター）、Ref.C12120350600、防衛省防衛研究所。

道部少佐平栉孝批判了《改造》杂志"对国家的要求态度极其冷淡",同时对《中央公论》《日本评论》的小说专栏"执着于个人问题"的编辑方针提出了异议,并表示"作为战时读物应予以排除",此外还对部分女性作家拒绝从军进行了激烈批判,并断言对"女性的战争认知表示极端怀疑"①。与此形成鲜明对比的是陆军报道部对鼓吹"尊王攘夷"的《公论》杂志则大加赞赏。陆军报道部不但通过"六日会"对杂志实施事后评价和舆论指导,还以"为了便于提前预知各杂志的动向"② 为由,要求各杂志在编辑出刊前必须向陆军报道部提交编辑计划以供审查。

除报刊杂志外,大本营报道部还对电影、广播等媒体及展览会、演讲会、座谈会等活动实施监管和指导。在出版领域,则主要负责"宣传资料的搜集及编纂、杂志及其他出版物的指导、报纸、小册子、图书的编辑发行、军人军属著作的审查"③ 等业务。

其次,通过"大本营发表"的形式垄断新闻源。大本营陆海军报道部的另一个任务是根据战争推行的需要,同陆军省报道部、海军省军务局、内阁情报部以及外务省情报部等部门进行协调,制定并实施对内对外宣传报道计划,并发布战况以及日本军部的声明,即所谓的"大本营发表"。

太平洋战争爆发之前,情报局掌握了舆论的主导权,大本营仅仅负责"作战报道"的相关业务,但是随着太平洋战争的爆发,对外宣传的重心开始向军事报道转移,大本营逐渐掌握了官方信息发布的主导权。太平洋战争初期的战况发布、军事声明等官方信息是以陆军部和海军部各自的名义发布的,但从1942年1月15日开始不再区分陆海军部,而是统一使用"大本营发表"的名称。此间,大本营还几次提出议案,要求将陆海军报道部合并,以加强舆论监管。1945年5月,上述两报道部最终实现合并,并开始开展业务。

太平洋战争爆发后的第二日,时任海军报道部长前田稔发表谈话,针对海军省的信息发布方针作了解释,称出于作战要求及内外政策的考量,为保证"战况报道的准确性",需要同其他部门保持密切联系,因此"发表时间或多有延迟"④。换言之,当时陆海军报道部信息发布的基本政策是即使舍弃新闻的实效性,也要力求保证所谓新闻的"正确性"。当然,此处所谓的"正确性"报道不过是符合基于大本营宣传诉

① 畑中繁雄:『日本ファシズムの言論弾圧——横浜事件・冬の時代の出版弾圧』、東京:高文研1986年、第123—124頁。
② 日本ジャーナリスト連盟:『言論弾圧史』、東京:銀杏書房1949年、第121頁。
③ 「昭和12年12月 陸軍宣伝機関業務報告」、『大本営に関する綴 昭和12年—19年』、JACAR(アジア歴史資料センター)、Ref.C12120350600、防衛省防衛研究所。
④ 富永謙吾:『大本営発表の真相史』、東京:自由国民社1970年、第11—12頁。

求和价值判断而经过滤和选择的报道，也正因为此，"大本营发表"的真实性一直为各界所诟病。

从历史事实来看，自太平洋战争爆发后的半年内，除了担心因舰船损失造成一定程度的恐慌而对商船损失状况有所隐瞒外，"大本营发表"所涉及的日本战局及损失状况基本与实际情况相符。然而中途岛海战后随着战局对日本愈加不利，"大本营发表"的真实性开始大打折扣。以中途岛海战为例，此次战役中，日本海军损失航空母舰4艘，其他类型军舰也有多艘被击中或击沉，然而1942年6月10日午后3时的"大本营发表"却声称"航空母舰1艘损失，1艘破损，巡洋舰1艘破损"[1]，所通报的损失程度仅有实际情况的一半。而关于美军的损失，此次"大本营发表"宣称有2艘美航空母舰和2艘其他类型的军舰被击沉，所通报的损失程度却是实际情况的2倍。

"大本营发表"发布的日美双方损失与实际损失比较[2]

国家	类别	兵力	发布损失数量	实际损失数量	备注
日本	航空母舰	7	1（1）	4	括号中的数字为受损数量。
	战舰	4		（1）	
	巡洋舰	7		1（1）	
	驱逐舰	33		2	
	潜水艇	16		1	
	飞机	372	35	42（280）	
美国	航空母舰	3	2	1	
	巡洋舰	8	1		
	驱逐舰	14		1	
	潜水艇	20	1		

掩盖己方损失、扩大对方损失的"大本营发表"倾向在此后愈演愈烈。如在1944年10月的空战中，美军仅有2艘航空母舰受到轻微损伤，但"大本营发表"却宣布日本海军击沉美军"航空母舰11艘、战舰2艘、巡洋舰3艘、驱逐舰1艘"，同时击破"航空母舰8艘、战舰2艘、巡洋舰4艘、驱逐舰1艘、舰种不详13艘，其他起火者不下12艘"[3]。由此看来，此时的"大本营发表"的夸张程度几近100%，"其正确性和慎重

① 「昭和17年5月25日—昭和17年6月20日」、『大東亜戦争大本営発表』、JACAR（アジア歴史資料センター）、Ref.C16120677100、防衛省防衛研究所。

② 富永謙吾:『大本営発表の真相史』、東京:自由国民社1970年、第79頁。

③ 「昭和19年9月29日—昭和19年11月7日」、『大東亜戦争大本営発表』、JACAR（アジア歴史資料センター）、Ref.C16120679600、防衛省防衛研究所。

性无从谈起"①。

在此政策的指导下，大本营以保护战争机密为由，规定各报只能刊登大本营发布的消息，"任何未经大本营许可的报道均不得刊登"。在该时期，从内容上来看，报纸上发表的消息除了"能够激发同仇敌忾心理的报道"之外，任何对日本不利的消息均绝对禁止刊登。从流程来看，首先由相关部门拟定将要在报纸上发布的消息，然后根据消息的内容送交相关部门的最高负责人决定是否能够刊登。如果获准刊登，则在记者俱乐部最后发布消息。

这样一来，新闻记者事实上被剥夺了自主判断和自由采访的权利，取而代之的则是千篇一律的"大本营发表"。战后，一名记者对"大本营发表"作了如下回忆：

> 我们的工作，说得极端一点就是将报道部的大本营发表由左到右机械地传达给国民。报道部长在朗读发表文稿的时候，我们将它记下来，然后送到报社。再有就是听取平出大佐（时任大本营海军报道课长——笔者注）的讲座，并以此为参考撰写解说报道。不允许对声明原稿有任何批判，即使其存在矛盾也不能质疑。②

1941年12月8日早上6时，大本营陆海军报道部发出"帝国陆海军与英美军队进入战斗状态"的声明。此后，一直到日本战败，大本营共计发表通稿846次，再加上陆海军发布的"基地特电"，大本营平均每天发布消息达2次③。如此频繁的信息发布对太平洋战争时期的舆论监管和引导无疑发挥了重要的作用。

大本营报道部不但从信息源上控制了各报的报道，甚至还对报纸的版面设计、字体大小等作了详细规定，成为日本军部控制新闻舆论的强有力武器。应该指出的是，大本营陆海军报道部同上述的陆军省报道部、海军省军务局以及外务省等情报部门均独立于情报局体制之外，独立行使其对报纸等大众媒体的统制。如此众多的言论统制机构为战时日本媒体编织了一张缜密的控制网，极大地压缩了媒体的言论空间。

---

① 相澤淳：「大本営発表とミッドウェー海戦」、『戦史研究年報』2004年第7号、第123頁。
② 岡田聰：『戦中・戦後——新聞記者三十五年』、東京：図書出版社1976年、第70頁。
③ 富永謙吾：『大本営発表の真相史』、東京：自由国民社1971年、第12頁。

第三章　体制外舆论统制机构

如前所述，战时为更好地实施舆论统制，日本政府和军部建立了一系列言论统制机构，以强化言论机构在舆论统制和思想统制方面的重要作用。但日本当局逐渐认识到，仅凭这些体制内言论统制机构从外部对舆论施加影响是有一定局限性的，"若从事言论活动的言论人士自身不进行革新，则言论就无法进行革新"[①]，而要实现舆论界的自我革新，就必须发挥舆论界的自治能力。鉴于此，在日本当局的主导和推动下，日本舆论界成立了一系列自治团体，它们以宣扬言论自治、谋求自我管理为宗旨，但其往往借言论自治之名，却暗地配合政府或军部对言论统制实施间接控制，同时也在极大程度上因应了政府、军部的宣传诉求。换言之，日本当局正是通过赋予这些新闻自治团体一定的权力来实现媒体的自我管理和自我约束，以达到利用舆论宣传战争的目的。因此，从该意义上看，这些体制外新闻自治团体本质依然是战时日本舆论统制机构体系中的一部分。与官方机构相比，这类机构在言论统制体系中其操作更具隐蔽性和欺骗性，在促进舆论统制方面发挥了重要作用。

从总体上来看，这些体制外舆论统制机构主要分布在通讯社界、报界、出版界等领域。此外，日本还在伪满地区等海外占领区成立了一系列舆论统制机构，为日本在占领区推行殖民统治和皇民化政策摇旗呐喊。

第一节　通讯社界自治团体——同盟通信社

通讯社，是指在一国或世界各地采集、撰写和播发新闻，供报纸、期刊、广播电台、电视台、政府机构和其他用户采用的组织[②]，是专门搜集和供应新闻稿件、图片和资料的新闻发布机构。它以国际社会为主要活动舞台，从事国际新闻的搜集与发布，扮

---

① 野村重臣：『思想戦と言論報国会』、横浜：昭和書房 1943 年、第 30 頁。

② 关于通讯社的定义，各国有不同的表述，本书采用《大不列颠百科全书》的观点。参见 http://www.britannica.com/eb/article-9055605/news-agency。

演着"新闻批发站"的角色。同盟通信社是在外务省、陆军省、海军省的斡旋下，于1936年1月正式成立的日本战时国家通讯社，1945年10月解体。在其短短10年的发展过程中，同盟社的触角遍布日本、中国、东南亚甚至欧美等地，最盛时期共有员工5500余名，对日本军国主义侵略战争起到了极大的宣传和煽动作用。

一、同盟社成立的背景

同盟社是将日本电报通信社和日本新闻联合社两家通讯社合并之后成立的，而电通社和联合社两大通讯社在此之前已有相当程度的发展，为同盟社的成立奠定了良好的基础。

（一）同盟社设立前日本通讯社的发展

1888年，由三井出资设立了日本近代第一家通讯社——时事通信社，主要向报社提供政府声明、布告等，同时还将当时发行的报纸报道进行整理，并按照政治、经济、文化等进行分门别类，向政府机构及相关企业提供。由此可知，时事通信社的信息提供是双向的，既向报纸提供新闻报道资料，又协助政府掌握新闻报道现状。由于当时明治政府奉行宽松的新闻政策，只要具备基本的编辑技术、编辑条件即可成立通讯社，因此新闻用达会社、东京通信社、帝国通信社、内外通信社等大量通讯社相继成立。据统计，当时仅东京一地就有超过200家以上的通讯社。[1] 到了大正时期，这些通讯社开始出现专业化的发展趋势，如日本通信社专门负责提供皇室相关信息，独立通信社负责军事外交相关信息，日露通信社则专门负责提供与苏联相关的报道。与此同时，随着政党政治及日本国内政局的发展，当时的大多数通信社也随之成为政党政治主张的宣传工具，其政治色彩越来越重，如1892年成立的帝国通信社被改造成为大隈重信立宪改进党的舆论机构。

通讯社在日本国家政治中的作用越来越受到关注。1906年10月，曾担任多家报社记者的光永星郎成立日本电报通信社，后来居上成为当时日本主要的通信社之一。尽管是一家民营通信社，但电通社的设立初衷带有很强的国家身份印记。电通社的前身是光永星郎于1901年7月成立的日本广告株式会社，由于光永本人在担任从军记者的过程中亲身经历了因通讯社不发达而影响发稿的切肤之痛，甚至在外国通讯员发出不利于日本的报道时"根本没有与之抗衡的有效手段，只能陷入对日不利的境地"[2]。鉴于通讯社的重要性及日本与英美等国在通讯社建设方面的差距，光永遂决定以日本广告株式会社为载体开展通讯业务，成立电通社，以此为媒介"向列国传递新国情，将国论向海外主

---

① 里見脩：『ニュースエージェンシー——同盟通信社の興亡』、東京：中央公論社2000年、第10頁。
② 里見脩：『ニュースエージェンシー——同盟通信社の興亡』、東京：中央公論社2000年、第9頁。

张"①。换言之，电通社本身就是日本与欧美国家开展新闻竞争的产物，带有较强的"国家使命"。

尽管电通社提出了"向海外主张"的目标，但实际上其活动范围基本局限于日本国内，在很短时间内占据了日本国内电话、电报业务量的三分之一以上，而国际业务基本停留在目标阶段，并未付诸实施。真正以对外宣传为目标并开展活动的是 1914 年 3 月成立的国际通信社（简称"国际社"）。由于 1870 年 1 月哈瓦斯（法国）、沃尔夫（德国）、路透（英国）三大通讯社签订"联环同盟"协定②，形成新闻供给的分割和垄断体制。在此过程中，日本财界大佬涩泽荣一深感开展对外宣传的重要性，遂推动各方成立一个以开展对外业务为主的通讯社辛迪加，并委托原美联社东京分社社长肯尼迪（Russel Kennedy）担此重任。在肯尼迪的斡旋下，即将成立的新通讯社与路透社于 1912 年 11 月签订协议，获得了通过路透社获得新闻并"在日本国内发布的垄断权"，但同时也规定"未经路透社许可，不得从外国通讯社获取海外新闻，也不可向路透社以外的其他外国通讯社、报社提供日本新闻"③。因此，此协定被日本通讯社界称为"不平等条约"，在国际新闻业务方面"'国际'作为日本唯一的世界通讯机构，在英国路透社面前只相当于其一个附属"④。但鉴于短时间内无法打破路透社的新闻垄断体制，1914 年 3 月，在涩泽等人的推动下成立国际社，肯尼迪担任该社"支配人"（经理）。

换言之，国际社是在新闻自主权缺失的状态下成立的，而这根本无法满足日本各界开展对外宣传的诉求。此后，担任国际社北平分社社长的古野伊之助等人为争取"通信自主权"做了种种努力，并成功邀请岩永裕吉入职国际社，全面负责国际社的相关业务。岩永接手国际社后立即着手修订与路透之间的协议，并于 1924 年 1 月成功说服路透社主席罗德里克·琼斯（Sir Roderick Jones）公爵，以 2 万英镑的代价获得了国际社在日本通讯业的垄断权。此后，岩永更是积极推动国际社变革，并在路透社伦敦总部设立国际社分社，任命古野伊之助为负责人，谋求建立一个真正拥有通信自主权的国际通信社。

在此过程中，岩永积极推动国际社与东方社的合并。东方社由日本驻沪总领事有吉明和支那研究所所长宗方小太郎发起，于 1914 年 10 月在上海成立，其目的是打破路透社对华新闻提供的垄断地位，并与当时德系报纸的对华宣传相对抗，"将帝国之真意及

① 里見脩：『ニュースエージェンシー——同盟通信社の興亡』，東京：中央公論社 2000 年、第 14 頁。
② 世界上最早成立的哈瓦斯（法国）、沃尔夫（德国）、路透（英国）三大通讯社于 1870 年 1 月 17 日签订《国际通讯社协定》，即《联环同盟协定》，亦称《世界分割协定》。该协定确定了各社新闻采访和发布范围，并规定实施新闻共享，同时对其他实力弱小的通讯社加以排斥。到 1934 年该体制被废除之前，三大通讯社之外的其他通讯社一直处于从属地位。
③ 通信社史刊行会：『通信社史』，東京：通信社史刊行会 1958 年、第 79 頁。
④ 伊藤正德：『新聞五十年史』，東京：鱒書房 1943 年、第 404 頁。

帝国相关之公正报道向支那报纸提供登载，以此明确日支两国之政治关系，谋求两国国民之融合亲善，从而收到对支那新闻政策之实际效果"①。此后，为进一步发挥东方社在对华政策制定及对华舆论塑造方面的作用，外务省在经费和政策上对东方社提供了诸多支持。由于东方社与岩永主张的打破路透社新闻垄断、实现通信自主权的诉求一致，因此在外务省的推动下，东方社和国际社于 1926 年合并，并说服《每日新闻》《朝日新闻》《报知新闻》等 8 大报纸共同出资，成立日本新闻联合社。

"一战"中，随着"国家总体战"理论的提出，由此而衍生的"总体战""宣传战"等概念备受各国推崇，特别是路透社等通讯社在宣传战中发挥了重要作用。建立一个国家代表通信社的呼声在日本各界越来越高涨。而此时期外务省和陆军省也纷纷将"完善和发展通讯社"作为其主要任务，对各主要通讯社给予了政策和资金支持，其中外务省给国际社和东方社以及合并成立的联合社提供了大量经费，而陆军省则为电通社提供了巨额"通信购买费"，将其变为自己的"御用通讯社"。作为通讯社的主要"顾客"，报社也希望能够以低廉的价格获得所需的新闻，因此他们对政府扶持通讯社的做法也表示欢迎。在各方合力下，日本通讯社领域形成了以联合社和电通社为两大支柱的通讯社体制。

（二）围绕同盟社成立的交涉

九一八事变爆发后，由于军部一意孤行，不断扩大在华侵略活动，在国际上逐渐陷入孤立的境地。在此过程中，日本当局痛感对外宣传的重要性，认为日本之所以被孤立是由于世界各国对日本的误解。因此，为了"普及公正报道，对内指导国民思想，兴起健全舆论，对外启发海外舆论，增进国际谅解"②，要求设立大型通讯社的呼声越来越高。

在新通讯社设立的过程中，外务省、军部和通讯社三者扮演了主要角色，他们都认识到了通讯社在内外宣传中的重要性。因此，试图建立一个信息网络遍及世界各地且能够与欧美通讯社比肩的大型国际通讯社。但是，就建立通讯社的目的来看，三者不尽相同。外务省希望将通讯社建成一个外交政策的对外宣传机关，军部则希望其发挥"对外宣传"和"舆论统制"的功能，而通讯社本身则希望借此打破"路透社新闻垄断体制"，建立新闻自主管理体制。

在实际业务中，电通社不仅接受军部支持，且与美国合众社保持业务合作关系，而联合社与外务省关系密切，在业务上与美联社和路透社均签订合作协议。这就决定了两

---

① 「東方通信社事略」、『東方通信社関係雑纂』、JACAR（アジア歴史資料センター）、Ref.B03040705800、外務省外交史料館。

② 内川芳美：『現代史資料·41·マス·メディア統制㈡』、東京：みすず書房 1996 年、第 557 頁。

大通讯社难免会互相竞争，甚至产生严重对立，尤其在对外信息提供方面经常因各自的立场不同而发生分歧。特别是九一八事变后对关东军的军事行动报道方面，电通社与军部保持一致，给予了绝对支持，而联合社则表现出外务省"不扩大现地解决"的姿态。这种互相对立、矛盾的报道形态不但造成了日本国内舆论的严重分化和不统一，也招致国际舆论对日本的不信任，使得日本在"对外信息活动上处于不利状态"①。

鉴于此，情报委员会于 1932 年 9 月 26 日召开会议对电通社和联合社互相对立的局面提出了批评，认为其造成了"我国新闻通信事业落后于世界"的后果，从而提出合并电通社和联合社创建国家代表通信社的决议。在该提案中，情报委员会向电通社和联合社力陈"建设一个强力的国际新闻通讯社"的必要性，并表达了"排除万难"的决心，积极游说两者"从国家立场出发舍弃小我，自发将其事业转让给新机构"，以确立该通信社在国际通信界的地位，从而"服务于将世界舆论引向于我国有利之国策"②。该次会议还讨论了新通讯社的章程草案，认为新通讯社应"汇集全国有实力的报社结成单一通讯社"③，由此确定了与联合社相同的"报社协同组合"组织形式，舍弃了电通社的股份制组织形式。

对于上述提案，联合社给予了积极回应，表示联合社将"举全部事业无偿让渡给新通信机构"，同时对新通讯社的组织形态和运营方式提出了建议。而东京、大阪地区的一些实力雄厚的大报社也因出于"列强从国家主义立场控制通讯社"的国际通讯社界的实际状况及日本国内通讯社不统一带来的诸多新闻报道的弊端，极力赞成该提案，并表示应建立一个"可与欧美强大通讯社比肩的、兼备实力和信用的大通讯社"④。与此相反，电通社以及《福冈日日新闻》等 8 家地方报社在组织形式、转让价格等方面对该提案表示了强烈反对。对此，外务省派出原驻苏大使田中都吉与电通社就收购合并事宜进行接洽，提出政府以 120 万日元收购电通社全部业务的建议。截至 1933 年 2 月，双方共会谈 11 次，但终未获得电通社的同意。

在此过程中，日本推动成立伪满洲国后，根据"一国一通信社"政策，于 1932 年12 月 1 日在伪满成立"满洲国通信社"（简称"国通社"），将伪满地区联合社和电通社的机构及业务统一起来。"国通社"的成立无疑对日本本土通讯社的统一产生示范和促

---

① 通信社史刊行会：『通信社史』、東京：通信社史刊行会 1958 年、第 423 頁。

② 著者不明：『戦前の情報機構要覧：情報委員会から情報局まで』、出版社不明 1964 年、第 7—8 頁。

③ 「新通信社設立計画経過概要」、天羽英二：『天羽英二 日記・資料集第 3 巻』、東京：天羽英二日記・資料集刊行会 1990 年、第 9 頁。

④ 「新通信社設立計画経過概要」、天羽英二：『天羽英二 日記・資料集第 3 巻』、東京：天羽英二日記・資料集刊行会 1990 年、第 11 頁。

进作用。在此背景下，1933 年 5 月，外务省情报部长天羽英二提议继续由情报委员会对新通信社的成立问题进行协议，并就收购事宜同电通社进行谈判。经过多轮谈判和妥协后，电通社社长光永星郎终于同意新方案，并于 1933 年 11 月向外务省次官重光葵提交备忘录，同意"新机构成立后立即解散电通，并将正在开展的业务（包含广告相关业务）移交给新机构"①。作为赔偿，新机构需支付给电通社 200 万日元。但是，由于当年度的外务省预算被大藏省大幅削减等原因，导致转让经费筹措困难。为解决合并收购费及运营资金问题，外务省提出向日本放送协会融资的建议，从而将日本放送协会也纳入到新通讯社的框架之下。由于日本广播事业开播以来，与报社等传统媒体之间产生了激烈的竞争，特别是由于其"速报性"特点，在竞争中常常处于优势，引起了报界的激烈反对，并向政府施压，禁止广播协会自主采访和播放临时新闻，从而对广播业务的开展提出了诸多限制。放送协会为改变此不利状况，谋求通过通讯社获取新闻来源，遂同意了外务省的融资提议，但提出了在新通信社中占据 5 名理事席位的条件。由于每家报社只能有 1 个理事席位，因此该条件提出后遭到报界反对。后来放送协会会长小森七郎向《朝日新闻》绪方竹虎等人反复强调此举的目的只是"为了确保发言权，并无执新通讯社牛耳之意图"②。加之报社对资金问题确实束手无策，遂最终同意该方案，决定融资400 万日元，以解决当时所面临的资金困局。

1934 年 12 月，外务大臣广田弘毅、递信大臣床次竹二郎就召开新通信社成立协议会向全国报社及放送协会发出邀请函，从而拉开了新通信社设立的序幕，同时也成为"反对运动的号炮"③。就在协议会即将召开之际，光永星郎委托日本政界、思想界和新闻界均颇有影响力的德富苏峰向政府提出延期的要求。此后，一些势力较大的地方报纸公开对新通信社的设立表示了反对，并开展了一系列反对运动。由此，电通社及与电通社业务密切的地方报社再次恢复反对立场。

由于当时的电通社及电通系所属地方报纸拥有极大的势力，因此反对运动导致新通信社设立计划一时搁浅。尽管如此，赞成派依然稳步推进新通信社成立工作。1935 年 1 月，联合社理事田中都吉、下村宏、高石真五郎三人联名向外务、递信两省及日本放送协会提交了具体方案。2 月，在贵族院预算委员会上，外相广田弘毅首次代表政府表示支持"一大中央通信机构"的建立。4 月 19 日，外务、递信两省就新通信社设立再次向报社及放送协会发出邀请，然而光永星郎却于 5 月 1 日以书面形式向外务省声明撤回

---

① 「新通信社設立計画経過概要」、天羽英二：『天羽英二 日記・資料集第 3 巻』、東京：天羽英二日記・資料集刊行会 1990 年、第 10 頁。

② 逓信外史刊行会編：『逓信史話』（上巻）、東京：電気通信協会 1962 年、第 493 頁。

③ 里見脩：『ニュースエージェンシー——同盟通信社の興亡』、東京：中央公論社 2000 年、第 104 頁。

此前达成同意合并的备忘录。5月9日，18家主要报社和日本放送协会在外相官邸如期举行"恳谈会"，就新通信社的设立达成一致意见。21日，召开第一次成立准备委员会，着手起草新机构章程。31日，准备委员会通过了该章程，将新机构名称定为社团法人同盟通信社。

但电通社和《名古屋新闻》《北海时报》等8家地方性报纸对上述方案依然进行了强烈抵制，于5月16日联合51家报社举行了反对大会，并向外务、递信提交拒绝参加的声明。尽管外务、递信做了大量工作，仍然无法平息事态。成立准备委员会遂决定先以联合社为基础成立同盟社，并于7月2日提交设立申请。9月27日、29日，递信省再次邀请赞成派和反对派协商，并明确表态政府将对新通信社成立给予认可。

为打破僵局，情报委员会于1935年6月从各部门抽调主管情报宣传的部分人员组成特别委员会，对新通信社的设立实施指导，要求新通信社在发挥"新闻供给"功能的同时，要强化"国策推行机构"的身份定位，"与国外的国际新闻通信社抗衡，达其使命，对内则体现政府根本方针，以国家本位开展活动"①。针对电通社反对上述"合并案"，情报委员会决定由外务省、陆军省、海军省委员对电通社及其他持反对意见的报社进行"合并劝告"，以此推动新通信社的设立进程。

在此期间，尽管陆军省对新通讯社的成立表达了充分的关注，并与外务、海军组成三省委员会共同推动此项工作，但由于其素来与电通社保持着良好的合作关系，且与外务省在新通信社的主导权方面存在着竞争，因此陆军省对电通社拒绝合并的态度并不明朗，甚至暗地里给予庇护。但是随着事态的发展，陆军省开始认识到如果一味对电通社给予支持就无法实现建立新通讯社的目标，也就丧失了对情报控制的主导权，从而影响到国防国家体制的建设。基于此判断，陆军省在1935年6月24日召开的外务、陆军、海军三省委员会上首次否认了"反对运动受到军方支持的谣言"，并表示将"为迅速成立一大通信社而提供所有援助"，对于那些反对派，陆军省则表示将派出相关人员"劝告反对者加入，以此促进新通信社的设立"②，从而明确表达了赞成两社合并的态度。陆军省态度的转变大大促进了新通信社成立的进程。11月7日，政府正式下达"命令书"，认可了"社团法人同盟通信社的设立"，并规定同盟的业务、人事、决议必须获得主管大臣的许可，"下年度事业计划及收支预算必须在每年3月10日前向主管大臣提出"③。

---

① 「新通信社設立ニ関シ情報委員会特別委員会設立ノ件」、『本邦通信社関係雑件／同盟通信社』、JACAR（アジア歴史資料センター）、Ref.B02031145400、外務省外交史料館。

② 「新通信社ニ関シ外務、陸軍、海軍三省申合」、『本邦通信社関係雑件／同盟通信社』、JACAR（アジア歴史資料センター）、Ref.B02031145400、外務省外交史料館。

③ 通信社史刊行会：『通信社史』、東京：通信社史刊行会1958年、第436—437頁。

获得政府许可令后，成立准备委员会立即召开发起人总会，选出 9 名代表着手准备相关手续，并与电通社和联合社就合并具体事宜进行接洽。在此过程中，联合社就合并事宜表示全面配合，承诺"同盟通信社业务开始之日解散新闻联合社"。而电通社却一改先前提出的"200 万日元转让全部业务"的承诺，仅同意以适当价格将通信部转让给同盟，但"广告部依然存续于株式会社日本电报通信社名义下，与同盟通信社之间保持姊妹公司关系"①。对此，尽管成立准备委员会作了让步，提出折中方案，但仍未获得电通社的同意，最终不得不决定先以联合社为基础开始新通讯社的运营，并于 1935 年 12 月 17 日召开创立大会，通过了同盟社章程，选出理事、监事，并任命岩永裕吉（联合社专务理事）、畠山敏行（递信省电务局长）、古野伊之助（联合社总支配人）三人负责业务运营。1936 年 1 月 1 日，同盟社开始对外开展业务，但由于此时电通社还未同意合并方案，因此只不过是名称的变更而已，其业务仍然是联合社业务的延续。

（三）电通社的合流与同盟社一元化体制的形成

同盟社成立后，联合社与电通社之间的竞争变成了同盟社与电通社之间的竞争。对于电通社未能实现合并，政府各部门在表示遗憾的同时纷纷表态，将继续"在同盟及电通两社间斡旋，以合理条件迅速促进电通的合流"②。但鉴于前期与电通社之间交涉的实际情况，各方开始采取一些强硬措施。在同盟社正式运营前 4 日，递信省公布了新的《国际放送电报规则》，规定凡是"以向外国发布信息为目的且无特定收件人"的"对外放送电报"及"外国无线电信局发布的信息电报"均必须通过"递信大臣许可设立的社团法人通信社"③ 实施，这不但意味着同盟社获得了无线电信业务的垄断权，同时也意味着电通社与美联社之间的无线电业务被迫取消，这也被看作是"对电通应采取的强硬手段"④。

在此背景下，田中都吉、正力松太郎、绪方竹虎、小森七郎于 1936 年 1 月 9 日分别与同盟社和电通社进行了协商，提出了最后的方案，建议电通社以 180 万日元价格将通信部转让给同盟社，同时可继续保留其广告部，并可以极低的价格收购原联合社的广告业务。该方案可谓作出了极大让步，但仍未获得光永星郎的同意。

2 月 5 日，外务、陆军、海军三省召开会议继续对电通社施压，决定对新成立的同盟社"从国策立场出发给予积极援助"，而对于电通社，则表示若电通社无论如何都不

---

① 通信社史刊行会：『通信社史』、東京：通信社史刊行会 1958 年、第 438 頁。

② 「関係各省申合せ」、『本邦通信社関係雑件／同盟通信社』、JACAR（アジア歴史資料センター）、Ref. B02031145400、外務省外交史料館。

③ 「国際放送電報規則」、『官報』第二六九八号、1935 年 12 月 29 日、東京：大蔵省印刷局、第 898 頁。

④ 通信社史刊行会：『通信社史』、東京：通信社史刊行会 1958 年、第 444 頁。

同意合并，则"今后将不再为其提供任何特典及其他援助"①，这对电通社来说势必会给其业务带来极大影响。

此时的内外环境对电通社越来越不利，尤其是二二六事变后上台的广田弘毅起用电通社老对手——帝国通信社原社长赖母木桂吉为递信大臣，赖母木上台后便以上述协议案为基础向同盟社和电通社递交了《政府裁定案》，要求"为了同盟的利益，电通废止并决定今后不再开展报纸通信、经济通信及新闻照片相关事业，并且将上述各事业客户及其他业务转让给同盟"，同时"为了电通的利益，同盟废止广告相关业务，并将客户及其他业务关系转移给电通"②。换言之，该方案将通讯业务和广告业务分离，与上述协议案并无本质区别。但该方案是以政府名义提出的，如果一味反对，电通社的对手将由同盟社转变为政府，这对电通社以及持反对意见的报社来说均是无法承受的。

于是，在情报委员会以及古野伊之助等人的多方游说下，在递信省及陆海军省等各方的压力下，最终电通社等反对派接受了政府的提案，于 1936 年 4 月 30 日签署合并方案，表示"自今以后同盟及电通作为姊妹机构，分别经营通信事业及广告代理业"，并"以共存共荣精神，对相互的事业极力援助和支持"③，同时承诺在 5 月 15 日前完成上述《政府裁定案》所要求的业务转让和人事安排等事宜。6 月 1 日，社团法人同盟通信社正式成立，这也是此后日本当局对报纸、电影、出版业等实施一系列统制政策的开端。

在同盟社与电通社签署的上述合并协议书中，尽管电通社承诺如期解散，从而为一元化通讯社的建立扫清障碍，但是并非无条件的。按照《政府裁定案》及协议，同盟社不但将最赚钱的广告业务以极低的价格转让给电通社，同时还需向电通社支付 180 万日元用于收购电通社的通讯业务。实际上，电通社的通讯业务一直处于亏损状态，靠其广告业务的利润维持。据统计，当时电通社通讯业务每年赤字达 46.8 万日元，再加上支付其 549 名通讯部员工的薪资，仅通讯业务，同盟社每年将承担高达 57.4 万日元的赤字。虽然同盟社从放送协会融资 400 万日元，但每年本息合计需要支付其 30 万日元④，这对同盟社来说不啻为一笔巨额的经济负担。但同盟社的成立既有突破"路透社新闻垄断体制"、获取国际报道自由的战略意图，也有整合新闻资源、兴起内外舆论、为日本内外政策提供舆论支持的政策诉求，同时也是消除报纸和广播之间的对立、中央报和地方报之间的竞争及外务省和军部之间在舆论报道方面明争暗斗的现实需要，无疑具有重

① 「外務、陸軍、海軍三省申合せ」、『本邦通信社関係雑件／同盟通信社』、JACAR（アジア歴史資料センター）、Ref.B02031145400、外務省外交史料館。

② 通信社史刊行会：『通信社史』、東京：通信社史刊行会 1958 年、第 447—448 頁。

③ 通信社史刊行会：『通信社史』、東京：通信社史刊行会 1958 年、第 449 頁。

④ 通信社史刊行会：『通信社史』、東京：通信社史刊行会 1958 年、第 451 頁。

要的战略意义。

二、同盟社的性质

同盟社章程第一条规定，同盟社是"搜集编纂内外新闻，并将其通过电话、电信、无线电信、无线电话及其他通信方法，迅速准确向成员及海内外通讯社及报社通报"[①]的"社团法人"，其下设社员总会、理事会，负责对同盟社的组织、运营、人事、预算、解散等全部事务进行决议，运营经费由各成员以会费形式筹集。从表面上看，同盟社是一个独立经营、自负盈亏的民间事业团体。然而，纵观同盟社的成立过程及实际运营过程，我们发现无时无刻都有政府的力量参与其中，政府对同盟社的监管从未缺失。

（一）同盟社自身定位

在同盟社的成立过程中，由于电通社一直持反对意见，因此无论是在1933年11月提交的"誓约书"中，还是在回答政府敦促其合并的声明中，电通社并未对新通讯社的性质有任何触及，其关注的焦点依然是其电信业务和广告业务的归属以及相应的收购费用的问题。与此相反，联合社则自始至终对新通讯社的性质给予了极大的关注。早在1932年9月情报委员会提出电通社和联合社两者合并建议时，联合社就提出新通讯社应为"以全国报社为成员的公益法人"，且"新机构的业务执行者的选任应在同报社代表协商的基础上确定"[②]。后来在1933年10月向外务省正式提交的回复中再次表示对其"组织如何"表示最大的关注，并重申新通讯社的两大基本组织条件："一、由全国主要报社组织的社团或公益团体；二、其组织应能够保证报道的独立和公正。"[③]换言之，联合社将新通讯社定性为独立自主的"公益法人"，这应与其所采取的"报社协同组合"组织形式有很大关系。

此外，在1935年12月17日召开的新通讯社创立大会上，发起人田中都吉在演讲开篇即对新通讯社的性质作了如下解读：

> 本通信社是由我国日刊报社及日本放送协会组织的独立自治的公益法人，除在我国发行日刊报纸及经营无线电信和无线电话等广播业务的组织外，无论有何权力和财力，概不允许其成为成员、参与经营，而在我国发行日刊报纸及经营无线电信和无线电话等广播业务的组织无论何时均可按照章程及细则所确定的条件加入其中，成为成员，在利用新通讯社的同时也可参与其经营，它是一个开放性机构。[④]

---

① 通信社史刊行会：『通信社史』、東京：通信社史刊行会 1958 年、第 415 頁。
② 通信社史刊行会：『通信社史』、東京：通信社史刊行会 1958 年、第 425 頁。
③ 通信社史刊行会：『通信社史』、東京：通信社史刊行会 1958 年、第 426 頁。
④ 通信社史刊行会：『通信社史』、東京：通信社史刊行会 1958 年、第 442 頁。

由此可见，田中都吉认为，新通讯社有两大性质，一是不受任何外力影响的"独立自主"的机构，二是由所有报社及放送协会参与的开放性机构。换言之，新通讯社与政府之间在组织上、业务上不具有领导和被领导的关系。针对同盟社与政府的关系，田中强调了三大原则：

  第一，考虑到今日之实情，建设如此之大机构无论如何是需要政府的中介斡旋的，但其一旦成立，新机构决不可有成为政府御用机构的可能，必须在独立不羁的新闻专业主义的王道上阔步前行。

  第二，该机构不可有受部分少数成员势力左右的可能，必须是一个集全国报社及放送协会参与其中，万机决于公论的开放性组织。

  第三，该机构绝不可成为急于只图报社本身的方便、利益而不顾国家国民公益的机构。[1]

再次强调将政府势力排除在外，以保证新通讯社独立自主的重要性。但实际上在新通讯社的成立过程中，日本当局的力量一直介入其中，并发挥了重要的协调促进作用。这一点是不容置疑的，也是田中无法回避的问题，而且田中也认识到"建设如此之大机构无论如何是需要政府的中介斡旋的"，并坚定认为新通讯社建立后，"作为世界一流通讯社，要活跃开展不逊于外国通讯社的活动，将来也需要得到政府的支持"[2]，特别是在无线电等基础设施的建设和使用方面，没有政府的支持是寸步难行的。

1936年同盟社出版了题为《同盟通信社的机构——组织与活动》的小册子，认为其组织上最大的特征是"作为报社及放送协会的协同机构，独立自治原封不动地体现在组织中，社长及常务理事既不属于政党政派，也严禁参与政治性、社会性实际运动，其目的无非是确保同盟通信社的不偏性和独立性"。而对于同盟社的任务，该小册子则着力强调其"第一任务是报道客观事实"，从而发挥其"作为国内报道中枢的重要职能及国际新闻交流中心的重大职责"[3]。这是同盟社首次明确对其性质作出自我定位。

换言之，在成立过程中及成立初期，尽管同盟社意识到其成立及发展无法排斥政府力量的干预，但其仍然把独立性和客观性放在首位。这与电通社的"营利主义"和联合社的"报社协同组合"经营方式不无关联。但是在国际局势发展、日本国内舆论环境改

① 通信社史刊行会：『通信社史』、東京：通信社史刊行会 1958 年、第 442—443 頁。
② 通信社史刊行会：『通信社史』、東京：通信社史刊行会 1958 年、第 442 頁。
③ 同盟通信社：「同盟通信社の機構——組織とその活動」、有山輝雄、西山武典編：『同盟通信社関係資料』（第一巻）、東京：柏書房 1999 年、第 87—103 頁。

变等要素的推动下，上述同盟社的"自我意识"开始发生转变，特别是日本侵华战争全面爆发后，同盟社的"国策意识"越来越强，在其发行的一系列文件中"独立自治""客观报道"等字眼渐渐消失，取而代之的则是"国家代表通信社"的自我定位。

1941 年 7 月，同盟社在其发行的《同盟的组织与活动》的小册子里尽管依然宣称"确保新闻的公平准确"是"同盟唯一的存在目的"，同盟社的所有活动都是为实现"国家公共目的"而实施的，但值得注意的是，得出该结论的依据是"确保内外新闻搜集发布的正确公正是国家的重大责任"，即其宣称的"公平公正"是对当时日本当局宣传诉求所做出的回应，带有倾向性和选择性。正因为此，该小册子强调同盟社"承担着向全世界报告日本真意和真相，同时向我国传达世界各国的动向与实情的重要使命"，其目的则是"对内兴起公正舆论，对外增进国际理解"。这与当时日本当局的对外宣传和对内宣传政策完全一致。而该时期"作为内外新闻集散中枢机构"，同盟社在不断完善其国内通信网络，"将前线新闻传给后方国民，将后方新闻传给前线将士"的同时，还在海外不断扩张世界通信网络，"将东亚新闻传给全世界，将世界新闻传给全东亚"，从而真正实现"日本的声音经同盟传递给全世界，世界的动向经同盟传递给全日本"①的目标，由此逐渐打上了"国策性"烙印。

进入太平洋战争后，随着战局对日本越来越不利以及日本国内政治、经济、思想环境的日益严峻，同盟社对"国策通讯社"意识的认同感越来越强，"思想战中枢"的定位愈加清晰。1944 年 7 月，同盟社发行了题为《同盟的使命与活动》小册子，除了继续表明站在国家立场上开展对内对外宣传外，同时还明确表示同盟社的新使命——"与武力战相呼应，积极而果断地面向全世界开展思想战，粉碎以美英为主力的敌性宣传，向完成圣战而迈进"②。要完成"对外思想战中枢机构"的新使命，同盟社对其宣传理念进行了进一步凝练，加深了对战时国家宣传机构的身份认同。

首先，同盟社将新闻比喻为思想战的"炮弹"，将当时新闻传播的三大主要媒介报纸、广播、电影比喻为"三大武器"，"报纸为战车，广播为飞机，国家代表通信社电影为潜艇"，而通讯社则发挥着"兵工厂、炮弹制造所"的作用。因此，作为"国家代表通信社"，同盟社应通过新闻活动"突破敌人的思想阵线，在世界范围内开展斗争"。在此理论框架下，同盟社的新闻从业人员也被标签化，记者被称为"报道战士"，特派员则被赋予"对敌情报挺身队"的称号，均被纳入到"思想战"的序列中，宣称"同盟的五千同志职员将以世界思想战上无名战士的自豪与觉悟，孜孜不倦、默默无闻地在各自

① 同盟通信社：「同盟の組織と活動」、東京：同盟通信社 1941 年、第 1—3 頁。
② 同盟通信社：「同盟の使命と活動——対外思想戦はいかに戦われているか」、有山輝雄、西山武典編：『同盟通信社関係資料』（第五卷）、東京：柏書房 1999 年、第 285—352 頁。

的战线上战斗"①，从而完成了"宣传战武器"的自我定位。

其次，为响应决战阶段日本当局制定的宣传方针，同盟社将"战意昂扬"和"对敌宣传"分别作为内外宣传的重点。由于通讯社的活动舞台主要在海外，因此战争后期同盟社将其对外活动作为主要活动，并将其分为"情报搜集——敌情侦察；对内思想战——战意昂扬；对外思想战——敌阵攻击"三大类，分别赋予不同的功能。同时制定了对外宣传的终极目标，即"阐明大东亚宣言的趣旨，对发动无名之师之英美两国民进行启发，摧毁其战意"，并再次强调作为"国家代表通信社"，同盟社应"将新闻作为炮弹"，其一切活动均应"指向攻击敌阵"②，由此完成国家宣传机构身份的建构。

（二）日本当局对同盟社的定位

1936年11月9日，在同盟社成立庆祝大会上，首相广田弘毅在贺词中说同盟社是"完全由报道界人士组成的公益法人，是权力和财力都无法使之动摇的真正独立自治的公共机关……其报道应遵守正确公平以及权威性的原则"③，从而将同盟社置于国家机构的框架之外。

然而在推动同盟社成立的过程中，陆军省就对新通信社的性质作出了展望。早在1934年10月，陆军省新闻班推出的《国防本义及其强化之提倡》的小册子中，陆军省便提出"迅速设置一个类似于宣传省或情报局的国家机构，思想宣传战的中枢机构"④，而新通讯社则被陆军省定位为该中枢机构的具体实施机构。

1935年6月，陆军省在情报委员会特别委员会成立时除了明确表示将对反对新通讯社成立的电通社等反对派进行劝说外，还对新通讯社的性质提出了要求，认为"新通讯社以公益法人设立，为实现该社未来之健全发展并维持对外信用，新闻同业者形态是绝对必要的"，而要实现上述目标，就必须由国家对其实施指导，将其发展成为"国策遂行之一大机构"⑤。可以说，"国策通讯社"的性质从一开始就是各方对新通讯社的定性和期待。

6月24日举行的三省委员会对上述陆军省的意见进行了探讨，并对新通讯社的"国策通讯社"性质及三省委员会的任务作了规定。

---

① 同盟通信社：「同盟の使命と活動——对外思想戦はいかに戦われているか」、有山輝雄、西山武典編：『同盟通信社関係資料』（第五巻）、東京：柏書房1999年、第285—352頁。

② 同盟通信社：「对外報道戦——海外局手帳」、有山輝雄、西山武典編：『同盟通信社関係資料』（第五巻）、東京：柏書房1999年、第353—364頁。

③ 内川芳美：『現代史資料・41・マス・メディア統制㈡』、東京：みすず書房1996年、第551頁。

④ 陸軍省新聞班：『国防の本義と其強化の提唱』、東京：陸軍省1934年、第44頁。

⑤ 「新通信社設立ニ関シ情報委員会特別委員会設立ノ件」、『本邦通信社関係雑件／同盟通信社』、JACAR（アジア歴史資料センター）、Ref.B02031145400、外務省外交史料館。

一、为给报社提供公正准确的信息，设立的新通讯社应为由报纸通信相关人员组成的公益法人，为实现该社未来之健全发展并维持内外信用，应尊重该社设立的方针；

　　二、但该社作为国策推行的一大机构，而且为对抗外国通讯社，完成使命，应时常体现政府的根本方针，以国家本位进行活动。对此，要与现在的情报委员会保持密切联络，但该委员会包含诸方面，且其参与人众多，因此存在诸如不适合通讯社指导的敏感问题，因此由外务、陆军、海军三省情报相关官员组建人数较少的特别委员会，对三省相关通信问题进行协商，并通过外务省对通讯社实施必要指导；

　　三、对于新通讯社的设立，外务、陆军、海军三省将迅速为设立一大通讯社而提供所有的援助，目前通讯社及报社中有一些未加入新通讯社，此时外务、陆军、海军三省相关官员将劝告上述反对者加入，以此促进新通讯社的设立。①

作为同盟社成立的主要推动力量之一，递信省亦对同盟社的成立寄予了厚望。由于日本放送协会的加入，递信省在一段时间内掌握了新通讯社设立的主导权。对于同盟社的性质，递信省要求同盟社应充分发挥其强大的新闻网和技术手段，特别是发挥广播协会的优势，"与外国通讯社对抗，以确立通信自主权，并遵循帝国对外新闻国策相关要求，成为名副其实的国家通讯社"。对于同盟社的组织形态，递信省强调同盟社既非纯营利团体，也非官方机构，而是公益法人，但同时又强调其业务必须"立足于国家立场"，其"唯一最高的目的"仍然是"对内谋求公平的新闻发布，对外有助于增进国际谅解"②，必须体现"国家性"。

正是由于"国策通讯社"的定位，政府不但在业务上对同盟社有所期许，在具体的事业运营及人事组织等方面也频频插手。在 11 月 7 日政府下达的《关于同盟社成立的命令书》中明确规定："未经主管大臣认可，不得合并或解散"③，而且同盟社的人事任免须经主管大臣许可，还要及时向主管大臣提交会议纪要。这一点在外务省向驻外公使发出的关于对同盟社员工与驻外机构关系的相关文件中可见一斑。同盟社成立后，随着在海外机构的不断扩张，同盟社也开始向其海外机构派遣特派员。驻外使领馆除向特派员提供必要的便利外，还向其提供一定的经费，而特派员的选任均须获得外务省及其驻外

①　「新通信社ニ関シ外務、陸軍、海軍三省申合」、『本邦通信社関係雑件／同盟通信社』、JACAR（アジア歴史資料センター）、Ref.B02031145400、外務省外交史料館。

②　「同盟通信社の設立について」、『官報』第二六七七号、1935 年 12 月 4 日、東京：大蔵省印刷局、付録第 2 頁。

③　通信社史刊行会：『通信社史』、東京：通信社史刊行会 1958 年、第 436—437 頁。

使领馆的同意，其个人履历也须向外务省备案。1936 年 10 月，外务省情报部就加深同盟社通讯员和驻外使领馆的关系事宜发出如下通知：

　　一、同盟特派员应与在外公馆保持密切联络，必要时接受该公馆负责人的指令；

　　二、同盟特派员应与联盟外国通讯社保持密切联系，将该通讯社的新闻中能够成为该在外公馆参考的内容，随时向该公馆汇报；

　　三、对于所谓"特情"电报，在同在外公馆协商的基础上常时予以协助；

　　四、同盟特派员必要时应遵照在外公馆的委托，从事特殊谍报事务。[①]

从上述通知可以看出，外务省及其驻外使领馆对同盟社的人员和业务均拥有领导权，除了要求同盟社按照其要求提供新闻业务外，甚至还赋予特派员"从事谍报事务"的身份，两者之间具有非常明显的领导与被领导的关系。而为了掩盖这种事实上的"从属"关系，在该通知的末尾，外务省向驻外使领馆强调，"作为以本邦报社为成员的社团法人，同盟通信社与政府无任何关系"。因此，在业务执行过程中应注意维护其"对外不羁独立之机构"的形象，而对内则强调其"作为本邦唯一的国家新闻通讯社，是情报政策推行的重要机构"。因此，特派员应与驻外使领馆保持密切联系，"从国策立场开展新闻活动"[②]。换言之，外务省为同盟社塑造了"对外保持独立自主、对内坚守国策立场"的截然不同的形象。应该说，这两种形象的建构体现了战时同盟社的主要特征。

此外，纵观同盟社的成立过程，我们不难发现政府的力量从未缺席，特别是在推动电通社合流的过程中，政府一方面对联合社及后来成立的同盟社给予极大的政策倾斜，另一方面则不断对电通社施加各种压力。这说明同盟社在成立之初就被政府牢牢控制，并随着战时体制的确立逐渐被纳入到国家机构的框架之内，其本质是服务于战时体制的国家通讯社。

同盟社设立之后，政府指定内阁情报委员会负责同盟社的管理以及补助金的发放工作。在 1936 年 6 月的内阁会议上，政府确定了内阁情报委员会的任务之一是"对内外报道进行联络调整"。具体做法就是，"鉴于社团法人同盟通信社设立的主旨，情报委员

---

①　「同盟特派員卜在外公館卜ノ連絡ニ関スル件」、『在外本邦通信員関係雑件（新聞記者ヲ含ム）』、JACAR（アジア歴史資料センター）、Ref.B02031140900、外務省外交史料館。

②　「同盟特派員卜在外公館卜ノ連絡ニ関スル件」、『在外本邦通信員関係雑件（新聞記者ヲ含ム）』、JACAR（アジア歴史資料センター）、Ref.B02031140900、外務省外交史料館。

会应协助相关各厅实现该社以国家立场为基础的健全发展"①，从而确立了对同盟社的指导方针，明确了政府与同盟社之间是指导与被指导的关系。

1937 年 9 月，内阁情报委员会升格为内阁情报部，进一步加强了对同盟社的控制和指导。1939 年 2 月，内阁情报部在申请当年度"外交通信特别设施费"作为同盟社助成金时，一方面宣扬同盟社作为"我国通讯报道业的自治共同机构"的独立性，另一方面又强调其"有助于对内谋求健全舆论的兴起，对外促进对我国的理解"的"国策使命"，并着重强调"同盟通讯社作为社团法人，其设立必须获得外务大臣和递信大臣的许可，在民法上要接受两大臣的监督，其业务运营要服从内阁情报部的指挥"②，从而进一步明确了同盟社与政府之间领导与被领导的关系。换言之，所谓的"独立自主"，只不过是在政府监督和管理下的有条件的独立自主而已。

1940 年 12 月，内阁情报部升格为情报局后，又对同盟社与政府关系作了如下规定："对于同盟通信社的指导与监督，由内阁总理大臣和递信大臣共同实施，而内阁总理大臣的指导监督由情报局负责，情报局努力对该社进行指导、扶助和扩展"③，从而将同盟社正式置于自己的统制框架之内。

综上所述，战时同盟社的性质具有两面性。从表面上看，同盟社是排斥一切外部势力、独立自主开展活动的社团法人；但从实际操作上来看，同盟社不但接受政府的指导和监督，更是在运营经费上受制于政府，这就决定了其无论在机构运营还是业务开展方面均不可能保持独立。从本质上看，同盟社不过是日本当局对内实施新闻统制，对外开展舆论宣传的产物，它承担着对内制造舆论，对外宣传国策的重任，其"国家通讯社"的特性贯穿始终。当局对同盟社两面性的界定既是当局对同盟社的期望，也符合同盟社自身的诉求。

三、同盟社与政府、军部的关系

在推动同盟社成立的过程中，政府、军部、通讯社、报社、放送协会等各方势力参与其中，对新通讯社主导权的争夺成为各方暗自较量的焦点，其本质则是对战时日本情报宣传政策主导权的争夺。而在同盟社成立过程中及成立后，政府与军部也凭借其掌握的政治资源对同盟社给予了资金、政策、技术等各方面的支持。因此，政府、军部与同

---

① 「情報委員会ノ職務」、『公文類聚・第六十編・昭和十一年・第三卷・官職一・官制一（内閣）』、JACAR（アジア歴史資料センター）、Ref.A14100483400、国立公文書館。

② 内川芳美：『現代史資料・41・マス・メディア統制(二)』、東京：みすず書房 1996 年、第 232 頁。

③ 「情報局、外務省、逓信省三庁間ニ於ケル社団法人同盟通信社ノ監督事務処理ニ関スル閣議諒解事項」、『公文類聚・第六十四編・昭和十五年・第五卷・官職三・官制三（内閣三）』、JACAR（アジア歴史資料センター）、Ref.A02030167900、国立公文書館。

盟社之间的关系主要围绕两方面展开，一是对同盟社主导权的争夺，一是对同盟社业务的支持。

（一）对同盟社主导权的争夺

作为信息提供、发布的"一大中央通信机构"，掌握了同盟社的主导权，也就意味着掌握了情报宣传的主导权，而情报宣传又在很大程度上决定并影响着内外政策及国内政局的走向。因此，在同盟社成立的交涉过程中，围绕对同盟社的主导权问题，各部门之间特别是以外务省为代表的政府和以陆军省为代表的军部之间展开了激烈的较量。

如前所述，鉴于通讯社在"一战"中所起的重大作用及突破欧美通讯社垄断体制的诉求，日本各界在建立"国家通讯社"方面基本形成共识，而九一八事变后日本国内舆论分化的乱局则加速了新通讯社建立的步伐。事变后，岩永裕吉和古野伊之助等人首先向当局提出建立国家通讯社的主张，但由于受此后日本国内一系列政局变动的影响，该主张并未得到落实。直到五一五事件后斋藤内阁上台任命内田康哉担任外相，组建新通讯社的议题才被提上日程。1932年9月26日，情报委员会作出"电通联合合并为一体"，创建"强力国家通讯社"①的决议。该合并方案遭到电通社反对后，情报委员会成立外务、陆军、海军三省委员会居中斡旋，以此推动新通信社的设立进程。在此过程中，外务省一直承担着主导作用。一方面，外务大臣内田康哉派出原驻苏大使田中都吉与电通社和联合社就收购合并事宜进行接洽；另一方面，外务省情报部长天羽英二指示情报委员会继续与两家通讯社谈判，终于在1933年11月达成初步协议。

然而，外务省此后在解决合并所需资金时遇到诸多困难，无奈只能向日本放送协会融资。作为放送协会的主管部门，递信省出于"将新通讯社置于监督之下"②的考虑，递信大臣床次竹二郎积极推动放送协会加入新通讯社。自此以后，递信省取代外务省，成为推动新通讯社成立的主要力量。此后，在递信省的主导下，递信省与外务省多次约请两派代表谈判，但并未达成一致意见。1935年9月，床次病逝后，继任大臣望月圭介决定先行成立新通讯社，并于11月7日联合外务省发出许可书和命令书，正式承认同盟社的成立。鉴于电通社此前的强硬态度，递信省开始出台一些强制措施，逼迫电通社就范。12月28日，递信省公布了新的《国际放送电报规则》，在事实上废除了电通社与国际通讯社之间签订的新闻交换协议。二二六事变后继任递信大臣赖母木桂吉上台后便向同盟社和电通社递交了《政府裁定案》，要求电通社尽早实现合并，并最终于

---

① 著者不明：『戦前の情報機構要覧：情報委員会から情報局まで』、出版社不明1964年、第7—8頁。

② 里見脩：『ニュース・エージェンシー——同盟通信社の興亡』、東京：中央公論新社2000年、第101頁。

1936 年 4 月完成了同盟社与电通社的合并。

此一阶段，递信省不但发挥着主导作用，还试图通过各种方式排除其他部门的介入。如在围绕同盟社主管部门这一问题上，内务省曾提出共管的要求。对此，望月圭介询问田中都吉等人意见，田中回答"将内务省作为主管省并无不便，但监督官厅越少越好"[1]，从而表达了反对内务省介入的意见。望月在得到上述答复后方将许可书交于田中，这表明了"递信省不容其他部门侵犯其权益"[2] 的立场。

同盟社成立后，先由岩永、古野及递信省电务局长畠山敏行负责初期运营。电通社合流后，电通社通信部长上田硕三就任同盟社常务理事，与上述三人构成同盟社的管理层。此外，田中都吉被推选为理事长，并代行社长职务。岩永、古野及上田三人均为通讯社业内人士。田中在辞去驻苏大使职务后便以中外商业新报社长的身份加入到推动同盟社成立的行列中，只有畠山敏行一人为政府官员。这从一个侧面表明，递信省试图排除其他政府部门独霸同盟社主导权的诉求。

由于同盟社设立过程中，不仅新闻界积极参与，政、军、财等各界均牵涉其中。因此，关于同盟社社长人选问题备受各界关注，而围绕社长人选问题，外务省、递信省及通讯社内部展开了激烈角逐。由于外务省最先提出新通讯社设立构想，并在开始阶段发挥了主导作用，因此希望同盟社社长由外务部门相关人士担任，外相广田弘毅甚至于 1935 年 11 月召回驻德大使永井松三做接任准备。然而，同盟社、陆军省及递信省等各方以应防止官僚势力干扰新机构为由提出反对意见。

作为当事人，同盟社在反对外务省人选的同时，以其本身为"由报社和放送协会共同组成的报道机构"为由决定选择一个"不仰仗官方气息的人物"[3]。随后，田中都吉、绪方竹虎、高石真五郎等人组成的选任小组与同盟社推荐的枢密院顾问金子坚太郎和满铁前总裁山本条太郎进行了多次接触，但并未获得上述二人的允诺。而据外务省情报部长天羽英二所言，掌握同盟社实权的联合社早已准备推举岩永裕吉担任社长，并就此事私下与陆军省作了沟通，但"鉴于与电通之间的关系及与外务省情报部之间的内情[4]，无法突然将岩永推出来"[5]，就推出了与外务省关系密切的金子和山本二人做挡箭牌。

在此间隙，递信省也推出了原国际通信社社长桦山爱辅之子桦山资英作为社长人

① 里见脩：『ニュース・エージェンシー——同盟通信社の興亡』、東京：中央公論新社 2000 年、第 123 頁。
② 里见脩：『ニュース・エージェンシー——同盟通信社の興亡』、東京：中央公論新社 2000 年、第 131 頁。
③ 通信社史刊行会：『通信社史』、東京：通信社史刊行会 1958 年、第 454—455 頁。
④ 所谓联合社与外务省情报部之间的内情指的是外务省情报部一直对联合社提供经费支持，因此，联合社被视为"外务系"通讯社。
⑤ 天羽英二：「国策通信社を回想する」、『新聞研究』1953 年 10 月号、第 10 頁。

选。外务省在其推举人选无望的情况下，断然反对递信省人选，并同意同盟社真正想推荐的岩永担任社长。在此情势下，1936 年 9 月 2 日，同盟社召开理事会，决定社长不再从外部选任，而是从精通同盟社业务的内部人士中产生。在此理念指导下，岩永裕吉被一致推选为首任社长，同时外务省原驻墨西哥公使堀义贵担任常务理事，最终占得同盟社领导层一席之地。

社长之争刚刚落下帷幕，围绕同盟社正式运营后的主导权之争又拉开了帷幕。由于同盟社的母体由电通社和联合社构成，其背后的陆军省和外务省就成为主导权争夺的主要力量。而在新通讯社成立过程中，虽然联合社借助外务省的力量最终获得同盟社的主导权，但同盟社成立后，其对外务省的依赖度大大降低。另外，陆军省在同盟社成立后为谋求情报政策的主导权，"不再需要以外务省等为对手，而是直接将掌握同盟作为捷径"[1]。于是，在外务省对同盟社影响力减弱和陆军省加强与同盟社联系的双重因素作用下，外务省势力渐渐被排除在同盟社之外。

为进一步加强舆论管控，在陆军省的积极推动下，日本当局于 1936 年 7 月将非正式组织情报委员会改组为直属内阁的内阁情报委员会，主要负责将政府各部门所承担的、各自为政的舆论宣传相关业务"紧密联系，保持统一"[2]。其中对同盟社实施指导与监督，以保证"同盟通信社基于国家立场的健全发展和功能的发挥"[3] 成为其主要工作。8 月 31 日，内阁情报委员会通过了《同盟通信社助成方策》，决定"自 1937 年度以后将支付给同盟的助成金以适当费用开支项目列入预算，其使用管理由情报委员会负责"[4]，从而赋予情报委员会对同盟社在业务和经费上的主导权。因此，掌握情报委员会的实际权力意味着掌握了同盟社的主导权，同时也就意味着掌握战时日本情报宣传政策的主导权。鉴于此，在此后内阁情报委员会向内阁情报部及情报局的发展过程中，陆军省一直通过对该部门的发言权牢牢把控着对同盟社的主导权，并把排除外务省对情报委员会的影响力作为其主要目标。特别是 1940 年情报局成立后，在官制上由内阁总理大臣管辖，同盟社的业务亦随之转到军人掌权的东条英机内阁管辖之下，从而将外务省势力排除在外，这也意味着"同盟作为立足于军事观点的'对外

---

① 天羽英二：「国策通信社を回想する」、『新聞研究』1953 年 10 月号、第 11 頁。

② 「情報委員会官制制定ニ当リテノ閣議諒解事項」、『公文類聚・第六十編・昭和十一年・第三巻・官職一・官制一（内閣）』、JACAR（アジア歴史資料センター）、Ref.A14100483600、国立公文書館。

③ 「情報委員会ノ職務」、『公文類聚・第六十編・昭和十一年・第三巻・官職一・官制一（内閣）』、JACAR（アジア歴史資料センター）、Ref.A14100483400、国立公文書館。

④ 「同盟通信社助成方策」、内川芳美：『現代史資料・41・マス・メディア統制(二)』、東京：みすず書房1996 年、第 546 頁。

宣传''言论统制'的国策媒体机构的'轨道'铺设完毕"①，陆军省最终获得同盟社的主导权。

（二）对同盟社业务的支持

政府、军部等各方势力在争夺同盟社主导权的同时，也对同盟社的业务给予了大力支持，这也可以看作是其谋求对同盟社主导权的手段和副产品。其对同盟社业务的支持主要集中在资金支持和政策支持两方面。

第一，在资金支持方面，以"外交通信特别设施费"的名义对同盟社提供助成金，并将其纳入内阁的年度经费预算。为充分发挥同盟社在内外舆论指导和国策推行方面的功能，1936年8月31日，作为"各省情报相关重要事务的联络调整"业务之一，内阁情报委员会常任委员干事会通过了《同盟通信社助成方策》，确立了对同盟社给予经费资助的基本方针，决定自1937年度以后将支付给同盟社的助成金列入内阁预算，具体数额由内阁情报委员会"在对同盟实情及计划等进行参酌的基础上裁定"②，并负责其管理运营。而对于1936年度当年的经费资助，内阁情报委员会提出由外务省和陆海军省共同承担的建议。

9月22日，内阁情报委员会常任委员干事会阐述了在当前日本所面临的国际国内局势下对同盟社予以经费支持，以实现"对国论实施指导及取得国民外交之实际成果从而促进帝国发展"的必要性，并对当年度同盟社资助方案进行了细化，决定"为充分开展活动并毫无遗憾地发挥其国策功能，政府将对其事业进行各种资助，特别是给予其充足的助成金，以实现其基于国家立场的健全发展"。资助经费主要用于日本国内、东亚地区及世界报道网的扩张，以及向海外自主发布新闻和在海外自主采访、撰写新闻，以营造符合政府诉求的国内舆论，确立对东亚通信界的指导地位，同时加强同国外通讯社的合作，改变其对日本通讯社的不公平待遇，以实现"同盟通信社的国策使命及世界报道通信界的自主权"③。在内阁情报委员会看来，要完成上述目标需要巨额资金支持，仅凭新闻界自身是无力承担的，因此提出了300万日元的经费资助计划。但在10月20日召开的事务局会议中，内阁情报委员会将1936年度给予同盟社的资助经费调整为111万日元，并决定优先用于"在外通信网扩充计划"及"对外关系的设施运营"，以发挥

---

① 里見脩：「同盟通信社の『戦時報道体制』——通信社と国家」、『マス・コミュニケーション研究』2005年第66巻、第40頁。

② 「同盟通信社助成方策」、内川芳美：『現代史資料・41・マス・メディア統制㈡』、東京：みすず書房1996年、第546頁。

③ 「同盟通信社助成方策」、著者不明：『戦前の情報機構要覧：情報委員会から情報局まで』、出版社不明1964年、第69—70頁。

其"外交推行上必要机构"①的作用。

由于"助成金"这个名称容易使人联想到政府与同盟社之间领导与被领导的关系，而这不但与同盟社所宣称的"独立自治的公共机关"这一属性相背离，同时"公然表明与政府之间的关系则会大大降低通讯社的信用，也就无法发挥其作用"②。鉴于此，内阁情报委员会出于掩盖两者之间真实关系的考虑，在其正式公布的官方文件中尽力避免"助成金"的字样。如在上述 8 月 31 日通过的《同盟通信社助成方策》中要求将给予同盟社的"助成金"，"以适当费用开支项目列入预算"。所谓"适当费用开支项目"，指的是"在保持机密性质且避免挪作他用意义上确定相应名目"③。换言之，该项经费是具有"机密性"的专项经费。为描述该项经费，内阁情报委员会及此后成立的内阁情报部煞费苦心。情报部长横沟光晖要求"在预算方面决不能使用'同盟通信社助成费'之类的字样"④，遂在提交政府的预算报告中使用了"外交通信特别设施费"这样一个在外人看来不明所以的"古怪"名称，从而巧妙地将双方关系隐藏起来。

如上所述，"外交通信特别设施费"属于"为达到微妙而机密目的而使用的经费"，主要用于"具有重大而微妙性质的国家紧要设施"的建设和运营。在 1937 年 9 月召开的第 72 届临时帝国议会上，内阁情报部在申请当年度的经费预算时对"外交通信特别设施费"作了说明，称"鉴于当前国际政局之复杂性及跃动日本所直面内外之非常局势，为确保外交上必要情报在内外之集散，促进对帝国之公正认识，增进国际谅解"，必须加大该项宣传活动的经费投入，且该项活动不仅事关日本外交，也与国防及财政经济密切相关，外务省情报部建议将其列入内阁综合预算。此外，尽管当年度已列出 150 万日元的助成金预算，但内阁情报部仍以日本侵华战争全面爆发后的内外局势及"内外舆论指导及启发宣传的重要性"为由，提出了追加"外交通信特别设施费"95 万日元的要求，用于维持"同盟通信社的国家贡献及国策代行"，以"在开展武力战的同时充分发挥宣传战的重要作用"。⑤

---

① 「昭和十一年度同盟通信社助成ニ関スル件」、内川芳美：『現代史資料・41・マス・メディア統制(二)』、東京：みすず書房 1996 年、第 547 頁。

② 「同盟通信社ニ対スル補助金支給ノ件」、里見脩：『ニュース・エージェンシー——同盟通信社の興亡』、東京：中央公論新社 2000 年、第 208 頁。

③ 「同盟通信社助成金問題対案（外務省）」、内川芳美：『現代史資料・41・マス・メディア統制(二)』、東京：みすず書房 1996 年、第 546 頁。

④ 内川芳美、春原昭彦：「横溝光暉——情報部の生みの親 育ての親」、日本新聞協会編：『別冊新聞研究：聴きとりでつづる新聞史（8）』、東京：日本新聞協会 1979 年、第 95 頁。

⑤ 「第 72 回帝国議会委員会議録・貴族院　予算、特別」、『第 72 回帝国議会委員会議録・貴族院　予算、特別』、JACAR（アジア歴史資料センター）、Ref.A08070033400、国立公文書館。

第 72 届临时帝国议会并未对情报局的上述追加预算申请作出决议，而是将其推至次年召开的第 73 届议会上进行讨论。在该届议会上，内阁情报部强调了支付同盟社"外交通信特别设施费"的必要性。首先，从其与同盟社的关系出发，内阁情报部称同盟社作为"国家代表通信社"在内外宣传中发挥了重要作用，而内阁情报部作为"保持政府内部情报宣传业务统一的唯一综合机构，与同盟通信社具有相同使命"。因此，为促进同盟社的进一步发展，给予其"最低限度的经费"是理所当然的。其次，从对华宣传的必要性出发，内阁情报部认为尽管日本的对内宣传成效显著，但对外宣传特别是对华宣传还存在诸多不足。一方面，国际舆论对日不利，"各国间因不能了解帝国之正当意志及事态之真相而存在诸多令人伤感之直观印象"；另一方面，在日本占领区内尚存在"中方诸多歪曲宣传"[①]。因此，为改变国际舆论、对抗中方宣传，应对承担对外宣传重任的同盟社给予必要支持。经过多方努力，最终第 73 届帝国议会决定将"1937 年度 50 万预算额作为临时扩充经费列入追加预算"[②]。

至于支付给同盟社的助成金数额，日本政府一开始规定"原则上分三期，每期提供50 万日元"[③]，但实际支付的数额远非如此。从同盟社成立至其 1945 年解体期间，日本政府一直将为同盟社提供的助成金以"外交通信特别设施费"的名目列入年度预算，并逐年追加，如：1936 年在同盟社设立之初，其活动经费不足 345 万日元，到 1945 年解体时，其活动经费已达 5671 余万日元，在 10 年之间增加了 16 倍，而政府给同盟社的补助金也上升了 13 倍。政府补助金的使用去向主要用于同盟社海外业务的开展，如海外分社经费、海外电报电话费以及支付给外国通讯社的信息购买费等。从数额来看，同盟社的海外经费特别是 1937 年至 1942 年间海外经费数额与政府支付给同盟社的助成金数额非常接近。这从侧面说明同盟社从政府获取的补助金主要"充作我社对外关系费"[④]。而随着日军在侵华战争中战线的不断扩大，同盟社在"日之丸飘扬之处即有同盟"口号的指引下，将自己定位为"思想战的中枢机关"，其在海外的活动范围、频率、内容也随之不断扩大，海外活动经费的数额也急剧攀升，到 1945 年其活动经费已达 4246余万日元，在 10 年之间飙升了近 50 倍。

1940 年，同盟社社长古野伊之助向时任内阁总理大臣米内光政提交了助成金申请

① 「第 73 回帝国議会・貴族院議事録」、『第 73 回帝国議会・貴族院議事録・昭和 12.12.26—昭和 13.3.26』、JACAR（アジア歴史資料センター）、Ref.A07050033700、国立公文書館。

② 「昭和 12 年度大蔵省所管一般会計（第 2 号）特別会計（特第 1 号）追加予算参考書」、『昭和財政史資料第 8 号第 11 冊』、JACAR（アジア歴史資料センター）、Ref.A09050597400、国立公文書館。

③ 内川芳美：『現代史資料・41・マス・メディア統制（二）』、東京：みすず書房 1996 年、第 559 頁。

④ 「政府示達事項及助成金費途概要」、有山輝雄、西山武典編：『同盟通信社関係資料』（第五卷）、東京：柏書房 1999 年、第 172 頁。

书，其主要内容如下：

> 同盟通信社作为国家代表通信社，鉴于其崇高使命和担负的重大责任，自创立以来便顺应时局发展，坚持不懈地扩充强化报道机构，通过严正公平、迅速及时的报道，致力于启发国内舆论，努力提高国外对我国的认识。特别是在支那事变之际，在广阔的占领地区建立了牢不可破的自主无线通信网，在处理事变时推行国策以及推动皇军前线工作中作出了不小的贡献。但如您所见，同盟与世界一流通讯社仍然无法比拟。……基于上述理由，特申请昭和十五年度补助金三百九十六万日元。①

在该申请书中，同盟社一开始便以"国家代表通信社"自居，并以辅助政府推行国策为由向政府寻求资金资助。而政府在支付助成金的同时下达指示书，对同盟社在该年度的目标以及开展的业务内容提出了具体的要求：

> 一、贵社应贯彻本务，发布更加严正权威的报道，教导全国报纸，努力昂扬顺应国策的阔达言论。
> 二、海外关于欧洲局势的报道对我国国论影响甚大，因此应适时提供严正公平的欧美信息，不为外国宣传所迷惑而发生偏倚。②

从指示书的内容来看，第一条规定了同盟社对内宣传的任务，即通过新闻供给来引导全国报纸的舆论导向，为推行国策提供舆论支持；第二条则规定了同盟社对外宣传的任务，即同海外媒体对日宣传进行对抗，消除国际舆论的消极影响。同日，古野回信回应了政府的要求，表达了同盟社的立场："面对当前困难局面，痛感同盟使命重大，定将遵守指示事项，作为国策推行机关之一翼，不负政府期望"③。

从某种意义上说，这种所谓的"指示书"实际上是政府向同盟社下达的命令，而同盟社提交的"受领书"实际上是对上述命令的回应。这些文书无论是行文还是语气都表明了政府与同盟社之间的上下级关系。

从上述资料可以看出，为了最大限度发挥同盟社的对外宣传以及鼓吹国策的功能，日本政府满足了同盟社提出的助成金申请要求，而同盟社对于政府作出的指示也给予了

① 有山輝雄、西山武典編：『同盟通信社関係資料』（第六巻）、東京：柏書房1999年、第123—125頁。
② 内川芳美：『現代史資料・41・マス・メディア統制(二)』、東京：みすず書房1996年、第263頁。
③ 有山輝雄、西山武典編：『同盟通信社関係資料』（第六巻）、東京：柏書房1999年、第148頁。

积极回应，主动将自己置于国策推行机关的位置。因此，虽然同盟社设立之初对外宣称"在独立不羁的舆论王道上阔步前进"，是一个不受政府控制的独立自主的报道机关，但实际上却最终演变为一个以协助国策推行为己任的唯命是从的报道工具。

在政府为同盟社注入大量资金后，同盟社的规模得以迅速扩大，最终确立了与路透社等世界老牌通讯社比肩的地位，但同盟社因为受政府助成金的掣肘，经济上无法获得独立，始终难以摆脱政府的控制，从而走上了鼓吹战争、愚弄国民的道路。

第二，在政策支持方面，对同盟社实施政策倾斜，赋予其无线电使用的垄断权。政府除了在资金上给予同盟社以支持外，还在政策上给予很大程度的倾斜，其中最重要的是赋予同盟社使用无线电的专权。无线电使用权是通讯社的生命线，在推动同盟社成立的过程中，递信省便提出将在通信方面对即将成立的新通讯社提供一切便利。1932 年 9 月 26 日，在外务、陆军、海军三省委员会作出合并联合社和电通社，成立新通讯社的决议时明确表示，政府将对新机构"赋予其所有国家特权"[1]。这里所谓的"国家特权"除了补助金外，更重要的是无线电使用权。在同盟社正式成立前几日，递信省出台了《国际放送电报规则》，宣布自 1936 年 1 月 1 日起，仅向同盟社授权利用无线电报向国外媒体机构发送或接收信息，其他任何媒体机构都不得从事这类业务，从而迫使电通社最终同意合并方案。

无线电使用权同时也是通讯社在与报社竞争中取胜的法宝。日本侵华战争全面爆发后，同盟社以及各大报社纷纷向中国派出规模庞大的前线报道班，其中"同盟超过1000 名，朝日、每日约 1000 名，读卖有 500 名"[2]，各报社之间展开了激烈的报道竞争。1940 年 4 月 1 日，日本当局以防止泄露军事机密为由，开始着手整顿无线电报的使用状况，严禁各报社使用自备的无线通信设备，只能通过军部指定的通讯机构来收发新闻。同盟社因其"国家代表通信社"的身份理所当然被列入军部的指定通讯机构名单中，其无线通讯设备由此得以保存下来。

尽管此举遭到了各报社的强烈反对，也加深了报社与同盟社之间的矛盾。《朝日新闻》《每日新闻》和《读卖新闻》三大报社甚至发表联合声明，拒绝在报纸上刊登同盟社提供的消息，然而军部依然继续加大对同盟社的扶植力度。1942 年 8 月，军部开始限制位于中国本土的部分日本报社使用其自设无线电设备。9 月，陆海军省发布命令要求将南方占领区域的通讯社业务全部转移至同盟社，从而使同盟社获得了在该地区使用无线电通信的专有特权。1943 年 3 月 19 日，中国派遣军总司令部下达命令，要求明确

---

① 著者不明：『戦前の情報機構要覧：情報委員会から情報局まで』、出版社不明 1964 年、第 8 頁。

② 伊藤正徳：『新聞五十年史』、東京：鱒書房 1943 年、第 441 頁。

"作为发布机构的报社和作为新闻搜集供应机构的通讯社的业务界限"，实施新闻通讯一元化统制，于当年6月之前取消《朝日新闻》《每日新闻》和《读卖新闻》三大报社的专用无线通信设备。6月之后，各报社的新闻通讯必须通过指定的"官公私通讯机构及同盟通信"[①]，从而开始禁止中国大陆以及南方各地的所有日本报社使用无线通信设备。

如此一来，各日本报社在收发信息时不得不依赖同盟社转发，上述三大报社最终也因为同盟社专享的无线电报使用权而放弃了对同盟社的抵抗。对此，同盟社认为其不但满足了各大报纸收发信息的需求，也维护了同盟社对于无线通信的垄断权，"受到三社的欢迎"[②]。但实际情况并非如此。据同盟社南方总社副社长岩本清回忆，由于同盟社独享无线设备以及通信权，"使得人们都认为古野是新闻统制的头目，无论走到哪里，都很难和报社的人们搞好关系"[③]。

四、战时同盟社的活动

在同盟社提出了"日之丸飘扬之处即有同盟"的扩张路线后，随着日本侵略战线的扩大，同盟社在占领区的活动范围以及活动内容都随之不断扩大，"在最高峰时恐怕是世界上无与伦比的"[④]。同盟社在战时的主要活动如下：

第一，扩充强化报道机构。第二届近卫内阁上台后，大力推行新体制运动。为适应"大政翼赞体制"，同盟社于1940年10月1日开始实施机构改革，在社长古野伊之助提议下确立了"报道报国""正确迅速"和"大同结盟"三原则，以推动同盟社"向推行国策而迈进"[⑤]，并对机构改革提出了三大要点：第一，明确各部门业务分担，编辑局和通信局分别负责总社和分社事务，对外业务由通信局全面负责，同时新设调查局，负责情报、调查、特情及出版相关业务；第二，强化与国家战时体制的联系，邀请大政翼赞会企画局长小畑忠良担任同盟社"参与"一职，对同盟社的新体制运动实施指导，以此加深与"大政翼赞体制"的联系和应对；第三，迅速扩充同盟社在国内外的报道机构，不断完善通信网，以强化对新闻报道的覆盖范围和力度。

同盟社在设立之初便设置了完善的组织结构。同盟社以最初加盟的100余家报社和日本放送协会为母体，在国内设置东京总社以及5家分社，下设44个支局、100多个通讯站；在伪满地区设立新京分社，下设3个支局和17个通讯站；在中国及其他东亚地

---

① 通信社史刊行会：『通信社史』、東京：通信社史刊行会1958年、第932頁。
② 通信社史刊行会：『通信社史』、東京：通信社史刊行会1958年、第938頁。
③ 内川芳美、西田長寿、春原昭彦：「岩本清——通信社マンとして生涯送る」、日本新聞協会編：『別冊新聞研究：聴きとりでつづる新聞史（12）』、東京：日本新聞協会1981年、第109頁。
④ 通信社史刊行会：『通信社史』、東京：通信社史刊行会1958年、第581頁。
⑤ 有山輝雄、西山武典編：『同盟通信社関係資料』（第六卷）、東京：柏書房1999年、第317頁。

区设置 3 个总局和 28 个支局，在欧美地区设立 20 余个支局和 27 个通讯站。东京总社内部分工更加明细，共设有总务、编辑、通信、调查和经济 5 局，分别负责不同的业务活动。

1938 年 1 月，同盟社对其在华机构进行了调整，将原来的北平分社升格为北支总局，下设天津、济南、青岛、张家口、厚和（呼和浩特）、石家庄、太原 7 家分社；将上海分社升格为中南支总局，下设南京、汉口、杭州、广东和香港 5 家分社。1940 年 8 月，中南支总局又被细化为中支总局和南支总局。1941 年 12 月，同盟社在中国的机构分布为：北支总局（下设天津、济南、开封、石家庄 4 分社）、中支总局（下设汉口、南昌、蚌埠、青岛、徐州、保定、太原、南京、杭州、苏州 10 分社）、南支总局（下设厦门、海口 2 分社）和独立分社香港分社。同盟的机构几乎遍布当时所有日本在华占领区。

太平洋战争开始后，同盟社又在其南方占领区设立了多家分社。1944 年，为强化其海外报道体制，同盟社又对海外分社进行了改组，在南京设立了统辖中国各地分社的中华总社，在新加坡设立了统辖南方各分社的南方总社。截至 1944 年 12 月，中华总社下辖北支总局（下设 12 分社）、中支总局（下设 7 分社）、南支总社（下设 4 分社），南方总社下辖新加坡、西贡、马尼拉、雅加达、兰贡、马卡萨 6 分社、13 个支局。

第二，开展对外宣传活动。卢沟桥事变后，同盟社便倾其人力、物力对事变进行了报道，日军所到之处必然有同盟社派出的前线班通讯员随军采访。前线班成员大多由文字记者、无线电工程师、摄影记者、联络员等数人组成，他们设立支局或者简易野战支局，收集总社或者其他分社传来的信息，并将其传达给前线的士兵。时任香港分社社长的松方义三郎在 1938 年 10 月的《同盟通信社报》上撰文说：“在此次事变中方知，新闻与粮食和弹药一样都是战争中必不可少的……新闻就是同盟，无论是在绥远奔驰的卡车上，还是在山西的山坳里，或者在徐州城内，……同盟的新闻都会传到那里”①。

此外，为了“排除试图阻碍东亚和平的敌对外国通讯社的妄动”，同盟社还积极开展对欧美宣传。1940 年同盟社在其出版的小册子《国际宣传战》中不但将重庆政府以及中国共产党发布的消息全部认定为“妖言惑众的宣传”，同时还将路透社等英美通讯社的报道也认定为“敌对宣传”，称“控制着世界上大部分通信机构的盎格鲁萨克森财阀在世界各地进行殖民投资，支那是其最大的投资对象。这对欲进入支那的日本来说是根本难以容忍的。他们推行援蒋抗日政策，并对日本的新闻置之不理并非无缘无故，最甚者即为路透。路透的亲支倾向早已有之，事变以来尤甚，其不但夸大、歪曲事实，甚

① 通信社史刊行会：『通信社史』、東京：通信社史刊行会 1958 年、第 496 頁。

至捏造毫无根据的报道"①。于是，同盟社便将对抗英美"敌对宣传""向世界宣传日本及东亚新闻和主张"②作为其主要任务之一。

同盟社开展对外宣传的另一项内容是在占领区配合军部开展新闻操纵工作，从而为"推动皇军前线工作作出了不小的贡献"③，这也从另一个侧面证明了同盟社在战时对军部的支持。概括起来，同盟社在中国开展的新闻操纵工作主要有扶植傀儡通讯社，对现存报纸进行整理合并。

1938年2月，在华中派遣军司令部的支持和授意下，汪伪政府于上海设立中华联合通讯社（简称"中联社"），以"彻底普及国民认识，唤起引导国际舆论"，推进"东亚新秩序建设"④。中联社成立以来，同盟社在人、财、物等方面对其进行了全面援助，推动其设立了广告部和销售部，并在杭州、苏州、南京等地设立分社，成为同盟社在"华中一带通信发行业务"⑤的代行者。中支派遣军报道部长马渊逸雄于1939年10月提交的一份名为《中支报道宣传业务概况》的报告中说，中联社是在"军队的指挥下"由中方成立的，而且在经营上"维持与我同盟通信社的表里一体的关系"，后来虽然归属于"宣传局的伞下，实际的指导依然由军队报道部掌握，依然维持着与同盟通信社的表里一体的关系"。也就是说，中联社虽然表面上是中方成立的向华语报纸提供新闻的通讯机构，而实际上却"向各地华语报纸提供亲日反共色彩的新闻报道资料"⑥，是日本派遣军"宣抚工作"的重要一环，也是同盟社在华协助军部的重要工作之一。

1940年5月，近卫文麿在向同盟社下达的指示书中，要求其"对支那新政府的国家代表通信社中央电讯社进行指导帮助"⑦。中央电讯社于1940年5月1日正式成立之后，同盟社与之签订了协议，在新闻供给以及人员配置上互相合作。

在军队的支持下，同盟社还对占领地区的报纸进行了整顿。同盟社北平支局局长佐佐木健儿在同盟社社长古野伊之助的授意及华北派遣军的武力支持下，将华北地区的日文、汉文报纸按照军部的意愿进行收购合并，于1940年7月7日创立了《东亚新报》。

---

① 同盟通信社調査部：『国際宣伝戦』、大阪：高山書院1940年、第116—120頁。

② 通信社史刊行会：『通信社史』、東京：通信社史刊行会1958年、第488頁。

③ 有山輝雄、西山武典編：『同盟通信社関係資料』（第六巻）、東京：柏書房1999年、第125頁。

④ 「中華連合通訊社案の議政会議通過」、『宣伝機関統制書類綴　昭和14年度』、JACAR（アジア歴史資料センター）、Ref.C11110772600、防衛省防衛研究所。

⑤ 「中華連合通信社の現況（中連社）」、『宣伝機関統制書類綴　昭和14年度』、JACAR（アジア歴史資料センター）、Ref.C11110772000、防衛省防衛研究所。

⑥ 「中支に於ける報道宣伝業務の概況　昭和14年10月20日　支那派遣軍報道部」、『宣伝機関統制書類綴　昭和14年度』、JACAR（アジア歴史資料センター）、Ref.C11110772800、防衛省防衛研究所。

⑦ 内川芳美：『現代史資料・41・マス・メディア統制㈡』、東京：みすず書房1996年、第264頁。

后来又合并了华语报纸，创办了《华北新报》，且这两家报社的主要负责人均由和同盟社渊源颇深的日本人担任。同盟社在华北对报纸的整顿合并之举被称为"国内一县一报计划的典范"[1]。

总而言之，通讯社是国际新闻流通的重要渠道，被称为"新闻供应的大动脉"。基于此，国家往往会赋予通讯社"对外实施宣传报道"和"对内实施舆论统制"的使命。就同盟社而言，无论是其成立还是日常业务的开展均有日本政府和军部等国家力量的操控，这决定了其必须时刻意识到其"国家代表通信社"的身份。换言之，战时同盟社的最大特征就是其活动具有鲜明的"国策指向"。

第二节　报界自治团体

随着国家总动员体制的确立，日本媒体逐渐被纳入到总动员体制的框架之下。作为战时日本主流媒体，报界首当其冲成为日本当局言论统制的对象。日本当局通过分布于不同部门的宣传管理机构对报界实施直接管制外，还暗地支持和推动报界建立自治团体，以"新闻自治"的名义对报界实施间接控制，且这种统制方式更具隐蔽性和欺骗性。在一系列报界自治团体中，历经日本新闻协会、日本新闻联盟发展而来的日本新闻会可谓战时报界自治团体的代表机构。

一、日本新闻协会

在国内政局的发展、甲午战争、日俄战争等战争特需的刺激以及资本主义发展等诸多要素的推动下，日本报业得以迅速发展，出现了诸如春秋会、国际新闻协会等报业团体，但这些团体并未形成全国性的规模，对政府的舆论统制及报界的业务发展均造成一定障碍。"为增进各报社的共同利益，谋求亲善和睦"[2]，日本全国各大报社于1913年4月8日在东京成立新闻协会。

在成立大会上，新闻协会对本会的宗旨作了说明，称为弥补中央报和地方报之间因"四方分立"的局面而造成的"经营中的不便不利"遗憾，新闻协会将"联络东西，疏通南北，共谋相互亲善，去除共同障碍"[3]。为此该协会章程提出了"修改新闻纸法第19条和第23条；取消报纸印刷纸张关税；降低电报、电话费用；降低报纸运输费用及新闻通信的邮费"[4]等要求，并在1922年召开的第10届大会上明确提出"会员相互共济"

---

[1]　通信社史刊行会：『通信社史』、東京：通信社史刊行会1958年、第492頁。

[2]　日本新聞協会：『日本新聞協会事業概要』、東京：日本新聞協会1932年、第1頁。

[3]　日本新聞協会：『日本新聞協会二十年史』、東京：日本新聞協会1932年、第3頁。

[4]　日本新聞協会：『日本新聞協会二十年史』、東京：日本新聞協会1932年、第4頁。

的主张，以提高报业从业者的地位和待遇，"增进对会员有形无形之福祉，为使其迈向其使命而做出最善之努力"①。由此可见，该团体的出发点是以团体的力量谋求报界的经营利益，但在此后召开的年度大会上，上述要求被反复作为议案提起，说明该团体的诉求并未得到政府的积极回应。

1922 年召开的第 10 届大会上，新闻协会改组为日本新闻协会。此后，日本新闻协会与政府的关系逐渐密切起来，其中 1923 年的第 11 届大会在朝鲜和伪满地区召开，会上对日本政府提出的"大陆政策的确立及大陆经营的紧迫"给予了积极应对，提出"促进朝鲜及满洲的资源开发、产业发达及文化振兴，促进日俄通商"的决议，并发表会议宣言，称"日本如今在满洲之地位是保证日支两国之福祉、确立远东和平之理由，故吾人希望日支两国民众知晓此重要意义"②，从而为日本的"满洲生命线"理论背书。

1924 年在台湾召开第 12 届大会期间，与会会员受到"台湾总督府"的招待，并提出在日本和台湾之间铺设海底电缆以加强"殖民地与母国之间的接触"，同时对台湾在日本对外战略上的重要地位给予了确认，称"台湾在帝国南方发展方面占有重要地位，利用此地位密切与南支南洋方面的经济联系为国家之急务"。因此，日本新闻协会要求"台湾总督府"采取措施以发挥台湾"对南支南洋的使命，密切彼此之经济联系"③。

1929 年在朝鲜召开的第 17 届大会除了继续提出降低电信电话费用的主张外，还指出东北亚地区因"与朝鲜半岛接壤的中俄两国暗云低迷"而造成局势不稳，并表态说，日本新闻协会将"努力开展舆论指导"④，以期该地局势得以早日解决。

由上观之，无论是此前的新闻协会还是日本新闻协会，其宗旨不再仅仅局限于谋求经营上的利益，而是开始在一定程度上介入国家事务。特别是在 1930 年举行的第 18 届大会上皇族东久迩宫稔彦王就任总裁后，该团体的性质发生了根本变化。东久迩在就职仪式上作了如下讲话：

> 随着国家之发达，报社之使命愈加重要，与时事万般之报道相辅相成，作为阐释国论民意趋向之机构，其影响之广泛深厚不胜枚举。鉴于此，我国新闻事业关系者团结一致组织本协会，依靠相互协力，明天下公器之实，实在值得欣慰。如今与四邻之接触日益密切，报纸之所报及言说对国际关系之影响亦极其重大。余就任总裁，期盼诸位自今以后齐心协力通过本协会发挥其重大的社会及国际势力，为了国

---

① 日本新聞協会：『日本新聞協会事業概要』、東京：日本新聞協会 1932 年、第 10 頁。
② 日本新聞協会：『日本新聞協会二十年史』、東京：日本新聞協会 1932 年、第 15—16 頁。
③ 日本新聞協会：『日本新聞協会二十年史』、東京：日本新聞協会 1932 年、第 17 頁。
④ 日本新聞協会：『日本新聞協会二十年史』、東京：日本新聞協会 1932 年、第 26—27 頁。

家而加倍努力。①

东久迩反复强调了日本新闻协会的"国家性"。会长清浦奎吾在答谢词中称东久迩就任总裁"不但是本协会，也是我新闻界之至幸"，并表示日本新闻协会将根据国内外时局的变化"精进自省，以全员一致之协力提高我国言论界之地位，努力为国际报业文化作出贡献"②。此后，日本新闻协会开始抛弃其"超越一切政党政派"的中立立场，积极介入政治，为日本的国策开展宣传活动。

九一八事变爆发后，日本新闻协会更是积极承担起日本内外宣传的重任，"在关于国家生死存亡的问题上开陈意见，将兴起国论作为本协会的义务"③，并采取了一系列实际行动。首先，理事长光永星郎于 1931 年 11 月 12 日拜谒陆军大臣，以日本新闻协会的名义向其递交了"满洲派遣军"慰问信。

> ……满蒙权益是基于我明治大帝之皇谟，以巨大国力和数十万同胞鲜血所获取，为帝国臣民之生命线，当然要誓死拥护，以图发扬国威。而近来支那傲慢无礼，无视国际正义，蹂躏我权益，以至神人共愤，帝国应借此机会促其反省。而要发扬皇军武威，布皇威于八纮，必须仰仗皇军各位忠诚奉公。
> 支那之傲慢无礼既已引起神人共愤，则帝国国民应举国一致，燃起膺惩支那之热情。我等从事言论宣传之机构应尽己微力，巩固举国一致信念，并努力为膺惩支那之傲慢无礼而出征之皇军提供援助。④

该慰问信不但对关东军在华军事行动表示了赞同，还表示作为舆论机构，日本新闻协会将担负起"巩固举国一致信念"的重任，为"膺惩支那之皇军"提供舆论支持。

11 月 14 日，日本新闻协会在 200 余家会员报社发表共同声明，再次强调了该协会在事关国家生死问题上有"开陈所见之义务"，并对日本关东军在中国东北地区的军事行动进行了辩解，一是将事变爆发的责任推到中方头上，称中国却"无视和蹂躏我条约之权益，对我同胞施以压迫，使其生命财产陷入危险之中"，最终导致事变的爆发；二是对国际联盟作出日本撤兵决议提出批判，认为国际联盟决议是"对国际正义的破坏"；

---

① 日本新聞協会：『日本新聞協会二十年史』、東京：日本新聞協会 1932 年、第 29 頁。
② 日本新聞協会：『日本新聞協会二十年史』、東京：日本新聞協会 1932 年、第 29—30 頁。
③ 日本新聞協会：『日本新聞協会二十年史』、東京：日本新聞協会 1932 年、第 68 頁。
④ 日本新聞協会：『日本新聞協会二十年史』、東京：日本新聞協会 1932 年、第 70 頁。

三是强调日方军事行动的所谓"正当性"，宣称"日本在满蒙无领土野心，亦无排他垄断之心，只是为了保障条约中明确规定的十万人鲜血和二十亿资本的权益。……我们在满洲的行动……仅仅是行使日本的自卫权"①。

1932年，一·二八事变爆发之后，光永星郎于2月18日又分别拜会了陆军大臣和海军大臣，并递交慰问信对"拥护帝国在支那之权益及保护驻留同胞而出动"的上海派遣军表达了谢意，并激励其"彻底惩支那的傲慢无礼，以慰为获得在支那生命线而为祖国献身的几十万我等先人之英灵"，同时表示，"我等言论机关首先要巩固举国一致的决心，努力为出征皇军提供后援，以消除其后顾之忧"②。由此可见，日本新闻协会不再局限于对军队行动给予认同，而是对其提出了进一步的期望，并表达提供舆论支持的愿望，可以说这已经完全超出了其"超越政党政派的公共团体"的定位。

1932年2月，国际联盟派出调查团前往日本、中国东北地区进行调查。日本政府为在调查团到达之前造成既成事实，遂于3月1日推动成立伪满洲国，并于9月15日宣布对其予以正式承认。对此，隶属日本新闻协会的全国120家报社于1932年12月19日发表共同声明，支持伪满洲国建国③。日本新闻协会也以"满腔之赤诚"发出所谓伪满洲国"建国贺电"，称伪满的建立是"从事操觚之业者一致期待"的事业，并"代表加盟的197家报纸通讯社，竭尽善邻之情谊，恭祝新国家之未来"④。

可见，随着国际国内局势的发展变化，特别是九一八事变后日军在华战线的不断扩大，日本新闻协会介入政局的行为也得以不断深入和扩展，其"阐述我肇国之鸿谟与人道之长策，使列国知晓帝国在东亚之使命和国论之趋势"⑤的基本方针及为"满蒙生命线"理论背书的宣传论调，一步步将自己置于政府言论机关的位置。

二、日本新闻联盟

日本当局确立了全民总动员的战时体制之后，报界对其经营方针和机构进行了相应调整，以适应战时体制的要求。但在营利主义经营路线下，资本成为各报社竞争的决定性要素，尤其是《读卖新闻》《每日新闻》《朝日新闻》三大全国性报纸利用其资源优势不断扩张，极大挤占了地方报纸的生存发展空间。

在此背景下，生存危机日益严峻的地方报纸提出了一系列改革方案，试图通过建立报界新体制来对抗大报的攻势，双方之间矛盾重重，"大报对地方报虎视眈眈，地方报

① 日本新聞協会：『日本新聞協会二十年史』、東京：日本新聞協会1932年、第68—69頁。
② 日本新聞協会：『日本新聞協会二十年史』、東京：日本新聞協会1932年、第71—72頁。
③ 『東京朝日新聞』1932年12月19日。
④ 日本新聞協会：『日本新聞協会二十年史』、東京：日本新聞協会1932年、第73—74頁。
⑤ 日本新聞協会：『日本新聞協会二十年史』、東京：日本新聞協会1932年、第36頁。

为打倒大报而联合起来，与大报不共戴天"①。无疑，这种局面对日本国内舆论的统一造成了极大的障碍。为消除各报社之间因此而产生的对立，"在报道、营业两方面谋求革新，以确立报业新体制"②，在同盟通信社社长古野伊之助的倡议及斡旋下，日本报界于1941年5月28日成立社团法人日本新闻联盟。1941年底，其会员已几乎囊括全国所有报社。

（一）日本新闻联盟的性质

由于日本新闻联盟是在全国报和地方报严重对立的背景下产生的，因此消除双方的对立成为该机构成立后面临的重要课题，为此日本新闻联盟采用了"一社一票"的组织体制，每位成员均拥有决议权，以防止部分势力强大的大报操控该机构的决议。同时，日本新闻联盟的核心机构为理事会，其理事长和理事均由各报社社长担任，在最初设计理事会的构成时也充分考虑到全国报和地方报人员比例的平衡，双方各占据其中6席，监事会双方各派1家报社担任。因此，从表面上，该机构似为其所宣称的"报业的自治统制团体"，但实际上在日本新闻联盟成立过程中，情报局、内务省一直介入其中，"明里暗里做出积极的努力"③，对该团体的成立起了重要的推动作用。

在组织人事方面，如前所述，日本新闻联盟采用理事会制度，最初理事会由13家报社及同盟社构成，尽管此项制度设计考虑到了全国报和地方报的比例均衡，但需要说明的是，13家报社理事单位均为实力较强的报社，其报纸发行量占全国总发行量的80%以上，因此全国报依然在理事会中拥有绝对性的发言权。

除此之外，由于担心该机构与政府产生对立，对抗政府的新闻统制，为确保"官民一体开展正确运营"，政府以"政府亲自参与其中提供协助"为名，派出情报局次长久富达夫、情报局第二部长吉积正雄、内务省警保局长桥本清吉3人担任参与理事，与上述14家理事单位共同构成理事会，而且理事长由原外务省驻苏大使田中都吉担任，由此形成"官民一如一体"的组织形式，在其活动中发挥了主导作用，"使大同团结之言论界总力置于政府的动员体制下，并可防止与政府产生对立之不祥之事"④，从而确保日本新闻联盟能够与日本当局的宣传诉求保持高度一致。

理事会下设编辑委员会和业务委员会，分别由选举产生的14家理事、监事单位各派遣2名理事组成，负责编辑和营业方针的确定。其中，编辑委员会设立政经、文化、整理、外报、写真5部，业务委员会设立销售、广告、资材、工务4部，各部均有情报

① 日本電報通信社編：『新聞総覧』、東京：日本電報通信社1942年、第1—2頁。
② 伊藤正徳：『新聞五十年史』、東京：鱒書房1947年、第221頁。
③ 伊藤正徳：『新聞五十年史』、東京：鱒書房1943年、第444頁。
④ 伊藤正徳：『新聞五十年史』、東京：鱒書房1943年、第446頁。

局官员担任参与委员，参与重要事务的讨论和决议，具有极强的发言权，"政府通过常设监视官埋下了凭借官方权力实施统制的种子"①，也使得该机构具有很强的官方色彩。

在业务内容方面，日本新闻联盟是战时体制下为消除"群雄割据、自由营利竞争"的报业局面，以达到"圣战完遂的国家目的"而成立的，其在章程中规定"作为新闻事业的自治统制团体"，该机构的具体任务有三："一、在言论报道的统制方面对政府提供协助；二、对报纸的编辑及经营的改善进行调查；三、调整报纸用纸及其他资材的比例。"②由此可见，日本新闻联盟的主要任务是通过推动报界战时体制的确立及印刷资材的调整对当局的言论统制提供协助，最终达到"促进报业的进步发展，完成国家使命"③的目的。

换言之，日本政府通过"主动参与联盟机构并提供积极协力"的方式使政府势力介入其中，既控制了日本新闻联盟的活动和运营，又消除了新闻界与报界之间的对立和摩擦；另一面日本新闻联盟在组织机制、人员构成、业务内容方面均表现出"对法西斯权力提供完全协助的态度"④。这是日本新闻联盟最大的特点，也决定了其"报业自治团体"的自我定位是难以实现的。

（二）日本新闻联盟的活动

日本新闻联盟成立后即向政府提交意见书，认为新闻舆论"在一体化的指导和协力上还未完善，导致明显降低了其作为思想战武器的效果"⑤。因此，建议政府加强舆论统制，实现指导机构和审查机构的一元化。为此，日本新闻联盟理事会对全国报纸的发行状况以及新闻统制问题进行了协商，并开始酝酿制订全国报纸统制方案，其活动主要围绕控制印刷纸张供给、实行共贩制度、管理记者俱乐部三项展开。

首先，协助情报局负责印刷纸张的分配。随着日本国内资源供给日趋紧张，商工省和新闻杂志用纸统制委员会相继颁布了缩减印刷纸张供应的命令。日本新闻联盟成立后，纸张分配管理权归情报局所有，具体实施则由日本新闻联盟理事会负责。由于纸张是关乎报纸生存的重要资材，因此理事会在制定分配基准时通常会因分配不均等问题引起各报社不满。但在理事会的大力斡旋下，各报社最终同意了以近三年发行量为基准进行分配的方针。但各报发行量并非公开透明，其中常常存在虚报行为。鉴于此，日本新闻联盟理事会首先要求各报社自行提交发行量报告书，然后组织人员赴各地调查。一旦

---

① 伊藤正德：『新聞五十年史』（新版）、東京：鱒書房 1947 年、第 221 頁。
② 伊藤正德：『新聞五十年史』、東京：鱒書房 1943 年、第 446 頁。
③ 伊藤正德：『新聞五十年史』、東京：鱒書房 1943 年、第 443 頁。
④ 三枝重雄：『言論昭和史——弾圧と抵抗』、東京：日本評論新社 1955 年、第 128 頁。
⑤ 塚本三夫：『実録 侵略戦争と新聞』、東京：新日本出版社 1986 年、第 242—243 頁。

发现虚报、瞒报，即大幅削减其配额。该措施成效显著：一方面，由于配额逐年压缩，导致各报版面逐渐减少，发行周期也越来越长；另一方面，日本新闻联盟也强化了对报纸编辑和经营的发言权。

其次，实行报纸统一销售制度。面对日益严峻的纸张匮乏形势，日本新闻联盟理事会在压缩纸张配给的同时，不得不考虑新的对策，以从根本上遏制报社之间日益激烈的销售竞争。于是，共贩制度，即统一销售制度的提案便渐渐浮出水面。日本新闻联盟业务委员会于1941年8月开始征求各报社意见，并着手制订具体方案。但《东京日日新闻》《读卖新闻》和《报知新闻》等大报以"报纸不同于一般商品，不适宜共同销售"① 为由表示反对，并号召缔结反对不正当竞争的协定。但地方报纸均对共贩制度表示欢迎，并对持反对意见的全国性报纸提出了批评，说"大报长年蚕食地方，如今却回避共贩制度，在国策上不足为谋"②。由于共贩制度有利于政府的言论统制，因此政府有关部门积极斡旋，一些持反对意见的报社不得不作出让步，同意加入共同销售体系。在达成基本共识后，业务委员会经过多轮会谈，决定"将分属各社的销售网络完全分离，设立一个统一的一元化销售机构"③，同时在各地设立贩卖所、贩卖组合、贩卖联合会等分支机构。

此后，日本新闻联盟业务委员会开始大力推进该机构的筹建工作，出台了章程、规约等相关管理文件，理事会也确定了机构成立的日程表，并于1941年9月27日决定将该机构定名为新闻共同贩卖组合。12月1日，新闻共同贩卖组合宣告成立，各报社长期以来采取的专卖制被废除，取而代之以共贩制，即共同运输、共同配送、共同回笼资金。

为确保共贩制的顺利实施，"从国家立场促进横跨报界各部门的新体制"的确立，日本新闻联盟加强了对新闻共同贩卖组合的控制，将其最高机构中央本部设置于日本新闻联盟事务局内，并从组织上对其实施指导，而"新闻共同贩卖组合"作为"共同贩卖机构的中核体，在联盟的指导下总管共贩业务"。换言之，在共贩制实施过程中"联盟与组合处于不即不离的关系"④，日本新闻联盟正是通过如此"不即不离的关系"以新闻共同贩卖组合为媒介大力推行共贩制的。

共贩制能够在很大程度上防止大报的垄断行为，从而为地方报纸的发展提供了一定的空间，但同时它也对报界的运营带来诸多负面影响。例如，各报截稿时间不统一，为了实现共同运输，有些报纸不得不提前或推迟排印时间，打乱了报纸的发行节奏，甚至

---

① 伊藤正德：『新聞五十年史』、東京：鱒書房 1943 年、第 455 頁。
② 伊藤正德：『新聞五十年史』、東京：鱒書房 1943 年、第 455 頁。
③ 日本電報通信社編：『新聞総覧』、東京：日本電報通信社 1942 年、第 8 頁。
④ 宮居康太郎：『新聞共販制の解説並に規約・定款・細則一覧』、東京：情報新聞社 1941 年、第 48 頁。

损害了报纸的速报性。但无论从哪一方面讲，该措施达到了政府对新闻统制的预期，可谓日本报业史上"最大的变革，各报社摒弃自我意识，协助国策，堪称划时代的记录"①。

再次，管理记者俱乐部。记者俱乐部的诞生与日本议会制度的诞生有着密切的关系。在 1890 年日本召开第一届帝国议会之际，东京各家报社记者自发组成采访议会记者团，向政府施压，要求享有对政治信息的知情权，此为记者俱乐部雏形。最初的记者俱乐部设在官厅建筑正门旁边耳房内，但随着报纸及记者社会地位的提高，记者俱乐部所在的场所也从官厅的角落逐渐转移至政府权力当局中心部位，由"监视权力动向""向权力当局索要信息"的机关，逐渐转变为与政府合作、为政府宣传的机关。

随着日本国内局势的发展及对外侵略政策的推行，作为信息来源重要渠道的记者俱乐部更是获得了飞跃发展。据统计，1931 年仅位于东京的记者俱乐部就有 51 家，1933 年为 69 家，1940 年达到 94 家。这些记者俱乐部的成员均以个人身份加入，所属报社、通讯社对其约束较小。因此，记者往往会借助其所属俱乐部名义向报社、政府部门双方施压，从而导致舆论分化和管理混乱的后果。加强对记者俱乐部的改革和管理成为报社和政府的共同诉求，各报社干部结成"二十一日会"讨论记者俱乐部改组方案，提出将俱乐部改组为以报社为单位的"采访协力机构"，以加强报社对记者的话语权，而记者俱乐部则联合起来结成新闻通信记者会总联盟与之对抗。

为解决报社与记者俱乐部之间的纷争，日本新闻联盟编辑委员会根据上述"二十一日会"制定的草案，开始着手对原属各官厅的记者俱乐部进行改组，并于 1941 年 11 月出台新的记者俱乐部改革具体方案。新方案要求按照"一官厅一俱乐部"的原则，建立新的、统一的俱乐部。新的记者俱乐部原则上只能以报社、通讯社为单位结成，且其成员限定为日本新闻联盟的理事、监事单位，而且记者的入会和退会以及俱乐部的所有决议必须获得政府和日本新闻联盟的许可。11 月 27 日，日本新闻联盟出台促进报纸战时体制化的相关方案，其中提出对记者俱乐部进行整合的意见。经与情报局协商后，日本新闻联盟于 12 月 4 日出台《记者会规则》，规定记者俱乐部必须"以报社为单位，以隶属于新闻联盟理事社、监事社的记者构成"，要求其发挥"各报社与官厅之间接触机构"的作用，与当局保持密切联系，并"与当局协力，完成报纸通信的国家使命"②。

1941 年 12 月 8 日，太平洋战争爆发当日，改组后的记者俱乐部正式开始运营。12

---

① 伊藤正德：『新聞五十年史』、東京：鱒書房 1943 年、第 458 頁。
② 有山輝雄、西山武典編：『情報局関係資料』（第二卷）、東京：柏書房 2000 年、第 144—165 頁。

月 9 日，日本政府发表决议，宣布"政府各部门所进行的信息发布将通过由新闻联盟结成的新记者会实施，原有的记者俱乐部将不予以承认"①。在此基础上，各部门纷纷发表声明表示不再接受非记者俱乐部成员采访，并宣称"拒绝其参加新记者会共同会见，不向其配发发布内容，不为其提供场所、电话及其他便利，禁止其出入"②，从而表现出对其他报社俱乐部及记者实施清理的强硬姿态。日本新闻联盟的记者俱乐部整合工作取得明显成效，不但使得记者俱乐部数量急剧减少，由 1940 年的 94 家降至 1941 年的 18 家，而且将记者俱乐部改组为与谋求"报纸战时体制化"的国家意志相一致的信息提供渠道。

综上所述，日本新闻联盟表面上虽为报界自治团体，内部却安排拥有最终决定权的政府、军部高官担任要职，奉行政府提案，尊重政府意向，竭力协助政府推行控制新闻、压制新闻的高压政策，"政府的意志在新闻联盟中得以确切反映"③。因此，从本质上看，日本新闻联盟绝非为报业利益而与政府抗争的组织，其唯政府马首是瞻的态度表明，日本新闻联盟不过是政府的"御用机关"而已。

三、日本新闻会

1941 年 12 月，日本政府公布《新闻事业令》，要求成立新的报界统制团体，日本新闻联盟随之解散。1942 年 2 月，新的报业统制团体日本新闻会正式成立，成为代行政府报业统制权力的团体。

（一）日本新闻会的成立

由于日本新闻联盟的主要任务是"协助"政府实施报业统制，尽管政府官员介入该机构的运营并拥有极大的话语权，但其对报业的统制力并不能满足当局的需求。因此，从 1941 年 10 月中旬开始，日本新闻联盟在政府的推动下设置由理事长田中都吉、理事古野伊之助和情报局次长、情报局第二部长及内务省警保局长构成的 5 人小委员会，就"合并全国报社组建全国新闻统制会社"④事宜进行具体协商。小委员会经过协商后提出初步方案，建议成立"单一共同会社"对全国报业实施统一运营。

该方案公布后报界形成赞否两论的局面。资本雄厚、规模庞大的《朝日新闻》《每日新闻》和《读卖新闻》三大报称该方案是一个"无偿掠夺他人之物并由军阀及其同伙随心所欲加以运营的暴案"，并称若该方案得以实行，则"全国将无一独立报社"，从而

---

① 「新聞記者俱楽部ニ関スル件」、『本邦人新聞記者、通信員関係雑件』、JACAR（アジア歴史資料センター）、Ref.B02031117000、外務省外交史料館。
② 有山輝雄、西山武典編：『情報局関係資料』（第二巻）、東京：柏書房 2000 年、第 165 頁。
③ 西澤梨花：「総力戦体制下における新聞共販制度——日本新聞聯盟業務委員会の役割を中心に」、『昭和のくらし研究』2017 年第 15 号、第 27 頁。
④ 有山輝雄、西山武典編：『情報局関係資料』（第六巻）、東京：柏書房 2000 年、第 267 頁。

以其"否定新闻自由"① 为由极力反对，并提出对案，建议在不改变报业格局的前提下成立新的统制机构。而素来备受三大报纸压制的地方报却坚持认为，"要强化高度国防国家的言论阵营，比起大报社，更应该想方设法强化培育分散各地的中小报社"，由此全力支持"单一共同会社"方案，称其为"从报业经营者的立场来看是一个理想方案"②，并对上述三报提出的对案表示了激烈抨击。

为解决双方分歧，日本新闻联盟理事会决定由理事长田中都吉居中斡旋。最终双方达成协议，决定在放弃"单一共同会社"方案的同时，通过对报社股份及经营条件加以限制的方式满足地方报纸"消除资本霸权"的诉求，并以此为基础于1941年11月27日形成新的统制方案，要求组建新的报纸统制团体和新闻共同会社。前者负责"报纸的统合、合并、新设、资材的调配及对言论报道国策的协助，同时按照国家目的对经营编辑进行改善"；后者则是一个"财政处理机构"，负责日本新闻联盟运营上所需资金的筹措和管理，以确保发挥"报纸作为国家国民公器的本质"，使报纸运营"与国家目的保持一致"。

首先，该方案对报纸的经营主体提出了要求，提高了报社的准入门槛，规定"报社的设立实施许可主义"，报社负责人的选任必须具有一定的任职条件，虽未明确该条件的具体内容，但从"许可制"的规定看，可以推断该条件应符合政府的期许，否则将不予许可设立。在经营方式上，要求将报社改造为法人组织，其股份或者出资仅归社内职员所有，同时在报社经营上承认适当的利润，但利润只能用于"公益服务、设备改善、从业者能力提升"，其分配也仅限于一般国策公司所容许的范围，从而削弱了"营利主义"的经营理念。此外，该方案着重强调以上所有业务均须接受政府的指导监督。

其次，该方案要求对记者俱乐部进行整合，废止设在各部门的记者俱乐部，取而代之的是在情报局及相关部门的协助下，在即将成立的报纸统制团体内部成立新的记者会，并规定政府的信息发布原则上须通过该记者会发布，从而垄断新闻发布渠道，以确保对"机密的保持及报道宣传的积极指导"。

再次，该方案注重报社记者的管理和培训，并把资格审查及登记、记者培训等业务列入新的报纸统制团体的业务范畴，同时要求完善"共济制度"，以"提升报社记者的品味及保障其地位"③。

由上可见，即将成立的报纸统制团体的统制对象涉及报社、记者俱乐部及报社记者，全面覆盖包括报纸经营主体、新闻发布渠道及新闻提供来源在内的报业运营全过

① 読売新聞社史編纂室編：『読売新聞八十年史』、東京：読売新聞社 1955 年、第 429—430 頁。
② 里見脩：『新聞統合——戦時期におけるメディアと国家』、東京：勁草書房 2011 年、第 106 頁。
③ 「新聞の戦時体制化に関する件」、『各種情報資料・主要文書綴（一）』、JACAR（アジア歴史資料センター）、Ref.A03025359100、国立公文書館。

程，其对报纸的统制力远超日本新闻联盟。可以说，为消除全国报和地方报纷争而形成的上述方案为日本新闻会的成立奠定了基础，是"日本新闻会诞生的萌芽"①。

1941 年 12 月 13 日，为进一步加强对报业的统制，日本政府根据《国家总动员法》第 16 条之规定公布《新闻事业令》，赋予主管大臣设立"负责新闻事业综合统制运营及新闻事业相关国策立案实施"②业务的报纸管制团体的职责。需要说明的是，《新闻事业令》的颁布也与前述日本新闻联盟提出的新统制方案密切相关。时任情报局总裁谷正之在国家总动员法审议会上对《新闻事业令》的制定情况进行说明时强调了该法令的必要性，称"报界要求强化自身体制的空气日渐浓厚，新闻联盟制定了关于报界新体制的意见书"，而政府正是在"对该意见书进行充分了解和参考"的基础上，"为毫无遗憾地完成时局下报纸的国策使命而据此制定了本要纲（《新闻事业令》）"③，从而明确了两者之间的密切关系。

在《新闻事业令》的指导下，1942 年 1 月，政府依据前述日本新闻联盟提出的新统制方案，指定 104 家报社为会员，命令其在 2 月底之前建立新的报纸管制团体。2 月 5 日，新的统制团体日本新闻会召开成立大会。2 月 11 日，日本新闻会正式开始运营，并全面接管了日本新闻联盟的业务。

（二）日本新闻会的组织

日本新闻会成立大会通过了章程以及当年度的收支预算等决议。成立当晚，首相东条英机在首相官邸举行晚宴，任命原日本新闻联盟理事长田中都吉为会长，同时发表讲话要求报界在"总体战"构筑方面提供协助。东条首先强调了"总体战"的重要性，称要实现"大东亚永远的安定"，就必须将日本国内的"产业、经济、文化等所有要素集中于国策之中，高度发挥国家总力"。因此，东条希望"负有国论指导重任"的报界在"总体战"体制的构建过程中能够"顺应时代要求，以公正妥当的态度"发挥报界"作为公器之使命"。东条表示日本政府将对日本新闻会进行指导，以"助长报业的发展"，同时希望日本新闻会"与政府通力合作，实现报界的飞跃发展"④。

由此观之，日本新闻会是在政府推动下，基于《国家总动员法》和《新闻事业令》成立的，其会长、会员均由政府指定，是一个具有法律约束力的"强制统制团体"和"国策执行机构"。换言之，日本新闻会突破了日本新闻联盟作为"审议机构"的功能局限，

① 宫居康太郎：『日本新聞会の解説——新聞新体制の最高機関』、東京：情報新聞社 1942 年、第 3 頁。
② 「新聞事業令」、『御署名原本·昭和十六年·勅令第一一〇七号·新聞事業令』、JACAR（アジア歴史資料センター）、Ref.A03022661000、国立公文書館。
③ 有山輝雄、西山武典編：『情報局関係資料』（第七巻）、東京：柏書房 2000 年、第 23 頁。
④ 日本電報通信社編：『新聞総覧』、東京：日本電報通信社 1942 年、第 18—19 頁。

发展成为"纯粹的执行机构、报纸行政机构"①，这是日本新闻会最大的特征。

日本新闻会章程第一条规定，该机构的目的是"为达成报业的国家使命而实施必要的综合统制运营，并对报业相关国策的立案及实施提供协助"②。而要达此目的，无法回避的是报社自身利益和"国家使命"之间的矛盾。作为"谋求统制运营的合理化和协调化的一元化团体"，日本新闻会明确表示将"牺牲报社个体利益，将更高层次的全部业界总力向国家目的集中"③，同时以报界掌握的宣传资源、宣传技术参与当局言论统制政策的制定与实施，从而明确了其"国策"性质。

为完成上述目的，章程第五条对日本新闻会的业务内容作如下规定：

一、报纸的编辑及其他报业运营相关综合企划及统制指导；

二、报业整顿相关指导和资助；

三、报纸共同销售、广告共同受理及其他报业相关共同经营机构的指导和资助；

四、报社记者的登记及报业从业者的福利设施及培训的实施；

五、报纸用纸及其他资材的调配调整；

六、对报业发展进行必要的调查及研究；

七、法令或政府命令事项；

八、其他为达成本会目的的必要事项。④

由此可知，日本新闻会的业务内容与前述日本新闻联盟所提交的报业统制新方案一脉相承，它涵盖报纸的编辑、经营、销售、广告、资材、记者等报业运营的全要素和全过程，不但抓住了报界的经济命脉，还力图以记者培训为抓手控制新闻来源，从而最大限度消除资本对报业运营的影响，完成对报业"国家公器"的定位。

日本新闻会的最高领导人为会长，由主管大臣即首相来任命，其职责为代表日本新闻会"总揽报业统制指导及其他会务"。该会同时设6人以内的理事、2人以内的监事及若干评议员和参与。其中，理事、评议员、参与的人选皆由会长任命，接受会长咨

① 伊藤正德:『新聞五十年史』、東京:鱒書房1943年、第474頁。
② 「日本新聞会定款」、『公文類聚・第六十六編・昭和十七年・第八十五巻・軍事二・国家総動員一』、JACAR（アジア歴史資料センター）、Ref.A03010051100、国立公文書館。
③ 宮居康太郎:『日本新聞会の解説——新聞新体制の最高機関』、東京:情報新聞社1942年、第10—11頁。
④ 「日本新聞会定款」、『公文類聚・第六十六編・昭和十七年・第八十五巻・軍事二・国家総動員一』、JACAR（アジア歴史資料センター）、Ref.A03010051100、国立公文書館。

询，且在获得主管大臣许可的情况下会长可随时解除其职务。此外，日本新闻会内设立编辑委员会、业务委员会等，负责"报纸的编辑、业务及其他相关重要事项的审议，并向会长具陈意见，接受会长咨询"。除上述委员会外，日本新闻会还设立政经、社会、整理、外报等 13 个专业委员会，均有情报局官员以"参与"的身份加入其中。

日本新闻会的具体业务执行机构为事务局，事务局长由会长任命，"接受会长的指挥监督"①。除庶务课、经理课外，事务局主要由总务部（整备课、用纸课、考查课）、编辑部（编辑课、炼成课、厚生课）、业务部（普及课、广告课、资材课）三部三课构成，负责日本新闻会具体事务的执行。1943 年 5 月，事务局进行了改组，扩充为五部十三课，除上述总务、编辑、业务各部外，将编辑部中的炼成课和业务部中的资材课独立出来分别成立炼成部（训练课、企画课）和工务部（资材课、劳工课），同时编辑部又新设记者课和审查课，将重点转移至记者管理和记者培养上来。

从日本新闻会设立之初的具体人员构成来看，会长为田中都吉，理事为不破瑳磨太、冈村二一、浦忠伦，不破为理事长，同时兼任事务局长和总务部长，冈村兼任编辑部长，浦兼任业务部长。其中，不破和冈村二人均为同盟社长古野伊之助的心腹，浦与情报局的陆军官员吉积正雄、松村秀逸等人私交甚笃，而田中与古野和吉积、松村等人均关系密切，因此政府和军队对日本新闻会具有绝对话语权。

同时，该会还指定 38 家报社社长成立评议员会，负责"事业推行相关重要事项的咨询"，且必要时可成立常任评议员会，其成员均由会长指定，对会长负责。除报社社长外，由主管大臣指定、会长任命的"参与"也可参加评议员会，行使审议和决策权力。从具体人员名单来看，当时的"参与"为警保局长三好重夫、情报局次长奥村喜和男、情报局第一部长佐藤胜也、第二部长松村秀逸、第三部长堀公一、第四部长桥本正实 6 人，均为当时日本舆论宣传领域的政府要员。这也从一个侧面表明，政府对日本新闻会的控制权，在确保日本新闻会"向作为国家机构发挥作用方向迈进方面发挥着划时代的作用"②。

（三）日本新闻会《统制规程》

为确立报界统制方针，日本新闻会成立后即开始着手制定《统制规程》，并于 1943 年 2 月 26 日提交第一届评议员会审议。经会长认可后，3 月 6 日，正式公布实施。

《统制规程》开篇即为日本新闻会实施报业统制确定基本论调，明确提出"报业从

---

① 「日本新聞会定款」、『公文類聚・第六十六編・昭和十七年・第八十五卷・軍事二・国家総動員一』、JACAR（アジア歴史資料センター）、Ref.A03010051100、国立公文書館。

② 日本政治研究室編：『日本政治年報』（昭和 18 年度第 1 輯）、横浜：昭和書房 1942 年、第 185—186 頁。

业者应体察报纸的国家使命，确立并发扬其作为公器之性格"①，无论在编辑上还是在经营上均应体现出公共性，"回归报纸之本质"。当然，日本新闻会所谓的"报纸之本质"指的并非新闻从业者所尊崇的"新闻专业主义"，而是"从根本上清除个人主义、营利本位思想"②的国家宣传机构。在此基本论调的指导下，《统制规程》对日本报业的经营提出了诸多限制性规定。

首先，《统制规程》加强对报社经营层面的控制，规定作为日本新闻会的会员，报社在其经营形态发生或报社章程发生变更以及报社干部任免时，必须提前向日本新闻会会长提出申请。"作为报业部门统帅的会长在必要时可对其发布命令或指示"③，以避免造成报业格局的分化和舆论的不统一。同时，会长认为"在报业完成国家使命方面有必要时"④，可要求报社对版面及经营作出相应调整，也可要求报社对报业领域相关技术开展研究并公开研究成果，并在必要时可为报社提供一定数量的经费资助。这表明，日本新闻会通过行政、经济等方式积极介入报业合并、重构报业格局的意图。

其次，《统制规程》加大对报社经营利润的限制，规定报社不得开展与报业无关的其他营利事业，而在开展与报业有关的出版、印刷及其他营利事业时须获得会长许可，且必须定期向会长提交关于报社事业状态、收支预算、股东及出资人名单、财产目录、借贷情况、营业报告、损益报告、利润分配等报告，而报社的利润分配必须控制在出资比例的 6% 以内，其目的是通过压缩股东收益将利润转为事业扩张经费，以此改变报社"过于追求经营自立，逐渐淡化公器性格"的现状，达到使报社"脱离营利性、利己主义"⑤的目标。

再次，《统制规程》推行"资本、经营分离"的经营理念。据统计，在日本新闻会成立前后，依然有大量报社没有改组为法人组织，且几乎全部报社均有外部资本参与经营，而从报社股票的持有量看，外部股东和内部股东的持股比例约为 7∶3。⑥ 鉴于此，《统制规程》要求所有报社必须在 6 个月之内改组为法人组织，任何个人不得独立经营报社，法人的股票或持股由"董事及员工全额持有"，从而将外部资本排除在报社经营之外。即使报社内部人员，"出资人（包括股东、员工等）的决议权应按照法令尽

① 「日本新聞会統制規程」、『公文類聚・第六十六編・昭和十七年・第八十五巻・軍事二・国家総動員一』、JACAR（アジア歴史資料センター）、Ref.A03010051800、国立公文書館。
② 宮居康太郎：『日本新聞会の解説——新聞新体制の最高機関』、東京：情報新聞社 1942 年、第 48 頁。
③ 宮居康太郎：『日本新聞会の解説——新聞新体制の最高機関』、東京：情報新聞社 1942 年、第 49 頁。
④ 「日本新聞会統制規程」、『公文類聚・第六十六編・昭和十七年・第八十五巻・軍事二・国家総動員一』、JACAR（アジア歴史資料センター）、Ref.A03010051800、国立公文書館。
⑤ 日本電報通信社編：『新聞総覧』、東京：日本電報通信社 1942 年、第 4 頁。
⑥ 伊藤正徳：『新聞五十年史』（新版）、東京：鱒書房 1947 年、第 246 頁。

量限制在最小限度"①，而董事必须从具有报社经营经验的人员中选任。此举收效明显，截至 1943 年 7 月，几乎所有报社均实现了内部持股。由此观之，"驱逐社外资本、限制出资人决议权、选任有经验的董事这三点是消除资本弊端、确立报纸公益性格的基本要素"②，从而最大限度减少资本对报社经营的干预。

最后，《统制规程》加大对报社经营人及报社记者的限制，规定报社的法人代表或编辑责任人除满足《新闻事业令实行规则》所确定的条件外，还必须具有"从事报纸事业五年以上经验"，并规定因种种原因"被取消本会报社记者登录资格者""有寡廉鲜耻前科者"以及"加入政治思想结社者"均被排斥在外。此外，会长一旦认定报社经营者或编辑责任人存在诸如"违反法令或行政官厅基于法令作出的处理""损害公益"及"违反统制规程"③ 等行为时，在获得主管大臣许可后可命令报社解除其职务，从而赋予日本新闻会直接插手报社经营、人事安排等特权。对于报社记者，《统制规程》规定，报社不得录用未进行报社记者登记的人员，同时记者应参加由日本新闻会指定机构实施的记者培训，当然培训内容并不仅限于记者的业务素养，更多的是以"国体观念明征"为名目的"参禅""被褉"等神道仪式，以及"以异想天开的精神修养为目的的训练"④。日本新闻会大力推行记者登记制度和培训制度的目的是在保证报业专业性的同时，确保记者的新闻报道活动能够按照政府的要求实施，从而防止因与政府意见不一致者参与报社运营而对报界统制造成一定阻碍。

综上，日本新闻会《统制规程》对日本报业的经营和编辑业务及报社经营者和报社记者提出了诸多制约，"报纸必须回归其公益性"⑤ 的基本理念贯穿全文，它被日本新闻会定位为"对如何统制、指导会员事业的基准进行大纲性规定的基本指针"，并要求所有报社严格遵守，"若违反则被视为与《国家总动员法》相抵触"⑥。《统制规程》的根本目的是推动报业消除"报道主义""营利主义"经营方针，转而发挥报纸作为"国家公器"的作用。

（四）日本新闻会活动

按照日本新闻会的章程及统制规程，日本新闻会主要负责对报纸实施统制和管理，

---

① 「日本新聞会統制規程」、『公文類聚・第六十六編・昭和十七年・第八十五卷・軍事二・国家総動員一』、JACAR（アジア歴史資料センター）、Ref.A03010051800、国立公文書館。

② 宮居康太郎：『日本新聞会の解説——新聞新体制の最高機関』、東京：情報新聞社 1942 年、第 52 頁。

③ 「日本新聞会統制規程」、『公文類聚・第六十六編・昭和十七年・第八十五卷・軍事二・国家総動員一』、JACAR（アジア歴史資料センター）、Ref.A03010051800、国立公文書館。

④ 塚本三夫：『実録 侵略戦争と新聞』、東京：新日本出版社 1986 年、第 253 頁。

⑤ 日本電報通信社編：『新聞総覧』、東京：日本電報通信社 1942 年、第 4 頁。

⑥ 日本新聞会事務局：『日本新聞会便覧』、東京：日本新聞会 1944 年、第 21—22 頁。

以确立报界能够发挥其"国家公器"的作用，完成其"国家使命"。日本新闻会除了继承了日本新闻联盟的业务外，主要在记者管理、共同销售等方面开展了一系列活动。

第一，在记者管理方面，日本新闻会根据其章程第五条"实施报社记者登记"之规定，制定了记者登记制度。在1929年召开的第56届帝国议会上，为充分发挥记者"国论指导、舆论唤起的使命"，有议员提出应效仿德国和意大利的《新闻记者法》，立即着手"制定新闻记者资格认定相关适当法令"①，以加强对记者的管理。然而内务省却认为"不应以法律为之，而应待报社自发推行"②，从而对此表示了消极的态度。

然而，内阁情报委员会及内阁情报部和陆军省新闻班均实施了较为积极的新闻统制政策，并开始探讨将记者管理纳入到新闻统制的具体方案。1936年4月，一份题为《积极的新闻政策私案》③的文件出台。该文件提出的报业统制建议中除了设立国立新闻研究所、出台《出版事业法》等一系列配套法律外，还明确提出出台《记者法》《记者登记规则》等规定，以取代以惩戒为目的的《新闻纸法》，实现"厉行记者责任义务"的目标。该方案认为记者应通过国家资格考试或毕业于国立新闻研究所，以保证记者来源的纯正性，而为保证记者能够以"国利民福"为目的开展报道活动，就需要实施记者登记制度，以便"监视其行动，发挥其本分，增强其责任感"。此外，该方案建议政府对记者雇佣合同进行直接干预，并对违反"记者本分"的记者处以"警告、业务停止、业务禁止"④三类处罚。

1940年12月，担任情报部嘱托的大熊武雄受陆军省情报部长松村秀逸委托，向陆军省提交了一份《新闻统制私案断片》的意见书，建议效仿德国《新闻记者法》制定日本"新闻记者法"，"设置新闻记者养成机构"，定期对记者进行培训，实施新闻记者登记制度，以"改善记者的素养"，并实施"新闻记者的身份保证"，以强化其"时局宣传"的参与意识，确保"新闻统制的真正实施"⑤。

日本新闻会在对记者俱乐部进行整理的基础上加强了对记者的管理，在其章程第五

---

① 「新聞記者ノ資格制定ニ関スル件」、『第五十六回帝国議会提出建議』、JACAR（アジア歴史資料センター）、Ref.A14080391000、国立公文書館。

② 新聞研究所編：『昭和五年日本新聞年鑑』、東京：新聞研究所1934年、第32頁。

③ 该文件以"私案"的名义提出，制定者不详，内川芳美认为，从文件的内容及资料的保存状态来看，似应为接受陆军省新闻班委托所作（内川芳美：『現代史資料・40・マス・メディア統制㈠』、東京：みすず書房1991年、第lxiii頁）。

④ 「積極的新聞政策私案」、内川芳美：『現代史資料・40・マス・メディア統制㈠』、東京：みすず書房1991年、第404—407頁。

⑤ 「新聞統制私案断片」、内川芳美：『現代史資料・41・マス・メディア統制㈡』、東京：みすず書房1996年、第318—319頁。

条明确提出将"实施报社记者登记"作为其业务内容之一。为了强化对"负有重大使命"的报社记者的统制，防止"不学无术者、破产者、性格缺陷者成为记者"[①]，日本新闻会在政府当局的授意下，仿效德国纳粹的《新闻记者法》于1942年7月1日出台《日本新闻会记者规程》，其中第三条对记者的资格作如下规定：

一、须为帝国臣民，且为成年人；

二、明征国体观念，明确把握记者的国家使命，且保持品性、公正廉直者；

三、高等专门学校以上毕业者或具有必要的知识经验者；

四、禁治产者、准禁治产者或破产者如不能恢复其权利，则不可成为记者；

五、被处禁锢以上刑罚，其刑期执行未结束或执行结束未满两年者，不可成为记者；

六、不可加入政治或思想结社；

七、不从事营利性事业者。[②]

从上述任职条件来看，记者的国籍和思想作为记者首要的资格，即只有具有日本国籍且能够"明征国体观念"，"明确国家使命"的记者方可有资格登记，学历等与记者专业素养相关的条件则处于附属地位。此外，任职条件还特别强调记者的经济独立性及非营利性，以确保记者能够从国家立场出发更好地为"国策"服务。

记者规程规定需在3个月之内完成记者登记，各报社在规程发布后即启动登记工作，首轮申报者达到1.2万余名。日本新闻会设立记者资格权衡委员会负责对记者资格进行审查，凡通过资格审查的记者均可列入日本新闻会记者名单，而连续两年未能达到任职条件者则被取消登记资格，记者登记名单须每年更新。日本新闻会于1943年3月底之前完成了审查，将符合条件的8700余名记者名单提交情报局和内务省。而1944年的申请人数为9181人，符合条件者8051人，有1000余人因种种原因审查未获通过。[③]

第二，由于"记者俱乐部仍然残存着自治权"[④]，日本新闻会继续强化对记者俱乐部的管理。为"适应官厅的战时发布体制"，日本新闻会向情报局提交建议书，要求进

---

① 冈村二一：「新聞新体制の理論と実際」、奥平康弘監修：『言論統制文献資料集成（第13巻）新聞新体制の理論と実際・日本新聞会の解説・日本新聞会便覧』、東京：日本図書センター1992年、第85頁。

② 日本政治研究室編：『日本政治年報』（昭和18年度第1輯）、横浜：昭和書房1942年、第185頁。

③ 朝日新聞百年史編修委員会編：『朝日新聞社史　大正・昭和戦前編』、東京：朝日新聞社1995年、第602頁。

④ 日本電報通信社編：『新聞総覧』、東京：日本電報通信社1942年、第7頁。

一步推行记者俱乐部改组，"最大限定记者俱乐部的构成报社，全国以 10 家报社为基准"，同时每家报社派往官厅记者俱乐部的人数不超过 4 人。情报局以此建议书为基础制定《官厅记者会再编成要领》，其内容与日本新闻会的建议书基本一致，同时收紧了对记者会的限制，规定"当需要对构成报社及定员进行增减时，该官厅须与情报局进行协商"①。日本新闻会在此建议书的指导下于 1942 年 12 月起开始在中央和地方实施新的俱乐部改组，并在各地方行政机构的大力协助下在各地设立"编辑部会"，以发挥其作为"道府县编辑指导机构"②的功能。

记者俱乐部改组工作在 1943 年 4 月之前基本完成。通过此项工作，不但改变了记者俱乐部长期游离于日本报界统制框架之外的状况，也在很大程度上剥夺了记者俱乐部的自治权，极大削弱了其对报业的影响力和对报业统制的冲击力，最终形成"记者俱乐部、官厅、报社三位一体的协力体制"，因此被日本新闻会定位为"新闻报道采访史上的巨大变革"③。

第三，在共同销售方面，尽管前述日本新闻联盟建立新闻共同贩卖组合实施共同销售，但该机构在组织形态上缺乏"集权"，在实施过程中很难达成共识，且"地区组合的独立性较强，中央总部的命令难以下达"④。为进一步强化对销售机构领导力的渗透，日本新闻会接管了新闻共同贩卖组合的全部业务后，于 1942 年 10 月 26 日将其改组为"社团法人日本新闻配给会"，以"实现配给事业的全国统辖及对配给进行适当指导"⑤。

日本新闻配给会的组织机构与新闻共同贩卖组合并无差异，在中央设立中央总部，将全国分为 9 大地区，设立地区总部，下设都道府县支部，支部对分散各地的贩卖所实施直接领导，但日本新闻配给会加强了中央总部的集权，并确立了自上而下的纵向管理体制，以保证处于组织顶端的中央总部的命令能够下达至处于销售末端的贩卖所并得以贯彻执行。

日本新闻配给会成立后，报社将报纸销售权移交给该机构，由其与读者直接签订订阅合同，并掌握了各地贩卖所的撤并权。此外，按照日本新闻配给会的规定，各报社负责销售的人员必须全部脱离原报社加入配给会，从而切断了其与原报社之间的联系，目的是"消除各报社的本位意识"，以此促进"共贩制取得实效"⑥。

---

① 「官厅记者会再编成要领ニ関スル件」、『各種情報资料・主要文書綴（一）』、JACAR（アジア歴史资料センター）、Ref.A03025359200、国立公文書館。
② 有山輝雄、西山武典编：『情報局関係资料』（第二卷）、東京：柏書房 2000 年、第 192—193 頁。
③ 日本電報通信社编：『新聞総覧』、東京：日本電報通信社 1942 年、第 7—8 頁。
④ 川上富蔵：『每日新聞販売史』、東京：每日新聞社 1979 年、第 530 頁。
⑤ 『同盟旬報』1942 年第 6 卷第 30 号（通号 193 号）、第 30 頁。
⑥ 川上富蔵：『每日新聞販売史』、東京：每日新聞社 1979 年、第 531 頁。

综上所述，日本新闻会是依据《新闻事业令》成立的战时日本新闻统制团体，在其存续期间"深察政府之意，在报业整备等报业运营诸方面毫无遗憾开展活动，基本达成政府所期待之报业总力体制"，在协助政府推行报业统制方面发挥了巨大作用。但同时其业务与情报局多有重叠，从而使得报业统制"呈现双重行政之弊端"①。加之绪方竹虎就任情报局总裁后认为日本新闻会是"军部和报社互相妥协的副产品"②，从而对其表达了不满。鉴于以上种种原因，日本政府认为"报业的统制指导由政府直接掌管较为适宜"，遂决定解散日本新闻会，以"最大程度地发扬报纸的国家使命"③。在此理念指导下，1945 年 3 月 1 日，情报局以会长任期已满为契机将日本新闻会解散，其业务内容被转移到情报局。同日，日本新闻配给会也被改组为日本新闻公社，负责报纸配送及印刷资材、经营广告等调查及与政府联络等相关事宜。

四、日本海外占领区报界团体

除上述由日本国内报界结成的报界团体之外，日本当局还在伪满地区、朝鲜等海外占领区成立了一些报界团体，这些团体对协助日本当局推行殖民统治、强化新闻事业管理发挥了重要作用，对当地的新闻事业造成了极大破坏。按照其分布地区来看，战时日本在占领区成立的报界团体主要有三类。

第一类是面向"大东亚共荣圈"内的新闻机构成立的大东亚新闻协议会。1943 年 11 月 17 日至 19 日，为进一步强化占领区与日本本土的联系，推动"大东亚共荣圈"建设，日本当局邀请日本本土报社及中国、泰国、菲律宾、缅甸等"大东亚全域的报界人士"在东京召开大东亚新闻大会，商讨"为达成大东亚共荣理想而作出贡献的言论报道人的使命"。会议期间，《产业经济新闻》主笔小汀利得提出建立一个覆盖"大东亚共荣圈"全域的"报业联合团体组织"的动议。会上成立了以正力松太郎为委员长的筹备委员会。在第三天的会议上，大会通过了由筹备委员会起草的《大东亚新闻协议会设立方案》，并发表《大东亚新闻大会宣言》，宣布将充分发挥"立于言论报道阵地和思想战前线"的报界作用，积极参与"大东亚共荣圈"建设，"同心协力，倾注全身心，摧毁英美的诈术谋略，挺身于亚细亚兴隆和世界和平的大使命"④。在此决议下，大东亚新闻协议会于 11 月 19 日正式宣告成立。

---

① 「日本新聞会ノ解散並ニ其ノ善後措置ニ関スル件」、『昭和 20 年　大東亜戦争　戦争指導関係綴　内政経済の部　其 1』、JACAR（アジア歴史資料センター）、Ref.C12120310300、防衛省防衛研究所。
② 緒方竹虎：『明治末期から太平洋戦争まで』、東京：朝日新聞社 1951 年、第 156 頁。
③ 「日本新聞会解散ニ関スル件」、『公文類聚・第六十九編・昭和二十年・第五十四巻・軍事三・国家総動員一』、JACAR（アジア歴史資料センター）、Ref.A03010251900、国立公文書館。
④ 「大東亜新聞大会」、『同盟時事月報』1943 年第 7 巻、第 11 号、第 76 頁。

在成立大会上，大东亚新闻协议会主席高石真五郎指定日本新闻会长田中都吉、中华日报社长许立求、满洲新闻协会理事长松方义三郎及泰国、菲律宾、缅甸三国主要报纸负责人6人为大东亚新闻协议会首届理事，并通过了规程等相关文件。按照大东亚新闻协议会规程规定，该组织设理事长1名，理事和顾问若干名。理事长由理事选举产生，在成立大会上，田中都吉被推举为理事长，理事则由各地报业团体或政府机构推荐。该组织在"大东亚共荣圈内各国、各地区设置事务局"，同时为方便业务开展及对各地事务局的统筹，在日本新闻会内设立联络事务局，日本新闻会参事尾上弘信任联络事务局长，日本新闻协会书记长儿玉璋一任主事。大东亚新闻协议会设立的同时，日本新闻协会也宣布"发展性解散"，其成员并入大东亚新闻协议会。

在业务内容方面，大东亚新闻协议会规程规定，该组织由"大东亚共荣圈内公认新闻团体及其推荐的报社、通讯社"构成，其目的是"以大东亚地区报界的大同团结，推进大东亚建设，并谋求相互亲睦、启发，为兴亚大业的完成提供协助"。具体来讲，其业务内容主要包括："大东亚新闻大会相关事项、新闻编辑的协力共助相关事项、为报界人士的视察、研究提供便利等相关事项、其他为达成本会目的的必要事项"①。

第二类报界团体分布在东北亚地区，是伴随着日本在朝鲜殖民统治及在华占领区统治的开展而设立的，主要有朝鲜新闻会、满洲新闻协会及华北新闻协会。

朝鲜新闻会成立于1943年1月，它是由朝鲜各地报社组建的春秋会改组而来，其目的是"谋求朝鲜新闻事业的正确运营，为朝鲜统治作出贡献"。作为日本新闻会的地方分会，其机构的构成原则与日本新闻会基本相同，但由于《新闻事业令》并不适用于朝鲜地区，故其组织形态采取了"任意团体"形式。其会员主要包括两部分：一是"朝鲜地区所有刊登一般时事的日刊报社代表"；二是同盟通信社朝鲜各地分社的代表，会员入退会均须履行一定的手续，获得批准后方可加入或退出。

按照朝鲜新闻会规约，该会设立会长、副会长各1名，理事若干名，其中会长、副会长不采用专任制，而是分别由京城日报社社长和每日新报社社长担任，会长、副会长以外的理事从会员及该领域的专业人士中选出，组成理事会，负责重要会务的实施和运营。同时为加强对编辑和运营的管理，由"学识经验者、报业从业者及其他报业相关事业从业者"构成编辑委员会和业务委员会，负责"报业的编辑及其他业务等相关重要事项的调查、审议"，并向会长提供咨询。

如前所述，朝鲜新闻会的目的是通过对朝鲜的新闻事业统制，为日本在朝鲜地区的殖民统治提供舆论支持。其具体业务包括：

---

① 日本新闻会事务局：『日本新聞会便覧』、東京：日本新聞会1944年、第90頁。

一、相关官厅及日本新闻会之间的联络

二、报纸编辑及其他报业运营相关企划及指导

三、报业整备相关事业的指导与资助

四、报社记者的登记及培训

五、报业从业者的资质提升及厚生设施

六、报纸用资材的调配及配给调整

七、对报业发展进行必要的调查及研究

八、报业功勋人员的表彰

九、朝鲜总督所指示的事项

十、其他为达成本会目的所必要的事项 ①

从上述内容看，朝鲜新闻会的业务内容与日本新闻会几乎相同，这也可以看作是朝鲜新闻会对日本国内报界体制所做出的应对。此外，除了对朝鲜报业实施统制外，朝鲜新闻会还负责"朝鲜总督所指示的事项"，且其规约的制定及变更等均须获得朝鲜总督的承认。从人员构成及会员组成看，朝鲜新闻会成立时的会长、副会长及 6 名理事及 14 名会员均由日本人担任。这些特征都说明朝鲜新闻会是日本当局推行朝鲜殖民统治的宣传工具。

满洲新闻协会成立于 1935 年，它将伪满洲国通信社及伪满地区报社全部囊括在内，是日伪政权建立后为"实现满洲地区新闻通信事业健全发展"，推行殖民统治而建立的"与政府处于表里一体关系"的报业团体。

满洲新闻协会采用社团法人形式，设理事长 1 名，理事 5 名以内，监事 1 名，其中理事长由松方义三郎担任。协会每年召开一次会员大会，对章程变更、预算决算、会员出资及其他重要事项进行议决，此外根据情况可随时召开临时总会。在运营方面，由理事长和理事共同构成理事会，负责对总会决议及其他重要事项进行审议。此外，满洲新闻协会还设有委员会，负责对"本协会事业进行相关调查研究"。

满洲新闻协会的主要业务包括：

一、报纸通信内容的质量提升相关事项

二、报纸通信事业经营上的联络及改善相关事项

三、报纸通信用资材的购买、配给及斡旋相关事项

---

① 日本新聞会事務局：『日本新聞会便覧』、東京：日本新聞会 1944 年、第 91—92 頁。

四、广告相关事项

五、报纸通信从业人员的厚生及培训相关事项

六、报纸通信事业的质量提升的调查研究相关事项

七、其他为达成本协会目的的必要事项①

由此观之，满洲新闻协会的业务主要集中在两方面：一是对伪满地区报业实施统制，统制的范围覆盖报纸通信内容、印刷资材及广告等报业经营全过程；二是通过培训活动提升报业从业人员的素养，并开展相关调查研究，以促进报业的发展。

1941 年，伪满政府总务厅弘报处扩大建制并将满洲弘报协会解散后，报业用纸及印刷资材的调配和供给业务转移到满洲新闻协会中来。报界新体制确立后，满洲新闻协会的工作主要集中在记者培训上，如开设伪满洲国报社记者养成所、新闻会馆等机构，实施"报社记者炼成"运动，以培养记者的"国体认识"和对"大东亚战争"的精神认同。1944 年以后，在继续开展"报社记者炼成"活动的同时，发行机关报《满洲新闻协会报》，并着手编纂伪满地区新闻史，对中国东北地区的新闻事业造成了极大破坏。

除了朝鲜和伪满地区外，在华北派遣军报道部、兴亚院及华北政务委员会等部门的主导下，日本占领当局还在华北占领区成立了华北新闻协会，作为"华北宣传联盟的一构成单位"，在强化华北地区新闻统制的同时，谋求"华北地区言论报道事业的统一运营"。该协会主要由华北地区报社、杂志社及同盟社、中华通信社等机构组成，设理事长、副理事长各 1 名，理事若干名，主要业务内容为"言论报道的统制指导、言论报道企划及实施相关立案、言论报道改善相关调查研究"②。

第三类报界团体分布在南方占领区，是配合日本殖民当局在南方占领区实施殖民统治而设立的，主要有昭南新闻会、爪哇新闻会。

1942 年 9 月 10 日，为强化对"各陆军军政地区新闻事业的运营指导"，按照陆军省报道部的命令，南方占领区陆海军军政部门将位于新加坡、马来西亚、苏门答腊及加里曼丹等占领区的报纸、通讯社等新闻机构网罗在内，在新加坡成立昭南新闻会，"在对现地军政的实施提供协助的同时，努力促进日本文化的渗透，实现当地日侨的启发及原住民的教化"。加入昭南新闻会的会员在手续上必须经同盟社和日本新闻会的推荐并获得军政当局的认可，且在军政当局认为有必要时，应承担"资金、人员及资材提供的义务"。

---

① 日本新聞会事務局：『日本新聞会便覧』、東京：日本新聞会 1944 年、第 92—94 頁。

② 日本新聞会事務局：『日本新聞会便覧』、東京：日本新聞会 1944 年、第 94—95 頁。

按照昭南新闻会规约规定，该会设会长、理事、评议员及监事、"参与"等职位，其中会长由评议员会推荐，理事由当地报社代表及报界人士担任，根据需要可推选理事长 1 名，评议员则由加盟报社的代表担任，评议员、理事和"参与"组成评议员会，负责对重要会务裁决。该会成立时的会长为伊藤正德，理事长为小野敏夫、"参与"为古野伊之助，共有同盟社及 15 家当地报社加入。

　昭南新闻会成立后，在军政当局制定的《南方占领区通信社及报社工作处理要领》的指导下，对南方占领区的新闻事业实施统制，具体业务包括"日语报纸及写真画报的编辑发行及经营、土语及外语报纸的指导或直接经营、当地新闻事业改善相关必要调查研究"① 等，实施统制的方法除进行所谓"指导"外，还将重点放在直接经营上，即利用南方开发金库融资及各地军政当局提供的补助金收买当地报纸，或凭借朝日新闻、每日新闻、读卖新闻及同盟社四家机构发行新报。据统计，昭南新闻会共发行新报 16 种，发行范围覆盖整个南方军政地区，语言涉及日语、当地土语、英语及马来语，其中日语和马来语报纸各 3 种，英语和华语报纸各 4 种，当地土语报纸 2 种。

　爪哇新闻会是 1943 年 1 月末根据《爪哇新闻会令》成立的报界法人团体。为强化对爪哇地区新闻事业的统制和管理，集合该地区舆论力量对"作为大东亚共荣圈一环的新爪哇建设"② 提供支持。爪哇军政监于 1943 年 1 月发布《爪哇新闻会令》，对爪哇新闻会的目的、组织及运营管理作了原则性规定。1 月 30 日，以实现"当地新闻事业的适当、合理化运营"，从而为"日军军政提供积极服务和协力"③ 为目的的爪哇新闻会在雅加达宣告成立，其总部设在雅加达市，并在岛内重要地区设立分部。

　爪哇新闻会与军政当局关系极为密切。首先，从其组织运营来看，爪哇新闻会不但是在爪哇军政监的要求下成立的，其 20 万盾成立基金由军政预算承担，且设立时的基础设施以及运营过程中所需的设备、工厂及其他物资等均由军政部门提供。此外，爪哇新闻会的机构设置、业务章程、预算决算等均必须获得军政监的同意，并接受其监督。总部业务的监督由军政监宣传部长负责，支部业务的监督则由当地行政长官负责。其次，从人事任免来看，爪哇新闻会设会长 1 名，理事若干名，监事 2 名，其中会长负责统管全部会务，并按照军政当局要求，对各地新闻事业的运营实施监管，同时在各分部机构设立支部长，在会长的领导下负责各分部业务。新闻会内部设事务局，下设总务部和事业部两大部门，除负责具体会务外，还负责"军部命令事项"。会长、事务局长由

① 　日本新聞会事務局：『日本新聞会便覧』、東京：日本新聞会 1944 年、第 95—97 頁。
② 　「ジャワ新聞会結成」、『同盟時事月報』1943 年第 7 卷第 2 号、第 116 頁。
③ 　「ジャワ新聞会令」、『爪哇軍政監部規程類聚（編成）　昭和 19.1』、JACAR（アジア歴史資料センター）、Ref.C14060803000、防衛省防衛研究所。

军政监任免，理事、监事、支部长及总务部长和业务部长由会长任免，但须获得军政监的认可。此外，在成立时该会还设立了名誉会长、名誉副会长及名誉理事，均由军政部门要员担任。其中名誉会长由军政监冈崎清三郎担任，名誉副会长兼宣传部长由军政监部总务部长中山宁人担任。再次，从业务内容来看，爪哇新闻会章程规定该组织将"依据大日本军之命令，遵照大东亚战争推行、大东亚理念贯彻之精神及现地军队之全岛一报纸方针"，以"启蒙爪哇居民、稳定人心、提升居民文化程度"为活动宗旨，对军政当局在爪哇地区的殖民统治提供协助。其具体业务包括两方面：一是对爪哇地区现存当地报纸的"编辑、印刷、发行所有一切业务"实施内部指导，并面向当地居民创办当地土著语报纸；二是依据"军政相关机构的命令"[1] 开展调查研究，并在资材供应、设施保护等方面提供协助。

第三节　出版界自治团体

在大力推行以"总力战"为特征的战时体制下，为加强对出版业的统制，强化出版业对"国防国家"建设的促进功能，实施"出版报国"，确立"一元化的出版事业新体制"[2]，出版界自治团体相继成立。1940 年 12 月 19 日，日本出版文化协会成立，在情报局指导下负责出版业的监督、指导和统制。1943 年 2 月 18 日，《出版事业令》颁布后，根据"设立新的出版统制团体"的指令，日本当局将日本出版文化协会改组为日本出版会，负责出版事业的统制指导、出版资材的配给调整、出版事业的调查研究等，对战时日本出版业的统制发挥了重大作用。

一、日本出版文化协会

为适应内外宣传的需要，日本当局推动出版界构建"出版新体制"，以强化出版业对日本战时宣传的服务功能，日本出版文化协会即是在"出版新体制"构建背景下，以情报局的成立为契机结成的出版界自治团体。在日本出版文化协会的成立过程中，包括情报局在内的政府机构发挥了主导作用，而出版业以"自治"形式参与其中，成为组建日本出版文化协会的重要推动力量。但需要说明的是，这里所说的日本出版业所追求的"自治"是以"国家意志"为最高行为准则、具有浓厚官方色彩的形式上的自治。因此，日本出版文化协会充其量不过是一个"疑似自发自主统制团体"[3]。

---

[1]　日本新聞会事務局：『日本新聞会便覧』、東京：日本新聞会 1944 年、第 97—98 頁。

[2]　「発足した出版新体制——日本出版文化協会創立す」、『週報』（第二二三号）、1941 年 1 月 15 日、第 22 頁。

[3]　塚本三夫：『実録 侵略戦争と新聞』、東京：新日本出版社 1986 年、第 248 頁。

（一）日本出版文化协会的成立

随着战时体制的确立和发展，日本当局加紧了对出版业的控制，除了出台《出版法》《出版物纳付法》等一系列法令为出版业统制提供法律支撑外，还在情报局第二部即报道部下设专门负责出版业务的第二课出版课，从法律和机构上为战时日本出版统制提供制度保障。随着战局的发展及日本国内资源的日益短缺，强化出版业对"国防国家"体制的服务功能，实施出版业一元化统制成为日本当局的言论统制诉求。为此，内阁情报部自 1940 年 7 月开始组织相关部门对出版统制进行探讨，最终决定成立一个涵盖整个出版行业、整合用纸配给和出版流通业务的出版界机构。

9 月 7 日，内阁情报部成立由民间出版行业人士和政府相关机构官员共同构成的出版新体制准备委员会，就政府提出的上述出版新体制方案进行了多次探讨，最终确定了日本出版文化协会设立要纲，并通过了《日本出版文化协会设立趣意书》，要求出版业"贯彻职域奉公之大义"，发扬"出版报国之精神"，承担起"健全的新日本文化建设"使命，改变出版业的经营业态及经营路线，将全国出版行业"纳入一元化的出版事业新体制伞下"①，从而明确了日本出版文化协会的性质和基本方向。至此，新体制准备委员会完成其使命后解散，随后日本出版文化协会创立委员会成立，开始对准备委员会上确定的设立要纲等文件进一步细化，由此进入"出版新体制"的实施阶段。

创立委员会于 11 月 6 日召开第一次会议，并先后召开 9 次小委员会就日本出版文化协会的章程、预算、业务细则等进行了讨论。12 月 19 日，创立委员会召开第二次会议，对上述小委员会的所有议案进行了审议，并基本达成一致意见，遂决定于当日解散创立委员会，并于下午召开成立大会，通过了章程和预算等方案，选举贵族院议员鹰司信辅为会长，至此日本出版文化协会宣告正式成立。

日本出版文化协会的会员分为四类。前三类为出版业从业人员或经营人员构成的一般会员，须履行缴纳会费和印刷纸张税费的义务，第四类为"对出版文化具有远见卓识"的特别会员，特别会员由会长推荐，任期 4 年，可连任。会员除履行缴纳会费义务外（特别会员无须缴纳会费），在必要时还须向日本出版文化协会提供"迅速且正确的报告或账簿以供阅览"，如不能履行上述义务或出现"与本会目的相悖的言行"②时将被除名。此外，会员的入退会均须向会长提交申请，出具具体事由，获得会长认可后方有效。

日本出版文化协会设会长 1 人，由情报局总裁推荐，同时兼任理事，理事总人数不超过 10 人，其中专务理事 1 人，负责辅佐会长统管协会事务，常务理事 2 人，另设监

---

① 日本読書新聞社雑誌年鑑編纂部編：『雑誌年鑑』、東京：日本読書新聞社 1941 年、第 374 頁。
② 日本読書新聞社雑誌年鑑編纂部編：『雑誌年鑑』、東京：日本読書新聞社 1941 年、第 375 頁。

事 3 人，理事和监事均由会长选任，并须获得情报局总裁的承认。此外，该协会还设顾问若干名和 50 名以内的评议员。顾问由"相关部门官员及具有丰富学识经验者"担任，负责就重要会务向会长提供咨询；评议员组成评议员会，主要负责预算、决算及其他重要会务的审议，且评议员会的决议"若得不到主务官厅的许可则不具有效力"①。

日本出版文化协会的行政机构由三课两局构成，其中庶务课、经理课和企画课三课由会长直属，庶务课和经理课负责协会日常运营中的文件公文、人事安排、预算决算、会计出纳等事务性工作，企画课负责资料的搜集整理、各种统计调查、图书推荐以及启发宣传事项等。两局指的是文化局和业务局，其局长均由常务理事兼任。其中，文化局设杂志、单行本、教科书、儿童及海外五课，分别负责该领域相关事项的制定和实施；业务局设事业统制、用纸配给和出版物配给三课。事业统制课主要负责与相关政府部门及其他团体之间的联络及出版业务委员会的运营；用纸配给课主要负责"出版用纸配额调整及配给斡旋"以及与新闻杂志用纸统制委员会、洋纸共贩株式会社和相关政府机构之间的联络；出版物配给课主要负责"出版物配给方针的立案、配给调整及日本出版配给株式会社的指导监督及与其他商业组合之间的联络相关事项"②。此外，文化局和业务局每一课下均设一个分科会，主要负责"其担当部门的指导、统制相关调查、研究及协商"③，同时还负责对相关部门的业务活动进行审议及与相关政府部门之间的联络。

为确保业务能够按照政府所设定的路线执行，日本出版文化协会设立出版文化委员会、出版业务委员会。前者负责对"出版文化指导相关重要事项"进行审议，具体包括"出版物内容的提升及有害出版物的抑制、优良出版物的奖励及普及、进出口出版物及翻译出版物的统制、出版文化功勋者表彰及其他出版文化指导"相关事项。后者负责对"出版业务指导相关重要事项"进行审议，具体包括"出版用纸配给、出版物配给、出版业务改善、出版物进出口业务及其他出版业务指导"④ 相关事项。

日本出版文化协会的日常工作主要通过理事会及上述各委员会来负责。除此之外，每年还举行一次会员大会，对所涉法律事项及会长认为有必要进行审议的重要事项进行审议，会员大会通过的所有决议同样也必须获得主管部门的许可，否则不具有任何

---

① 日本読書新聞社雑誌年鑑編纂部編：『雑誌年鑑』、東京：日本読書新聞社 1941 年、第 375—376 頁。

② 「日本出版文化協会事務分掌規程」、協同出版社編：『書籍年鑑』、東京：協同出版社 1942 年、第 159—160 頁。

③ 「日本出版文化協会分科会規程」、協同出版社編：『書籍年鑑』、東京：協同出版社 1942 年、第 158 頁。

④ 「日本出版文化協会委員会規程」、協同出版社編：『書籍年鑑』、東京：協同出版社 1942 年、第 157—158 頁。

效力。

　　日本出版文化协会成立后，经过近半年的准备，至 1941 年 5 月，包括会长、理事、监事、顾问以及文化委员、业务委员和评议员在内的人员配备基本完成，此后便召开理事会，就协会的各项规定、业务细则、出版统制方法以及印刷纸张配给方式等进行了审议。同时业务局制定了入会规程，开始着手会员募集工作，动员原属日本杂志协会、日本出版协会、中等教科书协会等出版机构的会员履行入会手续，并对会员的履历、业绩等进行严格审查，"仅承认适合者入会"，从而确定了"协会的指导统制对象"①。

　　从上述日本出版文化协会的成立过程及机构组织、人员构成和业务规程来看，政府对该协会具有绝对领导力。会长鹰司信辅为世袭爵位的贵族院议员，不具有任何出版业从业经历，而文化委员和业务委员之中不乏铃木库三等主张实施一元化言论统制的情报局官员，且理事、监事等重要成员的人选必须获得情报局总裁的承认，评议员会和会员大会的所有决议也必须获得情报局、内务省等主管部门的认可方为有效，这说明日本出版文化协会无论从组织上还是在任务执行上均具有浓厚的官方色彩。

　　（二）日本出版文化协会的业务

　　按照日本出版文化协会章程规定，该机构的目的是"完成日本文化建设及国防国家确立相关的出版文化事业的使命，实现出版业的正确运营，以此实现出版报国之成果"。为达此目的，章程规定日本出版文化协会的具体业务为：

　　　　一、与相关官厅及诸团体之间的联络；

　　　　二、出版事业相关改善指导；

　　　　三、与出版用纸统制机构之间的联络及出版用纸的配额比例调整；

　　　　四、出版物配给及销售机构的监督指导；

　　　　五、有害出版物的抑制；

　　　　六、优良出版物的奖励及普及；

　　　　七、与图书馆之间的联络及读书普及设施的奖励；

　　　　八、提升出版业者及从业者素质的设施；

　　　　九、进出口出版物及翻译出版物的统制；

　　　　十、出版文化功勋者的表彰；

---

① 「出版新体制運動のその後」、『週報』（第二三九号）、1941 年 5 月 7 日、第 33—34 页。

十一、其他为达成本会目的而实施的必要事业。①

　　除上述业务外，日本出版文化协会还为达成"出版报国"目的所必需的其他业务提供必要的资金支持。由此可见，日本出版文化协会的主要业务是与情报局、内务省、文部省等相关部门合作，共同构建"出版文化建设官民协力的新体制"②，以完成出版业所应承担的"文化使命"。

　　在这个由多部门、多机构构成的系统性的新体制中，各政府机构均以不同形式发挥着对出版业及日本出版文化协会的统制。情报局作为日本出版文化协会成立的推动者和主管部门，对协会的运营及业务实施全面监管。商工省作为印刷纸张的供给部门和管理部门，以纸张配额为武器对协会实施指导和监督。内务省检阅课则与情报局相关部门共同对协会旗下杂志实施审查。此外，警视厅和文部省则分别从治安维持和文化教育的角度参与杂志业界的统合，企画院、陆海军、铁道省、递信省、拓务省、厚生省、大藏省等部门也分别从各自业务领域出发对日本出版文化协会给予监管和协助，由此构成一个"官民浑然一体""超越官厅本位主义弊端"，并以此"迈向新日本文化建设的真正的总力战体制"③。

　　在上述"官民协力的新体制"下，日本出版文化协会与同处该体制中的商工省、内务省、情报局及其他机构密切配合，针对强化出版业统制开展了一系列活动，其主要手段是以"出版企划申请制"对出版物内容实施审查，以图书推荐制度引导出版界的发展趋向，以纸张配额为武器控制出版业的经营和业界格局，由此体现出积极引导和消极控制的两面性。

　　首先，日本出版文化协会按照日本当局实施的物资动员计划，每3个月更新一次用纸配额计划，并在纸张配额分配时采用了"通常配额"和"特别配额"两种配额互补的模式。"通常配额"指的是，保证该出版机构业务运营所需的最低用纸量。为确定"通常配额"，日本出版文化协会成立后首先开始着手做的就是对原日本杂志协会所属杂志社刊行的杂志及原日本出版协会所属出版社发行的单行本的用纸数量进行调查，以过去三年间的实际使用量为基准确定新的"通常配额"比例。而"通常配额"又由"基准配额"和"审核配额"两部分构成，前者不需审查即可获得，但必须确保只能出版"有利于作为协会目的的国防国家建立和新文化建设"④的内容方可使用。一旦违反上述原则，

①　日本読書新聞社雑誌年鑑編纂部編：『雑誌年鑑』、東京：日本読書新聞社 1941 年、第 374 頁。

②　協同出版社編：『書籍年鑑』、東京：協同出版社 1942 年、第 137 頁。

③　協同出版社編：『書籍年鑑』、東京：協同出版社 1942 年、第 138 頁。

④　協同出版社編：『書籍年鑑』、東京：協同出版社 1942 年、第 127 頁。

日本出版文化协会就会要求出版社改变出版策划或取消其出版；后者须经日本出版文化协会对出版机构业绩及出版物内容进行审查后才能获得。

换言之，此一时期日本出版文化协会在确定"通常配额"时采取的是以"业绩本位"为基础、以"内容本位"加以修正的方式。"业绩本位"的分配基准在实际执行过程中受出版社经营规模、营业资本、出版业绩因素的影响较大，使得一些实力较弱的出版社陷入恶性循环之中。为纠正"业绩本位"带来的上述弊端，协会逐渐强化了"内容本位"判断基准的比重，"将出版物的性格融入其中，从而确立真正意义的内容实绩"[①] 标准。

此外，日本出版文化协会对上述两种份额设定了一定比例并作动态调整。从实际执行结果看，"审查配额"比重整体呈上升趋势。如在第一期配额计划期间（1941 年 7 月至 9 月）的书籍出版物的"通常配额"中，"基准配额"的比例占 80%，"审核配额"占 20%。但随着日本出版文化协会审查力量的扩充以及强化出版统制的需求，日本出版文化协会将上述两种配额的比例作了调整，加大了"审核配额"的比重。在第二期配额计划期间将"审核配额"比例提升至 40%，在第三期配额计划实施期间则提升至 60%—80%，从第四期配额计划期间开始全部实施"审核配额"，由此日本出版文化协会完全掌握了出版纸张配额的决定权。

除了上述确保出版社正常运营的"通常配额"外，日本出版文化协会还设立了"特别配额"，用于"被认定为优良出版或适当的出版规划"[②]，且在制定新的纸张配额计划时会将前一时期出版社所获"特别配额"的一部分增列入"通常配额"。但"特别配额"的获批率极低，第一批书籍出版"特别配额"申请共提交 606 件，获得批准的只有 281 件，通过率仅为 46.7%，而杂志出版"特别配额"申请共有 168 件，获得批准的为 37 件，通过率仅为 22% [③]。

综上，"通常配额"是基于审查结果而确定的，它带有很强的行政色彩和消极性，而"特别配额"则以奖励为主要手段，在出版统制方面带有明显的引导性和积极性。"通常配额"和"特别配额"相结合的方式不但在很大程度上排斥了出版业"营利主义"运营模式，同时还保证了出版业"完全被统合到日本出版文化协会意志之下"。[④]

其次，由于上述判定工作是在出版物出版之前进行的。因此，为确保其顺利实施，日本出版文化协会采用了"出版企划申请制"，要求所有出版物在出版之前必须向日本出版文化协会提交"出版企划"，只有获得许可后方可使用规定的纸张配额进入正式出

---

① 「出版新体制運動のその後」、『週報』（第二三九号）、1941 年 5 月 7 日、第 34 頁。

② 「出版用紙配給割当規程」、協同出版社編：『書籍年鑑』、東京：協同出版社 1942 年、第 162 頁。

③ 協同出版社編：『書籍年鑑』、東京：協同出版社 1942 年、第 130—131 頁。

④ 日本政治研究室：『日本政治年報』（昭和 18 年度第 1 輯）、横浜：昭和書房 1942 年、第 187 頁。

版程序。对于出版社提交的出版计划，首先由日本出版文化协会文化局进行初次审查，并听取各部门专业领域出版文化委员的意见作出初步结论，然后召开审查委员会确定最终审查结果。参加审查会的除了专务理事、常务理事及各课课长和审查员等日本出版文化协会内部工作人员外，情报局、内务省、警视厅、文部省等相关部门也会派员参加。从实际出版数量来看，在 1941 年 6 月至 9 月间实施的第一批出版申请中，日本出版文化协会共受理申请案件 21033 件，其中图书出版申请达 11831 件，比 1940 年度同比增长近两倍①。然而，实际进入印刷程序的只有 4150 部，与上一年度相比月均减少 800 部。②

审查通过率如此低，除了因当时印刷资材匮乏不得不压缩出版用纸使用量等外部条件的限制外，还与严苛的审核标准不无关联。为排除审查过程中的主观要素和个人要素的影响，日本出版文化协会制定了相对可执行的审查标准，其审查要点涵盖出版物内容、印刷装帧、定价、读者群、作者、出版人资格等诸多方面，但其核心焦点和依据是出版物的内容，即根据其内容是否能够坚持"将高度国防国家思想战意图贯穿始终的原理"，并实现"出版内容与国家目的一致"③ 来确定是否有出版的必要，由此形成战时出版审查的基本审查标准。

再次，除了以纸张配额为手段对出版事业实施"改善指导"并通过向"优良出版物"发放"特别配额"外，为"奖励和普及优良出版物"，日本出版文化协会还开展了图书推荐活动。

首先，日本出版文化协会根据战时体制的需要，将不同种类出版物进行等级划分，以此决定纸张配给和出版发行的优先顺位。在第一期配额计划实施期间，基于科学技术对生产力发展的推动作用的现实考虑，日本出版文化协会将工学、农业、力学和经济等自然科学类书籍列为第一顺位，除此之外，皇室、国家、哲学、思想等社会科学类书籍也位列第一顺位，而小说类书籍、大众类、妇女类杂志等则被列为第三顺位。这一方面表明，日本出版文化协会在实施出版统制时具有对战时大众娱乐进行压制并关注意识形态对社会思潮影响，以此实现文化建设的倾向；另一方面也说明，日本出版文化协会试图有意识地通过政策杠杆来强化对战时出版业的引导。

其次，为推进图书推荐活动，日本出版文化协会于 1941 年 10 月成立图书推荐委员会，并发布《图书推荐规程》，宣布将对其会员单位出版发行的"优良"图书进行推荐。11 月 1 日，铃木库三通过广播向国民阐述了"优良"图书推荐与"出版新体制"的关系。

---

① 協同出版社編：『書籍年鑑』、東京：協同出版社 1942 年、第 129 頁。
② 松本潤一郎：『戦時文化政策論』、東京：文松堂 1945 年、第 183—184 頁。
③ 松本潤一郎：『戦時文化政策論』、東京：文松堂 1945 年、第 186—187 頁。

铃木首先高唱"思想战"论调,认为应通过报纸、杂志、书籍等新闻媒体向国民输送"富含营养而健康的思想食物和杰出的思想战武器弹药",将国民塑造成为"思想战"战士。由此,他认为出版物不单单是商品,而是培育"思想战"战士的"食物"和"武器弹药"。为达到上述目标,铃木主张对"创造正确思想食物和武器弹药的书籍"①进行奖励并向全体国民加以宣传普及,此举在很大程度上刺激了出版社"良书"发行的积极性。

推荐的程序是先由日本出版文化协会派出由文化局下属各课及企画局职员组成的调查员对上月全国发行的图书进行调查遴选,生成"优良"图书推荐名单,再由各领域权威人士组成的推荐委员对上述名单进行审核并确定最终名单。这种调查推荐的双重审查程序不但能够提高遴选效率,同时引入各领域权威专家也能在很大程度上规避调查员的行政身份带来的主观干预,从而确保了"优良"图书的遴选质量。至于"优良"或"优秀"的判定标准则由协会根据是否符合"出版新体制"来判定。从此后出炉的"优良"图书推荐名单来看,基本遵循以下原则。

其一,"优良"图书推荐的目的之一是提高社会各阶层的文化素养,故遴选过程中必须注意图书种类的分布状况,因此推荐委员会分成了 11 个部门,分别负责宗教、历史、经济、文学、青少年等各领域图书的推荐和审查工作,特别是对于那些专业性不强的普及类图书,需要在"遵照各阶层的性格、关心、理解力这条主线"的基础上进行推荐。

其二,鉴于"优良"图书"应含有战局下国家目的"的评价尺度,因此在"良书"推荐过程中将推荐的重点放在那些宣扬国体观念和国民精神,普及军事思想和科学技术,促进日本理念及"大东亚共荣圈"认识等具有"高度国防国家乃至战争国家的思想战类"②读物上。

1941 年 10 月,日本出版文化协会开展了第一批"良书"遴选工作,经过多轮讨论后公布了首批 28 部图书为"优良"图书,11 月的推荐图书为 22 部,12 月的推荐图书为 27 部。此后,日本出版文化协会将图书推荐作为一项常规工作固定下来。虽然随着用纸供应的不足,书籍的出版量逐年下降导致推荐图书的数量也逐渐减少,但"良书"推荐事业作为一种"积极的、推进型的事业",对日本出版文化协会的出版统制事业进行了补充和完善。

综上所述,日本出版文化协会是在政府自上而下的"强制规制"和出版界自下而上的"自主规制"的双重作用下成立的。一方面,政府通过言论统制和纸张配额等政治、

---

① 鈴木庫三:「出版新体制と良書推薦」、『国策放送』1941 年第 1 卷第 12 号、第 13—24 頁。
② 松本潤一郎:『戦時文化政策論』、東京:文松堂 1945 年、第 191—192 頁。

经济手段强化对出版业的统制，确立"出版新体制"，将出版业纳入到战时体制的框架中；另一方面，出版业自身基于对情报局设立后将对出版业格局开展新一轮整合，言论统制将进一步升级的形势判断，而主动对政府"出版新体制"诉求作出积极回应。因此，日本出版文化协会虽名为自治团体，但实为"自上而下统制的中间机构"①，发挥着将政府的言论统制贯彻到媒介末端的"承上启下"的作用，"承担出版指导之重任，努力启发健全之国民思想"②，很大程度上完成了日本当局所期待的"出版报国"使命。

二、日本出版会

1943 年 2 月，日本政府公布《出版事业令》，要求成立新的出版统制团体，以"实现对出版事业的综合统制运营"③。3 月 11 日，日本出版会正式宣告成立。日本出版文化协会则在日本出版会获得特殊法人认可后于 3 月 26 日解散，其会员、业务、发行网络等均被吸收进日本出版会。至此，日本出版会实现了对日本出版业的全面统制。

（一）日本出版会的成立

作为"出版新体制"的重要组成部分和实施载体，日本出版文化协会借助官方资源并在官方指导下克服了体制上和资源上的种种困难，实现了对出版业从生产经营到发行销售的全程统制。但随着太平洋战争的全面爆发以及日本国内资源形势的日趋紧张，日本当局对决战体制下日本各社会要素的期许越来越高，其中对出版业的要求不再仅仅停留在"出版报国"层面，而是"将出版界视为思想战兵器厂"④，纳入到"思想战"体制中。

在此背景下，日本出版业纷纷表达了对决战体制的认同，日本出版文化协会也通过多种方式，试图强化"出版新体制"。但日本出版文化协会是在情报局的推动下成立的名义上的民间自治团体，其存在不但缺乏法律依据，且在组织形式上属于社团法人，在通过决议时采用的是"少数服从多数"的表决制，缺乏强有力的执行力，在一定程度上弱化了其对出版界的监管力度，导致"对五千有余全国出版业者发出统制指导号令变得极其困难，所期待的业界革新也未能实现"⑤，从而使日本当局谋求的"出版新体制"效果大打折扣。为进一步"出版并普及必要之良书，使之成为思想战武器"⑥，日本政府于

---

① 塚本三夫：『実録 侵略戦争と新聞』、東京：新日本出版社 1986 年、第 249 頁。
② 「出版報告の実を挙げよう——社団法人日本出版文化協会一周年記念式祝辞」、東條英機：『大東亜戦争に直面して：東條英機首相演説集』、東京：改造社 1942 年、第 52 頁。
③ 「出版事業令」、『御署名原本・昭和十八年・勅令第八二号・出版事業令』、JACAR（アジア歴史資料センター）、Ref.A03022797600、国立公文書館。
④ 協同出版社編纂部編：『日本出版年鑑』、東京：協同出版社 1943 年、第 307 頁。
⑤ 大久保純一郎：『文化統制の研究』、東京：東洋書館 1943 年、第 119 頁。
⑥ 「出版界の新発足」、『週報』（第三三四号）、1943 年 3 月 10 日、第 22 頁。

1943 年 2 月 18 日以敕令形式颁布《出版事业令》。《出版事业令》不但赋予了政府对出版业的经营进行干预以及对出版业格局实施整顿的特权，还规定政府可根据需要成立"出版统制团体"，从而为新的出版统制机构的建立提供了法律依据。2 月 19 日，内阁宣布将根据《出版事业令》成立新的出版统制团体，并任命了包括日本出版文化协会会长鹰司信辅在内的 43 名设立委员，就新机构的章程、预算等草案进行了商讨，并确定了新机构的名称为日本出版会。3 月 11 日，日本出版会召开成立大会，通过了章程，确立了日本出版会的目的、任务及组织机构。3 月 26 日，日本出版会获得特殊法人许可，久富达夫被任命为会长。同日，日本出版文化协会"实现了发展性解散"，其会员、业务等全面并入日本出版会，作为"强力的统制团体"[1] 的日本出版会开始正式运营。

按照日本出版会章程，该会的会员主要包括三部分：一是"出版事业主"，也即出版行业的经营主体；二是"出版业相关事业的事业主"，将与出版相关的印刷制作、发行代理等行业囊括在内；三是"由上述两类人员组成的团体"，从而将配给机构、代理机构等与出版业相关的各行业机构也纳入其中。会员资格须获得主管大臣认可，会员的业务必须接受日本出版会的指导和监督。

日本出版会设会长 1 名，理事不超过 7 名，监事 2 名以内，并设评议员若干名，会长认为有必要时还可设立"参与"和顾问若干名。会长由政府成立的"铨衡委员会"推荐，由主管大臣任命，主要负责"出版事业的统制指导及其他会务"[2]。理事和评议员均由出版业界人士或具有丰富的出版经验和学识的人士担任，且理事还必须获得主管大臣的许可。会长可从理事中指定一人担任理事长，以辅佐会长处理日常会务，而评议员则主要就重要事项向会长提供咨询。"参与"和顾问由主管大臣推荐，可参与日本出版会的具体会务。由此，许多政府部门官员得以以"参与"和顾问的身份对日本出版会的业务实施干预。

日本出版会内部设立业务委员会，负责对"业务改善及事业整备、出版物配给、用纸及其他资材调配、出版物生产、出版物价格等相关事项"[3] 实施指导和管理。同时，又设立书籍委员会和杂志委员会两个专业委员会。前者负责"书籍出版企划的审查、指导及计划、优良出版物的表彰及推荐相关事项"[4]。后者负责"杂志政策、编辑企划的审

① 「出版界の新発足」、『週報』（第三三四号）、1943 年 3 月 10 日、第 22 頁。
② 「日本出版会定款」、『公文類聚・第六十七編・昭和十八年・第九十八巻・軍事四・国家総動員二』、JACAR（アジア歴史資料センター）、Ref.A03010135300、国立公文書館。
③ 「業務委員会規程」、協同出版社編纂部編：『日本出版年鑑』、東京：協同出版社 1943 年、第 318 頁。
④ 「書籍委員会規程」、協同出版社編纂部編：『日本出版年鑑』、東京：協同出版社 1943 年、第 318 頁。

查及统制指导相关事项"①，另外还设立分科会，负责"与出版相关方之间的联络、研究及培训"② 等必要事务。除各种类型的委员会外，日本出版会还设立了由理事、评议员及"参与"等构成的"出版会最高咨询机构"③ 评议员会，就日本出版会运营过程中的重要事项进行审议并向会长提供咨询。

日本出版会设立总务、书籍、杂志、业务、配给五部，并设立了事务局长室，负责秘书、人事、会计等出版会日常运营事务。其中，需要特别指出的是，在机构设置中日本出版会将原属日本出版文化协会文化局的杂志课独立出来，升格为与书籍部并列的杂志部。其主要原因在于日本当局认识到了杂志在出版业中，无论是种类还是发行量以及用纸量均远超书籍，这就意味着其对大众具有"不可忽视的思想影响力"，对决战体制下的"思想战"发挥着重要的宣传作用。因此，从这个意义上看，日本出版会此项改变并非仅仅是单纯的事务性变革，它在很大程度上体现出日本出版会新的政策方向。具体来讲，此前日本出版业及出版业监管机构将重点放在书籍出版上，但书籍的受众对象高度集中于知识分子阶层，有限的读者层极大弱化了其宣传效果。与书籍相比，杂志的种类繁多，其读者层更加广泛，特别是在国家总动员体制下，杂志更能够满足日本当局"彻底集结国民总力"的要求，为"给勤劳国民大众提供健康读物"④。日本出版会在机构设置中提升了杂志在宣传中的地位。

（二）日本出版会的业务

按照日本出版会章程规定，该机构的目的是"实现为完成出版事业的国家使命所必要的综合统制运营，并为出版事业相关国策的立案及实施提供协助"。其具体业务为：

一、出版企划及其他出版事业运营相关的统制和指导；

二、出版事业整备的相关指导和资助；

三、出版物用纸及其他资材配给的调整；

四、出版物配给机构的统制和指导；

五、出版从业者的厚生设施及养成训练的实施；

六、提升出版事业质量所必要的调查研究；

---

① 「雑誌委員会規程」、協同出版社編纂部編：『日本出版年鑑』、東京：協同出版社 1943 年、第 319 頁。

② 「日本出版会定款」、『公文類聚・第六十七編・昭和十八年・第九十八巻・軍事四・国家総動員二』、JACAR（アジア歴史資料センター）、Ref.A03010135300、国立公文書館。

③ 「日本出版会昭和 18 年度事業報告概要」、『出版関係綴　昭和 18—20 年』、JACAR（アジア歴史資料センター）、Ref.C15120271800、防衛省防衛研究所。

④ 協同出版社編纂部編：『日本出版年鑑』、東京：協同出版社 1943 年、第 308—309 頁。

七、法令或政府命令指定的事项；

八、其他为达成本会目的而实施的必要事业。①

为具体落实上述业务内容，日本出版会评议员会经过审议后于 1943 年 4 月 23 日制定了《日本出版会统制规程》《用纸配给统制规程》《出版物配给调整规程》等一系列文件。5 月 14 日，上述文件经内阁审议后正式公布。此后，日本出版会按照章程及上述文件所确定的原则，围绕日本出版统制开展了一系列具体活动。

第一，日本出版会从经营内容、人员结构、组织形式等方面全面加强了对"出版事业运营的相关统制指导"。如前所述，日本出版文化协会由于缺乏法律依据，在实际运营过程中对会员并不具有强制约束力。日本出版会是基于《出版事业令》成立的统制机构，日本出版会对出版业的统制不仅体现在广泛性上，还体现在其对会员业务发挥统制力的权威性上。根据《出版事业令》相关规定，为强化会员对"出版事业国家使命的自觉性"，内阁、内务省、文部省于 1943 年 5 月 14 日联合发布告示，公布了《日本出版会统制规程》，对出版业统制作了详细规定。

在组织形式方面，《日本出版会统制规程》规定，"会员须服从会长依据本规程发布的命令或指示"，从而明确了日本出版会对出版机构的领导地位。当日本出版会会员所开展的出版业务发生转让、合并或实施共同经营以及废止、休业等组织形态变化时，必须首先获得会长的承认。当团体会员的经营、编辑等负责人发生人事变更，团体名称或其发行的定期刊行物题号发生变更以及开设分支机构或机构地点发生变更时，均须提前向会长提交申请并获得认可。此外，当会员单位的从业人员一旦发生违反政府法令或统制规程规定时，会长在取得主管大臣的同意后可下令解除其职务，从而掌握了对会员的组织形式和人事安排的控制权，为接下来的出版业统合提供了政策依据。

在业务运营方面，会员无论是继续开展原有的出版事业还是开辟新的出版事业，均须向日本出版会提交申请。会长在"认为出版事业的统制运营上有必要时"②，可下令要求会员从事指定的出版业务或对相关业务作出相应调整，也可要求会员向日本出版会提供相应的资料和报告，还可对会员的业务、财产、设备等状况进行检查监督。同时，为"达成出版事业的国家使命"，会长有权要求会员单位的从业人员接受日本出版会的培训

---

① 「日本出版会定款」、『公文類聚・第六十七編・昭和十八年・第九十八巻・軍事四・国家総動員二』、JACAR（アジア歴史資料センター）、Ref.A03010135300、国立公文書館。

② 「日本出版会統制規程」、『公文類聚・第六十七編・昭和十八年・第九十八巻・軍事四・国家総動員二』、JACAR（アジア歴史資料センター）、Ref.A03010136200、国立公文書館。

和指导。

第二，日本出版会在情报局和内务省的指示下，对全国的杂志和书籍进行了普查统计，在此基础上于 10 月正式向政府提交了出版业整合方案，该方案经政府相关部门讨论后又提交给内阁审议。11 月 4 日，内阁根据上述方案通过了《出版事业整备要纲》，对出版事业的整合提出了指导性意见，表示为"适应增强综合战力的需求，举出版业人、物之总力，圆满实现昂扬斗志、增强战力、强化对外宣传"的目标，要求"在明确其公共性格的同时，强化对其事业组织的整备"，对出版业界实施大规模整合，以确立"出版决战体制"[①]。

在此要纲的指导下，日本出版会于 1943 年 10 月在事务局内设立"企业整备本部"，下设资格审议会和企业整备委员会作为该机构运营的"两翼"。前者由政府相关部门的官员和出版界人士构成，主要负责审议出版事业团体的从业资格，对出版事业机构的数量及出版物的数量进行统计等事项；后者主要由出版业界人士构成，主要负责审议出版事业的资产评估相关事项，对转行或停止出版业的经营者提供资助，对统合过程中各机构签订的合并协议进行审定等业务。日本出版会就是以上述两委员会为"轴心"，并以"自主的名义实施业界划时代的企业整备"[②]的。

按照《出版事业整备要纲》规定，日本出版会对出版业实施统合是在"综合考虑出版事业的性格、规模及出版部门等要素"的基础上实施"综合判定"。日本出版会并未明确具体的"综合判定"基准，只是笼统表示那些"被认定为性格不适当"的出版业将被列入统合的对象，至于何为"适当"，全凭日本出版会裁量。从实际执行结果来看，其标准无非是"对战争协力的程度及国体意识的强弱"[③]。

第三，日本出版会继承了日本出版文化协会的纸张配给和发行配给业务，强化了对纸张配额和发行渠道的管理。在纸张配给方面，日本出版会在情报局的指导下依靠新闻杂志用纸统制委员会实施印刷纸张及资材的配给和管理，并按照《用纸配给调整规程》规定，依靠 1940 年 11 月成立的洋纸共贩株式会社继续加大对纸张统制的管理。在发行配给方面，日本出版会继续发挥日本出版配给株式会社的作用，加强对出版销售环节的控制，规定任何出版物"未经日本出版配给株式会社不得销售或颁布"[④]。此外，日本出

① 「出版事業整備要綱ニ関スル件」、『公文別録・内閣・大正十二年—昭和十九年・第六卷・昭和十七年—昭和十九年』、JACAR（アジア歴史資料センター）、Ref.A03023585400、国立公文書館。

② 日本出版協同株式会社：『日本出版年鑑』、東京：日本出版協同 1947 年、第 105 頁。

③ 塚本三夫：『実録 侵略戦争と新聞』、東京：新日本出版社 1986 年、第 255 頁。

④ 「日本出版会統制規程」、『公文類聚・第六十七編・昭和十八年・第九十八卷・軍事四・国家総動員二』、JACAR（アジア歴史資料センター）、Ref.A03010136200、国立公文書館。

版会还负责与相关政府部门联络，就"出版物配给方法的改善、出版物进出口调整及相关协定进行斡旋"①，从而切断了出版机构与政府机构的直接联系，攫取了出版物销售和监管的权力。

第四，日本出版会通过强化编辑人员资格审查，加强对出版内容的监管。1944 年4 月，日本出版会按照《重要产业团体令》第 24 条② 之规定，对统制规程进行了修订，要求所有出版机构的编辑人员必须向日本出版会登记备案，并规定"不得录用未接受本会登记的人员"③，从而将对出版内容起决定性作用的编辑人员纳入其统制框架内。为推进此项工作，日本出版会同时公布了《日本出版会企画编辑者规程》和《企画编辑者资格铨衡委员会规程》，对出版业编辑人员的资格要求及选任作了详细规定。

《日本出版会企画编辑者规程》要求出版机构的编辑人员必须"贯彻国体观念，坚守国家使命达成的信念"，并须符合以下要求：

一、须为帝国臣民且为成年人；

二、具有必要的知识、经验者；

三、非未获得复权资格的禁治产者、准禁治产者或破产者；

四、非被处以禁锢以上刑罚且未执行刑期或刑期执行结束未满两年者；

五、非因出版事业被处以罚款且其执行后未满两年者。④

概言之，只有未触犯言论统制政策的日本出版界人士方有资格担任日本出版机构的编辑人员。为确保登记备案的编辑人员符合上述资格，日本出版会成立了企画编辑者资格铨衡委员会，负责对编辑人员资格进行审查，并将符合条件的人员列入编辑人员名

---

① 「出版物配給調整規程」、協同出版社編纂部編：『日本出版年鑑』、東京：協同出版社 1943 年、第 314—315 頁。

② 1941 年 8 月 29 日，为确立"产业经济运营领域官民一体体制，以确保国家经济能力的增强"（参见「重要産業団体令ヲ定ム」、『公文類聚・第六十五編・昭和十六年・第百九巻・軍事三・国家総動員二』、JACAR（アジア歴史資料センター）、Ref.A02030328400、国立公文書館），日本政府以敕令的方式公布《重要产业团体令》，要求强化对重要产业团体的统制，其中第 24 条规定"章程的变更及统制规程的设定及变更若非获得主务大臣认可则不具有效力"（参见「重要産業団体令」、『御署名原本・昭和十六年・勅令第八三一号・重要産業団体令』、JACAR（アジア歴史資料センター）、Ref.A03022633400、国立公文書館）。

③ 「日本出版会統制規程中一部変更方認可申請ノ件」、『出版関係綴　昭和 18—20 年』、JACAR（アジア歴史資料センター）、Ref.C15120273700、国立公文書館。

④ 「日本出版会企画編集者規程」、『出版関係綴　昭和 18—20 年』、JACAR（アジア歴史資料センター）、Ref.C15120273700、国立公文書館。

录，向其发放资格证明书等文件。此外，该委员会还对登记备案者实施全程监管，一旦发现有"被认定为作为编辑者的不适当行为"则取消其编辑人员资格。此举不但强化了对出版内容的监管，也将不具备资格的编辑人员排除在出版业务之外，直接影响到出版机构业务实施，从而加速了出版机构之间的合并或停业。

综上所述，日本出版会是在"出版新体制"下，根据《出版事业令》成立的"完全的官制统制团体"①，在日本当局的指导和监督下扮演着实施出版统制功能的官方代行机构的角色，有力地推动了战时出版统制工作。

三、大日本言论报国会

除上述分布在通讯社界、报界、出版界等各领域相对单一的自治团体外，在情报局等部门的推动下，还成立了一些横跨上述各界的自治团体，其中最具代表性的当属大日本言论报国会及日本编辑者协会。大日本言论报国会（以下简称"报国会"）是战时日本舆论界协力侵略战争的最大的团体组织，它于1942年12月成立，截至1943年7月，共有会员917名。它是与日本新闻会、日本出版会等组织并列的、为侵略战争服务的团体。

（一）大日本言论报国会的创设理念和功能定位

报国会主要来源于两大系统：一是网罗了当时大多数评论家构成的民间团体——日本评论家协会，二是由法西斯主义理论家组建的日本世纪社。这两大系统为报国会提供了组织建设和人员储备，并对报国会的宗旨、章程和性质产生了重要影响。

日本评论家协会的前身是1939年2月22日成立的评论家协会，其目的是"会员相互亲睦，发扬评论的权威，同时站在独立的立场为时局提供协助"②，会长为马场恒吾。该团体成立后仅组织过有限的几次会议，基本处于无活动状态。为"推动高度国防国家建设及新日本文化建设，发挥大政翼赞运动的理论功能，推动知识社会重建，对大众新世界观的形成予以指导"③，在室伏高信、津久井龙雄等当时日本著名评论家的推动下，评论家协会于1940年10月5日改组为日本评论家协会。该协会在东京、大阪、名古屋等地开办讲座、出版书籍，并与情报局、翼赞会、陆海军报道部等政府、军部舆论监管机构保持着密切联系。在成立之后的半年时间内，成员数由最初的180人增至300余人，"几乎囊括了所有评论界人士"④，这部分成员随后成为报国会的主要成员。由于其为适应"近卫新体制"的统治需求而成立，故其活动内容和组织架构均体现出其对新体制下

---

① 日本出版協同株式会社：『日本出版年鑑』，東京：日本出版協同1947年、第6頁。

② 『日本読書新聞』1939年3月5日。

③ 日本政治研究室編：『日本政治年報』（昭和18年度第1輯）、横浜：昭和書房1942年、第191頁。

④ 『日本学芸新聞』1941年3月25日。

国家言论统制的高度认同。

日本世纪社于 1941 年成立，是一个旨在"统一言论，将舆论置于战争之中"①的言论统制团体。该机构通过发行机关杂志《日本世纪》大肆鼓吹"国粹主义"和"超国家主义"等右翼思想，对内极力主张清除日本国内一切与"国粹主义"思想相悖的异己思想，"从日本学界、言论界将英美思想影响彻底清除干净"②，以此谋求舆论的高度统一；对外则主张应在世界范围内确立以"八纮一宇"为核心的日本世界观，将天皇置于宇宙的中心，"世界人类只有归顺作为天之骄子的天皇方可实现完整的秩序"③，并提出"将政治、经济及其他一切诸要素重新编入战争态势之下"，依靠所谓"圣战"重建以日本为核心的世界新秩序，使得"皇国前途光芒万丈，世界新秩序更进一步"④。

1941 年 10 月，东条英机上台后，对外继续推行"建立大东亚新秩序"的对外扩张路线，对内则强化法西斯极权统治，推行"翼赞选举"，建立战时日本法西斯体制的最高形态"大政翼赞"体制。"翼赞政治"推行后，其核心机构大政翼赞会文化部要求将文化界和舆论界人士组织起来，建立一个与"大政翼赞"体制相适应的"思想战"组织。基于此，日本评论家协会提出大日本思想报国会方案，主张组建一个将"所有从事评论活动的人物网罗在内"⑤并积极参与和协助国策推行的团体；日本世纪社则提出大东亚思想协会方案，主张组建一个相当于"思想战推行参谋本部的机构"⑥。尽管上述两方案不尽相同，但却有着相同的理念，即主张对舆论界实施"自我革新"，以"新思想、新构想"为指导形成"自觉、自信、热情的新言论"，并对"外交、政治、经济领域中的一亿皇民的实践进行革新"，从而打破由英美等国支配的旧秩序，实现"将作为皇国日本之大理想的皇道思想置于秩序之上"的所谓"大东亚战争的积极目的"⑦。该理念与当时日本的国策基本一致，这从客观上为两者合流奠定了基础，从而为报国会的创设理念奠定了基础。

1942 年 9 月，情报局邀请了包括日本世纪社创始人井泽弘、齐藤忠、日本评论家协会理事市川房枝以及当时著名经济学家、评论家大熊信行等 12 人组成筹委会，就新团体的组建问题进行定期探讨。但 12 人筹委会中占据主导地位的是以齐藤忠为核心的

① 黒田秀俊：『昭和言論史への証言』、東京：弘文堂 1966 年、第 47 頁。
② 西山正夫：「京都哲学派弾圧の経緯」、『太平』1946 年 2 月号、第 26—36 頁。
③ 満田巌：『聖戦の本義』、東京：世界創造社 1942 年、第 33—34 頁。
④ 満田巌：『聖戦の本義』、東京：世界創造社 1942 年、第 46 頁。
⑤ 『都新聞』1942 年 8 月 30 日。
⑥ 大日本言論報国会：「十二月八日に當り鬼才清水芳太郎氏を偲ぶ座談會」、『言論報国』1943 年 12 月号、第 50—66 頁。
⑦ 野村重臣：『思想戦と言論報国会』、横浜：昭和書房 1943 年、第 31—32 頁。

日本世纪社成员，其他"半数不过是装饰"，没有发言权和决策权。因此，该筹委会本质上不过是"由日本世纪社系统成员与情报局官僚商量后成立"① 的组织，这也决定了新团体的组织特性、运营理念都不可避免地带有日本世纪社的痕迹。

由于新团体的成员多为评论家，筹委会决定将团体名称由大日本思想报国会改为大日本评论报国会，并提出集全日本评论家之力，"完成举国大同之布阵，相互贯彻思想之磨炼，归一于无上之日本世界观，同时积极挺身于内外思想战，为世界史上日本创造作出贡献"②。但由于"评论"一词往往含有"客观""理性"甚至"批判"的意义，这无疑与日本世纪社所尊崇的"国粹主义"和"超国家主义"相悖，也不符合该组织为统一国论、建立举国一致体制而提供协助的成立初衷，筹委会最终弃用"不够稳当"③ 的"评论"一词，从而将其最终名称定为大日本言论报国会。在情报局看来，"言论"一词不但能够规避因"思想"和"评论"对言论统制一元化可能带来的冲击，更重要的是在其言论统制语境下，"言论"是日本各界推行"思想战"的工具，具有很强的"实践性"，而为确保"思想战"实施效果情报局对"言论"拥有"强制力"④ 也就成为题中应有之义，这与战时情报局的言论统制理念完全一致，也是情报局选用"言论"一词的决定性要素。1942 年 12 月 23 日，报国会举行成立仪式，正式宣告了该组织的成立。

从报国会的成立过程看，无论是作为其前身的日本评论家协会和日本世纪社，还是筹备过程中的组织构想及名称选择，都对报国会的创建理念及组织定位具有重要影响。

首先，作为其组织基础和人员储备的日本评论家协会和日本世纪社所秉持的"国粹主义"和"超国家主义"思想与日本法西斯官僚集团的政治诉求不谋而合，它们均获得日本当局有关部门的经费资助和政策支持，这为报国会"加深与军部、官僚之间的联系，确保其思想战幕僚的地位"，发展成为"战时论坛不可忽视的存在"⑤ 提供了可供借鉴的路径，从而为参与战时言论统制体系打下了基础。

其次，从大日本思想报国会、大东亚思想协会的组织构想到大日本言论报国会的名称选定，均体现出报国会追求舆论高度统一的创设理念，具体表现为：其一，试图将思想家、舆论界人士、评论家等"所有从事评论活动的人物"网罗在内，以确保其在日本当局所设定的言论统制框架下活动，从而为一元化舆论的实现提供了组织保障；其二，弃"思想""评论"而选用"言论"一词充分表明报国会排斥异己思想和否定批判精神

---

① 大熊信行：「大日本言論報国会の異常性格」、『文学』1961 年 8 月号、第 891—902 页。
② 日本政治研究室：『日本政治年報（昭和 18 年度第 1 輯）』、横浜：昭和書房 1942 年、第 191—192 页。
③ 黒田秀俊：『昭和言論史への証言』、東京：弘文堂 1966 年、第 50 页。
④ 鹿子木員信：「言論報國」、『言論報国』1943 年 9 月号、第 10—11 页。
⑤ 畑中繁雄：『日本ファシズムの言論弾圧抄史』、東京：高文研 1986 年、第 146 页。

的理念，这也是实现战时舆论举国一致体制的精神保障。

最后，成立大会上公布的"设立趣意书"明确了报国会"思想战武器"的功能定位。"趣意书"首先强调了"与武力战共为表里之思想战"的重要性，认为"思想战"是决定战争胜负的根本要素，因此"以奉献言论文章为己任"的言论界应"在各自立场一意奉献、职域奉公之微力"的同时积极加入报国会，参与"思想战"之实践，"以彻底思想之锻炼，主动挺身于内外之思想战，呼应皇军之赫赫战果"，从而"无憾确立思想战之权威主体地位"①。换言之，报国会是基于战时体制下"思想战"的需求而成立的。因此，"思想之锻炼"成为该组织"挺身于内外之思想战"的方式和重要任务，这也强化了其"思想战武器"的自我定位。

（二）大日本言论报国会的组织性质和任务定位

按照在成立大会上通过的报国会章程，该组织形式上为"社团法人"，采用会员制管理，每年举行一次全体会员大会，审议预算决算、会务及事业报告等。从表面上看，报国会是一个民间自治团体，但需要注意的是无论是其组织形式、人员结构、运营机制还是业务内容，均表现出明显的"国策性"。

首先，报国会的组织形式带有强烈的集权性。在框架设计上，由于担心自由主义"旧势力"向其内部渗透，"导致旧势力收复失地"，从而对形成一元化的"日本式世界观"造成威胁，报国会以"要达到相互锻炼的目的，不可以囿于小组形式"②为由，排斥了诸如日本文学报国会等专业性较强的民间机构普遍采用的部会制横向组织架构模式，采用了由中央总会和地方分会构成的相对单一的垂直组织架构，强化了中央组织的领导力和调控力，确保了政策实施的独立性和有效性；在会员资格方面，报国会对会员资格进行严格限制和审查，只有那些认同报国会组织原则、"对言论报国作出贡献"以及"为达成本会的目的而挺身"的人方可入会，从而在事实上阻断了马场恒吾、清泽洌等所谓"自由主义异己分子"对报国会的影响，从而在组织上和人员构成上确保了与该时期日本一元化的法西斯统治体制高度一致。

其次，报国会的人事安排具有明显的法西斯特性。报国会的领导机构由会长、理事和监事构成，其中对报国会事务拥有决策权的是由会长和理事构成的理事会，而政治立场和思想倾向则成为左右会长及理事人选的重要抉择考量。在会长人选方面，情报局最终选定了德富苏峰，究其原因有二：一是德富苏峰在思想界和舆论界拥有巨大影响力和号召力，可以将言论界统一到战时宣传体制中；二是德富苏峰所奉行的"言论报国"思

① 野村重臣：『思想戦と言論報国会』、横浜：昭和書房 1943 年、第 37—38 頁。
② 赤沢史郎、北河賢三：『文化とファシズム——戦時期日本における文化の光芒』、東京：日本経済評論社 1993 年、第 171 頁。

想大肆贩卖"皇室中心主义"和"皇国史观"等殖民主义概念，具有明显的侵略性和狭隘的民族主义色彩，与战时日本的言论政策高度一致，有利于日本当局驾驭舆论导向。在理事人选方面，报国会理事中拥有绝对发言权的是"战时突然摇身一变成为天皇主义者"①的原日本世纪社成员以及海军少将匝瑳胤次、陆军少将齐藤瀏等军部系统人员，其中专务理事由鼓吹"超国家主义"的鹿子木员信担任，常务理事则由总务部长齐藤忠、企画部长井泽弘、调查部长野村重臣担任，此三人均为日本世纪社主要成员。由此可见，报国会不过是一个由原日本世纪社成员等"文化法西斯分子"掌控的"极具党派性的御用团体"②。

再次，报国会的运营机制体现出情报局的主导性。报国会的人事、决议、经费等均受情报局的领导和牵制，情报局拥有对报国会的绝对控制力。在报国会的决议方面，尽管理事会负责对"事业计划及实施方针相关事项、支部或联络部的设置变更及废止相关事项、董事及主要职员的人事、预算及决算、资产管理及其他重要会务"③进行审议并做出决议，但其决议须获得情报局总裁承认。此外，报国会全体会员大会决议也必须报请作为主管部门的情报局许可后方具有效力。在人事任命方面，不但会长人选须由情报局总裁推荐，理事、监事及事务局长等实权派职位人选也必须获得情报局总裁认可。此外，报国会还设立参与理事、参与等业务执行机构。其中，参与理事须由情报局课长级别人员担任，"参与"则由相关政府部门官员、相关团体机构负责人及专业人士构成，可参与重要会务的决策。在组织领导方面，为强化对报国会的监管，报国会的直接主管部门情报局第五部第三课（文化部文艺课）还网罗情报局内相关部门成立了一个专门委员会，全面负责报国会业务指导，报国会事务局长和总务部长必须每天到文艺课汇报并接受相关指令。此外，报国会的运营经费除了报社、杂志社等新闻机构的赞助外，政府补助金也是仅次于上述赞助费的重要来源，报国会的预算决算在每个会计年度均须提交情报局审查。由此可见，情报局深度介入报国会的运营体系，掌握了报国会的决议权和人事任命权和业务监督权。

最后，报国会的业务内容高度回应战时日本当局的宣传诉求。报国会章程规定，报国会业务基本可以概括为三点：一是促进会员之间思想的交流和沟通；二是开展思想调查和舆论宣传；三是强化与政府机构的协调与合作，实现"以国体本意为基础，为完成圣战，力图促进会员相互磨炼，确立日本世界观，阐明建立大东亚新秩序的原理和构

---

①　大熊信行：「大日本言論報国会の異常性格」、『文学』1961 年 8 月号、第 891—902 頁。
②　黒田秀俊：『昭和言論史への証言』、東京：弘文堂 1966 年、第 51 頁。
③　野村重臣：『思想戦と言論報国会』、横浜：昭和書房 1943 年、第 40—46 頁。

想，进而挺身加入皇国内外思想战"①的目的。而情报局总裁天羽英二在报国会第二次总会上的致辞则对该组织的任务作了更加明确的界定，他要求报国会的活动与时局紧密结合，"作为国民总进军的先锋，竭尽全力文章报国"，对内要"明确把握战争性格与本质，向天下宣扬我崇高的圣战目的"，以加深日本国民对"皇国国体的自觉"，增强其必胜信念，对外则要粉碎英美等国家的"欺瞒的、神经战式的谋略宣传战"，向国际社会传播所谓"基于道义精神之大东亚新秩序建设的真意"②，以完成确立以日本为核心的东亚新秩序的战争目的。毋庸置疑，该目的与此一时期日本的内外国策和宣传政策的基调完全一致，可以看作是对国策的因应。

综上所述，由于原日本世界社成员及组织理念深度融入报国会的组织架构和人事安排，使得报国会的组织特性高度体现奉行"超国家主义"的"文化法西斯分子集团"的意志，也与该时期日本一元化的法西斯统治体制高度契合，而情报局则通过重要岗位人员配备及行政监管权力，将报国会改造为一个实实在在的"情报局实质性机构"③，从而使得报国会在组织特性和任务定位上均具有鲜明的"国策性"。

（三）大日本言论报国会的"报国实践"与特征

在日本当局实施的高度一元化的"大政翼赞体制"政治制度及塑造的"全民一致"的社会舆论氛围的加持下，报国会依靠情报局的监管和扶持，通过一系列"报国"实践，"力图将全国评论家、媒体人士全部动员至其伞下，有组织地发挥别动队的作用"④，以实现"在广阔的大东亚共荣圈内实施宣传"⑤的活动目标。报国会的"报国实践"主要集中在内外两方面，对内以"思想磨炼""禊"等颇具日本神道色彩的仪式性活动开展思想战，对外则通过调查研究、资料编写、舆论活动等实践性活动对"大东亚新秩序"等日本国策进行宣传，试图以此强化国民对所谓"日本精神"的认同，刈除与"国体本义"和"圣战完遂"思想相悖的所谓"敌性思想"，以达到对所谓"八纮一宇"的现实把握。报国会的"报国实践"活动与日本内外国策具有严密的对应关系，并呈现如下阶段性特征。

第一，在成立初期，报国会将密切与政军之间的亲和关系作为其活动指针，以此提升其在国策推行机制中的存在价值，塑造其"政府智囊"的角色定位。由于报国会是因

---

① 野村重臣：『思想戦と言論報国会』、横浜：昭和書房 1943 年、第 39—40 頁。

② 情報局：「大日本言論報国会第二回総会に於ける天羽情報局総裁挨拶」、『国際月報』1944 年第 43 号、第 4—5 頁。

③ 柴田陽一：「思想戦と『日本地政学』——小牧実繁のプロパガンダ活動の展開とその社会的影響」、『人文學報』2014 年第 105 期、第 87 頁。

④ 日本ジャーナリスト連盟：『言論弾圧史』、東京：銀杏書房 1949 年、第 126—127 頁。

⑤ 『朝日新聞』1942 年 12 月 20 日。

应日本当局强化"政军民一体化"言论统制而成立的所谓"报国实践团体",维持并强化与官方言论统制机构之间的亲和关系成为保障其系统运营和活动开展的首要目标。这一点在报国会对其性质的自我认知和角色定位上表现得尤为明显。如前所述,尽管报国会的成员以评论家为主体构成,但其在名称选定上弃"评论"而用"言论",而且在其实践活动中更是尽量弱化其"评论"功能,并对那些在其看来"失去指导性并游离于国家和国民之外"[1]且"无意识地发挥有害作用"[2]的言论定义为"敌性思想",进而要求将思想界、知识界、舆论界的所有对于日本国策的批判言论和自由主义思潮予以清剿。而在制度上,报国会章程明确规定"必要时应向政府具申意见",这也成为其"国家战争推行智囊"或"政府智囊"角色认知的政策依据,由此表现出其试图与现实政治权力接近,"努力引导国论,坚定一亿(国民)之总义,……竭尽全力贯彻尊皇爱国之情"[3]的愿望。这充分表明了报国会及其成员在思想上和制度上对其国家宣传工具的身份认同。另外,日本当局也对报国会的上述定位和认知给予了积极回应,不但在屡屡派出情报局总裁、次长等政府要员为其活动站台,还在情报供给、经费资助等方面提供必要的协助,并希望报国会对各地的国民运动团体进行指导,"不单进行批判,更要附上建设性意见"[4],从而赋予报国会言论指导的特权。实际上,战时成立的各类团体中,只有报国会获得了向政府"具申意见"的权利,这也是其"报国实践"具有国策指向的重要推动力。

第二,在活动全盛期,报国会对内助推思想言论的控制和镇压,对外鼓吹"皇道宣布"的"大东亚新秩序"理念,以此强化其"思想战"宣传武器的功能定位。如前所述,报国会是"思想战"的产物。因此,贯彻落实"大东亚战争的本质是思想战"[5]的指导理念遂成为报国会活动的主要内容。1943年6月,报国会成立了思想战对策协议会,对"皇国内外思想战"的推行及"日本世界观的确立"出谋划策,并开展了诸如美英击灭思想战大讲演会、思想战大学讲座等一系列"报国实践",围绕诸如"思想战"的意义、"思想战"与政治经济、文化教育、舆论宣传之间的关系等"思想战"实施过程中的理论和实践问题进行阐释和灌输,极力放大"思想战"的功能,以坚定国民"必胜信念",塑造全民总动员的"总体战"体制。

中途岛海战后,战局迅速向着于日本不利的局面发展,本土决战已无法避免。东条

---

① 畑中繁雄:『覚書昭和出版弾圧小史』、東京:図書新聞社 1965 年、第 109 頁。

② 齋藤晌:「植民地奴隷型文化」、『知性』1941 年 8 月号、第 13—19 頁。

③ 『朝日新聞』1942 年 12 月 24 日。

④ 赤沢史郎、北河賢三:『文化とファシズム――戦時期日本における文化の光芒』、東京:日本経済評論社 1993 年、第 185—186 頁。

⑤ 野村重臣:『思想戦と言論報国会』、横浜:昭和書房 1943 年、第 1 頁。

内阁上台后更是进一步加强了对国内局势的管控，要求在思想上以"必胜信念"涵养"不屈不挠、尽忠报国"精神，行动上举全国之力促进军需生产，实现粮食自给自足，舆论宣传方面则执行"对有分裂国论之虞者采取彻底措施"①的管制措施，强化了对思想舆论的控制和镇压，并制造了战时日本压制言论自由的大规模冤假错案"横滨事件"②。"横滨事件"发生后，日本当局发动军、官、民等资源持续对"多次发表具有反国家性质言论"③的《改造》和《中央公论》杂志进行批判。对于"横滨事件"，报国会在思想上和行动上均与日本当局保持了一致。在思想上，报国会认为"横滨事件"之所以发生，是因为该时期日本民众思想存在着分裂和动摇的危险，因此应强化国内思想战，荡涤一切"非国家乃至反国家思想"④。基于此认知，以德富苏峰为首的报国会首脑部发表声明对日本当局的舆论高压政策表示支持，此后担任事务局干部的报国会主要成员和其同党结成所谓"不执笔同盟"，以断绝稿源的方式"促使《中央公论》猛然反省"⑤，宣布停止向发表反战文章的杂志供稿，试图以此实现对《中央公论》等杂志的全面控制。此外，报国会还动员《公论》《现代》《读书人》等御用杂志及军部系统报纸《大和新闻》等对《中央公论》和《改造》进行猛烈批判，认为其"残留着自由主义思想"，并极度"缺乏非常时期认识"，要求强化舆论控制，"在从事杂志书籍出版事业全部领域贯彻真正的日本思想"⑥，甚至将矛头对准杂志名称，称"改造"二字为"含有犹太革命运动意义的'重建'一词的直译"⑦，因而强烈要求当局对其实施停刊处理，以此表明与政府言论统制政策一致的决心和态度。

此一时期，报国会不但与日本当局在言论统制上保持同调，还继续通过演讲会等形式强化思想宣传。1943 年 9 月，意大利宣布投降后，报国会发表声明要求强化"思想战"体制，彻底肃清日本国内自由主义思想的残余，以避免"重蹈覆辙"。1943 年 11 月，日本当局纠集伪满、汪伪等傀儡政权召开大东亚会议并发布《大东亚共同宣言》，鼓吹"大东亚各国互相提携，力求完成大东亚战争，使大东亚解脱英美之桎梏，保障其自存

---

① 「国内態勢強化方策」、『枢密院文書・官規ニ関スル書類附儀礼』、JACAR（アジア歴史資料センター）、Ref.A06050930200、国立公文書館。

② 1942 年 8 月、9 月号的《改造》杂志刊登了一篇题为《世界史的动向与日本》的文章，被日本当局认定为有宣传共产主义思想之嫌，当期杂志遭到查封。日本当局还以该文作者细川嘉六宴请《改造》《中央公论》杂志社相关人员的照片为证据认定为其试图重建日本共产党，并将相关人员逮捕入狱，其中有 4 人冤死狱中，这就是日本舆论思想史上著名的"横滨事件"。

③ 吉田三郎：「雜誌月評——綜合雜誌の動向」、『読書人』1942 年 11 月号、第 22—31 頁。

④ 社团法人大日本言論報国会：「事業報告　自昭和十八年四月　至昭和十九年三月」、『日本文学報国会大日本言論報国会設立関係書類（下卷）』、大阪：関西大学出版部 2000 年、第 235 頁。

⑤ 黒田秀俊：『昭和言論史への証言』、東京：弘文堂 1966 年、第 63 頁。

⑥ 『やまと新聞』1944 年 9 月 21 日。

⑦ 野村重臣：「出版事業整備と総合雑誌批判」、『読書人』1944 年 2 月号、第 9—12 頁。

自卫"①。报国会出版《大东亚宣言》一书,并在《朝日新闻》等主流报纸上发文对《大东亚共同宣言》进行宣传,并以"国体论的官方解释"为依据进行解读,强调《大东亚共同宣言》的根本理念和目标是实现"八纮一宇"和"皇道宣布",由此确立日本在东亚的"霸主地位"。此外,报国会还刊行了月刊机关杂志《言论报国》,大肆鼓吹侵略、好战思想和所谓"特攻精神"和"玉碎精神",并极力号召舆论界参与"思想战",为构建战时日本法西斯主义意识形态起到了至关重要的作用。

第三,在战争末期,报国会借助批判性言论和建言鼓吹"本土决战"和"天皇亲政",以此推动法西斯主义"决战体制"的实施。东条内阁倒台后,小矶内阁推行"言论畅达"政策,在一定程度上缓和了言论统制政策。尽管报国会部分成员因担心可能招致"群议百出,难以收拾"②的局面,而对"言论畅达"政策表示反对,并重弹"国内思想战"老调,但由于报国会一直将协助国策为己任,因此支持"言论畅达"政策的声音逐渐占据主流。报国会不但以会长德富苏峰名义发布告示,呼吁国民对"内外思想"建言献策,而且还从实际行动上对"言论畅达"政策作出积极回应。

首先,报国会进行了机构改革,设立原理指导班、时务对策班、产业班、农政班、战争生活班、对外对敌班以及总力战班7个班,向日本当局提交了《国民决战纲领》《关于战时粮食政策的建议》等政策咨询类报告,并针对军事资材短缺、军队战力下降的问题对政府和军部提出了批判性意见,极力主张实施机构和人事改革,彻底改变因"将不合适的人放在不合适的位置"③带来军队组织机构运转效率低下的弊端,以此强化了对"决战体制"的因应,并为日本当局该时期政策的制定提供了参考。

需要说明的是,从表面上看,报国会成员的批判性言论是借助"言论畅达"政策对其作为评论家本质功能的回归,但其实质不过是其一贯所鼓吹的"思想战"之变种,其最终目的仍然是为了促使日本当局推行法西斯主义侵略战争,这一点从其在战争末期向政府提交的建议书中可窥见一斑。

1945年1月9日,在会长德富苏峰的倡议下,报国会召开紧急理事会,向政府提交如下建议书:

一、体察神武天皇建国及明治天皇中兴之意图,在国务上实现"天皇亲政",

---

① 「大東亜共同宣言」、『大東亜条約集 第一卷(日本国卜大東亜諸国卜ノ条約) 昭和十八年十一月外務省条約局編(大東亜条約集001)』、JACAR(アジア歴史資料センター)、Ref.B13090817500、外務省外交史料館。

② 井沢弘:「言論暢達について」、『言論報国』1944年10月号、第2—3頁。

③ 齋藤晌:「日本的叡智の開顕」、『言論報国』1944年9月号、第7—12頁。

在统帅上实现"天皇亲裁";

二、国务大臣承担"辅弼"天皇之重责;

三、天皇发动其非常之大权,实现全国的"战时编制";

四、将陆海军统合为一体,恢复以前的兵部省;

五、军需品制作实行国家管理;

六、选用敢斗有为之人物;

七、赏罚分明;

八、为青壮年发挥才能开辟道路;

九、严禁任人唯亲,导致国政私有化;

十、禁止新的政党结社的创立。①

该建议书的中心议题是要求实施制度改革,实现天皇亲政和陆海军合并,实施人事改革,选用青壮年等"敢斗有为"的人才。为达到上述目的,报国会干部甚至私下同陆军将校接触,游说军部建立"天皇亲政下的强力军政",甚至制定了政变计划。换言之,建议书中关于天皇亲政和陆海军合并的提案实际上同军事政变计划有着密切的联系,且明显与宪法精神相违背,但理事长鹿子木员信却仍强硬表示"即使被命令解散,也要赌上报国会之命运上奏"②。

尽管该时期报国会与报社、杂志社关系得以修复,但受空袭的影响,作为其重要收入来源的报社、杂志社相继停业,报国会事务所也在 1945 年 5 月 25 日的东京大空袭中被毁,其活动也随之陷入停滞状态。8 月 15 日,日本正式宣布无条件投降当日,在会长德富苏峰授意下,报国会事务局提出解散申请,并于 8 月 21 日获得情报局总裁认可。1946 年 1 月,盟军总司令部向日本当局发出备忘录,命令解散 27 个军国主义团体和超国家主义团体,报国会因"拥有强力的思想团体实体并实际发挥了思想战推行的指导性影响力"③而名列其中,大熊信行等报国会理事也被确定为 C 类,即"极端国家主义、暴力主义或秘密爱国团体的有力分子"④而遭到"公职追放"处理。至此,报国会正式

---

① 赤沢史郎:『徳富蘇峰と大日本言論報国会』、東京:山川出版社 2017 年、第 98—99 頁。

② 赤沢史郎、北河賢三:『文化とファシズム——戦時期日本における文化の光芒』、東京:日本経済評論社 1993 年、第 197 頁。

③ Investigation Concerning the Japan Literati's Patriotic Society (Nippon Bunkaku Hokoku Kai) ,GS(B)03728-03729,国立国会図書館憲政資料室。

④ 「聯合国総司令部発日本政府宛覚書(1946.1.4 附 AG091.1 GS)仮訳(公職ヨリ好マシカラサル職員除去方ニ関スル件)」、『聯合国総司令部覚書(一部)とその処置』、JACAR(アジア歴史資料センター)、Ref.A15060079600、国立公文書館。

宣告解散。

综上所述，报国会是为适应以高度一元化为特征的法西斯战时体制——"大政翼赞体制"及在该体制下开展"思想战"的政策需求而在情报局的主导下成立的团体组织。情报局通过人力、财力等手段规定了报国会的组织形态，把控着报国会的运营体制，引导着报国会的发展方向，将其塑造为一个集思想动员相关材料的编写、各政府监管机构与民间舆论机构的沟通协调、承担着对舆论活动进行指导和管理重任为一体的"大政翼赞体制"的外围团体和战时日本当局开展"思想战"的别动队，是一个不折不扣的"大东亚战争下思想言论界的核心推进体"①，其活动和轨迹具有明显的"国策性"，对战时日本言论统制的发展及战时日本言论生态的特定化塑造均发挥了重要影响。

四、日本编辑者协会

无论是报刊还是杂志，编辑人员既是舆论生成的主体，也是舆论统制的对象，是舆论统制生态的最直接反映。在舆论统制的人员统制方面，日本当局除了加强对记者的监管外，还非常重视对编辑人员的管理，编辑界也在情报局等政府部门的推动下成立了一些自治团体，其中最具代表性的当属 1941 年 6 月成立的日本编辑者协会。

（一）日本编辑者协会的成立

日本侵华战争全面爆发后，日本当局加强了对内外宣传的监管，强化了舆论宣传方针的贯彻和实施，并在注重舆论宣传内容的同时，逐渐将舆论统制的焦点转向编辑人员，试图通过对编辑人员的控制来实现对舆论的引导和控制。在此过程中，"四社会""六日会"和"出版恳谈会"等以杂志编辑人员为主体的编辑团体纷纷成立。其中前两者是在军部主导下成立的，主要以"恳谈会"的形式定期召集报纸杂志的编辑负责人参加座谈，向其传达军部的宣传意图，以此实现"军部思想统制"；而后者则是由内务省警保局图书课推动成立的，内务省主要通过"内示"的形式向与会者传达审查标准，试图"通过出版社方面的协助，实现出版物审查事务的顺利实施"②。

由于上述团体隶属政府、军部的不同机构，彼此之间存在着诸多利益争夺和意见分歧，这对舆论统制的推行及其效果产生了不利影响。随着"近卫新体制"的实施，消除各舆论团体之间分散不统一的局面，为新体制塑造舆论环境，成为政府、军部及媒体界的共识。在此背景下，编辑界对新体制表现出了极大的热情，"适应国家新体制，杂志编辑人员也必须建立新体制"③ 的呼声日盛。

最先对新体制作出反应的是"四社会"。1940 年 9 月 20 日，在"四社会"的倡议

---

① 東洋経済新報社：『日本経済年報』第 52 輯、東京：東洋経済新報社 1943 年、第 305 頁。
② 美作太郎等：『言論の敗北——横浜事件の真実』、東京：三一書房 1959 年、第 60 頁。
③ 美作太郎等：『言論の敗北——横浜事件の真実』、東京：三一書房 1959 年、第 61 頁。

下日本编辑者会成立，其组织核心为"四社会"主要编辑人员，其中《文艺春秋》编辑局长齐藤龙太郎任干事长，《中央公论》编辑长小森田一记任事务局长。由于在组织上采取了"无条件入会"的原则，日本编辑者会几乎将东京都内所有杂志的编辑人员网罗在内。日本编辑者会的任务主要是在新体制下革新编辑界的"时局认识"，摒弃此前编辑界所秉承的注重"出版社各自的利润危机及编辑者个人的职场利害"的编辑方针和经营方针，"以全体编辑者协同组织的形式开展出版文化运动"①，实现新的"职域奉公"。换言之，无论从其成立背景还是目的任务来看，日本编辑者会都是一个基于新体制运动而成立的具有高度政治性的自治团体。

尽管如此，日本编辑者会的诉求也具有其积极的一面。首先，与记者、评论员等媒体人士不同，编辑人员在很长一段时期内常常被看成是编辑技工甚至是工匠，因此加入该会的编辑人员试图"以独立媒体人士的横向联系整合个人的弱小力量"②，以此谋求其地位的提升。其次，由于当时日本的舆论环境已经相当恶化，编辑人员试图结成联盟，以组织的力量"站在最后防线上阻止急剧走向反动的攻势，保卫其具有良心的编辑活动"③。因此，日本编辑者会在保持其政治性的同时仍具有一定程度的自主性。

另外，在岩波书店、千仓书房、中央公论社等著名出版机构的推动下，出版界的编辑人士利用"出版恳谈会"这个平台不断加强横向联系，并成立了出版新体制促进会，力图通过强化团体发言力的方式向出版社经营方施压，以维护出版言论自由。然而，在军部不断提升其在政治社会中的发言权并频繁干预媒体政策的背景下，一部分促进会干部逐渐倒向军部，致使其内部出现分裂，另一部分人则不得不解散促进会并加入到日本编辑者会中。至此，日本编辑者会成为一个囊括杂志界和出版界编辑人员的"一元化职域组织"④。

由于日本编辑者会在组织上采取了不加甄别的"无条件入会"的形式，致使大批具有法西斯思想的编辑人员混入其中，特别是具有军部背景的《公论》和《现代》加入"四社会"组成"六社会"后，他们依靠军部的支持，逐渐掌握了日本编辑者会的领导权。

在日本编辑者会成立之前，日本编辑界还存在一个名为东京编辑者协会的团体，该团体主要以加强编辑人员之间的经济互助为宗旨，因此被政府打上了"站在露骨的营利

---

① 日本読書新聞社雑誌年鑑編纂部編：『雑誌年鑑』，東京：日本読書新聞社 1941 年、第 7 頁。
② 美作太郎等：『言論の敗北——横浜事件の真実』，東京：三一書房 1959 年、第 62 頁。
③ 日本ジャーナリスト連盟：『言論弾圧史』，東京：銀杏書房 1949 年、第 128 頁。
④ 美作太郎等：『言論の敗北——横浜事件の真実』，東京：三一書房 1959 年、第 62 頁。

主义基础之上的出版界组织"①。为进一步加强对编辑界团体的控制，促使编辑界承担起"实现适当文化政策一线部队"的作用，收到"作为万民翼赞一环的文化翼赞的实际成效"，发挥"出版文化的国家社会作用"②，在日本当局的推动下，东京编辑者协会与日本编辑者会于 1941 年 6 月 6 日合并后组建新的编辑团体日本编辑者协会，与日本出版文化协会共同成为新体制下日本出版文化政策的具体执行者。

按照会则规定，日本编辑者协会设会长 1 名，干事长 1 名，同时设常任干事和干事若干名，组成干事会，负责会长的推选、干事长的任命及其他重要会务。经过推选，会长由原日本编辑者会干事长齐藤龙太郎担任，干事长为讲谈社编辑长桥本求，事务局长为钻石社编辑长川岛笃，《公论》杂志编辑下村亮一等人担任常任干事。此后，讲谈社的萱原宏一、《公论》的上村哲弥、旺文社的赤尾好夫、《文艺春秋》的柳泽彦三郎、下岛连等人逐渐掌握了该协会的大权。

尽管上述日本编辑者协会的主要领导人主张不尽一致，但他们大多为国粹主义分子，且与军部官僚关系密切，不但唯军部政策马首是瞻，还从陆军报道部私下获取资金，举行时局演讲会，鼓吹"日本精神"，几乎一边倒地支持日本的对外侵略政策，日本编辑者协会也因此成为"超国家主义言论统制的桥头堡"③。

（二）日本编辑者协会的活动

按照日本编辑者协会的章程，该会是由杂志和书籍编辑人员构成的编辑者自治团体，在促进会员之间沟通交流的基础上，"积极协助国防国家建设和日本文化建设"④，同时与"相关官厅、大政翼赞会及诸文化团体之间密切联络"，承担起"具体落实出版文化政策"⑤ 的重任。具体来说，其业务内容主要包括以下两点。

一是通过一系列实践活动，参与大政翼赞体制，从精神上提升编辑人员的素养。除研究会、讲演会等日常活动外，自 1943 年夏开始日本编辑者协会连续举办多次名为"炼成会"的精神修炼活动。活动的主要内容是"宫城遥拜、国歌齐唱、大诏奉读、祈念开讲"，此后便由大政翼赞会炼成局负责人举行"祓禊""神拜"等神道祭祀仪式。仪式结束后邀请大政翼赞会相关负责人举行诸如"基于国体的基督教批判""大义武士道""皇国之道与思想战"等日本文化、日本国体方面的演讲会。在组织者看来，炼成会的参与

---

① 日本読書新聞社雑誌年鑑編纂部編：『雑誌年鑑』、東京：日本読書新聞社 1941 年、第 6 頁。
② 「日本編輯者協会趣意書」、協同出版社編纂部編：『日本出版年鑑』、東京：協同出版社 1943 年、第 1031 頁。
③ 畑中繁雄：『覚書昭和出版弾圧小史』、東京：図書新聞社 1965 年、第 153 頁。
④ 日本読書新聞社雑誌年鑑編纂部編：『雑誌年鑑』、東京：日本読書新聞社 1942 年、第 54 頁。
⑤ 「日本編輯者協会会則」、協同出版社編纂部編：『日本出版年鑑』、東京：協同出版社 1943 年、第 1031 頁。

者"劲头十足，热情高涨，认真参与各项活动"①，效果颇为显著。但需要说明的是，作为这些活动的组织者和参与者，各杂志社、出版社编辑大多为具有相当文化素养，经过自由主义、民主主义等进步思想洗礼的知识分子，然而他们却策划并参与极具国粹主义和天皇法西斯主义意识形态的"炼成"活动，无论其参与的动机是主动还是被动，都不能不说是一种极大的讽刺。

日本编辑者协会的另一项活动是配合情报局等部门，通过分科会、研究会的形式公开批判与军部意见不一致的杂志或出版社编辑人员，甚至将其定性为"国贼"而大加挞伐，并极力主张对当时日本国内舆论中的批判和质疑声音等"战争非协力者"进行肃清。其中，《中央公论》等杂志成为被打击的首要对象。如《中央公论》在 1942 年第 1 期发表了哲学家三木清的文章"战时认识的基调"，强调了军事知识普及的重要性，并对太平洋战争的长期性作了预判。应该说，三木的观点与军部的主张并无本质冲突，但由于三木本人在当时倾向于马克思主义哲学，且对日本共产党一贯抱有同情和支持的态度，这引起了军部的不满。

1943 年 4 月举行的"六日会"上，陆军报道部官员杉本和朗少佐将批判的矛头对准《中央公论》。杉本首先对《中央公论》刊登信夫清三郎、冈本清一等人的文章表示了不满，称上述文章包含着反战思想、马克思主义方法论和亵渎皇室的大不敬，而《中央公论》"在战局重大之际向共产主义思想持有者或思想倾向甚为危险的人物提供版面"是决不能容忍的。与此同时，杉本还对该杂志连载古崎润一郎小说《细雪》一事进行了言辞激烈的痛斥，称《细雪》是一部"阻碍国民斗志的无用小说"，刊登这部小说就意味着《中央公论》"依然采取战争旁观的态度"②。杉本表示，将"采取某种措施"，追究《中央公论》的反军反战责任。此后，陆军报道部向该杂志发出所谓的"绝缘状"，禁止该杂志人员出入陆军报道部。

针对上述事件，作为编辑者的自治团体，日本编辑者协会不但没有对《中央公论》表示支持和同情，反而于 1943 年 6 月 12 日以协会的名义向《中央公论》发出如下决议：

> 日本编辑者协会是旨在彰显皇国文化，以此挺身于祖国危难之编辑者同志式团体，然观察《中央公论》的编辑方针，与国风相去甚远，以个人自有之西洋近世哲学之主张为基调，存在牢不可拔之宿弊。其势至极处则致使皇道隐晦，从而构成总力战推行之思想壁垒，恐与本协会所愿之处背道而驰。

---

① 畑中繁雄：『覚書昭和出版弾圧小史』、東京：図書新聞社 1965 年、第 163 頁。

② 畑中繁雄：『覚書昭和出版弾圧小史』、東京：図書新聞社 1965 年、第 127 頁。

本协会综合杂志分科会夙忧此事态并告之切思三省，饱含由衷之同志友情。陆军省报道部亦自思想战完遂之观点出发屡屡向《中央公论》提出忠告，欲改正其编辑态度，其意极其恳切。然《中央公论》及至今日犹不能改正其所信，不但依然保持其旧态，且更加固执。在此，陆军当局给予我们与《中央公论》暂时绝缘之深思反省机会，可谓情至意尽。

想来《中央公论》本为吾等切磋之盟友，盟友误入歧途而我等却不能救治，事已至此，吾等徒感遗憾。古人所谓志诚而不动者，未之有也。呜呼，思已至此，我等之责亦大焉。

然则事已至此，事理一目了然，吾等是以自责之情保持沉默，还是承认《中央公论》之态度？我等决不能承认之。在此我等泣血劝告中央公论社长岛中雄作氏及中央公论编辑长畑中繁雄氏从根本上转换其编辑方针，同时在此以一大决议期望其明确责任并妥善处理事态。①

日本编辑者协会重点对《中央公论》的编辑方针提出了批判，并敦促其"根本上转换其编辑方针"，与军部的要求保持一致，以彰显"皇国文化"。

日本编辑者协会不但向《中央公论》提出上述决议，还向日本出版会理事长久富达夫提交请愿书，称该杂志"自始至终为自由主义之牙城"，且罔顾国策"以旁观者态度对待大东亚战争"，以至于被陆军报道部封杀，但日本出版会却在纸张配给等方面为其提供诸多倾斜，因此日本编辑者协会断言"日本出版会中枢部存在与《中央公论》相同主张者"，对日本出版会处理《中央公论》问题上表现出的"友好态度"表示了强烈不满。该请愿书要求日本出版会将出版事业的重大使命作为工作方针与《中央公论》杂志保持距离并对其实施压制，以确保"出版文化的正确推进、思想战的完遂"②万无一失。

面对日本编辑者协会的发难，中央公论社长岛中雄作未做理会。对此，日本编辑者协会于7月6日召开综合杂志分科会再次进行了批判，事务局长川岛笃要求《中央公论》对上述决议进行回应，"表明负责任的态度"，同时要求其他杂志"以适当发言促使《中央公论》猛然反省"。理事上村胜弥在对《中央公论》进行猛烈批判的同时，也对岛中雄作本人提出了批判，认为岛中作为一个自由主义者主宰战时综合杂志是不合时宜的，称"只要不改变岛中的想法，中央公论的编辑态度就难以改变"③，由此强烈要求岛中辞职。此事最终导致社长岛中雄作、编辑局长畑中繁雄及编辑部所有成员辞职。

---

① 畑中繁雄：『覚書昭和出版弾圧小史』、東京：図書新聞社 1965 年、第 155—156 頁。
② 畑中繁雄：『覚書昭和出版弾圧小史』、東京：図書新聞社 1965 年、第 159—160 頁。
③ 黒田秀俊：『昭和言論史への証言』、東京：弘文堂 1966 年、第 63 頁。

在政府、军部的推动下，日本编辑者协会的领导权最终被一部分国粹主义法西斯分子所掌握，成为信奉法西斯主义思想的少数编辑人员的"狂热的飨宴场"，最终演变为"名副其实的战争协力团体"①。

第四节　在满洲舆论统制机构

九一八事变的爆发让中国东北地区成为世界舆论瞩目的焦点，各国通讯机构云集于此，展开激烈的报道竞争。为对抗西方通讯社，掩盖其侵略本质，日本当局遂开始在中国东北地区建立和扶植新的舆论统制机构，并在关东军的主导下对日本在该地区的舆论机构实施了整合。该时期成立的舆论统制团体既有由舆论业界组成的同业组织，也有以"特殊会社"的形式存在的"国策会社"，尽管其组织属性不同，但其均是在伪满当局的积极推动下成立的，执行的是伪满当局的宣传方针并接受伪满当局的指导和监督，均为战时日本在伪满地区实施舆论统制的组织者和实施者。

该时期在伪满地区成立的舆论统制机构主要分布在通讯社、报界、出版界、电影界等领域，下面分别考察。

一、"满洲国通信社"

"满洲国通信社"（简称"国通社"）是在九一八事变后日本当局积极推动在华侵略步伐，并于1932年策划成立伪满傀儡政权后，为扭转日本在伪满地区的舆论颓势而设立的"对外宣传与言论和舆论统制"机构，它在强化伪满地区新闻垄断、推行日本殖民统治方面扮演着重要角色。

（一）"国通社"的设立

九一八事变前后，中国东北地区一时成为世界各国关注的焦点，备受多方舆论关注，特别是国际联盟派出李顿调查团到达东北进行调查期间，沦陷后的中国东北地区顿时成为国际信报的中心。各国纷纷向此地派驻新闻媒体和通讯机构，对事变后局势的发展及中日双方及国际联盟的态度给予持续关注和报道。从总体上看，由于日本在该地的军事行为打破了该地区的力量平衡，损害了西方各国的相关利益，加之李顿调查团的调查报告也在一定程度上确立了日军侵略的事实，由此引发了国际舆论的对日批判热潮。

为了扭转舆论上的不利局面，控制和引导舆论导向，统一宣传口径，日本当局出笼了"一国一通讯社"的政策，在日本国内和伪满地区以当时实力最为雄厚的电通社和联合社为主力，大力推行通讯社合并工作。然而由于当时军部和外务省在通讯社合并条

---

① 美作太郎等：『言論の敗北——横浜事件の真実』、東京：三一書房 1959 年、第 66 頁。

件、合并后的主导权等问题上存在诸多矛盾，电通社在合并一事上一直持消极抵抗态度，致使日本国内的通讯社合并事宜多次反复和停滞。

而在伪满地区，作为九一八事变的始作俑者，军部为摆脱舆论压力，改变舆论环境，清除"国际上对日本的不利氛围"①，不仅未对合并事宜横加阻碍，反而一直居于主导地位积极推动伪满地区通讯社合并工作。而电通社向来与军部关系密切，其对伪满地区的合并事宜因军部的积极态度而没表现出过于强烈的反对，因此伪满地区通讯社的合并进展远远快于日本国内。

九一八事变后，不但军部有突破舆论困境、扭转舆论方向的诉求，强化对外宣传、对抗国际舆论也成为当时日本各界的共识。1931 年 11 月，联合社特派员佐佐木健儿奉命赴奉天就任奉天支局长，并于 11 月 17 日与负责宣传工作的时任关东军参谋部第四课长松井太久郎会面。针对松井提出的"事变真相无法让世界知晓"的问题，佐佐木提出"可利用新闻联合社的世界通信联盟通信网"的建议。松井对此表示赞同，并当即决定由关东军提供每月 5 万日元左右的活动经费。此次会面被佐佐木视为"国通社"成立的决定性事件，"无疑是国通创立的瞬间动机"②。

佐佐木就此事向联合社总支配人古野伊之助汇报后，得到古野的积极回应，古野称开展对外宣传是联合社的一贯主张，并进一步表示利用世界通信联盟通信网并非长久之计，应考虑一个"根本且恒久之策"，在伪满地区建立一个拥有独立国际通讯网的机构。12 月 19 日，在古野授意下，时任联合社专务理事的岩永裕吉向第四课提交了一份意见书，对在伪满地区设立一元化通讯社一事作了详细规划和设定，该意见书通称《岩永意见书》，被认为是伪满洲国"通信社创立的实际开端"③。

首先，《岩永意见书》力陈在伪满地区建立一元化通讯社的必要性，认为九一八事变后日本之所以在舆论上陷入被动，主要原因在于日本"对新闻通信采取了自由放任主义"，导致外国新闻机构在当地逐渐掌握了舆论话语权。因此，意见书主张对伪满地区的所有新闻活动实施"适当的统制管理"。对于"适当的统制管理"，意见书认为"监督式的、警察式的手段"不但难以奏效，反而会招致国际舆论的反感。因此，不能一味依靠消极的压制和取缔，而是应在舆论供给方面握有绝对话语权，以此加强对舆论的控制和引导。为此，意见书建议应建立一个"政府统制下的强大的国家新闻通信机构"，出入该地区的所有新闻均须经过该机构实施。

其次，意见书对新通信社的组织特色作了原则性设定。岩永认为，该通讯社既

---

① 满洲国通信社编：『国通十年史』、新京：满洲国通信社 1942 年、第 29 页。
② 满洲国通信社编：『国通十年史』、新京：满洲国通信社 1942 年、第 30 页。
③ 通信社史刊行会：『通信社史』、東京：通信社史刊行会 1958 年、第 350 頁。

然是在"满蒙新政"的背景下成立的，就应排除"私营企业"的组织形态，以防止营利主义经营路线影响到其内外宣传功能的发挥。在岩永看来，该机构的组织形态不外乎两种。其一，是财团法人，由报社、满铁等新闻需求方共同出资设立，并"置于当局的监督之下"；其二，是仿效俄国塔斯社，按照政府的组织条例将其建成一个"政府机构"。尽管上述两种组织形态有所差异，但其由国家监管的根本属性是相同的。

最后，基于新通讯社在内外宣传中的作用，意见书提出应赋予其"凌驾于现存通讯社、在满蒙占有垄断性优越地位"的特权，具体包括：

一、赋予该通讯社政府信息发布的优先权；

二、为实现其速报性，该通讯社收发的新闻电报不需审查（当然在编辑上须接受当局监督）；

三、在当局监督下在满蒙地区内建设一座由该通讯社专用的特定波长的短波无线电信设施；

四、赋予其向内地及外国通讯社、报社发送满蒙新闻，并在满蒙接收上述地区通讯社发出的内地及外国新闻的垄断权，为此从奉天无线收发电台中选择适当设备无偿供其专用。[①]

从《岩永意见书》的内容来看，岩永设想的一元化通讯社是一个享有政府公共资源使用权并掌握新闻供给垄断权的通讯机构，它为后来成立的"国通社"勾画了基本的蓝图，确立了其在组织形式、业务内容及与政府之间关系等方面所体现的"国策性"原则，被佐佐木奉为圭臬，称其为"明确'满洲国'国策通讯社的理论依据及其性格的圣典"[②]。

1932 年 1 月，古野伊之助赴奉天与关东军司令官本庄繁、参谋板垣征四郎、石原莞尔及松井太久郎等关东军首脑会面，游说关东军同意《岩永意见书》所提出的建立新通讯社的主张。由于组建新的国策通讯社符合关东军的宣传诉求，因此关东军在古野的游说下很快采纳了《岩永意见书》的建议，确立了以电通社和联合社两家通信社为主体组建新通信社的方案，并决定由满铁特派员、关东军第四课特约职员里见甫负责筹建工作。

---

① 满洲国通信社编：『国通十年史』、新京：满洲国通信社 1942 年、第 39—41 页。

② 满洲国通信社编：『国通十年史』、新京：满洲国通信社 1942 年、第 31 页。

里见甫受命后随即投入筹建工作中。首先他积极推动关东军于 1932 年 8 月以参谋长小矶国昭的名义组建了言论通信机构处理碰头会，该机构由伪满政府、关东军司令部、奉天总领事馆、关东厅及满铁重要成员组成，负责对伪满地区舆论机构的"设立、改废、补助、指导等重要事项"[①] 进行研议。经过多次会议后，该碰头会确定了在伪满地区设立新通讯社并推动伪满洲国"打入国际通讯圈"[②] 的具体实施方案。

里见甫开始在关东军司令官本庄繁的授意下同各方接触。1932 年 9 月，里见拜见了外务省情报部长白鸟敏夫，获得外务省 30 万日元创立经费和每月 2 万日元运营经费的允诺，随后又拜会了陆军省军务课铃木真一，在铃木的斡旋下获得了使用无线电信的特权，由此新通讯社的创建工作由关东军的局部层面上升至军部和政府层面。

在陆军省和外务省的强力支持下，里见又分别拜会了电通社常务上田硕三和联合社总支配人古野伊之助，向双方提交了"通信社设立要项"方案，对新通讯社的业务内容、组织形态等进行了说明，规定新通信社以电通社和联合社两大通信社为基础组建，对伪满洲国"对内通信、对外通信、弘报业务、广告业务"实施统制。其中，在内外通信统制方面，新通讯社将对由上述两家通讯社提供的新闻实施统一管理，由新通讯社负责"向全满各地发送"，而在实施对外宣传时则"将从满洲国内各地搜集的新闻集中到本社"，由新通讯社统一提供给上述两家通讯社，由其向世界各国发送。该方案特别强调了伪满政府、关东军、关东厅等机构对新通讯社的"监督指导"权，同时表示在无线电使用及政府业务发布等方面赋予新通讯社独享特权，且保证在伪满地区不再设立其他通讯社，从而强调了"一国一通讯社"的排他性方针。换言之，该方案并非一步到位全面剥夺了电通社和联合社的现有业务，而是采取了较为灵活的策略，即"接收的新闻一切由新通讯社负责，但发出的新闻则在新通讯社的协助下由两通讯社各自实施"[③]，这也是该方案最终获得电通社和联合社许可并最终同意新通讯社"在满洲实施通信统制期间将终止各自在'满洲国'领域内的通信发行及销售"[④] 业务的原因之一。

在里见甫的推动下，联合社和电通社先后签订合并协议及备忘录，将其在伪满地区的"通讯发行权、通讯设施及在满职员"[⑤] 合并到新通讯社中，从而为新通讯社提供了

① 「在満言論通信機関処理指導ニ関スル件」、『昭和 7 年「満密大日記 14 冊の内 其 12」』、JACAR（アジア歴史資料センター）、Ref.C01002824100、防衛省防衛研究所。

② 「言論通信機関処理指導ニ関スル第二回協議会記録」、『昭和 7 年「満密大日記 14 冊の内 其 12」』、JACAR（アジア歴史資料センター）、Ref.C01002824100、防衛省防衛研究所。

③ 里见甫：「創立の前後譚」、満洲国通信社編：『国通十年史』、新京：満洲国通信社 1942 年、第 20 頁。

④ 通信社史刊行会：『通信社史』、東京：通信社史刊行会 1958 年、第 361 頁。

⑤ 満洲国通信社編：『国通十年史』、新京：満洲国通信社 1942 年、第 49 頁。

业务开展所必要的人员、设施条件。

关于新通讯社的名称，最初《岩永意见书》出于"满蒙政策"推行的需要将其暂定名为"满蒙通信社"，包括电通社、联合社合并协议及备忘录等文件均采用了该名称。然而，伪满洲国建国后，"满蒙通信社"这个名称已不合时宜，加之"满蒙通信社"这个名称"给人一种过于夸张的印象"①，关东军最终决定将其名称定为"满洲国通信社"②。由"满蒙通信社"到"满洲国通信社"并非只是单纯的名称变更，而是体现了对其作为伪满当局的"国家通讯社"性质的高度认同，这是发挥其"国策性"的前提。

1932年11月15日，关东军幕僚会议审议通过了上述新通讯社的设立方案及原则，并决定"以财团法人的形式向满洲国官厅履行登记手续"，同时决定"自12月1日起满洲国通信社开始通讯业务"③。至此，"国通社"成立准备工作一切就绪。1932年12月1日，"国通社"在新京（长春）宣告正式成立。

综上所述，"国通社"是在九一八事变后日本当局突破舆论困境、扭转舆论方向的诉求下，谋求强化对外宣传、对抗国际舆论的产物，其设立背景和初衷、日本当局对其定位和期待及其设立程序均具有明显的"国策性"。

（二）"国通社"组织形态的变迁

"国通社"成立后，受日本对伪满政策调整及伪满地区新闻事业格局变动等诸多因素的影响，其组织形态历经多次变迁，根据其组织形态的形式，"国通社"大致可以分为创业时期、独立组织时期和特殊法人时期三个阶段，每个阶段的任务各有侧重。

1. 从正式成立到加入满洲弘报协会的创业期

该时期"国通社"的工作重心为组织建设，首先涉及的是"国通社"最高负责人的问题。《岩永意见书》曾建议对伪满地区情况较为熟悉的金井清担任新通讯社社长，但遭到关东军的反对。关东军随后提出由陆军元老、时任英文报 *Manchuria Daily News*④

① 满洲国通信社编：『国通十年史』、新京：满洲国通信社1942年、第37頁。

② 关于新通讯社名称，开始曾有意见将其命名为"满洲通信社"，但由于当时在该地区已存在一个名为"满洲通信社"的机构（由屋内忠次郎于1914年7月在奉天成立，主要搜集和发布该地区政治、经济、教育、社会等相关信息，1924年5月发行朝鲜语报纸《满鲜日报》。"国通社"成立后其业务空间被挤占，业务范围也被极大压缩。1936年满洲弘报协会成立后，"满洲通信社"被合并其中。）而最终选择了"满洲国通信社"的称呼。此外，关于"满洲国通信社"的简称，开始曾定为"满通社"。因"满通社"容易被误认为是"满洲通信社"，因此里见甫最终决定将其简称定为"国通社"。

③ 「满洲国通信社关系一件」、『满洲国通信社关系一件」、JACAR（アジア歴史资料センター）、Ref. B02031146150、外务省外交史料馆。

④ 1908年，浜村善吉在《满洲日日新闻》开设英文专栏：Daily News。1912年8月，他将该专栏从《满洲日日新闻》独立出来发行英文报 *Manchuria Daily News*。1932年7月，在关东军的干涉下，浜村被迫引退担任名誉顾问，高柳保太郎担任社长。

社长的高柳保太郎担任新通讯社社长、由电通社和联合社的最高干部负责新通讯社的具体业务的建议。但高柳在制定人事安排时却将新通讯社领导层的人选全部定为其在伪满地区新闻界的心腹，这与《岩永意见书》及关东军所认可的以电通社和联合社为基础组建新通讯社的原则相悖，该方案被关东军第四课否决，高柳的任命也一并被撤回。该建议最终"化为泡影，一切又回到原点"①。此后在佐佐木等人的推荐下，关东军最终决定由里见甫担任社长。

从机构设置来看，"国通社"成立时除设在新京的总部外，还设立大连、奉天、哈尔滨三大分社和齐齐哈尔、东京两大分局。按照此前与电通社和联合社签订的合并协议及备忘录，"国通社"的主要人员由上述两家通讯社员工构成，此外还从东京招募了部分人员，从日本驻伪满地区的军政部门抽调了部分人员，充实到各分社、分局中，但其总人数不足百名，设备设施也极不完善，连当时的办公场所也是临时租借的。

从运营经费来看，如前所述，里见甫在 1932 年 9 月拜见外务省情报部长白鸟敏夫时获得了 30 万日元创立经费和每月 2 万日元运行经费支持的承诺，事实上这部分经费也成为"国通社"创立及运营初期的主要经费来源。但由于这部分经费是以"情报机密费"的形式提供的，被外务省部分官员认为有"接近军部"的嫌疑，由此加强了对白鸟敏夫"在情报机密费的支出等方面实施严重监督"②。此举最终导致白鸟敏夫等人的人事变动，自 1933 年 6 月起，外务省承诺的经费一时无法兑现，致使"国通社"的运营一度陷入困境。

而此一时期为塑造伪满政府的"独立"形象，将其改造为侵华政策的据点，日本当局决定将相关行政权移交伪满政府，"国通社"的管理主体也随之移交，运行经费也相应转由伪满政府承担。但伪满政府却以"国通并非'满洲国'因感于必要而创设，国通创立时'满洲国'并未收到任何商谈"及"对于紧切重要支出愈多之'满洲国'财政，大额支出颇为困难"③ 为由对经费负担提出异议。

对此，伪满政府弘报委员会干事会进行了紧急协商，会上军部表示"可暂时按照以前做法继续给予补助，但'满洲国'也应给予充分考虑"。此表态获得各方一致肯定，最终干事会决定"经费支出维持现状，暂不采取激进变更"，此后再图渐进式改革。同时，该干事会表示若经费问题无法解决，将采取措施"缩小国通规模或可解散之"④，从

---

① 佐々木健児：「国通の神話を語る」、満洲国通信社編：『国通十年史』、新京：満洲国通信社 1942 年、第 34 页。

② 重光葵：『外交回想録』、東京：毎日新聞社 1953 年、第 168 页。

③ 「昭和八年五月十二日新京発武藤大使ヨリ内田外務大臣宛ノ電報第五〇一号」、『満洲国通信社関係一件』、JACAR（アジア歴史資料センター）、Ref.B02031146150、外務省外交史料館。

④ 「昭和八年五月十二日新京発武藤大使ヨリ内田外務大臣宛ノ電報第五〇一号」、『満洲国通信社関係一件』、JACAR（アジア歴史資料センター）、Ref.B02031146150、外務省外交史料館。

而首次提出解散"国通社"的主张。

然而，在各方的游说下以及随着对"国通社"在新闻统制方面重要性的认识，伪满政府逐渐改变观点，同意自 1933 年 4 月 1 日起接管"国通社"，并决定自 1933 年 10 月起每月向"国通社"支付补助金 5000 日元。这样一来，"国通社"经费问题终于得以缓解，走上了发展的正轨。

值得一提的是，"国通社"在完善机构设置的同时还积极构建对外传播网络，并在成立后不久即在联合社上海支局局长松本重治的斡旋下，于 1933 年 5 月与英国路透社签订了通讯合作协议，不但强化了"国通社"的对外宣传体制，也在很大程度上表明了其获得国际通讯界的认可。

"国通社"成立后还面临着组织性质的定性问题。《岩永意见书》曾建议新通信社的组织形态应为"财团法人"或"国家机构"。"国通社"正式成立后便成立组织研究委员会对其组织形态进行研议。研议的结果显示，财团法人组织形态是最理想的形式，"国通社"遂据此将相关申请递交日本当局进行审议。

1934 年 3 月，为明确伪满政府与"国通社"之间的法律关系，里见甫向伪满政府提交了"国通组织的基本观念"意见书。该意见书将世界各国通讯社分为"国立通讯社"和"营利通信社"两类，指出若采取以美联社为代表的营利性组织形态，则"一国的对世界通讯及宣传就无法达其成效"，于是他对"国通社"的组织特点作了如下规定：

一、确立伪满洲国政府对国通的指导及监督机构的地位；

二、确定伪满洲国政府与国通的法律关系，并提供所需经费；

三、赋予内外无线电信收发新闻的独占权，并给予使用普通通讯机构的特权；

四、提供伪满洲国政府相关机构新闻搜集、发布及广告相关便利。[①]

从上述内容看，里见着重强调了"国通社"作为"国家通讯社"的性质，明确了"国通社"作为伪满政府独一无二的"国策通讯社"的自我定位。因此，他提出两方面的希望：一是希望伪满政府提供经费资助、无线电使用权及其他特权；二是由于电通社与美联社之间存在业务关系、奉行"营利主义"。因此，希望"必须对与日本电报通信社之间的关系进行清算"[②]。

---

① 「国通組織の基本観念」、満洲国通信社編：『国通十年史』、新京：満洲国通信社 1942 年、第 52—53 页。

② 「国通組織の基本観念」、満洲国通信社編：『国通十年史』、新京：満洲国通信社 1942 年、第 53 页。

另外，外务省在将"国通社"移交伪满政府后并未放弃对其监管。按照外务省情报部业务规程规定，第一课负责对"国通社"等"内外通信社实施内面指导"①，以此来施加对通讯社的影响。其具体方式之一是通过与"国通社"高层保持密切联系对其业务实施干预，其二是通过为"国通社"提供"通信购买费"等方式向其提供经费补助，以确保"对国通相当的控制"②。

　　"国通社"成立后还面临着组织归属的问题。在"国通社"设立过程中，随着伪满地区局势的发展，为"促进在满帝国诸机构的完全统一"，1932 年 7 月 26 日，内阁会议通过《在满机构统一要纲》，决定对伪满地区的统治机构实施调整，"关东军司令官、关东长官及满洲派遣临时特命全权大使事实上由同一人担任"③，从而确立了所谓"三位一体"的统制体制。在此体制下，关东军第四课将前述"言论通信机构处理协议会"解散，于 1932 年 12 月成立伪满地区舆论统制的最高指导机构弘报委员会。"国通社"作为伪满当局的"国策通讯社"，也被纳入到弘报委员会的统制框架之下，弘报委员会掌握了"国通社"主要人事任免权和财政监督权，同时在业务上对其实施指导，"弘报委员会是参谋部，通信社是实践部队"④，这清晰界定了两者之间的主从关系。

　　为进一步推进"满洲舆论的独立性和宣传方策的一元化"⑤，日本和伪满当局决定以"国通社"等 12 个团体为基础成立弘报委员会的实施机构满洲弘报协会，"国通社"对此给予了积极回应。1935 年 10 月 30 日，里见甫向关东军提交了一份名为《满洲弘报协会设立意见书》的文件，主张设立满洲弘报协会，统管新闻采访、新闻收发、调查研究、摄影报道等业务，以消除各新闻单位各行其是造成的"重复劳动和经济浪费"⑥ 等弊端。满洲弘报协会成立后，"国通社"作为其通信部被合并到该协会中。合并后的"国通社"从行政级别上看是被降格为满洲弘报协会的一个部门，但其政治地位却得以显著提升，"国通即弘报协会通信部成为与政府表里一体的机构"⑦，不但伪满政府的重要信

① 「執務報告　昭和十一年度情報部／1936 年／分割 1」、『執務報告　昭和十一年度情報部／1936 年（情_273）』、JACAR（アジア歴史資料センター）、Ref.B10070274400、外務省外交史料館。

② 「昭和九年三月十九日新京発菱刈大使ヨリ廣田外務大臣宛ノ電報第四〇一号ノ二」、『満洲国通信社関係一件』、JACAR（アジア歴史資料センター）、Ref.B02031146150、外務省外交史料館。

③ 「在満機関統一要綱」、『公文類聚・第五十六編・昭和七年・第二巻・官職一・官制一（内閣・宮内省・外務省・内務省）』、JACAR（アジア歴史資料センター）、Ref.A01200631600、国立公文書館。

④ 里見甫：「創立の前後譚」、満洲国通信社編：『国通十年史』、新京：満洲国通信社 1942 年、第 22 頁。

⑤ 「弘報協会新設問合セノ件」、『各国ニ於ケル新聞、雑誌取締関係雑件／満洲国ノ部』、JACAR（アジア歴史資料センター）、Ref.B02031086400、外務省外交史料館。

⑥ 「満洲弘報協会設立に関する意見」、通信社史刊行会：『通信社史』、東京：通信社史刊行会 1958 年、第 368 頁。

⑦ 満洲国通信社編：『国通十年史』、新京：満洲国通信社 1942 年、第 56 頁。

息由"国通社"独家发布，且"国通社"记者同时拥有政府弘报官员的身份，由此奠定了其"在日本对满政策遂行上不可或缺"[1] 的地位。

2. 以株式会社的组织形式存在的独立时期

"国通社"被合并到满洲弘报协会后，由于满洲弘报协会运营不当，"国通社"的作用并未达到日本当局预期。鉴于此，在古野伊之助的建议下，"国通社"自1937年7月1日起从满洲弘报协会中分离出来，以株式会社的组织形态开始独立运营。

独立后的"国通社"阵容与创立时相比有了较大的发展。除新京本社外，还拥有大连、奉天、哈尔滨、东京、大阪5大分社；齐齐哈尔、锦州、京城、釜山等18个分局；佳木斯、图们、满洲里、山海关4个通讯部；四平、公主岭、开原、营口4个商通部。职员人数由创立时的不足百人发展到448人，年度总经费达155万日元，几近创立时的5倍。1938年5月，国通大楼竣工，又于1939年相继开通新京—奉天—大连间的专用电话线和"日满"专用电话线，实现了"日满"间信息传递的速效性。截至1940年1月，"国通社"员工发展至约730人，每年总经费突破300万日元，并向伪满地区北部的绥芬河、珲春等地派出特派员。经过近7年的经营，"国通社"在人员数量、分支机构及覆盖范围等方面均获得了全面发展。

为顺应"满洲开发"的政策需要，独立后的"国通社"在保持时事通讯业务主体地位的同时，强化了商业通讯的业务内容。1937年6月，"国通社"收购了原日本商业通信社在伪满地区的全部业务，以此为基础在新京本社新设商通局，负责欧美、印度、南洋等世界主要通商市场的交易情况、市场行情、经济通商信息等特殊通讯业务，以"服务不断发展的满洲经济界"。同时，"国通社"还将伪满地区各媒体机构的广告业务纳入其管理之下，并借助其发行的月刊画报《斯民》、年刊杂志《满洲国现势》及其他各类出版物开展广告经营及广告代理业务，甚至涉足无线电广告业务，发展成为"名副其实的全满新闻的引领者和指导机构"[2]。

由于"国通社"和同盟社均是以联合社为主要基础建立起来的，因此两者之间自始至终就存在着密切联系。按照惯例，"国通社"的社长由联合社推荐，同盟社成立后则由同盟社负责推荐。此外，"国通社"创立时其与联合社签订的合作协议在同盟社成立之后也获得同盟社的承认。鉴于上述两者之间的密切联系，加之两者分别居于伪满当局和日本当局"国策通讯社"的地位，因此为推进伪满地区新闻事业统制，日本当局在"日满一体化"框架下积极推动两者遵照"日满一德一心不可分割的原则"开展全面合作。

---

[1] 「執務報告　昭和十一年度情報部／1936年／分割1」、『執務報告　昭和十一年度情報部／1936年（情_273）』、JACAR（アジア歴史資料センター）、Ref.B10070274400、外務省外交史料館。

[2] 満洲国通信社編：『国通十年史』、新京：満洲国通信社1942年、第60頁。

在人事互认方面，同盟社和"国通社"承认双重社籍，"通过人的要素实现两者间有机联系"①，即"国通社"人员在日本国内及其通讯网所覆盖的其他地区可被视为同盟社人员，而同盟社人员在伪满地区同样被视为"国通社"人员，两社人员在其所在地区通讯社的领导下开展业务。

在机构共享方面，同盟社和"国通社"推行"相互委托"模式，同盟社将其在伪满地区分支机构所从事的业务委托"国通社"实施，而"国通社"将其在日本国内分支机构所从事的业务委托给同盟社处理，从而实现"日满通讯网一元化"，以提高各分支机构的工作效率。

在信息交换方面，同盟社和"国通社"实施"信息共享"，"国通社"在伪满地区发布的信息在日本国内或其他国家可视为同盟社信息，反之同盟社在日本国内及其他国家发布的信息在伪满地区可被视为"国通社"信息，从而进一步巩固两者通讯网络的一体化。

通过上述人员机构的互联互通和信息的共享共治，最大程度发挥双方在人员、设备等方面的资源合力，同盟社和"国通社"合作成效显著，不但"促进了两国关系的发展和大东亚宣传战线的强化和扩充"②，各自的业务能力均得以明显提升。尤其在卢沟桥事变报道过程中这种效果表现得尤为明显。卢沟桥事变后，"国通社"利用其地理优势及在北平、天津等分局机构向华北派出了大量记者、摄影师和无线电技师，与同盟社人员共同协作，对战况进展及局势发展做了大量报道。同时，"国通社"还充分发挥其通讯网络优势，将其设在北平、天津的无线电设施提供给同盟社，并通过"国通社"大连分社向位于东京的同盟社总社及时发出了相关新闻报道。因此，无论在数量上还是在速度上，两社共同发出的通讯稿"占据了新闻报道版面的大部分空间"③，牢牢控制了新闻舆论的主导权。

随着"国通社"通讯网络的扩张、人员的增配，其在"日满通信网络一体化"体系中的地位得以逐步提升。1939 年 7 月，日苏之间在伪满地区与蒙古边境爆发诺门坎战役，"国通社"在战争爆发后举全社之力投入到国际宣传战中，通过同盟社向日本国内及其他国家发送了大量报道，与苏联塔斯社展开了激烈的报道战，向各界展示了其"创业以来所蓄积的内外宣传力量"。岩永裕吉以同盟社社长的名义向"国通社"发出感谢信，称同盟社在"国通社"的帮助下"在事件的速报和对外宣传方面获得有利条件"，使得同盟社在与塔斯社的报道对抗中占据优势。时任关东军司令官的梅津美治郎也向"国通

---

① 有山輝雄、西山武典編：『同盟通信社関係資料』（第六巻）、東京：柏書房 1999 年、第 71—73 頁。
② 有山輝雄、西山武典編：『同盟通信社関係資料』（第六巻）、東京：柏書房 1999 年、第 71—73 頁。
③ 満洲国通信社編：『国通十年史』、新京：満洲国通信社 1942 年、第 61 頁。

社"发去感谢信,感谢其在"诺门坎事件"报道中迅速及时对军队行动进行报道,不但发挥了"国通报道战士的荣誉",同时还"向中外宣示了皇军的威武"①,从而对"国通社"所发挥的作用给予了肯定评价。

需要说明的是,尽管此一时期"国通社"独立运营,但其在资本上和人事上依然受满洲弘报协会控制,这决定了其在业务运营方面不可避免受日本和伪满当局控制,"国策性"依然是其业务开展的最高准则。

3. 伪满洲国通信社法体制下的"特殊法人"时期

满洲弘报协会尽管其在强化伪满地区新闻统制方面发挥了"满洲弘报宣传机关总本山"的作用,但其在实际运行过程中动辄以投资、收买、兼并的方式对该地区新闻机构实施整合,这无疑加大了作为资金来源的关东军、伪满政府、满铁等机构的经济负担,也引起了伪满当局的不满,认为通过资本统制新闻业具有局限性,不能达到"有力统合全满报纸"② 目的。而伪满政府为强化对宣传的监管于1937年7月设立官方机构弘报处 ③,以政府资源为支撑实施新闻统制,其职务内容全面覆盖满洲弘报协会的业务范围,作为外围机构的满洲弘报协会已失去其存在价值。

此外,尽管自1937年7月开始"国通社"在组织形态上从满洲弘报协会中独立出来,但其作为"满洲弘报协会加盟成员中的核心成员",在资本和人事方面依然受弘报协会掣肘,对其业务的实施造成一定障碍,损害了"作为国策通信社生命的灵活性"。为此,"国通社"理事兼编辑局长的升井芳平于1940年4月向关东军提交意见书,反复强调"确保国通社完全之独立性并果断进行充实和强化"的重要性,并建议解散满洲弘报协会或将其改组为一个不具实权的"社交机构",实现"国通社"真正的独立,以发挥其作为"国策通讯社的本来使命"④。鉴于上述种种理由,升井芳平的上述意见得到了关东军和伪满政府的赞同。1940年12月,伪满政府在对弘报处进行机构扩充时宣布满洲弘报协会实现"发展性解散",从而为"国通社"实现真正的独立扫清了道路。

弘报处成立后,作为伪满政府新闻宣传监管机构,强化了日本对伪满地区的新闻监管与舆论控制,而"国通社"作为其统制对象和宣传工具,利用在伪满地区新闻源的垄

---

① 满洲国通信社编:『国通十年史』、新京:满洲国通信社1942年、第62—63页。

② 涩谷春夫:「满洲国の新闻政策」、日本电报通信社编:『新闻总览』、东京:日本电报通信社1941年、第38页。

③ 弘报处是伪满政府设置的最高宣传机构和情报机构,主要负责"弘报机构的管理""宣传计划的制定""宣传的联络统制""内外宣传的实施"和"情报"业务。1940年弘报处实施机构扩充,将满洲映画协会、满洲放送协会、满洲观光联盟等多个组织纳入其管理体制之下,成为一个集新闻、出版、宣传和文艺监管功能于一身的官方机构。

④ 通信社史刊行会:『通信社史』、东京:通信社史刊行会1958年、第376页。

断性地位，在信报搜集和提供的业务执行过程中发挥了舆论控制的作用。换言之，此一时期"国通社"通过其信报活动实现了对舆论的控制，但在组织定性上尚未被赋予舆论控制之职能，而此后公布的伪满洲国通信社法则实现了"国通社"舆论监管功能在法律上和行动上的一致性。

1941 年 8 月 25 日，伪满政府以政府公报的形式同时颁布了《满洲国通信社法》《新闻社法》《记者法》《关于外国记者之件》和《关于外国通信社或新闻社之支社及记者之件》五项法令，被称为"弘报三法二件"，构成了伪满地区新闻舆论机构"特殊法人"的法律基础。所谓"特殊法人"，指的是经营"带有国防或公共公益性质的重要事业"[①]的特殊团体，主要涉及交通设施、工农矿业、电信通讯等行业，并通过"解决一时一地问题、具有相对时间和地域限制"[②]的特殊法的形式获得在某领域"一业一社"的垄断地位。在新闻舆论业界，伪满当局共推动成立了8家"特殊会社"和1家"准特殊会社"[③]，并颁布了相应的"特殊法"，而《满洲国通信社法》就是专为明确"国通社"的"特殊会社"法人组织形态、为其开展垄断经营而颁布的"特殊法"。《满洲国通信社法》全文由 30 条构成，对特殊法人形态下"国通社"的组织架构、业务内容、行政归属等作了详细规定，为"国通社"提供了作为伪满洲国"弘报新态势的大动脉和轴心的明确的法律依据"[④]。

首先，该法令对"国通社"设立的目的作了说明，即"国通社"是为了"确立对依据电信、电话及其他通信方法而实施的信报搜集及供给事业的统制，以此有助于国政渗透与国威发扬"而设立的法人。"国通社"的注册资本为 280 万日元，其中政府出资255 万日元，占全部出资额的 90% 以上，在资本方面对其拥有绝对控制权。因此，无论是设立目的还是出资比例，"国通社"均具有典型的特殊法人组织形态。

其次，该法令对"国通社"的任务作了具体界定，即"一、国内外信报的搜集；二、向国内报社及广播电台提供国内外信报；三、向国外通讯社及报社提供国内外信报"。概言之，"国通社"的业务内容实现了新闻收发、内外宣传的全覆盖。此外，该法

---

① 「満洲国経済建設要綱」、『帝国ノ対満蒙政策関係一件（満洲事変後ニ関スルモノヲ収ム）』、JACAR（アジア歴史資料センター）、Ref.B02030713200、外務省外交史料館。

② 中国政法大学法律古籍研究所编：《清代民国司法档案与北京地区法制》，中国政法大学出版社 2014 年版，第 51 页。

③ 8 家"特殊会社"分别为：满洲电信电话株式会社(1933 年 8 月)、株式会社满洲弘报协会(1936 年 9 月)、满洲图书株式会社(1937 年 4 月)、株式会社满洲映画协会(1937 年 8 月)、满洲国通信社(1942 年 1 月)、康德新闻社（1942 年 1 月）、满洲日日新闻社（1942 年 1 月）、满洲新闻社（1942 年 1 月）；1 家"准特殊会社"，指的是株式会社满洲事情案内所（1939 年 12 月）。

④ 満洲国通信社编：『国通十年史』、新京：満洲国通信社 1942 年、第 64 頁。

令第六条规定"对于国内外报社或国外通讯社供给信报之事业，非满洲国通信社不得为之"①，此项排他性规定确立了"国通社"在伪满地区新闻事业的垄断地位。

再次，该法令赋予了伪满洲国国务总理大臣对"国通社"的控制权。30 条规定中，有 13 条规定要求必须获得国务总理大臣许可，内容涉及理事长、理事、监事等重要职位的任命、准备金及财产处置、业务监督及业务指定、年度事业计划的制订及变更、年度预算决算等，几乎覆盖"国通社"日常运营的全过程。

为尽快实现《满洲国通信社法》框架下特殊法人在"国通社"落地，该法令附则要求成立筹建委员会，为"国通社"的成立做程序上的准备。此后，筹建委员会开始就章程进行了讨论，并于 1942 年 1 月 7 日正式出台伪满洲国通信社定款，对新"国通社"的组织机构、业务内容、运营监管等进行了详细设定，并特别规定除开展《满洲国通信社法》所规定的业务内容外，还"需从事获得国务总理大臣认可的附带业务"②，其公告将列入政府公报。

在完成章程拟定、组织登记、理事长、理事、监事等重要人事的推选等一系列工作后，1942 年 1 月 22 日起，"国通社"正式以特殊法人形式运营。由于时值太平洋战争爆发后不久，日本国内正处于"总力战体制"实施的狂热期，日本在伪满地区的统治机构和伪满政府相时而动，调动各界资源加紧了对"战时体制"的应对。在此背景下，时任"国通社"理事长松方义三郎开始实施改革，着手构建"国通社战时体制"。

首先，松方义三郎对内部机构做了优化调整，对原属编辑局业务进行了拆分，将通信部独立出来，成立了专门的通信局，由此形成"一室四局"的格局。"一室"指的是理事长室，"四局"指的是总务局、编辑局、通信局和业务局。各部门分工各有侧重，其中理事长室和总务局负责日常运营，事务局负责通过广告等手段实现创收，而编辑和通信两局则全面负责信息的收发业务，是"国通社"最核心的部门。前者负责"信报的搜集、整理及编辑、报道相关资料的搜集、整理、写真的制作、信报及报道相关资料的发行"，主要涉及信报的采集；而后者则负责"内外通信联络及企划、收发信报的编辑、通讯器材及技术、经济通信"③，主要强调与外部的信报交换，以此强化其对"战时体制"下内外宣传的服务功能。此外，松方义三郎依托通信局对信报处理进行了改革，利用与同盟社签订的合作协议，开始接收同盟社的日本国内消息，并通过新京本社向伪满地区全域实施一元化广播，既拓展了信报来源和路通渠道，又强化了速报性更强的无线电业

---

① 「満州国通信社法」、国务院総务庁：『弘報関係法规集』、新京：国务院総务庁弘報处 1941 年、第 14—17 页。
② 「満州国通信社定款」、満洲国通信社编：『国通十年史』、新京：満洲国通信社 1942 年、第 258 页。
③ 「満州国通信社職制」、満洲国通信社编：『国通十年史』、新京：満洲国通信社 1942 年、第 263—266 页。

务，提升了信报供给能力。

其次，以"国通社"建立 10 周年为契机，确立了"国通战时报道体制"下的报道方针。1942 年是"国通社"建立 10 周年，而这十年也是日本国内外局势激荡变动的 10 年，"对大东亚而言是兴亚运动就绪之 10 年，对亲邦日本帝国而言是建设向大陆发展基地之十年，对满洲帝国而言是确立国基之 10 年"①。伴随着伪满洲国建国而设立并以伪"满洲国国策通讯社"定位的"国通社"自成立后，依靠日本当局和伪满政府所提供的诸多特权，在不断扩张业务范围、提升业务能力的过程中，作为"大东亚战线重要一翼"②在伪满政府内外宣传方面发挥了重要作用。特别是被改造为"特殊会社"后，"国通社"的国策性指向更为明显，编辑局对内部机构进行了整合，并基于对伪满洲国建国 10 周年及其后局势发展的预判而制定了新的宣传方针，要求在大力宣传伪满洲国建国 10 年"发展成果"的同时，还应强化"以日本为盟主的大东亚诸国"对"共荣圈结成"的认同感，宣传的对象除伪满地区外，还包括"大东亚共荣圈"范围内的所有国家甚至德意轴心国和苏、美、英等国，且宣传的方式和重点各有侧重。具体方针为：

一、对日宣传：对建国以来矢志不渝之仗仪表示感谢，同时在面临以第二次计划为中心的经济建设的跃进、以国内诸政务的改革为中心的政治体制新阶段，暗示日满关系应更紧密，但同时也要对大东亚战争下建国十年成果、向日本提供积极协助的经济实力的夸示及被南方资源所吸引之日方舆论进行修正。

二、对华南诸地域（以华侨为主）宣传：向其暗示率先参与大东亚建设圣业之先进国家满洲的立场，并宣传与日本协力合作、排除种种困难的艰苦十年所取得的成果，引导依然处于若即若离之中国民众舆论向以日本为中心之东亚共荣圈的结成方向发展。

三、对苏联宣传：向其宣传经过十年发展的伪满洲国政治经济及民心稳定、国防经济力的培育及不断发展的国内政治经济体制，并向其施加北方防卫的压力。

四、对满洲国内宣传：宣扬十年硕果，对舆论实施指导，在无形中促使其养成对大东亚战争下倍加严峻的诸般困难的忍耐和心理准备。③

从上述宣传方针来看，"国通社"在内外宣传方面各有侧重。对外宣传的重点是通过宣扬伪满洲国建国 10 年成就来论证伪满洲国建国的正确性；对内宣传的重点则是强

---

① 满洲国通信社编：『国通十年史』、新京：满洲国通信社 1942 年、第 45 頁。
② 满洲国通信社编：『国通十年史』、新京：满洲国通信社 1942 年、第 1 頁。
③ 满洲国通信社编：『国通十年史』、新京：满洲国通信社 1942 年、第 217 頁。

调日本即将面临的困难及应对困难的心理准备。这种内外有别的宣传方针与当时日本当局的国策方针一致，可以看作是"国通社"作为"名副其实的基于一国一通讯社主义而设立的国策通讯社"①对日本当局国策方针的趋同。

综上所述，经过由株式会社到特殊会社组织形态的变更，以及由弘报委员会、满洲弘报协会附属机构到独立机构的发展，"国通社"逐步构建起完善的"战时报道体制"，实现了对伪满地区信报收发的一元化统制。在此过程中，"国策性"不但是日本当局、伪满政府等相关机构赋予"国通社"的角色定位，同时对"国通社"的组织运营及发展方向也发挥着决定性影响，而另一方面"国通社"在上述组织形态变迁中也忠实地贯彻了政府意图，完成了"国策通讯社"的自我定位。

（三）"国策性"原则指导下的"国通社"的活动

总体而言，"国通社"在伪满地区的新闻活动主要集中在内外通讯网络的建设和扩张、一元化宣传体制的建构和实践，以及在此基础上实施的信报采编、发布及相关附带业务等方面，"国策通信社"的定位是其开展上述活动的前提和保障。

第一，依靠日本和伪满当局的政策和资金支持，不断加大设备投入，并借助与同盟社、满洲电信电话株式会社（简称"满洲电电"）之间的合作关系，打造了一个集无线、有线、电传等多手段互补的通讯网络，实现了日本和伪满两地信息的互联互通。

由于无线通讯网为速报性提供了技术保障而被视为通讯社的生命线，因此在"国通社"成立及业务开展过程中，无线电使用权一直是"国通社"所坚守的重要诉求，"国通社"也最终成为当时伪满地区新闻界拥有无线通讯设施的唯一机构。然而，负责"关东州南满洲铁道附属地及'满洲国'行政权下地域两国政府所有之电气通信设施合并而经营"②的特殊会社满洲电电成立后，按照1936年10月颁布的《电气通信法》规定，"电气通信事业仅限于满洲电信电话株式会社及受主管大臣之特许得经营之"③，且必要时满洲电电可强制收购电气通信设施及其附属设备，由此赋予其无线电业务的垄断经营权。按此规定，"国通社"应放弃无线电使用权，其无线电业务须转由满洲电电经营。这无疑对高度依赖无线电通信手段的"国通社"的"社业遂行带来巨大影响"④。

尽管"国通社"就无线电使用权问题向相关政府部门及满洲电电多次提出交涉，但

---

① 满洲国通信社编：『国通十年史』、新京：满洲国通信社1942年、第216页。

② 「満洲ニ於ケル日満合弁通信会社ノ設立ニ関スル協定」、『御署名原本・昭和八年・条約第一号・満洲ニ於ケル日満合弁通信会社ノ設立ニ関スル協定』、JACAR（アジア歴史資料センター）、Ref.A03021920000、国立公文書館。

③ 「満洲国電気通信法」、『公文備考 昭和11年 Q 通信、交通、気象時 巻1の2』、JACAR（アジア歴史資料センター）、Ref.C05035340300、防衛省防衛研究所。

④ 通信社史刊行会：『通信社史』、東京：通信社史刊行会1958年、第397页。

由于无法突破《电气通信法》的法律框架，最终各方不得不达成一个妥协方案，即在无线电业务所有权归满洲电电拥有的前提下保留"国通社"使用权，其基本操作思路是"弘报协会将满洲国内所有运行的短波无线收发报设施转让给电电会社，电电会社将协会的无线从业职员录用为员工"①。经过两年多交涉，1936 年 12 月 28 日，"国通社"的管理部门满洲弘报协会与满洲电电达成协议，约定"依据通信国策废止满洲弘报协会从'满洲国'通信社继承的新闻通信用无线电信设施"，并自 1937 年 1 月 1 日起将上述设施及设备无偿转让给满洲电电，而满洲电电则在"国通社"新京总部设立电报局分室，将"记载刊登在报纸或定期刊行物上的政治商业等相关报道及信息的电报交由株式会社满洲弘报协会收发"②。该协议通过无线电业务归属权和使用权分离的方式解决了"国通社"无线电使用权问题。此外，"国通社"以特殊会社形式成立时，满洲电电向其注入 25 万日元资金，成为其两大出资方之一，这也是"国通社"之所以能够在无线电业务使用权方面有所突破的重要原因之一。此后"国通社"进一步加速了其通信网络的扩张。

随着内外局势的发展，特别是日本侵华战争全面爆发后信息量需求的爆发式增长，无线通讯网基本处于饱和状态，仅靠设在主要城市的无线通讯设备根本无法满足日本在伪满地区的宣传需求，专用电话线铺设问题迫在眉睫。为此"国通社"在大力发展无线通讯网络的同时还积极推进电话专线的建设，于 1938 年 2 月向满洲电电提出在新京、奉天、大连间架设专用电话线的申请。一年后该线路正式开通。1942 年 10 月 10 日，该线路向北延伸至哈尔滨，至此构建起一条纵贯伪满地区的电话专线。

此外，按照"国通社"与同盟社的信息交换协议，收信主要依靠对方的对外广播网络，而发信则依靠自设的对外广播网络。这种收发分离的做法不但受对外广播网络及发送量的掣肘，也使得作为通讯社最大优势的"速报性"大打折扣。特别是日本侵华战争全面爆发后，随着"国防国家满洲的重要性进一步加重"，上述信息交换方式的弊端越发凸显，致使"国策通讯社使命的达成更为困难"③。为此，"国通社"进一步优化了电讯传递流程，极力压缩收发过程的中间环节，并在"国通社"和同盟社之间架设了一条总长度达到 2800 公里的"当时最长的国通同盟专用电话线"，实现了"连接日满两首都"④ 的目标。

除上述无线电、电话专线外，"国通社"的通讯网络还包括有线、电传和信鸽等方式。"国通社"于 1937 年 11 月在内部设置了专用电报收发设备，与新京中央电报局之

① 满洲国通信社编：『国通十年史』、新京：满洲国通信社 1942 年、第 114 页。
② 「弘報協会通信取扱規約」、满洲国通信社编：『国通十年史』、新京：满洲国通信社 1942 年、第 116 页。
③ 满洲国通信社编：『国通十年史』、新京：满洲国通信社 1942 年、第 125 页。
④ 通信社史刊行会：『通信社史』、東京：通信社史刊行会 1958 年、第 400 頁。

间通过电缆连接，自 1938 年 1 月开启专用电报收发业务，最终形成"日满"专用线、国内专用线等多条线路，提高了收发效率。电传最早是 1939 年 9 月在"国通社"奉天分社和同盟社福冈分社之间实现的，它大大提升了图片传输速度。而作为一种技术手段不发达时代的传统信息传递手段，信鸽则是对上述对设备依赖度较高的传输手段的补充。"国通社"由此构筑起一条纵横交错、无线有线有机结合、传统现代互为补充的通讯网，为"国策性"的推行提供了完备的"硬环境"。

第二，在日本和伪满当局赋予其垄断权的加持下，不断扩充在华通讯网和国际通讯网，积极回应日本当局的宣传诉求，构建一元化内外宣传体制，在致力于消除日本所面临的内外舆论压力的同时，加强日本价值观的输出，努力提升其在国际社会的话语权。

首先，由于日本侵略战线的不断扩大而引发的对日批判国际舆论日盛，强化对外宣传，为其侵略行为"正名"成为日本当局宣传工作的重心。鉴于与伪满洲国"处于不可分关系的中国特别是华北方面宣传工作"的重要性，"国通社"在完善伪满地区通讯网络的同时将其通信网络逐渐向华北地区延伸。1933 年 2 月，为"在华北建立一个'满洲国'有力的宣传基地，将'满洲国'实情向华北民众传达，助其脱离抗日之迷梦"，同时促进对中国信报的搜集，"国通社"相继在天津、北平开设分社，以大东通信社名义开始通讯活动，从而与"国通社"形成南北呼应的宣传体制。

尽管"国通社"在对外宣传方面做出如上种种努力，但因其处于日本和伪满当局的统制之下而使其信息的公信力大为降低，对外宣传效果远未达到预期。为此，在日本当局的支持下，"国通社"于 1933 年 9 月在各国通讯机构云集的上海设立分支机构，同样以大东通信社名义活动，在接收"国通社"新京本部信息的同时也积极推动各分局机构之间的信息交换，并以日语、汉语和英语三种语言向中国的报社及国际新闻机构提供讯息，同时向伪满地区新闻机构提供中国新闻，以此构筑起"直接连接'满洲国'和华北、华中、华南的国通对华宣传干线通信网"[1]。借助该通讯网络，"国通社"的信报供给能力大大提升，至 1933 年末仅新京本社就实现了"每日 6 次共约 1 万个日文假名[2]，同时向联合社提供约 1 千字英文"[3] 的信报供给能力，在开展伪满政府对外宣传中扮演了重要角色。

1936 年 10 月 1 日起，"国通社"开始通过大功率无线电设备向中国及日本国内实施信息播发，在"扭转支那大众歪曲的对'满洲国'认识，宣传飞跃前行的'满洲国'"

---

① 满洲国通信社编：『国通十年史』、新京：满洲国通信社 1942 年、第 104—105 頁。

② 假名为日语的表音文字，分"平假名"和"片假名"两种，多借用汉字偏旁。

③ 「滬情報機密第 26 号 8.1.6 满洲国通信社の上海進出其他」、『公文備考 D 卷 5 外事 海軍大臣官房記録 昭和 8』、JACAR（アジア歴史資料センター）、Ref.C05022757700、防衛省防衛研究所。

方面发挥了重要作用。同盟社成立后，"国通社"因借助与同盟社之间的合作关系得以共享同盟社的海外通信网，其对外宣传的范围和力度逐步扩大。日本全面侵华战争爆发后，"国通社"在关东军的要求下又在张家口、大同等地设立分社，定时向"蒙疆地区"及日本、伪满地区、华北等东亚区域实施信息播发。1940 年 9 月 1 日起，"国通社"通过设于宽城子的无线电发射设备向欧美地区开始英文信息播发，特别是德意日三国同盟结成后，又加强了与德、意国家通讯社的合作，构筑起"日、满、德、意的空中轴心关系"①。

其次，垄断伪满地区新闻源，成为"向内外报社实施满蒙新闻供给的唯一机构"②。这是《岩永意见书》对"国通社"性质的规划，也是日本当局在伪满地区实施殖民统治的需要，同时也是关东军、伪满政府等在"国通社"组织建设过程中所遵循的基本原则。"国通社"垄断地位的确立，一是靠无线电使用独享权压制了其他新闻机构信息传递的速报性，二是凭借《满洲国通信社法》在法律上获得了在伪满地区开展信报业务的垄断地位，从而形成了"对于国内外报社或国外通讯社供给信报之事业，非'满洲国'通信社不得为之"③的局面。这就意味着伪满地区内的报纸及无线电台等新闻机构的信息获取和发送只能通过"国通社"实施，"国通社"由此成为内外信息流通的唯一渠道，从而实现了对该地区新闻源的控制。

"国通社"依靠上述垄断权实现了满文、华文、英文电讯在伪满地区的同步收发，从而完成了"自主的国内一元化播送"的目标。"一元化播送"体制不但提高了信报的收发数量和速度，更进一步强化了伪满地区新闻统制体制。"由本社对向'满洲国'提供的新闻实施统制，由此可播发'满洲国'真正希望的报道"④，从而为"国策性"的实践提供了"软环境"。

第三，"国通社"作为伪满地区的一元化"国策通讯社"，在实施信报采编和发布业务过程中，不断充实报道阵容，对日本及伪满政府当局的国策宣传诉求作出了积极回应，以此强化消息供给体制，谋求内外宣传的主动权。

在"国通社"成立当天，其派驻前线的从军记者以"国通社"名义发出第一篇电讯稿，由此开启了信报活动的序幕。此后，派遣随行记者、特派员或摄影师等成为"国通社"开展时事报道的通行做法，也因此成为其实施国策宣传的最有力武器。1933 年 2 月，在日军发动"热河讨伐战"中，"国通社"将指挥部整体前移，并派出 5 个无线电班携

---

① 满洲国通信社编：『国通十年史』、新京：满洲国通信社 1942 年、第 128 頁。
② 满洲国通信社编：『国通十年史』、新京：满洲国通信社 1942 年、第 40 頁。
③ 「满州国通信社法」、国务院総务庁：『弘報関係法規集』、新京：国务院総务庁弘報処 1941 年、第 14—17 頁。
④ 满洲国通信社编：『国通十年史』、新京：满洲国通信社 1942 年、第 129—130 頁。

带移动无线电设备及小型摄影机赴前线从军报道，不但在信报的速报性和供给能力上取得压倒性优势，更是获得军方和政府信息发布的独享权，发挥了"作战信息发布的整体性指导性作用"①。"国通社"电讯稿一举占据各大媒体版面，从而使日本在此后一系列与军事行动相关的国际舆论报道中转被动为主动。

随着在"日满通信网络一体化"体系中地位的逐步提升，"国通社"开始与国际通讯社展开正面交锋，在信息供给权方面展开竞争，抢夺舆论宣传的话语权，为日本当局的侵略活动创造了有利的内外舆论环境，而最终确立"国通社"在国际通讯界地位的则是诺门坎战役报道。日苏两军发生冲突当日，"国通社"先于其他国际通讯社发出了日俄两军开战的第一报，并在此后迅速组建前线报道队伍携带便携式无线电通讯设备投入到国际宣传战中。在战况持续升级时，"国通社"将其前线指挥部前移至关东军报道班所在地海拉尔，并组建了4个地面部队报道班和1个空中部队报道班赴前线开展从军报道。此外，"国通社"甚至作为军方代言人向内外新闻机构提供军部声明及相关新闻信息，展示了其"创业以来所蓄积的内外宣传力量"，通过同盟社通讯网络向日本国内及国际社会发送了大量报道。从宣传效果来看，"国通社"不但在诺门坎战役报道中占得先机，更是通过其强大的报道机制在舆论导向上"呈压倒性态势，且完全领导其他各通讯社"②，从而在与塔斯社展开的激烈报道战中"在事件的速报和对外宣传方面占据有利条件"。关东军司令官梅津美治郎为此特向"国通社"发出专电，称其在"诺门坎事件"报道中不但展现了"国通报道战士的荣誉"，同时还"向中外宣示了皇军之威武"③，以此对其所发挥的舆论宣传作用给予充分肯定。

除军事报道外，为回应日本民众和国际社会对伪满洲国建国的关切，"国通社"还对包括伪满洲国建国在内的日本对伪满地区政策进行跟踪报道，对伪满洲国建国的意义进行特定解读，对溥仪即位仪式及郑孝胥访日和溥仪两次访日活动进行实况报道，对伪满政权取得的"成就"进行鼓吹宣扬。作为"国策通讯社"，由于在伪满地区占据天时地利之势，在日本又有电通社和联合社及两者合并后形成的同盟社的协助，"国通社"占据了"他社难以企及"的优势地位。"国通社"电讯稿通过新京本社和同盟社通讯网络向伪满地区、日本本土及国际新闻机构发送，不但改变了伪满政府内部部分对日持敌视态度的"满系势力的对日观"，也在很大程度上促进了国际社会对伪满洲国建国既成事实的承认，这与日本当局该时期的宣传方针和目标高度契合。

综上所述，作为伪满政府的"国策通信社"，"国通社"是伴随着九一八事变后伪满

---

① 满洲国通信社编：『国通十年史』、新京：满洲国通信社1942年、第102页。

② 满洲国通信社编：『国通十年史』、新京：满洲国通信社1942年、第201页。

③ 满洲国通信社编：『国通十年史』、新京：满洲国通信社1942年、第62—63页。

地区局势发展及日本对"满蒙政策"的推行而成立的，它是国策宣传需求的产物，在信报活动中发挥了"对外宣传和国内舆论排头兵"的作用，对日本在伪满地区殖民统治的推行提供了舆论支持。从"国通社"的成立、变迁及活动轨迹来看，日本当局与"国通社"之间表现出明显的赋予行为动机和确定行为取向的互动范式，这也决定了其业务活动的开展也同样具有鲜明的"国策性"指向，是"名副其实的'满洲国'国策通讯社"①。

二、满洲弘报协会

九一八事变后，关东军加强了对伪满地区的舆论统制，一是对现存报社进行整合，压缩报纸数量，二是通过言论统制机构对舆论实施控制。1935 年 11 月，在关东军的推动下成立了统管伪满地区全域的舆论统制机构满洲弘报协会，在其存在的 5 年时间里，始终以非官方机构的形式行使其职能，但其实质是日本当局在伪满地区实施新闻统制的外围机构。

（一）满洲弘报协会的成立

九一八事变后，尽管日本国内舆论出现整体"转向"，但仍有部分媒体对日本在华军事行动持有怀疑态度，国际舆论对日批评的声音更盛。为扭转舆论上的不利局势，关东军内部出现了对舆论实施直接干预的声音。时任陆军省新闻班长的本间雅晴向陆军提交了一份报告，称要打破日本所面临的舆论困境，必须"通过言论机关将事态向国际社会反映"，以此塑造"统一的国论"②，此报告成为关东军在伪满地区成立舆论统制机构的最早构想。此后，关东军内部就舆论机构的设立达成共识，即酝酿成立一个专门机构负责对现有报业实施整顿，并推动各报社记者和特派员成立自治团体，以此强化对舆论的管控。

伪满洲国建国后，日本当局对伪满地区的统治机构进行了调整，在军政上确立了关东军司令官、关东长官及满洲派遣临时特命全权大使由一人担任的"三位一体体制"，在舆论上则推动成立了弘报委员会，负责"在关东军司令官兼全权大使和关东长官武藤大将直属下，秉承其旨意对日满两国今后所实施的宣传方针大纲进行审议和裁决"③，从而赋予其伪满地区舆论统制最高指导机构的地位。

从性质上看，弘报委员会是一个决策机构。为确保该机构的决策能够得以落实，伪满当局遂决定以"与弘报委员会关系密切的'满洲国'通信社"等 12 个团体为基础成立一个"弘报委员会的实施机构"④。1935 年 10 月 25 日，为"确保满洲舆论的独立性，

---

① 满洲国通信社编：『国通十年史』、新京：满洲国通信社 1942 年、第 45 页。

② 本间雅晴：「国际难局と报道机关」、『新闻及び新闻记者』1931 年 8 月号、第 44 页。

③ 通信社史刊行会：『通信社史』、东京：通信社史刊行会 1958 年、第 364—365 页。

④ 「弘报协会新设问合セノ件」、『各国ニ於ケル新闻、杂志取缔关系杂件／满洲国ノ部』、JACAR（アジア历史资料センター）、Ref.B02031086400、外务省外交史料馆。

国策推行所需宣传的一元化统制及实施"，关东军制定《在满舆论指导机关机构统制案》，要求以关东军为主导，在"日本官宪、'满洲国'官宪及满铁的指导下"，将日本在伪满地区的官方宣传机构、满铁宣传机构及新闻通信社实施整合，成立满洲弘报协会，在报道方面执行统一的"弘报宣传方针"。

按照该统制案的设定，满洲弘报协会为财团法人，在业务上接受弘报委员会的指导和指示，在人事上必须获得弘报委员会的同意，同时在经营方面则谋求所谓的"合理化"，即将所有隶属该协会的新闻单位统合为"一社两报"新闻格局。其中，"一社"指的是"国通社"，"两报"指的是《满洲日日新闻》和《康德报》，且"一社两报"所承担的宣传任务也有所侧重，"对满洲国内宣传主要以报社为主，对国外宣传则由通信社负责，报社给予协助"。在经费预算方面，该方案要求弘报协会成立过程中产生的经费"由关东军、'满洲国'及满铁负担"，协会成立后运营过程中产生的经费"原则上由协会内各社支出"。

为推动满洲弘报协会的发展，该统制方案提出两大措施：一是"原则上不允许新设报社，根据必要可增设地方版，其余的现存报社应避免收购，任其自然发展"；二是"禁止内地报纸在满洲国内发行满洲版，并努力阻止其非法向满洲扩张"[①]。这两项措施的根本出发点是控制报社数量，维持报业格局，从而为满洲弘报协会的新闻统制提供便利。

《在满舆论指导机关机构统制案》公布后，关于满洲弘报协会的性质引起了坊间诸多猜疑，特别是舆论界担心该协会"将会对各报社的经营产生微妙影响"。对此，关东军特意强调该协会是一个"纯粹的民间机构"[②]，以打消舆论界的疑虑。关东军之所以将其定性为民间机构，除了上述考虑外，还有一点是由于当时伪满地区多数日本人经营的报纸均享有"治外法权"，这为其回避统制提供了保障，而"民间机构既回避了官方打压言论自由的问题，又突破了治外法权的限制"[③]，从而将所有舆论都纳入其统制之下。

1935年10月，由关东军、关东厅、伪满政府及满铁等机构组成的满洲弘报协会筹建委员会举行第一次会议，一致同意成立满洲弘报协会。在组织上原本计划由各报社共同出资，以财团法人的形式运营，但由于财团法人的成立需要一定时日，加之在正式作出决议时，各参会的代表均以"经营者一人难以赞成，须考虑股东意向"[④]为由表示反

---

① 「Ａ級極東国際軍事裁判速記録第三十八號」、『Ａ級極東国際軍事裁判速記録（和文）・昭和21.5.3—昭和21.8.28（第1—57号）』、JACAR（アジア歴史資料センター）、Ref.A08071309400、国立公文書館。

② 「弘報協会新設問合セノ件」、『各国ニ於ケル新聞、雑誌取締関係雑件／満洲国ノ部』、JACAR（アジア歴史資料センター）、Ref.B02031086400、外務省外交史料館。

③ 虞文俊：《"满洲弘报协会"探微》，《新闻大学》2018年第4期。

④ 新聞解放満鮮総支社編：『動く満洲言論界全貌』、大連：新聞解放満鮮総支社1936年、第4頁。

对，筹建委员会最终决定暂时采取"组合"的形式，并开始就相关文件的起草展开商讨。

经过上述种种准备，伪满政府于 1936 年 4 月 9 日发布第 51 号敕令，宣布"政府为谋新闻、通信及其他弘报事业之健全发达，特令设立株式会社满洲弘报协会"①，从而将该协会的性质由此前的"组合"变更为株式会社，迈出了由同业组合向株式会社性质转变的第一步。

在筹建委员会的大力推动下，满洲弘报协会的准备工作按照关东军的意图逐步推进。5 月 26 日，满洲弘报协会设立草案获得通过。5 月 30 日，弘报委员会作出决议，要求成立满洲弘报协会创立总会，对其组织框架、机构设置、运行规则等进行商定。创立总会主要成员为伪满地区各报社、通讯社负责人，而"负责创立相关事务处理的首席"② 则为具有深厚军方背景的高柳保太郎。8 月 10 日，召开创立总会，对满洲弘报协会章程及组织架构进行了审议，同时大力扩张协会的分支机构，在正式成立之前已在伪满地区、中国其他地区、日本国内设立分社、分局 20 个。

经过上述一系列准备，在关东军的一力推动下，1936 年 9 月 28 日，株式会社满洲弘报协会宣告成立，首任理事长为高柳保太郎，注册资本 200 万日元，发行股票 4 万股，正式完成了由同业组合向株式会社的变身。从出资比例看，高柳保太郎以"国通社""斯民社""满洲事情案内所"③ 所有财产为担保，集合 Manchuria Daily News、《大同报》《大新京日报》《满蒙日报》所占股份，共出资 53.45 万日元，松冈洋右以满铁部分财产为担保，集合《满洲日日新闻》《哈尔滨日日新闻》等所占股份，共出资 113.05 万日元，再加上其他报社的注资额，共计出资 175 万日元，剩余的 25 万日元由满洲电电出资。④ 无论是高柳还是松冈，均拥有浓厚的关东军军方背景，而满洲电电又是关东军扶植的伪满地区特殊会社。这表明，关东军对该协会拥有绝对影响力。

成立大会还公布了《株式会社满洲弘报协会章程》。章程表明满洲弘报协会是"为谋新闻、通信及其他弘报事业之联络调整，以实现其健全发达"而设立的，其具体业务

---

① 「株式会社満洲弘報協会設立ニ関スル満洲国勅令第五十一号」、外務省編：『外務省執務報告　情報部』（昭和十一年—十三年）、東京：株式会社プレス出版 1995 年、第 191 頁。

② 『満洲日日新聞』1936 年 6 月 2 日。

③ 满洲事情案内所是按照关东军特务部的指示于 1933 年 1 月成立的，其最初名称为满洲经济事情案内所，主要任务是对伪满地区经济状况进行调查，1934 年改称满洲事情案内所，调查研究的对象不再局限于经济状况，伪满地区的政治、经济、社会、文化等均被纳入其调查范围之内，并负责接待从日本来伪满地区的视察团。1936 年被合并进株式会社满洲弘报协会，1938 年又从株式会社满洲弘报协会分离出来，独立成为伪满政府的特设机关，1939 年末成为伪满政府全额出资的准特殊会社。

④ 満洲中央銀行調査課編：『特殊会社準特殊会社法令及定款集』、新京：満洲中央銀行調査課 1938 年、第 150 頁。

有二：一是"报纸、通信和出版事业的投资"，二是"报纸、通信和出版相关事业及其附带事业"①。其中，前者的实施对象为加盟报社，即以资本入股的形式控制加盟报社的全部或半数以上股份，使这些报社"在资本上处于完全被统制之下"，从而获得对其控制权；后者的实施对象为"国通社"和满洲事情案内所，即通过直营的形式将其改组为协会内部机构，在组织上直接控制上述两家机构。由此可见，满洲弘报协会以资本控股和直接经营两种方式对加盟报社和通讯社实施"完全的统制、管理、联络"，以"确保在一切业务上对各加盟报社的统制地位"，由此发挥着"弘报宣传总司令部的功能"②。

尽管关东军一再强调满洲弘报协会的民间机构性质，由关东军控制的《盛京时报》在敕令公布第二天也发文称该协会是为了促进伪满地区新闻事业的发展而成立的，"绝非压迫内外言论的机构"③。但依敕令的形式对一个民间机构的成立给予确认的做法以及其通过资本控股的方式对各加盟报社实施绝对统制的做法不可避免地再次引发对该协会性质的众多非议和担忧，甚至有媒体直接指出其本质是军部借民间机构之名而行言论统制之实的官方机构。对此，包括关东军在内的日本当局动用各方力量进行解释和引导。

关东军参谋长板垣征四郎在召集当地报社、通讯社负责人座谈时，特别对该协会成立的主旨进行了说明，称该协会对内为伪满政府的运营和发展提供"健全的舆论支持"，对外则为与苏联和中国开展"思想战、宣传战的强力言论机构"。板垣表示将以"国通社"及《满洲日日新闻》等日文报、《满蒙日报》等朝文报、《大同报》等汉文报组建通信部，以满洲事情案内所为主组建事业部，并表示不会对未加入协会的"协会外报社施加任何压迫"。但同时强调无论是否加入满洲弘报协会，所有伪满地区新闻机构"在国策上均应保持唇齿相依之关系"。因此，他希望所有新闻机构都在"舆论唤起"上发挥作用，为"促进军官民一致团结，为大陆政策的推行作出贡献"④。

满洲弘报协会在运营一年之后，对其质疑之声依然不绝于耳，但继任理事长森田久索性连辩解也不屑一顾，而是在承认满洲弘报协会对新闻实施统制的基础上，将说明的重点放在了实施新闻统制的必要性和合理性上。森田认为尽管由满洲弘报协会对伪满地区报社、通讯社实施统制会招致"使新闻官报化之非难"，但作为一个"日人、鲜人、汉人、满人、蒙人等多民族聚集的国家"，若在伪满地区执行言论自由政策，"无论对外

---

① 「株式会社満洲弘報協会定款」、満洲中央銀行調査課編：『特殊会社準特殊会社法令及定款集』、新京：満洲中央銀行調査課 1938 年、第 146 頁。

② 満洲事情案内所編：『満洲国策会社綜合要覧』、新京：満洲事情案内所 1939 年、第 246—247 頁。

③ 《盛京时报》1936 年 4 月 10 日。

④ 『満洲日日新聞』1936 年 9 月 4 日。

还是对内，无论对国家还是对国民而言均非良策"，他主张"在非常时期之国际局势下由国家实施某种程度的统制是不可避免之大势"，并强调"协会所持整理方针才是真正达成新闻使命之理由"①。

由此看来，无论是板垣征四郎还是森田久，尽管他们极力宣称满洲弘报协会的目的是"谋求新闻通信之健全发达"，但他们依然不讳言其服务于日本的大陆政策、实施舆论引导的国策性。换言之，"谋求新闻通信之健全发达"不过是掩盖其言论统制本质的幌子而已。

(二) 满洲弘报协会的活动

关东军、伪满政府及其他日本在伪满地区的军政机构不但为满洲弘报协会提供政治保障，而且也为其提供雄厚的经济基础。满洲弘报协会成立时注册资金为 200 万日元，经过多次增资后，到 1940 年已达 800 万日元。其资金主要来自伪满政府拨款和满铁、满洲电电的资助。作为日本"满蒙政策"的急先锋，满铁在伪满地区的宣传舆论界中一直处于执牛耳的地位，它早就在内部设立情报课，试图通过自己的雄厚实力来操控伪满地区的新闻事业。为此，满铁不但投资创办报社或为报社提供资助，而且还派长期替满铁经营宣传舆论机构的原日本陆军中将高柳保太郎出任满洲弘报协会的第一任理事长。高柳上任不久，即与伪满政府国务院弘报处签订备忘录，确立了满洲弘报协会作为伪满政府重要事项代行发布机关的地位。在如此强大的政治背景和雄厚的经济支撑下，满洲弘报协会开始了对伪满地区新闻事业的统制。

如前所述，满洲弘报协会最初是以同业组合的形式结成的，其目的是推动日本"在满新闻社通信社及类此之弘报机关，根据弘报委员会之意，期弘报业务之进步，与经营之合理化"②。因此，该时期的主要活动是围绕同业组合成员之间的物资、人员互助展开的，从形式上看基本符合同业组合的原则。但我们应看到上述目的是在"根据弘报委员会之意"的前提下实现的。而作为伪满地区宣传的最高机构，弘报委员会执行的又是关东军的意志。满洲弘报协会绝非真正意义上的同业组合，而是以同业组合外壳存在的、由关东军控制的舆论统制机构，其目的是促进"日满两国国策的助长及'满洲国'国威的宣扬"③。为达此目的，对伪满地区新闻业实施整顿成为满洲弘报协会的重要活动。

株式会社满洲弘报协会成立后，将"国通社"和满洲事情案内所作为直营事业纳入

① 森田久：「満洲の新聞は如何に統制されつゝあるか」、満州弘報協会編：『満洲の新聞と通信』、新京：満州弘報協会 1940 年、第 7—8 頁。

② 《盛京时报》1935 年 11 月 13 日。

③ 新聞解放満鮮総支社編：『動く満洲言論界全貌』、大連：新聞解放満鮮総支社 1936 年、第 4 頁。

旗下，并通过资本入股的形式控制了满洲日日新闻社、大新京日报社、哈尔滨日日新闻社、大同报社、盛京时报社、满蒙日报社及 *Manchuria Daily News* 社等七大伪满地区主要报社，最终形成了通信社系统、"满日"系统和"大同"系统三大业务格局。其中，"满日"系统主要包括加盟该协会的日语、英语和俄语报纸，"大同"系统则包括加盟该协会的汉语和朝鲜语报纸，此为满洲弘报协会实施的第一次报业整顿。

第一次报业整顿后，伪满地区的报业形成了满洲弘报协会统制框架内报业及统制框架外报业并存的局面，且后者的数量远大于前者，这与日本当局的伪满地区新闻统制目标相去甚远。"鉴于协会结成后的实绩及国际通讯战的激化和非常时局的进展，在报业统制上应进一步对非加盟报社进行整理，将其收入协会伞下"[1]。因此，满洲弘报协会在完成第一次整顿后，自 1936 年末开始至 1940 年 9 月又实施了新一轮整顿。

首先，满洲弘报协会深感将"协会直营之通信局、事业部等协会事业分离"的必要性，于 1937 年 7 月 1 日将"国通社"从协会中分离出来，从而形成"独立的通讯社体制"[2]。独立后的"国通社"在人员数量、分支机构及覆盖范围等方面均进行了大规模扩张。由于满洲弘报协会持有"国通社"100%股份，尽管"国通社"以独立形式运营，但实际上依然接受满洲弘报协会的节制。1938 年 4 月，满洲事情案内所也宣告独立。此后，满洲弘报协会不再直接经营新闻、通信及附带业务。

其次，第二次报业整顿的主要目标是非加盟报社，对其采用的手法主要有：第一，由于"国通社"垄断新闻来源，满洲弘报协会要求"国通社"向非加盟报社收取高额新闻使用费，以此从经济上对非加盟报社施压。在沉重的经济压力下，非加盟报社不得不放弃"国通社"的内外报道稿件，只能刊登一些当地新闻，其影响力大打折扣；第二，日满当局规定其附属机构及国策公司的广告只能在加盟报社报纸上刊登，且满铁等机构的补助金也仅提供给加盟报社，使得非加盟报社的经济状况日趋恶化，"统制外的报纸持续陷入经营困难境地"[3]。于是，满洲弘报协会仿效日本国内的"一县一报"政策，趁机在伪满地区推行"一地一报"方针，加紧实施各地报社的兼并工作。

满洲弘报协会规定，原则上大连、奉天（沈阳）、新京（长春）、哈尔滨四大城市各保留 1 份日语报纸和 1 份中文报纸，让其加入满洲弘报协会，其他报纸则合并到上述报纸之中，从而实现"一地一报"的目标。如把奉天的《大亚公报》《民报》《奉天公报》

---

① 森田久：「満洲の新聞は如何に統制されつゝあるか」、満州弘報協会編：『満洲の新聞と通信』、新京：満州弘報協会 1940 年、第 3 頁。

② 森田久：「満洲の新聞は如何に統制されつゝあるか」、満州弘報協会編：『満洲の新聞と通信』、新京：満州弘報協会 1940 年、第 3 頁。

③ 新聞解放満鮮総支社編：『動く満洲言論界全貌』、大連：新聞解放満鮮総支社 1936 年、第 7 頁。

《民声晚报》《奉天日报》合并于《盛京时报》，把大连的《满洲报》《关东报》并入《泰东日报》，把长春的《满洲商工日报》并入《满洲新闻》。但考虑到各地人口、购买力及其他特殊状况，在坚持上述中心城市"加盟报中文、日文各一报"[①]的原则下，还允许另有 1 家非加盟报社存在。如奉天除日文报《奉天日日新闻》外，还允许《奉天每日新闻》存在，除中文报《盛京时报》外，还允许《醒时报》存在。

除四大中心城市外，满洲弘报协会还将远离四大中心城市的边远城市报业也纳入到"一地一报"的体系之下，如在延吉保留了《延吉晨报》，在齐齐哈尔保留了《黑龙江民报》，在佳木斯保留了《三江报》，在承德保留了《热河新报》，满洲弘报协会持有其半数以上的股份，并采取一定的扶植政策，提升其发行数量，以防止因交通不便等因素导致"新闻不能充分完成文化政策、统治政策方面使命"[②]。而对于其他地方报纸，满洲弘报协会则要求按照"坚守地方报社本分的根本方针"[③]，面向当地民众发行对开版小型报纸，报道的内容也局限在当地社会文化状况的介绍方面。此外，为达到"向在满外国人及通过英语向外国宣传满洲"[④]的目的，满洲弘报协会也加强了对伪满地区发行的英文、俄文、朝鲜文报纸的统制，从每个语种报纸中选择 1 家代表性报社作为加盟报社招至麾下，如在大连保留英文报 *Manchuria Daily News*，在新京保留朝鲜文报《满鲜日报》，并将《间岛日报》收购并入其中，在哈尔滨保留俄文报《哈尔滨时报》。

完成第二次报业整顿后，满洲弘报协会除了通过持股的形式实际控制加盟报社外，还认识到"对各加盟报社的经营合理化实施监督指导也是有必要的"，由此制定了一系列具体措施，如控制印刷纸张和资材的配给权，以此加强对编辑内容的引导和监管；发挥"国通社"作为信息供给侧的引导作用，对加盟报社"促进编辑方面合理化和营业部门的改善"[⑤]进行干预。此外，为充分发挥加盟报社的作用，满洲弘报协会自成立以来每周召集各报社驻新京代表召开"参与会"。"国通社"、关东军报道班、伪满洲国

---

①　森田久：「満洲の新聞は如何に統制されつゝあるか」、満州弘報協会編：『満洲の新聞と通信』、新京：満州弘報協会 1940 年、第 11 頁。

②　森田久：「満洲の新聞は如何に統制されつゝあるか」、満州弘報協会編：『満洲の新聞と通信』、新京：満州弘報協会 1940 年、第 13 頁。

③　森田久：「満洲の新聞は如何に統制されつゝあるか」、満州弘報協会編：『満洲の新聞と通信』、新京：満州弘報協会 1940 年、第 14 頁。

④　森田久：「満洲の新聞は如何に統制されつゝあるか」、満州弘報協会編：『満洲の新聞と通信』、新京：満州弘報協会 1940 年、第 15 頁。

⑤　森田久：「満洲の新聞は如何に統制されつゝあるか」、満州弘報協会編：『満洲の新聞と通信』、新京：満州弘報協会 1940 年、第 26 頁。

弘报处、治安部、伪满洲国协和会等均派代表参加，负责对报道审查及宣传方针作出决议，并直接向加盟报社传达，从而实现了"国策顺应方面一丝不乱的统制"①。因此，无论从股份控制还是从业务监管来看，满洲弘报协会与加盟报社之间是事实上的领导与被领导的关系。

经过上述两次报业整顿，伪满地区原有的40余家报社通过一系列兼并和解散后，有3/4的报社被置于满洲弘报协会麾下，其发行量占整个伪满地区报纸发行总量的85%②，由此实现了伪满地区新闻通讯业向满洲弘报协会的高度集中，而剩下的几家非加盟报社，如奉天的《醒时报》等力量微乎其微，根本无力与加盟报社抗衡，只是因为不问政治，仅刊登社会新闻才得以苟延残喘。

满洲弘报协会在实施报业整顿的同时，还极力加强其内部的业务建设。首先，通过统一各报社记者报酬，提高报社人员待遇，刺激记者工作的"积极性"，培养了一批忠于满洲弘报协会的记者。其次，实行记者交流制度，在一定期间内，各报社可以向对方报社互派记者，使记者熟悉各种报纸的业务流程，以提高其"从业素质"。再次，利用满洲电电是其股东的有利条件，建立起专用电话线和图像传送设备用于新闻稿件的发送，不仅提高了新闻的速报性，而且新闻照片的传播也在一定程度上大大增强了伪满地区报纸的宣传力度，为日军在满政策的推行摇旗呐喊。

1937年7月日本侵华战争全面爆发后，日本国内全面推行"总动员体制"，并通过《国家总动员法》和《新闻纸法》的修订加强了对舆论的监管。与日本国内的"总动员体制"相适应，伪满政府也进一步强化了对伪满地区的新闻统制，于1937年7月设立负责宣传业务的官方机构弘报处，负责对该地区新闻事业实施全面统制。1940年12月27日，伪满洲国参议府会议决定扩大弘报处建制，将伪满地区所有宣传机构及协会统一由弘报处管辖。加之满洲弘报协会通过投资、收买、兼并等资本运作实施报业整顿加大了伪满当局的经济负担，且弘报处的职务内容全面覆盖满洲弘报协会的业务范围，因此在弘报处扩大建制的同时，满洲弘报协会实现"发展性解散"。

综上所述，满洲弘报协会经历了由同业组合到株式会社的转变，它自始至终以非官方身份存在并发挥着作用。但是，我们应该看到，无论其组织形式如何，其均与军部和政府保持着密切关系。在同业组合时期执行的是弘报委员会的决议，株式会社时期它是作为特殊会社的形式存在的，而特殊会社从事的是带有国防或公共公益性质的重要产业，其执行的也是日本和伪满政府当局的决议。可以说，满洲弘报协会是一个完全由日

---

① 森田久：「満洲の新聞は如何に統制されつつあるか」、満州弘報協会編：『満洲の新聞と通信』、新京：満州弘報協会 1940 年、第 25 頁。

② 満洲日日新聞社：『満洲年鑑』、新京：満洲日日新聞社 1941 年。

本人操纵的、在伪满地区实施新闻统制的外围机构，它对伪满地区的报纸、通信等新闻事业实现了全方位统制，改变了伪满地区的报业格局，掌握了伪满地区的舆论话语权，具有明显的强制性和显著的国策指向，充当了日本当局在伪满地区宣传的代言人，对中国东北地区新闻事业造成了极大的破坏。

三、满洲书籍配给株式会社

九一八事变后，伪满当局除了通过"国通社"和满洲弘报协会对伪满地区报业实施统制外，还强化了对出版业的统制。1932 年 10 月 13 日，为扭转九一八事变及伪满洲国建国所引发的负面舆论，为舆论监管提供法律依据，伪满政府出台了第一部舆论法案《出版法》，规定所有出版物在出版发行时必须"呈请民政部长准许"，从而确立了"许可制"的统制原则，并明确了禁止刊行的具体内容。[①] 该法虽名为《出版法》，但它集"大清印刷物专律"（1906 年）、日本政府颁布的《新闻纸法》（1909 年）和南京国民政府颁布的《出版法》（1914 年）之大成，对出版业的出版发行、内容审查等均作出了相应规定。

《出版法》对普通出版物实施"纳本制度"，规定在发行 3 日内应由发行人向民政部警务司提交样书以供审查，并与作者联署呈报民政部总长备案。正式发行的出版物应在末页标注"发行人、著作人及印刷人之住所、姓名及发行所、印刷所之名称及所在地并发行及印刷年月日"[②]，且民政部总长认定出版物有违反禁止刊登内容的，可对其作出相应行政处罚，甚至予以取缔。1940 年 12 月，伪满政府对《出版法》进行了修订，将出版物的审查管理权交由弘报处负责。

由于历史原因，伪满地区的识字率不高，再加上日本当局在占领该地区后对书籍进行了大规模取缔，这在日本当局看来极大影响了在伪满地区殖民统治思想的灌输。因此，开发教科书类图书，以促进"新国民思想的涵养"[③] 成为当务之急。

---

① 《出版法》禁止刊行的内容包括：第四条规定下列内容不得刊登：一、不法变革国家组织大纲或危害国家存立之基础事项；二、关于外交或军事机密之事项；三、恐有波及国交上重大影响之事项；四、煽动曲庇犯罪或赏恤陷害刑事被告人或犯人之事项；五、不公开之诉讼辩论；六、恐有惑乱民心扰乱财界之事项；七、由检察官或执行警察职务人员所禁止之事项；八、其他混淆安宁秩序或败坏风俗之事项。第五条规定，出版物对于官公署或依法令组织之议会所未公示之文书及不公开会议之议事，非受该官公署之批准不得刊登。第六条规定：民政部总长、军政部总长或外交部总长关于外交军事或财政上认为有碍或于治安维持上认为有必要之事项，得将该事项特别指明禁止或限制刊登于报纸及杂志。具体参见「満洲国政府公報日譯 大同元年 10 月分（第 51 号—第 61 号）」、『満洲国政府公報日譯』、JACAR（アジア歴史資料センター）、Ref.A06031009100、国立公文書館。

② 「満洲国政府公報日譯 大同元年 10 月分（第 51 号—第 61 号）」、『満洲国政府公報日譯』、JACAR（アジア歴史資料センター）、Ref.A06031009100、国立公文書館。

③ 満洲事情案内所編：『満洲国策会社綜合要覧』、新京：満洲事情案内所 1939 年、第 250 頁。

为更好地发挥出版业的"国策"服务功能，伪满政府、关东军及日本出版印刷界开始就强化伪满地区图书出版业监管进行协商，以实现"对教科类图书相关事业实施统制，并通过教科类图书之外著作的发行颁布提升文化，并实现这些图书的廉价供给"①。经过协商后，各方逐渐达成一致，决定在发挥伪满民政部、弘报处监管职能的基础上，推动成立出版业"国策会社"或同业机构，对伪满地区出版业实施统制。1937年1月，伪满国务院公布《满洲图书株式会社设立要纲》，2月公布《设立趣意书》，对该机构成立的目的及意义进行了说明。

按照上述各方的设想，满洲图书株式会社作为伪满政府重要的文化部门，应采用"特殊会社"的组织形式。因此，在该机构正式成立之前，伪满政府于1937年3月29日首先以敕令的形式公布《满洲图书株式会社法》，为其成立提供法律依据。

《满洲图书株式会社法》由20条正文和5条附则构成，首先该法宣布"为统制确立教科用图书之发行颁布事业"，特令设立满洲图书株式会社，负责"经营关于教科用图书之翻刻、发行、发卖及颁布之事业"。

《满洲图书株式会社法》规定，满洲图书株式会社采用股份有限公司的组织形式，伪满政府股份和出资额均须超过半数，以确保政府在资本方面拥有该公司的控制权。该公司的重要人事安排均由股东大会选举产生，但其选任、解聘以及章程的变更、利润的分配及公司发生合并、解散等业态变更时，必须获得主管部门的许可。主管部门不但在人事方面拥有发言权，认为有必要时还可要求公司提交业务报告、财务状况、事业规划及相关文件，且主管部大臣在公司业务方面可以发出"监督上必要之命令"和"公益上必要之命令"，从而获得了对满洲图书株式会社的绝对控制权。

为推进满洲图书株式会社的成立，《满洲图书株式会社法》要求设立一个委员会负责处理"关于设立会社之一切事务"②，包括拟定公司章程并呈请主管门认可。该设立委员会委员长由文教部大臣阮振铎担任，委员由伪满政府相关部门的负责人担任，包括实业部总务司长岸信介在内均为日本人。4月6日，满洲图书株式会社正式宣告成立，注册资本200万元，伪满政府出资100万元，其余的100万元由东京书籍株式会社、日本书籍株式会社、大阪书籍株式会社和日满文教株式会社共同承担。公司下设庶务、经理、发行、工务四课及秘书、商务、编纂三股，其中最核心的部门为发行课和工务课，前者负责书籍的策划、销售、运送及仓储，后者负责书籍的校对、制图、制版及印刷、装订等业务。

---

① 高橋正则：『決戦満洲国全貌』、東京：山海堂出版部1943年、第359—360页。
② 「満洲図書株式会社法」、『政府公報』第896号、1937年3月29日。

根据满洲图书株式会社章程规定，其业务为"教科用图书之翻刻、发行、销售及颁布"以及"获得政府认可的前项以外的著作及其他印刷物的发行、销售、颁布及印刷"①。换言之，尽管满洲图书株式会社设立的初衷是为了加强教科书类图书的统制，但实际执行过程中，其统制对象不仅仅局限于教科书，也包括教科书以外的其他出版物，具体如下：

一、全部伪满洲国教科用图书的印刷、出版、销售、配给；

二、思想启发、文化提升并兼具趣味娱乐功能的普通优良书籍、杂志的编辑、印刷、出版、销售、配给；

三、社外出版优良书籍、杂志的购入、销售、配给；

四、关东军全部机密图书的印刷；

五、政府及民间重要图书的印刷。②

简言之，满洲图书株式会社的业务涵盖教科书在内的所有图书的编辑出版、印刷装订及发行配送三大领域，其目的是通过图书生产和流通贯彻"忠君爱国思想"，提升日伪统治下民众对所谓"王道建国理想"的理解和认同，从而为其殖民统治的"国策"服务。

在图书销售网的布局方面，满洲图书株式会社高度重视流通渠道的充实和完善，对于教科书类图书，该机构利用其"国策会社"的身份，将伪满地区内 400 余处各地教育部门设为其销售点，在教育部门不够完善的地方则依靠实力雄厚的书店负责图书的配送业务；而对于一般图书的流通，则主要以各地方书店为主要媒介，在"全满"设立了300 余处销售点，从而建立了一张较为完善的销售网。

在图书生产设备等基础设施方面，满洲图书株式会社刚成立时，基础设施较为贫乏，连办公场所都是临时租借，印刷工厂面积、设备及产能均相当落后。这在伪满当局看来显然无法满足其图书出版事业的快速发展，在很大程度上对"国策宣传"造成了妨碍。为此，该机构成立后调动各方资源不断充实设备和厂房，成立两年后已具备了专业的制版工厂、活版印刷工厂、平版印刷工厂、照排工厂及装订工厂，此外还与关东军司令部内部的印装工厂保持密切合作，主要负责涉及军事机密的相关图书、文件的印制出版业务。

通过上述种种努力，满洲图书株式会社的图书生产能力得以大幅提升。据统计，仅

---

① 「満洲図書株式会社定款」、満洲中央銀行調查課編：『特殊会社準特殊会社法令及定款集』、新京：満洲中央銀行調查課 1938 年、第 227—228 頁。

② 満洲事情案内所編：『満洲国策会社綜合要覧』、新京：満洲事情案内所 1939 年、第 251 頁。

1938 年其全年生产的各类印刷资料达到 2160 余万册，其中教科书类各种图书 1200 万册，其他印刷图书 560 万册，地图类 1.3 万册，普通出版图书 250 万册，关东军、政府及其他机构印刷图书（除机密类图书外）150 万册。[①] 在图书生产的同时，满洲图书株式会社还基于其"国策使命"，加大了海外图书尤其是海外出版的"优良书籍、杂志类"的引进力度，从而在图书生产、销售、引进、配给等各环节强化了对图书事业的统制。

与报纸不同，书籍的制作周期和流通周期都较长，而掌握了流通渠道就在很大程度上掌握了书籍的生存权，从而左右其宣传效果。因此，伪满当局在出版业统制方面更关注图书的配给环节，特别是随着满洲图书株式会社图书配给网络的不断拓展，伪满当局联合各方开始探讨对图书配给机构实施管制。

1937 年，伪满政府对《出版法》进行修订时，对该地区从事书籍进出口、代购和零售业务的出版业配给情况进行了调查。调查结果显示，当时的出版业配给较为散乱，教科书类配给由前述满洲图书株式会社负责，报刊杂志由"国通社"负责配给，而普通书籍的配给则由日满双方相关机构分别实施。这种多头配给体制对伪满地区出版业的统制造成了一定障碍。

此外，当时伪满地区本土的出版业势力式微，很多书籍依靠进口。进口书籍的来源主要是日本国内、中国其他地区及俄国等。尽管日本书籍占据了所有进口书籍的 90% 以上，但由于进口由各地书籍进口机构、书店、代理店、零售店自行实施，常常因缺乏监管而出现与所谓"建国精神"相违背的内容，且因流通渠道不同其定价也千差万别。鉴于此，建立一个系统的配给体制成为伪满当局的当务之急。

为此，1937 年 11 月，弘报处、"国通社"、满洲事情案内所、满日文化协会[②] 等机构召开会议，就建立新的配给体制进行探讨，最终决定成立一个一元化的配给机构，以满足伪满地区出版事业统制的需求。按照上述方案，伪满政府承担出版部门功能、满洲图书株式会社承担印刷部门功能，而新成立的配给机构承担配给部门功能，从而使伪满地区出版业形成出版、印刷、配给"三位一体"的"出版新体制"。该方案公布后遭到了一些书籍零售业主的反对。为避免丧失其在伪满地区出版零售业的地位，当时伪满地

---

① 满洲事情案内所编：『满洲国策会社综合要览』、新京：满洲事情案内所 1939 年、第 253 页。

② 日本外务省文化事业部在推行"对满文化事业"的过程中，为强化与伪满地区学者的合作，于 1932 年 9 月开始筹划组建由日本和伪满地区学者共同组成的满洲文化委员会，并于 1933 年 10 月派出东京帝国大学名誉教授服宇之吉、池内宏、京都帝国大学名誉教授内藤湖南、滨田耕作、羽田亨及帝室博物馆沟口真次郎 6 人赴新京与伪满地区学者共同组建满日文化协会（日方称"日满文化协会"），其会长由伪满政府国务院总理张景惠担任，该协会打出了"通过日满学界合作，实现东方文化的保存与振兴"的旗号，但其根本目的是为日本在伪满地区推行文化侵略服务。（「日满文化协会章程」、外务省文化事业部：『文化事业部事业概要』、东京：外务省文化事业部 1934 年、第 79 页）

区最大的零售书店——大阪屋号书店 ①，在日本当局和伪满政府各部门之间奔走，试图在该体制中占得一席之地。然而，事与愿违，在伪满当局的推动下，大阪屋号书店最终被迫将其在伪满地区的销售网合并到新成立的配给机构中。

1939 年 3 月 7 日，伪满政府总务厅出台《书籍杂志配给机构整备要纲》。4 月 7 日，该要纲经满洲图书株式会社会长石川正作向日本本土出版界作了传达，并呼吁日本本土出版界为在伪满地区成立图书配给机构提供协助，以"为低廉且迅速普及书籍杂志而实施配给一元化"②，该方案最终获得包括东京出版协会在内的出版业界团体的支持。12 月 26 日，伪满政府国务院民生部公布《满洲书籍配给株式会社设立要纲》和《满洲书籍株式会社章程》，并于翌日举行了满洲书籍配给株式会社（简称"满配"）成立大会，正式宣告了满配的成立。

按照满配章程规定，满配主要负责伪满洲国及关东州内图书配给相关业务，具体业务内容如下：

一、内外优良书籍杂志的采购、引进及配给；

二、国内优良书籍杂志的普及及输出；

三、教科用图书的采购、引进及配给；

四、学习用品及与之相当的商品的采购、引进及配给；

五、上述各项附带业务。③

除上述各类图书的采购、引进及配给外，章程还规定满配应对"防谍、审查、禁售等出版警察提供积极协助"④。换言之，满配不但通过控制书籍流通渠道来实施出版业统制，还通过与出版警察协助的方式获得了对图书内容的审查权，这就使满配具有了出版统制机构的功能。

---

① 大阪屋号书店由日本人滨井松之助于 1904 年 11 月在营口成立，此后在中国东北地区迅速扩张，到 1936 年，伪满地区主要城市均设有分店，其零售店铺已遍布伪满地区、朝鲜等地。其中，伪满地区 67 家，朝鲜地区 108 家，北平和天津各有 1 家，被称为"满洲国内书籍供给的总管"。随着满洲书籍配给株式会社的成立，大阪屋号书店被迫将其伪满地区销售网交出，此后逐渐走向衰落。关于大阪屋号书店的沿革，参见汤原健一：「大阪屋号書店小史」、『国研紀要』2019 年第 153 号、第 87—124 頁。

② 『出版通信』1939 年 4 月 15 日。

③ 「満洲書籍配給株式会社定款」、協同出版社編纂部編：『日本出版年鑑』、東京：協同出版社 1943 年、第 1037 頁。

④ 「満洲書籍配給株式会社定款」、協同出版社編纂部編：『日本出版年鑑』、東京：協同出版社 1943 年、第 1037 頁。

在组织形态上，满配是作为准特殊会社成立的，采用股份有限公司的形式运营。社长等重要人事的选任、解任及报酬等均须获得国务大臣的许可，且公司章程的变更、利润的分配、组织的合并或解散、财产的处置及业务计划等也均须提前报知国务大臣。此外，1940 年 9 月，伪满政府对 1937 年 12 月颁布的《贸易统制法》进行了修订，将书籍、杂志等列入进口统制指定商品，并将满配确定为图书业务的唯一"进口指定机构"①，从而赋予了满配图书进出口的垄断地位。因此，无论是其准特殊会社的地位还是国务大臣对其人事安排、业务运营等方面的支配权以及《贸易统制法》赋予满配的垄断地位都表明满配具有强烈的国策性。

满配成立后不久，日本开始在其本土推行"出版新体制"，并于 1941 年成立了日本出版配给株式会社（简称"日配"）负责"书籍、杂志及其他出版物的一元化配给及相关业务"②。日配的业务范围除覆盖日本国内外，还将触角伸向了海外占领地区，在朝鲜、桦太、台湾等地设立分店，由其设在东京的银座营业所向上述分店供给图书。而伪满地区与上述殖民地不同，它是作为一个"国家"而设立的，因此日配没有在伪满地区设立分店，而是采用与满配密切合作的形式强化对该地区的图书输出。为此，日配与满配签订了一系列合作协议。

首先，日配和满配于 1941 年 11 月 17 日就图书业务的处理原则达成一致。双方约定，"日本出版物向'满洲国'输入的业务由满配一元化实施"，具体实施办法是由满配东京支社向日配采购，并向其位于伪满地区内的零售机构直接配给，同时"为协力满洲国文化政策"③，日配同意以尽可能低廉的价格向满配提供图书。根据该原则，日配获得了向伪满地区输出图书的特权，同样满配获得了日本国内图书在伪满地区的配给权。

其次，为落实上述原则，日配和满配于 1942 年 1 月 20 日签订了具体的合作协议，就双方业务的合作关系作了详细规定。该协议共由 17 条构成，主要涉及业务合作及费用分担等。在业务合作方面，协议规定凡在日本新发行的书籍应按照向日配配给的同等条件向满配东京支社提供，且要保证"满配的自主图书选择权"。双方在协议的基础上确定新刊书籍和定期刊行物向伪满地区输入的基准数量，同时鉴于"满洲国文化政策及

---

① 日本商工会議所東亜経済部編：『東亜経済資料第 21——満洲国の貿易統制』、東京：日本商工会議所 1941 年、第 23 頁。

② 「日本出版配給株式会社定款」、日本読書新聞社雑誌年鑑編纂部編：『雑誌年鑑』、東京：日本読書新聞社 1942 年、第 169 頁。

③ 「情報局及対満事務局間ノ取扱原則」、協同出版社編纂部編：『日本出版年鑑』、東京：協同出版社 1943 年、第 1035 頁。

战时下满洲特殊局势"，日配将在力所能及的范围内优先向满配实施图书配给，并在价格上给予一定优惠。同时，日配将向满配提供"满配新京仓库相当量的常备书籍"，以"助于满洲文化的助长"。在费用负担方面，铁路运输或货运方式运输而产生的运费由日配负担，通过邮政运输产生的运费则由双方共同承担，空运及其他特殊方式运输的费用由满配负担。此外，为强化两者之间的合作，满配东京支社将租赁日配大楼的部分设施，且双方相互派遣评议员和顾问，以体现"日满一体的实际成果"①。

随着太平洋战争爆发后局势的发展，伪满政府开始酝酿对满配实施改革，以强化对书籍的统制。1942 年 7 月，伪满政府内阁会议通过了《满配改革要纲》，改革的基本方针是通过对满配的业务运营实施根本性变革，实现配给统制机构的合理化，从而促进"出版物的普及和思想工作的渗透"。具体的改革内容为：

其一，除教科书的配给仍由民生部负责外，将满配的指导监督权由伪满政府民生部教育司转移至总务厅弘报处，从而将书籍等出版物纳入弘报处的统一监管之下；其二，彻底实施人事改革，一方面提高职员的工作效率，压缩配给经费，另一方面大力扩充地方配给机构，提高配给效率；其三，与出版警察合作，加强对图书销售业的指导和监督，同时强化对图书进出口的管理，"促进国内出版物向国外的输出，同时实施外国出版物的输入统制"；其四，将其他出版配给机构逐步统合到满配配给体制之下，实现配给的一元化，同时实现满配与满洲图书株式会社的完全分离，将满洲图书株式会社所占有的满配股份转让给政府机构，以此加强政府对图书配给系统的管理，以向出版业贯彻"通过出版物普及完成思想工作及文化建设的使命"②。

经过上述改革，满配实现了对伪满地区图书配给的一元化统制，控制了图书销售渠道。据统计，在作为伪满地区图书零售终端的书店销售的图书中，有三成是满配计划配给的图书，有七成是由图书销售业主自行选择的图书。③ 从比例上看，虽然能够体现出业主的自主性，但业主自主选择的图书也首先必须经过满配审查并由满配实施配给。此外，为协助"政府的文化政策"，日本当局采取了优先供给满配的政策，甚至在日本国内无法买到的图书在伪满地区书店可以买到。

四、满洲映画协会

要发挥殖民统治的有效性，仅仅依靠政治统治和经济压制是不够的，"殖民控制的重点是精神控制，若没有精神控制就绝对不会有完整的经济和政治控制。控制一个民族

---

① 「協定書」、協同出版社編纂部：『日本出版年鑑』、東京：協同出版社 1943 年、第 1035—1036 頁。

② 「満洲書籍配給株式会社改革要綱」、協同出版社編纂部：『日本出版年鑑』、東京：協同出版社 1943 年、第 1036—1037 頁。

③ 春山行夫：『満洲の文化』、営口：大阪屋号書店 1943 年、第 278 頁。

的文化，就等于控制这个民族与其他民族建立关系时确立自己之身份工具"①。由于电影能够通过影像及艺术等对人们的认知在一定程度上进行重塑，因此其更是成为殖民统治的宣传武器。日本统治者对电影在宣传方面的作用有着深刻的认识，他们认为电影应"在外交上发挥它特有的宣传教育作用，以收电影报国之效"，并形成"使电影成为实现大日本帝国国策"②的认知。在各方力量的推动下，伪满政府和满铁各出资一半于1937年8月成立"国策"电影机构株式会社满洲映画协会（简称"满映"），并以满映为媒介对伪满地区的电影事业实施全面统制，从而将电影改造为殖民统治的宣传工具。

（一）满映的成立

在日本"满蒙政策"的制定及实施过程中，电影也逐渐成为其在伪满地区实施文化侵略的重要工具。早在1909年，满铁在大连将电气游园修整为电气馆，开始定期放映电影并拍摄纪录片，这是日本在伪满地区电影事业的开端。此后，满铁又在沈阳等地新建了一批电影院，并于1917年开始在南满铁路沿线组建电影放映队，开始利用电影进行殖民宣传。1923年，满铁设立映画班，与报纸、通讯社等互相配合，以图像和文字的组合加大宣传力度。

九一八事变爆发后，满铁映画班拍摄了事变爆发及此后关东军不断扩大侵略步伐的全过程，并在关东军的指示下进行了剪辑和后期制作，大肆宣传关东军军事行动的所谓"合法性"，并向东北地区人民灌输殖民思想。伪满洲国建国后，映画班更是拍摄了大量鼓吹"日满亲善"和美化殖民统治的影片。但与日本对伪满地区政治、经济等方面的控制相比，日本当局认为文化事业的统制相对落后，"电影一部门几乎全部为欧美及中国影片势力所占有，对于国民道德、民族意识感染不良"③。鉴于此，日本殖民当局开始筹划组建一个旨在强化伪满地区电影事业管控的统制机构。

1933年5月，关东军参谋小林隆提出建立满洲映画国策机构的议案。他建议成立满洲映画国策研究会，以致力于"通过电影的普及利用，提高并发展满洲国文化，研究制定作为映画国策的统制、审查、制作、利用及与电影相关的一切事项"④等。小林隆的建议得到了关东军的支持。8月28日，以小林隆为中心的满洲映画国策研究会正式成立，该研究会也被看作满映的准备机构。

满洲映画国策研究会于1934年3月召集相关部门就伪满洲国"映画国策"进行研

① 罗钢、刘象愚：《后殖民主义文化理论》，中国社会科学出版社1999年版，第324页。
② ［日］岩崎昶：《日本电影史》，钟理译，中国电影出版社1963年版，第151页。
③ 《盛京时报》1939年1月1日。
④ 木津安五：「满洲映画史——觉书」、『宣抚月报』1939年第4卷第7号、第45页。

议，参会者包括以小林隆为首的关东军第四课职员及伪满政府民政部、文教部、总务部相关人员，均为日本人，经过讨论后最终形成《满洲国映画国策方案》。该方案建议由伪满洲国"政府每年出资 50 万元"在新京成立一个国立摄影所，负责伪满洲国内"所有电影（满洲国内官民电影）的统一制作、配布"①。

1934 年 10 月，伪满政府总务厅情报处、民政部警务司、文教部社教课、军政部宣传部、外交部宣化司等机构联合成立伪满洲国映画研究会，对影片的制作、审查、宣传等具体问题进行研究，并再次提出建立国立映画制作所的建议。

以上述两机构的方案为基础，关东军参谋部第四课于 1935 年 8 月提出了成立伪满洲国映画演剧协会的构想。第四课首先对伪满地区电影事业"无统制、无指导"的现状表示了担忧，对上述两个研究会的活动表示了不满，认为其仅仅停留在研究的层面，缺乏实际行动，为此第四课主张成立一个对伪满洲国"电影、演剧、音乐等实施统制、指导的执行机构"，制定并完善"电影演剧国策"，以向"满洲国人普及建国精神"②。

在上述精神的指导下，伪满洲国映画研究会接受关东军司令部新闻班的指派，于 1936 年 7 月制定了《满洲国映画对策树立案》。该方案首先大谈伪满地区电影事业现状，认为日本影片没有占据伪满地区电影事业的主流导致对伪满洲国的"治安工作及国民思想善导造成妨碍"，而满铁及协和会等机构所开展的电影事业各行其是，造成题材重复、资源浪费、导向不一的局面。由此该方案建议"迅速成立一个政府直辖的国策电影机构"③，并由日本在伪满地区电影事业的管理者、从业者共同组成映画对策审议会，由关东军参谋长板垣征四郎亲任委员长，就即将成立的"国策映画机构"的组织形态、隶属关系、业务内容、相关法案等进行审议。

映画对策审议会经过反复讨论后，对新机构提出如下设想：由伪满政府和满铁各出资一半成立一个株式会社，该株式会社的业务内容涵盖影片的制作、进出口、配给、上映等各环节，且通过相关法律确定其垄断地位。该方案得到伪满政府国务院的承认，并于 1937 年 8 月 2 日以《电影国策案》的名义正式公布。此后，伪满政府按照该方案，出台了一系列相关配套措施。

首先，1937 年 8 月 14 日，伪满政府以敕令的形式公布《株式会社满洲映画协会法》，宣布"为谋映画之制作、输出入及配给之指导统制及映画事业之健全发达，特令设立株

---

① 「满州国映画国策方案」、『活动映画「フィルム」关系杂件 第二卷』、JACAR（アジア历史资料センター）、Ref.B04012457400、外务省外交史料馆。

② 关东军参谋部第四课：「满洲国映画演剧协会组织の要旨と必要性」、『石原莞尔文书』R—6、国立国会图书馆宪政资料室。

③ 木津安五：「满洲映画史——觉书」、『宣抚月报』1939 年第 4 卷第 7 号、第 53 页。

式会社满洲映画协会"①，从而为该协会的成立提供了法律依据。

按照该法规定，满映为股份有限公司，资本总额为 500 万元，其中政府出资 250 万元，从而在法律上确定了满映作为特殊会社的地位。满映设理事长 1 人、理事 3 人、监事 2 人，均由股东会选任，但其选任或解任均须获得伪满政府国务总理许可。不唯如此，章程的变更、合并及解散、社债之募集及利益金之处分、理事长、理事、监事的职权范围以及财产的转让、业务的变更、年度计划及财务状况等均须获得伪满政府国务总理认可，且伪满政府国务总理对满映事业认为"公益上必要"或"监督上必要"时可下达相关命令或指示。

该法在附则中要求成立筹建委员会，由伪满政府总务厅次长神吉正一任委员长，负责制定章程等处理"设立相关的一切事务。8 月 21 日，筹建委员会召开满映创立总会，正式宣告满映成立，由清朝皇族、时任伪满政府新京特别市长的金璧东担任理事长，满铁庶务课长林显藏任专务理事。满映名义资本金 500 万元，实缴资本金 250 万元，发行股份 10 万股，每股 50 元，伪满政府和满铁各占 50% 股份。成立大会同时公布满映章程，对《株式会社满洲映画协会法》所确定的满映组织形态、运营方式等作了进一步细化，并明确了满映的业务内容为"映画的制作、进出口、配给"② 及相关附带业务。

其次，1937 年 10 月 7 日，伪满政府以敕令的形式公布《映画法》，确立了伪满政府对电影事业的法律监管地位。该法案共有 18 条，其中规定"凡欲以制作映画为业者应经国务总理大臣许可"，且电影从业人员或其公司发生资产增设、转移、业务变更时也须获得伪满政府国务总理许可，从而确立了电影事业的许可制。此外，伪满政府国务总理对电影机构的具体业务执行也具有最终决定权。该法案规定，伪满政府国务总理认为有必要时可要求电影制作业者提交业务状况、账簿文件等以供审查，也可"对映画制作业人指定内容而命制作映画或对映画映演业人指定映画而命其映演"，同时对于那些"于国家观念之涵养、国民之知德启发及其他公益上认为特别优秀者"可提供一定数量的奖金。

《映画法》要求电影制作完成后必须接受审查，"映画非依治安部大臣所定经该管官署检阅者不得输出或映演之"，未经审查而将影片出口或公映，则会被处以 6 个月以下徒刑或 500 元以下罚款。此外，该法还规定了连带责任，即凡是"映画之制作、输出、输入、配给或映演为业者之使用人及其他从业员"有与该法律抵触行为或触犯该法令条款者，不但要处罚当事人，也要处罚相关责任人。由上观之，该法所涉及的范围涵盖了

---

① 「株式会社満洲映画協会法」、『政府公報』第 1014 号、1937 年 8 月 14 日。
② 「株式会社満洲映画協会定款」、満洲中央銀行調査課編：『特殊会社準特殊会社法令及定款集』、新京：満洲中央銀行調査課 1938 年、第 212 頁。

电影制作、流通、上映的整个过程，赋予了伪满政府国务总理大臣对该地区电影业的绝对控制权。

《映画法》第四条还特别规定，"映画之输出、输入及配给除国务总理大臣指定者外不得为之"①。而伪满政府国务总理大臣指定的机构就是满映，这就从法律上确定了满映的垄断地位，也确立了满映作为国策会社的政治地位。

同一天，伪满政府国务院还公布了《映画法施行令》，对《映画法》的具体落实作了进一步的解释性规定，如：欲从事电影业者在获得伪满政府国务总理许可时须提交申请人的姓名、地址、事业规划、电影制作机构的所在地及设备状况等，而依据伪满政府国务总理之命令制作指定电影时，也须在制作完成 20 日内将制作机构负责人、电影制作负责人的住所、姓名等基本情况、费用细目、制作期限等情况详细具陈国务总理大臣②。从而为《映画法》相关条例的执行提供了依据。

《株式会社满洲映画协会法》《映画法》和《映画法实施令》并称"映画三法"，它们对伪满地区电影事业及满映的地位作了法律性规定。从筹建的全过程及"映画三法"看，满映的出发点并非其宣称的谋求"映画事业之健全发达满映"，而是图谋将伪满地区电影事业纳入其殖民宣传的框架之下，通过法律定义及资金控制的方式实现电影的"国策化"和"工具化"，以发挥其在推行殖民统治过程中的宣抚教化功能，为日本在伪满地区的殖民统治提供舆论支持。这一点与 1937 年 10 月弘报处机关报《弘宣》所提及的关东军伪满洲国"电影之指导精神"高度一致。

该文指出，"满洲国电影'国策'之根本精神"指的是："（一）教育人民有'王道乐土'之世界观；（二）打破向来之陋习，使人民具有积极参与五族协和新兴国家建设之心理；（三）施与建设新国家所需要之勇敢及豪强之精神。"③对此，满映给予积极回应，称"满洲映画协会是'满洲国'的国策会社"，在平时应致力于伪满洲国"建国精神之普及和国民思想之建设，'满洲国'国情之宣传，遵照日满一体之国策，从事日本文化之输入和介绍，学艺、技术之向上"，而一旦发生战事或非常时期，则"全力开展思想战和宣传战，为国策之贯彻提供协力"④。由此进一步强化了其"国策会社"身份的自我认知。

（二）满映的机构改革

满映刚成立时在基础设施、人员配备、技术设备等方面均存在严重不足。为此，满映领导层进行了多次机构调整，在实施机构增设及隶属关系转移的同时，不断增加

---

① 「映画法」、『政府公報』第 1056 号、1937 年 10 月 7 日。
② 「映画法施行令」、『政府公報』第 1056 号、1937 年 10 月 7 日。
③ 《满洲国之电影政策及其进化史》，《弘宣》第 31 号，1937 年 10 月。
④ 满洲国通信社编：『满洲国现势』、新京：满洲国通信社 1938 年、第 473 頁。

人员配备，逐渐形成一套覆盖面广、运行效率高的管理体系，为发挥其"国策功能"奠定了组织基础。在满映存立的 8 年时间里，金璧东和甘粕正彦先后担任理事长，两人的处事风格及对满映的管理风格大不相同，其机构改革也因此呈现出不同的样态。

金璧东担任理事长时期是满映的初创时期，在机构设置、人员配备等方面均具有开创意义。满映首先强化了内部机构建设，为实施"国策宣传"奠定人员、技术基础。"建立初期没有专门的办公地点，只能暂时借用位于新京大同大街的日本毛织株式会社大楼满映"二楼设立事务所，于新京郊区宽城子废弃车站的机车库搭建临时摄影棚，连招聘和培训演员的场地均靠租借得以解决。为更好地发挥满映作为"国策会社"的作用，在关东军等机构的支持下，1937 年 11 月新办公大楼及摄影基地开建并于两年后竣工，新办公大楼及摄影棚、录音棚、道具室等建筑面积达 17589 平方米，其工作条件得以改善。

在人员配备方面，如前所述，尽管满映的理事长由中国人金璧东担任，名义上直属伪满政府国务院管理，但这不过是掩人耳目的幌子，其实权掌握在担任专务理事的日本人林显藏手中。林显藏曾长期在满铁工作，其对包括电影在内的宣传业务极为熟悉，"对于利用电影搞政治宣传对东北沦陷区人民进行奴化教育……林显藏无疑是电影内行"①。满映成立初期，在内部设总务、制作、配给三部，分别由协和会的山内友一、伪满政府总务厅情报处龟谷利一和株式会社写真化学研究所的山梨稔掌管，而担任满映电影制作团队的成员也多为"从满铁映画制作所调来的若干人"②。此外，还从日本国内招聘了部分人员，至 1937 年 9 月 10 日，满映全体工作人员达到 100 人，而日本人的比例占压倒性多数。

满映成立后不久，常务理事林显藏即于 9 月初赴东京设立东京分社，并与日活 ③、松竹、东宝、新兴等日本主要电影公司及一些外国电影公司签订了合作协议，同时还利用东京之行延揽了大批人才，如 1938 年 6 月日活制作部多摩川摄影所所长根岸宽一就任满映理事兼制作部长，日活制作部长牧野满男、著名脚本家荒牧芳郎等人也相继加入满映，全面负责编剧、导演、摄影、制作、美工等业务。到 1938 年 5 月，满映工作人员增至 491 人，但无论是管理团队还是制作团队均由日本人把持，这也为满映的业务和经营打上了"国策"的烙印。

在演员储备方面，由于满映的宣传对象为伪满地区的中国百姓，因此，满映在成立之后即启动了本土演员的遴选工作。经过严格选拔后，录用了 43 名中国演员进入演员

---

① 胡昶、古泉：《满映——国策电影面面观》，中华书局 1990 年版，第 31 页。
② 吉田贞次：「ああ幻の撮影所——满映」，『映画撮影』1980 年第 71 期、第 54 页。
③ 日活，日本活动写真株式会社的简称，成立于 1912 年 9 月，是日本成立最早的电影公司。

训练所进行训练和排演。在接下来的半年时间内，演员训练所招收了三批学员共计 142 人，为满映提供了充足的演员储备。除演员训练所培养的演员外，满映演员群体中还有诸如李香兰等人是以歌手身份加入的。1940 年，满映公布了旗下演员名单，其中女演员 32 人，男演员 42 人，均为满映当时拥有一定知名度的演员。①

尽管此一时期满映在机构建设和人员配备等方面取得了一系列进展，但由于受各方面条件的限制，加之所拍摄影片没有充分考虑中国观众的接受程度，导致其市场竞争力远远低于彼时欧美影片和上海影片。这与关东军对满映的期待相差甚远，满映改革迫在眉睫。就在满映新大楼交付使用的同一天，经伪满政府国务院产业部次长岸信介和弘报处长武藤富男推荐，原协和会总务部长甘粕正彦正式接任满映第二任理事长，满映从此进入甘粕正彦时代。

甘粕正彦出身于士族家庭，年轻时曾就读于陆军士官学校，后成为军事警察。1923 年因刺杀无政府主义者大杉荣及其家人而入狱，后来到伪满地区与满铁及关东军来往密切。甘粕本人具有强烈的"满洲国建设"思想，对舆论动向极为敏感，对电影的"国策"功能尤为重视。他对电影在"一战"中所表现出来的"教化宣传报道之真价"极为推崇，并极力主张电影在内外宣传中更应"完遂它的更大使命"，他认为：

> 电影在平时固然是一种国民的心粮，陶冶情操纯化思想，以致力于娱乐的魅力为主体，但是若在战时，由于巧妙地操纵它的写实效果，由于认它做宣传报道的宠儿而使之充分地活跃去宣传国家的威力，比实像比文字比绘画更深刻地传达给国民，借使前线和铳后相结合，电影是负着使国民全般协力的觉悟和爱国的观念旺盛的任务的。
>
> （中略）
>
> 国民应当充分地认识时代和电影，从敌性国家长期侵略东洋所使用的麻药娱乐电影，转变了视线，现在是总协力的时代了，随应着时代而制作出优秀的电影，使它的威力显示给全体的国民，这件事并不应只依赖制作者的力量的，我期待读者诸君，能够对电影有绝大的好意和强力的支援。②

正是基于上述经历及在一系列宣传实践中形成的"电影宣传理念"，甘粕到任后将满映资本金增至 900 万元，并迅速对满映开始大刀阔斧的改革。

---

① 具体名单参见：满洲映画协会编：『满映男演员名簿』、新京：满洲映画协会 1940 年、第 2—43 页。
② ［日］甘粕正彦：《战争和电影》，李甲寰译，《电影画报》1942 年第 3 期。

首先，甘粕进行了机构调整，强化了理事长的职权，将满映下设的制作部等一级部门改为理事长直辖，到 1941 年初，理事长直辖的一级部门已达 12 个。随着"大东亚战争爆发后的新局势"及电影事业的发展，甘粕于 1943 年 6 月实施了最大一次机构改革，强化了制作部的功能，将负责电影制作各个环节的部门统一到制作部下，在制作部下分设技术处、时事映画处、启民映画处、娱民映画处，每个处又下设多个课，负责具体工作的执行。此外，甘粕将配给部合并到上映部，并恢复最初的总务部，统管满映所有日常事务。在逐渐理顺制作、发行、放映等各环节关系的同时，甘粕还直辖映画科学研究所、养成所、调查企画部三个附属机构，旨在强化技术研究、人才培养和调查研究业务，为电影事业的发展提供相关支撑。

其次，甘粕实施了人员扩张。为稳定现有人员队伍，甘粕大幅提高了演员待遇，使当时满映演员的薪资基本达到与其他"国策会社"同一水平，其中特别提高了中国演员的待遇。据武藤富男回忆，当时著名日籍演员李香兰月薪为 250 元，同样当红女星李明月薪仅有 45 元，而普通女演员则更低至 18 元，甘粕将李明的月薪增至 200 元，将普通女演员月薪提高至 45 元左右。① 此举极大提高了演员的积极性，"确保了文化战士之地位和品味"②，也保证了演员队伍的稳定性。甘粕尤其重视电影专业人才队伍建设。一方面，他多次利用回东京的机会拜访电影界重要人物，并开出优厚待遇，将一批著名导演、编剧、摄影等专业人才招至满映麾下。另一方面，他将原来的演员训练所扩展为养成所，招收了新一届学员 27 人，而且养成所招收对象不再局限于演员，还开展包括电影技术员、放映员等相关人员的培训，这种"引培并举"的策略为满映的发展提供了充足的人员储备。

此外，甘粕上台后提出了"满洲人的满映"的发展理念。他认为，由日本人编写的剧本、由日本人拍摄的影片将"国策要素"生硬地杂糅其中，往往会招致中国人的反感，这也是导致前期满映宣传效果没有达到预期的最重要原因。由此，在电影制作上甘粕采取了"满人制满"的策略，大量启用中国编剧和中国导演独立拍摄影片，涌现出一大批"满系"影人的作品，如周晓波编剧、导演的《风潮》《黄河》、姜学潜创作的《新生》《龙争虎斗》，熙野编剧、朱文顺导演的《谁知她的心》等。其中，1943 年推出的影片《晚香玉》的原作为姜学潜，导演为周晓波，摄影为王福春，制作团队和演员几乎全为中国人。

甘粕的上述改革收到积极成效，满映的电影制作迎来了繁盛时期，不但制作数量急剧上升，且形式更加多样化，质量也得以明显提高。据统计，在满映存在的 8 年时间

---

① 武藤富男：『満洲国の断面——甘粕正彦の生涯』、東京：近代社 1956 年、第 109—114 頁。

② 胡昶、古泉：《满映——国策电影面面观》，中华书局 1990 年版，第 88 页。

里，员工人数最多时达 2000 余人，所拍摄各种类型的影片超过 1000 部。

此外，需要指出的是，作为满映的主要出资人之一，虽然满铁在满映成立初期给予其大量人员和设备支持，但满铁依然保留一定的拍摄设备和人员，并继续拍摄了大量宣传影片。而在满映存续期间内，满映可根据需要随时征用满铁所持有的拍摄设备和人员。从该意义上看，满铁电影部门在人员和设备等方面为满映提供了"造血功能"，其保有的电影拍摄能力对满映提供了有力补充。

（三）满映的活动

按照《株式会社满洲映画协会法》及满映章程，满映的主要业务是对电影的制作、进出口、配给等全过程实施全面统制。满映存在的 8 年时间里，其活动就是围绕该业务内容展开的，但活动的内容、理念等在前后两个时期却存在诸多差异。

如前所述，在满映发展史上，金璧东-林显藏时代和甘粕正彦时代前后两个时期的不同不仅体现在机构设置上，因两个时期所处的内外形势及金璧东、林显藏和甘粕正彦个人能力均存在较大差异，满映在两个时期内的活动内容及指导理念也各有侧重，表现在影片的叙事方式、呈现形式也有所不同。满映制作的电影按其思想意识可分为两类："张扬或蕴含日本国策意识的国策片（典型／隐晦）以及不明显反映国策意识或反抗意识的'纯粹娱乐片'"①。前者包括纪录片、新闻片、文化映画等，满映成立初期制作的电影基本以此类影片为主；后者是被称为娱民映画的故事片，其产出基本集中在甘粕正彦时代。

在金璧东·林显藏时代，满映的活动主要是通过电影事业实施内外宣传，该时期的电影制作、输入、放映等均要求体现"映画国策"，这一点从满映成立仪式上金璧东的致辞中可窥一斑。金璧东在讲话中对满映的业务及意义作了如下说明：

> 本协会，依政府当局之发表，行映画之制作，输入之分配，以及指导统制国内映画诸事业，以之普及建国之精神，及撮行国民之教育，同时发挥映画之机能，以尽对内外宣传之使命，而为独立之国策机关，值此时局重大之秋，依政府之积极方针，而得着手事业之开端，又为吾人所同庆不置者，吾人于庆贺之同时，更当悉所负任务之重大，今后将借映画而努力报国。②

按照金璧东对满映的定位，满映是一个"依政府之积极方针"对电影的制作、输

---

① ［日］古市雅子：《"满映"电影研究》，九州出版社 2010 年版，第 61 页。
② 《大同报》1937 年 8 月 23 日。

351

入、分配等实施指导统制，从而达到"借映画而努力报国"目的的"国策机关"。换言之，满映的活动必须体现政府的意志，积极发挥电影在内外宣传方面的功能，向民众宣传"建国之精神"。

而甘粕正彦时代，甘粕本人认为要完成电影的"国策使命"，应采取较为柔和、更为隐蔽的手段。为此，他实施了一系列改革，起用"满系"电影创作团队拍摄了大量更符合中国人口味的电影，并加大了叙事性较强的故事片的拍摄力度，以提高满映电影的接受度。经过一段时间的实践，该时期满映在电影的制作、发行等方面逐渐形成了如下理念：

第一，确立"满洲映画新理念"，即将以"八纮一宇"为精神的世界观体现在映画的美观和娱乐中，描绘满洲国民的生活方式，将其向民众普及渗透，兴起国家建设；第二，确立"大陆映画主动性"，即具体展示基于横贯大陆文化圈的理念和思想的新文化，与华北、中华映画协作，粉碎重庆、美英及共产党军队的思想工作，向东亚民族宣示正确的道路；第三，确立"制作放映双方活动一贯制"，即为完成映画作为文化建设战尖兵的使命，精准把握映画活动的目的和对象，准确敏锐反映国家要求和内外局势。①

基于《株式会社满洲映画协会法》及满映章程所确定的主要业务，以及上述前后两个时期不同的指导理念，满映在其存在的 8 年时间内，在电影制作、配给及放映等方面开展了一系列具体活动，主要体现在"按特殊法令对宣传电影、文化影片之制作加以统制，电影输入及配给事业之独占，电影输出事业之独占，国策宣传电影、新闻电影之强制上映，国产电影之强制上映等"②。

在电影制作方面，尽管满铁很早就开始涉足伪满地区电影业，但其所拍摄影片多为兜售殖民统治思想和意识形态的纪录片和新闻片，无论是对普通大众还是知识阶层，其宣传效果极其有限。据民政部调查，当时伪满地区电影市场占有率最高的是被称为"洋画"的外国影片，其次是上海电影，日本电影排在最后，其市场占有率不足一成。"无论从国家经济立场来看还是从国民道德立场来看，'满洲国'的电影完全处于美国和支那的统治之下"③。此外，当地百姓尤其喜欢上海电影，但在日本当局看来，当时的上海影片"反满抗日色彩浓厚，低级卑猥者众多，大部分与'满洲国'的国策方针相背离"④，无疑这对日本在伪满地区的殖民统治是极其不利的，因此作为"国策会社"，满映首要的任务便是加大电影制作力度，短时间内占据伪满地区电影市场，提升日本电影在"国

---

① 　日本映画雑誌協会编：『昭和十八年版映画年鑑』、東京：日本映画雑誌協会 1943 年、第 598 頁。

② 　《宣传之研究》，《弘宣》第 15 号，1938 年 6 月。

③ 　满洲国通信社编：『满洲国现势』、新京：满洲国通信社 1938 年、第 472 頁。

④ 　满洲国通信社编：『满洲国现势』、新京：满洲国通信社 1938 年、第 491 頁。

策宣传"上的话语权。

首先，满映克服了人员、设备等诸方面条件的不足，在筹备阶段即派出两名摄影师赴卢沟桥事变前线拍摄影片，此后的"张鼓峰事件""诺门坎事件"中也均派出摄影师并与"国通社"、同盟社等合作，拍摄了诸如《黎明之华北》《满人军夫慰劳表彰式》等大量纪录片。这些纪录片的核心思想是鼓吹日军军事行动的"正义性"，唤起日伪统治下民众对战争的认同并为战争提供援助。

除自行拍摄纪录片外，满映还接受关东军、伪满政府、协和会及其他"国策会社"的委托，拍摄了大量文化映画。自满映成立后至1938年末，满映摄制的16部影片中，有12部是弘报处、关东军、协和会、产业部、建设局等军政部门委托拍摄的，有3部是满洲航空协会等"国策会社"委托拍摄的，只有1部是自行拍摄的。这充分体现了日伪政府对满映的控制权和满映对"国策性"的回应。

满映成立后，以原满铁工作人员及从日本招聘的技术人员为基础组建技术团队，通过演员训练所或养成所招收4期学员以确保演员队伍，经过密集训练后拍摄了大量影片。仅成立一年时间，满映即完成51部文化映画、14部新闻纪录影片的摄制，另有32部文化映画正在制作当中[①]，从而在一定程度上提升了日本电影在伪满地区电影市场的占有率。

其次，除纪录片、文化映画外，满映开始大量拍摄故事片。1938年，满映拍摄了首部故事片《壮志烛天》，当年又相继推出《大陆长虹》《万里寻母》等共9部故事片，1939年又推出李香兰主演的《蜜月快车》《铁血慧心》《东游记》《白兰之歌》等一系列作品。特别是甘粕正彦担任理事长以来，为提高满映影片的接受度，甘粕将故事片改称为娱民映画，将新闻片和文化映画改称为启民映画，同时为填补日本侵华战争全面爆发后因满映享有配给垄断权而导致外国影片难以进入伪满地区而留下的空白，他加大了故事片的拍摄力度，发行数量比前几年均有大幅提升。1941年，故事片的产量一度达到空前的24部。截至1942年末，满映共推出娱民映画75部，启民映画170部，其中不乏"满系"创作团队独立推出的作品。此后，随着太平洋战争爆发后局势的变化，满映的影片类型开始向启民映画倾斜，娱民映画的数量逐渐减少，这也体现出满映以国家需求为指挥棒开展宣传的"国策性"。

需要说明的是，与国策意识强烈、意识形态浓厚的启民映画相比，尽管娱民映画偏重娱乐化，注重故事情节的趣味性和吸引力，但这并不意味着娱民映画是完全抛弃"国策性"的纯娱乐片，它只是通过趣味性较强的叙事方式达到潜移默化式的"国策宣传"。

---

① 参见满洲事情案内所编：『満洲国策会社綜合要覧』、新京：满洲事情案内所1939年、第257頁。

从某种意义上说，其宣传效果比启民映画更大。如满映推出的首部故事片《壮志烛天》讲述了一名农村青年加入伪满军队，负伤后受国防妇人会照料回乡的故事。该影片在叙事过程中对日伪统治下的生活进行了美化。此外，李香兰主演的《东游记》描述了两个伪满地区农民到东京游览的故事，影片中大量充斥着美化日本、丑化中国的论调，这也是该时期满映制作的娱民映画的特征之一。

满映在其存在的 8 年时间里，拍摄了大量影片，据统计，截至满映解散，其共制作故事片 108 部，教育片和纪录片 189 部，编辑发行新闻片《满映通讯》307 部，《满映时报》313 部，《满洲儿童》55 部，共计 1000 余部。[①] 尽管在后期启用"满系"导演后也拍摄了一些政治宣传色彩较为淡薄的影片，如 1940 年拍摄的《流浪歌女》、1942 年拍摄的《娘娘庙》、1943 年拍摄的《劫后鸳鸯》等，但这些影片在满映推出的众多影片中所占比例甚微，占据主流的依然是"国策映画"。

在电影配给方面，鉴于电影在内外宣传方面的重要性，伪满政府加强了对电影的审查和监管力度，相继公布了《活动写真取缔规则》（1934 年 6 月）、《电影片取缔规则》（1934 年 7 月）、《影片审查细则》（1935 年 4 月）等一系列管理条令。随着"映画国策"的确立及满映的成立，伪满当局进一步强化了对电影的监管，并于满映成立一个月后颁布了《映画法》，为满映垄断伪满地区电影事业提供了法律依据。

首先，满映以"从国家立场的高度出发而确立的协会独有的统制配给方法"[②]，极力压制电影市场的自由竞争行为，强化了对电影配给的统制和管理。对于自产影片，满映拥有绝对的配给权，并向伪满地区各地发行，而对于日本本土生产的电影及外国电影和中国其他地区生产的电影，满映规定由位于新京的本社或东京分社负责选择性购入。选择的标准是被认定为"适合的影片"，即符合殖民当局宣传需求的影片。购入的影片由满映业务部配给课负责配给。配给课下属六个班。其中：第一班负责向伪满地区由中国人开办的所谓"满人系"电影院供片，第二班、第三班、第四班负责向全满及关东州的"日本人系"电影院供片，第五班负责外国影片的管理，并向位于哈尔滨的专门放映外国影片的电影院供片，第六班负责向不设常设电影院的偏远地区实施巡回放映。

其次，为巩固影片配给权，确保足够的片源，满映成立后不久，常务理事林显藏即于 1937 年 9 月初赴东京设立东京分社，与松竹、东宝、新兴等主要电影公司签订影片互发协议，与日活及外国电影公司达成协议获得在伪满地区影片配给权，既建立了满映影片的发行渠道，为满映影片的向外传播奠定了基础，又确立了满映在日本影片和外国

---

① 关于满映生产影片的数量，学界有不同观点，此处采用胡昶、古泉在《满映——国策电影面面观》一书中的数字。参见胡昶、古泉：《满映——国策电影面面观》，中华书局 1990 年版，第 33 页。

② 满洲国通信社编：『満洲国現勢』，新京：满洲国通信社 1938 年、第 473 頁。

影片向伪满地区发行的"垄断"地位，从而迈出了配给统制的第一步。

此后，满映逐步扩大了电影配给的垄断权。1938年1月，满映在北平设立派出机构——新闻映画协会，以谋求在华北地区电影市场的配给垄断权。随着日本在中国战线的不断扩大，满映又将势力范围逐渐延伸至华中等地，以配合"占领地区的治安整顿、宣抚工作的活跃、和平运动的提倡"[1]，并收到了一定成效。1938年，满映将其生产的几乎所有影片都输出到华北地区电影院，提高了"满映作品"的知名度和市场占有率，同时向中国上海、南京等地输出古装片《龙争虎斗》《胭脂》等，在当地影响较大。此外，随着1938年5月《满德修好条约》的签订，满映与德国各电影公司签署协议，获得了德国影片在伪满地区、日本及中国其他地区的配给权，当年即引入德国"故事片13部，文化片20部"[2]。满映还强化了与同为"反共同盟"的意大利电影公司的交流，引入了多部意大利电影，从而获得了"名副其实的德意映画在东洋的配给权"[3]。

满映还加大了与日本本土电影市场的交流和合作。一方面，日本侵华战争全面爆发后日本国内新闻需求增加，新闻影片的需求量也呈爆发式增长。为此，满映强化了与"国通社"的合作，并利用"国通社"和同盟社之间的合作关系，不但加强了双方在新闻影片制作方面的密切合作，还在新闻影片的国际交流方面建立了同盟关系，同盟社新闻影片不再独立在伪满地区上映，而是作为满映新闻影片上映，同时同盟社在面向日本及世界其他地区发行新闻影片时，满映新闻影片也被包含其中。另一方面，满映也积极向日本市场输出《迎春花》等娱民映画以及由关东军报道部拍摄的《北方守护》等启民映画，在日本全国各地公映，从而实现了"完善的对日弘报"[4]的目标。

在电影放映方面，作为电影产业终端的放映市场是连接电影制作方和观众之间的媒介，也是电影发挥其实际宣传作用的关键环节。放在满映存续的时代背景下，更是满映实现其"国策宣传"功能的阵地。鉴于此，满映成立后，在不断提高影片生产数量和质量、强化影片配给体制和发行渠道的同时，也不断拓展放映市场。

满映成立后不久与伪满地区原有的电影放映常设电影院进行交涉并达成协议，成立了由各地电影院组成的满洲映画常设联盟，1938年5月又成立大陆新兴行协会，1942年成立关东州兴行[5]株式会社，获得了向上述机构旗下电影院配给的特权，从而从片源上控制伪满地区及关东州放映市场。

---

[1]　满洲事情案内所编：『満洲国策会社综合要览』、新京：满洲事情案内所1939年、第258页。
[2]　日本映画雑誌协会编：『昭和十八年版映画年鑑』、東京：日本映画雑誌协会1943年、第604页。
[3]　满洲事情案内所编：『満洲国策会社综合要览』、新京：满洲事情案内所1939年、第259页。
[4]　日本映画雑誌协会编：『昭和十八年版映画年鑑』、東京：日本映画雑誌协会1943年、第604页。
[5]　"兴行"为日语词汇，意为放映、演出，此处作为机构名称，不作翻译处理，下同。

在满铁电影事业部门的推动下，伪满地区电影放映机构数量不断扩大，到满映成立前，该地已有电影院 86 家，其中"日系"电影院有 53 家，"满系"电影院有 33 家。[1]尽管数量有了较大的增幅，但依然不能满足满映成立后为完成"映画国策"的需要。为此，满映在原有电影院的基础上积极建设新的电影放映机构，特别是甘粕正彦就任理事长后，极为重视电影院的建设。1940 年 1 月，决定在本溪湖、阜新等 6 个城市建设直营电影院，同时决定在黑河、满洲里等地将原有游乐设施改造为新的电影院，而对于不具备建设常设电影院条件的边远地区，出于对该地日本开拓移民及驻扎军队进行宣传的需要，则不定期开展巡回放映，由此形成了"中心城市——常设影院、边远地区——巡回放映"的电影放映体系。

为更好地对上述电影放映体系进行管理，甘粕在 1940 年 2 月实施的机构调整中，将负责电影放映业务的开发课从配给部独立出来，成立开发部，同年 12 月又将开发部改组为上映部，下设直营课和巡映课两大部门，分别负责直营电影院的建设运营和巡回放映业务。1943 年 6 月，甘粕又将配给部并入上映部，进一步强化了对电影放映环节的管理。

经过前期的努力，满映旗下电影场馆数量突飞猛进。截至 1941 年 1 月，伪满地区电影院已达 151 家，但在日伪统治当局看来依然不能满足其贯彻"建国精神"、推进"满洲文化建设"的需求。在伪满当局的支持下，甘粕正彦联合伪满地区电影行业广泛吸收民间资本，于 1941 年 11 月成立株式会社满洲电影总社，主要负责在伪满境内实施"电影院的经营、小型电影的巡回放映及其附带业务"[2]，与满映在业务、人员等方面构成"二位一体"的关系，从而将电影放映市场由城市向地方城镇延伸。

株式会社满洲电影总社成立后，伪满地区的电影院数量再次呈现激增趋势。截至1943 年 4 月，包括一般营业馆（原有电影院）、满映直营电影院和电影总社经营的电影院在内，伪满地区（包含关东州在内）电影场馆总数达 217 家，其中"满系"电影院为118 家，"日系"电影院为 95 家。"满系馆"超过"日系馆"，体现出了当时伪满当局重视对中国人宣传的政策导向。

从影院分布来看，上述电影院主要分布在伪满地区内 24 个市 58 个街村，共计 82处，其分布状况较之以前有了很大改进。但需要指出的是，这 24 个市 58 个街村所覆盖的人口约 678.2 万人，仅占伪满地区总人口的 16% 左右。[3] 换言之，尽管满映旗下电影场馆数量有了较大增长，但其覆盖的人群极其有限，在电影宣传方面依然存在着较大的

---

① 满映总务部宣伝课：「満洲映画協会現況」，『宣撫月報』1939 年第 4 卷第 7 号、第 67 頁。

② 日本映画雑誌協会编：『昭和十八年版映画年鑑』、東京：日本映画雑誌協会 1943 年、第 616 頁。

③ 日本映画雑誌協会编：『昭和十八年版映画年鑑』、東京：日本映画雑誌協会 1943 年、第 605 頁。

空白。

为填补固定电影放映场馆的不足所产生的放映市场空白，伪满当局及满映开始筹划加大巡回放映力度，完善巡回放映网络。在当局看来，巡映工作并非单纯到各地巡回放映影片，其本质"是民众宣传活动，是大众文化运动，也是思想工作"①，从而把巡映工作提高到"国策宣传"的高度。

1938 年 11 月，弘报处公布《映画班设置案》，计划在 1939 年至 1942 年在伪满地区内各省设立映画班本部，在县、旗、市设立映画班，与当地协和会、学校等机构合作开展电影巡映。1939 年 3 月，满映在配给部内增设开发课，负责电影放映器材的购置、放映技术人员的培养及组织巡映事宜。1940 年 12 月，满映在机构改革中在上映部内设立巡映课，专门负责巡映工作。据统计，仅 1939 年满映就向伪满地区各地派出 43 个巡回放映班，观影人数达到 131.898 万人。②

为实现"以满映为首的各机构分散实施的巡回放映的综合统制"，充分发挥巡映工作的合力，"在全国开展综合、有效的巡映工作"③，在甘粕正彦的积极鼓动下，自 1941 年夏开始，弘报处、协和会及满映等相关部门就成立巡回映写委员会进行充分协商，并于 12 月成立巡回映写中央委员会，委员长由弘报处长担任，干事长由弘报处参事官担任，委员及干事均由政府相关机构官员、协和会弘报负责人及满映主要干部构成，满映巡映课承担了该委员会事务局工作，主要负责制订综合巡映计划，并组织实施具体的巡映工作。同时，该委员会还在各省设地方委员会，负责各地的巡映工作。

巡映主要分为定期巡映、特殊巡映和自主巡映三类。其中，定期巡映指的是针对那些没有常设电影放映设施的地方，每月至少放映一次，观众需购票观看；特殊巡映指的是针对国境边远地区、满蒙开拓团聚集地及学校随时实施，原则上免费观看；自主巡映指的是针对那些拥有放映器材的各地放映机构，将影片租赁给对方，由其自行放映。其中需要特别指出的是，伪满当局和满映特别重视通过常设巡映和特殊巡映相结合的方式，开展面向学校的电影放映工作。从影片内容来看多与时局密切相关，如 1942 年以后主要集中在"马来海战""东洋凯歌""陆军航空战记"等太平洋战争时期能够表现日军战绩的影片，但也会针对不同的观影群体选择不同的内容，如针对日本人学校，除了表现日军"赫赫战功"的影片外，还有伪满地区国情介绍及防谍等内容，以加深日本移民对伪满政权的认同；而针对中国人学校，则将重点放在对日本国情的介绍上，突出日本作为"宗主国"地位的优越性。

---

① 日本映画雑誌協会編：『昭和十八年版映画年鑑』、東京：日本映画雑誌協会 1943 年、第 607 頁。

② 石井照夫：「満州国に於ける巡回映写」、『映画旬報』1942 年第 55 号、第 69 頁。

③ 日本映画雑誌協会編：『昭和十八年版映画年鑑』、東京：日本映画雑誌協会 1943 年、第 607 頁。

巡回映写委员会自成立以来，伪满地区的巡映工作得以全面展开，仅在其成立一年内，巡映班足迹就踏遍全满 19 省、138 县、276 地，观影人数达到 276 万人。其中，定期巡映出动 120 个班次，上映地点达 242 处，上映场次 1041 次，观影人数达 46 万余人；特殊巡映出动 72 个班次，上映地点达 910 处，上映场次 1280 次，观影人数达 97 万余人，平均每场观影人数约为 820 人；自主巡映出动 24 个班次，上映地点达 387 处，上映场次 1324 次，观影人数达 132 万余人。[①]

总而言之，满映是在"映画国策"的政策理念指导下成立的特殊会社，它在其存续的 8 年时间内对伪满地区电影产业实施全方位统制，不但对中国东北地区的电影事业造成极大破坏，也以直观、立体、感染性强的电影媒介为宣传武器，向日伪统治下的民众灌输殖民思想，鼓吹"民族协和"，发挥了伪满当局推行殖民统治急先锋的作用。1945 年 8 月，日本无条件投降后，满映随之解散，理事长甘粕正彦自杀，从而正式宣告满映的垮台。

综上，无论位于权力序列内还是位于权力序列外，上述言论统制机构均为战时日本当局完善新闻统制机构建设的重要组成部分，其中位于权力序列内的言论统制机构依靠权力资源实施自上而下的监管和引导职能，是推行战时言论统制的主体，而位于权力序列外的言论统制机构其表面上虽为自治团体，但却与当局有着千丝万缕的联系，奉行当局提案，尊重当局意向，竭力协助当局推行控制新闻、压制新闻的高压政策。虽有"新闻自治"之名，却无"新闻自治"之实，其背后依然有当局强权的影子存在，从本质上看，不过是日本当局一手操纵的御用新闻团体。

[①] 以上数字参考日本映画雑誌協会编：『昭和十八年版映画年鑑』、東京：日本映画雑誌協会 1943 年、第 606—609 頁。

第四篇　战时日本言论政策的法西斯化及媒体的因应

为将全部社会资源纳入到战争推行机制，顺利推进"总体战"，塑造全民战争氛围，日本政府效仿德国"国家总体战"理论，以国家统治力量为依托，在战时推行国家总动员，确立了战时体制，力图实现对全部资源的控制和利用。日本战时体制理念的形成、制度的完善、政策的推行贯穿其侵华活动始终，其最终目的是构建"总体战"国家形态，为侵略战争服务。战时体制下，包括报纸、广播、杂志、电影等在内的传播媒介发生整体转向，由富有批判功能的"社会木铎"变身为战争宣传工具，从而勾勒出一条"屈服—妥协—迎合"的历史发展轨迹。在这个过程中，既有法西斯化舆论环境的外在影响，也有媒体对媒体法西斯化的自我趋同，在诸多因素的合力推动下，最终完成了媒体国家宣传机构化的构建和角色定位，而媒体的国家宣传机构化在事实上塑造了其"加害者"的主体地位。

传播网络是传播的载体，传播政策是传播的保障。战时日本当局在出台一系列传播法令、建立一系列传播机构，以此构建完成法西斯化的传播网络后，还依托这个强有力的传播网络推出了一系列传播政策。由于作为战时日本主要传播媒介的报纸、广播、出版、电影等载体在自身特点、传播特性、媒介业态等方面均存在诸多不同，因此日本当局推出的这些传播政策也各有侧重，具有很强的针对性。

无论是法令的出台、机构的完善还是政策的制定，其实施或推动的主体都是日本当局，其目的是形成特定的舆论环境，并引导舆论向特定的方向发展，体现出高度的自上而下的组织性，但传播的终极目标并非信息流动的过程和方式，而是通过促进信息流动对传播受体产生特定影响，换言之，传播效果才是检验传播行为的唯一标准。而要达到良好的传播效果，单凭自上而下的传播政策是不够的，还需要媒介自下而上对传播政策给予积极配合和广泛参与。战时传播政策的法西斯化和各媒体的因应最终完成了战时日本媒体的法西斯化，并对战时日本的对内对外宣传、思想舆论控制起着推波助澜的作用。

第一章 战时日本报纸政策的法西斯化及报界的因应

报纸作为最早登上日本历史舞台的近代媒体，在经历了明治维新后日本近代政治的变革和发展及日俄战争、"一战"的洗礼，以其巨大的发行量、较为成熟的经营理念和编辑方针逐渐发展成为当时日本最主要的宣传媒体。而正是由于其深度参与近代日本政治变革的经历，再加上日本近代社会的特殊性衍变以及种种复杂的人事关系和经济关系，报纸不可避免地被打上了政党性的烙印，以至于在不同的历史时期，报纸均与当时的政党政派有着千丝万缕的联系，这是由日本报业与生俱来的发展特点决定的。

概言之，自日本近代报纸诞生开始到被其纳入到资本主义体系为止的半个多世纪里，日本报界与日本社会发展的历程息息相关，或因政治而兴盛，或因政治而衰亡。在此过程中，日本报界在政治斗争中的作用日益凸显，并成为影响和推动政治发展的重要因素，也正如此，对报界实施管制一直是日本各方所关注的焦点和政策重点。一系列报纸统制法令的出台为报界统制的实施构建了法律保障，所属不同、性质各异的统制机构为报界统制的实施提供了组织保障。除此之外，日本当局还针对报纸的特性制定了更为多元化的统制政策，与统制法令和统制机构共同构成立体化、全面化的法西斯化报界政策。

第一节 战时日本报纸政策的法西斯化

战时，日本报界统制的特征并非仅限于对报道、评论进行指导和管制，还对报社的经营规模实行多元化干预，通过控制纸张配额、合并报纸数量、征用印刷设备等一系列行政手段对报界进行整合，以达到最大程度的控制和利用。

一、控制纸张配额，干预报业经营

日本当局在颁布了一系列言论统制法令、确立了强有力的言论统制机构之后，还牢牢地控制了报界的生命线——纸张配额。控制印刷纸张配额，对限制报业经营规模、控制报界舆论导向发挥着最大的效力。

纸张对报纸经营来说是不可或缺的重要资源。因此，对纸张的争夺就成为各报社经营过程中优先加以考虑的要素之一。彼时日本纸张有国产和进口两类，但国产纸张在所有纸张供给中占压倒性比例。一些造纸厂为保持纸张供应的绝对优势而不惜降价销售，甚至暗地里向《朝日新闻》《每日新闻》《报知新闻》等用纸需求量较大的报社提供一定数量的回扣，由此产生的经济损失则通过提高销售价格等方式转嫁给地方报社，从而增加了地方报社的经济负担，进一步加剧了报业纸张分配的不平衡。

为改变上述因资本差异带来的纸张配额不平衡的局面，一些地方报社不得不选择使用进口纸张，而瑞典、加拿大等一些国外造纸厂窥到其中的利益空间，遂以低于日本国内造纸厂的低廉价格向地方报社提供纸张，这在一定程度上挤占了日本国内造纸厂的利润。为此，日本国内造纸厂不得不争先恐后降价销售，此举更进一步加剧了国内造纸厂利润的恶化。当时日本国内最主要的三家造纸厂王子制纸、富士制纸和桦太工业充分认识到恶性竞争所带来的后果。他们认为，"若三社互相竞争，将如报社所愿被其操纵，虽不至于同归于尽，但一定会陷入困境无法自拔"[1]。因此，上述三家公司于 1933 年 5 月合并为新的王子制纸，王子制纸由此成为当时日本最大的造纸厂，其纸张产量占据绝对垄断地位。随着日本在国际上逐渐陷入孤立，纸浆进口量锐减，原先低廉的进口纸张价格暴涨，依赖进口纸张的报社不得不将目光重新转回到国内造纸厂，这使得造纸厂与报社的关系发生逆转，由需方市场转换为供方市场，这也为此后日本当局通过王子制纸控制纸张配额的做法埋下了伏笔。

随着报纸发行量的增大，纸浆的需求量也逐渐增加。据统计，1926 年日本纸浆需求量为 56 万吨，到 1936 年已达到 92 万吨，卢沟桥事变之后则超过 100 万吨。在日本当局对纸张供给实施统制之前，各报社通过各种方式对造纸业施加影响，以限制纸张价格上涨并确保自身纸张需求。如《朝日新闻》于 1936 年通过购买王子制纸的 1 万股股份，以资本为手段获取王子制纸"纸张配额的发言权"[2]，这也是日本报社向造纸厂实施投资的最早案例。1938 年，《朝日新闻》又向新成立的造纸厂——国策纸浆工业株式会社注资，并向该公司派员担任重要管理职位，以确保其纸张供应的优先权。

然而，随着日本国内外局势的进一步恶化，加之国产纸浆被挪用为人造绢丝工业的原料，造成了纸张供不应求的局面，很多报社面临"生存危机，稍有不慎即难免陷入废刊境地"[3]。在此形势下，日本当局趁机强化了报业用纸配给统制。实际上，政府对印刷纸张加以管制并非只是基于以军需工业为中心的"物资动员计划"，更是对报纸舆论进

---

① 河野幸之助：『隆島菊次郎伝』、東京：日本時報社 1957 年、第 295 頁。

② 「『神風』・政治博・紙地獄——新聞月評」、『文芸春秋』1937 年 5 月号、第 198—204 頁。

③ 「新聞の値上げ近し！——新聞月評」、『文芸春秋』1937 年 6 月号、第 192—198 頁。

行控制的重要手段。

1938 年 6 月 23 日，日本当局公布了 33 种限制消费的物品清单，纸张列入其中。7月，商工省制定了《报纸用纸消费限制方针》，强制要求月纸张消费量在 1000 令以上的 51 家报社削减一成以上的用纸量，月纸张消费量不足 1000 令的 103 家报社虽不作强制要求，但鼓励其削减用纸量。8 月 12 日，商工省向王子制纸等造纸厂下发通知，正式实施"第一次报纸限制令"，要求其对上述 51 家报社的用纸量进行削减。对于该限制令，《朝日新闻》《每日新闻》等用纸消费大户并没有表现出太大的反对，他们采取了诸如缩小字体和间距、大幅压缩版面等方式进行了应对。除上述大报外，大多数报社对该限制令表示了强烈反对，其中的 38 家报社结成全国报业用纸对策联盟，认为不考虑各报社实际用纸量之间的差异而"一刀切"采用相同的限制比例是不恰当的，主张应根据各报社实际纸张使用量为基准，确定阶梯性比例。

1939 年 6 月，商工省吸纳了上述反对意见，公布了《第二次用纸限制令》，对被纳入限制对象的 40 家报社按照用纸量的大小划分为三个层次，规定在未来一年内，《朝日新闻》《每日新闻》《读卖新闻》等第一层次的报社削减 15% 的用纸量，《报知新闻》等第二层次的报社削减 13% 的用纸量，其他第三层次的报社削减 12.5% 的用纸量，而用纸量的削减是通过王子制纸的纸张配额实现的。该措施效果明显，"事变爆发以来号外战几乎得以控制，这应归功于王子制纸之力"[1]。据王子制纸调查，战时报业纸张最大的消费量出现在 1936 年，为 69551 万磅，而到 1941 年减少至 52965 万磅。

为满足用纸量严重不足所带来的宣传效果的灭失，日本当局开始就加强舆论统制开展了一系列探讨，并提交了一些相对比较成熟的草案。其中，内阁情报部的《新闻指导方策》（1940 年 2 月）、《新闻统制具体案》（1940 年 8 月）和陆军省情报部的《新闻统制私案》（1940 年 12 月）均认为"报纸是思想战的弹药，而作为自由主义商品放任自流实在是不理解思想战的行为"[2]，从而主张以经济干预和用纸统制为主要手段对报纸的"营利主义"进行压制，并提出设立一个专门机构实施报业用纸限制的构想。

1940 年 5 月，日本政府设立了直属内阁情报部的新闻杂志用纸统制委员会，主要负责"报纸杂志用纸的一般统制方针及今后创刊的报纸杂志和现在发行的报纸杂志的用纸配给以及用纸量增加的申请"[3] 事宜，从而使内阁情报部事实上掌握了印刷纸张分配权。新闻杂志用纸统制委员会成立后即开始着手制定当年 7 月至年末的用纸供给限制比例。

---

① 　新聞研究所編：『昭和十三年日本新聞年鑑』、東京：新聞研究所 1938 年、第 43 頁。
② 　佐藤卓己：『言論統制——情報官・鈴木庫三と教育の国防国家』、東京：中央公論社第 306 頁。
③ 　内川芳美：『現代史資料・41・マス・メディア統制㈡』、東京：みすず書房 1996 年、第 264 頁。

该委员会对未来半年内报纸用纸需求量作了预测，结果显示将有 115 万令的用纸缺口。为填补这部分缺口，委员会决定"对内地报社的消费调整率强化为一成左右"①。此后下达"第三次用纸限制令"，决定在"第二次用纸限制"基准的基础上"一律降低一成"，即三大层次的报社用纸量分别削减 25%、23% 和 22.5%。由于此次削减量占到各报社用纸量的近四分之一，因此与前两次"用纸限制令"相比，此次的纸张限额影响是巨大的。面对纸张供给量的大量缩水，仅仅依靠缩小字体和行距已不足以弥补用纸量减少所带来的报道量的损失，一些全国性报纸不得不通过减少版面的方式来维持报纸的正常出刊。以当时发行量最大的《朝日新闻》来看，在 1936 年 7 月还是 5 大张 20 页，此后版面逐渐减少，从 1940 年 4 月开始减少到 12 页，1941 年 6 月减少到 10 页，7 月开始减少到 8 页，10 月开始由日刊改为一周发行 3 日，版面也减少至 4 页。②

　　与全国性大报"不得已而为之"的做法相比，地方报社的"减页运动"更多展现了其主动性。1938 年 3 月，在名古屋新闻社长森一兵的推动下，一些地方报社代表发表共同决议和宣言，宣布在重大时局之下将顺应国策，率先开展消费节约，从而对当局的新闻统制及减页运动表示了支持。对此《文艺春秋》给予了批评，认为地方报纸之所以积极倡导"减页运动"并非出于"顺应国策"的公心，而是"假借自肃自戒之名，实为为己考虑的不纯私心"③，其目的不过是试图借助国家权力来压制实力雄厚的大报对其所造成的威胁。

　　随着国内物资的紧缺，1941 年日本当局又进一步加大了印刷纸张供给限制，要求各报以 1940 年 7 月到 1941 年 6 月期间一年的发行量为基准确定纸张消费率，其中消费量在"年 200 万吨以上者为 92%，年 160 万吨以上者为 93%，年 120 万吨以上者为 94%，年 80 万吨以上者为 95%，年 40 万吨以上者为 96%，年 20 万吨以上者为 97%，年 10 万吨以上者为 98%，年 5 万吨以上者为 99%"。④ 由于年消费量为 100 万吨以上者只有《朝日新闻》《每日新闻》《读卖新闻》等几家实力较大的报纸，大多数报纸的消费量都在 5 万吨以下，因此上述措施对那些发行量较小的报社来说并没有造成太大的冲击。从 7 月 7 日开始，《朝日新闻》将晨刊减为 6 页，晚刊减至 2 页，而《每日新闻》《读卖新闻》等将晨刊和晚刊均减至 4 页。

---

① 「新聞用紙統制要綱（昭・十五・六・二六決定）」、『公文雑纂・昭和十五年・第三巻・内閣・各種調査会一（国民精神総動員委員会—物価対策審議会）』、国立公文書館デジタルアーカイブ、請求番号：纂 02502100—007、リール番号：066200、国立公文書館。

② 朝日新聞社社史編修室編：『朝日新聞七十年小史：創刊七十周年記念』、東京：朝日新聞社 1949 年、第 276—277 頁。

③ 「新聞統制と減頁運動——新聞月評」、『文芸春秋』1938 年 5 月号、第 218—225 頁。

④ 山本文雄：『日本新聞発達史』、東京：伊藤書店 1944 年、第 378 頁。

到战争后期，由于物资供需矛盾进一步恶化，日本当局开始强制推行"减页运动"。1944年3月，内阁会议决定所有报刊"一律停止发行晚刊"[1]，且所有合并后发行的报纸及地方报每周一和周四发行2页，其余时间发行4页，《东京新闻》《日本产业经济新闻》等除停止发行晚刊外，其晨刊也将每周减少2页。

除通过纸张配额对报纸信息量和规模实施压制外，日本当局还通过压缩广告版面、挤占广告空间、限制广告种类等手段对报纸的经营层面进行控制，以此达到新闻统制的目的。

首先，纸张配额的持续削减不但对信息量带来了减损，给报社经营也造成巨大冲击。各报为在报道竞争中获胜，均向前线派出了大量记者、通讯员，并购置了先进的通讯设备和交通工具，这无疑增加了报社的经营成本，而各报社只能通过扩大销量和刊登广告来填补这部分开支。但版面的减少不但造成印刷量的减少，作为报纸主要收入来源之一的广告"刊登量也随之减少，广告收入降低"[2]。这是全国性报纸和地方性报纸在经营方面所面临的共同困境，也是日本当局在新闻统制事业方面所面临的困境。

其次，在版面被极大压缩的情况下剥夺有限的广告版面，限制广告内容。1940年7月7日，日本商工农林省颁布了《奢侈品等制造贩卖制限规则》。即所谓的"七七禁令"，规定未经许可，不得生产或者销售"主管大臣所指定的物品"[3]，从而对消费资材的生产、流通和广告进行严格的限制。虽然各报社想方设法以缩小字体、间距，增加批数来弥补纸张不足带来的冲击，但报纸广告的总行数依然呈现剧减的趋势。据统计，1937年9月，大阪发行的报纸每天有2页以上的广告版面无法刊登，而到了10月，堆积起来等待发排的广告达20万行以上。[4] 据电通社调查，1937年全国104家主要报纸的广告总行数约为25770万行，1941年减为15283万行。[5] 从广告的内容来看，由于药品、化妆品等被列为非生活必需的奢侈品，其广告量剧减。

第三，广告被纳入到国民精神总动员活动中。1940年，国民精神总动员本部成立之后，日本当局实现了对运动的一元化指导，国民精神总动员在各个领域内全面展开。一些广告主通过购买广告版面，刊登"宣扬国威"等口号来表示对国民精神总动员的支持，美其名曰"献纳广告"，这使得广告版面也被打上了战争的烙印。"献纳广告"是在

---

① 「新聞建頁変更ノ件」、『各種情報資料・主要文書綴（三）』、JACAR（アジア歴史資料センター）、Ref. A03025364300、国立公文書館。

② 川上富蔵：『毎日新聞販売史』、東京：毎日新聞社1979年、第447頁。

③ 「奢侈品等製造販売制限規則」、『官報』第四○四九号、1940年7月6日、東京：大蔵省印刷局、第194頁。

④ 山本文雄：『日本新聞発達史』、東京：伊藤書店1944年、第380頁。

⑤ 苏进添：《日本新闻自由与传播事业》，致良出版社1990年版，第63—64页。

"爱国心"的幌子下出现的，但其实质却是隐藏在其背后的"看不见的手"操纵下的产物。

日本当局除了从制度上、资材上以及经营上控制各报社外，还动员各相关机构对报界施压，迫其为军国主义侵略战争服务。九一八事变后，由于认识到"情报宣传对内对外都是不容忽视的重大事情"①，日本当局要求"在任何情况下都要掌握舆论，封锁内外宣传"：一方面，依据统制政策对那些所谓的"违规"报纸予以取缔，或禁止其发行；另一方面，则利用手中特权，动员在乡军人会及其他法西斯反动势力煽动民众拒绝购买反军反战报纸，从而使这些报纸的销量大减，经济上遭受严重打击。

二、实施报纸合并，重构报业格局

为争夺纸张配额，不但全国性报纸和地方报纸之间的矛盾日益加剧，而且各报也想方设法和分属政府、军部的不同系统的言论统制机构靠近，试图通过"权力寻租"的形式获取更多的纸张配额。此举不但无法从根本上解决印刷纸张严重不足的问题，甚至造成了日本国内舆论的严重分化和不统一。而减少报纸数量、压缩报业规模是缓解纸张供需结构性失衡矛盾的有效应对措施之一。全国性报纸合并的序幕由此拉开。

最早明确提出报纸合并主张的是时任内相末次信正，他在《国家总动员法》颁布后便以"言论报道统制和防止资源枯竭"为由，提出报界应从"国家非常时期自肃自戒的立场"出发"自发实施报纸的废刊"。对于实施的具体步骤，内务省最先提出了"首先着手'有害无益'报纸的废刊，接着再触及'无害无益'之报纸"的主张。经过商讨，最终决定"从恶德报纸和陷入经营困境之报纸着手"②。所谓"陷入经营困境"的报纸指的是上述"无害无益"的经营不善的小报，依靠经营业绩调查即可判明。但被称为"有害无益"的所谓"恶德报纸"，其判断基准却是暧昧不清，主要依靠内务省、警视厅等审查部门自行判断，无形中扩大了政府的裁量权。如创立于 1914 年的《东京夕刊新报》因在"二二六事件"时无视警视厅要求对事件进行了报道而受到警视厅的警告。1939 年 6 月 14 日，该报又在头版头条披露了"汪精卫秘密赴日"的消息，警视厅以该报道触犯禁止刊登"军队行动及其他军机军略相关事项"（1937 年 7 月 31 日发布的第 24 号陆军省令）及"谍报防谍或调查相关事项"（1937 年 10 月 7 日发布的第 43 号陆军省令)③相关规定为由，判定该报"社会价值丧失殆尽"④而将其列入"恶德不良报纸"的行列，下令逮捕相关记者，严令追究社长责任。在多方压力下，该报被迫于 1939 年 7 月 12 日

---

① 「国家と情報宣伝」、『週報』（第三十七号）、1937 年 6 月 30 日、第 2 頁。

② 小野秀雄：『新聞研究五十年』、東京：毎日新聞社 1971 年、第 263—264 頁。

③ 「東京夕刊新報掲載記事に関する件」、『永存書類 乙集 第 4・5 類合冊 昭和 14 年「雑」』、JACAR（アジア歴史資料センター）、Ref.C01007351000、防衛省防衛研究所。

④ 『出版警察報』（第一一八號）、1939 年 7 月、第 18 頁。

宣布废刊。

此外，著名的业界报纸《新闻之新闻》因一贯对政府持批判态度而被警视厅直接下达废刊命令，但该报却对警视厅的判罚进行了反驳，称警视厅"将成百报纸杂志送上断头台并加以随意蹂躏"①的做法是对言论自由的肆意践踏，并明确拒绝了警视厅的要求。对此，警视厅以停止纸张供应为手段迫其就范。在政治压力、经济压制的双重打击下，尽管该报表示从"作为社会木铎先驱之荣耀"②的角度出发拒绝接受废刊处分，但没有了纸张供应，该报失去了存在的必要条件，不得不于1941年3月1日起被迫宣布停刊。

在上述理念的指导下，日本当局自1938年8月至1941年8月实施了第一阶段的大规模报纸合并。首先，为了集中人力、物力推动国家总动员的实施，最大限度地发挥报纸的"国策"宣传作用，加强了对"营利主义"经营方针的批判力度，对那些一味扩大销量、拓展广告营销的所谓"恶德不良报纸"进行清理和整顿，并根据《新闻纸法》相关规定，于1939年3月确定了原则上不允许新报创刊的方针，以控制报纸数量的增长。其次，警视厅审查课对发行量小、影响力弱的小报进行了调查，以防止资源枯竭为由，对其中一些经营不善的小报、地方报纸等进行了整顿。

值得注意的是，末次信正所提出的报纸合并方案并未提出强制性整合措施，而是主张报界"自发性废刊"，其原因并非出于对报界的尊重，而是因为当时"强制性地让报社同意合并缺少任何法律上的依据"③。因此，在表面上只能采取"自发协助"的形式。这一点在内务省下发的通知及警视厅下达的"指示事项"中有所体现，如1939年5月警视厅关于"出版物取缔"的指示事项中要求各地警察部门与言论机构密切合作，"防止出现有害于时局之出版物"④。1940年5月的指示事项则要求各地对报纸等出版物"留意其整备革新"⑤，无论是"防止出现有害于时局之出版物"还是"留意其整备革新"，其设定的目标仅仅是对实力弱小报纸和"恶德不良报纸"的清理与合并。因此，上述文件均在措辞上突出"防患于未然"的预防性措施，这也从一个侧面说明当时的报纸合并"缺少法制上强制实施的根据"⑥。

但这并不意味着在报纸合并过程中日本当局强制性措施的缺失。在实际执行过程

---

① 『新聞之新聞』1939年11月27日。

② 『新聞之新聞』1941年1月4日。

③ [日]山本文雄著：《日本大众传媒史》，诸葛蔚东译，广西师范大学出版社2007年版，第162页。

④ 池田順：『昭和戦前期内務行政史料——地方長官警察部長会議書類』第21巻、東京：ゆまに書房2001年、第174頁。

⑤ 池田順：『昭和戦前期内務行政史料——地方長官警察部長会議書類』第25巻、東京：ゆまに書房2001年、第76頁。

⑥ 『新聞之新聞』1940年12月7日。

中，一旦有报社不接受合并或废刊处分，当局就会停止向其供应纸张而迫其就范，或煽动读者和广告业主停止购阅或刊登广告，甚至将其广告营业部门的职员以莫须有的罪名加以逮捕，或诉诸暴力手段，以到达统驭报纸、控制言论的目的。因此，内务省提出的该方案本质上依然是以打压和管制为主的强制性的言论统制，且在实际执行中无形扩大了政府的裁量权。陆军省对此极为不满，认为内务省"为统制而统制"的做法造成了各地在执行报纸合并政策过程中缺乏明确且统一的标准。为"彻底清除弱体不良报纸、发展并助长国策报纸"[1]，陆军省提出对报纸统合实施统一管理的主张，由此推动了报业合并业务在情报局成立后由内务省转移至情报局。

在第一阶段的报纸合并过程中，各都道府县特高警察按照内务省制定的上述方针，推动数量众多的"恶德不良报纸"和经营不善的报纸进行了合并整顿，成效显著，如兵库县截至 1938 年 12 月共有 726 家报社，在"兵库县当局极其严厉的手法"[2] 打击下，到 1940 年 12 月，有 528 家报纸被停刊。

与兵库县的做法不同，鸟取县的报纸合并是作为"对抗外来报纸势力对策"[3] 而主动采取的措施。鸟取县原本有《鸟取新报》《因伯时报》和《山阴日日新闻》3 家当地报社。随着《大阪朝日新闻》等资本实力雄厚的全国性大报在当地发行地方版，对上述 3 家报纸的发行量造成了极大冲击。为"顺应新东亚建设的战时统制国策，统一舆论，取得报纸报国的实际业绩"，同时"正确引导地方舆论，促进地方文化进展"，3 家报纸在鸟取县当局的推动下于 10 月 1 日起正式合并为"鸟取县下唯一的日刊报纸"[4]《日本海新闻》。鸟取县率先实现"一县一报"在日本报业合并史上具有重要意义，它对其他地区的报纸合并产生了一定刺激作用。除鸟取县外，截至 1941 年 8 月，第一阶段报纸合并完成时，富山、群马、埼玉等 11 个县也先后实现了"一县一报"。

自 1939 年 6 月开始，报纸合并的风潮由地方延伸至东京等报业资源集中的核心城市。以东京都为例，警视厅以"言论统制"和"纸浆限制"为手段对东京都内的报纸进行了整合，除《东京日日新闻》《东京朝日新闻》《读卖新闻》《报知新闻》等主要报纸维持现状不变外，一些发行量较小的业界报纸被半强制性要求废刊，其他报纸或废刊或合并。到 1940 年底，东京都内报纸的数量减少至原先的五分之一。[5]

随着战局的发展，日本国际国内局势发生变化，特别是对美宣战后随之引发的一系

---

① 『新聞之新聞』1940 年 2 月 24 日。

② 新聞研究所編：『昭和十四年日本新聞年鑑』、東京：新聞研究所 1938 年、第 14 頁。

③ 新聞研究所編：『昭和十五年日本新聞年鑑』、東京：新聞研究所 1939 年、第 96 頁。

④ 日本電報通信社編：『新聞総覧』、東京：日本電報通信社 1940 年、第 277 頁。

⑤ 『中外商業新報』1940 年 8 月 16 日。

列外交断绝、经济封锁等国际危机和物资匮乏、人心涣散等国内危机使得日本当局认识到进一步强化言论统制体系的必要性。1941 年 9 月，负责报社合并业务的情报局第二部长吉积正雄就新一轮报社统合的基准及方法等问题向日本新闻联盟理事会发出咨询要求。日本新闻联盟理事会对此进行了审议。然而，由于全国性大报和地方报纸的利益诉求不同，未能达成一致。此后，在日本新闻联盟理事长田中都吉的倡议下成立了一个五人小委员会进行专题讨论，并在 10 月 9 日召开的第一次委员会上确立了"一县一报原则"和"将全国报社合而为一，成立全国新闻统制会社"[①] 两大原则。

在此过程中，日本当局于 1941 年 3 月对《国家总动员法》进行了修订，增加了政府可命令各团体通过转让、合并等方式改变经营状态的条款。据此，日本当局于 1941年 12 月颁布了《新闻事业令》及其施行规则，规定主管大臣"必要时可命令报社业主进行事业的转让、接收或合并，以推动报业整顿"[②]，由此赋予报纸合并法律依据。此后，为进一步加强对言论的控制和利用，日本当局在前期报业整顿的基础上，又发布命令通过于 1942 年 2 月成立的日本新闻会来实施第二阶段的报纸合并，加紧推行"一县一报"制度。

日本新闻会成立后，首先将其 104 家会员报社纳入"一县一报"合并运动中。据统计，当时日本 47 个都道府县中有半数以上已完成"一县一报"目标，还有 22 个地区仍未完成，特别是包括东京、大阪、爱知、福冈等在内的大都市圈因其报业较为发达、报社数量较为集中等原因，合并的阻力极大。此外，由于横跨几个县域的地区报与当地报之间存在发行区域重叠、发行利益冲突等问题，对"一县一报"的推行在很大程度上造成了阻碍。为此，情报局对全国报业的类型重新进行了划分，《朝日新闻》《每日新闻》和《读卖新闻》为全国报，爱知、福冈、东京、大阪四地的报纸为地区报，其他地区的报纸为地方报。据此，日本当局首先对东京、大阪、爱知、福冈四地的报业格局进行了整顿。

1942 年 6 月 15 日，内阁会议通过决议，制定了针对东京、大阪、爱知和福冈四地报纸合并的实施要领。根据此要领，东京将形成由 4 家普通报纸和 1 家业界报纸构成的"4+1"报业格局，即除《朝日新闻》和《东京日日新闻》维持不变外，《读卖新闻》和《报知新闻》合并为《读卖报知新闻》，《都新闻》和《国民新闻》合并为《东京新闻》，此外《中外商业新报》与《日刊工业新闻》《经济时事新报》等 11 家业界报纸合并为《产业经济新闻》；大阪保留了《朝日新闻》和《大阪每日新闻》，而以《夕刊大阪》和《大

---

① 「小委員会第三回迄の決定事項」、有山輝雄、西山武典編：『情報局関係資料』（第六巻）、東京：柏書房 2000 年、第 267 頁。

② 「新聞事業令」、『御署名原本・昭和十六年・勅令第一一〇七号・新聞事業令』、JACAR（アジア歴史資料センター）、Ref.A03022661000、国立公文書館。

阪时事》等为主体创立了《大阪新闻》，并将业界报纸合并为《产业经济新闻》，从而形成"3+1"报业格局；在爱知将《新爱知》与《名古屋新闻》合并为《中部日本新闻》，同时撤销《朝日新闻》和《大阪每日新闻》在爱知的分社；在福冈保留了《朝日新闻》和《大阪每日新闻》的分社，并将《福冈日日新闻》和《九州日报》合并为《西日本新闻》。① 此外，北海道的报纸也在全部解散之后进行了重组，原先的 11 家报纸被合并为《北海道新闻》。② 报社合并后，不但便于日本当局对报纸实施统制，合并后保留下来的报社也按照政府意志被改造成"彻底清除营利主义的纯粹公益本位报纸"③。

为避免留下"强制合并"的把柄，上述实施要领以"极密"形式发布，且情报局总裁谷正之在对上述方案进行说明时称该方案是"在情报局和新闻会充分协调的基础上决定，政府按照本方案实施"，从而特别强调该方案并非政府的强制性措施。然而，针对可能招致的反对意见，谷正之表示，首先由政府出面与反对方进行充分沟通，但若无法说服对方，则"或有必要发动新闻事业令第四条（废刊命令权）"④，从而表明了政府强制推行的真实意图。此外，情报局于内阁会议第二天向上述四地报社传达相关指示时措辞强硬，称该方案"作为政府方针得以确定且无法改变"，并要求相关报社在各地政府及特高课的指导下，"今后一月内达成协议，完成所需手续"⑤，再次明确了该方案的政府意愿。从上述方案的实际执行效果来看，尽管面临着诸多困难，但在 1942 年 8 月底"各府县基于一府县一报原则基本完成了整理统合"，其他地区的合并工作也"按照既定方针稳步推行"。⑥ 到 11 月初，所有都道府县报纸合并工作均已完成。

1943 年 1 月起，《大阪每日新闻》和《东京日日新闻》合并为《每日新闻》。到1943 年底，除东京、大阪两大城市外，各地均实现了"一县一报"。据统计，1934 年日本共有报刊 11690 家，到 1940 年末减至 8124 家，到 1941 年 4 月则仅剩 5190 家，而到太平洋战争时期的 1943 年仅有 54 家。⑦

① 「東京、大阪、福岡、愛知に於ける新聞整理統合要領」、『新聞の整理統合関係書類　昭和 17 年』、JACAR（アジア歴史資料センター）、Ref.C12122143700、防衛省防衛研究所。

② 塚本三夫：『実録 侵略戦争と新聞』、東京：新日本出版社 1986 年、第 254 頁。

③ 「主要新聞ノ統合ニ関スル経過」、『新聞の整理統合関係書類　昭和 17 年』、JACAR（アジア歴史資料センター）、Ref.C12122145100、防衛省防衛研究所。

④ 「新聞整理統合案　閣議説明要領」、有山輝雄、西山武典編：『情報局関係資料』（第七巻）、東京：柏書房 2000 年、第 283—286 頁。

⑤ 「極秘　関係新聞社ニ対スル総裁ヨリノ申渡」、有山輝雄、西山武典編：『情報局関係資料』（第七巻）、東京：柏書房 2000 年、第 288 頁。

⑥ 「新聞ノ整理統合ニ関スル件」、『新聞の整理統合関係書類　昭和 17 年』、JACAR（アジア歴史資料センター）、Ref.C12122145800、防衛省防衛研究所。

⑦ 法政大学大原社会問題研究所：『太平洋戦争下の労働運動』、東京：労働旬報社 1965 年、第 190 頁。

《新闻事业令》的适用范围，除了日本本土外，还包括南洋诸岛等日本海外占领区，报业合并的风潮也波及到东南亚占领区的报纸。1942 年 10 月 20 日，陆军省颁布《南方陆军军政地域报纸政策要领》，认为报纸对于"原住民的教化、日本文化的渗透以及现地邦人的启发等"具有重要意义，因此要求在南方占领地区加强报业统制，"废除以前的自由企业，在当地军部的统辖管理下，委任内地大报社运营"[1]。海军省亦于 1942 年 12 月 8 日颁布《南方海军军政地方报纸政策要领》，其内容与上述陆军省颁布"要领"基本相同。基于上述两大"要领"的规定，大报社具体负责区域为：《每日新闻》负责菲律宾、西里伯斯；《朝日新闻》负责爪哇、南婆罗洲；《读卖新闻》负责缅甸、斯兰；同盟社及其合作报社负责马来、昭南岛、苏门答腊、北婆罗洲。这一区域划分原则与前述军政当局所制定的《南方占领区通信社及报社工作处理要领》基本一致。

遵照上述规定，为满足当地驻军及日本侨民的信息需求，同时"通过当地语言报纸开展对当地居民的宣抚和指导教化"[2]，《朝日新闻》《每日新闻》等大报以及同盟社在占领地区纷纷创办新的报纸，以对抗当地原有的报纸。《朝日新闻》创办了《爪哇新闻》，《每日新闻》出版了《马尼拉新闻》等，同盟社则编辑出版了《昭南新闻》和《苏门答腊新闻》等。此外，同盟社还在中国的华北地区创办了《东亚新报》，并在军部的支持下，将当地的华语报纸强制合并。据统计，自 1942 年 10 月至战败期间，日本占领区军政当局共在海外 20 个城市发行 52 种报刊杂志。[3]

在上述报纸合并浪潮中，日本当局采用了多元化的强制性手段，主要目标是实现所谓的"一县一报"，以达到全面有效控制报纸舆论的目的，从而在物资日益紧张的形势下最大限度地发挥报纸对战争的动员、宣传和教化功能。日本报业格局由此发生了新的变化，形成了以大报为中心的报业体系，从而强化了"统一国论"的舆论宣传体制。

三、加强报社联合，维持报业运营

如前所述，由于印刷纸张采用配额制度，报社不得不大幅削减广告版面，广告收入也随之减少。为了弥补广告缩减带来的损失，各报社不得不在销售方面下功夫，如厉行定价销售、取消专卖店的补助金、提高售价等。为此，《东京朝日新闻》《东京日日新闻》和《读卖新闻》三家大报结成"三社会"，缔结《三社地方协定公约》，约定废除不正当竞争，取消扩张政策。通过该政策，三大报社的销量实现了稳步增长，而"三社协定"

---

① 「南方陆军军政地域新闻政策要领」、浅野健一：『天皇の記者たち——大新聞のアジア侵略』、東京：スリーエーネットワーク、1997 年、第 10—11 頁。
② 読売新聞 100 年史編集委員会編：『読売新聞百年史』、東京：読売新聞社 1976 年、第 456 頁。
③ 浅野健一：『天皇の記者たち——大新聞のアジア侵略』、東京：スリーエーネットワーク 1997 年、第 10 頁。

也成为日后共同销售、共同配送制度的雏形。

1945 年 3 月 1 日，日本新闻会宣告解体，其所管报纸统制业务转由情报局负责，而报纸配给业务则由同日成立的日本新闻公社负责。由于自 1944 年夏起美军开始轰炸北九州，1944 年底开始轰炸东京。此后，大阪、名古屋等大城市相继遭到毁灭性打击，日本国内交通中断，全国各地陷入极度混乱。报社在轰炸中也在劫难逃，许多报社的设施和印刷设备遭到毁灭性破坏，报纸的正常出版发行受到影响。在此局势下，日本新闻公社的主要任务是在空袭中维持报纸的正常刊行，以避免报业宣传陷入真空状态，从而对本土决战产生负面影响。

为充分发挥报纸"在国内宣传启发上的重要使命"，在空袭中"确保读者必有一报可供阅读"①，防止因新闻报道出现真空状态而带来"信息饥饿"进而引发流言蜚语，造成社会动荡不安，情报局开始就加强非常时期报社联合运营的三种方案进行探讨。方案一，是按照 1941 年 11 月 27 日内阁会议通过的关于报纸战时体制化决议，成立"强制全国报社加盟"的新闻统制会，负责报纸整顿、资材配给及言论统制业务，同时成立新闻共同会社，作为"财政处理机构"承担新闻统制会的部分业务，吸收日本新闻会加盟会员报社入股，并根据各会员报社的资产、资本金及发行数量等为基准确定出资比例，以确保"报纸运营符合国家目的"②。方案二，是将《朝日新闻》《每日新闻》和《读卖报知新闻》三大全国性报纸疏散到全国各地，一方面在一定程度上可削弱三大报的势力，另一方面也可规避三大报整体受损的风险。方案三，是推动全国性报纸和地方报纸在发行量和资本、人员等方面的全面合作，将全国性报纸所拥有的配给份额、人员设备等向指定的地方报社转移，在强化地方报社运营能力、分散全国报社风险的同时，最大程度实现非常时期的报业运营。

上述方案一中的关于报纸战时体制化决议尽管经内阁会议审议通过，但因遭到各方反对，新闻共同会社的目标并未实现。而此时情报局之所以再次将其列为三大方案之一进行探讨，是因为情报局认为"共同会社设立方案是在必要地点发行国家国民所必要之报纸并实现全国性联系的'理想方案'"③。尽管情报局对此方案情有独钟，但经过比较分析，基于方案三可能遭受"抵触最小"④的判断，最终日本当局采用了全国报社和地

---

① 「戦局ニ対処スル新聞非常態勢ニ関スル暫定措置要綱」、内川芳美：『現代史資料・41・マス・メディア統制㈡』、東京：みすず書房 1996 年、第 532 頁。

② 「新聞の戦時体制化に関する件」、『各種情報資料・主要文書綴（一）』、JACAR（アジア歴史資料センター）、Ref.A03025359100、国立公文書館。

③ 岡村二一：「新聞新体制の理論と実際」、奥平康弘監修：『言論統制文献資料集成（第 13 巻）新聞新体制の理論と実際・日本新聞会の解説・日本新聞会便覧』、東京：日本図書センター 1992 年、第 85 頁。

④ 高田元三郎：『記者の手帳から』、東京：時事通信社 1967 年、第 211 頁。

方报社联合经营的方案。1945 年 3 月 13 日，内阁会议颁布了《关于应对战局的报纸非常态势暂定措施要纲》，宣布确立报界非常态势，并对非常态势下日本报界的运营方式作了详细规定，其核心内容是以地方报纸为母体，以"配额合并方式"实施联合经营和共同印刷。

《措施要纲》指令，除东京、大阪、福冈及其周边地区 ① 外的全国性报纸同地方报合并，以地方报纸为母体，将其发行配额计入地方报纸之中，由地方报统一发行，发行时共同标注地方报名称和被合并的全国性报纸名称，这就是所谓的"联合经营"，此举保证了地方报在合并后的主体地位。同时，为保证地方报纸的宣传质量，将全国性各大报纸的印刷设备、骨干人才以及纸张配额均转移到地方报社之中，从而在人力、物力、财力上给予地方报纸全力支持。为避免人才转移过程中产生人事纠纷问题，该要纲规定地方报的社长等高层人事维持现状，不因全国性报纸的并入而发生任何变动，其他人员则实施整体性转入。

对于没有被列入合并范围的东京 5 社、大阪 3 社、福冈 2 社等全国性报纸，该要纲要求"选择其中一家报社，利用其印刷设备实行共同印刷"，空闲下来的印刷设备"一部分转移至东京都、大阪府和福冈县内的安全地区，建立共同印刷的预备工厂，一部分转移到印刷设备恶劣的地方报社中"②，用以支援地方报社，而各报社原来拥有的预备工厂也将合并为共同印刷的预备工厂。与此同时，为防止合并后报纸质量下滑，该要纲要求地方报社在情报局的监督和指导下不断强化宣传报道阵容，同盟社在报道网络及新闻来源方面提供协助。

上述方案颁布后，"朝日系""每日系"和"读卖系"三大全国性报社自 1945 年 4 月至 5 月间按照指令将其经营资源向指定的地方报社转移。其中，"朝日系"对接的是包括《信浓每日新闻》等在内的 11 家地方报社，"每日系"对接的是《福岛民报》等11 家地方报社，《读卖报知新闻》对接的是《东奥日报》等 7 家地方报社。

上述联合经营实施后，全国性大报和地方报纸之间的力量对比很快出现了逆转。发行和纸张份额及设备、人才的流失使得全国性报纸的发行量锐减，势力受到沉重打击。而另一方面，纸张配额的获得、印刷资材的注入以及印刷设备的充实使得原本因资本问题而在竞争中处于劣势的地方报纸实力大增，无论是报道质量还是发行数量均出现了大幅增长，地方报社无疑成为"联合经营"的最大受惠者。

仅从"联合经营"前后发行量的变化来看，三大全国性报纸的发行量基本锐减至

---

① 具体指千叶、埼玉、神奈川、神户、奈良、和歌山、京都、滋贺及山口各县。
② 「戦局ニ対処スル新聞非常態勢ニ関スル暫定措置要綱」、内川芳美：『現代史資料・41・マス・メディア統制㈡』、東京：みすず書房 1996 年、第 532 頁。

原来发行量的一半左右。发行量剧减致使其影响力大打折扣，进而带来广告投放量减少、经营利润缩水、舆论宣传的地位和作用被弱化等一系列负面连锁反应。而吸收了大报资源的地方性报纸则是"联合经营"政策的受惠者，其发行量和影响力猛增，《上毛新闻》的增幅甚至达到近 10 倍。这不但大大缩小了与全国性大报之间原先的悬殊差距，扭转了长期以来与全国性报纸之间的竞争劣势，也为战后地方报纸的复苏打下了坚实的基础。

此外，为鼓舞士气，掀起更加狂热的对外侵略意识，日本当局还直接控制报纸发行的"战时版"。1944 年 3 月，日本新闻会和情报局签订合作方案，要求由《每日新闻》《读卖新闻》《中部日本新闻》《西日本新闻》和《大阪新闻》五大报发行"战时版"。《朝日新闻》也于 5 月开始获准发行"战时版"。"战时版"的主要阅读对象是"铳后"各工厂、矿山、农村的工人和妇女群众，目的是将战争进展、国内外局势等传达给后方民众，"以英美人的残忍性为例，特别是要暴露他们在此次战争中的暴虐行为，激起同仇敌忾的感情"①。

从发行来源看，"战时版"有两类：一类是脱胎于报纸母体，将现有的报纸通过压缩版面的形式改造为"战时版"；另一类是在报纸母体之外另行发行的"战时版"，但日本新闻会并没有为各报增加相应的用纸配额。尽管两类"战时版"不尽相同，但由于受纸张等印刷资材匮乏等要素影响，无论哪种类型的"战时版"，其版面数量均较少，但所刊登内容高度聚焦于战时国策。换言之，"战时版"是战争末期日本资源极度匮乏背景下日本当局实施本土决战宣传的产物。

由于"战时版"是通过压缩版面或强制各报停发晚刊，用节省下来的纸张来刊行的，此举引发了报界的极大不满。情报局机关报《周报》发文对"战时版"及其所引发的舆论问题进行了回应。《周报》首先对其发行版面进行了大幅压缩，进而表示要求报界停发晚刊转而发行"战时版"是为了取得战争胜利的"决战非常措施"，不能仅仅从消极的层面加以否定，"若从积极层面来看，看上去消极的停刊、废刊和版面减少实际上却是一种创造和进步"，从而对"战时版"的发行从思想上和行动上给予了认同。对于通过压缩版面而实现的"战时版"，《周报》更是给予高度赞扬，认为"将节省下来的版面加以更高效利用反而会提高其使用价值"，而这种处理方式"不但有利于将余力投向战力"，也能"去除所有杂质，留下纯粹无瑕之物"②，从而起到净化日本国民生活和精神文化的作用。然而，由于资源状况日益严峻，为保证正常版面的发行，这些"战时版"

---

① 内川芳美：『現代史資料・41・マス・メディア統制㈡』、東京：みすず書房 1996 年、第 524 頁。
② 「週言」、『週報』（第三八六号）、1941 年 3 月 15 日、第 1 頁。

并没有维持多长时间就被取消了。

1945 年 1—8 月，日本报社遭受空袭的损失状况一览表 ①

报社名称	遭袭时间	受灾程度	应对措施
东京朝日新闻社	1 月 27 日	轻度损伤	可继续开展业务
产业经济新闻社	3 月 14 日	全部烧毁	与大阪新闻实现业务合作，在大阪每日新闻社印刷
神户新闻社	3 月 17 日	全部烧毁	由大阪朝日新闻社代替发行
东京每日新闻社	4 月 26 日	部分烧毁	可继续开展业务
读卖新闻社	4 月 26 日	全部烧毁	最初由东京五社共同发行，后由朝日新闻社和每日新闻社代行印刷
东京新闻社	4 月 26 日	全部烧毁	最初由东京五社共同发行，自 7 月初开始自力发行
中部日本新闻社	5 月 15 日	大半烧毁	由岐阜合同新闻和伊势新闻代替印刷发行
神奈川新闻社	5 月 29 日	全部烧毁	与东京朝日新闻社实施联合经营
鹿儿岛日报社	6 月 17 日	大半烧毁	受灾后由熊本日日新闻社代替发行，后自力发行
静冈新闻社	6 月 21 日	副馆烧毁	受灾后即停止联合经营，仅单独印刷发行自社原有部分
合同新闻社	6 月 29 日	全部烧毁	受灾后 1 月间由大阪朝日新闻社、大阪每日新闻社和中国新闻社分担发行
防长新闻社	6 月 29 日	全部烧毁	作为应急措施，由西部每日新闻社代替发行
吴新闻社	7 月 2 日	全部烧毁	由中国新闻社代行印刷
高知新闻社	7 月 4 日	全部烧毁	暂时发行小型报纸
香川日日新闻社	7 月 4 日	全部烧毁	利用铁道局印刷部发行小型报纸
德岛新闻社	7 月 4 日	全部烧毁	发行小型报纸
山梨日日新闻社	7 月 6 日	全部烧毁	受灾后 1 月间由每日新闻社代替发行
和歌山新闻社	7 月 9 日	全部烧毁	由大阪朝日新闻社折半代替发行
下野新闻社	7 月 12 日	全部烧毁	由东京每日新闻社代替印刷发行
大分合同新闻社	7 月 16 日	全部烧毁	由西部朝日新闻社代替印刷发行
福井新闻社	7 月 19 日	全部烧毁	开始由北国新闻社、大阪朝日新闻社共同折半代替发行，后由北国新闻社独自代替发行
岐阜合同新闻社	7 月 19 日	部分受损	可继续开展业务
东奥日报社	7 月 28 日	全部烧毁	由秋田魁新闻社、新岩手新闻社代替印刷发行
爱媛新闻社	7 月 29 日	全部烧毁	由大阪朝日新闻和大阪每日新闻各自印刷发行其所持份额
伊势新闻社	7 月 24 日	全部烧毁	由中部日本新闻社代替发行
茨城新闻社	8 月 1 日	全部烧毁	东京三社印刷其各自所持份额，茨城新闻所持份额由读卖新闻社代替印刷
北日本新闻社	8 月 1 日	全部烧毁	在疏散地工厂即日起自力发行
中国新闻社	8 月 1 日	部分受损	可继续开展业务

---

① 外务省情报部编：『新聞要覧．日本ノ部 昭和 21 年度版』、東京：外務省情報部 1946 年、第 3—5 頁。

战局进一步恶化，"联合经营"的非常措施也逐渐失去了功效。在美军的空袭下，不断有报社遭到毁灭性破坏。在 1945 年 4 月的空袭中，《读卖报知》和《东京新闻》两家报社化为灰烬，此后这两家报社不得不与《朝日新闻》《每日新闻》和《日本产业经济新闻》等共同发行报纸。但是后来空袭由大城市转向了地方中小城市，地方报社也遭到了破坏。据统计，从 1945 年初到日本投降为止，在全国仅剩的 54 家报社中有 39 家在空袭中受损，其中 23 家报社毁于战火之中。[①]

第二节　报界对法西斯化的自我趋同

在国家战时体制框架下，日本报界纷纷对报道机制和报道方针进行了改革，建立起报界战时体制，不遗余力地开展主动宣传与积极诱导，并逐渐构筑起报界自身对宣传机构角色的身份认同，最大程度迎合了战时体制下政府对报纸的要求，并最终形成了"国家至上"的"皇道新闻观"。报界在"皇道新闻观"的形成过程中，给自己贴上了战争宣传机器的标签。

一、确立报界战时体制，完成其对国家战时体制的认同与参与

战时日本报界对媒体法西斯化的自我趋同主要表现在报界战时体制的确立上，而报界战时体制的确立也是日本报界战时法西斯化形成的主要标志。报界战时体制是日本国家战时体制的重要组成部分，是日本报界主动迎合统治阶级意志、为侵略战争开展宣传的产物，也是巩固日本统治阶级话语权的宣传工具。日本报界战时体制的形成主要从报道机制和报道方针两方面展开。

首先，在报道机制方面，为充分发挥报纸在舆论、社会风气上的重大作用，各报社与政府的论调保持了高度的一致。1937 年 7 月 11 日，日本发表出兵华北声明的当天，首相近卫文麿召集东京都内报社和通讯社的代表约 40 人至首相官邸"恳谈"，要求言论界对军部的行动给予协助。各报社立即行动起来，调整报道机制以适应战局的发展。面对纸张缺乏的形势，为不减少报道内容，报界在经营方面不惜牺牲广告篇幅，力求报纸的所有内容都能体现"国策"立场，以实现报纸作为"社会木铎"的使命；在编辑方面则通过缩小字体、增加段数、压缩标题、凝缩报道内容等措施来应对纸张短缺危机。对报社来说，最重要的收入来源是报纸销售收入和广告收入，其最理想的比例是双方各占一半。各报不断削减广告版面，广告收入所占比例持续下降。1938 年各报"报纸销售

---

① 　山本文雄：『日本新聞発達史』、東京：伊藤書店 1944 年、第 180 頁。

收入和广告收入的比例为 6 ： 4，到了 1941 年变为 7.5 ： 2.5"[1]。

为了支持军队进行"长期圣战"，日本各地相关部门效仿情报局做法，每月定时召开有报社记者、通讯员参加的舆论指导座谈会。1939 年 10 月 12 日，富山县知事向内务省、外务省以及内阁情报部等部门提交了关于该县召开舆论指导座谈会情况的报告。其中在"关于时局下言论机关的根本态度"一段中作了如下阐述：

> 各相关单位都充分认识到，作为人类社会生活中的必要机关，报纸发挥着重要作用，其报道能够对舆论和社会风教产生巨大影响。现今我国为达成长期圣战之目的，举国上下坚持不懈奋斗，不仅在国内，在对外关系上，报纸重要性更加显著。因此，县下各日刊报纸决定放弃原来之营利本位，一步步接近其公共性的文化指导机关之本来使命，此现象十分令人可喜。而仍有部分地方通讯员及各有关方面人员依然维持旧态势，在报道通讯之外募集广告，或者在报道军事通讯和经济通讯时不经意间泄露军事机密或为敌方逆宣传所利用，因此各编辑当局应更加谨慎，各通讯员也应给予十二分注意并积极协助。[2]

从该报告中可以看出，富山县对报界放弃营利主义路线为战争开展宣传报道的态度表示了欢迎，并对"维持旧态势"的做法提出了批评。这表明报界无论从主观愿望还是外界的要求上，都已经开始积极地和日本当局站在了一起，扮演起军国主义宣传机器的角色。

为应对不断收紧的舆论自由空间，避免出现与当局论调不一致的"误报"而招致严厉处罚，日本报界纷纷进行内部机构调整，改革报道机制，加强编辑权限，以保证报道方向与当局的舆论方针保持一致。1940 年 8 月，《朝日新闻》确立了"新体制"，提出要贯彻报纸报道的独立性，以保证编辑内容不受报业资本的干涉。但这里所说的"独立性"其出发点并非追求新闻舆论的客观公正、不偏不党的特性，而是相反以"独立性"的口号防止报业资本干涉其为军国主义战争宣传鼓噪的"独立性"。同年 9 月，《每日新闻》也设立了编辑指导会议，负责制定该报的编辑方针。

与此同时，为避免出现与当局论调不一致的"误报"，各报社除了要接受情报局、陆海军报道部等言论机构的严格审查外，还在自己内部设置报道审查课，对新闻报道进

---

① 朝日新聞社社史編修室編：『朝日新聞七十年小史：創刊七十周年記念』、東京：朝日新聞社 1949 年、第 276 頁。

② 吉田裕、吉見義明編：『資料日本現代史・10・日中戦争期の国民動員』、東京：大月書店 1984 年、第 334 頁。

行严格自我审查。此一时期处在多重审查监督之下的日本报界逐渐确立起"振兴国民精神"的目标，其报道内容逐渐聚焦于"传播日本真意，宣传日本誓死建设大东亚新秩序的伟大使命"①，从而全力为军国主义宣传服务。

特别是在太平洋战争爆发之后，为防止"可能给敌军提供参考"，各报决定取消天气预报栏目。与此同时，情报局和大本营报道部也向各报社、通讯社下令禁止刊登除大本营通稿之外的任何报道以及"对我军不利的一切事项"②。此后全国报纸报道内容逐渐格式化，报道论调千篇一律，失去了报纸本来的社会功能，成为军部大本营的"机关报"和"传声筒"。

此外，日本当局以"搜集正确情报，粉碎谣言宣传"③为由，派特高课人员进驻各报社，以加大报纸的出版前审查力度，各报社亦相时而动，对编辑部进行相应调整。日美开战当日，《东京日日新闻》主笔高田元三郎要求社内全体人员"做好长期战的心理准备，沉着冷静加以应对"④，并对编辑部组织架构进行了调整，取消了原先的部课制，设置报道班、编辑班、外信班和联络班。其中，编辑班下设审查部，负责在稿件提交有关部门审查之前实施自我审查，并定期为编辑部门编发"审查报告"，"罗列出被大本营或内阁情报局指出的具体事例，供出稿时参考"⑤，以防出现与日本当局内外报道不符的内容。而《朝日新闻》强化了报道阵容，从1942年2月起在东京本社编辑部内设立前线指导本部，在各战场阵地设立前线总局，以加强对前线战况的报道力度。同时报社内部进行了改革，进一步削弱了资本在编辑业务上的话语权，以确保报社的舆论宣传能够按照政府的言论政策加以实施。随着战局发展，朝日新闻社又对内部机构进行了调整，在东京总社设立编辑总局，实现了东京、大阪、西部三社编辑的一体化。同时废除了1940年设立的中央调查会⑥，新设战时资料研究委员会，负责"从新的角度搜集战争相关资料并开展研究"⑦。

"为应对大东亚共荣圈建设的宏伟大业"⑧，《大阪每日新闻》和《东京日日新闻》自

---

① 平田外喜二郎：『戦時新聞讀本』、大阪：大阪每日新聞社 1940 年、第 16 頁。
② 三枝重雄：『言論昭和史——弾圧と抵抗』、東京：日本評論新社 1955 年、第 133 頁。
③ 前坂俊之：『太平洋戦争と新聞』、東京：講談社 2007 年、第 386 頁。
④ 『東京日日新聞社報』1941 年 12 月 26 日。
⑤ 『朝日新聞』1991 年 10 月 19 日。
⑥ 中央调查会的前身是《朝日新闻》于 1934 年 9 月在内部成立的东亚问题调查委员会，负责"搜集、整理、保存、调查有关东亚的资料"，其真正目的在于"协助国策"，1940 年改组为中央调查会。
⑦ 朝日新聞社社史編修室編：『朝日新聞七十年小史：創刊七十周年記念』、東京：朝日新聞社 1949 年、第 297 頁。
⑧ 每日新聞 130 年史刊行委員会：『「毎日」の 3 世紀——新聞が見つめた激流 130 年』（上巻）、東京：每日新聞社 2002 年、第 885 頁。

1943 年 1 月 1 日起合并为《每日新闻》发行，并将编辑中枢转移至东京。而《东京朝日新闻》和《大阪朝日新闻》则早在 1940 年就实现了统一，以《朝日新闻》为报头继续出版发行，从而实现了"朝日系"和"每日系"东京、大阪经营体制的一元化。

除了对内部机构进行调整外，一些报社还对其机构性质和经营方针作出相应调整。为推动报社"体察报纸之国家使命，确立并发扬其作为公器之性格"①，《新闻事业令》及《日本新闻会统制规程》明确了报界统制的基本原则和方针：一方面，大规模压缩报社收益，加强对营利主义的压制；另一方面，则大力推行资本经营分离，将外部资本排除在报社经营之外，以防止资本对经营的干预。据此，一些报社纷纷修订章程，并对其股份制进行改造，努力剔除外部资本，以回应日本当局的统制诉求。

位于冈山县的合同新闻社首先对其章程进行了修订，去除了原先的"印刷业、有价证券"等营利性业务，并将其变更为"报纸发行及相关事业"，并着重强调其业务目标是"显扬报纸作为公器的性格，达成其国家使命"，从而表现出由营利主义向国策主义转变的意向。此外，在股份制方面，修订后的章程规定该报的股份仅限于"该报从业者所有"②，股份的转让、买卖等只能在报社内部进行，或直接由报社收购，试图以此排除外部资本的干预。

为推动上述股份制改革的实施，进一步发挥其作为"国家公器"的"公益性功能"，合同新闻社决定成立由合同新闻社为法人会员，以报社员工为个人会员的新机构——合同会，负责接收并处理原外部所持股份等业务，由此"对内完善确乎不羁之体制，对外发挥昂扬公器之性能，以此回应国家需求"③。为完成此目标，合同新闻社制定了《合同会会则》等一系列文件，对合同会的业务内容、运营方式等作了规定。

按照会则要求，合同会的主要业务是："一、接收合同新闻社社外持有股份；二、居中斡旋，将上述股份变更为会员持有；三、会员的业务提升及厚生事业；四、为达成报纸之使命而必需的调查研究；五、其他达成本会之目的所必要之事业。"④ 合同会设会长、理事长、理事、监事等管理层，并设立评议员会对合同会重要事项进行审议，同时在内部设立厚生部和总务部两大业务部门，前者负责福利厚生及会员家属的抚恤慰问

① 「日本新聞会統制規程」，『公文類聚・第六十六編・昭和十七年・第八十五巻・軍事二・国家総動員一』、JACAR（アジア歴史資料センター）、Ref.A03010051800、国立公文書館。
② 「株式会社合同新聞社定款」，『新聞の整理統合関係書類　昭和 17 年』、JACAR（アジア歴史資料センター）、Ref.C12122144000、防衛省防衛研究所。
③ 「合同会設立趣意書」，『新聞の整理統合関係書類　昭和 17 年』、JACAR（アジア歴史資料センター）、Ref.C12122144100、防衛省防衛研究所。
④ 「合同会会則」，『新聞の整理統合関係書類　昭和 17 年』、JACAR（アジア歴史資料センター）、Ref.C12122144100、防衛省防衛研究所。

等，后者是核心部门，负责社外股份的接收、处置以及资产管理、预算决算等。可见，尽管与日本新闻会等由多家报社构成的报业团体不同，合同会是由合同新闻社及其员工组成的来源较为单一的团体，但其组织形成、内部架构、运行方式等与上述团体大致相同，也是一个顺应日本报业统制改造而成的报社团体。

其次，在报道方针方面，各报社采取了自我规制的做法，积极主动回应当局的宣传诉求。尽管 20 世纪 20 年代日本法西斯势力开始抬头，日本的舆论生态日趋恶化，但推动了日本近代化发展并经受了大正民主运动思潮洗礼的大部分报纸依然坚守新闻专业主义准则，对日本的内政、外交提出了强烈的批评，甚至以实际行动表示了反抗，其中最具代表性的是《东洋经济新报》和《朝日新闻》。前者对日本对外扩张的侵略政策以及军备扩张问题提出了批评，表现出明显的反军国主义和反帝国主义立场；后者则对军部过多干预政治一事表示了担忧和批判，并大力主张裁军。然而，九一八事变爆发后，在多种因素的共同作用下日本报界却逐渐走上了自我规制的道路，由被动发表主战论调发展到积极鼓吹"圣战完遂"，并对"与政府、军部之间意见对立的论调""在国民中间助长反战、厌战情绪的论调"以及"助长反军思想的论调"[1] 等所谓"非国民言论"展开了批判。

1932 年 2 月 4 日，时任大阪每日新闻社顾问的贵族院议员新渡户稻造对军部独断专行和介入政治的做法进行了批判。然而在军部还未采取相应措施之前，报界却对此率先作了大肆报道和评论，将批判的矛头对准了新渡户。《海南新闻》发表社论，对军部在中国东北地区的军事行动表示了颂扬，称"军部为祖国在满洲旷野抛头颅、洒热血，尽职尽责"。认为新渡户对军部的批判性言论是"不谨慎且不合常识的"[2]，应予以驳斥。而《日本新闻》则将新渡户定性为"破坏国论统制、否认日本精神的惯犯"，称其言论是"作为日本国民不能置若罔闻的非国民的粗鄙之言"，并呼吁报界要"坚定对国家行动的信念，不允许有丝毫动摇"[3]。从上述两家报纸的评论来看，其共同点都是以"非常时期"为由，主张报界应顺应潮流放弃反军、反战言论，进行自我规制。

报界所采取的上述自我规制行为以及对军部的盲目追随，引起了日本政府的强烈不满。1933 年 7 月，日本法相小山松吉在议会演讲中批判了报纸的上述动向，甚至称"最近社会不安定是由于报纸不能畅所欲言造成的"。此言获得包括首相斋藤实在内的各大臣的赞同。对于报纸"不能畅所欲言"的原因，《国民新闻》评论员谷川光太郎认为，主要原因并非言论统制等外在强制力的存在，"而是因为自己感觉有些事情必须有所顾

---

① 三枝重雄：『言論昭和史——弾圧と抵抗』、東京：日本評論新社 1955 年、第 134—135 頁。

② 『海南新聞』1932 年 2 月 7 日。

③ 『日本新聞』1932 年 2 月 11 日。

忌"①，即报界的自我规制使得舆论主动放弃了话语权。1933 年版的《日本新闻年鉴》也对报界自我规制导致其"固守苍白的、令人可怕的沉默"的做法表示了反省，称报界"现如今正处于同统制分道扬镳的十字路口"，其上述行为必将生产出大量"半身不遂的言论"。② 需要说明的是，此处所谓的"同统制分道扬镳"并非意味着同政府的言论统制的对抗，而是超越政府的言论统制、主动追随军部的自我规制行为。

日本侵华战争全面爆发之后，首相近卫文麿向《东京朝日新闻》《东京日日新闻》以及同盟社等机构寻求舆论支持，此后报界便掀起了"暴戾支那膺惩"的高潮，"连一向以言论自由为传统的《朝日新闻》也成为日本主义最为热烈的鼓吹者"。对此，1938 年版的《日本新闻年鉴》作了如下评论：

> 对国内问题的批判转眼间便销声匿迹，爱国精神的发扬和围绕事变的评论占领了报纸的论坛，舆论得以正确指导、结晶并被统一，这是过去任何战争中所未见的日本报界的一大特色。这次事变中，完美的言论统制是自发进行的。③

无疑，《日本新闻年鉴》对上述报界的状况是持赞扬态度的。这段话向我们透露了两个信息：第一，日本报界在国内舆论统一过程中，对煽动所谓"爱国精神"、引导舆论起了重要作用；第二，这个过程是自发进行的。换言之，报界的自我规制塑造了国家舆论统一的局面，同时也推动了言论统制的强化和发展。

1942 年，日本新闻会成立之后，为完成"报纸作为国家国民公器"④ 的历史使命，各报社根据日本新闻会制定的报社统制政策，或同其他报社进行合并，如《读卖新闻》与《报知新闻》合并为《读卖报知》等；或对各分支机构进行合并，如《朝日新闻》"为协助国家目的"，将位于名古屋的中部本社的报纸印刷发行业务全部合并到大阪本社中。合并的结果造成了报纸数量剧减，从而更加有利于日本当局对报纸的控制和利用。

为缓解日本资源日趋紧张的局面，日本当局提出了强化国家总动员的口号，力图将全部社会资源动员到战时体制下。为使动员效果达到预期，报界根据《国家总动员法》相关规定及当局的要求，开始集中力量展开总动员宣传。首先各报对因物资匮乏导致民众意志消沉的现象提出了批评，认为"战争热情的迟缓是亡国的主要原因"，同时指出战争胜败的决定性因素并非武器，"战争的胜败取决于国民后援情况"，主张"皇国前途

---

① 前坂俊之：『太平洋戦争と新聞』、東京：講談社 2007 年、第 158—159 頁。

② 新聞研究所編：『昭和八年日本新聞年鑑』、東京：新聞研究所 1932 年、第 1 頁。

③ 新聞研究所編：『昭和十三年日本新聞年鑑』、東京：新聞研究所 1938 年、第 2 頁。

④ 内川芳美：『現代史資料・41・マス・メディア統制㈡』、東京：みすず書房 1996 年、第 366 頁。

不容国民偷安"，作为国家"应强化国家总力战体制，面对长期抗战不能有丝毫动摇"，而作为普通民众则应"在充实国力的同时，做好立足最前线的心理准备，并在各自的岗位上刻苦勤奋"①。

除作为个体的报社外，战时成立的诸如日本新闻协会等报业团体也采取了与当局舆论一致的方针并积极开展战争宣传。九一八事变爆发后，日本新闻协会积极"在关于国家生死存亡的问题上开陈意见，将兴起国论作为本协会的义务"②，并表示将担负起"巩固举国一致信念"的重任，为"对支那进行膺惩作战的皇军"③提供舆论支持。日本政府宣布承认伪满洲国建国后，日本新闻协会随即发表伪满洲国建国贺电，"代表加盟的197家报纸通讯社，以满腔赤诚"④对伪满洲国建国表示了祝贺。此外，针对国际联盟先后作出的日本撤兵决议及李顿报告书所涉及对日"不利"的内容，日本新闻协会代表"帝国内全体报社之总意"⑤向国际联盟发出电报，大肆鼓吹伪满洲国建国的所谓"正当性"和"合法性"，称伪满洲国"独立是无可争辩之事实，其基础日渐巩固亦为不动之事实"，同时认为上述报告书及决议是"在错误判断和非法宣传的基础上"作出的对日本及伪满所谓"不公平"的决议。因此，日本新闻协会在"深表遗憾"的同时，坚决要求国际联盟撤回上述决议。

综上所述，日本报界通过其战时体制的确立将自己置于官方"言论机关"的位置，"专心协助国策，自肃自正，极好地完成了作为铳后报纸的任务"⑥，以此完成了国家宣传机构身份的构建。此过程是日本报界走向屈服和主动迎合的转向过程，最大程度上符合了日本当局的期待，对推高日本国内对外侵略思潮起着不可忽视的煽动作用。

二、凸显总动员体制下的主体角色，实现对国家宣传机构身份的认同

国家总动员体制的目的是试图以国民运动的方式实现对国民的统治，以此来促进军工生产、控制国民思想，建立举国一致的侵略体制，它以《国家总动员法》为法律依据，从物资动员和精神动员两个方面展开。国家总动员体制确立后，日本报界开始不遗余力地对其开展主动宣传，并对民众舆论进行积极诱导，促进其对国家总动员的认同和参与意识。

第一，在对待《国家总动员法》的态度上，按照1937年12月公布的《国家总动员法案要纲》的相关规定，政府在必要时可以通过敕令的方式，要求报界根据当局意志变

---

① 『東京日日新聞』1938 年 4 月 29 日。
② 日本新聞協会：『日本新聞協会二十年史』，東京：日本新聞協会 1932 年、第 68 頁。
③ 新聞研究所編：『昭和八年日本新聞年鑑』，東京：新聞研究所 1932 年、第 9 頁。
④ 日本新聞協会：『日本新聞協会二十年史』，東京：日本新聞協会 1932 年、第 74 頁。
⑤ 「ブアレラ議長への電報」，新聞研究所編：『昭和八年日本新聞年鑑』，東京：新聞研究所 1932 年、第 9 頁。
⑥ 新聞研究所：『昭和十三年版日本新聞年鑑』，東京：新聞研究所 1938 年、第 10—11 頁。

更其经营形态，实施合并、转让或解散，同时赋予政府对"妨碍国家总动员"政策实施的报纸予以停售、查封的特权，且对于那些"一月内两次以上或者连续两次遭到禁止销售、颁布处分的报纸，在国家总动员的必要时期可以根据敕令停止该报的发行"①。

由于《国家总动员法》赋予政府对报界编辑权和经营权两方面至高无上的权限，因此在审议过程中遭到了报纸的反对，在东京的各大报社结成了"二十一日会"，向首相近卫文麿及内相末次信正提出抗议，强烈要求政府删除或修订相关条款。但在当局的强硬推动下，《国家总动员法》最终在议会一致通过。

要求修改《国家总动员法》中涉及舆论宣传相关条款的诉求未得到当局回应后，在政府、军部、右翼团体等多方压力下，报界对该法案的态度开始发生转变，其批判的声音越来越弱，至其正式颁布后，报界对该法案的态度发生了逆转，开始对该法案诞生的意义进行正面解读。《读卖新闻》称，虽然该法案审议过程中招致多方非议，"甚至为政局带来危机"，但最终获准通过，"可谓近卫内阁的一大胜利"②。《东京朝日新闻》一改先前对《国家总动员法》的批判论调，甚至对"当局与议会之间迅速达成谅解"，使该法案以非常手段在短时间内获得议会通过的强硬做法表示了赞许，称这是重大时局下"值得庆贺的事情"③。

《报知新闻》认为，《国家总动员法》能够"将人的劳力以及灵魂都动员到法律之下"，从而达到"稳定国民生活，完成广义国防"的目标，是一部具有划时代意义的法律。因此该报大力鼓动国民对该法予以支持，积极参与国家总动员运动，"除精神及肉体无能力者外理所当然应全部征用，全体国民也都应充分理解总动员计划"，同时要求各行政机构、经济政策及宣传体制按照《国家总动员法》的相关要求进行相应改革，"如果不进行相应的国内改革，则无法完美地应用该法案"④。

从上述报道来看，各报大多都转而对《国家总动员法》持肯定态度，甚至极力鼓动国民全力支持并参与总动员体制。对于报界对《国家总动员法》的消极甚至媚从态度，1938年3月出刊的《文艺春秋》在其时评专栏"新闻匿名月评"⑤中进行了激烈批评，

---

① 「国家総動員法」、『公文類聚・第六十二編・昭和十三年・第七十一巻・軍事・陸軍・海軍・国家総動員・雑載』、JACAR（アジア歴史資料センター）、Ref.A02030075800、国立公文書館。

② 『読売新聞』1938年3月17日。

③ 『東京朝日新聞』1938年3月18日。

④ 『報知新聞』1938年4月7日。

⑤ 《文艺春秋》最早于1932年4月号开设"新闻纸匿名论评"栏目，5月号开始更名为"新闻匿名月评"，以新闻自由主义为武器对政府实施的报纸舆论统制开展批判。同年10月号开始，该杂志又增设"放送匿名批判"栏目，1933年11月号开始更名为"放送匿名月评"，对政府针对广播事业实施的新闻统制进行批判。

称"报纸对国家总动员法采取了颇为不明了之态度，毫无开陈切中要害之社论等，也无突出反对论之焦点"，甚至"向时代潮流献媚、隔岸观火"，是名副其实的"宦官报纸"。对于报界对国会强行通过《国家总动员法》之举不但未有异议，甚至持欢迎赞赏之态，该评论予以抨击，称"如是恶法，报纸作为社会木铎应率先敲响警钟，如不能做到，只能说是现代报纸之一大悲哀"，进而指出报界为"明哲保身"而放弃批判的做法是"对国家不忠，对读者不实"①。

此后，"新闻匿名月评"撰写了一系列评论对报界进行了批判，但随着局势的发展及舆论环境的变化，该栏目的主张也悄然发生了变化。1938年7月号出刊的该时评专栏一改此前的论调，鼓吹"报纸从本质上是不应商业化的"②，并要求报纸在内的媒体要"沿着国策"去开展新闻活动。如果说此时《文艺春秋》对报界的"国策性"还停留在劝诱的阶段，那么1939年2月号的文章则已发生逆转，完全站在官方立场对报界的战争报道姿态进行了强烈批判，称战时报界的战争报道未能满足战争宣传的需要，其"国策性"也未能得以充分体现，由此将报界定性为"非战时的、非日本国民的、非兴亚的、没有见识的、不忠勇的、无意义的"③商业团体。由此可见，《文艺春秋》的"报界批评"已经发生质的变化。

1941年3月，第76届帝国议会对《国家总动员法》进行了修订，进一步扩大了日本当局对媒体的管理范围，扩大了对媒体的监管权限，报纸的编辑、印刷、流通、配送等报业经营全过程被纳入到监管体系之内。对此，日本报界不但未展现出反对的姿态，反而给予了积极评价。《朝日新闻》认为《国家总动员法》的上述修订是由于日本所处内外环境发生变化带来的必然结果，而修订后的《国家总动员法》之所以呈现出"前所未有的战时色彩"是为"应对国家非常时局"而采取的非常措施，体现出"战时国家现阶段的表征"④。

第二，在物资动员方面，1935年5月，日本内阁设立调查局，下设企画厅负责国家政策的综合调整。至此，国家总动员计划"已经脱离书桌，并在实际生活中发挥作用"⑤。卢沟桥事变后，日本报界开始鼓吹"准战时经济体制"，称在当前的战局之下，政府应该加强对经济的统制，特别是在金融方面应该加强监管，引导资金向国家急需的

---

①　「死刑宣告の新聞」、『文芸春秋』1938年3月号、第310—316页。

②　「『国策の線に沿ふ』とは何ぞや」、『文芸春秋』1938年7月号、第188—194页。

③　「戦争を喰う新聞」、『文芸春秋』1939年2月号、第236—242页。

④　『朝日新聞』1941年3月1日。

⑤　吉田裕、吉見義明編：『資料日本現代史・10・日中戦争期の国民動員』、東京：大月書店1984年、第520頁。

军工产业流动，"不但有助于产业资金的积极流通，更能防止资金流向非急需产业"①。《中外商业新报》发文称，贸易统制、事业统制、投资统制和消费统制四项是实行经济统制的基础，而实行经济统制是"日本经济结构由准战时体制向战时经济体制转换"②的必要条件，从而明确了战时经济体制的内涵和必要性。

1937年8月30日，资源局制定《适应北支事变的国家总动员计划要纲》，确定了日本发动全面侵华战争时期总动员运动的覆盖范围，除劳务、产业、贸易、粮食、运输、财政金融、社会设施、防疫等工业产业、基础设施外，同时将"国论统一及精神振兴""情报及宣传"及"科学研究之指导、发明之助成"③思想文化、舆论宣传、科学研究等纳入总动员计划之内。《报知新闻》对此表示了认同，称要取得战争的胜利，"国家的一切，包括一棵草，一抷土以及人、物、精神都必须动员起来"④。该报重点分析了思想文化动员的重要性，认为随着战局的发展，"国民的思想文化也需要施行总动员体制"⑤，由于报刊、书籍等作为思想文化的载体，对国民思想的形成和发展具有重要影响力，故主张对出版物进行统制，以消除与总动员思想相悖的个人主义、自由主义倾向。

10月11日，《东京日日新闻》发表文章称，"近代战争是武力战，同时又是经济战，因此全体国民应给予协助，打赢经济战"，并号召国民"为东亚和平的确立"对非常时期政府制定的经济政策给予支持。为此该报提出了以下几项措施：第一是勤劳报国，即在各自的工作岗位上勤勉厉行，"必须具有为国家服务的觉悟"；第二是增加储蓄，购买国债，"丰富国家财力是制敌根本"；第三是改善国际收支，尽量使用国产品，以减少日本资金向国外流失；第四是厉行节约，将资金用于购买军需物资。文章称，如果每个国民都能积极参与国民总动员，"就会成为国家兴隆的基础"⑥。

1938年，政府进一步强化了经济统制，制订了新的物资供需计划。《东京朝日新闻》认为，战争胜负取决于军需物资供应是否充足，因此满足军需资材供给、扩大军需品生产是战时经济生活中的重中之重，由此该报主张"无论是物资供需还是人员动员，都应该进一步实现战时统制的高度化和正规化"，并呼吁国民"以新的关心和重大觉悟"⑦参与和支持物资供需计划的实施。

---

① 『大阪朝日新聞』1937年8月16日。

② 『中外商業新報』1937年8月17日。

③ 「北支事变ニ适用スベキ国家総動员计画要綱ニ関スル件」、『雑・雑類・統計課、電力局・自昭和11年至昭和19年』、JACAR（アジア歴史資料センター）、Ref.A16110198000、国立公文書館。

④ 『報知新聞』1937年9月2日。

⑤ 『報知新聞』1937年9月7日。

⑥ 『東京日日新聞』1937年10月11日。

⑦ 『東京朝日新聞』1938年6月24日。

随着日本国内经济形势的恶化，生活物资日渐匮乏，为将全部财力倾注于军需生产，日本政府开始大量削减进口，并号召厉行节约。报纸也开始配合政府向公众鼓吹"节约奉公"的口号。《中外商业新报》支持政府对生活必需品实行价格统制，以"强化物价的战时体制，维护非常时期国民生活的安定"①。而《大阪朝日新闻》则提出"短裤奉公"的倡议，认为用料较少的短裤装不但干净卫生，还能提高工作效率、节省能源，"穿短裤的精神才是克服非常时期的原动力"，由此呼吁无论男女老少"即便是在外国人聚集的社交场合"②也应穿着短裤。《都新闻》也发文要求缩短衣服尺寸，剪除衣服上不必要的装饰，确立所谓战时"简易飒爽"的着装风格，并强调这种着装风格的推行不但需要国民的自觉，"还要通过法令化措施，在相当程度上发挥强制力，强化物资节约"③。

随着战局不断恶化，日本国内资源状况亦日趋严峻，粮食不足的困境日益凸显。面对如此困境，政府除了号召国民增产、厉行节约之外束手无策，而报纸却别出心裁地提出了开发替代品以解决粮食问题的歪招。《中外商业新报》提出用鲸肉代替牛肉的方法，认为不但可以缓解肉类缺乏的困境，还能有效利用鲸皮。《朝日新闻》从1942年下半年开始刊登"食物总体战"系列报道，主张在积极增产的同时寻求替代品，以满足国民生活基本需求，如宣称"蝗虫的味道同大虾相似，含有丰富的维他命A和D"④，在战争末期甚至出现了"蜗牛和蝾螈也可食用"的荒谬报道。

此外，为保障战时国民的基本生活，确保战争物资的供应，日本当局还推行了定量供应制度，凭票领取生活必需品。报界以德、苏、意、英为例，力证凭票供应并非日本独创，力陈配额供给制的合理性，并鼓吹该制度是对"大东亚战争下的国民的考验"⑤。而对于配给制所带来的倒卖配给券、黑市泛滥、投机横行等一系列行为，报界给予了严厉批评，称其为"国策之敌"⑥，并呼吁警视厅予以取缔。

到太平洋战争后期，日本国内资源极度匮乏，报纸开始宣传"节约报国"，要求国民省吃俭用，把所有资源都投入到侵略战争中。报纸力倡节俭、抵制奢侈，强烈要求关闭高级饭店，并要求那些生活奢侈者"向靖国神社英灵谢罪，向国民谢罪"⑦。同时，报纸还以旅游占用大量社会资源，以致对"增强战力毫无裨益"为由，强烈呼吁

① 『中外商業新報』1938年7月16日。
② 『大阪朝日新聞』1938年7月22日。
③ 『都新聞』1938年7月23日。
④ 『朝日新聞』1942年10月11日。
⑤ 『中外商業新報』1942年1月10日。
⑥ 『都新聞』1941年1月14日。
⑦ 『朝日新聞』1943年9月14日。

国民减少或取消外出旅游，代之以"努力劳动，努力储蓄，在家静养"①，以此参与"节约报国"。

1945 年 3 月，《合同新闻》发布广告，称"鸡蛋同飞机一样，也是前线所需的战斗力"。该报报道了一名日本民众听说"鸡蛋是航空战士、潜艇战士的必需食品"后把鸡蛋贡献出来的所谓"美谈佳话"，称此举在黑市泛滥、投机横行的困难局面下显得更加"伟大"，"这才是与前线紧密相连的崇高的特攻精神"②。

从战时报界的"物动"报道来看，报界的观点归纳起来主要有两点：一是战时生产军事化，即所有的物资应优先应用于战争，为战争服务；二是战时生活精神化，即依靠精神力量战胜物质欲求和生理需求，以应对物资匮乏的局面。

第三，在精神动员方面，1937 年 8 月 24 日，议会通过了《国民精神总动员实施要纲》，号召"以举国一致、坚忍不拔的精神应对当前时局，同时为克服今后持续的困局，扶翼皇运，应官民一体，兴起一次浩大的国民运动"，并"要求各言论机关予以协助"③。8 月 25 日，报界对《国民精神总动员实施要纲》的内容进行了全文报道，并发出号召要求"利用广播、文艺、音乐、演剧、电影等强化后方活动，爱护资源，彻底认识时局，集聚全体国民的精神"④。报界的"精动"报道主要表现在以下三个方面。

首先，对《国民精神总动员实施要纲》及国民精神总动员的意义进行偏向性解读。《东京日日新闻》认为，该运动的目标是"涵养'举国一致''尽忠报国'精神"⑤，国民应排除万难，"将全部精神集中到该运动上……为达到解决此次争端的目的而竭尽全力"⑥。10 月 11 日，该报又发表文章号召国民加入到"实践大和魂"的国民精神总动员的洪流中。

> 所谓国民精神总动员就是实行大和魂的运动，是举国一致、克服艰难、扶翼皇运的一大国民运动。帝国所期待的目的是实现东亚真正和平，全体国民应该振奋日本精神，在日常生活中做好各自的份内工作，并按照个人的能力为国家奉公，这是此次运动的重点所在。⑦

① 『朝日新聞』1943 年 12 月 15 日。
② 『合同新聞』1945 年 3 月 3 日。
③ 「国民精神総動員実施要綱」、『国民思想善導教化及団体関係雑件 第二巻 (Ｉ—4—5—1—8_002)』、JACAR（アジア歴史資料センター）、Ref.B04013005760、外務省外交史料館。
④ 『東京日日新聞』1937 年 8 月 25 日。
⑤ 『東京日日新聞』1937 年 8 月 25 日。
⑥ 『東京日日新聞』1937 年 8 月 30 日。
⑦ 『東京日日新聞』1937 年 10 月 11 日。

在该报看来，达到"振奋日本精神""为国家奉公"目标的路径无非是"刷新社会风潮"，发扬"坚忍持久精神"和"舍小我就大我"的精神，开展"勤劳报国"，协助政府推行非常时期经济政策，为"东亚真正和平"和"大和魂"的振兴而努力。

《报知新闻》认为，要取得战争胜利必须依靠国家总动员，而国家总动员的根本在于全民精神总动员。"战争首先要在国民中间燃起必胜的信念"。因此，"无论处在何种困难境地，国民均不应忘记'日本立足于正义和人道，所追求的是东洋和平以及将皇道向世界各国传播'这个根本传统精神"。该报甚至提出警告，认为国民精神总动员"这盏灯行将熄灭之时正是祖国陷入重大危机之日"①。因此报界主张对包括报纸在内的所有出版物实施统制，发挥其宣传教化功能，以推动将"国民思想文化纳入总动员体制"②。

《东京朝日新闻》对国民精神总动员的意义进行了总结，指出为推动国策的顺利实施，"无论是公职人员还是一般国民都必须秉持坚忍不拔的情操，承受今后可能遇到的任何困难……并将尽忠报国的精神贯彻在日常的业务生活中。这是打破目前困难局面，实现帝国隆兴的途径"③，也是获得战争最后胜利的重要保障。

在卢沟桥事变一周年之际，《东京日日新闻》发表社论说，战争爆发是"为了确立真正的日支亲善……援助支那的文化经济发展，建立东亚和平的基础"，从而试图为日军的侵略战争披上"正义"的外衣。面对中国人民的全民族抗战，该报要求日本民众"进一步发扬奋斗和牺牲精神"，以"不屈不挠的精神"④ 来应对即将到来的"持久战"。

报纸还对国民精神总动员的性质进行了阐述。按照日本官方的解释以及意图，国民精神总动员运动应该是一个能够充分调动国民积极性、实现全民一致的战时体制，以应对长期战争的自下而上的自发性运动。而《中外商业新报》则提出了不同意见。该报在社论中阐述了国家运动与国民运动的区别，并揭示了"国民运动的本质"，即国家运动是自上而下的命令，而国民运动则是自下而上的运动。"国家运动的发源地是中央，因此带有概括性和指令性，同时在内容上也不够充实"，而国民运动的出发点则是"各地实际情况"，具有自发性和具体性。因此，该报认为国民精神总动员不过是一场自上而下的具有强制力的官方性质的国家运动，而非国民运动。最后该报提出了国民精神总动员应该采取的正确做法，即"在政府策划的国家运动性的骨骼上添加国民运动性的血肉"⑤。换言之，就是要将国民精神总动员打造成一个依托政府行政指令、唤醒国民主动

---

① 『報知新聞』1937 年 9 月 2 日。

② 『報知新聞』1937 年 9 月 7 日。

③ 『東京朝日新聞』1937 年 9 月 10 日。

④ 『東京日日新聞』1938 年 7 月 7 日。

⑤ 『中外商業新報』1938 年 8 月 31 日。

意识的运动。

其次，报界对国民精神总动员运动的实施情况进行全方位报道，制造出大量"美谈佳话"，在日本全国掀起了援战高潮，试图从精神上达到动员国民的目的。据《大阪时事新报》报道，卢沟桥事变后，日本国民踊跃参军，强烈要求"扛枪奔赴第一线"，甚至有人以递交血书的形式表达参军的强烈意愿，被报界吹捧为"热血的志愿者、了不起的军人"①。

1937 年 8 月 1 日，《东京朝日新闻》在题为《爱国巨岚，报国怒涛》的报道中说，有姐妹 3 人将平时省吃俭用节省下来的 42.28 日元捐献出来，一名小学二年级学生则将获得的 3.35 日元奖学金全部捐献出来。尽管这些捐款数额不大，但因各报都将其作为"美谈"大肆报道，产生了极大的影响。《东京朝日新闻》报道说，一名普通市民在卢沟桥事变后向在乡军人会、国防妇人会、青年团等团体共捐款 100 日元用于国防事业。后因年老体弱无力筹钱，"感觉不能为国家做事"，于是在赴大岛参观防空大演习时跳海自杀，"牺牲一身，将所得生命保险 1 万日元捐献给出征军人的家属"②。《大阪时事新报》则以颂扬的语气报道了一名妇女在丈夫战死之后自杀的消息，称赞此举为"与武士之妻身份相适应的最后的选择"，是"作为军人妻子的无上光荣"③。上述两个因受军国主义思想蛊惑而酿成的悲剧却被报界塑造成了"自杀奉公"的"佳话"，其影响无疑是恶劣而深远的。

随着对外侵略战线的不断扩大，大量日本军人在战争中丧生，也因此产生了多达 187 万的未亡人。④ 在军国主义家族国家观及报界的精神洗脑之下，一些未亡人不但未因丈夫战死而产生悲观厌战情绪，反而在丈夫遗骨运回时"与英灵的照片举行结婚仪式"，并以"靖国遗族"的身份"从事神圣的护士职业，成为伤病勇士的柱和杖，进行奉公"⑤。这些反人性的"奉公"报道的最直接后果就是掀起了更加狂热的"奉公报国"热潮，也向国民传达了一个错误的价值观，即在爱国名义下的任何行为都是光荣的，值得发扬的。

报纸的宣传甚至触及到体育运动领域，非政治化的奥运会也被涂上了浓厚的政治色彩。1936 年柏林奥运会马拉松比赛中，代表日本出战的朝鲜选手孙基祯和南升龙分获金牌和铜牌，对此日本各报纷纷给予报道。《东京朝日新闻》在社论中说，"半岛出身的

---

① 『大阪時事新報』1938 年 2 月 19 日。

② 『東京朝日新聞』1937 年 8 月 6 日。

③ 『大阪時事新報』1938 年 5 月 9 日。

④ 1949 年厚生省的统计结果。转引自李卓：《战时日本的家庭动员与家庭统制》，《日本研究》1996 年第 4 期。

⑤ 『朝日新聞』1942 年 6 月 29 日。

两位选手卧薪尝胆，在 24 年之后的马拉松比赛中，荣膺胜利桂冠，这在内朝融合的精神效果上，意义极其深远"①。在该社论中，《东京朝日新闻》将两位朝鲜运动员视为日本国民大肆宣扬，并将日本与朝鲜的关系称为"内朝"，即"内陆与朝鲜"，其支持对外侵略战争的立场暴露无遗。

从 1938 年开始，各报开始将体育运动纳入到国民精神总动员的宣传框架之下，并冠之以"国防体育"的称呼，称"国防体育运动飒爽登场，国防体育的英姿令人期待"②。东京日日新闻社在陆海军以及国民精神总动员中央联盟等机构的支持下，举办了关东地方青年学校国防体育训练大会。大阪每日新闻社则与关西地方青年学校国防体育振兴协会以及文部省、陆海军省等共同举办了关西地方青年学校国防体育训练大会，比赛内容涉及武装越野、手榴弹投掷、运送弹药箱及担架接力等，具有浓厚的军事色彩。在报社看来其目的就是谋求"增强战斗的国防能力"③。除此之外，该报还称"甲子园"棒球比赛是在"激烈的列国竞争中"为争取胜利而"涵养国民元气"的一项运动，从而赋予作为纯粹体育运动的"甲子园"以特殊的政治意义。

最后，通过各种非新闻途径积极参与国民精神总动员运动。在国民精神总动员运动期间，各报社多次举办"思想战讲演会"，向国民宣传"思想战"的内容及意义，以强化国民对"思想战"的认知和参与意识。日本新闻协会还派遣报社干部作为新闻使节访问德国和意大利，力图开展舆论外交。

为实现国民精神总动员运动的"企画、指导的综合和一元化"④，日本当局于 1939年 3 月成立国民精神总动员委员会，委员长由文部大臣荒木贞夫担任，而各大报社的编辑负责人如东京朝日新闻社编辑局长美土路昌一、东京日日新闻社编辑主干高田元三郎、读卖新闻社编辑局长柴田胜卫等人均名列委员之列。此举最大程度确保了报社同国民精神总动员运动的步调保持一致，不但是报界舍弃相对独立性、参与政府机构、介入政府决策的证据，也"从实质上表明了报纸全面协助战争的态度"⑤，说明此时报界已经名副其实地演变为侵略战争的宣传机构。

在国民精神动员活动中，报纸既是运动的宣传主体，同时又是运动的动员对象，因

①　『東京朝日新聞』1936 年 8 月 16 日。

②　小田光康：「マスコミの戦争責任を考える」，参见 http：//d.hatena.ne.jp/zames_maki/20090323/p1。

③　「第二回関西地方青年学校国防体育訓練大会後援に関する件」，『壹大日記 10 年存 昭和 14 年 5 月』、JACAR（アジア歴史資料センター）、Ref.C04014746000、防衛省防衛研究所。

④　「国民精神総動員強化方策」，『国民思想善導教化及団体関係雑件 第四巻 (I—4—5—1—8_004)』、JACAR（アジア歴史資料センター）、Ref.B04012990700、外務省外交史料館。

⑤　塚本三夫：『実録 侵略戦争と新聞』、東京：新日本出版社 1986 年、第 205 頁。

此可以说报界"以自己的力量促进了对自身言论自由造成极大破坏的体制的生成"①。

三、确立"思想战"宣传武器定位，完成对国家宣传机构的身份构建

1933年3月，第64届议会通过了《关于思想对策的决议》，要求"政府迅速确立坚定的思想对策，以图民心之安定"②。同年4月，斋藤内阁设立直属内阁的思想对策协议委员会，相继提出了《思想善导方策》《思想取缔方策》《社会改善方策》等一系列法令，对左翼思想进行打压和取缔。报界既是政府思想统制的实施对象，同时又是政府推行思想统制的舆论宣传工具，这使得报界必须沿着政府设定的舆论基调开展活动。在此过程中，日本报界逐渐确立起"思想战"宣传工具的定位。从整体来看，日本报界"思想战"宣传工具身份的建构经历了以下两个阶段：

第一阶段是通过对思想统制事件的报道来强化对报界"思想战"宣传工具身份的认同，具体体现在对"京大泷川事件""天皇机关说事件""陆军小册子事件"的报道和评论上。

1933年4月，内务省认定京都帝国大学法学部教授泷川幸辰的演讲和著作中含有共产主义学说，禁止泷川教授著作出版，文部省则向校方施压要求开除泷川幸辰。在各方压力下，1933年5月，泷川被迫停职，京大总长小西重直被迫辞职，此为"京大泷川事件"。

各报虽对"泷川事件"中文部省向校方施压强制要求泷川教授辞职的做法颇有微词，但却将批判的矛头和重点指向了泷川教授本人和京大。《大阪每日新闻》采纳了内务省的观点，认定泷川教授的演讲及著作具有共产主义倾向，表示"从今日之世态及青年的思想倾向来看，泷川教授的思想和教学方法我们不敢苟同"③。《大阪朝日新闻》首先对文部省当局的强硬做法提出了辩护，称"官学以国库开支，受国权拥护，因此培养与国家统治原则不相容的思想是理应受到镇压的"，进而对京大校方及学生力图保护泷川教授的举动提出了批评，指出正是由于"疏于对学生批判力的培养，从而滋生多名左翼学生"才导致"泷川事件"中校方与文部省的对立，强烈要求该校"不能仅仅追求学问研究的自由，还必须担负起大学所应承担的社会使命"④。很显然，在该报看来，大学的"社会使命"无非是培养与国家统治思想相一致的人才，而追求学问研究自由与该使命则是背道而驰的。

---

① 塚本三夫：『実録 侵略戦争と新聞』、東京：新日本出版社1986年、第213頁。
② 「思想対策樹立に関する決議」、『思想対策協議会参考資料』、JACAR（アジア歴史資料センター）、Ref.A15060231000、国立公文書館。
③ 『大阪毎日新聞』1933年5月20日。
④ 『大阪朝日新聞』1933年5月12日。

20 世纪初，日本著名宪法学家、行政法学家美浓部达吉提出了"天皇机关说"，主张天皇权力应限定在宪法约束的范围内。元老西园寺公望等政界及学术界均表示了赞成，但却遭到右翼势力的猛烈反对，特别是在法西斯势力抬头并深度介入政治的背景下，军部、右翼团体等掀起了反对"天皇机关说"的热潮。1935 年 2 月 19 日，贵族院议员菊池武夫首先发难，攻击美浓部为"明显的叛逆者""非国民"和"学匪"。在乡军人会则声称"天皇机关说"无论在法理上还是事实上都不成立，"必将变革国民的国体观念，应断然加以取缔"①。日本全国共有 151 家右翼团体发表声明，要求禁止发行"天皇机关说"相关著作，并向校方施压要求开除美浓部。

面对菊池武夫等人的攻击，美浓部达吉在国会中答辩中进行了反驳，并对"天皇机关说"进行了说明。当日的《东京日日新闻》隐约对美浓部表达了同情，称美浓部为维护自己的学说而进行辩护的行为表达了"作为学者的良心"②。然而，在军部和右翼团体的压力下，从第二天开始该报的论调发生了逆转，对美浓部展开了批判。2 月 27 日，《东京日日新闻》发表了军国主义报人德富苏峰的文章，称"无论从哪种意义上来讲都不应赞同'天皇机关说'。如果对日本国史稍有了解，就绝不会得出如此结论。暂不论如何解释，单'天皇机关说'这个词语，作为日本臣民的读者就不应该使用"，并断定"100 个日本国民有 99 人都会与笔者同感"③。

由于战时德富苏峰力倡"皇室中心主义"，主张"忠君爱国"的尊皇思想，因此对"天皇机关说"的批判尤为激烈。3 月 13 日，他继续在报纸上发文对美浓部进行批判，他先大谈特谈日本国体的所谓"特殊性"，称其为"我日本帝国自肇国以来是唯一特殊、无与伦比之国家，是世界人类史上之一大存在"，并以此为依据将"无视此事实而大言不惭地对日本高谈阔论之学者"定性为"不知天高地厚之徒"④，并呼吁国民加以抵制。

需要注意的是，菊池武夫、德富苏峰等人对美浓部的批判其出发点和所持论据及论点早已超越学术和理性本身，"攻击美浓部博士宪法学说的人中，百分之百的人都没有读过博士的法政著述"，他们不过是"狂热的忠君爱国者"⑤和持不同政见者而已，其最终目的依然是为了维护日本所谓的"万世一系"的国体。

1934 年 10 月 1 日，陆军省新闻班公开出版《国防本义及其强化之提倡》一书（通

---

① 帝国在郷軍人会本部編：『大日本帝国憲法の解釈に関する見解』、東京：軍人会館本部 1935 年、第 28 頁。

② 『東京日日新聞』1935 年 2 月 26 日。

③ 『東京日日新聞』1935 年 2 月 27 日。

④ 『東京日日新聞』1935 年 3 月 13 日。

⑤ 前坂俊之：『太平洋戦争と新聞』、東京：講談社 2007 年、第 200 頁。

称"陆军小册子"），对军部法西斯扩张理论进行系统表述，并竭力主张按照法西斯"总体战"思想建立"高度国防国家体制"，即法西斯极权主义体制。"陆军小册子"是陆军首次对国家建设提出见解，并公然介入国策的标志。

该书发行第二天，日本境内大部分报纸均投入大量报道资源对其进行了报道或评论。《东京日日新闻》在朝刊中对小册子的核心内容做了摘抄，称小册子全面阐述了"陆军应对非常时局的国防国策"①，要求政府和国民给予足够重视。10月3日，该报又用大量篇幅对各政党对小册子的反应做了跟踪报道。由于除军部外社会各界大部分对小册子反应强烈，陆相林铣十郎遂通过报纸发表声明做了解释，宣称"小册子除向国民贯彻国防思想的重要性之外并无他意"②，试图平息社会舆论对小册子的不满。

在"陆军小册子"发布后，《东京朝日新闻》内部在是否刊登问题上意见不一。经过慎重考虑后，最终决定采取沉默态度，没有进行报道或评论。该报因此遭到陆军当局的警告。鉴于此，《东京朝日新闻》紧急采取补救措施，于10月6日发表社论对小册子的内容进行了报道，评价其"具有对现代国防军备进行广泛解说的启蒙价值，特别是能让人感到对国家现状的忧虑情感"，由此发出呼吁，"作为朝野国策研究的资料应加以重视"③。

《东京日日新闻》虽然没有直接针对"陆军小册子"发表社论，但从另一个侧面对小册子的主张——实行积极军备给予了支持。在论及日本的"国防与财政"时，该报说："陆海空军的国防费最近出现异常膨胀，占据了国家预算中不小的份额，这是国际秩序使然，也是伴随着我国对外政策的推行所采取的不得已的政策，这一点任何人都不应有异议"。对于因增加军费支出而影响到民生的问题，该报极力主张国民隐忍自重，"要实现将来真正的和平和国家的安泰，必须忍受现在的苦痛"④。

当然，并非所有的报纸都对小册子持赞同态度。1934年10月13日，石桥湛山主持的《东洋经济新报》发文对小册子进行了批评：

> 该册子是失败之作，若不是陆军省所作，恐怕根本就不值一看。所谓"战争是创造之父、文化之母"并非我国传统思想，而是西洋的舶来品。……将其作为我陆军的指导哲学是轻率之举……我皇道精神应尽可能增进国际间的相互辅助关系，为创造人类生活的理想状态而努力……如果是毫无责任的军事批评家的理论则另当别

---

① 『東京日日新聞』1934年10月2日。
② 『東京日日新聞』1934年10月5日。
③ 『東京朝日新聞』1934年10月6日。
④ 『東京日日新聞』1934年10月7日。

论，但这是陆军省制作的小册子，故应进行反省。①

可以看出，该报虽对小册子持批判态度，但这种批判是从感性出发的，它并没有揭示出小册子鼓吹战争、试图干预政治的军国主义思想本质。即便如此，这些言论也是"屈指可数，寡不敌众"②，无法改变当时报界的整体舆论导向。

第二阶段则是通过思想战宣传理论的建构逐渐构筑起思想宣传的舆论阵地。日本侵华战争虽然日益深入，但日本也逐渐陷入长期战的泥沼之中不能自拔，加之日本当局穷兵黩武，将所有资源向军工企业倾斜，导致日本国内悲观、厌战、怠工情绪蔓延。为改变此局面，日本当局多次出台相关文件，要求宣传机构"巩固国内团结，振兴举国共赴困难之气概"③，号召国民做好长期持久战的心理准备，以"国内即战场、国民即战士"的自觉确立战时生活体制，"贯彻万邦无比之皇国国体本义，奉戴政教合一之圣旨，匡正学问思想之根源，昂扬忠诚奉公之精神"④。报界以此为方针，逐渐构筑起思想宣传的舆论阵地。

第一，将战时体制下日本报界重新定义为"大东亚战争"的精神武器，提出"宣传报国"的口号。1941 年 11 月，《朝日新闻》业务局长刀祢馆正雄发文对当时日本国内"民心涣散"的局势进行了批判，称战场劣势及资源短缺并不可怕，"国内的对立争斗才是最可怕的"，因此必须加强国内团结，以"一亿一心、全民亲和、共同努力"的精神去应对困局。而要实现上述目标，"就必须普及那些真正支持国策、指明国民前进方向的好报纸"⑤。而那些妄议国策、引发国民疑虑和不安情绪的报纸则被刀祢馆正雄归为"坏报纸"。据此，他号召报界必须实行全面改革，创办支持国策、激励国民的"好报纸"。而对于"好报纸"的定义，该报记者寺田勤在其著作中做了进一步解释。他认为所谓"好报纸"，"最重要的是应将国家意志、政策、要求，即国家所思所想、所作所为反映在纸面上，成为国民战争生活的指针"，因此报界应抛弃"报道本位"和"营利主义"路线，优先反映国家意志，指导国民生活。而对于那些不以国家意志为第一要义的报纸，寺田勤将其定义为"与决战精神相违背的旧报纸"⑥，是

---

① 『東洋経済新報』1934 年 10 月 13 日。

② 前坂俊之：『太平洋戦争と新聞』、東京：講談社 2007 年、第 201 頁。

③ 「日英米戦争ニ対スル情報宣伝方策大綱」、『大東亜戦争関係一件／開戦関係重要事項集（A—7—0—0—9_51）』、JACAR（アジア歴史資料センター）、Ref.B02032970000、外務省外交史料館。

④ 「戦時国民思想確立ニ関スル基本方策要綱」、『各種情報資料・主要文書綴（一）』、JACAR（アジア歴史資料センター）、Ref.A03025359500、国立公文書館。

⑤ 刀祢館正雄：『日本精神と新聞』、東京：ぐろりあ・そさえて 1941 年、第 20 頁。

⑥ 寺田勤：『新聞の読方・考へ方』、東京：麹町酒井書店 1942 年、第 84—85 頁。

应加以取缔的。

《每日新闻》特派员平田外喜二郎对战时报纸的"国策性"进行了阐述，他认为报纸"最应身先士卒担负起鼓舞、激励、指导国民的大使命，在编辑和经营上……必须舍弃金钱和势力去遵行国家本位"[1]，去体现国家意志。他主张，报纸应抛弃所谓的"新闻商品主义"的经营思路，"对外作为我们国家伟大的发言人，对内要使国民大众完全了解国家方针，同时负担起重要使命，激励、鼓舞官民，指导、启发他们不要走错哪怕一步半步的道路"[2]。该社顾问上田正二郎对战时体制下报纸的角色做了更为明确的定位，称报纸是"杰出的军需工厂"，应发挥引领国民思想、诱导国民舆论的作用，"成为思想战的弹丸"。而那种将报纸视为和平产业的做法是不可取的，"利润第一主义的报纸时代已一去不返"，战时体制下报社应为"灭私奉公的军需工厂"，"油墨是汽油，笔是枪剑，报人的战场是版面。一定要把整个报纸的版面化作战场，争取胜利，不能失败"。[3] 上述观点尽管不尽相同，但他们都极力主张报纸应放弃其应有使命，成为激励前线战士、鼓动后方百姓的重要精神武器。

第二，将战时体制下日本报界视为国家宣传机构，提出"一元化统制"的建议。1941 年，日本新闻联盟编辑委员会向日本当局提交了一篇名为《关于言论报道统制意见》的建议书，开篇即对报界的国家机构化定位做了阐述，称"战时下吾等报人应将报纸作为思想战之武器，将报社记者视为思想战战士，关于言论报道，应一致协助国策指向的方向基准，对外进行国际宣传战，对内进行国论启发指导战，以此来发挥其本来功能"。由此观之，日本新闻联盟已自我定位为协助国策开展内外宣传的"思想战战士"，它表明该意见书是将报界视为战争宣传机构为前提的。日本新闻联盟对战时体制下报界的表现并不满意，指出其在舆论宣传和诱导方面"萎缩沉闷，大大降低了报纸作为思想战武器的效果"。在其看来，之所以出现这种局面，究其原因在于"一体化的指导和协力机制还远未完善"。由此，日本新闻联盟提出了具体的改善建议，要求实现"指导机构和审查机构的一元化"[4]，将指导和审查权力归于情报局统一行使，进一步加强对报界的一贯性、体系化的指导和监督。可见，日本新闻联盟的上述主张不但完全抛弃了对政府言论统制政策的批判功能，反而主动要求政府强化体系化的一元化统制。取代日本新闻联盟后成立的日本新闻会在其成立章程中明确规定"本会的目的是为完成新闻事业的

---

① 平田外喜二郎：『戦時新聞読本』、大阪：大阪毎日新聞社 1940 年、第 1—2 頁。

② 平田外喜二郎：『戦時新聞読本』、大阪：大阪毎日新聞社 1940 年、第 3 頁。

③ 上田正二郎：『これからの新聞——戦時下の新聞人と読者の心構へ』、大阪：綜文社 1943 年、第 3—4 頁。

④ 塚本三夫：『実録　侵略戦争と新聞』、東京：新日本出版社 1986 年、第 242—243 頁。

国家使命谋求必要的综合性统制运营，同时协助新闻事业相关国策的立案及实施"①。同时，该机构对记者的资格做了明确界定，规定只有"对国体观念做出正确判断，能够明确把握记者国家使命"②的人方可登记为记者。换言之，无论是作为集体的报业团体机构，还是作为个体的报业从业人员，都必须完成对国家使命的正面响应，成为国家宣传机器的一分子。

第三，对战时体制下日本报界的新闻伦理进行了重新诠释，提出"皇道新闻观"主张。新闻伦理是业内适应新闻活动特点而形成的要求自己"应当如何"的自律规范，以及公众认为该业在新闻活动中"应当如何"的观念和舆论约束③，它是传媒从业者的责任、良知与操守，是对传媒从业者从事传媒活动进行限制和规范的道德法则。新闻伦理的形成主体是新闻业内人士，具有非官方和非法律性质。战时体制下，日本报界对"应当如何"进行了自我诠释，并最终形成了"皇道新闻观"的伦理规范。其内容包括以下三点：

首先，认为报界应当肩负起巩固必胜信念、激发国民士气的重任。报界认为，报纸在战时体制下的最大使命是"激发国民士气，掀起国民对英美的敌忾心理，指导他们为赢取大东亚战争的胜利而努力"，应强化报界的使命感，"以报纸为武器打败英美"④。而对于战时报道基调，报界主张必须要同政府的口径保持一致，向国民传达政府的所作所为以及国策主张，"牺牲一切，为赢得胜利而发行报纸"⑤，并"彻底强化国民战争必将获胜的信念"⑥。与之相对应，报社记者也被赋予了"报道战士"的身份，成为战争宣传的主力军，"全体报社从业人员都必须强化作为皇国新闻人的自觉，确立皇国新闻观"⑦。

其次，认为报界应当肩负起实施言论指导、开展内外宣传的重任。报界认为，要取得战争的胜利，除了充实军备、增加生产之外，最重要的是，要"强化一亿国民的团结"，以增强军事力，提升生产力，凝聚精神力，而"达成国内一致的有力武器则是决战下言论报道的指导"。对于言论报道的具体方针，报界认为原则上要做到"上情下达"，"彻底让国民周知政府意图"，同时还要"通过旺盛润达的言论报道昂扬国论，振奋国民士气，对大东亚共荣圈、中立国以及其他各国人民进行彻底宣传"⑧。

---

① 「日本新聞会定款」、『公文類聚・第六十六編・昭和十七年・第八十五巻・軍事二・国家総動員一』、JACAR（アジア歴史資料センター）、Ref.A03010051100、国立公文書館。

② 山中恒：『新聞は戦争を美化せよ！──戦時国家情報機構史』、東京：小学館 2001 年、第 19 頁。

③ ［美］迈克尔・波特：《竞争战略》，陈小悦译，华夏出版社 1997 年版，第 12 页。

④ 『朝日新聞社報』1943 年 1 月 10 日。

⑤ 『朝日新聞社報』1943 年 12 月 27 日。

⑥ 『朝日新聞社報』1944 年 7 月 10 日。

⑦ 前坂俊之：『太平洋戦争と新聞』、東京：講談社 2007 年、第 402 頁。

⑧ 『読売新聞』1943 年 2 月 17 日。

最后，认为报界应当摒弃"趣味主义"路线，追求"国家本位主义"。报界认为，战时体制下"报纸是战时生活的灯塔"，对社会舆论方向、国民思想趋势发挥着引领作用。"国家的真正方向应通过报纸传达给国民"，这才是报纸存在的意义所在，追求"低俗的趣味"是与战时体制下报纸的身份相悖的。在报界看来，所谓"低俗的趣味"就是崇尚报道自由、读者至上的编辑路线，要摒弃这种"报道第一主义"路线，"现代商业报纸必须获得新的理念"①，这就要求日本当局以国家利益为根本出发点加强言论统制。"尽管报道限制和官方发布较多，但那才是以国家本位为基础而出现的报纸动向"②。换言之，报界认为，要推动舆论界舍弃真正的言论自由而遵从国家诉求，实施言论统制是必要且理所当然的。

日本新闻会理事冈村二一对报界的上述主张进行了理论升华，提出了"皇道新闻观"的伦理规范。首先他认为报界应有与国家共进退的国家观念。他主张报界在开展新闻活动时"应与当下的国家政治和战略这一巨大且唯一的目标密切结合，从中汲取精华"，并进一步坚定"热爱国家，与国家共存亡"的信念，方能完成报界的宣传使命。在冈村看来，这种新闻观既不同于纳粹法西斯的言论统制，更不是民主主义和自由主义，而是"日本独特且独有的东西"③，也即所谓"皇道新闻观"。在"皇道新闻观"伦理下，报界必须以对权力的认同和归属为前提，必须承担起权力宣传武器的责任。

接着冈村对言论统制进行了美化，认为报界应抛弃"读者至上"的编辑方针，转而坚持"国家至上"的新闻伦理。他对新闻自由主义大加挞伐，认为"过去自由竞争时代的报纸一味献媚读者，投读者所好，这种趣味已不适合今日之后的报纸"。在他看来，对言论统制持反对态度是"报纸制作者的耻辱"，当下的报界应摒弃读者至上的"趣味主义"路线，"从真正爱国家、爱民族的立场来看"，最大限度回应日本当局宣传诉求的报纸才是"好的报纸、愉快的报纸、有趣的报纸"④。

"皇道新闻观"的核心理念就是"新闻国家观"，它将作为"国家公民公器"的报界所应遵循的客观性和独立性弃之一旁，而是主张报界必须以国家政策为指向，以言论统制为规范，以服务权力为重任。其目的是试图为言论统制的实施披上正当化的外衣，为报界国家宣传机构身份的构建提供合理化的解释。

---

① 光行寿：『新体制下の新聞構想』、東京：第一公論社 1940 年、第 73—74 頁。
② 平田外喜二郎：『戦時新聞読本』、大阪：大阪毎日新聞社 1940 年、第 4 頁。
③ 岡村二一：「新聞新体制の理論と実際」、奥平康弘監修：『言論統制文献資料集成（第 13 巻）新聞新体制の理論と実際・日本新聞会の解説・日本新聞会便覧』、東京：日本図書センター 1992 年、第 85 頁。
④ 岡村二一：「新聞新体制の理論と実際」、奥平康弘監修：『言論統制文献資料集成（第 13 巻）新聞新体制の理論と実際・日本新聞会の解説・日本新聞会便覧』、東京：日本図書センター 1992 年、第 73—74 頁。

综上所述，在国家战时体制的框架下，日本报界也纷纷对报道机制和报道方针方面进行了改革，建立起报界战时体制，不遗余力地开展主动宣传与积极诱导，并逐渐构筑起报界自身对宣传机构角色的身份认同，最大程度上迎合了战时体制下政府对报纸的要求，并最终形成了"国家至上"的"皇道新闻观"。报纸在"皇道新闻观"的形成过程中，给自己贴上了战争宣传机器的标签。而且，无论从其角色定位的过程还是推行主体来看，均是在报界的自我意识和自我推动下完成的。从这个意义上说，报界正是在国家机构身份构建的过程中，在事实上塑造了其"加害者"的角色。

综上，在战时体制下，日本报界扮演着双重角色。首先，它是战时体制下的统制对象，以其特有的宣传功能被动服务于战时体制；其次，它又是战时体制的宣传机构，对战时体制的制定、实施开展主动宣传与诱导。这种双重角色定位衍生出"被害论"与"加害论"两种截然不同的战争责任观。日本报界的上述"受害者"和"加害者"的双重定位是我们研究战时日本报界时不可回避的问题，但两者并非平行并列的关系，而是有着本质的区别。"受害者"论着力强调客观因素，它是从外来因素对报界影响的角度来加以论述的，而"加害者"论则强调主观因素，从内因对报界战时角色的构建过程进行评析。笔者主张应对"受害者"和"加害者"两种论点进行综合考察，不可失之偏颇，但亦不能相提并论。

此外，我们还应看到，日本报界的这种被动与主动、消极与积极并存的双重定位并非静止不变的，而是处于一种互相转化的动态之中，而且其最终的归宿是一致的，即作为战时主要传播载体，利用强大的传播功能对内宣传政府"国策"，统一国内舆论，向国民灌输对外侵略思想；对外则承担起国际宣传的重任，为日本发动侵略战争寻找借口，并大加粉饰、歌颂，将其美化为"解放东亚人民的圣战"，甚至直接参与军国主义战争，对占领区的新闻文化事业造成严重破坏。

战时言论统制政策要发挥作用必须通过当时的主流媒体报界自身来实现，而报界对言论统制政策的顺从态度反过来又促进并强化了军国主义对报界的控制和利用。因此，从某种意义上讲，日本报界也是其自身的"加害者"。换言之，日本报界"受害者"的地位不但不能洗脱其战争责任，反而是将其置于"加害者"地位的背后黑手之一。

第二章　战时日本出版政策的法西斯化及出版界的因应

九一八事变后，随着日本国家总动员运动的实施及战时体制的确立，为进一步强化出版业统制，日本当局颁布了《出版事业令》等出版法规，组建了日本出版会等出版团体，并出台了一系列针对出版业的政策措施，以此推行"出版新体制"的构建。在"出版新体制"框架下，日本出版界采取了一系列应对措施，逐步完成了对"出版新体制"的参与和完善。

以"出版新体制"为分界线，战时日本的出版政策大致可划分为两个时期，自九一八事变爆发至"出版新体制"形成为第一时期，"出版新体制"的实施至战败为第二时期。上述前后两个时期所呈现出来的并非单纯是战时出版政策在时间上的先后，更重要的是前后两个阶段的出版政策在其内容、策略、方法等诸方面均存在着本质区别。

第一节　出版新体制前的出版统制

20 世纪 30 年代的经济危机造成了日本国内社会的动荡不安，法西斯思想和势力抬头并逐渐向政治势力渗透。九一八事变爆发后，法西斯势力更是加快了介入国家政治的步伐，随着广田弘毅组阁，军部在内阁中确立起政治支配地位，这标志着日本军部法西斯主义统治的正式确立。在国际上由于同德、意建立法西斯"三国轴心"，并制定武力南进政策，日本在外交上逐渐陷入被动。这种外交困境逐渐传导到日本国内，国际封锁、贸易禁运致使日本国内资源状况日趋恶化。

为摆脱内外困境，日本当局发起国家总动员运动。作为战时传播的重要渠道之一，出版业因其专业性强、读者层次高且与思想、教育等领域关系极为密切等特点，其宣传效应更为深远。因此，在总动员运动的实施过程中被赋予强化思想统制、形塑国民舆论的使命。鉴于此，日本当局收紧了对新闻出版的统制，并推动各方力量逐步构建起"出版新体制"，最终推动并实现了出版政策的法西斯化。

一、完善出版物送检制度，强化出版物审查力度

为抑制对法西斯思想的发展及政治实践持批判态度的所谓"不稳思想"的蔓延，强化民众对国家总动员体制的认同和参与，日本当局将出版统制作为强化思想统制的重要一环，从出版业入手开始推动出版统制政策的制定和完善。从具体操作层面来看，日本当局通过对《出版法》的修订，扩大了《出版法》监管范围，同时强化了出版物审查的力度，将合法出版物和非合法出版物均纳入出版审查体系。

首先，制定《出版物纳付法》，完善出版物送检制度，加强对合法出版物的审查。如前文所述，最早提出出版物送检要求的是 1869 年 1 月 27 日太政官发布的《图书开版再刻等规则》，此后颁布的《出版条例》及《出版法》均保留了送检制度的相关内容。可以说，出版物送检制度是实施出版统制的重要手段，"是与审查制度处于表里一体关系的言论统制装置，是一项为防止出现审查漏洞而将出版物向官方送检作为发行者义务的出版审查方面的制度"[1]。

1934 年 3 月，"为防止不稳出版物私下流通，减少非法出版"，日本政府将《新闻纸法》和《出版法》中关于送检制度的相关内容抽取出来，形成《出版物纳付法》并向第 65 届帝国议会提交审议。该法案对定期出版物和普通出版物（非定期出版物）的送检要求以及处罚规则作了规定，并增加了以下内容：

> 一、普通出版物的印刷人承担申报及送检义务；
>
> 二、对从他国进口及引入的出版物设立申报制度；
>
> 三、杂志发行人在发行前日送检；
>
> 四、确立向帝国图书馆纳本制度；
>
> 五、对于怠于履行送检义务者，特别是对性质恶劣者加重刑罚；
>
> 六、对于怠于履行送检义务的出版物，地方长官可停止其发行销售。[2]

上述 6 条新增内容中特别值得一提的是第一条中要求印刷人承担送检义务的规定，该项规定将送检义务的承担主体由发行人扩大到了印刷人。对此，时任警保局长松本学在出版法修订法律案特别委员会上对制定该项规定的理由作了说明，他强调，"出版工程最重要的场所是印刷所"，印刷环节是实施出版物统制的关键环节，主张"首先要在此处实施控制，由印刷人承担此责任"。他认为，此项措施"对普通出版物的统制

---

[1]　内川芳美：『マス・メディア法政策史研究』、東京：有斐閣 1989 年、第 168 頁。

[2]　「第六十五回帝国議会貴族院議事速記録第二十五號」、『官報』号外、1934 年 3 月 10 日、東京：大蔵省印刷局、第 282 頁。

是相当有必要的，特别是在对危险思想等出版物、赤旗等实施取缔方面，该措施是极其便利的"①。

此外，该法案不但加大了处罚力度，还扩大了处罚对象，规定若"代理人、户主、家人、同居人、雇人及其他从业人员在其业务活动中触犯本法之罪"②，即使与印刷人和发行人毫无关联，也不可免除对印刷人和发行人的处罚。由此可知，该法案具有"取缔之完备、保护之彻底"③的特点，也体现了日本当局对该法案所寄予的厚望。需要指出的是，该法案提交贵族院后仅经过了一次审议，由于反对声音较大最终未在该届议会上通过。

其次，制定《不稳文书临时取缔法》，将非法出版物纳入出版物送检的制度框架之下。尽管《出版物纳付法》未获通过，但日本当局并未因此而对出版物送检制度有丝毫弱化，相反随着言论统制的强化，出版物送检制度日益成为日本当局实施出版统制的核心内容之一，内务省从未放弃对出版物送检制度的探讨和执念。1936 年 4 月 23 日内务省制定了《不稳文书等取缔法》草案，并于 5 月 14 日提交第 69 届帝国议会审议，众议院经过讨论后，对该草案进行了修订，最终以《不稳文书临时取缔法》的名称正式颁布。

不稳文书临时取缔法

第一条　以紊乱军心、扰乱财界、惑乱人心为目的刊登妨碍治安事项的文书图画且不注明或虚假注明发行责任人的姓名及地址，或不遵照出版法或新闻纸法送检而出版或颁布者，将处以三年以下徒刑或监禁；

第二条　刊登前条内容的文书图画且不注明或虚假注明发行责任人的姓名及地址，或不遵照出版法或新闻纸法送检而出版或颁布者，将处以二年以下徒刑或监禁；

第三条　前两条未遂罪亦予以惩罚，但印刷人在印本交付前自首，则可免除其刑罚；

第四条　对于被认定为相当于第一条或第二条的文书图画，在真实标注和按规

---

① 「第六十五回帝国議会貴族院出版法中改正法律案特別委員会議事速記録第七號」、1934 年 3 月 23 日、第 2 頁。「国会会議録検索システム検索用 API」、http：//teikokugikai-i.ndl.go.jp/SENTAKU/kizo-kuin/065/3550/main.html。

② 「第六十五回帝国議会貴族院議事速記録第二十五號」、『官報』号外、1934 年 3 月 10 日、東京：大蔵省印刷局、第 282 頁。

③ 「第六十五回帝国議会貴族院出版法中改正法律案特別委員会議事速記録第一號」、1934 年 3 月 16 日、第 16 頁。「国会会議録検索システム検索用 API」、http：//teikokugikai-i.ndl.go.jp/SENTAKU/kizo-kuin/065/3550/main.html。

送检之前，若地方长官（东京府由警视总监负责）认定为有必要禁止其颁布时，可收缴其印本及刻板。对于出版按照该项规定被禁止颁布的文书图画者，则处以三百日元以下罚金。①

对于刊登妨碍治安的相关报道，《出版法》和《新闻纸法》已作出相应处罚规定，而上述《不稳文书临时取缔法》则是针对非法出版物和秘密出版物作出的专门规定。因此，从该意义上说该法案是对《出版法》和《新闻纸法》的补充。需要说明的是，在政府提交的原案中，其处罚刑期分别是五年和三年，不但比国会最终通过的方案刑期高，更是高出《出版物纳付法》所确定的一年刑期。内务大臣潮惠之辅在议会审议过程中对此作了说明，认为"为达恶性目的而发行不稳文书，以至于操弄秘密手段者，其罪最为可憎，为确保治安，最应给予严厉取缔，故施以重罚"②。

由《不稳文书临时取缔法》的内容可知，该法案将《出版物纳付法》所确定的送检制度的内容和范围进行了扩充和强化，将当时处于非法地位和秘密出版的出版物均纳入到统制体系之下，可谓是"根除当时一切反体制言论的露骨的法西斯言论装置"③。

二、成立思想对策协议委员会，完善不稳出版物取缔方策

针对"不稳思想"问题，日本当局成立了思想对策协议委员会，负责就"思想对策"进行商讨，其中出版统制政策是各机构最为关注的"思想对策"之一。

在第 64 届议会召开期间，众议院以"近日部分国民怀有偏激思想，扰乱民心，或欲将之付诸实现者频现，如不实行拔本塞源之方法，则国家前途实为堪忧"为理由，于1933 年 3 月 24 日通过了《关于树立思想对策的决议》，要求"政府迅速确立坚实的思想对策，以图民心之安定"④。贵族院同日也通过决议，要求政府"繁荣文化教育，振作国民精神"，以实现"东洋和平"和"伸张国运"⑤的内外政策目标。为此，斋藤内阁于

① 「不穏文書臨時取締法ヲ定ム」、『公文類聚・第六十編・昭和十一年・第五十七巻・地理・土地・都市計画・観象、警察・治安警察・雑載』、JACAR（アジア歴史資料センター）、Ref.A01200731100、国立公文書館。
② 「第六十九回帝国議会貴族院議事速記録第十五號」、『官報』号外、1936 年 5 月 26 日、東京：大蔵省印刷局、第 241 頁。
③ 内川芳美：『マス・メディア法政策史研究』、東京：有斐閣 1989 年、第 191 頁。
④ 「思想対策樹立に関する決議」、『思想対策協議会参考資料』、JACAR（アジア歴史資料センター）、Ref.A15060231000、国立公文書館。
⑤ 「時局ニ関スル決議案」、『各種調査会委員会文書・思想対策協議委員書類・一覧』、JACAR（アジア歴史資料センター）、Ref.A05021137100、国立公文書館。

同年 4 月设立直属内阁的思想对策协议委员会。该机构以内阁书记官长为委员长，内部设委员会和干事会，委员会由内务、司法、文部、陆海军、递信等各省次官及相关各部门的敕任官组成，干事会则由上述各部门的局长、课长级官员担任委员，以方便"各部门之间的联络协调"，其经费不需列入预算，而是"从内阁经费中筹措"①。

4 月 14 日，在第一次委员会上，时任内阁总理大臣斋藤实发表训示，要求各部门"密切联络协调，协心戮力"，制定出"横跨各部门的妥切适当的方策"②。在 4 月 28 日召开的第二次委员会上，内阁书记官长堀切善次郎要求各委员在提交对策时"不应仅仅止于紧急对策，也应触及根本对策"③，即在制定具有针对性、应急性的根本方针时，还应对长期性、原则性的问题提出切实可行的具体对策。此后至当年底，该机构共召开委员会 32 次，干事会 23 次，对内务、陆军、文部、递信等各省提出的下述"思想对策"草案进行了审议。

4 月 19 日，内务省警保局率先提出《思想对策案》，5 月 8 日经委员会审议后通过。该对策案针对"不稳思想"提出两种不同对策：一是"预防对策"，即发挥学术界和教育界的研究优势，阐明日本国体精神，开展国史教育和社会教育，同时依靠民间力量，特别需要"报纸从业者、出版从业者及著作家等的协助"，对国民精神进行善导，以事先预防的形式"改善易导致国民为偏激思想所迷惑之社会局势"；二是"镇压对策"，即不断推进针对"不稳思想"的立法工作，同时积极运用《治安维持法》和出版物取缔相关法令，强化对涉及"不稳思想"的出版物实施监管，严禁"不稳出版物的输入"和"国内运输"，并加大对其处罚力度，"为压制现存之不稳思想而加以严厉取缔"④。

4 月 28 日，陆军省提出《危险思想对策案》，该方案的理念与上述内务省方案基本一致，一是通过社会改革和教育改革，从根本上"消除危险思想产生的根源"；二是通过国立思想研究所等机构对国民思想实施引导，同时"加强对报纸、杂志、图书、演艺等的审查"，以实现"危险思想的取缔与善导"⑤。

---

① 「内閣ニ思想対策協議委員ヲ設置ス」、『公文類聚・第五十七編・昭和八年・第二巻・官職一・官制一（内閣・外務省・内務省）』、JACAR（アジア歴史資料センター）、Ref.A14100349700、国立公文書館。

② 「思想対策協議委員第一回会合ノ際に於ケル内閣総理大臣訓示」、『各種調査会委員会文書・思想対策協議委員書類・一要覧』、JACAR（アジア歴史資料センター）、Ref.A05021137100、国立公文書館。

③ 「堀切内閣書記官長指示」、『各種調査会委員会文書・思想対策協議委員書類・一要覧』、JACAR（アジア歴史資料センター）、Ref.A05021137100、国立公文書館。

④ 「思想対策案」、『思想対策協議会に関する件』、JACAR（アジア歴史資料センター）、Ref.A15060002100、国立公文書館。

⑤ 「危険思想対策案」、『思想対策協議会に関する件』、JACAR（アジア歴史資料センター）、Ref.A15060001700、国立公文書館。

5月18日，文部省提交《思想问题相关对策案》，除了要求对"不稳思想"实施"警察、司法处置"外，还要求进一步强化"图书、杂志、报纸等出版物的取缔方针"①，同时指出既需要制定应急性对策和根本性对策，也需要动员学界形成一个统一的指导理论，并在此理论的指导下制定具体方案。

5月20日，递信省提交了《关于印刷物通信取缔的对策案》，进一步细化了出版物监管方法。对于"不稳出版物的输入取缔"，该方案要求各机构与内务、外务两部门密切合作，掌握出版物在国外的发行情况以及进入日本国内的路径等信息，以便于监管和取缔。此外，由于负责进口出版物审查的邮局和海关在审查标准上不尽相同，导致"不稳出版物"的审查屡屡出现漏洞。鉴于此，该方案要求上述两部门加强沟通，并统一双方的审查标准。对于"不稳印刷物国内运输的取缔"，该方案认为"不仅要与出版警察当局保持联系，还要与运输机构之间保持密切而及时的联络"②，要求内务省在对出版物作出取缔处分时应及时向递信省发出通报，由递信省通过公报的形式向其所属的通信部门进行传达，以切断这些出版物在日本国内的流通渠道。

上述各方案均为思想取缔的指导性方案，为使方案落地，思想对策协议委员会在对上述各方案进行审议的基础上，自1933年8月10日第15次委员会开始对司法省、内务省和递信省提交的具体实施方案进行了探讨。9月14日，委员会将上述各省的具体方案进行了综合和优化后形成新的方案，并于翌日经内阁会议审议通过。

该具体实施方案要求"更适当地运用现行取缔法令，并完善其不足之处"，对宣扬变革日本国体的言行予以严厉取缔，从而"完成对不稳思想的预防和镇压"。其中对言论出版作如下规定：

（前略）

（八）为彻底厉行出版物送检而完善送检制度，对违反者施以重罚；

（九）赋予地方长官对不稳出版物实施禁售、颁布的权力及扣押等处分权；

（十）对宣传煽动不稳思想的报纸杂志给予停止发行的处罚；

（十一）加重出版犯罪中实质犯罪的刑罚，修订出版法，凡出版扰乱社会安定秩序的文书图画将和报纸一样实施处罚；

（十二）完善通过报纸实施出版犯罪的责任人制度；

---

① 「思想問題に関する対策案」、『思想対策協議会に関する件』、JACAR（アジア歴史資料センター）、Ref.A15060001800、国立公文書館。

② 「印刷物ノ通信取締ニ関スル対策案」、『各種調査会委員会文書・思想対策協議委員書類・一要覧』、JACAR（アジア歴史資料センター）、Ref.A05021137100、国立公文書館。

（十三）对于现行制度下由内务、递信、大藏等诸省分管的审查事务，在统一方针下保持更加紧密联络，实施灵活和统一处理；

（十四）完善和扩充审查机构，提高审查员的地位；

（十五）进一步贯彻审查警察的执行力，以此贯彻设立审查警察的目的；

（十六）除目前列为审查对象的出版物、电影胶片、演剧脚本、无线广播等之外，对于作为思想发布手段、对社会产生一定影响力、有必要实施审查的对象，也将为之设立审查制度。[①]

由上可知，无论是《不稳文书临时取缔法》所确立的送检制度，还是思想对策协议委员会所制定的取缔方策，都是基于行政手段干预和现有统制法令而实施的言论统制，缺乏有意识的组织性，是"单纯从审查立场出发而采取的消极取缔"[②]，但在日本内政、外交困境叠加的社会背景下，上述消极出版统制的效果反而逐渐得以显现。

从出版总数量来看，自1933年上述方案实施后，日本每年出版总量呈逐年下降的趋势，1937年与1933年相比下降了四分之一。从不同出版物的发行量来看，无论是单行本、小册子还是图书杂志，其发行量均有不同程度的下降。具体来看，首先受到影响的是单行本和"存在价值较低"的小册子，其次是图书杂志。究其原因，除了日本当局实施用纸统制外，最重要的原因在于日本当局对"紧张时局下无反省、无选择地出版"[③]上述所谓"不稳出版物"实施打击所致。

尽管自1933年以后出版数量呈现逐年下降的趋势，然而这正是日本当局乐见其成的，因为数量的下降不但有利于出版统制的实施，而且在图书出版总量呈整体下降的大趋势下，那些定价较低的所谓"战时体制版""战时国策版""铳后奉仕版"小册子却在用纸配给量削减、印刷费用上涨的情况下销量大增，在日本当局看来这正是出版政策"合理化"带来的"由量向质转换"[④]的标志。

三、强化出版用纸统制，催生"出版新体制"的确立

九一八事变后，日本当局出于内外宣传及言论思想统制的需要，对《出版法》作了修订和扩充，扩大出版物送检制度的实施内容和适用范围，同时以强化思想统制为切入

[①] 「思想取締方策具體案」、『思想対策協議会に関する件』、JACAR（アジア歴史資料センター）、Ref. A15060002800、国立公文書館。

[②] 日本読書新聞社雑誌年鑑編纂部編：『雑誌年鑑』、東京：日本読書新聞社1941年、第9頁。

[③] 「最近に於ける出版界の傾向」、『最近に於ける出版界の傾向』、JACAR（アジア歴史資料センター）、Ref.A06030074800、国立公文書館。

[④] 「最近に於ける出版界の傾向」、『最近に於ける出版界の傾向』、JACAR（アジア歴史資料センター）、Ref.A06030074800、国立公文書館。

点，大力推行出版审查制度，强化对出版物的事前审查，从而完善了事前事后双重审查制度，强化了对出版业的控制。但在日本当局看来，以审查、取缔为主要手段的出版统制政策具有一定局限性，导致出版业的"时局性"和"国家性"呈现与日本当局对出版业的宣传期待相差甚远。随着战局的推进及"近卫新体制"的提出，日本当局认为出版界在回应政府国策方面应作出"更进一步的积极的协助"①，由此开始谋求强化宣传媒介对"国防国家"体制的服务功能。基于此，日本各界开始着手对现有出版体制进行改革，并就成立与国家"总体战"体制相适应的"出版新体制"进行探讨，以强化出版业的"国家使命"。

日本侵华战争全面爆发后，日本当局加紧了侵略步伐，近卫文麿上台后更是大力推行国民精神总动员运动，以塑造"总体战"的战时体制。为推动出版界对该运动的参与和支持，日本当局与主要出版机构设立了名为"出版恳谈会"的定期沟通机制，针对战时出版统制进行信息交换和政策研议。出版界和日本当局对该机制均寄予厚望，出版界希望通过该机制将分属内务、陆海军等相关部门的出版审查和取缔业务统一起来，以消除"多头统制"带来的审查过程重复繁琐、审查结果矛盾对立等问题，而日本当局则希望通过该机制在一定程度上消除出版界的抵触情绪，并引导其向"国策性"靠近。尽管两者的诉求存在背离，但却推动"出版界新体制棋局走出第一步"②。

随着纸张供应形势日益严峻，日本当局逐渐形成"将报纸杂志用纸的配给与政府的报道政策综合考虑"的共识，开始将出版统制手段从行政审查的方式转移到对印刷资材的控制上来，并决定在内阁成立一个一元化机构，在"密切与报道政策之间协调"的基础上，"对政府内部各方面的意见进行综合调整"③，以实现纸张配给的顺利实施。1940 年 5 月，企画院、内阁情报部、内务省、陆海军省、商工省等部门就用纸配给的限制问题前后举行十数次会议，最终就设置新闻杂志用纸统制委员会达成谅解协议，决定由该委员会负责制定"新闻杂志用纸的一般统制方针"，并对已发行和新发行的报纸杂志用纸的配给需求、数量、必要性以及"国内外及满洲支那的新闻杂志用纸的调整"④进行协议，商工省将根据该委员会商讨的结果开展纸张配

---

① 「最近に於ける出版界の傾向」、『最近に於ける出版界の傾向』、JACAR（アジア歴史資料センター）、Ref.A06030074800、国立公文書館。

② 清水文吉：『本は流れる——出版流通機構の成立史』、東京：日本エディタースクール出版部 1991 年、第 58 頁。

③ 「新聞雑誌用紙統制委員会設置理由」、『公文類聚・第六十四編・昭和十五年・第三巻・官職一・官制一（内閣一）』、JACAR（アジア歴史資料センター）、Ref.A02030164500、国立公文書館。

④ 「新聞雑誌用紙統制委員会ヲ設置ス」、『公文類聚・第六十四編・昭和十五年・第三巻・官職一・官制一（内閣一）』、JACAR（アジア歴史資料センター）、Ref.A02030164500、国立公文書館。

给业务。

1940 年 5 月 22 日，新闻杂志用纸统制委员会宣告正式成立。此后，该委员会成立了一个由内阁情报部、企画院、内务省、陆海军省、商工省、文部省等政府部门官员组成的小委员会来推动出版统制。7 月 23 日，用纸统制委员会出台政策，要求强化对出版业的指导，并明确提出建立"出版新体制"的主张，以促使出版界"积极承担文化使命"①。会后，情报部官员田代金宣对"出版新体制"确立的必要性和核心理念进行了说明。田代认为，出版界"在通过出版物启发国民思想方面有着不可或缺的作用"，随着战时体制的确立及时局的发展，"在思想上奉行自由主义、个人主义，在经济上奉行营利主义、赚钱主义的出版界必须随着时代的转换而转换"，必须对出版界实施改革，根除营利主义经营理念对出版业的影响，"引导出版界向与国家目的一致之良书中心主义"②经营路线转换。

此后，内务省图书课开始同出版机构负责人接触，向其"传达了当局关于出版统制的方针"③以及确立出版文化新体制的构想，并表示"今后防谍及其他国家指示事项将向即将成立的一元化协会传达"，从而要求出版机构"从日本出版文化新体制的立场出发"自行解散，向即将成立的新机构靠拢，"实现大同团结"④。新闻杂志用纸统制委员会也邀请出版、杂志机构负责人开会，表达了政府有意建立一个对用纸配给及书籍流通实施一元化统制的新机构的构想，明确指出该构想的基本原则是："一、实现出版界组织的一元化；二、积极担当文化使命；三、强化当局的指导；四、实施用纸配给统制；五、成立一元化配给机构。"⑤此外，该方案还强硬要求目前存在的所有出版团体自行解散，将其业务合并到新机构中。

8 月 5 日，新闻杂志用纸统制委员会通过《出版协会、杂志协会改组案》，要求现存出版机构自行解散。由于该方案以颠覆现存出版体制的方式谋求出版业格局的重构，这对现存出版机构来说无疑是毁灭性打击，因此各出版机构召开紧急会议商讨对策，但最终在日本当局的施压下不得不遵照政府预设路线实现了"发展性解散"。

日本杂志协会于 8 月 15 日召开临时总会，作出即时解散的最终决议，称"为应对国家新体制，进一步完成杂志报国之使命，本协会认可统合出版界之一元化新团体之必

① 高崎隆治：『戦時下の雑誌——その光と影』、名古屋：風媒社 1976 年、第 37 頁。
② 田代金宣：『出版新体制の話』、東京：日本電報通信社出版部 1942 年、第 19 頁。
③ 奥平康弘監修：『言論統制文献資料集成（第 12 巻）出版新体制の全貌・日本出版会の概要』、東京：日本図書センター 1992 年、第 9 頁。
④ 中等教科書協會編纂：『中等教科書協會有終史』、東京：中等教科書協會 1941 年、第 285—286 頁。
⑤ 日本読書新聞社雑誌年鑑編纂部編：『雑誌年鑑』、東京：日本読書新聞社 1941 年、第 10 頁。

要，决定根据总会决议解散"①。东京出版协会于 8 月 22 日召开临时总会，表示"为协力政府国策，完成出版文化报国之使命，本协会认可与相关诸团体加强团结，成为一体，发挥其总力之必要，决定本日以会员之总意"②，一致同意正式解散。中等教科书协会鉴于"不容许以特殊情况为由继续犹豫不决"③ 的局势，于 10 月 4 日召开临时总会，宣布正式解散。

三大出版团体相继解散对其他出版团体造成巨大冲击，大阪图书出版组合于 8 月 19 日解散，京都出版业组合于 25 日解散，公益团体杂志协会于 26 日解散，其他地方性团体也纷纷宣布赞同政府的"出版新体制"，并实现了"发展性解散"④。至此，日本全国出版业均表示出对"出版新体制"予以全面配合的姿态，并在思想上和行动上采取了相应措施。

东京出版协会所属出版社第一书房创始人长谷川巳之吉于 1940 年 8 月发文对出版界对"出版新体制"的态度作了阐述。他首先对东京出版协会等出版机构解散合并之举表示了赞同，但同时他又指出将解散合并"仅仅视为机构上的改革乃至被动的统制合并"是远远不够的，他主张出版界应在"国防国家下出版之目的即为国家之目的"⑤ 的理念下，自觉按照国策要求，主动采取措施为"国运打开"而努力。

在此过程中，"出版恳谈会"部分骨干成员结成了出版文化新体制推进会，就新体制的理念及具体方案展开研究和探讨，并于 8 月 26 日向政府提交《关于出版文化新体制意见书》，指出新体制运动下不但要对政治、经济等领域进行变革，"文化方面面貌之改变也势在必行"，因此要求确立"承担着确定我国文化百年发展最重要使命"的"出版新体制"，并以"我等在'出版新体制'建设当中怀以极大热情作出名副其实的实际成绩，为我国新文化的创造作出贡献"⑥ 为由，提出参与新体制准备委员会的愿望。

9 月 6 日，新闻杂志用纸统制委员会任命了由上述各出版团体及政府相关部门官员和民间人士构成的"出版新体制"筹备委员，负责对"出版新体制"的方针、理念等进

---

① 奥平康弘監修：『言論統制文献資料集成（第 12 巻）出版新体制の全貌・日本出版会の概要』、東京：日本図書センター 1992 年、第 22 頁。
② 奥平康弘監修：『言論統制文献資料集成（第 12 巻）出版新体制の全貌・日本出版会の概要』、東京：日本図書センター 1992 年、第 25 頁。
③ 奥平康弘監修：『言論統制文献資料集成（第 12 巻）出版新体制の全貌・日本出版会の概要』、東京：日本図書センター 1992 年、第 19 頁。
④ 「発足した出版新体制——日本出版文化協会創立す」、『週報』（第二二三号）、1941 年 1 月 15 日、第 23 頁。
⑤ 「出版新体制とわれらの覚悟」、『セルパン』1940 年第 117 号、第 130 頁。
⑥ 田代金宣：『出版新体制の話』、東京：日本電報通信社出版部 1942 年、第 159—160 頁。

行审议。随着"出版新体制"的发展,"出版恳谈会"于 9 月 8 日召开最后一次例会后宣布解散,其业务转移至新体制准备委员会。9 月 11 日,新体制准备委员会第一次会议在内阁情报部召开,就"出版新体制"的理念原则、组织性质等进行探讨,宣布将"按照国家全面新体制确立的要求,对出版界进行一大革新,将全国出版事业相关人员置于一元化的出版事业新体制伞下,承担起健全的新日本文化建设的使命,以此实现出版报国之目标",从而将"全体出版事业相关人员必须归结到出版报国的精神上来"[1],并决定将"近卫新体制"指导理念作为"出版新体制"指导理念。

第二次准备委员会于 9 月 18 日召开,会议审议了《日本出版文化协会要纲》的基本原则方案,并指示其细节由小委员会进行研议。9 月 25 日,第三次准备委员会通过了最终的《日本出版文化协会要纲》,确定了该协会的性质和"出版新体制"下出版统制的基本原则和方向,同时宣布准备委员会"完成了任务,自然消亡"[2],其他未尽事宜交由日本出版文化协会创立委员会来议决。

此外,需要说明的是,尽管当局声称由准备委员对相关方案进行"探讨",但实则是在政府的主导下进行的单方面的施压。在第一次准备会上,时任内阁情报部长伊藤述史在开会之始即表示"为了防止在会面时出现不赞同的情况,我决定从现在开始掌握诸位发言的清晰证据"[3],从而表示出强势的一面。而在第二次准备会上,铃木库三对一些持"陈旧的、自由主义现状维持论"的杂志社进行了批判,并对那些"过于愚钝的论调和利己的主张"表示了反击,"时常大声申斥,(使之)缩成一团"[4]。

9 月 30 日,内阁情报部任命了包含政府委员和民间委员在内的 42 名日本出版文化协会创立委员,内阁情报部长伊藤述史和情报官久富达夫分别任委员长和副委员长。创立委员会于 11 月 6 日召开第一次会议,并先后召开 9 次小委员会就日本出版文化协会的章程、预算、业务细则等进行了讨论。12 月 19 日,第二次创立委员会召开,经过一系列议程后,"日本出版文化史上划时代的'出版新体制'的核心社团法人日本出版文化协会"[5] 宣告成立,这标志着以"新文化建设和高度国防国家为使命"[6] 的"出版新体制"的正式形成。

"出版新体制"是在日本全国推行战时体制的背景下,为适应时局需要而在出版界

① 日本読書新聞社雑誌年鑑編纂部編:『雑誌年鑑』、東京:日本読書新聞社 1941 年、第 374 頁。
② 田代金宣:『出版新体制の話』、東京:日本電報通信社出版部 1942 年、第 16—17 頁。
③ 田代金宣:『出版新体制の話』、東京:日本電報通信社出版部 1942 年、第 17 頁。
④ 鈴木庫三日記(1940 年 9 月 18 日)。引自佐藤卓己:『言論統制——情報官・鈴木庫三と教育の国防国家』、東京:中央公論社 2004 年、第 312 頁。
⑤ 田代金宣:『出版新体制の話』、東京:日本電報通信社出版部 1942 年、第 28 頁。
⑥ 日本読書新聞社雑誌年鑑編纂部編:『雑誌年鑑』、東京:日本読書新聞社 1941 年、第 12 頁。

推行的体制，其目的是"消除出版界原有的自由主义、营利主义旧体制，迈向为高度国防国家建设而实施出版报国"①，这充分体现出新旧体制之间在统制理念、统制方式等方面存在的不同，这些不同又对新体制下出版政策产生影响。

第二节　出版新体制下的出版政策

出版新体制的形成是多方合力的结果，既离不开政府各相关部门的领导和监管，也离不开出版、印刷、流通、销售等出版行业各环节的参与和支持，由此构成一个涵盖出版业各阶层、各环节的"迈向新日本文化建设的真正总体战体制"②。

出版新体制的实施主要体现在出版统制体系、出版统制运营和出版产业格局三方面。其中，出版统制体系靠出版统制法规和出版统制机构来加以保障，出版统制运营则是通过纸张配额、配给统制等经济手段实施的，而出版产业格局则主要依靠机构整合的方式加以推行。在政治强权、经济干预及出版界自我趋同等各要素的合力下，日本出版业逐渐走上了法西斯化发展道路。

一、发挥情报局的主体性作用，为出版新体制的推行提供组织保障

"出版新体制"是在政府机构的推动下形成的，同时各政府机构又是新体制下出版政策的制定者和政策实施的组织者和监督者，政府机构在这个立体化的出版统制体系中无疑居于主导地位，各机构依据其所辖业务推动并促进了"出版新体制"的生成、发展。其中，商工省作为印刷纸张的供给和管理部门，以纸张配额为武器对出版业实施指导和监督，内务省则与情报局相关部门共同对各种出版物实施审查，而警视厅和文部省则分别从治安维持和文化教育的角度参与出版业统合和"优良"出版物推荐，企画院、陆海军、铁道省、递信省、拓务省、厚生省、大藏省等部门也从各自业务领域出发对出版业的策划、发行、流通等诸环节给予支持和控制。总之，政府机构在新体制中以其掌握的公共资源对"出版新体制"的理念生成、业务开展等发挥着决定性的指导和监督作用。

而在众多政府机构中，一元化言论统制机构情报局作为新体制的主要推动力量和主管部门居于主导地位，主要负责对书籍、杂志等出版物的编辑、生产、配给等"相关事项"实施指导，对"新闻杂志及其他出版物用纸统制相关事项"③进行监管，并对日本

---

① 「発足した出版新体制——日本出版文化協会創立す」、『週報』（第二二三号）、1941 年 1 月 15 日、第 21 頁。

② 協同出版社：『書籍年鑑』、東京：協同出版社 1942 年、第 138 頁。

③ 「情報局分課規程（昭和十八年三月）」、『各種情報資料・主要文書綴（一）』、JACAR（アジア歴史資料センター）、Ref.A03025356900、国立公文書館。

出版文化协会、日本出版配给株式会社、大日本出版报告团体等出版团体进行指导和监督，对"出版新体制"的理念生成、业务开展等发挥着决定性作用。

第一，在生产、流通、销售等环节强化情报局对出版业的全程指导。为强化出版统制，情报局成立了指导联络会、审查会等专业机构负责出版物的指导和审查，并要求各出版机构在情报局"大纲性指导"下发挥主体意识，在整个出版流程中贯彻"敌忾心的彻底昂扬、生产的飞跃增强、明朗阔达的战时生活的确立"三大原则，以此向国民灌输"大东亚战争必胜"① 信念。"出版新体制"下情报局对出版物的指导主要体现在生产、流通、销售等各环节。

在出版物生产方面，生产环节是保证出版物能够正常出版的前沿环节，而随着时局的发展，与出版生产密切相关的物资、人力资源日益匮乏造成了出版生产能力的下降，从而对出版物的出版发行造成了巨大影响。为此，情报局制定相关对策力保印刷劳动力和资材，同时发挥日本出版文化协会及日本出版会的一元化统制作用，对其所属会员单位尤其是地方出版社的剩余产能实施综合调配，将其向重点出版物的出版倾斜，以保证其正常出版。

在出版物流通方面，流通环节是连接出版社和读者之间关系的中间环节，也是发挥"出版物所担负的国家使命"的重要环节，为此情报局成立了日本出版配给株式会社负责出版物的配给、流通业务，同时不断改善配给方法，优化流通渠道，并在其他相关政府部门及出版业界团体的协助下实施"配给重点化"，优先确保重点出版物的配给和流通。

在出版物销售方面，销售环节是出版物发挥其宣传功能的终端环节，因此情报局强化了对负责图书销售业务的各地书籍杂志销售商的指导和监管，首先，规定各地书籍销售机构只能销售经日本出版配给株式会社配给的图书，从而控制了图书销售的来源。其次，为便于对图书销售机构实施监管，发挥图书销售机构的合力，在情报局的推动下，各地成立了图书销售的同业组合，并对其进行改组，提高其运营能力，以应对"出版新体制"的需求。

此外，由于太平洋战争后期，日本本土因开始遭受空袭而导致交通设施、印刷设备等损失严重，对出版业的生产、流通造成了巨大的障碍。为此，情报局制定了非常时期对策，加强了对日本出版会、日本出版配给株式会社、日本印刷产业综合统制组合等机构的指导，采取了转移印刷设备、加强联合经营等措施，以确保非常时期出版物的生

---

① 「第二部出版課所管事務概要」、『第二部出版課所管事務概要』、JACAR（アジア歴史資料センター）、Ref.A06030118200、国立公文書館。

产、配给、运输。

第二，发挥出版自治团体的作用，构建官民并举的出版运营体系。"出版新体制"运营仅靠政府自上而下的"强制规制"是不够的，为充分发挥出版业的自主性，"完成日本文化建设及国防国家确立相关的出版文化事业的使命"①，更需要出版界自下而上"自主规制"。在该体系中，作为出版界自治团体的日本出版文化协会在"以情报局为主的监督官厅的指导监督下"，成为"出版新体制"的"核心并将其具体化"②，负责各环节运营的统筹组织和管理，而日本出版配给株式会社及各地书籍销售机构则负责书籍的流通和销售等环节，从而构成了情报局的"指导监督"和"出版物自主统制"③ 相结合的统制体系。

首先，"出版新体制"下出版统制的策划、组织和统筹则是由作为"日本出版文化史上划时代的出版新体制的核心"④ 的日本出版文化协会及日本出版会负责的。它们作为日本出版界的自治统制团体，不但在组织人事、团体运营上接受情报局的领导，其政策决议、业务活动也必须获得情报局的许可，或者按照情报局的要求实施。作为这两家机构最重要的任务，一是通过新闻杂志用纸统制委员会以纸张配额的决定权和分配权为手段对出版机构实施统制；二是通过文化局、出版文化委员会等内设机构，并联合情报局、内务省、文部省等相关部门的出版审查机构对出版物实施多重审查，以确保出版物内容与国策一致；三是通过"优良"图书推荐活动，对被认定为"创造正确思想食物和武器弹药的书籍"⑤ 提供特别纸张配额和经费支持，有意识地通过政策杠杆来强化对出版业的引导。

其次，出版业各领域组建的业务部门负责"出版新体制"下出版统制政策的具体业务实施。其中设立于商工省的洋纸共贩株式会社负责"对纸张的生产、销售实施统制并确保供应"⑥，同时以其所掌握的纸张配给垄断权对"用纸生产根源的造纸会社的一元化统制"⑦。此外，为加强对出版物配给和流通的统制，情报局成立了由出版生产机构和销售机构共同组建的日本出版配给株式会社，其组织人事、业务章程均须获得"监督官厅"情报局和商工省的承认，并在情报局和商工省的监督指导和日本出版文化协会的管

---

① 日本読書新聞社雑誌年鑑編纂部編：『雑誌年鑑』、東京：日本読書新聞社 1941 年、第 374 頁。

② 「発足した出版新体制——日本出版文化協会創立す」、『週報』（第二二三号）、1941 年 1 月 15 日、第 26 頁。

③ 「情報局ノ組織ト機能」、『情報局ノ組織ト機能 昭和 16 年 5 月』、JACAR（アジア歴史資料センター）、Ref.A06031104700、国立公文書館。

④ 田代金宣：『出版新体制の話』、東京：日本電報通信社出版部 1942 年、第 28 頁。

⑤ 鈴木庫三：「出版新体制と良書推薦」、『国策放送』1941 年第 1 巻第 12 号、第 13—24 頁。

⑥ 東亜産業時報社編：『日本紙業年報 内国編』、東京：東亜産業時報社 1941 年、第 18 頁。

⑦ 田代金宣：『出版新体制の話』、東京：日本電報通信社出版部 1942 年、第 11 頁。

理下，负责"书籍、杂志及其他出版物的一元化配给及相关业务"①，并明确规定任何出版物"未经日本出版配给株式会社许可不得销售或颁布"②，从而赋予其在出版配给和销售方面的垄断地位。

最后，"出版新体制"的适用范围除日本本土外，也包括伪满、朝鲜、台湾以及南方占领区等当时日本控制的海外占领地区。因此该体制一方面强化了各都道府县出版统制部门与情报局、内务省、商工省、文部省等中央机构之间的密切联系，另一方面则"从大东亚共荣圈确立的立场出发"，在情报局和拓务省的指导下强化日本与海外占领区之间的联系，"保持日本出版文化协会及日本出版配给株式会社的一惯性"③。

由上观之，"出版新体制"在业务内容上涵盖生产、配给、销售等出版业各环节，在适用范围上囊括中央与地方、日本与占领地相关机构，在组织运营上实现了政府机构"指导监督"和出版物"自主统制"相结合，呈现出全面化、系统化、立体化的特点。

第三，依靠《出版事业令》，为强化出版业统制提供法律依据。为进一步推动"出版新体制"的开展，1943 年 2 月，日本当局以敕令形式颁布《出版事业令》和具体施行规则，扩大了日本当局对"出版新体制"下出版业统制的监管权力，确立了出版统制三原则：

一是推行"许可制"原则，赋予日本当局对出版业运营实施干预的特权。该法规定出版业新机构的设置、运营及业务形态发生转让、合并等业态变更情况时须获得主管部门的许可，且转让或合并各方达成的协议也须获得主管部门许可后方有效，若双方无法达成协议，则须遵从主管部门的裁决。

二是实施"指令性"原则，赋予日本当局对出版业格局实施整顿的特权。该法规定，当主管部门认为出版机构的运营"对国策推行造成重大妨碍时"，可发布命令终止或取缔该业务的实施。此外，主管部门依据出版统制的需要"可命令出版业主进行事业的转让、受让或公司的合并"，以此干预出版业运营模式和运营形态。

三是发挥"指导性"原则，赋予日本当局对出版业统制实施组织、领导和监管职能。该法规定，主管部门可下达命令设立具有官方性质的一元化出版统制团体，并通过该团体对出版事业的运营、出版资材及出版物的配给、出版事业的调查研究、出版业整体业

① 「日本出版配给株式会社定款」、日本読書新聞社雑誌年鑑編纂部編：『雑誌年鑑』、東京：日本読書新聞社 1942 年、第 169 頁。
② 「日本出版会統制規程」、『公文類聚・第六十七編・昭和十八年・第九十八巻・軍事四・国家総動員二』、JACAR（アジア歴史資料センター）、Ref.A03010136200、国立公文書館。
③ 「情報局ノ組織ト機能」、『情報局ノ組織ト機能 昭和 16 年 5 月』、JACAR（アジア歴史資料センター）、Ref.A06031104700、国立公文書館。

态布局的整合等实施统制指导，以"实现对出版事业的综合统制运营，并协助国策的立案及推行"。

《出版事业令》从商业主义角度出发，以行政命令为武器对出版业的经营实施监管和干预，体现出行政手段和经济手段并重的言论统制模式，从而为"出版新体制"下日本出版政策的制定和实施奠定了基础。需要指出的是，按照《出版事业令》规定，作为代行日本当局实施出版统制的监管主体，"主务大臣"因其业务归属不同而存在多样性，"在内地指的是内阁总理大臣及内务大臣"，教科书类图书还包括内务大臣，在海外指的是"朝鲜总督、台湾总督、桦太厅长官、南洋厅长官"① 等占领地军政首脑，但实际执行者则为情报局。究其原因在于以下两点：

首先，内阁总理大臣与情报局之间存在隶属关系。情报局成立时公布的《情报局官制》明确规定"情报局归内阁总理大臣管理"，具体负责如下业务：

> 一、对作为推行国策基础的有关情报进行搜集、报道及启发宣传；
>
> 二、按照《国家总动员法》第二十条之规定对报纸及其他出版物实施处置；
>
> 三、对通过电话实施的广播事项进行指导、取缔；
>
> 四、在启发宣传上对报纸事业、电影、唱片、演剧及演艺的有关国策推行基础事项进行必要指导和取缔。②

《出版事业令》公布后，内阁于 1943 年 2 月对《情报局官制》进行了相应修订，将情报局所管事务中的第四项中"报纸事业"修订为"报纸事业及其他出版事业"③，从而将出版事业的取缔、指导业务也归于情报局管理。

本来按照《国家总动员法》规定，上述第二项及第四项中所涉及对报纸、杂志等出版物的取缔或者处分事项由内务大臣负责，但情报局成立后为强化对言论的统制，将其移交给内阁总理大臣直接管辖，而《情报局官制》的上述规定又明确指出情报局代替内阁总理大臣执掌相关事务，因此情报局成立后，与出版相关事务的管理权实际由情报局掌控，具体则由情报局第二部第二课负责执行。

---

① 「出版事業令」、『御署名原本・昭和十八年・勅令第八二号・出版事業令』、JACAR（アジア歴史資料センター）、Ref.A03022797600、国立公文書館。

② 「情報局官制」、『御署名原本・昭和十五年・勅令第八四六号・情報局官制制定内閣情報部官制廃止』、JACAR（アジア歴史資料センター）、Ref.A03022524600、国立公文書館。

③ 「御署名原本・昭和十八年・勅令第七〇号・情報局官制中改正ノ件」、『御署名原本・昭和十八年・勅令第七〇号・情報局官制中改正ノ件』、JACAR（アジア歴史資料センター）、Ref.A03022796400、国立公文書館。

其次，情报局总裁作为"辅助内阁总理大臣的机构"①，在相关业务上有代行总理大臣职务之权。1941年8月，内阁总理大臣向情报局总裁下发通牒，规定"情报局所管事务中，内阁总理大臣应加以处理的某些事项，可由情报局总裁代替裁决，并以内阁总理大臣之名义执行"②。可代替执行的业务包括：一是"依据《国家总动员法》第二十条之规定进行的处置"，即上述《情报局官制》中规定的第二项内容；二是依据《映画法》相关规定进行的处置，包括以内阁总理大臣名义对电影从业人员发出许可、禁止等命令；三是按照民法相关规定对日本出版文化协会、同盟社、日本广播协会等法人的日常业务实施监督。此外，为密切政务与国家舆论宣传之间的关系，情报局总裁可列席内阁会议。

综上所述，"出版新体制"的组织运营体系主要包括负责组织监管的政府机构情报局、负责具体实施的一元化出版统制机构日本出版文化协会及此后的日本出版会以及日本出版业各领域组建的业务部门，"三位一体"的组织模式不但在统制对象上实现了对出版界的全覆盖，而且将出版界的生产、配给、销售等全部环节纳入其中，在统制范围上实现了全覆盖，从而实现了"从作为制造原料的用纸到出版、配给、销售，从用纸制造业、出版业、配给机构、销售机构的一以贯之、纵横无间的一元化统制"③的目标，为"出版新体制"的开展提供了全方位的组织保障。

二、强化出版用纸统制，控制出版业导向

以纸张为载体的书籍等出版物对纸张的依赖程度非常高，特别在"出版新体制"确立后，"纸张为思想战之弹药"④的理念成为"出版新体制"下日本当局实施出版用纸统制的理论依据，用纸统制也因此成为新体制下出版统制的主要内容和重要手段，它对出版业的宣传导向、业务格局等均产生重要影响。

第一，发挥用纸配额的杠杆作用，形成出版用纸统制理念，力图从源头上对出版内容、出版方向实施控制和引导，以强化出版业的"国家使命"。

随着时局发展，日本当局对出版业国策宣传的需求逐渐高涨，而作为出版业生死存亡生命线的纸张等资源日趋匮乏，两者之间的矛盾更加突出。为解决该矛盾，担任新闻杂志用纸统制委员会干事的情报官铃木库三在干事会上指出："鉴于时局应进一步强化

---

① 著者不明：『戦前の情報機構要覧：情報委員会から情報局まで』、出版社不明 1964 年、第 196 頁。
② 「情報局所管事務ニシテ内閣総理大臣ニ於テ処理スヘキ事項中情報局総裁ヲシテ代決セシムヘキ事項ヲ決定ス」、『公文類聚・第六十五編・昭和十六年・第六巻・官職三・官制三（内閣二）』、JACAR（アジア歴史資料センター）、Ref.A14100864400、国立公文書館。
③ 「発足した出版新体制——日本出版文化協会創立す」、『週報』（第二二三号）、1941 年 1 月 15 日、第 26 頁。
④ 上泉秀信：『文化のこころ』、東京：翼賛出版協会 1943 年、第 219 頁。

报纸杂志的审查，而纸张配给应与之相适应"①，从而明确了出版统制与纸张配额挂钩的提议。同为干事的田代金宣也认为纸张问题并非单纯是物资问题，"用纸的供给必须从'报道政策'立场加以决定"，为此他提出了将言论统制与纸张配额结合起来的建议，并主张"在内阁设置一个类似于新闻杂志用纸统制委员会的机构，其庶务由内阁情报部负责"②。

1940 年 6 月 17 日，新闻杂志用纸统制委员会制定《报纸杂志用纸配给与言论报道政策之间的调和及报纸用纸统制要纲》，认为战时体制下部分报刊杂志"缺乏与国家国民成为一体打开时局之热意"，仍然坚守"营利主义"经营路线，"在政治、外交、经济及其他各方面毫不顾虑给予内外之影响，以兴趣本位开展无责任报道"，从而导致国策指向不够明确。鉴于此，该要纲建议必须"采取深谋远虑、拔本塞源之对策"，具体来讲包括两方面："其一为报纸杂志整理统合之问题，其二为基于报纸杂志质量而采取用纸配给调节之问题"。从战时日本出版统制实践来看，这两大政策正是"出版新体制"下日本当局实施出版统制的核心和主要手段。接着，该要纲明确了将纸张配额与言论统制政策相挂钩的理念。

> 观察诸般事业，凡有国家公共性质者概与国家之间存在某种形式之关联，然独报纸杂志事业呈放任无统制状态，成为报纸杂志事业经营上或编辑上酿成几多弊害祸根之原因，且国策遂行相关之巨大障碍不少皆发生于此。故此对处于杂乱无章、极为混乱状态之报纸杂志事业进行整理革新，废除有害或无社会存在价值之报纸杂志，援助具备承担国家使命者实质、健全之报纸杂志实为当务之急。实现方法颇多，但实施报纸杂志用纸配给之时应充分留意此点，并讲究适当措施。
>
> 此外，对于版面内容健全充实、努力致力于国运进展之报纸杂志，谋求其发展即为诱掖国论、指导启发国民之途径，因此对此种报纸杂志在用纸配给上给予特别考虑亦为紧要。③

由上述内容可知，该要纲不但强调了实施出版用纸统制对言论统制的必要性，同时

---

① 铃木库三日记(1940 年 7 月 3 日)。引自佐藤卓己：『言論統制——情報官・鈴木庫三と教育の国防国家』、東京：中央公論社 2004 年、第 306—307 頁。

② 田代金宣：『出版新体制の話』、東京：日本電報通信社出版部 1942 年、第 17 頁。

③ 「新聞雑誌用紙配給ト言論報道政策トノ調和及新聞用紙統制要綱」、『公文雑纂・昭和十五年・第三巻・内閣・各種調査会一（国民精神総動員委員会—物価対策審議会）』、国立公文書館デジタルアーカイブ、請求番号：纂 02502100—007、リール番号：066200、国立公文書館。

还提出了用纸统制的基本原则：一是废除有害之报纸杂志，二是奖掖肩负国家使命之报纸杂志，这两大原则同时成为"出版新体制"下用纸统制的两大原则。

在上述原则的指导下，新闻杂志用纸统制委员会以纸张配额为武器开始着手对现存出版组织进行整顿。8月3日，用纸统制委员会出台了《出版协会、杂志协会改组案》，要求改组现有出版机构，成立新的一元化统制机构，在与政府出版监管机构保持密切合作的基础上，"从文化立场出发按照实情对用纸实施合理分配"，同时"改正现在书籍杂志配给机构的缺陷，承担实施顺畅配给的任务"，从而推动出版业"积极承担文化使命"。对于纸张配给业务，"改组案"提出了如下具体配给方法：

一、基于各出版业者的实际业绩，对其进行审查，决定各出版业者的使用量；

二、对于决定后的使用量，由出版文化协会（暂称）发行凭证，出版业者依据凭证从用纸销售店购买用纸；

三、在用纸配额的决定方面，由新闻杂志用纸统制委员会实施监督。①

上述方案对出版业的既有格局冲击极大，它不但获得了纸张配额分派权力，还掌控了书籍配给渠道，实现了对出版业从生产到流通直至销售的全过程监管。因此，该方案公布后引起了出版业的极大反响，一些出版机构向内务省、商工省等部门提出"陈情书"，提出异议或请求给予特别考虑，但均未奏效。

在情报局的推动下，上述一元化统制机构日本出版文化协会于12月19日正式宣告成立，由此完成了"出版新体制"的构建。在此过程中，"出版新体制"一直沿着日本当局设定的步骤向前推进，用纸统制的理念也在新体制构建过程中逐步走向成熟。

第二，控制纸张流通渠道，强化纸张在从作为供货源头的造纸厂向作为消费者的出版机构流动的流程监管。随着日本国内资源的日益短缺及生产力向军工产业高度集中，日本当局不断收紧用纸统制的力度。一方面，要求出版机构在"彻底合并同类出版物"的基础上通过"限制发行数量""减少发行次数""减少发行页数"②的方式降低纸张消耗量；另一方面，则严禁"制纸业者进行开本规格用纸以外的抄造"③，从而推行用纸规

---

① 「出版协会・雑誌協会改組案」、『公文雑纂・昭和十五年・第三巻・内閣・各種調査会一（国民精神総動員委員会—物価対策審議会)』、国立公文書館デジタルアーカイブ、請求番号：纂02502100-009、リール番号：066200、国立公文書館。

② 「官廳関係出版物用紙取扱方針」、『庶務課長会議議事録』、JACAR（アジア歴史資料センター)、Ref. A06030152200、国立公文書館。

③ 「用紙規格標準化要綱案」、『庶務課長会議議事録』、JACAR（アジア歴史資料センター)、Ref. A06030152200、国立公文書館。

格标准化。

日本当局认识到上述措施并不能从根本上解决战时印刷纸张短缺的问题，在产能持续降低的状况下必须加强纸张流通、配给等环节的统制，推动用纸统制向出版业终端环节延伸。鉴于此，改革销售渠道，强化纸张全过程统制成为日本当局在"出版新体制"构想的萌芽及基本方案形成的过程中极其关注的问题。

实际上，早在"出版新体制"构想的萌芽及基本方案形成的过程中日本当局就对用纸统制问题给予了充分关注，并开始筹建一个负责用纸统制的一元化机构。为加强对纸张配给的管控，商工省提出成立一家对当时日本全国 200 余家洋纸①造纸企业实施全面统制的洋纸共贩会社，以实现对"用纸生产根源的造纸会社实施一元化统制"②。新闻杂志用纸统制委员会则提出《洋纸配给统制要纲案》，建议设立一个负责纸张经销业务的共贩会社，"制纸会社的指定产品全部向本会社销售"，共贩会社以其掌握的纸张货源"基于由商工大臣认可的配给计划"③向该会社地方分支机构配给，将用纸自生产到销售的流通路径进行了优化。

综合上述方案，在商工省的推动下，由政府指定的 56 家造纸公司共同出资组建的洋纸共贩株式会社于 11 月 30 日正式宣告成立，负责"对洋纸的生产销售实施统制，同时为实现洋纸供需顺畅，还从事洋纸买卖及其他一切附带事业"④，从而完成了对纸张实施统制的基本组织建设。

洋纸共贩株式会社成立后不久，为"确立洋纸贩卖的一元化，实施有计划的统制配给，以实现工序的顺畅"⑤，商工省于 12 月 28 日颁布《洋纸配给统制规则》，确立了洋纸共贩株式会社在印刷纸张配给和流通上的核心位置。

在纸张配给统制方面，该规则赋予洋纸共贩株式会社纸张购销的垄断地位和纸张配额计划制订权，即纸张的订购、销售及配给均须通过洋纸共贩株式会社实施。

　　第二条　洋纸的制造业者、进口业者及运输业者不得向洋纸共贩株式会社以外

---

① 本书所言及"洋纸"指的是以纸浆为原料利用西方现代造纸技术和设备制造的纸张，它是相对于采用日本传统工艺制造的"和纸"而言的，战时日本印刷业所使用的纸张中"洋纸"占绝对数量。

② 田代金宣：『出版新体制の話』、東京：日本電報通信社出版部 1942 年、第 11 頁。

③ 「洋紙配給統制要綱案」、『庶務課長会議議事録』、JACAR（アジア歴史資料センター）、Ref. A06030152200、国立公文書館。

④ 「洋紙共販株式会社定款」、協同出版社編纂部編：『日本出版年鑑』、東京：協同出版社 1943 年、第 1038 頁。

⑤ 「洋紙配給統制規則制定ニ関スル件」、『例規類・繊維局・昭和 15 年』、JACAR（アジア歴史資料センター）、Ref.A16110384300、国立公文書館。

的机构销售洋纸，但因特殊情况而获商工大臣许可者不在此限；

　　第三条　洋纸共贩株式会社不得向日本洋纸元卖①商业组合成员之外的机构销售洋纸，但因特殊情况而获商工大臣许可者不在此限；

　　第四条　日本洋纸元卖商业组合成员不得向商工大臣指定的商业组合及其成员以外的机构销售洋纸，但因特殊情况而获商工大臣许可者不在此限；

　　第五条　洋纸共贩株式会社应制定商工大臣指示期间内洋纸配给计划，并提前向商工大臣申报，变更时亦采取相同做法。②

　　除上述纸张配给的权利外，洋纸共贩株式会社还对其下游组织——日本洋纸元卖商业组合的业务活动及经营组织发挥着监管作用，主要体现在以下两条：

　　第六条　元卖组合成员应每月确定自当月 21 日至次月 20 日期间其所经营的洋纸配给计划，并预先向洋纸共贩株式会社报告，变更时亦采取相同做法。指定组合及其成员也应每月确定自当月 21 日至次月 20 日期间其所经营的洋纸配给计划，同时指定组合预先向地方长官及元卖组合报告，而其成员则向指定组合报告，变更时亦采取相同做法；

　　第七条　洋纸共贩株式会社、元卖组合成员、指定组合及其成员应准备账簿，将以下事项记入其中：

　　一、购入不同种类洋纸数量及价额、购入日期及购入者姓名、名称及住所

　　二、销售不同种类洋纸数量及价额、销售日期及销售者姓名、名称及住所③

　　从上述统制规则看，纸张在从作为供货商的造纸厂或纸张进口商向作为消费者的出版机构流动的流程中，这个链条上的每个环节都是单线的，而洋纸共贩株式会社作为连接供货商和消费者之间的核心节点，不但获得了纸张供给的垄断性地位，同时还承担配给计划的制订、下游机关的监管等指导监督作用。换言之，印刷纸张供给必须通过洋纸共贩株式会社来实施，"出版业者不经共贩会社是无法得到纸张的"④。

---

①　日语"元卖"一词是"总经销"的意思，由于此处为机构名称，为尊重史实并行文方便，不做翻译处理，下同。

②　「洋紙配給統制規則」、『例規類・繊維局・昭和 15 年』、JACAR（アジア歴史資料センター）、Ref. A16110384300、国立公文書館。

③　「洋紙配給統制規則」、『例規類・繊維局・昭和 15 年』、JACAR（アジア歴史資料センター）、Ref. A16110384300、国立公文書館。

④　田代金宣：『出版新体制の話』、東京：日本電報通信社出版部 1942 年、第 57 頁。

《洋纸配给统制规则》自 1941 年 1 月 21 日起正式实施，纳入纸张统制范围的印刷用纸、写字用纸、图书用纸占洋纸总量的三分之一，加上此前已纳入统制范围的卷筒纸，洋纸共贩株式会社已将三分之二的纸张配给权控制在手中。3 月 21 日开始，包装纸、油光纸被纳入统制体系，9 月 21 日开始，有光纸、彩纸和杂纸等 3 类 18 个品目被追加到统制范围内。至此，洋纸几乎全部被纳入到洋纸共贩株式会社的统制之下。①

除了对洋纸实施统制外，日本当局还加强了对和纸的统制。1940 年 10 月 24 日，日本当局发布了《和纸配给机构整备要纲》，并组成委员会对具体实施方法进行研议。1941 年 5 月 31 日，以上述统制要纲为基础，商工省决定"以生产业和配给业者组建中央统制会社，作为一元化配给统制的指定机关"②，强化对和纸配给的统制。8 月 1 日，日本和纸统制株式会社正式成立，主要负责"实施和纸购销，以此实施整个业界的指导统制，同时逐渐将配给代理业者及物流代理业者的业务统辖进公司，由公司自行向都道府县组合实施配给"③。但是，由于和纸采用的是日本传统的生产工艺，以手工制作为主，这就决定了其生产流程、生产业态千差万别，难以制订统一的生产计划，加之和纸的用途不像洋纸那样集中，因此消费环节也无法实现一元化统制，这就导致无法制订统一的和纸配给计划，故而和纸的统制相对比洋纸要困难得多。此外，从和纸的用途来看，用于书籍、杂志印刷的份额极少，故本书不做深入考察。

第三，加大纸张配额对出版统制的影响比重，强化和引导出版业对"出版报国"理念的渗透。纸张供应量与需求量之间的矛盾进一步提升了纸张配额在出版统制中的话语权比重，纸张配额由此成为推动出版业向贯彻"将高度国防国家思想战意图"④ 方向转换的利器。通过纸张配额，强化出版物的"国策宣传"指向的手段主要有二。

其一是，通过"出版企划申请制"对出版物内容实施审查，在对出版宣传方向实施规制和引导的同时达到降低纸张配额数量的目的。为确保出版物内容的"适当性"，日本当局规定所有出版物在出版之前须提交"出版企划"以供审查，只有审查合格的出版物才能获准出版并使用纸张配额。上述审查并无明确标准，皆由日本当局根据是否符合"出版新体制"来判定，且其通过率也极低。但"出版企划审查制度"通过政府自由裁量度较高的审查标准不但降低了用纸需求量，也压制了出版业"营利主义"经营路线，

① 東亜産業時報社編：『日本紙業年報 内国編』、東京：東亜産業時報社 1941 年、第 15—16 頁。

② 東亜産業時報社編：『日本紙業年報 内国編』、東京：東亜産業時報社 1941 年、第 30 頁。

③ 「和紙配給統制機構整備要綱」、東亜産業時報社編：『日本紙業年報 内国編』、東京：東亜産業時報社 1941 年、第 52 頁。

④ 松本潤一郎：『戦時文化政策論』、東京：文松堂 1945 年、第 186 頁。

在很大程度上确保了"出版内容与国家目的一致"①。

其二是，综合运用"业绩本位"和"内容本位"评价基准确定用纸配额，推动出版内容对"国家使命"的认同和回应。在日本出版文化协会成立之前，商工省提出"在考虑会员用纸使用实绩基础上，对发行出版物的内容倾向进行判断"②。以此为基准确定纸张配额，"以业绩为基准，以内容为辅助"的用纸统制基本原则遂成为"出版新体制"下出版统制机构所奉行的基本准则。

日本出版文化协会成立后，宣布"参酌过去出版用纸使用状况及今后出版文化政策推行需求"来确定用纸配额比例，再次确认了"业绩本位"和"内容本位"结合的配额判定基准。在具体操作层面，日本出版文化协会采取了以"业绩本位"为基础、以"内容本位"加以修正的方式。具体来讲，该协会首先对过去一年来原日本杂志协会所属杂志社刊行的杂志及原日本出版协会所属出版社发行的单行本的用纸数量进行了调查，并以用纸实际使用量为基础确定临时性纸张配额，然后再根据上述不同出版物的配额比例确定最终配额数量。这样，经营规模大、纸张使用业绩好的出版业获得的纸张配额就相对较多。但由于用纸量不但受出版业经营者的规模影响，私下里存在的用纸黑市交易也在很大程度上使得纸张分配权对出版业统制的效果大打折扣。为纠正"业绩本位"带来的上述弊端，协会强化了"内容本位"的判断基准，"将出版物的性格融入其中，从而确立真正意义的内容实绩"③ 标准，而"内容本位"主要基于对事前事后的出版审查来确定，并对"基准配额"和"审查配额"的比例进行调整，并逐步加大"审查配额"的比重。

在审查过程中，一旦认定出版内容存在违反言论政策，或"按照通常配额获得的出版用纸的使用实绩、销售状况及出版内容无正当理由出现显著不良时"④，则取消其全部或部分纸张配额。相反，对于那些符合政府宣传意图的所谓"优良出版或适当的出版规划"⑤，除"按照内容本位向良书优先提供用纸配额"⑥的原则向其提供常规配额外，还会额外为其增加一定数量的"特别配额"。

日本出版会成立后，为更好地加强对"出版物用纸的配给调整相关必要事项"实施统制，出台了《用纸配给统制规程》，对出版用纸配额实施全面统制。在统制原则上，

---

① 松本潤一郎：『戦時文化政策論』、東京：文松堂 1945 年、第 187 頁。

② 奥平康弘監修：『言論統制文献資料集成（第 12 巻）出版新体制の全貌・日本出版会の概要』、東京：日本図書センター 1992 年、第 56—57 頁。

③ 「出版新体制運動のその後」、『週報』（第二三九号）、1941 年 5 月 7 日、第 34 頁。

④ 「出版用紙配給割当規程」、協同出版社編：『書籍年鑑』、東京：協同出版社 1942 年、第 162 頁。

⑤ 協同出版社：『書籍年鑑』、東京：協同出版社 1942 年、第 162 頁。

⑥ 協同出版社編：『書籍年鑑』、東京：協同出版社 1942 年、第 126 頁。

日本出版会也采取了"通常配额"和"特别配额"的模式。但"通常配额"并非按照保证该出版机构的业务能够正常持续所需的最低用纸量来确定，而是对"一定期间内该会员的出版业绩进行审查，同时参酌为达成本会目的而所需的必要事项"，以此来确定其基本量。因此，那些因违反各项言论统制法令或与当局的言论政策不一致而遭受处分的出版机构，其纸张配额会被大量削减。"特别配额"主要分配给那些"被认定为优良出版或适当的出版规划"，出版机构可根据用纸需求主动申请"特别配额"，同时日本出版会也会根据需要对那些有利于"完成出版会目的"[①] 的出版策划直接向出版机构提供"特别配额"。

综上，出版用纸统制不但在一定程度上缓解了纸张不足带来的困境，同时也确立了用纸统制与报道政策的联动机制，将用纸配额塑造为出版统制的指挥棒，使得"国家立场必要之书籍增多，无必要或必要性较低之书籍则大受限制"[②]，从而强化了"出版内容与国家目的一致"[③] 的出版统制理念。在出版用纸配额的制定过程中，"监督官厅情报局、商工省与日本出版文化协会商定配额方案，日本出版文化协会将出版业者用纸配额表交与共贩会社，共贩会社据此将全国造纸工厂制造的用纸向经销商、零售商下拨，最后到达出版业者手中"[④]，这与 1940 年 7 月 18 日制定的《洋纸配给统制要纲案》所确定的"配给路径"是一致的。在这条纸张流动链条上，商工省、情报局下属的新闻杂志用纸统制委员会、日本出版文化协会、洋纸共贩株式会社等机构全员参与其中，各自发挥着既定作用。

三、实施发行配给统制，加强对出版销售环节的控制和引导

在"出版新体制"的发展过程中，无论是出版统制理念的形成还是出版统制机构的建设，日本当局有两大关注焦点：一个是上文所提及的出版用纸统制，这是"出版新体制"的出发点和出版统制的核心；另一个就是出版物配给统制，这是与出版用纸统制并行实施的，也是"出版新体制"下对出版物流通、销售等中间和终端环节的统制。

第一，成立日本出版配给株式会社，确立一元化出版配给体制。由于出版物的流通渠道在很大程度上影响着出版业的生存，左右着其宣传效果，因此随着"出版新体制"的实施，日本当局和出版界开始就出版配给环节的统制问题进行探讨。1939 年 8 月 6 日，"出版恳谈会"提出设立出版文化中央联盟的构想，要求改变日本国内现存出版机构"利益相共的营利团体"性质，"纠合出版文化相关团体"成立一个"与一切利益无关的强

---

① 「用紙配給調整規程」、協同出版社編纂部編：『日本出版年鑑』、東京：協同出版社 1943 年、第 313 頁。
② 日本政治研究室：『日本政治年報』（昭和 18 年度第 1 輯）、横浜：昭和書房 1942 年、第 187 頁。
③ 松本潤一郎：『戦時文化政策論』、東京：文松堂 1945 年、第 186—187 頁。
④ 田代金宣：『出版新体制の話』、東京：日本電報通信社出版部 1942 年、第 56 頁。

力的民间团体"①。随着研究的不断深入，"出版恳谈会"各方逐渐意识到仅仅"依靠民间业者的自主方法终究无法设立一元化团体"，遂改变思路，逐渐形成"解散既有各出版团体，设立出版文化相关一元化综合机构"②的共识。

落实上述理念的第一步是解散既有出版机构。1940 年 8 月 3 日，新闻杂志用纸统制委员会出台《出版协会、杂志协会改组案》，要求在对现有出版机构进行改组的同时，"对现在书籍杂志配给机构的缺陷进行改革"，成立一个独立的书籍配给机构"实施一元化经营"，其具体实施方法为："一、依照一定手续公平实施，二、原则上采用依据订单实施配给的方法，三、改善并进一步实施图书退回制度，四、允许现有的零售店存续，五、适当改善中间代理机构并对其予以承认。"③

此后，围绕出版物配给机构的成立，商工省联合各相关部门进行了积极探讨，并于 1940 年 9 月提出了《书籍杂志配给统制要纲试案》，建议书籍和杂志分别建立不同的发行系统，该草案被情报局官员铃木库三批评为"对现状维持改头换面的方案"④，在铃木的唆使下该方案于 10 月 9 日召开的第一次出版配给新体制准备会上被否决。

第一次出版配给新体制准备会还发表决议，确认了出版配给机构改革，以推进出版业对"国家使命"的认同和追随。

为承担新日本文化建设及国防国家确立方面之国家使命，我等将排斥自我功利思想，不再局限于各自立场，而是基于公益优先的新经济理念，相互提携，对现今之配给机构进行整理统合，在日本出版文化协会指导监督下，实现优良书籍杂志的彻底普及，期待以此设立贯穿生产、配给、消费全程的理想的一元化配给机构。⑤

此后，出版配给新体制准备会按照铃木库三的上述原则进行多次讨论，最终提出《书籍杂志配给机构整备要纲》，决定成立一个由出版业及书籍、杂志销售代理业等组

① 東京書籍商組合編：『出版年鑑』、東京書籍商組合 1940 年、第 39 頁。
② 奥平康弘監修：『言論統制文献資料集成（第 12 巻）出版新体制の全貌・日本出版会の概要』、東京：日本図書センター 1992 年、第 9 頁。
③ 「出版協会・雑誌協会改組案」、『公文雑纂・昭和十五年・第三巻・内閣・各種調査会一（国民精神総動員委員会—物価対策審議会）』、国立公文書館デジタルアーカイブ、請求番号：纂 02502100—009、リール番号：066200、国立公文書館。
④ 鈴木庫三日記（1940 年 10 月 4 日）。引自佐藤卓己：『言論統制——情報官・鈴木庫三と教育の国防国家』、東京：中央公論社 2004 年、第 313 頁。
⑤ 「発足した出版新体制——日本出版文化協会創立す」、『週報』（第二二三号）、1941 年 1 月 15 日、第 25 頁。

成的"一元化的书籍杂志配给组织"，在政府部门和日本出版文化协会的指导监督下对书籍、杂志的配给业务实施一元化统制。该组织可"直接向零售业者实施书籍及杂志配给"①，书籍杂志的进出口业务也必须经过该会社实施。

除了商工省等政府部门，军部也对一元化出版配给机构的成立给予了积极支持和推动。1940年12月5日，陆军情报部公开了一份以个人名义提交的《新闻统制私案》，其中在谈及出版统制时，建议在出版界成立出版配给机构，实施书籍杂志的统一销售，将节约出来的"全部余力用于协助国家总力战"②。

在各方的共同推动下，1941年3月3日，以日本出版文化协会理事为主，包括出版业界人士在内的27名发起人及商工省、情报局等政府官员共同召开新机构发起人大会，呼吁日本全国的出版经营机构和发行代理机构共同成立出版配给机构，"将一切出版物置于秩序井然的统治之下，以实现对其适当、顺畅的一元化配给，在监督官厅及日本出版文化协会的指导监督下，取得职域奉公、臣道实践之成果，以此推动大东亚文化建设"③。

5月5日，该一元化统制机构日本出版配给株式会社正式宣告成立。日配的主要业务包括"书籍、杂志及其他出版物的一元化配给及相关业务"以及"与前项配给业务相关的调查研究及刊行"，其目的是通过"从协会会员直接购入，并向所定零售业者直接销售"④的方式即"直购直销"的原则实现出版配给的一元化统制，以此促进"日本文化建设及国防国家确立"⑤，揭开了"出版配给统制时代的新考验的序幕"⑥。6月4日，日本出版文化协会下发通知，要求自6月21日起所有出版物均须在版权页标注日本出版配给株式会社的名称和地址，从而进一步明确了日配在出版配给领域的统制地位。此后直至战争结束，日本国内以及海外占领区的出版物配给一直处于日本当局的统一配给体系之下，由日配负责具体实施。

第二，完善出版配给体系，构筑覆盖日本本土及其海外占领区的一元化配给新体

---

① 「書籍雑誌配給機構整備要綱」、日本読書新聞社雑誌年鑑編纂部編：『雑誌年鑑』、東京：日本読書新聞社1941年、第377頁。

② 内川芳美：『現代史資料・41・マス・メディア統制㈡』、東京：みすず書房1996年、第317—324頁。

③ 日本読書新聞社雑誌年鑑編纂部編：『雑誌年鑑』、東京：日本読書新聞社1941年、第378頁。

④ 「日本出版配給株式会社業務規程」、日本読書新聞社雑誌年鑑編纂部編：『雑誌年鑑』、東京：日本読書新聞社1942年、第171頁。

⑤ 「日本出版配給株式会社定款」、日本読書新聞社雑誌年鑑編纂部編：『雑誌年鑑』、東京：日本読書新聞社1942年、第169頁。

⑥ 荘司德太郎、清水文吉：『資料年表　日配時代史——現代出版流通の原点』、東京：出版ニュース社1980年、第17頁。

制。"出版新体制"下出版物配给统制政策是由以日配为核心的配给体系加以保障和实施的。依靠日配广泛而缜密的配给网络，日本当局完善了出版物流通体系，提升了出版物流通效率，强化了出版物配给统制，为新体制下出版统制的实施发挥了极大的促进作用。

在日本本土，日配加强了与出版机构、运输机构、销售机构以及相关政府部门之间对接和协调，将原先分属不同地区、不同行业、不同领域的图书零售机构整合为"书籍杂志零售商业组合"，其常务理事由日配派员担任，以强化对零售终端的监管。

为稳步推行统合业务，日配对各地出版销售代理商进行分类管理，对位于东京的东京堂、东海堂、北隆馆、大东馆及栗田书店、上田屋、大阪屋号 7 家图书代理店，立即将其全部业务统一到日配的业务体系内，对于东京其他代理店及大阪、名古屋、九州等各地零售店，首先实现对其杂志、图书、新刊及丛书业务的统管，而教科书等业务则在未来三个月的过渡期内即 9 月 20 日之前完成。但由于受新旧体制之间转换所引发的一系列矛盾及新的销售渠道的拓展等一系列因素的影响，日配的业务进展并没有预期顺利，直到 1942 年之后其业务才算走上轨道。

由于图书、杂志的配给涉及采购、发货、运输、销售、货款回收等多个业务环节，要与出版机构、运输机构、销售机构以及相关政府部门之间对接和协调，因此需要大量人力支持，而日配成立后面临的最大难题就是人员不足。为解决该问题，日配大力扩充人员规模，到 1942 年 6 月，其员工由成立时的 1481 人迅速增加到 4200 人，增加了近两倍。此外，日配面临的另一大难题是运输问题。为"确保总动员物资的运输"[1]，1940年 1 月 30 日日本当局颁布《陆运统制令》，规定铁道省大臣可根据需要要求运输部门优先运输指定的急需物资。出版物作为总动员运动下非急需物资被排斥在《陆运统制令》之外，对日配的出版运输事业造成了极大障碍。为此，日配与当局进行了多次交涉，力陈出版物在国家总动员中的重要性，终于将出版物列为铁道省大臣认可的重要物资，并于 1942 年 1 月起获得优先运输的权利，从而突破了制度上的障碍。接着，日配收购了东京出版运送会社和大阪出版运送会社两家出版运输机构，将其改造为子公司，解决了运力不足带来的出版物流通限制。

如上所述，日配克服了资材短缺、运输工具匮乏、劳动力不足等种种困难，努力发挥其作为出版配给的中枢作用，其运营更加顺畅，销售网络不断拓宽，由此"确保了出版物配给功能，吸收了以前四大代理店(东京堂、东海堂、北隆馆、大东馆——笔者注)

---

① 「陸運統制令」、『御署名原本·昭和十六年·勅令第九七〇号·陸運統制令改正ノ件』、JACAR（アジア歴史資料センター）、Ref.A03022647300、国立公文書館。

时代所无法比拟的巨大数量的出版物，向处于末端配给网络的所有小代理店配送"①，从而为"出版新体制"下出版物宣传作用的发挥起了极大的促进作用。

除了不断增加日本国内的分支机构，使图书发行销售网络更加缜密外，日配还在日本海外占领区"作为名副其实的大东亚共荣圈全域的出版物一元化基地"②，不断拓展其业务范围。1942年初，日配在朝鲜、台湾相继建立分支机构，强化对该地区的出版物输出；在伪满地区，为促进"满洲文化的助长"③，日配采取与满配密切合作的形式获得了向伪满地区输出出版物的特权，对伪满地区出版业的配给和销售发挥着重要影响；而在南方占领区，鉴于"彻底实施国策宣传的必要性及向南方普及出版物的重要性"，日配将日本出版贸易株式会社收归旗下，改造为日配贸易部，负责面向南方地区的图书销售业务。后来因为南方占领区陆海军政当局指定南方开发会社作为贸易统制及占领地经营的一元化机构，出版贸易株式会社被迫实现"发展性解散"。为此，日配在企画部内设立东亚课接管出版贸易相关业务，在南方占领区的宣传工作中，"完美地向内外宣示了其作为国策会社的使命"④。在中国占领区，日本派遣军当局除了对有排日倾向的书店、出版社和印刷厂实施查封外，还试图通过设立统一配给公司的方式实现对中国出版业的全面控制。

1941年12月，日本驻上海陆军报道部召集商务印书馆、中华书局和世界书局三大出版机构负责人谈话，提出由中日双方共同组建一个类似于日配的出版发行统制机构的主张。1942年3月，兴亚院华中联络部约见商务印书馆等五大出版机构，要求其联合其他中方出版机构和日本书店成立中国出版配给株式会社，并向其传达了该出版机构的设立计划大纲。鉴于该大纲对研究日本对华出版业统制具有重要意义，在此作全文抄译如下：

中国出版配给会社设立要纲

昭·十七、九、九 兴亚院联络委员会决定

第一　方针

一、对中支（即华北——笔者注）地区出版界实施指导，根绝排日容共及其他对国民政府政治有害之出版，同时奖励有助于健全的中国文化振兴之出版，且确立配给网络并谋求其普及；

---

① 協同出版社編纂部編：『日本出版年鑑』、東京：協同出版社1943年、第331頁。
② 協同出版社編纂部編：『日本出版年鑑』、東京：協同出版社1943年、第335頁。
③ 協同出版社編纂部編：『日本出版年鑑』、東京：協同出版社1943年、第1036頁。
④ 協同出版社編纂部編：『日本出版年鑑』、東京：協同出版社1943年、第336頁。

二、利用出版配给网络，谋求国民政府国定教科书之普及；

为实现上述目的，通过以中方五大书局为中心之实力雄厚书局和日方内地日本出版配给会社和现地出版业者及书籍贩卖业者之间的合作，成立中国出版配给会社。

第二　要领

一、名称　　中国出版配给股份有限公司

二、组织　　日华合作下的中华民国法人

三、目的

1. 中支地区统制出版物的一元化配给；

2. 国定教科书的一元化配给；

3. 出版业者和审查机构之间书稿审查的中介；

4. 与出版用纸统制机关就出版用纸的配额调整进行联络；

5. 中支地区出版事业的系统企画及指导；

6. 特殊出版物的刊行；

7. 以上一切附带事业。

四、资本金

资本总额　　200 万元

其中，中方出资　　102 万元（一股 100 元，10200 股）

商务印书馆、中华书局、世界书局、大东书局、开明书局、其他出版者及书籍贩卖业者日方出资　　98 万元（9800 股）

内地日本出版配给会社或支那相关实力雄厚之出版业者　　4900 股

现地三通书局　　2300 股

华中印书局、现地书籍业组合及其他　　2600 股

五、权利及义务

1. 垄断国民政府国定教科书之配给；

2. 垄断中支地区统制出版物之配给；

3. 优先实施国民政府各官厅刊行物之配给；

4. 在国民政府国定教科书及通知出版物之刊行方面，对物资动员计划下的用纸配给实施一元化中介；

5. 在国定教科书普及及中方出版物配给方面，接受相关当局的指导监督；

6. 当产生日本出版物向支那人实施配给之必要时，优先实施。

备注

　　本会社的营业区域目前仅限中支地区（汉口地区除外）。①

　　6月，在兴亚院华中联络部的策划下，由商务印书馆等8家中方书店、东京弘文堂等3家日本书店及日方控制的三通书局、华中印书局等出版机构成立中国出版配给会社准备委员会，为机构成立做文件及程序上的准备。

　　10月8日，日本驻上海总领事堀内干城向日本驻中华民国特命全权大使重光葵传达了该要纲案。但与上述版本相比，该要纲案在公司业务目的及权利义务方面作了如下修订：

（前略）

　　三、目的

　　　　1. 对接受本会社用纸配置的出版物实施一元化配给；

　　　　2. 国定教科书的一元化配给；

　　　　3. 与出版用纸统制机关联络，实施出版用纸的配额调整；

　　　　4. 特殊出版物的刊行；

　　　　5. 以上一切附带事业。

（中略）

　　五、权利及义务

　　　　1. 国民政府国定教科书之配给由本会社实施；

　　　　2. 接受本会社用纸配置的出版物必须通过本会社实施配给。

　　　　　　为达此目的，国民政府不认可本会社以外同种会社的新设；

　　　　3. 优先实施国民政府各官厅刊行物之配给；

　　　　4. 日方仅向本会社提供出版所需用纸配给。②

　　比较上述两个版本发现，在公司的业务目的方面，新版本删除了出版物审查中介及出版事业企划指导等内容，与之相适应在权利义务方面，虽然强调了该机构在出版物配给方面的垄断地位，但抛弃了"垄断"之类的表达方法，而且也删除了接受当局监督指

---

① 「中国出版配給会社設立要綱」、『陸支密大日記　第35号　昭和17年』、JACAR（アジア歴史資料センター）、Ref.C04123821800、防衛省防衛研究所。

② 「中国出版配給会社設立要綱」、『外国会社関係雑件／中国ノ部 (E—2—2—1—1_5_001)』、JACAR（アジア歴史資料センター）、Ref.B08061128700、外務省外交史料館。

导之类的内容，这与当时中国出版界的反对不无关联。

尽管日方对此方案寄予了极大的厚望，但由于其实施必然会对中国出版业造成巨大打击，因此在中国出版界的努力下，该方案最终并未得到具体落实。但是我们应该看到，日本当局炮制的这一方案体现出日本当局试图对在华出版物发行、销售实施一元化统制，并染指教材发行和印刷用纸的供给，借此严格控制中国出版业，达到其文化统制的目的，从而为日本侵华提供协助。

此外，日配还从其收益中拿出部分资金列为"特别支出"，用于"国防献金"和"协力资金"，其中"协力资金"主要用于出版业务、零售业务及配给机构整顿业务的补助金，"为出版新体制理念的实践提供帮助"①，从而体现出其作为国策会社的所谓"公益性格"。

第三，改革出版物流通模式，形成新体制下出版物配给制度，强化出版业的国策指向。作为日配的管理机构，日本出版文化协会在其颁布的《出版物配给调整规程》中规定所有出版物的销售、配给"凡未经日本出版配给株式会社者不得实施配给"②，从而赋予了日配在出版物配给统制方面的垄断权。随着"出版新体制"的推行，对出版物流通模式进行改革被提上了日配的活动日程。

在日本出版文化协会时期，出版物流通多采用传统的"委托"模式，即日配将图书发送至零售商委托其售卖，如在一定时间内无法售出则退回的所谓"返本制度"。由于出版物采购环节和销售环节产生的运费分别由出版机构和日本出版文化协会承担，因此零售店为了利润往往会采用"无方针、无性格的销售法"③，毫无计划地加大出版物采购量，不但使零售店逐渐走上了"营利主义"路线，而且在书籍滞销而退货时，不但会加大日本出版文化协会的运费负担，而且在运输条件逐渐恶劣、印刷纸张日趋紧张的情况下，无疑是一种极大的浪费。鉴于此，为改变出版物流通领域传统的"委托销售"模式所带来的社会资源浪费、营利主义经营路线冲淡"国策宣传"需求等问题，日配开始对传统配给方式进行改革。

1942 年 12 月 9 日，日本出版文化协会、日配和出版零售商经过长时间的谈判终于达成协议，决定自 1943 年 4 月起全面实施被称为"卖切买切制度"的包购包销模式，即读者首先根据出版物预告选定要购买的出版物，日配根据读者订单发货，这样既可以消除委托销售模式产生的因出版物退货而带来的运输压力、成本压力及纸张压力等弊

---

① 協同出版社編纂部編：『日本出版年鑑』、東京：協同出版社 1943 年、第 335—336 頁。

② 「出版物配給調整規程」、協同出版社編纂部編：『日本出版年鑑』、東京：協同出版社 1942 年、第 164 頁。

③ 協同出版社編纂部編：『日本出版年鑑』、東京：協同出版社 1943 年、第 332 頁。

端，也能"从根本上消除自由主义的贩卖制度"① 所带来的无计划配给，从而"加速推进重点主义的适当配给"②。

为配合"卖切买切制度"的实施，"发挥出版物卖切买切制下面向全体出版读书界的核心媒介机能"③，日配于 1943 年 6 月 21 日起发行机关刊物《新刊弘报》，主要刊登出版刊行物的内容简介，以便读者提前选购，以此实现"出版物的正确生产、配给、利用的调整"，被日本出版会会长久富达夫称之为"出版界名副其实的公益性的存在"④。

日配社长石川武美在《新刊弘报》发文对"卖切买切制度"进行了详细解读。石川首先对传统的"委托配给制"进行了批判，认为那是一种"落后于时势的商业习惯"，因此无论是出版商还是零售商在"资材不足，运力窘迫等决战刻不容缓的局势下"均应全面实施"卖切买切制度"，并将该制度的实施定位为"出版界的一次划时代的飞跃"⑤。

实际上"卖切买切制度"真正实施是从 1943 年 7 月 21 日开始的，该制度在纸张紧缺、交通恶化的战争末期的确在降低出版物流通成本、提高出版物流通效率等方面起到了一定积极作用，但随着该制度的实施，其弊端也开始显现，如读者通过《新刊弘报》预定的数量往往达不到实际出版量，导致大量出版物积压在出版社。日配不得不向各地零售商配发"在库品弘报"，要求其追加订单，以消化出版社库存。不过，有些零售店对此却态度消极，日配不得不派出大量人力赴各地实地调查，并会同相关部门及日本出版会确定各府县的配给比例，实施"计划配额配给制"。

但随着用纸供给状况日益恶化，产能大大降低，出版物产量已无法满足读者订购需求，在此状况下"卖切买切制度"已失去存在价值，1944 年 4 月《新刊弘报》停刊。为确保出版界能够继续发挥其国策宣传功能，日本当局不得不实施"重点配给制"，即优先向当时被认为重要的领域实施出版物配给。而到了 1945 年以后，出版社、印刷厂及运输设备因遭受空袭毁损严重，影响到出版物的正常供给，出版零售店被迫关停，出版物配给体系由此名存实亡。

四、实施出版业整合，强化"出版报国"理念的贯彻和实施

除对出版运营过程实施统制外，日本当局还通过各项措施对出版业实施整合，以构建于战时宣传统制有利的出版业经营格局。由于历史原因，日本出版业在发展过程中的集约化程度较低，分散的经营格局不但难以适应资材匮乏、产能低下、运力不足的局

---

① 久富達夫：「公的使命を自覚せよ」、『新刊弘報』第一号、1943 年 6 月 21 日。

② 協同出版社編纂部編：『日本出版年鑑』、東京：協同出版社 1943 年、第 336 頁。

③ 金田亨：「新刊弘報の本質的役割」、『新刊弘報』第二号、1943 年 7 月 1 日。

④ 久富達夫：「公的使命を自覚せよ」、『新刊弘報』第一号、1943 年 6 月 21 日。

⑤ 石川武美：「売切買切制度の実施について」、『新刊弘報』第一号、1943 年 6 月 21 日。

面，更不利于出版统制的实施。为此，对出版业实施整合成为日本当局"出版新体制"下实施出版统制的迫切需求。1943 年 10 月，日本出版会设立"企业整备本部"，下设资格审议会和企业整备委员会作为出版业整合的两翼，积极推动出版界实施合并，以达成"皇国文化之发扬和思想国防之重大使命"① 的目标。日本出版会实施的出版业整合主要围绕以下方面展开。

第一，颁布《出版事业整备要纲》（简称《整备要纲》），确立出版业整合的基本原则和方针。1943 年 2 月颁布的《出版事业令》赋予日本政府要求出版机构实施业务转让、合并及停业或对其实施取缔的权力，为日本出版业整顿提供了法律依据，而这些权力的实施是通过日本出版会来完成的，日本出版会的主要业务之一便是对出版企业实施整顿。

鉴于"顺应时局需求，整顿出版事业之紧要性"，情报局第二部长和内务省警保局局长于 1943 年 5 月 31 日联名向日本出版会发出通牒，要求其在强化出版用纸配给统制的同时，就出版事业的整顿进行探讨。按照上述指示，日本出版会于 10 月 7 日向情报局和内务省提交了《出版事业整备要纲》，对出版事业的整顿方针及具体实施要领作了初步规划。

首先，为达成"有助于大东亚战争完成及大东亚文化创建的出版的重大使命"，该整备要纲草案提出了"强化出版事业指导统制"的主张，并谋求以出版业整顿为手段，"克服出版物用纸及其他资材供给减少所带来的出版活动低下及出版业者共同消亡的危机"。该草案提出五大出版业整顿方针：第一，强调出版事业"有助于皇国民的炼成及皇国文化的振兴"的所谓"公共性格"；第二，对出版业规模进行压缩，"确立出版事业整体上的综合有机体制"；第三，对出版业经营规模进行限定，发挥出版事业在国策宣传上的作用；第四，针对国内外不同地区实现出版事业的区域性和差异化，以实现"皇国文化的综合性培育和发展"；第五，对出版物的配给机构和流通机构进行整顿，以此实现"计划出版"的目标。

其次，该整备要纲草案按照上述方针制定了出版业整顿的基本要领，要求日本出版会会员机构按照政府制定的方针"对出版事业的性格、规模、部门进行调查"，在此基础上实施综合判断，同时按照战时宣传的需要实施"出版事业的地域性配置"，并强调首先从"决战下紧要部门的整顿"开始，强化对全体出版业的整顿。该要纲要求在实施整顿的过程中"基于国民自觉并在日本出版会的领导下自主实施"，但同时又强调必要

---

① 「日本出版会企業整備委員会に於ける次長挨拶（案）」，『出版関係綴　昭和 18—20 年』，アジア歴史資料センター，Ref.C15120272600，防衛省防衛研究所。

时可动用《出版事业令》。换言之，尽管该要纲宣称出版事业整顿由出版界自主实施，但实质上它依然要在政府方针下且由具有法律强制力的《出版事业令》做保障。

最后，该整备要纲草案提出了分类指导的实施方法，对于出版业机构，无论其规模大小均被列为整顿对象，并对书籍出版机构和杂志出版机构采用不同的整顿策略。前者以出版事业体即出版机构的整顿为主，后者则以作为出版物的杂志为整顿对象；而对于政府、军部相关出版部门等准出版业机构，则由政府与相关团体协商后制定相应的整顿方案。此外，日本政府分别对杂志和书籍制定了基本的业态标准，并以此作为整顿的基本标准，凡未达标的出版机构就会被关停或撤并；而那些达标的出版机构则须在"与日本出版会密切联系的基础上，按照各出版部门的实际情况采用合并或收购等方法形成规模适当的事业体"①。

情报局将该要纲草案提交内阁会议审议后于 11 月 4 日正式颁布。就整合对象而言，正式公布的《出版事业整备要纲》要求对所有"适用于出版事业令的出版事业"的经营体制和行业布局实施统制，即除了《出版事业令》所规定的拥有日本出版会会员资格的出版事业团体外，包括官方外围团体、政治思想团体、学术研究团体以及非日本出版会会员团体等所开展的出版事业均在整合范围之内，基本实现了对出版领域事业团体的全覆盖。

就整合内容来看，《整备要纲》要求从经营层面和行业布局两方面对出版业实施整合。前者要求强化出版业的"企画力和实践力"，并推行"专营体制"，以确立符合"出版新体制"推行的"出版事业经营基础"；后者则要求"考虑出版事业的地域性分布"，根据出版统制的需求在压缩出版机构数量的基础上改变出版机构业界布局。除此之外，《整备要纲》还特别强调出版机构要与出版链条上"印刷、制本、配给及其他出版相关事业之间的紧密联系"，使得接下来实施的出版业整顿更具体系性和整体性。

对于出版业整顿的原则，《整备要纲》要求在对出版机构进行调查的基础上根据出版业性质、规模等要素进行"综合判定"，对"在性格上被认定为不适当"或"将出版事业作为副业"以及经营不善、业绩不良的出版机构实施撤并、停刊或收购处置，重新组建一个性质优良、规模适当、组织完备、专业经营的新"出版事业体"。此外，需要说明的是，尽管《整备要纲》提出了上述判定原则，但我们可以看到该原则中"被认定为不适当"或"无正当理由"等表述带有明显的主观性，其判定完全由日本出版会下设

---

① 「出版事業整備要綱（案）」、『出版関係綴　昭和 18—20 年』、JACAR（アジア歴史資料センター）、Ref.C15120272100、防衛省防衛研究所。

的资格审议会负责，缺乏明确的参照性和客观性。

关于出版业整合的实施方法，《整备要纲》要求"在日本出版会的积极指导下，以合并或收购的方式实施整合"①。具体方法：一是要求出版业实施"自主统制"，但必要时则要求"发动出版事业令"，采用强制命令加以推行；二是充分发挥劳务及资材的作用，其中资材方面主要是通过前述纸张配额的方式对出版机构业务进行干预，以此推动纸张配额较低的出版机构同其他机构合并或自行解散，而劳务方面则是通过出版业从业人员特别是编辑人员资格审查的方式对出版业加以政策调控，以此强化对出版内容的监管。要纲规定资格审查标准是，出版机构编辑人员必须"贯彻国体观念，坚持国家使命达成之信念"②，编辑人员若达不到该标准则不予资格认定，也不得向日本出版会登记备案，同时又规定出版机构"不得录用未接受日本出版会企画编辑者登记的人员为企划编辑者"。此外，对通过审查的编辑人员实施全程监管，一旦发现有"被认定为作为编辑者的不适当行为"③则取消其编辑人员资格。此举不但强化了对出版内容的监管，也将不具备案资格的编辑人员排除在出版业务之外，直接影响到出版机构业务实施，从而加速了出版机构之间的合并或停业。

《出版事业整备要纲》是以"出版新体制"下发挥出版企业的所谓"国家性"、确立"出版决战体制"为目的出台的出版业整顿纲领性文件，它的颁布毫无疑问将对日本出版业格局产生极大影响，因此引起了出版界、舆论界的关注。《朝日新闻》在《出版事业整备要纲》颁布后对其进行了解读，将其定位为"出版界的战时决定版"，认为其不单单着眼于减少出版机构的数量，而是"从书籍亦为弹丸的立场出发，力求为出版界赋予秩序和体系，使其成为具有企画力、实践力且具有公共性格的出版所"，从而最终形成"著者、读者、业者三位一体的强力的出版决战体制"④。

第二，采用分类指导、专项管理的原则，对不同性质的出版机构制定了具有针对性的整合策略，并由相应管理部门负责监督。《出版事业整备要纲》不仅为作为日本出版会会员的出版机构的整顿提供了具体实施指导，也对非日本出版会会员及官方、军方出版机构的整顿提供了政策立案依据。

首先，对于作为日本出版会会员的民间出版机构，要求在情报局等部门的监督下，

① 「出版事業整備要綱」、『公文別録・内閣・大正十二年—昭和十九年・第六巻・昭和十七年—昭和十九年』、JACAR（アジア歴史資料センター）、Ref.A03023585400、国立公文書館。

② 「日本出版会企画編集者規程」、『出版関係綴 昭和18—20年』、JACAR（アジア歴史資料センター）、Ref.C15120273700、国立公文書館。

③ 「日本出版会統制規程中一部変更方認可申請ノ件」、『出版関係綴 昭和18—20年』、JACAR（アジア歴史資料センター）、Ref.C15120273700、国立公文書館。

④ 『朝日新聞』1943年11月5日。

由日本出版会根据上述《整备要纲》具体实施，整合的重点是"不适合存续的出版事业"以及"同一出版部门内类似的出版事业"①。

其次，对于非日本出版会会员所开展的出版事业的整合，则由各地方行政部门主导实施，日本出版会等机构给予协助。整合时按照"必要性"原则，那些公共团体、学校等机构所开展的出版事业"被认定为时局下不要不急的应废刊"，其他非日本出版会会员开展的出版事业则"除被认定为战时下必要的出版物外，其他出版物应作停刊处理"，且整顿后保留下来的出版事业中"同一种类的，应尽量统合"②。此外，鉴于其"公共性"，对于官厅、公共团体、学校及其他外围团体所实施的出版事业的整顿一般不予以补偿，对其他非日本出版会会员的出版事业实施整顿时则给予适当补偿。此外，整顿后存留下来的出版事业除官厅、公共团体、学校及其他外围团体外，其他均应加入日本出版会，且不得从事包括小册子在内的书籍和定期出版物的发行事业。

再次，对于官方相关机构的出版物，日本当局要求情报局、内务省在与政府各部门充分协商的基础上，按照日本国策运营的需要，强化"重点主义"，停止"时局下不要不急出版物"以及年鉴类出版物的发行，并对同质化严重的出版物实施合并，同时对那些"性质上属官方相关出版物，但不需要特别给予资助者，由日本出版会接管"③，以保障与日本国策运营密切相关的官方出版物的出版发行。而对于官方外围团体、政治思想团体、学术研究团体等开展的出版事业，则在与其主管部门协商的基础上由日本出版会决定其去留。此外，对于官方各部门发行的出版物，在整顿过程中将按照其实际业绩给予一定形式的补偿，对于官方外围团体发行的出版物，则支付其一定的收购费用。

最后，除了民间出版机构、官方出版机构及其外围团体外，为适应出版事业整顿的需要，军部所属出版企业也被纳入出版整顿的体系之中。陆军省根据上述《官厅关系出版物整备要纲》，于 1944 年 3 月 14 日公布《陆军关系出版企业整备要纲》，宣布对其所开展的杂志、图书（包括兵书、宣传报道及其他单行本）及发行所等出版事业进行整顿。

其中，对于陆军省机关团体实施的杂志出版事业，基于"重点主义"原则的考量，或停刊或合并或减少纸张配额或改变管理主体，同时对陆军省所属杂志发行机构作相应撤并处理，并成立陆军杂志协会负责整合后陆军系统杂志的统制管理；对于陆军系统开

① 「出版事業ノ整備ニ関スル件」、『出版関係綴 昭和 18—20 年』、JACAR（アジア歴史資料センター）、Ref.C15120272100、防衛省防衛研究所。
② 「日本出版会会员ニ非ザルモノノ行フ出版事業ノ整備要領」、『各種情報資料・主要文書綴（一）』、JACAR（アジア歴史資料センター）、Ref.A03025360400、国立公文書館。
③ 「官庁関係出版物整備要綱」、『各種情報資料・主要文書綴（一）』、JACAR（アジア歴史資料センター）、Ref.A03025360400、国立公文書館。

展的图书出版事业，则按照其业务内容进行分类合并，并成立新的图书出版机构分别负责军队典令类、军事参考类、军事教育类图书的出版发行。对于整合过程中产生的费用，则由当事方"以课金形式负担"或"由相关业者自行负担"①。

上述分类指导、分级管理的出版业整合措施既考虑到不同类型出版物的差异性要素而实施精准施策，又考虑到"出版新体制"下出版物整合的原则、目标等共性而实施综合治理，从而确保了出版业整合的可行性和有效性。

第三，推动出版界自下而上实施自主合并，并强化"日本精神"向出版业的渗透。无论是日本出版文化协会还是日本出版会，虽然表面上是由各出版机构构成的业界自治团体，但其实质上均为依靠政府政治资源对出版界实施强制性统制的御用出版统制机构。然而出版界的整顿仅靠自上而下式地强制性推行容易引起出版界的强烈反感，从而在实施效率和实施效果上大打折扣。

为促进"出版关系者的身心锻炼，实现出版报国"②，日本出版界于1943年7月结成"谋求业界自身团结、共助协力、文化向上的民间翼赞机构"——大日本出版报国团（简称"出版报国团"），与日本出版会形成"表里一体的事业报国态势"③，以推动自下而上式出版整顿的推进。

在出版报国团成立大会上，情报局总裁天羽英二、大政翼赞会副总裁后藤文夫以及日本出版会总务部长留冈清男均到会祝贺。留冈代表日本出版会发表了贺词，称为扭转因缺乏"有计划化的指导性"而导致出版界面临极大困难的局面，作为"国民运动之一翼"的出版报国团及出版界人士应"悉数成为挺身于国民运动之一员"④，以自下而上的积极态度主动参与"出版报国"事业。

出版报国团成立后迅速拓展其组织，至8月成立了出版会事务局、神田第一、神田第二、麹町、城东、城西、城南、城北、日配9大分团组织以及关西支部等地方组织，开展了分团活动。1943年8月，出版报国团召开第一次总务会，通过了《大日本出版报国团纲领》等文件，对该组织的任务作了如下规定：

一、我等将贯彻皇国民之本义，承诏必谨，以扶翼天壤无穷之皇运；

① 「陸軍関係出版企業整備要綱」、『昭和19年「陸普綴 陸軍被服」』、JACAR（アジア歴史資料センター）、Ref.C01007581800、防衛省防衛研究所。
② 「日本出版会昭和18年度事業報告概要」、『出版関係綴 昭和18—20年』、JACAR（アジア歴史資料センター）、Ref.C15120271800、防衛省防衛研究所。
③ 日本出版協同株式会社：『日本出版年鑑』、東京：日本出版協同1947年、第105頁。
④ 中井晨：「鮎川信夫と『新領土』（その11—1）」、『言語文化』2011年第13巻第4号、第491頁。

二、我等将体认出版之国家使命，全力以赴挺身于皇道文化之隆兴；

三、我等将自觉认知作为思想战战士之重责，锻炼身心、专心精进，以此实现职域奉公之实。[①]

从上述纲领看，出版报国团的任务主要体现在两个方面：一是全力以赴，贯彻出版领域"国家使命"的责任意识；二是锻炼意志，完成"思想战战士"的身份认同，其最终目标是"扶翼天壤无穷之皇运"。出版报国团完成"出版报国"任务的路径有二：

其一是，在日本出版会的指导下，"就出版事业整合提供斡旋及整合协助"[②]。换言之，日本出版会是出版事业整合的决策机构，负责政策的制定、方向的把控，而出版报国团是实施机构，负责出版业整合政策的落实和推进。为推进对"不急不要书籍的出版社进行整合"工作，出版报国团组建了一个由 20 岁至 30 岁年轻人组成的挺身队，讲谈社社长野间省一任挺身队队长，每个挺身队员都被分配了任务，他们常常冲进出版社命令其停业[③]，动辄以近乎暴力的激进手段逼其就范。

为响应"军人援护强化运动"，达到"昂扬国民战意，努力增强战力，消除前线将士后顾之忧"[④]的目的，出版报国团分别举行了出版报国协力会和出版报国团团员大会，对出版报国团现阶段工作内容进行研议和布置，动员出版团体积极参与"军人援护运动"，开展"军人慰问图书献纳运动"，一周内向前线士兵、在乡军人会、军人家属等捐献图书 2 万余册。

其二是，通过精神修炼等宗教方式向出版从业人员灌输"日本精神"，力图从精神上强化出版业对"国策"的认同和宣传。出版报国团设立厚生部，名义上负责团员的健康诊断、炼成大会、讲演会、讲习会等，但实际上厚生部"充分发挥其组织力和机动力"[⑤]，将大部分精力放在了以锻炼身心为目的的所谓炼成会、讲习会、讲演会上。如通过弓道大会、剑道大会等涵养颇具"日本精神"的传统文化，通过出版讲习会贯彻战时体制下出版业的所谓"报国精神"，通过大东亚建设讲习会等宣扬"大东亚建设""圣战

---

① 櫻本富雄：『本が弾丸だったころ——戦時下の出版事情』、東京：青木書店 1996 年、第 52 頁。

② 「出版事業整備要綱（案）」、『出版関係綴　昭和 18—20 年』、JACAR（アジア歴史資料センター）、Ref.C15120272100、防衛省防衛研究所。

③ 講談社 OB 会記念出版委員会編：『緑なす音羽の杜に：OB たちの記録　講談社創業八十周年によせて』、東京：講談社 OB 会幹事会 1991 年、第 15 頁。

④ 「軍人援護強化運動実施大綱」、『枢密院文書・官規ニ関スル書類附儀礼』、JACAR（アジア歴史資料センター）、Ref.A06050929600、国立公文書館。

⑤ 「日本出版会昭和 18 年度事業報告概要」、『出版関係綴　昭和 18—20 年』、JACAR（アジア歴史資料センター）、Ref.C15120271800、防衛省防衛研究所。

完遂"等对外侵略政策，通过"被禊"等神道祭祀仪式灌输国粹主义和天皇法西斯主义思想，体现出强烈的"尊皇"信念和"国粹"倾向，这也为出版报国团的活动打下了鲜明的国粹主义烙印。

上述"出版事业整备"的实施和被称为"出版界翼赞会"的出版报国团的成立将作为统制对象的出版界和作为统制监管机构的日本出版会统一起来，"消除了出版界统制和被统制之间的对立关系，形成为一个完整的有机组织体"①，从而有力地推动了出版界的整顿合并工作。出版业的统合从 1943 年 12 月正式实施，至 1944 年 5 月基本完成。统合的结果是出版社数量由 2241 家减至 203 家，杂志社由 2017 家减至 996 家。②

综上，"出版新体制"是一个由多部门、多机构、多层次构成的系统化、立体化的出版统制体系，它从体制结构、运作模式、内容效果等方面推动并实现了战时日本出版政策的法西斯化，而战时出版政策的法西斯化进程既是对"出版新体制"的回应，又进一步巩固了"出版新体制"的运营基础和实施效果，强化了日本当局对出版业的统制，促进了"国策宣传"意识向出版业的渗透，从而为战时日本当局实施思想统制、开展内外宣传、抢占舆论阵地、构建话语体系等发挥了重要作用。

---

① 協同出版社編纂部編：『日本出版年鑑』、東京：協同出版社 1943 年、第 309 頁。

② 数据出自日本出版協同株式会社：『日本出版年鑑』、東京：日本出版協同 1947 年、第 105—106 頁。关于战时出版机构的统计数字，不同资料的记载有所差异。据《朝日新闻》1943 年 11 月 5 日报道，当时的出版社有 2164 家，杂志社有 1894 家；诚文堂新光社社长小川菊松在其著作『日本出版界のあゆみ』（東京：誠文堂新光社 1962 年）中称，截至 1943 年 2 月，当时的出版社有 3358 家，从事出版事业的公益团体有 1356 家，到 1944 年 5 月，整顿后的书籍出版团体为 203 家，杂志出版部门有 996 家；而盐泽实信在其著作『昭和ベストセラー世相史』（東京：第三文明社 1988 年）中称，当时的出版社为 3743 家，整顿后剩余 203 家。综合以上数字，笔者认为『日本出版年鑑』的数字可信度较高。

第三章　战时日本广播政策的法西斯化及广播界的因应

在经历 1925 年 3 月 1 日的试播后，3 月 22 日社团法人东京广播电台开始了日本历史上的第一次正式播音，广播作为新的媒体形式登上了日本的历史舞台，并在此后日本内外局势的演变中发挥了重要作用。实际上，日本广播事业的诞生"一开始即基于国家政策的需要，为政府宣传工作上所掌握的传播媒体"[1]，加之广播的即时性和不可回收性特点，自广播事业诞生之日起，广播就一直处于日本当局的有效控制之下。当局通过一系列广播法规将广播塑造为国家宣传工具，而广播也在实践过程中加深了对该身份的认同。在 1936 年 3 月 22 日广播纪念日当天，时任日本广播协会会长岩原谦三在发言中对战时广播的作用进行了阐述，他认为广播"并不仅仅是日常事实的报道机构，在某些情况下应作为满足国家需求而进行通报和传播的机构而发挥作用"[2]。岩原的话表明，战时日本广播已经完成了"国家机器"的自我定位。

第一节　太平洋战争前的广播统制

九一八事变爆发后，广播的速报性优点得以充分发挥，并在一定程度上对报纸等传统媒体造成了一定冲击。此后，随着内外局势的发展，日本各界充分认识到无线电事业在内外宣传方面的重要性，遂大力发展无线电通信事业，依靠无线电技术的广播事业也因之得以快速发展。基于"广播事业从其功能本质看是带有公共性质的国家使命"[3] 的认知，日本当局在时局变动中非常重视广播的作用。但广播事业的发展除了受无线电技术等物理要素的制约外，还受其所处社会诸因素影响，这些影响和制约对广播履行"国家使命"会产生一定程度的阻碍。因此，日本当局在大力发展无线电技术，突破其物理限制的同时，还一方面加大广播事业的普及力度，另一方面强化了对广播事业的全面监

---

① 苏进添：《日本新闻自由与传播事业》，致良出版社 1990 年版，第 70 页。

② 『放送』1936 年 4 月号、第 7 页。

③ 日本放送协会编：『昭和八年版ラヂオ年鑑』、东京：日本放送出版协会 1933 年、第 3 页。

管，力图从政策层面破除阻碍广播事业在战时宣传方面的制约要素。

一、在国内大力发展广播事业，推进广播的普及

时效性和速报性是广播相较于报纸、杂志、书籍等纸媒的最大优势。广播也因此在战时日本宣传过程中确立了不可动摇的地位。但作为接收设备的收音机在当时尚属奢侈品，普及率较低，广播的宣传效果在一定程度上受此影响大打折扣。鉴于此，日本当局着力加大晶体管研发投入，努力降低收音机制造成本，并加大了广播普及的宣传力度。时任递信省电务局无线课长的宫本吉夫在其撰写的"国家与广播"时局认识材料中，从国家立场、国民立场及文化立场三个维度阐述了普及广播的重要性，指出"广播迟早会成为国家命令机关、公告机关，并与报纸及其他媒体具有相同效力"，进而提出了"一家庭一受信机"[1] 的广播普及计划。九一八事变爆发后，鉴于广播在宣传上的重要性及普及上的落后性，日本当局在国内积极推进广播普及工作。

第一，利用事变后民众对信息的渴求心理，加大了广播频率，增加了广播时长，并且在广播内容上高度聚焦于"时局问题"，时事类广播节目大量挤占广播体操和气象播报等生活类广播时长。具体而言，一是通过"时事讲座""时事讲演"等形式向国民宣传和解读所谓"满蒙问题"，强化国民对"满蒙生命线"和"日满提携"等主张的认同，塑造日本在伪满地区军事行动的"正义性"，进而掀起民众援战的热情；二是通过"时事新闻"、实况转播等形式对军队出征、凯旋、演习及各类纪念活动进行报道，以谋求"爱国思想的鼓吹涵养和军事思想的普及发达"[2]，同时达到煽动日本国民仇华情绪的目的。据统计，仅九一八事变爆发后一年内，日本广播协会各地广播电台实施的日军行动实况转播就达 56 场，播放的诸如"日本与满洲的历史关系""满蒙讲座"等时局讲座和演讲达 226 场，播放的诸如"最近世界动向""最近时局与国际联盟"等以国际关系为主题的讲座达 32 场[3]，讲座主讲人多为杉山元、土肥原贤二、内田康哉、鸠山一郎、新渡户稻造、中野正刚等当时日本军部、政府的高级官员和著名社会人士。从各年度时事演讲、讲座类广播节目所占比重来看，1931 年达到了史上最高的 79.5%，此后尽管各年度有所差异，但基本维持在 70% 的较高比例。[4]

除时事类节目外，日本放送协会还面向社会不同阶层开展教育广播，以此扩大广播

---

① 「参考資料第 8 輯 国家と放送」、『参考資料』、JACAR（アジア歴史資料センター）、Ref. A06031104500、国立公文書館。

② 日本放送協会編：『昭和八年版ラヂオ年鑑』、東京：日本放送出版協会 1933 年、第 4 頁。

③ 以上数据根据日本放送協会編：『昭和八年版ラヂオ年鑑』、東京：日本放送出版協会 1933 年、第 6—17 頁统计整理。

④ 日本放送協会編：『日本放送協会史』、東京：日本放送協会 1939 年、第 230 頁。

受众，为广播的普及打下坚实的听众基础。教育类节目是日本广播自开播以来主要的广播内容之一。日本放送协会成立后便在文部省及社会教育机构的协助下开始有计划地开办专门的教育广播栏目。自 1931 年 4 月开始，东京广播电台将教育类节目独立出来，将其作为第二套广播节目独立编排和播出，大阪广播电台和名古屋广播电台也制订了第二套广播计划。随着战争的推行，第二套广播中除了普通的教育类节目外，还增加了时局教育的比重，不但向青少年灌输时局认知的内容，也提升了广播在学校教育和社会教育中的作用，增强了广播的吸引力。

第二，为进一步推进广播事业的发展，日本当局在政策方面向广播业给予了一定程度的倾斜。广播事业的发展离不开广播设备和广播网络的支持。日本放送协会成立后，日本当局除加强对节目内容编排的监管外，还将主要精力放在了广播技术基础设施的建设上。为实现广播的全国性普及目标，1930 年日本当局筹措 1150 万日元经费用于未来五年内广播网的扩建，计划除在东京、大阪、名古屋、札幌等七地增设 10 千瓦功率的广播设备外，还计划在金泽、福冈等地增设广播设备和播音设施，同时架设一条自熊本经广岛、大阪、名古屋、东京、仙台直至青森的广播传输线，从而形成一条自南到北较为完善的广播网络，为广播事业的普及提供了基础条件。

在基本条件日趋完善的前提下，日本当局还通过下调或免除广播收听费的方式来扩大广播听众数量。1931 年 12 月，递信省发布省令，决定感化院、养老院、孤儿院、盲人院、贫困人员等社会特殊群体以及刑务所、市区役所、警察署等官方机构在提交申请后可免除其收听费用，以促进"放送事业的普及和开发"①。卢沟桥事变后，递信省又发布省令，宣布免除军属及遗属的广播收听费用，随后又进一步明确"放送协会会员中教育事业、社会救济事业以及放送协会业务上被认定为必要时及其他特殊事由"② 时，广播收听费用可予以免除。除上述特殊人群外，日本当局也降低了普通人群收费标准，刚开播时东京、名古屋的广播收听费用为每月 2 日元，大阪为每月 1.5 日元，除此之外还收取一定附加费。1926 年 1 月起，均下调至 1 日元，日本放送协会自 1932 年 4 月起又将收听费用下调至 0.75 日元。

第三，在完善广播基础设施、增强节目吸引力的同时，日本当局还通过举办演讲会、组织普及会等形式宣传推介广播，以获取更多听众数量。由于广播对当时大多数日本国民来说是新鲜事物，对其认知和接受需要一个过程。为此，自开播以来，日本各地

---

① 「放送無線電話施設者ニ於テ請求ニ依リ聴取料ヲ免除スヘキ聴取無線電話ニ関スル件」、日本放送協会編：『昭和十七年版ラヂオ年鑑』、東京：日本放送出版協会 1942 年、第 438 頁。
② 「社団法人日本放送協会放送聴取規約」、社団法人電信協会：『内国無線電信無線電話法規（追加）』、東京：社団法人電信協会 1939 年、第 50 頁。

广播机构便寻求通过演讲会和广播试听会的形式向国民推介广播，并在广播听众人数突破一定数量的节点举行各种形式的纪念大会，同时掀起席卷全国的广播体操潮流，不断将广播事业向国民生活渗透，以此达到广播普及的目的。

此外，日本放送协会还动员广播业界组成各类专业协会，发挥专业性和组织性以推进广播的普及。早在 1929 年 8 月，鉴于"广播的普及发展不仅直接关系到国民生活的提升，也承担着国家产业发展基础的重要使命"，日本放送协会、东京电气株式会社、东邦电力株式会社等与广播事业密切相关的广播、电气、电力行业于东京成立广播普及会，其目的是促进"广播接收机知识交流、普通广播设施的普及和发达"①。该会先后举办了多次广播演讲及广播机器组装说明会、东京广播电台开设五周年纪念大会、东京电气株式会社参观会、广播理论及经营讲座等活动，对广播事业的知识普及和听众人数的增加发挥了重要作用。

1931 年，日本放送协会联合广播设备制造业就广播收听机器的普及开展定期交流，并自 1932 年 2 月开始先后在东京、大阪、名古屋成立接收机普及会，致力于日本放送协会关东、关西、东海三大管区广播接收设备的普及和推广。随着广播事业的发展，出于"接收机普及（关东、关西、东海）委员会统一实行之必要"②，日本放送协会于 1934 年秋成立接收机普及联络委员会，其业务内容涉及"接收机销售及收听者吸引等相关事项、广播申请代理业务处理相关事项、广播技术讲习会相关事项"以及"广播普及资料的搜集刊行"③ 等多个领域，其目的是通过广播知识普及、广播技术交流、广播设备推广等内容增加国民对广播的了解和接受，以实现广播事业的普及。

此外，日本放送协会还与报社合作开设广播版，专门介绍广播知识和节目预告。1931 年 4 月，《东京朝日新闻》《东京日日新闻》和《时事新报》三大报发布社告称自 5 月 1 日起新设广播版，加上此前已经开设广播版的《读卖新闻》《都新闻》和《二六新闻》及《日刊广播新闻》，1931 年 5 月，仅东京就有 7 大报纸开设广播版，大阪、京都、神户、名古屋等地报社也纷纷开设此类版面，掀起了一股广播版高潮。广播版的开设，对报纸和广播来说，可谓双赢，首先广播功能的介绍和广播节目预告无疑是对广播最好的宣传，可以说"广播版代替放送协会行使对收听用户的服务"④。另外，由于广播接收设备较为昂贵，加之其收听费用也较报纸订阅费贵得多，绝大部分报纸订阅者还不具备收

---

① 日本放送協会編：『昭和六年版ラヂオ年鑑』、東京：日本放送出版協会 1931 年、第 800—802 頁。
② 「受信機普及連絡委員会規則」、日本放送協会編：『昭和十六年版ラヂオ年鑑』、東京：日本放送出版協会 1941 年、第 573 頁。
③ 日本放送協会編：『日本放送協会史』、東京：日本放送協会 1939 年、第 331—332 頁。
④ 日本放送協会編：『昭和七年版ラヂオ年鑑』、東京：日本放送出版協会 1932 年、第 68 頁。

听广播的经济条件，因此，广播版能够满足暂时无法购买广播设备的报纸读者对广播信息的需求，在巩固已有读者的同时还能够激活这部分潜在的广播用户，为广播的普及打下良好的基础。

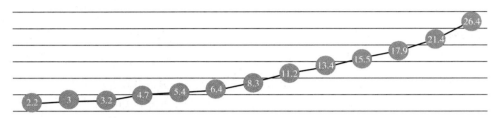

1925—1937 年日本每百万户广播普及率变迁（单位：%）①

日本当局通过上述增加硬件、改善软件的方式大大促进了广播的普及。日本广播协会刚成立时其听众合同数仅为 33.8 万人，1931 年 9 月达到 86.8 万人，增长了 1.5 倍。九一八事变后收听人数以月均 3 万的数量猛增，到 1932 年 2 月合同听众数已突破 100 万，当年百万户广播普及率达到 11.2%，此后普及率逐年提升，到 1937 年末已达 26.4%。②

二、在占领区开展广播事业，推进国际广播

日本当局除了在本土大力普及广播事业外，还在其海外占领区通过排挤、收购等手段大肆破坏当地原有广播事业，成立新的广播机构，建设新的广播设施，以控制当地广播事业，从而为其殖民政策的推行和侵略活动的实施进行鼓吹和美化。根据战时日本海外占领区的性质不同，日本的占领区广播事业从整体来看主要由两部分构成，一是在实施殖民统治的占领区开展的广播事业，一是在华北、华中等军事占领区的广播事业。

（一）殖民统治占领区的广播事业

在日本本土之外殖民统治区的广播事业，主要围绕伪满地区、朝鲜、台湾等地展开。早在日本推进"满洲开发"之际，就非常注重广播网络的建设。1925 年 8 月 9 日，关东州递信局在大连设立大连广播电台，并以 JQAK 的呼号开始试播，这是日本在海外设立的第一家广播机构。此一时期日本本土广播事业正处于三台并立时代，且大阪广播电台还处于试播阶段，因此大连广播电台的开播在日本广播史上具有重要地位。此外，与日本本土广播事业相比，大连广播电台每年仅收取 1 元设施许可费，听众不需缴纳任

---

① 根据日本放送协会编：『日本放送协会史』，東京：日本放送协会 1939 年、第 310—311 頁制表。

② 数据来自日本放送协会编：『昭和八年版ラヂオ年鑑』和『昭和九年版ラヂオ年鑑』、東京：日本放送出版协会 1933 年、1934 年。

何收听费用，因此其听众数量在短期内有了显著增长，在九一八事变前大连广播电台用户已突破 1 万户，一年的广播次数达 170 次，广播总时长达 317 小时（1931 年 10 月至 1932 年 9 月）[1]，其数量虽然与日本国内无法相比，但在购买力极为低下的伪满地区已是相当可观。

继大连广播电台开播后，哈尔滨、奉天、新京等地广播事业纷纷拉开序幕。随着九一八事变的爆发，广播被赋予了更高的宣传期待，"明确今后使命及动向的电气通信事业在全满洲统一管理的问题被提上了日满议事议程"[2]，1932 年 12 月 9 日，日本内阁会议通过决议，计划在伪满地区开展电信电话事业，以利于"帝国国策的推行，满足国防要求"。1933 年 8 月，满洲电信电话株式会社成立，负责"统一经营有线无线电气通信及主要城市电话设施和广播设施的扩充"，并对伪满地区广播事业实施统制。该公司所有业务必须接受"满日政府"的监督，且军方"在必要时可发布军事命令，对公司设施采取军事上的必要措施"[3]，这也充分证明了该公司"国策机构"的属性。满洲电电成立后全面接管了伪满地区全域电信、电话、广播三大事业，并"出于旨在完成高度国防国家体制的国策角度，锐意充实强化广播设施"，不断完善广播网络，截至 1941 年 3 月，其下辖广播电台数目达 17 家，广播营业所 17 家，收音机销售店 43 家，听众人数达 36.29 万。[4]

伪满地区广播事业采取"以日语为主的第一套广播、以满语为主的第二套广播"[5]的双体系广播的模式，同时鉴于伪满地区的多民族性，还在一些地区开设了朝鲜语、俄语、蒙古语广播节目。在节目编排上采取了与日本本土相同的做法，即每月召开放送节目编成会对各广播台提交的次月播送方案进行审议，决定最终的播出方案。与此同时，满洲电电还设立专门的"参与会"，其成员由关东军、伪满国务院、弘报处、邮政总局、关东局、治安部等部门的官员构成，负责对节目编排方针进行审查。此外，还针对学校广播成立学校放送委员会，该委员会设立两个小委员会，分别负责对面向日本学生开设的广播方案和面向中国学生的所谓"国民学校"开设的广播方案进行审议。

与日本本土的广播事业相比，伪满地区的广播事业无论在硬件还是软件方面都尚存

---

① 日本放送協会编：『昭和八年版ラヂオ年鑑』、東京：日本放送出版協会 1933 年、第 692—693 頁。

② 満洲電信電話株式会社编：『昭和十五年康德七年満洲放送年鑑』、新京：満洲電信電話株式会社 1940 年、第 4 頁。

③ 満洲国交通部郵政総局编：『満洲帝国郵政事業概要』、新京：満洲通信協会 1942 年、第 116 頁。

④ 日本放送協会编：『昭和十七年版ラヂオ年鑑』、東京：日本放送出版協会 1942 年、第 352 頁。

⑤ 日本放送協会编：『昭和十六年版ラヂオ年鑑』、東京：日本放送出版協会 1941 年、第 372 頁。

在一定差距。因此，有近一半的日语广播节目是转播日本放送协会的。另外，伪满地区各地广播电台也向日本广播协会传输演讲、演艺类节目，介绍伪满地区地理风貌、风土人情等，以提高日本国内民众对伪满地区的认知，培养所谓"日满一体"意识，"为作为东亚共荣圈之一环的'满洲国'使命的达成提供协力"[1]。

需要指出的是，日本当局尽管在伪满地区大力发展广播事业，但对于能够收听他国电台的短波收音机及多管收音机却严令禁止，在核发许可执照时往往对申请人身份严加审核，"必须用户能使其深信不利用收音机为危害政府之工具者，方可领得执照"[2]。此外，伪满当局还对收听国外广播的行为进行严厉打击，一经查出即行逮捕。为防止伪满统治下的民众收听由南京中央广播电台播放的节目，伪满当局将伪满地区各地广播电台的频率设定为与中央广播电台接近的波段，广播时间也与中央广播电台重合，力图将中央广播电台的节目屏蔽。在严厉打击之下，伪满地区广播事业被逐渐改造为日本殖民宣传的工具。

日本在朝鲜的广播事业始于社团法人京城广播电台的成立。1926 年 11 月 30 日，京城广播电台获得设立许可，1927 年 2 月 16 日开始正式播音，正式宣告了日本在朝鲜广播事业的开始。开播初期，受设备条件的限制及朝鲜民众购买力的制约，加入收听合同的听众仅有 2000 余名，开办半年后经营即陷入困境。同年 7 月，京城广播电台决定下调收听费用，并想尽办法同收音机销售商协商降低矿石收音机价格，到当年底收听合同数达到 4000 名。1928 年开始转播日本本土娱乐节目，使得收听人数倍增至 8000 人，但在经营上依然处于入不敷出的窘况，不得不依靠国库补助。此后，京城广播电台在紧缩财政的基础上对广播内容进行了改革，除了原先的新闻、娱乐节目外，还增加了政府公告、职业介绍、教育事业及其他实用性较强的内容，并与日本放送协会达成协议，可自由转播日本国内的所有广播节目。丰富的节目内容增强了广播的吸引力，1928 年 11 月京城广播电台收听合同数已突破 1 万，至 1930 年 6 月已基本实现收支平衡。[3]

1932 年 3 月，京城广播电台改组为社团法人朝鲜放送协会，并于次年 4 月开始实施两套节目播出，很大程度满足了不同阶层的收听需求。至 1934 年末，收听合同数由 1932 年的 2 万增至 4 万，此后也一直保持了剧增趋势。在节目编排方面，朝鲜放送协会同样成立由在朝鲜的官方和民间人士组成的审议会对节目编排方针进行研议，成立放送编成会对各地提交的广播计划进行审查。从整体上看，其节目编排"在精神方面促进

① 日本放送協会編：『昭和六年版ラヂオ年鑑』，東京：誠文堂 1931 年、第 47 頁。
② 任白涛：《综合新闻学》第 3 册，商务印书馆 1941 年版，第 682 页。
③ 日本放送協会編：『昭和十七年版ラヂオ年鑑』，東京：日本放送出版協会 1942 年、第 334 頁。

作为皇国臣民的自觉，谋求日鲜一体的具体化，在物质方面体现在作为产业选址的朝鲜开发上"①，具有明显的殖民宣传色彩。此后，朝鲜放送协会通过两期扩张计划不断扩展其广播网络，在朝鲜南北主要城市设立了广播电台，至 1941 年 4 月，其下辖广播电台数目达 7 家，广播营业所 6 家，听众人数突破 22 万。②

1925 年 6 月 17 日，为纪念日本据台 30 周年，"台湾总督府"在原办公大楼内开始了为期 10 天的广播试播，这是台湾广播事业的开始。1928 年 10 月，总督府交通局递信部设立台北广播电台，并于 11 月 1 日起开始试播，3 周后开始正式播音，呼号为 JFAK。为促进广播事业的普及，"台湾总督府"实施了免收设施许可费和收听费的政策。因此，仅一年内收听合同数就达到 9400 人。1931 年 2 月，台湾新闻事业由原来总督府直营改为民营，社团法人台湾放送协会成立，台湾放送协会无偿接管了原来官方设备，并每月收取 1 元收听费以维持其经营。由于原来收听费免费，收费后导致收听合同数大降，至 1931 年 3 月末仅剩 4700 人。

为此，台湾放送协会开始采取措施以增加听众人数，并不断扩展其广播网络。1932 年 4 月，成立台南广播电台。1935 年 5 月，成立台中广播电台，并在两地设立台湾放送协会分部。日本侵华战争全面爆发后，台湾放送协会按照"统一舆论，向中外宣扬帝国真意，为战时体制下国策遂行提供协助"的方针，不断扩大其宣传阵容，充实广播节目，开展闽南话、普通话、英语和粤语广播，大力宣扬"东亚共荣圈之国是、国民精神及国家总力之集中发挥"③。上述措施收效明显，收听合同数逐年上升，至 1941 年已突破 8.5 万人，与创业当初的数量相比增加了 8.5 倍，为在台湾地区贩卖其殖民思想，推行其殖民统治发挥了重要的宣传鼓动作用。

（二）华北、华东、华中地区广播事业的统制

中国的广播事业最早源于 1923 年美国人奥斯邦创办的中国无线电公司与英文报《大陆报》合作开办的广播电台。此后，中国广播事业得以蓬勃发展，至卢沟桥事变前，北平、天津、青岛等华北地区及上海、南京等华东地区主要城市均设有多家广播电台。日本侵华战争全面爆发后，这些广播电台几近濒临停播状态，日本当局趁机开始在华北及华东地区大力扶植并开展广播事业，对中国广播事业造成了极大破坏。

在华北地区，天津驻屯军自 1937 年 7 月开始取缔了其控制区域内的具有反日倾向的广播机构，并委托满洲电电暂行天津广播事业运营。11 月 25 日，华北方面军出台《北支放送暂定处理要纲》，决定在北平设立大功率广播电台——中央广播电台，在天津、

---

① 日本放送协会编：『昭和十六年版ラヂオ年鑑』、東京：日本放送出版協会 1941 年、第 341 頁。
② 日本放送协会编：『昭和十七年版ラヂオ年鑑』、東京：日本放送出版協会 1942 年、第 334 頁。
③ 日本放送协会编：『昭和十七年版ラヂオ年鑑』、東京：日本放送出版協会 1942 年、第 344 頁。

石家庄、太原、济南、青岛、唐山等地设立小功率广播电台，以此构成华北广播网络，并"在北支陆军的监督指导下"由日本放送协会对其实施运营，同时成立以驻华北陆军为主体、由外务、海军、递信等部门组成的放送委员会负责广播方针的审定，以确保广播内容的"国策性"。该要纲对华北广播事业的管理运营提出了指导性方针，要求其在开展对抗中方广播宣传的同时，"宣明皇军的战果和民众宣抚善导的真相，在让对方知晓此次皇军出动的大义的同时，向中外宣扬在北支应实现的真正日满支亲善提携的新政治形态"①。

在上述大纲指引下，日本广播协会积极参与华北广播事业经营，并于 1938 年 1 月 1 日开始将位于北平郊外双桥的大功率广播电台投入使用，此后天津、济南、青岛、太原、石家庄、唐山、徐州等华北主要城市的广播电台均建成并开播，"压倒性地歼灭蒋政权的虚假宣传，并与皇军的胜利遥相呼应，迅速控制了华北的天空"②。

随着"近卫新体制"的出台，"大东亚新秩序"的建设成为日本主推的战略目标。为此，华北广播事业的使命也由对抗南京国民政府宣传转移到"大东亚新秩序"的宣传上来。为进一步控制华北地区的广播事业，为日本侵华战争服务，日本当局进一步对该地区的广播电台进行改造升级，并谋划实现华北广播事业的一元化统制。1940 年 6 月 24 日，华北政务委员会公布《华北广播协会条例》，规定"华北政务委员会得以命令将广播无线电业务之一部委托华北广播协会代办"③ 的基本原则，并依据该条例于 6 月 29 日成立华北广播协会。

虽然华北广播协会为中日双方共同出资的财团法人，但实际上却受日本驻华北方面军节制。就在其成立后的第三天，华北方面军出台"监督规程"，确认了华北方面军对华北广播协会在业务及广播信号等方面的监管权。

第一条　本规程对日本驻华北陆军最高指挥官（以下称"军司令官"）对华北广播协会（以下称"协会"）在军事上必要之广播事业之要求及监督相关事项进行规定；

第二条　军司令官在紧急必要时可直接对协会发布军事上必要之命令；

第三条　军司令官可直接向协会下达作战警备上必要之要求；

---

① 「北支放送暂定処理要綱」、『支受大日記（密）其 6　昭和 13 年自 2 月 10 日至 2 月 17 日』、JACAR（アジア歴史資料センター）、Ref.C04120211900、防衛省防衛研究所。

② 日本放送協会編：『昭和十六年版ラヂオ年鑑』、東京：日本放送出版協会 1941 年、第 391 頁。

③ 《华北广播协会条例》，（伪）华北政务委员会政务厅法制局编：《华北政务委员会法规汇编》（下册），（伪）华北政务委员会政务厅法制局发行 1941 年版，"十一 金载"第 54 页。

第四条　对于协会所实施之广播，军司令官对其所发出电波可直接实施统制监督，详细依据"无线通信统制相关规定"处理。①

　　此外，华北广播协会的会长、理事等重要职位的人选、事业计划的制订、重要规程的变更、广播设施的建设等必须获得军司令官的许可，新电台的开设、重大广播事故、涉外会议以及协会的年度业务进展状况、预算决算等须定期向军司令官报告。可以说，日本驻华北方面军对该协会实施了全方面的监管。至此，华北广播事业由"战时性应急态势发展为建设性恒久态势"②，为日军在华北的军事行动积极背书。

　　随着日军侵华战线的南移，日本在华东、华中等地也开始开办广播事业。1937 年末，日本在上海设立广播电台，开启了日本在华东地区广播事业的序幕，此后又陆续在南京、汉口、苏州、杭州等城市开设广播电台，形成所谓"华东五局"广播网络，向中国民众及第三国外国人展开宣传攻势，"努力达成东亚新秩序建设运动先驱之使命"③。

　　日本当局在大力扩张广播网络的同时还加强了对占领区广播事业的统制。1937 年11 月，日本当局宣布对上海的广播、报纸、电影、邮政等实施管制，并设立检查处实施监管。日军占领上海时，当时租界内尚存在 26 座广播电台，其对日军的侵略行径常常大加批判。为"力求将广播事业的监督权早日收归我手"，日本驻上海陆海军及外务部门于1938 年 3 月召开"对支宣传恳谈会"，一致决定在上海成立中支那放送委员会，负责"对华中地区广播相关一切重要事项进行审议"④，同时成立"广播无线电监督处"负责具体事务的实施。监督处成立后宣布"现有上海播音电台均须本监督处重加认可准营业"⑤，从而要求现有电台负责人重新提交营业申请。各电台对此置之不理，监督处随之又发出限期登记的指令，在日方压力下各电台不得不公推代表赴公共租界工部局寻求帮助。

　　针对电台的上述动向，中支那放送委员会决定采用"拉拢利用方针"，派陆军放送班长浅野一男、副领事松村雄藏赴工部局对日本在上海的广播政策、方针进行说明，此后又多次向工部局发出电报和照会，重申上海附近所有电台必须到监督处登记备案的

①　「華北広播協会監督規程」、『陸支密大日記　第 25 号　1/4　昭和 15 年』、JACAR（アジア歴史資料センター）、Ref.C04122234700、防衛省防衛研究所。
②　日本放送協会編：『昭和十六年版ラヂオ年鑑』、東京：日本放送出版協会 1941 年、第 391 頁。
③　（伪）宣传部编：《国民政府还都周年纪念册——和平反共建国文献》，（伪）宣传部 1941 年版，第一辑日本之部第 69 页。
④　「中支那放送委員会章程」、『各国無線電話関係雑件／支那ノ部』、JACAR（アジア歴史資料センター）、Ref.B10074981200、外務省外交史料館。
⑤　「廣監指令第二號（昭和十三年三月三十一日）」、『各国無線電話関係雑件／支那ノ部』、JACAR（アジア歴史資料センター）、Ref.B10074981200、外務省外交史料館。

原则。工部局出于避免与日本产生冲突的考虑采取了妥协态度，工部局警务处长包文（K.M.Bourne）表示："（一）工部局对于今后广播营业申请，若不在上海广播监督处登记并获得许可则绝对不可营业；（二）应对各电台的排日广播厉行取缔，当发生排日广播事实时将命令其停播"①。

然而，日方对此并不满足，遂又前去游说工部局总董樊克令（C.S.Franklin），对日方要求电台登记的理由作了说明，辩称其目的并非为了侵害电台利益，而是"防止上海附近电波的混乱，取缔对治安及日军作战有害之广播"②，并表示监督处将尊重目前各电台使用的波长，此外还重申了租界内不再新设电台的原则。日方要求工部局与日方监督处密切合作，劝说各电台及时到监督处登记。樊克令对日方的要求做了回应，同意对租界内电台的排日行为进行取缔，但对于劝说各电台登记一事表示"从工部局立场上碍难实施"，建议推动"各电台与日方保持合作"更为妥当。对此，中支那放送委员会要求监督处一方面暂不取缔未登记电台以免与工部局产生摩擦，并继续就广播监督权问题与工部局进行交涉，另一方面则加大对未履行登记手续电台的监听，一旦确认其有排日倾向则要求工部局予以取缔。

与公共租界不同，法租界对日方要求置之不理，法租界的广播电台在未登记的情况下得以继续自由广播。对于法租界的非妥协态度，监督处作出"只要法租界当局采取特别挑衅性态度，我方将动用所有手段应对"③的决议。所谓"所有手段"，主要包括以下几种：一是采取威逼利诱的手段，强迫或诱使部分电台向监督处登记，拒不登记者则强迫其停播，将其波长收回并重新分配给其他电台；二是采用"波长干扰法"，要求新建电台或现有电台采用与未登记电台相近的波长进行广播，对未登记电台实施信号干扰，影响其正常播音。经过上述一系列措施，日本当局逐渐控制了上海广播事业。

1940 年 3 月，日本扶植汪精卫成立伪国民政府后，逐渐改变了其广播政策，决定将广播事权交由汪伪政府管理，并成立中国广播事业建设协会（日方称"中国放送协会"），由该协会"担任新东亚建设之一翼，与日满各地广播机关保持联络，对中国之和平建国及东亚新体制之促进有所贡献"④。汪伪政府在接收广播事权声明中

① 「上海放送監督所ニ関スル件（昭和十三年七月十一日）」、『各国無線電話関係雑件／支那ノ部』、JACAR（アジア歴史資料センター）、Ref.B10074981200、外務省外交史料館。
② 「上海放送監督處ニ関スル日高総領事『フランクリン』ヘ申入ノ件」、『各国無線電話関係雑件／支那ノ部』、JACAR（アジア歴史資料センター）、Ref.B10074981200、外務省外交史料館。
③ 「放送検査処ニ関スル件（昭和十三年四月十六日）」、『各国無線電話関係雑件／支那ノ部』、JACAR（アジア歴史資料センター）、Ref.B10074981200、外務省外交史料館。
④ （伪）宣传部编：《国民政府还都周年纪念册——和平反共建国文献》，（伪）宣传部 1941 年版，第一辑日本之部第 69 页。

表示"今后广播事业统由该协会接办继续经营"①，由此对日本当局的上述政策作出了回应。

按照中国广播事业建设协会章程，其宗旨是"集中全国官民力量以及联合友邦热心人士倡导社会协助政府发展广播事业，加强广播宣传，以促进国家建设、东亚复兴"。此外，章程第六条还规定"经宣传部之核准得接受友邦广播事业机构及友邦人士对财产上之寄附及经费上之协助，并依此关系经宣传部之核准得聘请友邦广播事业机构代表或友邦人士为理事"②。毫无疑问，此处所谓"友邦人士"指的就是"日本人"，此项规定为日本当局参与该协会事务并干预中国广播事业提供了依据。

首先，从其人事安排来看，除理事长由汪伪政府宣传部长林伯生担任外，常务理事、理事、监事、名誉理事人选中日双方各占半数，总务、管理、广播各部的正副部长及所属各电台正副台长均采取了中日搭配的方式，而技术部长和汉口电台长则干脆由日本人担任。上述人事安排表明日方不但实际参与该协会的日常运营，而且具有极大的话语权，说明其本质上是"以调整邦交相关日支条约及各项附属议定书精神为基础的日支合作机构"③。

其次，从其业务内容来看，章程规定该协会执掌"各种广播事业建设事项"及"外国广播事业机关之联络事项"④等，而这些业务是在日本当局的主导和援助下实施的。日本派遣军报道部长岩崎春茂在协会成立当日发表声明，希望协会能够发挥无线广播的宣传功能，与内迁至重庆的国民政府"反汪抗日之旧体制"及"不分昼夜，继续广播虚假之消息"的"渝蒋之广播"开展对抗宣传，"以迈进于东亚之建设"，并表示协会成立后"日本方面除有关广播之专家及技术者参加以外，不惜赋予一切便利及协力"予以支持。其提供的便利及协力主要包括：一是将广播事权交于汪伪政府，"向来由日本军掌管之作战及治安工作之广播部门，今后自当仍由新协会继续施行，对日军将兵及在留日本人之广播，亦自当继续实施"⑤。至3月末，"陆军（上海、杭州、苏州、汉口）及外

① （伪）宣传部编：《国民政府还都周年纪念册——和平反共建国文献》，（伪）宣传部1941年版，第一辑中国之部，第171页。
② 《中国广播事业建设协会章程》，原载（伪）立法院编译处：《中华民国法规汇编》（第七册），（伪）立法院编译处1943年版，第683页。引自赵玉明编：《日本侵华广播史料选编》，中国广播影视出版社2015年版，第66页。
③ 日本放送协会编：『昭和十七年版ラヂオ年鑑』、東京：日本放送出版協会1942年、第368頁。
④ 《中国广播事业建设协会章程》，原载（伪）立法院编译处：《中华民国法规汇编》（第七册），（伪）立法院编译处1943年版，第683页。引自赵玉明编：《日本侵华广播史料选编》，中国广播影视出版社2015年版，第66页。
⑤ 《关于交还广播事权日派遣军报道部长谈话》，（伪）宣传部编：《国民政府还都周年纪念册——和平反共建国文献》，（伪）宣传部1941年版，第一辑日本之部，第70页。

务（大东）的广播事业移交给了中国放送协会"①。二是给予一定的经费支持。除中日双方共同出资成立该协会外，其每月 12 万元的活动经费也由双方共同出资，且该协会在接管广播事权的过程中也继承了日方一百多万元的固定财产，这些经费对该协会的业务开展和网络扩充提供了重要支撑。

如上所述，中国广播事业建设协会成立后便在汪伪政府和日本当局的扶持下对上海、南京及周边地区广播事业实施了统制。日方不但在资金、技术、人员等方面深度参与该协会的管理，同时还成立由外务、陆海军、兴亚院驻上海机构官员组成的委员会对其业务实施指导监督。如兴亚院针对中国国内抗日统一战线的结成及反法西斯呼声越来越高的国际局势，于 1941 年 7 月出台的一份对华应急对策草案中谈及交通通信方面的紧急对策时，要求在"确立防空通信网，彻底遏制非法无线设施"，取缔敌方无线广播电台，"对敌性通信设施实施接收或破坏"的同时，进一步"贯彻报道方针，确立广播指导"②，以强化对广播事业的控制。针对上海租界中的广播设施，兴亚院建议将位于上海租界内未纳入中国广播事业建设协会统制之下的中国人及第三国人所经营的广播电台"由我方（或中方）接收，并对其机件加以利用"③。在兴亚院的方案中，这些措施都是依托中国广播事业建设协会来实施的。此外，中国广播事业建设协会还每月向日方提交"放送业务月报"，就当月其所管辖的广播事业概况、宣传主题及各广播电台的广播时间、广播内容向日方提供简报，以供审查。以上诸项说明，虽然中国广播事业建设协会在组织上受汪伪政府行政院宣传部之指导监督，但实际上却与日本当局有着千丝万缕的联系，其方针、政策、活动无不仰其鼻息，受其掣肘。

三、出台管理措施，强化广播事业监管

无线电通信技术因其在国家治理特别是军事国防建设上的特殊重要性而被各国纳入严格管制之下。对于高度依赖无线电通信技术的广播事业，各国当局基本也采取了国家监管的方式。就日本广播事业而言，1915 年颁布的《无线电信法》第一条明确规定"无线电信及无线电话业务由政府掌管"，从而将作为无线电话事业之一的广播事业纳入国家管理体系之下。由于广播事业从播放到接收均需要相应的机器设备支持，因此广播电台和听众双方均被纳入广播事业监管范围。鉴于此，1923 年 12 月公布的广播事业基础

---

① 「昭和 16 五二六四九（暗）南京 四月十六日後発」、『支那事変関係一件／支那事変ニ伴フ状況報告／支那各地報告』、JACAR（アジア歴史資料センター）、Ref.B02030602600、外務省外交史料館。

② 「戦時緊急対策」、『支那事変関係一件　第三巻』、JACAR（アジア歴史資料センター）、Ref.B02030522200、外務省外交史料館。

③ 「国際情勢ノ急転ニ応スル外国権益ニ対スル諸施策中通信ニ関スルモノ」、『支那事変関係一件　第三巻』、JACAR（アジア歴史資料センター）、Ref.B02030522100、外務省外交史料館。

性法规——《放送用私设无线电话法则》，对播出方和接收方的设备及运营均作了相应规定。而战时日本当局的广播事业统制也基本遵循这条路线展开。

第一，提升广播内容的监管和取缔力度。日本当局针对国内广播相继出台了《关于诏书敕语的放送取缔事宜》《关于放送出演者的人选事宜》《强化放送状况的监视事宜》等一系列规定，强化了对广播内容的管制，禁止在节目中宣传与天皇专制主义相悖的思想、理论、运动以及带有此种倾向的消息，规定诏书或敕语必须经宫内省同意才能播放，并规定不得录用对"法令规定及相应处分、依法确定的行政措施及方针以及依法组织的议会及会议决议进行非议和责难"①的人从事播音工作。

1934 年 9 月，递信省向包括台湾、朝鲜、关东厅在内的日本国内外各地递信局长下达通知，要求"统一内地及外地放送电信电话的广播事项取缔方针"②，国内外各广播机构在发布禁止广播事项时应相互通报，执行统一的监管标准，以免出现"国内禁止、国外播放或国外禁止、国内播放"的局面。1935 年 3 月，时任众议院议长滨田国松建议日本当局"对日本放送协会全国广播站的无线电广播项目实施严格监督，尤其对白天及晚间的广播演艺节目更应严厉取缔"③。此后，日本当局加强了对全国广播事业的监管。

在对外广播方面，"为寻求全世界对日本正当立场和妥当政策的理解"④，日本政府、军部及舆论界要求开播海外广播的呼声越来越高。1932 年 6 月，时局同志会发出了"将国内舆论向国际政局宣传"的呼声。为实现"宣扬国威的重大目标"⑤，在各方合力下，日本当局于 1935 年日本放送协会成立 10 周年之际决定开启海外广播。迅捷的播放时效、庞大的听众数量、密集的广播网络使得广播在九一八事变后"对外表明日本国策的正义，对内促进国民觉醒，指导舆论方向"⑥，在内外宣传中发挥了重要作用。

鉴于"播放内容若不适当，会招致以外事端，对外交的负面影响极大"⑦，日本当局加紧了对海外广播的监管。递信省规定，"除获得所辖递信局长许可外，播放内容须

---

① 「放送事項取締に関する件」、内川芳美：『現代史資料・40・マス・メディア統制(一)』、東京：みすず書房 1991 年、第 221 頁。

② 「放送無線電話の放送禁止事項の統一に関する件」、内川芳美：『現代史資料・40・マス・メディア統制(一)』、東京：みすず書房 1991 年、第 375 頁。

③ 「ラジオ放送取締ニ関スル件」、『議院回付建議書類原議（九）』、JACAR（アジア歴史資料センター）、Ref. A14080353200、国立公文書館。

④ 『調査時設』1932 年 5 月 15 日号。

⑤ 『放送』1935 年 6 月号、第 19 頁。

⑥ 日本放送協会編：『放送五十年史』、東京：日本放送出版協会 1977 年、第 76 頁。

⑦ 「短波に依る国際放送に関する件」、内川芳美：『現代史資料・40・マス・メディア統制(一)』、東京：みすず書房 1991 年、第 360 頁。

在播放前两日向所辖递信局长及电务局长报备"①，以供审查，因节目中含有可能对日本国策造成负面影响的内容而被删除或禁止播出的案例层出不穷。如在日本广播协会提交的原外务大臣石井菊次郎计划在海外广播开播第二天发表的《告海外同胞诸君》广播演讲稿中，因含有"诸君祖国领土狭小、人口过多、就业机会匮乏"等内容，递信省担心其会有损在外日侨对日本的认同感而禁止该内容播出。除事前审查外，递信省还根据军部、外务等部门的反馈，对已经播出的内容进行事后审查并追责。如台北广播电台曾播放《殷汝耕代表中方向日妥协遭到拒绝》的所谓"时局报道"。此报道经海军省通报后，递信省于 1932 年 3 月向各地广播机构发出通知，以"无稽之报道将对当下微妙形势产生影响"②为由，要求各机构加大审查力度，以杜绝此类"播放事故"。

第二，加强对广播受众在资格和设备等方面的管理。1938 年 4 月 1 日，递信省依据《放送用私设无线电话规则》规定，公布了《日本放送协会放送听取规约》，对作为广播接收方的听众义务作了规定，要求所有听众必须与日本放送协会签订收听合同，并向所在地区的递信部门提交《设施许可申请书及听取契约书》，获得递信省的收听许可后方能购置收听设备，并在缴纳一定收听费用后才能收听广播。此外，听众不可随意使用广播内容，"对放送进行录音或印刷发行或作为演出材料加以使用时，除获得著作权人的许可外，必须获得放送协会的许诺"③。另外，由于担心其他国家的广播宣传对日本当局所鼓吹的"国体观念""大东亚共荣圈"理念及"总体战"体制产生影响，日本当局对短波广播实施了严格限制，禁止短波收音机或长短波兼用收音机在日销售，切断了日本人收听国际广播的途径。

此外，日本当局还加强了对广播设备的监管。1939 年 11 月 1 日，递信省发布《无线通信机器取缔规则》，旨在强化对包括广播设备在内的无线电信和无线电话事业收发设备的监管。该规则要求从事无线通信及其销售业务的业主在业务正式开展后 10 日内将其销售种类、商号及所在地等信息向所在地区递信局长报备，未经递信大臣许可不得进口无线通信设备，在获得许可后仍需通过所在地递信局长向递信大臣就"机器种类、名称及个数、机器性能、输入或移入目的、进口或移入港口、进口或移入时间、机器搬

---

① 「海外放送の件」、『本邦、各国間「ラヂオ」受送関係雑件　第一巻（F—2—3—2—3_001）』、JACAR（アジア歴史資料センター）、Ref.B10074992700、外務省外交史料館。
② 「時局「ニュース」放送取締に関する件」、内川芳美：『現代史資料・40・マス・メディア統制㈠』、東京：みすず書房 1991 年、第 222 頁。
③ 「社団法人日本放送協会放送聴取規約」、社団法人電信協会：『内国無線電信無線電話法規（追加）』、東京：社団法人電信協会 1939 年、第 50 頁。

入地点、申请者职业"① 等信息提交报告，且只能将相关设备销售给持有无线电业务营业许可证的事业主。该规则把广播机器的来源及使用去向纳入政府的监管之下，从而将广播统制环节前移至设备销售环节。

第三，在组织和政策方面促进广播事业体制的完善。在九一八事变爆发、伪满洲国建国及此后不断扩大的在华军事行动以及日本国内法西斯思潮带来的政局不稳等因素的共同作用下，广播的听众人数呈不断增长的趋势。为推动"广播事业活动回应国家诉求"，完成其"对国家社会担负的使命"②，日本当局进一步对广播事业体制进行了完善和升级。

在广播节目编排方面，日本放送协会设置了专门的节目制作部门，以加强对节目制作的统一管理。1928 年 11 月全国转播网络建成后，在节目编辑上试行共同编辑体制，但各台对节目编排拥有最终决定权，共同编辑体制只停留在政策方向层面，并未得以贯彻执行。然而随着国内外局势的发展，鉴于其播放范围广、影响力大的特点，对节目编排的统一管理就显得极为重要。为此，日本放送协会设立了放送编成会，负责对次月全国联播的"广播节目编制"③ 问题进行协调和决策，并就广播节目的效果实施调查。

除了上述机构外，为"征集社会各方面权威者意见，顺应时势发展，适当将社会诉求反映在节目上"④，日本放送协会还设立了放送审议会和放送委员会，前者是一个咨询和审议机构，主要负责"就广播节目相关事项向会长提出建议"，并对"广播节目大纲相关事项进行审议"⑤，后者由海外放送委员会、学校放送委员会、青年教育放送委员会、讲演放送委员会、演艺放送委员会、音乐放送委员会六大委员会组成，负责"对广播节目的具体内容进行策划、审查，以充实广播节目"⑥，两大机构虽不直接参与节目编排工作，但却以审定节目编排方针及审查广播内容等方式间接对节目编排工作施加影响。

此外，为强化"时局认识"，1938 年 10 月，日本当局对递信局官制进行了修订，

---

① 「無線通信機器取締規則」、『官報』第三千八百四十八号、1939 年 11 月 1 日、東京：大蔵省印刷局、第 11 頁。
② 日本放送協会編：『日本放送協会史』、東京：日本放送協会 1939 年、第 32 頁。
③ 「社団法人日本放送協会業務規程」、日本放送協会編：『昭和十三年版ラヂオ年鑑』、東京：日本放送出版協会 1938 年、第 363 頁。
④ 日本放送協会編：『日本放送協会史』、東京：日本放送協会 1939 年、第 166 頁。
⑤ 「放送審議会規程」、『本省並省外各種委員会、諸会ノ委員、役員等任免関係雑件　第一巻（M—2—1—0—22_001）』、JACAR（アジア歴史資料センター）、Ref.B14091055700、外務省外交資料館蔵。
⑥ 「社団法人日本放送協会放送委員会規程」、日本放送協会編：『昭和十三年版ラヂオ年鑑』、東京：日本放送出版協会 1938 年、第 366 頁。

增加了两名放送考查官，配置在东京和大阪两递信局内，"按照上级命令执掌广播考察"①相关内容。1939 年 7 月，递信省和内阁情报部共同设置时局放送企画协议会，对日本放送协会及分支机构的广播节目制作纲领和重点进行审议，要求广播节目要增加时局报道内容，以提高国民的时局认识。政府和军部还实际参与节目制作，特别是在"平均占全部广播时间约三分之一"②的教育广播节目中，政府官员和现役军人频繁参与其中，举办各种"时事解说"和"时事讲座"，对政治经济、国际局势等进行解读，在"促进国内外读者对局部或国际性局势变化的认识、指导国民舆论"③方面发挥了重要作用。

在广播的组织管理方面，1936 年 7 月，情报委员会升格为直属内阁总理的官方机构内阁情报委员会后，针对广播统制问题，内阁情报委员会要求广播机构"从国家层面综合探讨与国策相关的内外新闻"④，并要求各广播机构在节目中设置"政策广播"环节，对国家政策进行解读和宣传。1937 年 9 月，内阁情报委员会升格为内阁情报部后，尽管其内部机构根据日本国内政治形势进行了多次调整，但均设有专门负责广播事业的部门。1940 年 12 月，战时一元化情报机构情报局成立后，原归递信省管辖的"电话放送事项相关指导、取缔"业务转移到情报局，情报局专门设立第二部第三课负责"放送相关事项"⑤。

在对国家政策广播方面，作为国策宣传机构，广播机构既要按照政府确定的宣传路线和宣传方针进行节目编排和播放，又承担着政策宣传的重任。为确保政策宣传不缺位、不走样，1937 年 6 月 24 日，内阁次官会议针对政府各部门责任人进行国策相关广播时的方针进行了审议，并就政策宣传广播的实施达成如下共识：

　　一、各厅在实施上述国策相关广播时，原则上该厅应在前月 10 日前，在进行临时重要广播时则应在广播之日一周前预先与情报委员会取得联络；

　　二、情报委员会及递信省对该广播的实施制定相应措施；

　　三、决定实施广播时，各厅应最迟于广播实施 4 日前将广播梗概及广播原稿送

① 「御署名原本・昭和十三年・勅令第六九二号・逓信局官制中改正」，『御署名原本・昭和十三年・勅令第六九二号・逓信局官制中改正』，JACAR（アジア歴史資料センター），Ref.A03022237000、国立公文書館。

② 日本放送協会編：『日本に於ける教育放送』，東京：日本放送協会 1937 年、第 40—41 頁。

③ 日本放送協会編：『日本に於ける教育放送』，東京：日本放送協会 1937 年、第 58—59 頁。

④ 「情報委員会ノ職務」，『公文類聚・第六十編・昭和十一年・第三巻・官職一・官制一（内閣）』，JACAR（アジア歴史資料センター），Ref.A14100483400、国立公文書館。

⑤ 「情報局ノ組織ト機能」，『情報局ノ組織ト機能 昭和 16 年 5 月』，JACAR（アジア歴史資料センター），Ref.A06031104700、国立公文書館。

交情报委员会（二份）及放送协会（一份）；

四、对于特别紧急的广播，难以按照上述原则执行时，由该厅、情报委员会、递信省、放送协会四者之间进行充分联络后作出决定。①

内阁情报部成立后，"为进一步充实政府重要广播内容"，于 1938 年 1 月对上述规定进行了修订，将除周日外的每晚 7 点半开始的 10 分钟设为固定的政府广播时间，原则上所有政府广播都应在此时间段内实施，同时缩短了提交审查的时间，要求实施政府重要广播时应在一周前，特别紧急的临时广播则应在广播之日两天前与内阁情报部联系，广播原稿必须事前送交内阁情报部，此外还规定"政府重要广播重播时，由内阁情报部决定其重播顺序"②。

1938 年 11 月，内阁情报部、递信省、日本放送协会共同就日本政府广播事项进行了详细说明，明确了由内阁情报部对国策相关广播实施管理的原则，并重申在国策广播前必须送审的规定。对于播放的稿件内容，该文件在语言风格、时长等方面均作了详细要求，同时宣布严禁"涉及外交、军事及国家秘密内容、对政治进行议论的内容及涉及对个人或团体进行非难攻击的内容"③ 的播出。

情报局成立后又于 1941 年 1 月对政府广播事项作了新的修订，针对当时日本国内外状况增加了"启发宣传"广播的内容，规定"各厅为启发宣传所实施的广播应提前策划，且原则上由该厅于前月 10 日前与情报局协商。其他各厅在为启发宣传而实施广播时均须与情报局第二部第三课联系"④。对于政府广播的内容及分工，情报局采取了"重点主义"和"统一主义"的方针，即在政府统管的前提下，主要围绕以下五点内容通过广播向公众进行传达和解读。

1. 国策的阐明

基本国策议定后，内阁总理大臣、国务大臣及情报局总裁在对其进行广播的同时还要定期对国策基调动向进行说明，以促进国民的自觉和奋起。

---

① 「政府重要放送ノ連絡実施ニ関スル件」、『自昭和十二年至昭和十五年・通信統計例規集』、JACAR（アジア歴史資料センター）、Ref.A09050731200、国立公文書館。

② 「政府重要放送ノ連絡実施ニ関スル件」、『内閣東北局関係文書・例規綴・昭和十年—昭和十二年』、JACAR（アジア歴史資料センター）、Ref.A10111133800、国立公文書館。

③ 「政府の放送について」、『本邦無線電話関係雑件／法令関係』、JACAR（アジア歴史資料センター）、Ref.B10074978500、外務省外交史料館。

④ 「政府各庁ノ放送実施ニ関スル件」、『例規・第四冊・昭和十三年—十六年』、JACAR（アジア歴史資料センター）、Ref.A17110033000、国立公文書館。

2. 政策的贯彻

情报局总裁和情报局相关官员及各省次官和相关官员应时常向国民贯彻政府的意图、方策，以谋求其理解和共鸣。

3. 法令的普及、贯彻

当公布法令时，由该官厅直接向国民普及法令的趣旨、内容，以促进法令的贯彻。

4. 国内局势的解读、国际局势的解说

对作为国策制定基础的国内及国际局势，以情报局为中心，采取种种方策加以阐明。

5. 战况及其他军事报道

为推行事变的进展及充实国防力，定期实施战况及其他军事报道，以昂扬国民的事变意识及军事思想。[1]

由上述可知，政府各部门在通过广播发布重要消息时，需要提前与主管部门取得联系，将广播内容送交审查，并由不同部门按照分工以固定频率进行广播，如国务大臣、情报局总裁按照每周一次的标准执行，情报局及各省官员在每晚7点半的固定时刻进行广播，陆海军官员的军事报道则按照每周各一次的标准实施。这表明，鉴于国策广播的重要性，日本当局以极为谨慎的态度强化了对广播的分类管理。

最后，在广播的指导方面，递信局的广播政策基本延续了以取缔为主的统制政策，而情报局成立后，为实现"广播在国策宣传报道、宣传上的一元化和积极化"，其广播政策不再局限于消极的取缔，而是更注重积极的引导。表现在指导方针上，鉴于日本所面临的内外时局，情报局要求广播事业充分发挥广播的大众宣传作用，对内广播主要面向农民、工人及青少年阶层，宣传"大东亚战争"的目的、意义，并对国策进行解读，激发国民士气，以"涵养高度国防国家建设必要的国民意识、情操，提升实践手段"；对外广播既要面向中国、欧美等国际社会，又要面向在海外日本人，主要通过国体宣传及日本价值观的输出来传播"皇国的真意主张"，促进"皇国国力的宣扬"[2]，以起到增强自我信心，打击敌国锐气的效果。

在此背景下，各广播机构也积极回应政府对广播的功能诉求，其国家宣传机器的身

---

① 「情報局ノ組織ト機能」、『情報局ノ組織ト機能 昭和16年5月』、JACAR（アジア歴史資料センター）、Ref.A06031104700、国立公文書館。

② 「情報局ノ組織ト機能」、『情報局ノ組織ト機能 昭和16年5月』、JACAR（アジア歴史資料センター）、Ref.A06031104700、国立公文書館。

份愈加明显，其中最具代表性的案例是对二二六事变的宣传。二二六事变当天，由于递信省下达了《停止事件所有相关报道》的命令，因此日本国内广播机构对该事件保持了沉默，仅在午间新闻中播放了"东京、大阪股交所临时休业"的消息，暗示了有重大事件发生。晚上 8 时 35 分，日本放送协会向全国播放了陆军省通稿，首次通报了事件的概况。而当天的海外广播也同样因为该事件"属于禁止播放事项而完全没有触及"①。此后，军部发布戒严令，成立戒严司令部，日本广播协会在戒严司令部内设立了临时广播间，随时播放戒严司令部发出的一切命令，29 日更是反复播出告士兵声明，要求参加叛乱的士兵回归原部队。可以说，广播在二二六事变的宣传报道过程中，对内成为"日本军国主义政府发表言论的冲锋号"②，对外则在戒严司令部的操控下发布经过过滤和处理的特定信息，"让在外同胞及诸外国人不为流言所迷惑，将对远东局势的不安情绪扫除一空"③，充分发挥了其作为日本当局宣传工具的作用。

第二节　太平洋战争时期的广播统制

太平洋战争时期，广播在国策宣传、声明发布、国民动员等方面发挥了重要作用，特别是在珍珠港事件中扮演了重要角色，是珍珠港事件的实际参与者。从这天凌晨 4 时起，日本对外广播电台就反复播放"西风，晴"的内容，这是日本政府通知其驻外大使将向英美宣战的讯号。大本营陆海军报道部在 1942 年 12 月 8 日 6 时发布了日本向美英宣战布告，日本放送协会于当日 7 时整播出的临时新闻向日本国民传达了"帝国陆海军于 8 日未明，在西太平洋对美英军队进入战争状态"的消息。当日 18 时，广播又播出了已转任情报局第二部第三课长宫本吉夫的谈话，称"国民总进军的时刻到来"，政府将通过广播向国民传达"国家的政策趋向和国民的前进方向"④。据统计，当天有关太平洋战争爆发的新闻共播出 22 次，广播时间比平时延长 4 小时 40 分钟之久。从这一天起，日本广播"进入全新阶段"，彻底沦为"军部和政府的信息发布机构，其事业也实质上移交国家管理"⑤。

太平洋战争爆发后，情报局、递信省、陆海军报道部等宣传监管机构就广播节目的

---

① 北山節郎：「海外放送小史（一）——戦前」、海外放送研究グループ：『NHK 戦時海外放送』、東京：原書房 1982 年、第 126 頁。

② 张采：《日本广播概观》，中国广播电视出版社 2001 年版，第 22 页。

③ 『放送』1936 年 4 月号、第 87 頁。

④ 宮本吉夫：「ラジオの前にお集まり下さい」、『放送』1942 年 1 月号、第 19 頁。

⑤ 日高一郎：『日本の放送のあゆみ』、千葉：人間の科学社 1991 年、第 70 頁。

内容、编排、播放等展开联合探讨，并针对战局的发展及日本所面临的内外局势，出台了一系列针对广播事业的政策，以强化对广播事业的监管和引导。

一、确立战时广播体制

太平洋战争爆发后，日本当局强化了对广播事业的一元化统制，对广播行业分布、节目编排内容等进一步实施干涉，以发挥广播的国策宣传作用。

第一，为达到"民心稳定、国民士气高涨"的目的，早在太平洋战争爆发前日美之间开展谈判时，主管广播业务的情报局第二部第三课即基于日美谈判未来前景的判断，于1941年12月5日出台了《国内放送非常体制要纲》，对日本国内广播体系进行了调整，停止地方广播台节目向全国转播，原则上只允许"由东京向全国转播或开展当地广播"，从而强化了日本国内广播的一元化统制。这样一来，加上日本在海外各地的海外广播及东亚地区的转播，最终形成了由全国广播、海外广播和东亚转播三大体系构成的战时日本广播体制。

关于播放的内容，该要纲指出，凡是涉及作战用兵、空袭防空等军事相关内容时，由防卫司令部和各地军司令部直接播送，为此应在上述军事部门设立转播设备、播音员、技术人员等，以保证在非常时期可迅速、及时、顺利实施广播；而在实施警戒管制时期，广播的重点应放在"官厅公示事项、新闻、音乐"等方面，同时还应积极发挥演讲、音乐等广播节目在"稳定民心，激发国民士气"[1]方面的作用。

随着战局趋于对日本不利，日本当局开始对报道体制进行改革，以唤起国民的"斗志"和"必胜"信念。1942年11月，日本内阁会议要求"进一步强化情报局对同盟通信社及日本广播协会的指导监督"[2]，并对负有广播事业管理职能的各机构之间的分工进行优化调整，以"刷新报道、启发及宣传功能"。为此，内阁于12月4日向递信大臣和情报局总裁发出通牒，对日本放送协会的管理模式进行修订，形成新的广播事务处理模式，即："一、在社团法人日本放送协会的监督方面，其中对于广播设施相关事项由递信大臣主管，广播运营相关事项由内阁总理大臣主管；二、对于上述与广播设施或广播运营有重大关联的事项须在内阁总理大臣和递信大臣事前协商的基础上制定相应措施。"[3]

---

① 「国内放送非常体制要綱」、竹山昭子：『資料が語る太平洋戦争下の放送』、京都：世界思想社 2005 年、第 239 頁。

② 「報道、啓発及宣伝（対敵ヲ含ム）機能ノ刷新ニ関スル件」、『各種情報資料・主要文書綴（一）』、JACAR（アジア歴史資料センター）、Ref.A03025358200、国立公文書館。

③ 「放送関係事務処理ニ関スル件」、『公文類聚・第六十六編・昭和十七年・第七巻・官職三・官制三（内閣三）』、JACAR（アジア歴史資料センター）、Ref.A14100980500、国立公文書館。

第二，美军对东京等地的空袭造成了城市基础设施的巨大破坏，其中播放设备、接收设备、转播设备等广播设备及无线电通信设施等传输设备遭到破坏对广播事业的影响尤为巨大。日本当局一方面动员各广播机构将其设备及真空管、零部件等"本邦内无法购得、不能制造的物品"①向安全地区或郊区转移，另一方面为确保空袭时广播能够正常播出，还制定了相应对策，逐渐确立了"空袭时广播体制"。

1944年2月，为应对日益频繁的空袭，日本当局出台了《空袭时的广播措施》，从技术保障、节目编排两个方面对遭遇空袭时广播事业的开展作了相应规定。在技术层面，该措施规定，当发布空袭警报时，先由当地广播台向中央广播台报备，再由中央向全国进行通报，若是白天改用同一频率播放，若是晚间则按照地理位置分成不同的广播群，分别按照不同频率实施播送。同时要求与军部保持密切联系，必要时向军部派遣技术人员负责空袭警报的收发；此外，该措施还要求广播电台在播放完空袭警报后立即停止电波发射，以免被敌机侦查而遭受设备、人员损失。当军部当局要求播放重要事项时，应立即进行广播，广播结束后再切断电波的发射。空袭结束后，待所有空袭警报解除后广播电台方能重新开始广播。广播设施损坏严重时，各广播电台需要提前做好应急措施，设立备用演播室、备用电源等，以"尽可能确保广播的顺利实施，并至少可确保通过无线（东亚转播网）实现与各地的联络"。

在节目编排方面，当接到军部要求发布空袭警报命令时，各地广播电台须立即终止其正在播放的节目，优先播放警报，若恰逢广播电台休播时间，也应立即开机播放，并与政府和军部保持密切联系，必要时可根据具体情况对广播编排进行一定调整，调整的基本方针为"警戒管制中广播节目视情况将重点放在官方公示事项、报道、唱片上，讲演、演艺、音乐等普通广播应以稳定人心、昂扬国民士气为中心加以积极利用"；当遭遇空袭时，所在地区广播电台应立即发布空袭警报，其他电台则立即停止电波发射，军部实施空袭管制时，除军部特别要求外，原则上所有节目均应停止播放。而日本当局在发布针对空袭的相关声明时，按照军事报道由大本营负责、其他报道由政府负责的基本原则分工实施，具体为：

（1）敌机来袭及防空战斗相关事项由大本营发布；

（2）各部门行政措施相关事项在与情报局联络的基础上由各部门发布；

（3）上述之外的一般情况由情报局发布；

① 「短波傍受施設移転ニ関スルノ件」、『大東亜戦争関係一件／帝国ノ態度（対米英宣戦関係ヲ含ム）／外務省ノ空襲時対策関係』、JACAR（アジア歴史資料センター）、Ref.B02032445900、外務省外交史料館。

（4）军队、师团、镇守府、警备府、道府县、厅等在治安维持上有紧急必要性且因通信断绝等而无法接收中央指令时，可遵照上述基准实施发布。①

1944年9月，为确保敌袭时信息通畅、广播能够得以正常播放，以达到"安定民心、昂扬国民士气"的目的，情报局、大本营陆海军部及防卫总司令部经过共同协商，要求广播部门在敌机来袭前、空袭过程中应按照军事当局的指示向民众播放空袭警报、敌机来袭状况，并采取相关措施确保在遭遇空袭时"不要关闭广播开关，以保证无论何时广播都能播出，即使在防空壕也要想尽办法设立接收机的放置场所，以确保民众能够听到广播"。此外，上述部门还要求空袭时的广播内容不能引起民众恐慌，以防止"因不必要的担心或过早躲避而导致生产低下"②。可见，日本当局努力确保空袭时广播的正常播出，其出发点并非民众的安全，而是担心空袭造成人员伤亡对战时生产力造成影响。

进入1945年后，美军对日轰炸越来越频繁，"为重点确保苛烈战局下国家重要通信，同时为确保空袭及其他敌袭等非常事态下，特别是交通断绝等情况下的通信联络"，日本当局于1945年2月出台了《通信非常态势强化方案》，要求确保军事、治安、生产及包括广播在内宣传报道等重要领域的通信安全，扩大递信省及各地递信部门的权限，"强化其地方自战体制，革新并强化其运营态势"，同时加强对现有通信设施的综合利用，并在资源有限的情况下优先将通信资源向军事国防、广播宣传等事关国策推行领域倾斜。此外，该方案特别要求加强包括播音员、节目编辑等在内的广播从业人员管理，"制定严格的战时服务纪律，并在其工作领域变成小队组织，以确立责任体制，推进指挥命令的贯彻"。所谓"小队组织"指的是具有"挺身队"性质的国民精神总动员外围机构，其目的是"昂扬从业员的志气，促其挺身完成其职责"③。

为确保上述措施的落实到位，日本当局充实了管理机构，在通信院总部设置非常通信本部，在非常通信本部下设立由政府部门和民间机构共同组成的战时通信会议，负责"在运输通信大臣的监督下对战时重要通信措施进行审议"④。此后，战时通信会议就空

---

① 「空襲時の放送措置」、内川芳美：『現代史資料・41・マス・メディア統制㈡』、東京：みすず書房1996年、第512—516頁。

② 「敵襲時ニ於ケル放送対策ニ関スル件」、『特検収—第418号・敵襲時ニ於ケル放送対策ニ関スル件』、JACAR（アジア歴史資料センター）、Ref.A06030041800、国立公文書館。

③ 「通信非常態勢ノ強化ニ関スル件」、『昭和20年 大東亜戦争 戦争指導関係綴 内政経済の部 其1』、JACAR（アジア歴史資料センター）、Ref.C12120311300、防衛省防衛研究所。

④ 「戦時通信会議設置要綱」、『公文類聚・第六十九編・昭和二十年・第六十五巻・交通・通信（郵便・電信電話）、運輸（鉄道・航空・船舶）』、JACAR（アジア歴史資料センター）、Ref.A14101346900、国立公文書館。

袭时通信设施的综合利用进行了讨论，决定当通信设施因空袭而遭受重大损失时，日本当局将对全国的通信设施进行统筹安排，特别是当政府内部各部门之间通信联系断绝时，将征用民用通信线路为政府所用，但政府所掌管的通信线路则不可挪作民用通信。会后内务省和通信院还成立了电气通信设施综合利用联络委员会，以促进"通信院设施及厅府县联络用电气通信设施的综合利用"①。这一决定虽然是针对通信设施的，但它同样对依赖电气通信设施的广播事业产生影响，为日本当局征用广播线路提供了政策依据。

1945 年 3 月，"鉴于决战局势下国内广播的战时诸措施的贯彻对舆论指导、士气昂扬、治安维持其中尤以通过警报、情报传达实现民心稳定、防灾等方面的重大使命"，内阁会议通过决议要求进一步强化广播的决战体制，"在信号的发送和接收两方面对设施实施整顿和升级，同时对于承担着对外宣传功能的海外广播，对其设施实施快速整顿，而对于敌国的谋略广播，应迅速扩充对抗设施，实施彻底压制"②。换言之，此次整顿是全方位的，涉及日本国内广播、海外广播及对抗敌国广播等方面。其中，在日本国内广播设施整顿方面，主要提出了以下措施：

1. 强化国内广播设施的隐藏、防弹防护、分散代位及备用广播设备的配备、转播线路的整顿等，极力防止空袭之下功能的弱化；

2. 在收听设施方面，以保持现有收听能力为目标，确保接收机、真空管及机件供应，同时实施配给的合理化；

3. 为有助于向普通公众传递警报、情报等，同时为应对接收方停电等情况，在车站、通信官署、主要街道、广场等适当场所设置固定播放装置，同时配备移动式播放装置；

4. 为推进上述措施的实施，将在适当地区设立共同收听设施，同时将对非必要、非紧急的接收机、电气留声机、扩音机、真空管及机件进行回收；

5. 对全国民间广播技术人员实施组织化，提高其技术，协调机件供应，强化接收机器的修理能力。③

---

① 「各庁電気電信施設の綜合利用に関する件回答」、『警保局長決裁書類・昭和 20 年（上）』、JACAR（アジア歴史資料センター）、Ref.A05032373100、国立公文書館。

② 「放送施設決戦態勢整備強化要綱案」、『公文類聚・第六十九編・昭和二十年・第六十五卷・交通・通信（郵便・電信電話）、運輸（鉄道・航空・船舶)』、JACAR（アジア歴史資料センター）、Ref.A14101348600、国立公文書館。

③ 「放送施設決戦態勢整備強化要綱案」、『公文類聚・第六十九編・昭和二十年・第六十五卷・交通・通信（郵便・電信電話）、運輸（鉄道・航空・船舶)』、JACAR（アジア歴史資料センター）、Ref.A14101348600、国立公文書館。

由上可知，日本当局对国内广播设施的整顿不但涉及机器设备的保护、备用设备的配置，还涉及对广播技术人员的管理，其目的均为确保国内广播体系在非常时期能够正常运转。而对于海外广播设施的整顿，日本当局则一方面着眼于保全其"海外广播设施及东亚广播转播设施"，以确保其在海外占领区广播事业的推行，同时计划建设大功率设备以提升对外广播能力。此外，日本当局还要求利用扩音设备或者在公众聚集地通过口头传达的方式尽量扩大受众范围，以弥补广播设施不足可能造成的宣传空白。

二、强化对广播事业的监管

太平洋战争爆发后，日本当局除了从体制上强化对广播事业的一元化统制外，随着战局的发展，还进一步从制度上强化了对广播事业的监管。

第一，日本当局在太平洋战争爆发后，以发送广播信号可被敌机探知广播电台确切位置为由，实施电波管制，规定在敌机空袭时"原则上停止电波的发射"或降低发射频率，当敌机撤退、空袭警报解除时再恢复正常广播。然而，降低发射频率虽然在一定程度上能够保证广播设备的安全，但同时也会使广播信号接收范围大大萎缩，并造成各电台之间信号的互相干扰，大大降低了收听质量。

针对电波管制带来收听质量下降的问题：一方面，日本当局从战时电波管制必要性的角度对其进行了解释，称电波管制虽会带来诸多不便，但可有效避免敌机偷袭，从而最大限度"维持日本人的荣耀和名誉，完善铳后保护，消除战地士兵后顾之忧"。另一方面，为改善收听质量，确保能够将"战胜的重要国策新闻"[①]保质保量地传达给国民。日本当局对电波管制体制进行了完善，于 1941 年 12 月 25 日开始实施"晚间群别放送"体制，即白天在全国按照同一频率进行广播，晚间将全国广播台按照地区分成五大广播群，以军管区为单位按照不同频率实施广播。这五大广播群的分管区域及频率如下：

五大广播群覆盖区域及频率（1941 年 12 月）[②]

广播群	军管区	覆盖地区	频率
第一群	北部军管区	桦太、北海道、东北北部	750 千赫
第二群	东部军管区东北部	东北南部、新潟	700 千赫
第三群	东部军管区	关东、长野、山梨、北陆东部	800 千赫
第四群	中部军管区	东海、福井、近畿、中国东部	900 千赫
第五群	西部军管区	中国西部、四国、九州	1000 千赫

① 「ラジオと電波管制」、『週報』第二百七十三号、1941 年 12 月 31 日、第 17 頁。
② 日高一郎：『日本の放送のあゆみ』、千葉：人間の科学社 1991 年、第 72—73 頁。

"群别放送"体制在很大程度上弥补了降低电波频率带来的信号干扰问题，提高了晚间广播收听质量，但它在强化广播体制一元化的同时，压制了地方广播的势力，形成了相对集中的广播管区。因此，"群别放送"体制引起了地方广播机构的不满。1944年3月，日本当局又根据广播统制的需要及地方广播机构的诉求，恢复了全国同一频率广播体制。

战时电波管制的推移 [1]

日期	时间段	概要
1941 年 12 月 9 日开始	白天	全国同一电波频率
	晚间	全国同一电波频率
1941 年 12 月 25 日开始	白天	全国同一电波频率
	晚间	群别放送
1944 年 3 月 30 日开始	白天	全国同一电波频率
	晚间	全国同一电波频率
1944 年 10 月开始至战败	白天	群别放送
	晚间	群别放送

鉴于同一广播频率体制无法满足不同地区广播节目个性化需求，同时在技术上也不利于应对英美等国实施的对日谋略广播，日本当局于1944年10月再次对电波管制体制进行了修订。修订的要点包括两方面：一是从10月1日起不再采用全国同一电波频率进行广播，而是恢复"群别放送"体制，同时将各广播群覆盖范围及管辖广播电台进行了调整，分为北部、东部、中部、西部四大管区[2]，"使各群的构成与陆军军管区一致"[3]；二是对各广播群的广播频率进行了重新分配，并设置了备用频率，以确保空袭后广播的正常播出。上述调整完成后，无论白天还是晚间均采用"群别放送"，其中军部相关通告、声明等在夜间播出，而政府的广播则在白天播放。

根据上述电波管制的新政策，日本当局制定了与之相适应的新广播运营方针，对全国广播、地方广播及单独广播的运营体制作了细化，其中在全国广播方面不再局限于东京、大阪、名古屋三大广播电台，而是"在不影响警报传达的情况下"可由任一广播电

---

① 村上聖一：「放送の『地域性』の形成過程——ラジオ時代の地域放送の分析」、『放送研究と調査』2017 年 1 月号、第 39 頁。

② 随着战局的发展，日本当局对上述管区进行了多次调整，1945 年 2 月 11 日调整为六大管区，1945 年 8 月 1 日调整为八大管区。

③ 「電波管制の改正」、竹山昭子：『資料が語る太平洋戦争下の放送』、京都：世界思想社 2005 年、第 267 頁。

台实施，而对于那些广播信号覆盖区域范围外的地区，则设立临时广播站。据统计，到日本战败时，日本在全国各地设立临时广播站47所。① 在地方广播方面，针对地方行政区划和军管区不尽一致的情况，在恢复"群别放送"体制的同时又设立了"班别放送"体制，从而确立了"群别班别"二重体制。"班别放送"的时间"原则上在当日广播开始至午后六时期间"，具体时间由放送协会本部同情报局共同协商确定，且"地方广播实施过程中应特别注意不要对防空警报的传达产生影响"，需要发布空袭警报时，地方广播应立即中止"班别放送"，切换到"群别放送"模式；针对突发事件需要实施单独广播的情况，该运营方针规定"在由放送协会本部同通信院及情报局联络的基础上，仅限于由特别指定的广播电台实施"②，当事情紧急而无法提前获得情报局指示时，必须在事后向情报局提交报告。

群别及班别广播台一览表（1944年10月1日）②

电波管制群	广播电台管区	广播电台	广播班
第一群	札幌中央广播电台管区	札幌、旭川、带广、钏路、函馆	札幌班
第二群	仙台中央广播电台管区	青森、弘前、仙台、秋田、山形、盛冈、福岛、郡山	仙台班
	东京中央广播电台管区	东京、甲府、长野、松本、新潟	东京班
		富山、金泽、福井	名古屋班
第三群	名古屋中央播电台管区	名古屋、静冈、浜松	
	大阪中央广播电台管区	大阪、京都、松山、德岛、高知	大阪班
	广岛中央广播电台管区	冈山、鸟取	广岛班
		松江、尾道、广岛、防府*	
第四群	熊本中央广播电台管区	小仓、福冈、熊本、长崎、宫崎、鹿儿岛、大分	熊本班

*松江、尾道、广岛、防府4处广播电台属于第四电波管制群，同时也属于广岛中央广播电台管区。

除日本本土外，日本当局还在其海外占领地区实施电波管制。1941年12月17日，在军部的要求下，朝鲜放送协会在朝鲜全境实施"低电力、同频率"广播体制，在降低发射天线功率的同时，所有广播电台改为同一频率广播。在实施电波管制的同时，朝鲜

① 日高一郎：『日本の放送のあゆみ』、千葉：人間の科学社1991年、第73頁。
② 「新電波管制下の放送運営方針」、内川芳美：『現代史資料・41・マス・メディア統制㈡』、東京：みすず書房1996年、第519—521頁。
③ 「電波管制の改正」、竹山昭子：『資料が語る太平洋戦争下の放送』、京都：世界思想社2005年、第271—272頁。

放送协会又在朝鲜内 7 处广播电台设立 50 瓦左右的小功率辅助广播设备，以弥补"朝鲜内既有广播电台配置状况难以达成防空目的"① 的不足。

第二，除了从技术上和制度上不断完善战时广播体制外，日本当局还针对不同时局下出台的各项有针对性的舆论政策，强化了对广播事业的监管和引导。1940 年 12 月，情报局成立后，广播事业的监管权由递信省转移至情报局，情报局负责广播领域纲领性文件的制定，递信省及各地递信局放送课则负责具体事务的实施。太平洋战争爆发后，日本当局在广播政策方面采用了由东京广播电台播放、全国各地广播电台转播的一元化播送模式，所以东京都递信局放送课成为广播审查业务的实际执行者。

为"应对变幻无常的内外局势，准确无误地完成广播的使命"，进一步明确广播审查方针及具体执行方式，东京都递信局放送课自 1941 年 9 月起在内部推行"放送监督指示簿"制度。该指示簿的内容主要包括情报局制定的宣传大纲、舆论指导方针、海外放送联络会等相关广播审议机构的决议以及日本当局基于内外局势的演变所制定的临时广播政策等。从此意义上看，该指示簿"不但显著有益于放送课内的审查事务，也能有效防止审查的遗漏，而且以一以贯之的态度也能够保障审查的利益"，以此"发挥着审查事务指导的作用"②。

为配合"放送监督指示簿"的实施，自 1942 年 6 月开始东京都递信局放送课每周举行一次名为"措置检讨会"的会议，对指示簿的运用情况、审查措施的实施状况等进行探讨，对审查过程中出现的问题进行纠偏，同时将探讨后形成的结论反馈到"放送监督指示簿"上。由此可见，"放送监督指示簿"和"措置检讨会"是相辅相成的，它们将对广播的指导机制和反馈机制有机结合起来，进而谋求最大限度发挥广播的战时宣传作用。

为达到上述目标，日本当局在实施广播审查过程中提出"所有广播均须从高度政治性观点出发加以审视"的基本方针。所谓广播的"政治性"，东京都递信局放送课做了如下解释：

> 所有广播均须从高度政治性观点出发加以审视，并非意味着所有广播都应有政治色彩，但广播并非单纯的文化机构，也是政治机构，在此意义上，（广播的政治性指的是）要从大局出发判断所有广播是否符合国家要求。在此情况下政治性这个词含有两大意义，其一为将政治、经济、文化等综合归一的所谓国策意义，其二是

---

① 「放送無線電話ノ電波管制ノ状況如何」、『帝国議会関係雑件／説明関係資料　第三十六巻』、JACAR（アジア歴史資料センター）、Ref.B02031406000、外務省外交史料館。

② 「『放送監督指示簿』及び『措置検討会』を中心として（一）」、内川芳美：『現代史資料・41・マス・メディア統制㈡』、東京：みすず書房 1996 年、第 477 頁。

国家对广播的直接期望即广播政策的意义。前者是国家层面的高度政治，当然将后者包含其中，但后者则包含通过广播实施舆论指导等技术领域的政策。毋庸置疑，广播是取材于百般现象，国家也应对于这些现象进行清晰把握。此外，对于时刻处于变化的内外局势，应如何对国民实施指导，其缓急对策也应知悉。从此意义上看，也就产生了"所有广播均须从高度政治性观点出发加以审视"的必要。换言之，正在策划的广播，对于其取材内容要探讨其在何种程度上满足了国家愿望，同时还要探讨广播对国民产生怎样的影响。①

简言之，对广播实施审查要从广播的"政治性"角度出发，重点从四方面来衡量："（一）现在对国民进行广播是否适当；（二）是否具有能够体现日本及轴心国的观点；（三）是否对政府有所协助；（四）是否有被敌方所利用的危险。"② 由此观之，这四方面内容与当时日本当局的宣传诉求是高度一致的，因此可以说广播的"政治性"也即"国策性"，指的是广播内容要高度回应政府的宣传诉求，全面开展"大东亚战争"宣传。

广播的"政治性"是递信省实施广播节目审查的立足点，也是此后日本当局制定广播政策的准则。为应对"长期建设战"，"举广播全部功能向大东亚战争的完成迈进"，情报局于1942年2月18日出台了《战时下国内放送基本方策》，对日本国内广播的基本方针和具体实施要领作了规定。

该基本方策所确定的战时日本国内广播的基本方针主要包括宣扬日本的国体，宣传"战时生活体制"两方面，具体包括以下内容：

（1）基于宣战大诏，宣扬皇国理想，阐明国是；

（2）巩固国民的举国决意；

（3）实现国民坚如磐石的团结和军国民一体化；

（4）涵养战时国民生活的持久力；

（5）创造并普及健全而雄壮的文化及娱乐；

（6）酿成明朗、刚健的国民风气。③

---

① 「『放送監督指示簿』及び『措置検討会』を中心として（一）」、内川芳美：『現代史資料・41・マス・メディア統制（二）』、東京：みすず書房 1996 年、第 478 頁。

② 「『放送監督指示簿』及び『措置検討会』を中心として（一）」、内川芳美：『現代史資料・41・マス・メディア統制（二）』、東京：みすず書房 1996 年、第 478—479 頁。

③ 「戦時下の国内放送の基本方策」、竹山昭子：『資料が語る太平洋戦争下の放送』、京都：世界思想社 2005 年、第 239—240 頁。

从上述内容看，无论是国家政策报道还是文化娱乐宣传，均是从统一国民思想的角度出发呼吁举国上下团结一致，塑造有利于战争推行的舆论氛围，向国民灌输"战时生活体制"的理念，从而在思想上助推战争的推行。为达上述目的，该方策确定了如下方针。

在节目定位上，一是要求所有广播节目都必须"顺应国家目的"，与"国策动向"及"国家活动"紧密联系，并对国家宣传诉求作出积极回应；二是所有广播节目都必须贯彻"国民本位"，不但要保证全体国民都能收听到节目，同时在保证"国策宣传"的同时要适当增加"娱乐广播"，以实现"昂扬全体国民士气"的目的。

在节目编排上，一方面，在完成"国策功能"的基础上要充分发挥广播的"自主功能"，使节目保持一定的弹性和活力，同时在内容编排上要消除求大求全的"网罗主义"，代之以"重点主义"，且要充实"专属作者、编导、表演人员"。而这里所谓的"自主功能"和"重点主义"仍是以"国策功能"为依据的，即其自主性的发挥和宣传重点的选择均以服务国策为标准。另一方面，则要求适时"刷新广播内容"，尤其要剔除"带有英美色彩和小市民色彩"以及"带有城市阶级和知识阶级色彩"的内容，以营造"单纯、明快、刚健"[①] 之风。

中途岛海战后，日本由战略进攻转入战略防守阶段，其宣传方针和宣传重点也由"战果夸示"转向"战力增强"和"战意昂扬"，进入 1943 年以后宣传重点又转向了"时局认识"和"圣战完遂"。1943 年 11 月 17 日，在即将迎来日本开战二周年纪念日之际，日本当局对纪念日当日的广播方针作了调整，要求以"时局认识"取代"开战以来的成果回顾、夸示等内容"，以引导国民强化对时局严峻性的认知。情报局据此方针制定了日本开战二周年纪念日前后一段时间内的宣传重点。

一、使国民认识战局的严峻性

一年前已有人认为战争第三年应是最为严峻的一年，如今终于成为现实问题展现在我们面前。第二周年的广播首先应引导国民正视该现实，以新的思想准备迎接第三年。单纯的形式上的活动以及开战以来的战果回顾和夸示在今年应加以避免。

二、阐明新秩序的理念

帝国对大东亚诸国的态度总是充满道义的，要立足于作为责任者的自觉，绝非蔑视他国，也非向他国强行施加恩惠和庇护之类的小乘性格，此一点从此次发布的

---

① 「戦時下の国内放送の基本方策」、竹山昭子：『資料が語る太平洋戦争下の放送』、京都：世界思想社 2005 年、第 239—240 頁。

我肇国理想显现之大东亚宣言中也可得以明确。而恰逢大东亚建设第二周年，正是对此加以阐明，进而促使国民之气宇走向雄大阔达之绝佳机会，故确定此趣旨。

三、介绍共荣圈建设状况

在可能的范围内尽可能详细介绍战争满两年间已逐步成型的共荣圈各地的建设状况，努力让国民对前途光明充满信心。

四、指出敌方战争目的的非法性

与我光明正大之圣战目的相对照，指出敌人的战争目的是惨无人道、神人共愤，出乎动物本能的事实，使国民确信胜利必将在我正义皇军之上闪耀。

五、贯彻决战生活

努力将进入决战第三年的国民战时生活向储蓄、防空、防火、运输协助等现实方面引导。

六、战力增强

战力的飞跃式增强才是决战后方的一切。必须唤起全体国民的生产热潮及报国热情，并将重点放在飞机、船舶、粮食的增产方面，以实现经济总力的集中。[①]

从上述内容来看，该时期广播宣传的重点是对内强化"时局认识"，贯彻增产增收的战时生活，对外宣传"东亚共荣圈"和"东亚新秩序"理念，对其发动的侵略战争进行美化。

1944 年 6 月，盟军占领塞班岛之后，日本迎来"本土决战"时代，日本当局的宣传重点也随之转向了"本土决战"和"国体护持"。1944 年 10 月 6 日，内阁会议通过了《决战舆论指导方策要纲》，确定以"贯彻国体护持之精神，激起同仇敌忾之心理，以此振奋战斗之精神为目的，按照使国民知之而由之的原则，寻求舆论生发之根源"为舆论指导方针，要求广播、报纸等媒体根据上述指导精神制定相应的宣传措施，推动形成"向突破重大战局而迈进的根本观念"[②]。

10 月 9 日，在情报局主导召开的放送企画会议上通过了《适应决战舆论指导方策之放送措置》，规定决战时期日本广播事业应贯彻"决战时局认识、公正的国民言论畅达、国民氛围的明朗化"理念，并确立了新设"放送解说""巷之声"栏目以及强化地方报道三大实施手段。

---

① 「大東亜戦争記念日の放送」，竹山昭子：『資料が語る太平洋戦争下の放送』，京都：世界思想社 2005 年、第 261—262 頁。

② 「決戦輿論指導方策要綱」，『決戦輿論指導方策要綱（閣議決定）』，JACAR（アジア歴史資料センター）、Ref.A06030161600、国立公文書館。

"放送解说"为各广播电台的时事解说栏目，由解说员对"战局动向、国际局势的变换、社会事实问题"①等进行解读。为此，日本放送协会设立放送解说委员制度，1942年10月31日成立了一个由7人构成的解说委员会，每周在情报局召开一次例会，听取情报局及陆海军大本营报道部负责人对相关政策的说明，并接受其舆论宣传指示。

"巷之声"则相当于各广播电台开设的"读者来信"栏目，由工作人员手持录音机采访政府和民间各阶层人士听取他们对时局的"建设性意见"，以匿名的形式在广播节目中播出，目的是实现所谓的"下意上达"。

强化地方报道的措施是除了继续从同盟社获取各地信息外，也要求各地方报社提供相关新闻资料，以此加强广播与地方报社之间的联系。同时还要求与地方政府部门保持密切联系，并在中央广播电台设立对接地方报道的负责人，专门负责地方报道的编辑方针和对地方报道编辑实施指导。

第三，日本当局在强化对敌广播的同时，针对敌国"谋略广播"采取了反制措施，以强化对抗外国广播的姿态。作为一种传播速度快、传播范围广并可根据波长的设定实施定点广播的宣传工具，无线电广播在战时国际宣传战中扮演着极为重要的角色。因此，日本当局一方面不断强化国际广播体制，积极向敌国实施"谋略宣传"。如1942年2月，为配合日军的爪哇作战行动，南方军司令部要求自3月3日起向爪哇地区民众实施"谋略广播"，广播的主要内容是"捕捉敌之弱点，以兰印当局（荷属东印度——笔者注）之名广播所需之虚假'新闻'，误导敌人，或对兰印居民披露兰印当局之失策、英美政府对荷兰之态度等"，其目的是"让敌人难以了解我之目的、兵力、判断、对内宣传指导等，加速其全面无条件投降"②。另一方面，日本当局针对英美等国实施的对日"谋略广播"采取了多项对策。首先，在敌国对日广播的固定时间段内暂停广播接收设备工作，以切断外国广播的接收渠道，同时通过技术手段对英美的"谋略广播"进行干扰或遮蔽。为"防止、遏制敌性广播"，日本放送协会要求各地广播电台以与国外广播相同的时间和频率播放"使用混合了巨大杂音录制而成的录音带"③，对其实施干扰。1945年3月，内阁会议又通过《放送设施决战态势整备强化要纲》进一步强化了对外国广播的反制，要求"在不断强化现在实施中的反制电波发射的同时，针对今后敌国可能实施的波长变更、多重广播、利用飞机等进行广播以及其他活动，急速扩充对抗措

---

① 「戦決戦輿論指導方策に即応する放送措置」、竹山昭子：『資料が語る太平洋戦争下の放送』、京都：世界思想社2005年、第266—267頁。

② 「対『ジャヴァ』謀略放送実施経過報告　昭和17年3月10日」、『Ｆ機関の馬来工作に関する報告　昭和17.3.15』、JACAR（アジア歴史資料センター）、Ref.C14110646300、防衛省防衛研究所。

③ 日本放送協会編：『日本放送史』（上巻）、東京：日本放送協会1965年、第615頁。

施，并促进必要地区的公用及共用有线广播的实施"，从而针对英美等国所实施的谋略广播"实施彻底压制"①。

然而，上述技术手段仍然存在一定漏洞，并不能完全阻挡英美的对日广播。因此，日本当局在实施技术干扰的基础上采取了一系列政策手段，如实施实名广播，规定播音之前先播报播音员名字，若播音员姓名不在提前告知的名单上则判断为敌方广播，要求听众此时主动关掉收音机。但这种依靠听众自觉的措施显然在执行方面存在较大局限，要完全切断国外广播的流通渠道，唯一的办法只能是停止接收设备的工作，但这不但影响到日本国内广播的正常播出，也对空袭日益频繁的严峻局势下的防空广播极为不利。因此，最有效且最具操作性的是禁止国民收听任何国外广播。鉴于此，神奈川县于1945年3月下达如下禁听命令："不收听谋略广播，不受其迷惑；收听到谋略广播时迅速关掉收音机；将谋略广播内容传播给他人将以流言蜚语进行处罚"②，从而在收听环节切断了国外广播的流入途径。加之此前日本当局对能够收听国外广播的短波或全波段收音机实施严格取缔，因此多重禁令及多项措施并举，对英美等国的"谋略广播"实现了极大的反制。

第四，除了将广播改造为"政治宣传机构"外，日本当局也承认广播的"娱乐机构"身份，但其以"举广播之全部功能向大东亚战争的完成而迈进是战时国内广播的唯一目的"③为由，同样要求从政治的高度出发将广播娱乐节目纳入监管范围。而娱乐节目所涉范围较广，主观意识较强，这为娱乐节目监管带来了一定难度。在递信省看来，对那些"处于可与不可中间"的娱乐节目"进行政治性考察，并指导其向战时广播应选择的方向前进"正是战时日本当局所面临的重要问题。为此，递信省对娱乐节目监管方针进行了讨论，并确定了如下禁止涉及的内容。

一是"对国体及国是产生疑虑的内容"。尽管各时期日本当局对广播的宣传诉求有所不同，也会根据时局需要对广播的宣传方针和宣传重点进行调整，但其坚守的战时广播"国策功能"并未改变，主要集中体现在"皇国理想之宣扬和国是之阐明""国民举国决意之强化"及"国民坚如磐石之团结"等方面，这就要求诸如"涉及对皇室不敬之内容；妨碍国体明征之内容；对国是、国策批判之内容"等对天皇本人及天皇统治进行

---

① 「放送施設決戦態勢整備強化要綱案」、『公文類聚・第六十九編・昭和二十年・第六十五卷・交通・通信（郵便・電信電話）、運輸（鉄道・航空・船舶）』、JACAR（アジア歴史資料センター）、Ref. A14101348600、国立公文書館。

② 粟屋憲太郎、中園裕編：『戦時新聞検閲資料』第十五巻、東京：現代史料出版 1995 年、第 318 頁。

③ 柴橋国隆：「新なる出発に際して」、竹山昭子：『資料が語る太平洋戦争下の放送』、京都：世界思想社 2005 年、第 33 頁。

批判或产生怀疑的内容均不得播出，甚至并无任何批判质疑之意，但有可能会产生某种联想而有损天皇尊严的内容也在禁止播出之列。

二是"不够健康明朗的内容"。在日本当局看来，战时娱乐节目的使命之一是给人带来"健康明朗的慰安"，但"健康明朗"是一个极为抽象的概念，递信省将其解释为"不违天地自然之理，在人伦和人情上毫无阴暗踪迹"，具体来讲，"违背人伦之内容、颓废之内容"均属"不够健康明朗的内容"。但需要注意的是，日本当局所谓的"人伦""颓废"等概念并非单纯的道德范畴，而是以是否符合战时"国策"为衡量标准的。如对于"人伦道德"问题，递信省认为人伦道德"无论在战时下我国民道德的确立上，还是国民坚韧团结的形成上，均为基干"，有违人伦的内容会导致国民道德的沦丧和国民团结的破灭。而"颓废"的娱乐节目指的是产生于和平年代"带有过时的腐臭气息的享乐节目"，"与当今严肃的广播体制格格不入"①。

随着战局的发展，消极、厌战的情绪在国民中间蔓延，对"战力增强""本土决战"等日本当局鼓吹的宣传口号带来极大的负面影响，也使长期以来塑造的"必胜信念"等趋向崩溃。为改变这种于"本土决战"不利的局面，除了充分发挥广播在战争宣传、政策引导、氛围塑造等方面的作用，努力放大广播的"政治机构"功能外，日本当局一改往日"指导""监督""取缔"等宣传策略，转而高度重视广播在治国安民方面的作用。为"激励国民士气、激发明朗阔达的斗志"，日本当局就娱乐节目广播制定了如下指导方针。

一、演艺音乐广播

演艺音乐广播应培育国民情操，为其提供健康明朗的慰安娱乐，这是实施节目编排的第一要义。在演艺音乐中直接原封不动暴露出国策需求，会让听众产生说教的生硬感，应极力避免。尽管广播是贯彻国策宣传周知的极其有力的机构，但若广播通篇充斥着说教内容，就会丧失对国民的说服力，有时甚至有招致国民反感之虞。因此对于必须向国民传达的国策，应采取措施重点而直截了当、简明有力地进行广播，但同时也应大量播放能够给国民带来慰安和娱乐的演艺音乐，以努力消除国民疲劳，拂拭不平不满、犹豫消极的心情，这在引导国民忍耐长期苛烈之战局，涵养战力增强源泉之士气方面是必不可少的。尤其在进行特别发布时，应照惯例添加一些演艺音乐。

---

① 「『放送監督指示簿』及び『措置検討会』を中心として（二）」、内川芳美：『現代史資料・41・マス・メディア統制㈡』、東京：みすず書房1996年、第482—487頁。

二、讲话广播

在讲话广播中往往容易流于抽象的说教，此种广播对国民来说枯燥无味，因此常常招致广播无趣的妄评。讲话的内容应以事实为基础，应增加一些具体的、令人印象深刻的内容。虽然讲话有巧拙之分，但最为重要的是应引经据典，运用妙趣横生的话题或实例，或应有来自于个人体验的具体结论。总而言之，讲话内容应让听众听后产生兴趣。战时听众的生活是极为繁忙的，且说教在街头已极为泛滥，因此要吸引国民的耳朵，为国民带来感铭，必须极力避免抽象的讲话内容，应多采用一些有趣的实例，添加一些简明、健康、有益的内容。为此，在演讲者的选择上要特别慎重，应努力设法按照讲话的内容进行选择，而不是按照演讲者的职位进行选择。

三、广播员的广播

广播员若向观众卖弄说教性的言辞，多会有招致听众反感之虞，因此广播员必须极力避免说教性、抽象的言辞。此外若广播员端起播音的架子就容易卖弄美辞丽句，也是不好的。在实况转播或慰问广播中不要露出脱离群众式的所谓播音员式的调子，简明而直接地将必要内容表达清楚即可。①

从上述方针可以看出，以情报局为代表的日本舆论当局对广播宣传的方针发生了变化，一改此前极力压制和批判的"娱乐功能"，开始重视广播在安定民心方面的精神治愈作用，其宣传手法也相应发生转变，"由国策宣扬型、思想教育型、敢斗精神型等生硬的广播向能够让人得以些许喘息的广播转换"②。但是需要指出的是，这种转变只是形式上的改变，或者说是日本当局根据宣传需要对宣传策略作出的一种新的调整，并未发生本质上的改变，仍是以为国策服务为其宗旨和目标的。

---

① 竹山昭子：『資料が語る太平洋戦争下の放送』、京都：世界思想社 2005 年、第 42 頁。
② 「当面の放送指導について」、竹山昭子：『資料が語る太平洋戦争下の放送』、京都：世界思想社 2005年、第 262—263 頁。

第四章　电影政策的法西斯化及其因应

报纸、杂志、书籍作为发展历史悠久、经营路线和编辑方针相对成熟完善的媒体，因其庞大的发行量、广大的读者群以及密集的宣传网和销售网，在内外政策宣传、战争舆论引导和后方舆情设置方面无疑扮演着重要角色，是战时日本宣传的主力军。正因为如此，日本当局媒体政策的构建往往是围绕着报界、出版界展开的。然而，这并非意味着除上述传统媒体外其他媒介政策的缺失。战时日本当局也将电影等新媒体纳入战时体制的统制框架之下，并制定了相应的统制政策，以驱使其更好地为战时宣传服务。作为一种表现力强、受众面广、宣传效果大的大众传播媒介，电影媒体也在战时体制构建和媒体政策法西斯化的过程中从理念上、体制上和行动上强化了其战争宣传工具的角色认同，并构筑起自身的战时体制，演变成为战时日本宣传机器的一分子，对战争进程的推动、援战氛围的塑造、"圣战完遂"等国民意识的酿成均发挥了重要作用。

第一节　制定电影国策，强化电影事业的"国策"指向

为强化政治、经济、文化等所有物质和精神要素对战争的服务功能，日本当局在社会各领域推行具有广泛性和强制性的国家总动员战时体制。出于内外政策推行的需要及与之相适应的内外舆论环境塑造的诉求，日本当局逐渐形成了电影国策的电影统制理念，并在机构建设、法规完善等方面"对日本电影四十年历史的发展方向实施大刀阔斧改革"，逐步确立起电影国策的统制方针，推动了战时日本电影事业向"国家第一主义"[1] 的"国策性"指向发展。在该理念指导下建立的电影国策机构及其所实施的一系列电影政策和实践活动丰富了电影国策的内容，为战时日本电影统制政策奠定了基础。

一、电影统制机构的建设为电影国策理念的提出和确立奠定基础

1896 年，电影作为一种新的媒体形式传入日本，但受技术、认知等条件所限，电影在明治时期更多是作为一种娱乐工具。随着技术的进步、电影馆的普及以及人们对

---

① 『大阪朝日新聞』1941 年 8 月 17 日。

电影宣传力的认知，"其作为一种新媒体在社会中崭露头角则是自明治末期至大正前半期"①。视觉和听觉所带来的直观、富有冲击力的宣传效果以及可重复放映的特点，使得电影在此后的大众宣传中的作用越来越受到重视。与此同时，对电影的监管也开始进入政府的视野。

首先，议员提交的关于电影事业统制的政策建议为电影国策理念的提出奠定了基础。早在 1926 年召开的第 57 届帝国议会上，议员纪俊秀就对电影国策给予关注并提出质询。在第 64 届帝国议会上，纪俊秀于 1933 年 1 月在贵族院又提及"电影教育"的问题。3 月 13 日贵族院预算委员会上议员野村益三对胶片工业扶助及教育电影问题向政府提出质询。电影国策一时成为议员关心的热点问题。1933 年 2 月，众议院议员岩濑亮提交了《关于设立电影国策建议书》的提案，建议"为实施电影的调查与统制，政府应迅速设立适当的机构，在谋求电影发达的同时，预先防止其弊害"②，电影国策由此浮出水面。该议案经建议委员会分科会审议后于 3 月 4 日获得众议院通过，电影国策理念上升为国家政策层面。这是目前可知电影被纳入日本"国策宣传"机构的最早的资料。

上述议员提交的电影国策，其核心是成立一个"特设对策机构"，主要负责对电影事业"实施积极指导和统制"，以此"在国内有助于思想的提升善导、完全娱乐机构使命的达成及产业的扶助等，在国际上有助于日本的宣传、国威的发扬及贸易的助长等，同时能够预先防止随之而来的诸般弊害"③。换言之，其核心理念是通过对电影事业的积极指导和统制发挥电影在内外宣传上的"国策使命"。

鉴于"电影的社会使命极为重大，电影国策树立之必要"④，为推进上述"适当机构"的早日成立，岩濑亮在议会上提交上述提案后于 1933 年 6 月成立国策·文化映画调查委员会，致力于"对中央官公厅及相关公共团体电影利用状况的调查，以促进电影的利用"⑤，从而为"映画国策"的建立和完善提供必要的基础调查。

其次，内务省实施的世界各国电影国策调查为日本电影国策理念内涵的确定提供了

---

① 内川芳美：『マス・メディア法政策史研究』、東京：有斐閣 1989 年、第 216 頁。
② 「映画国策樹立ニ関スル件」、『議院回付建議書類原議（八）』、JACAR（アジア歴史資料センター）、Ref.A14080333400、国立公文書館。
③ 「第六十四回帝国議会衆議院建議委員第二分科（内務省所管）会議録（速記）第三回」、1933 年 2 月 13 日、第 6 頁。「国会会議録検索システム検索用 API」、https：//teikokugikai-i.ndl.go.jp/#/detailPDF?minId=006410812X00319330213&page=1&spkNum=0&current=5。
④ 「映画調査資料送付ノ件」、『活動映画「フィルム」関係雑件 第二巻』、JACAR（アジア歴史資料センター）、Ref.B04012457400、外務省外交史料館。
⑤ 「国策・文化映画調査委員会内規」、『活動映画「フィルム」関係雑件 第二巻』、JACAR（アジア歴史資料センター）、Ref.B04012457400、外務省外交史料館。

参考和借鉴。为"将各国电影国策之概况与我国现状比较考量，以确立将来我国电影国策树立时应主要加以考虑的事项"，内务省自 1933 年 3 月开始围绕"（一）为实施电影事业指导统制而设立行政机构或团体问题（二）国产电影的指导、保护、奖励问题（三）教育电影及教化电影问题（四）电影研究机构、电影博物馆、电影图书馆、电影演员学校、电影技术学校等设施问题（五）电影审查问题"①，对英、美、德、俄、法等世界主要国家的电影国策进行了考察。

内务省提交的调查报告认为，鉴于"电影在社会教化、宣传等方面的文化使命及其娱乐价值"以及"其作为产业的重要性"，世界主要国家"竞相在电影事业树立国策并全力实践"②，或完全由国家对电影事业实施管理并开展具体的宣传实践，或在国家支持下成立专业团体对电影的制作、配给和上映实施指导和援助。调查报告建议日本应参考各国的做法，迅速成立并完善电影国策体制。其基本思路是在政府统一指导下实施国产电影的指导和保护、教育电影和教化电影的奖励和扶助以及相关研究、人才培养机构的建设。该思路突出强调电影政策为国家政策服务的理念，它既体现出电影政策的"积极性"，也体现出电影政策的"国策性"，从而形成了电影国策理念的基本内涵。

无论是议员的电影国策建议书还是内务省的电影国策调查书均主张成立一个独立于体制外的特设机构来推动电影国策的构建。为此，日本各界做了种种尝试，1935 年 11月 8 日财团法人——大日本映画协会成立，完成了电影国策机构的初步建设。

（一）映画统制委员会

为进一步推进电影国策的进展，内务省与文部省自 1933 年 9 月开始就电影国策机构等问题进行了多次会商，决定成立一个专门"对电影相关国策及其他主要事项进行调查审议，并就此等事项向内阁总理大臣及相关各省大臣提交建议"③的委员会。内务省与文部省联席会议对内务省提交《映画国策委员会案》、该委员会具体审议事项等进行了研议，并于同年 12 月提交内阁会议审议。"鉴于近时电影的娱乐价值及社会教化、宣传报道的文化使命愈加显著，对国民思想及社会生活的影响也愈加显著，其内容及公开方法方面需要国家关注之处颇多"④，1934 年 3 月 13 日内阁会议正式决定将映画国策委

---

① 「各国に於ける映画国策の概況」、『警察研究資料・各国に於ける映画国策の概況』、JACAR（アジア歴史資料センター）、Ref.A05020353200、国立公文書館。

② 「各国に於ける映画国策の概況」、『警察研究資料・各国に於ける映画国策の概況』、JACAR（アジア歴史資料センター）、Ref.A05020353200、国立公文書館。

③ 「映画国策ニ関スル件」、『第六十五議会参考資料』、JACAR（アジア歴史資料センター）、Ref.A04010507800、国立公文書館。

④ 「映画統制委員会及財団法人大日本映画協会ニ関スル件」、『警保局長決裁書類・昭和 11 年』、JACAR（アジア歴史資料センター）、Ref.A05032331100、国立公文書館。

员会命名为映画统制委员会。

映画统制委员会在组织上归内阁总理大臣直接监督，内务大臣任会长，其成员主要由内务省次官、文部省次官、内务省警保局长、社会局长、文部省社会教育局长、大藏省主税局长以及民间人士构成。该委员会还设置临时委员，临时委员从政府各部门的高官中选用。从人员构成来看，无论是委员还是临时委员，均为内务、文部、大藏等各部门的高级官员，这也体现出日本当局对电影国策和电影统制的重视。

3月13日，内阁会议同时还公布了《映画统制委员会规程》，规定"映画统制委员会在内务大臣的监督下，对电影统制及其他电影相关重要事项进行调查审议，并可就上述事项向内阁总理大臣或相关各省大臣提交建议"①，审议的内容涉及电影制作、配给、放映以及审查等环节，具体事项如下：

一、各官方部门电影行政的联络统制相关事项

二、各官方部门电影制作、配给、上映相关事业的联络统制相关事项

三、国产电影事业的指导统制及保护奖励相关事项

（1）外国影片输入相关事项

（2）电影制作业者的奖励、助成，特别是给予优良电影制作者的赞助费或奖金相关事项

（3）电影制作者的指导、监督相关事项

（4）国产电影海外销路的开拓相关事项

（5）通过电影宣传介绍日本文化相关事项

（6）国产电影胶片制造工艺确立相关事项

四、教化电影相关事项

（1）国家、公共团体等教化电影的制作、配给、上映相关事项

（2）教化电影制作者及配给者的指导、统制、奖励、助成相关事项

（3）电影馆教化电影的强制上映相关事项

（4）教化电影上映时观览税或上映税的减免相关事项

（5）对其他教化电影方策树立相关事项

五、电影审查相关事项

（1）青少年电影观览限制相关事项

---

① 「映画統制委員会規程」、『公文類聚・第五十八編・昭和九年・第三巻・官職二・官制二（外務省・内務省・大藏省・陸軍省）』、JACAR（アジア歴史資料センター）、Ref.A14100398800、国立公文書館。

（2）出口影片的审查相关事项

（3）内务省和海关对进口影片审查的统一相关事项

（4）电影的广告、说明相关事项

六、电影研究机构相关事项

七、其他电影相关重要事项①

从上述内容看，映画统制委员会主要针对电影事业的指导和教化电影的扶助以及电影审查事宜进行审议，该内容与上述内务省实施的各国电影国策调查中所关注的内容高度一致，其目的在于"对电影从消极审查走向积极扶植，从单纯取缔电影走向综合利用"②。

1934年4月7日，映画统制委员会举行成立大会，担任会长的内务大臣山本达雄在会上要求映画统制委员会的委员"对电影在现代社会中的重大使命给予充分认识，对电影相关各类问题进行慎重调查研究，制定有效而切实的对策"，其目的是"在消除电影弊端的同时，鼓吹和贯彻我国特有之日本精神，努力培养国民的知识教育、情操教养，以助于我国民文化的发扬"③，以此强化电影媒介对国策的服务功能。

映画统制委员会成立后召开了多次委员会和干事会，对电影统制相关事项进行了审议，同时在电影制作、电影审查方面尤其重视与文部、外务、陆海军、铁道、内阁、农林、递信、司法、商工、拓务等各部门的沟通和协调工作，并提出设置"电影制作研究机构""从对外文化宣扬的立场制定相应法令案"④等建议。除对电影统制相关事宜进行协议外，映画统制委员会的另一项任务是继续对各国电影国策、日本政府各部门电影利用状况及各地方政府电影放映费收取状况等进行调研。

经过各方面的积极推动，映画统制委员会主要取得如下成果：一是为配合即将进行的选举活动，在该统制委员会的协调下，在所有向内务省提交审查申请的影片上打上"选举肃正标志"，向观众灌输"选举肃正"理念；二是"为避免对我国国情产生错误认

① 「映画統制委員会ノ設立及其ノ内容」、『警保局長決裁書類・昭和11年』、JACAR（アジア歴史資料センター）、Ref.A05032331100、国立公文書館。

② 「映画統制委員会規程」、『公文類聚・第五十八編・昭和九年・第三巻・官職二・官制二（外務省・内務省・大蔵省・陸軍省）』、JACAR（アジア歴史資料センター）、Ref.A14100398800、国立公文書館。

③ 「映画統制委員会に於ける内務大臣挨拶」、内務省警保局：『活動写真「フイルム」検閲年報（昭和8年）』、東京：内務省警保局1934年、第80頁。

④ 「映画統制委員会に就いて」、内務省警保局：『活動写真「フイルム」検閲年報（昭和10年）』、東京：内務省警保局1936年、第78—79頁。

知"①，推动内务省针对出口影片出台了下文所述《输出活动写真胶片取缔规则》，强化对出口影片的审查力度；三是推动成立新的官民一体的电影国策机构财团法人——大日本映画协会，加强电影的国家统制与指导，这是映画统制委员会最为重要的工作。

需要指出的是，映画统制委员会尽管吸收了民间人士的参与，但其中起主导作用的依然是内务省等政府部门官员，且其主要功能是对电影国策进行调查研究，并不具有决议权，该委员会从本质上看是一个官方性质的咨询机构。

（二）大日本映画协会

如上所述，映画统制委员会是一个"以与电影相关的各省为构成要素的团体，且以对电影国策进行调查审议为第一要义的团体"②，其主要职责为"在相关各省的协力下，负责电影国策的调查审议"。换言之，该委员会所涉及的工作对象是政府内部与电影事业相关的管理部门，而要实现真正的电影国策，除了政府监管部门外，更需要包括电影制作、配送、放映等各环节的电影事业从业者参与其中，且作为一个调查审议机构，在执行力上存在着极大的缺陷。因此为强化"映画统制委员会电影国策的树立、实施"，建立一个"新的官民合同机构作为委员会外围团体"③ 势在必行。

1935 年 2 月 18 日，在第 67 次帝国议会上，时任社团法人帝都教育会长的松平赖寿提出"映画对策确立实施"议案，称当前日本的电影统制机构尚无法满足国家对电影实施统制指导的要求，由此建议对映画统制委员会职能进行强化和扩充，以"促进国民精神的涵养、文化的提升，同时提供健全的国民娱乐营养"④。

而映画统制委员会早在 1934 年 4 月 28 日召开的首次干事会上便提出成立电影协会的主张，并在随后分别围绕协会成立相关手续及经费等事宜进行了探讨，最终决定成立大日本映画协会，并指定内务大臣后藤文夫、内务省警保局长唐泽俊树、松竹社长大谷竹次郎、日活顾问横田永之助、日活社长松方乙彦 5 人担任设立委员。由于该协会的性质为捐助财产集合而成立财团法人，因此设立委员制定了《财团法人大日本映画协会寄附行为》等相关文件草案，并开始着手募集资金，为协会的成立做必要准备。

《财团法人大日本映画协会寄附行为》相当于该协会的章程文件，它对协会的团体

---

① 「第 69（特別）議会説明資料」、『種村氏警察参考資料第 47 集』、JACAR（アジア歴史資料センター）、Ref.A05020187000、国立公文書館。

② 「映画国策について（その一）」、『官報』第二七四三号、1936 年 2 月 26 日、東京：大蔵省印刷局、雑報第 1 頁。

③ 「映画統制委員会及財団法人大日本映画協会ニ関スル件」、『警保局長決裁書類・昭和 11 年』、JACAR（アジア歴史資料センター）、Ref.A05032331100、国立公文書館。

④ 「映画対策確立実施ニ関スル件」、『議院回付請願書類原議（十六）』、JACAR（アジア歴史資料センター）、Ref.A14081216200、国立公文書館。

属性、组织架构、日常运营等做了相应规定。按照该文件，大日本映画协会成立的目的是"消除电影对普通大众的负面影响，在有助于确保健全的国民生活的同时，为社会风教的维持和革新作出贡献，以此谋求电影事业的改善和发展"①。协会的管理层主要由会长、副会长、理事和评议员构成，主要来源于两类人：一是内务省警保局长、文部省社会教育局长及其他与电影业务相关的政府部门官员；二是电影业界学识经验丰富的民间人士，从而体现出"官民一体"的特点。

经过前期充分准备后，设立委员向内务省和文部省提交财团法人大日本映画协会成立申请。12 月 10 日，该协会成立大会在日比谷公会堂举行。内阁总理大臣冈田启介、内务大臣后藤文夫、文部大臣松田源治及其他政府官员、业界人士出席，财团法人——大日本映画协会正式宣告成立。

在成立大会上，会长斋藤实阐述了实施电影国策的紧迫性。他认为，目前日本电影事业的规模、技术、普及率以及影片内容等"无论从我国国策遂行的立场来看，还是从社会教化的观点来看，或是从国产电影的海外输出来看，还远未达到令人满意的程度"，因此必须采取措施对日本电影事业实施保护、指导和促进。在斋藤看来，这些措施的制定、实施和评价需要一个"官民一体的强有力的组织"来予以保障，而"大日本映画协会即为基于上述必要性而诞生的团体"。斋藤实对该协会的性质及任务作如下阐述。

> 本协会同样含有捐助行为，是一个有助于消除电影对普通大众的负面影响，以此确保健全的国民生活，同时对一国风教的保持和革新有所贡献，以此促进电影事业的合理发展，为此实现电影事业相关官民团结一致的团体。
>
> 今后为谋求国产电影事业的确立，协会将对最为具体而适当的方策进行调查研究，或谋求电影内容的质量提升，并有助于一国风教的革新，或为促进国产电影的海外输出而采取有效措施等，在电影整体领域促进其成长和发展，并在一定程度上有助于国家的发展。②

从斋藤实的发言来看，大日本映画协会不但继承了映画统制委员会的调查研究功能，还将按照上述调查研究实施相应具体措施，同时又是一个"官民一体"的公益团体，既能将民众及电影界的欲求向政府机构进行反映，又能将政府机构意志向民众和电影界

---

① 「財団法人大日本映画協会寄附行為」、『警保局長決裁書類・昭和 11 年』、JACAR（アジア歴史資料センター）、Ref.A05032331100、国立公文書館。

② 「大日本映画協会発会式における斎藤会長挨拶」、内務省警保局：『活動写真「フイルム」検閲年報（昭和 10 年）』、東京：内務省警保局 1936 年、第 86—87 頁。

进行传达。换言之，"作为日本电影国策的中枢机构"的大日本映画协会是一个兼具决策机构与执行机构性质的"电影国策推行的推进器"①。

兼任常务理事的内务省警保局长唐泽俊树在发言中也强调了大日本映画协会成立的重要意义。他认为，"电影的内容及公开方法是否适当是左右民众福祉的重大事件"，因此电影统制对国策推行具有重要意义，但要想激发电影事业的"国策宣传"活力，"仅靠政府的行政措施是无法达其目的的"，需要一个能够充分发挥政府、业界及民间合力，"将电影界团结起来的团体"②，而大日本映画协会就是为弥补主要由政府官员构成的映画统制委员会的不足而新设的电影国策机构。

大日本映画协会成立后，在内务省的领导下开展了一系列电影宣传活动。如发行机关杂志《日本映画》，主要刊发协会活动简报及日本电影事业相关宣传报道，发布电影相关研究成果，同时"作为世上流传的各种电影杂志的模范式存在，努力为大众影迷提供高尚、健全、明朗的电影趣味"③。此外，积极推动电影公司拍摄科学、文化类电影，并要求内务省和文部省下达命令强制此类电影的放映，同时举行优秀电影制作研讨会和比赛，从影片内容及体裁上对电影事业实施积极引导，"推进电影在国民生活充实提升和社会教化上的作用，消除电影的负面影响，努力确保国民精神，维持、革新社会风教"④。

1939 年 4 月，《映画法》正式颁布后，大日本映画协会被指定为电影导演、摄影及演员的技能审查机构，只有获其颁发的技能证明书方具有从事上述工作的资格，此举不但极大提升了该协会的政治地位，也从影片制作人的角度出发，确保并强化了电影事业的国策遵循与引领。

随着日本电影事业的发展及国内外局势的变化，对大日本映画协会实施强化改组的呼声日趋强烈。1941 年 2 月，该协会成立由内务、文部、情报局及电影业界 25 名委员构成的大日本映画协会机构扩大准备委员会，开始对其改组进行探讨，并提出了改组大纲，对该协会的机构改革确立了指导性纲领。按照改组大纲，大日本映画协会在内部对事务局进行了扩充，形成了新的"部会制"，并增设了映画审议会和专业委员会，分别

① 「映画国策について（その一）」、『官報』第二七四三号、1936 年 2 月 26 日、東京：大蔵省印刷局、雑報第 1 頁。
② 「大日本映画協会発会式における唐澤常務理事報告」、内務省警保局：『活動写真「フイルム」検閲年報（昭和 10 年）』、東京：内務省警保局 1936 年、第 88—89 頁。
③ 「財団法人大日本映画協会ノ設立及其ノ内容」、『警保局長決裁書類・昭和 11 年』、JACAR（アジア歴史資料センター）、Ref.A05032331100、国立公文書館。
④ 「第 68 議会参考資料」、『種村氏警察参考資料第 45 集』、JACAR（アジア歴史資料センター）、Ref. A05020177600、国立公文書館。

负责"电影相关重要事项的调查审议"和"电影相关专业事项的调查审议"①；在外部则从 5 月 1 日起将当时主要的三大电影团体——大日本映画事业联合会、全日本映画人联盟和日本映写技术协会，统合进大日本映画协会。此后协会的活动更加活跃，组织了大量部会活动。据统计，自 1942 年 7 月至当年末，该协会共举办制作部会 18 次、映写部会 8 次、营业部会和宣传部会各 7 次、技术部会 5 次、文化影片研究会 12 次、电影音乐研究会 3 次。② 此外，还与著作权协会举行多次关于电影著作版权的协议会。

除上述政府主导成立的电影统制机构外，军部也积极参与军事相关电影国策机构的建设，要求在军部主导下"按照军部意志设立一个特殊电影制作机构"，同时设立作战电影研究所作为该机构的"秘密指挥部"，主要负责"与武力战相适应"的影片的制作，并根据战争推行需要开展"宣传战电影的配合上映"，对内"昂扬士气、增强战力"，对外"宣布皇道，引发敌国内部崩溃，暴露致命弱点，酿成反战败北思想"③。因此，在军部看来，该机构是一个能够最大程度体现国策方向的电影统制机构。

二、完善电影统制法规，为电影国策提供法律保障

鉴于电影在宣传方面的影响力，日本当局充分认识到"必须将电影作为思想政策之一翼"④。为更好地发挥电影媒介在内外宣传中的作用，日本当局出台了一系列统制法规，强化了对电影事业的监管，为电影国策的推行提供了法律依据。整体来看，战时日本电影法制建设体现出消极统制和积极利用相结合的特点，这与电影国策理念保持了高度一致。

首先，以取缔为特征的统制法规在立法频度、执法力度方面保持高压态势，促进了电影产业生态向单一化方向发展，从而为电影国策的推行提供了政策手段。

第一，不断升级审查力度，以确保影片内容与日本国策保持一致。第一部日本国内电影事业监管法令是 1925 年 5 月颁布的第十号内务省令——《活动写真影片检阅规则》。该法规规定所有影片在放映前须提交内务省审查，审查的重点是影片是否含有"有碍于公安、风俗或健康上"的内容，且"审查官员或警察官吏可在供影片多人观看的场所实施临检"⑤，以防止放映影片与过审影片不一致的现象出现。7 月 1 日，该法令正式实施

① 大日本映画事业联合会编：『日本映画事业联合会事业志』、东京：大日本映画事业联合会 1942 年、第 29 页。
② 日本映画杂志协会编：『昭和十八年版映画年鉴』、东京：日本映画杂志协会 1943 年、第 372 页。
③ 「（厳密）作戦映画研究所」、『総合宣伝戦の必須要綱・大東亜建設根本要項・大東亜建設実施基本方策・宣伝戦技術研究所　高嶋少将史料』、JACAR（アジア歴史資料センター）、Ref.C14010460400、防衛省防衛研究所。
④ 舘林三喜男：「映画統制の精神」、『日本映画』1938 年 5 月号、第 9—13 页。
⑤ 「活動写真『フィルム』検閲規則」、『本邦ニ於ケル写真撮影並活動写真取締関係雑件』、JACAR（アジア歴史資料センター）、Ref.B04012493800、外務省外交史料館。

后，日本国内电影开始采用统一审查制度，特别是九一八事变后日本在华军事行动的进展及国际局势的变化更是刺激了电影事业的发展，申请审查的影片数量剧增。据统计，仅 1932 年 7 月至 1933 年 6 月一年间每月提交审查申请的影片平均达 1352 件，胶片长度达 1348792 米。[①]

但在日本当局看来，数量如此庞大的影片中质量低下者不在少数，特别是与国民精神总动员运动格格不入者众多。因此，内务省进一步强化了影片审查力度，同时为确保审查的可操作性，出台了《审查内规》，明确了"将内容审查作为审查事务核心"[②] 的审查原则，着重关注是否含有损皇室尊严、破坏国体政体等政治性内容及传播消沉懈怠、有损德育等公序良俗内容。凡涉及任何一条，则不予通过或将上述内容删除后重新审查。此外，日本当局还根据《出版法》《新闻纸法》及《广告物取缔法》（1911 年 4 月 7 日颁布）等法律将电影广告纳入监管和审查范围，并对影片的放映征收"国税营业收益税"及根据电影票、座位数等征收"杂税、娱乐税或观影税"[③]。

鉴于电影在对外宣传方面的重要性，为防止输出至海外的日本影片存在与日本国策相悖的内容，内务省于 1935 年 10 月又针对出口影片出台了第 63 号省令《输出活动写真影片取缔规则》，规定所有出口影片凡涉及"一、冒渎皇室尊严或有损国家威信；二、损害与外国之间亲善关系；三、对国民生活抱有误解或恶意；四、有损政治、军事、经济及其他重大国家利益"[④] 等内容均禁止出口。对于已经过审的影片，该法规规定必要时负责审查的部门可随时实施临检并可根据具体情况撤销许可证明。

上述以行政审查为主要手段的取缔性法令在一定程度上降低了电影事业背离"国策性"指向的风险，但这些法令的出发点是对电影实施消极控制，这与负有"国策宣传"使命的电影媒介的地位极不相符，也不能满足日本当局强化舆论统制和战时宣传的政策诉求。此外，各电影公司为了竞争电影市场份额，大量不符合国家宣传需求的"粗制滥造品"影片被制作出来，"严重状况甚至更加恶化"[⑤]，对电影事业实施积极统制的呼声日益高涨。

---

① 「活動写真フィルム検閲概況」、『第六十五議会参考資料』、JACAR（アジア歴史資料センター）、Ref. A04010507800、国立公文書館。

② 「検閲標準ノ大要」、『第六十五議会参考資料』、JACAR（アジア歴史資料センター）、Ref. A04010507800、国立公文書館。

③ 「映画ニ関スル法規査報方ノ件」、『本邦ニ於ケル写真撮影並活動写真取締関係雑件』、JACAR（アジア歴史資料センター）、Ref.B04012493800、外務省外交史料館。

④ 「輸出活動写真フィルム取締規則」、『内務大臣決裁書類・昭和 10 年（下）』、JACAR（アジア歴史資料センター）、Ref.A05032034000、国立公文書館。

⑤ 岩崎昶：「日本映画界決算」、『日本映画』1937 年 12 月号。

第二，召开电影行业"恳谈会"，扶助文化影片，引导并强化电影事业对国民精神总动员运动的认同与参与，从而在政策上为电影国策的实施提供保障。随着战时体制的形成及舆论统制的强化，日本当局在推行的一系列情报宣传计划中虽将电影这一宣传媒体纳入其监管范围之中，但电影监管手段仅仅停留在影片审查的层面，既缺乏针对电影统制的专项法令，也没有针对国策宣传的需要制定具体的指导政策。换言之，一方面电影"在教化、宣传、报道等方面逐渐发挥显著功能"，另一方面"电影政策未脱离消极范围，对其加以积极利用和助其发展的积极方策尚有欠缺"①。为此，日本当局开始寻求对电影的积极统制之策，特别是日本侵华战争全面爆发后，这种倾向愈加明显。

日本侵华战争全面爆发一周后，内阁情报委员会召集日本电影制作单位负责人座谈，要求各单位以新闻纪录片为宣传武器为"举国一致"的国策提供协助。8月24日，《国民精神总动员运动决议》在内阁会议通过后，28日内务省即召开电影界人士"恳谈会"，要求"对决定国民精神动向最为重要之电影界"从根本上解决营利主义及过度竞争所带来的"国策性"指向减弱的问题，"按照时局下国民精神总动员之主旨，倾注全力全面提升影片质量"，同时加大对国民精神总动员运动的协助力度，"努力通过电影振奋健全明朗之国民精神，以此实现电影报国之果实"②。

9月，内务省向电影制作单位发出通知，宣布影片中不可出现诸如对应召军人家庭悲剧进行夸张描写等对国民思想产生动摇的内容。1938年7月，内务省警保局进一步强化电影审查，对与时局宣传格格不入的影片加大了取缔力度，同时召集各电影制作公司的编剧召开座谈会，要求电影内容应反映"日本精神"和"国策思想"。此后，日本当局又强化了对外国输入影片的限制，同时鼓励"优秀国产影片"特别是文化影片的制作和放映。

为扶助文化影片的发展，日本当局可谓煞费心机，除了在资金和政策方面给予一定倾斜外，还在影片时长上下功夫，以解决电影胶片不足带来的文化影片产量不足，从而导致电影"国策性"指向减弱的问题。内务省警保局认为，放映时长过长不但影响观众的身心健康，也会产生"诸种风俗上之弊端"，而且还会让国民陷入过度娱乐之中，导致其"厌恶勤劳，放弃其本来业务，招致享乐主义之淫靡弊风，对健全踏实的国民精神的确立产生妨碍"③，从而在一定程度上影响国民精神总动员运动的实施。鉴于此，

① 「第七十四議会に於ける映画法案審議事録抜粋」、『第七十四議会に於ける映画法案審議議事録抜粋／ 1939 年』、JACAR（アジア歴史資料センター）、Ref.B10070249200、外務省外交史料館。
② 佐々木能理男：「映画企業と精神動員」、『キネマ旬報』1927 年 11 月 1 日号、第 8—9 頁。
③ 「映画興行時間短縮ニ関スル件」、『内務大臣決裁書類・昭和 12 年（下）』、JACAR（アジア歴史資料センター）、Ref.A05032039700、国立公文書館。

内务省于 1937 年 11 月发布第 55 号省令，要求"常设放映场的影片放映时长须控制在 3 小时以内，使用的胶片长度，无声电影不得超过 4500 米，有声电影不得超过 5000 米"①。但应看到，限制放映时长的根本目的不过是在胶片供应不足的情况下试图通过压缩其他种类影片长度和制作成本来促进为国民精神总动员运动所制作的宣传影片即文化影片的发展，从而"不知不觉间引导大众形成正确时局认知，涵养为克服非常时期应具备之国民精神"②，以此塑造全民参与国民精神总动员运动的舆论氛围。

综上，无论是电影"恳谈会"还是限制影片时长的规定，其最终目的都是试图通过改变电影经营机制来强化对电影事业的引导，可以看作是为"即将到来的积极电影行政"③ 所做的准备，是战时电影统制由消极向积极转变的开端。然而，从实际执行情况来看，内务省的上述诉求似乎并未达到预期。尽管各电影机构严格执行了 3 小时放映时长的限制，但因此而节省下来的时间并未让位给文化影片。电影题材依然集中在受观众欢迎的故事影片，这在内务省看来上述政策基本等同于形同虚设。

其次，突破现行电影法规局限性，推行"积极的"电影统制方针，并将其升级改造为更具权威性和约束力的电影法案——《映画法》，从而为电影国策的实施提供法律指引和保障。

受日本侵华战争全面爆发后信息需求和宣传诉求激增的刺激，电影事业在宣传方面的作用得以进一步凸显，据统计，1937 年日本电影观览人数达到 2.94 亿多人，如此庞大的受众彰显了电影在宣传方面的巨大影响力和价值。内务省据此认为，"要强化国民思想团结，必须将电影作为思想政策之一翼，在最前线进行积极动员"，并在强调电影统制"必须采用基于国家立场的统制形态"④ 基本原则的同时，积极谋求电影监管模式改革，推动其"从消极的审查第一主义向积极的电影助长主义，从单方面的电影取缔到综合性的电影利用"⑤ 发展。而要实现此目的就必须"将电影统制作为一个法律问题加以考虑"⑥，即以权威性法律形式对积极的电影统制政策予以确认和加以保障。

鉴于此，内务省自 1937 年 11 月起开始着手电影法案的起草工作，并于 1938 年 5 月完成《映画法律案要纲》，对电影法案作了纲领性的设定，框架性提出电影统制三原则：一是许可制原则，即在电影的制作、配售、放映等各个环节均须获得官方许可，同

① 「活動写真ノ興行時間及フイルムノ長サノ制限ニ関スル件」、『内務大臣決裁書類・昭和 12 年（下）』、JACAR（アジア歴史資料センター）、Ref.A05032039700、国立公文書館。
② 増谷達之輔：「戦争映画の精神」、『日本映画』1937 年 11 月号、第 58—60 頁。
③ 舘林三喜男：「興行時間の短縮に就て」、『日本映画』1938 年 2 月号、第 62—65 頁。
④ 舘林三喜男：「映画統制の精神」、『日本映画』1938 年 5 月号、第 9—13 頁。
⑤ 舘林三喜男：「日本映画の強制上映」、『日本映画』1936 年 10 月号、第 20—21 頁。
⑥ 大日本映画協会：「映画法を廻る座談会」、『日本映画』1938 年 4 月号、第 2—24 頁。

时电影制作单位及放映单位均须达到一定标准方可营业；二是取缔性原则，参照《出版法》《新闻纸法》等法律确定"禁止拍摄的特定事件"及禁止拍摄的特定区域，同时完善审查体制，扩大映画统制委员会权限，强化对"国内上映电影及输出电影的审查"①；三是指导性原则，根据政府宣传需求，采取措施鼓励并扶助国产电影和教化电影的制作和放映。该法案要纲虽然只涉及框架性内容，还未形成具体的条文规定，但它所确立的"许可制"及"取缔性"和"指导性"相结合的原则及统制对象覆盖电影制作、流通、放映等全部环节的做法为日后《映画法》的统制方针提供了原型。

1938 年 7 月，上述法案要纲形成条文化草案后，在内务省的主导下进入该法案草案的征求意见环节，外务、陆海军等部门均对该法案提出了修改意见，如外务省建议将外交相关内容列入禁映范畴，并将外务省指定为管理及审查机构，主张"电影依据命令由内务及外务两省实施审查"②。内阁情报部和陆军省情报部建议成立电影审议委员会，负责台本及影片的审查等"电影政策相关重要事项"③的咨询。法制局则从法律规范的角度出发提出"应在第一条解释法律目的"④，即新增第一条，对法律目的加以说明。

在吸收上述建议的基础上，内务省、文部省于 1938 年 12 月 28 日公布了经过修订后的法案要纲，1939 年 1 月 30 日公布了《映画法》草案。内阁会议于 3 月 4 日对该草案进行审议后提交第 74 届帝国议会审议。在审议过程中，内务大臣木户幸一对《映画法》的提案理由进行了说明。木户首先对电影在国民生活以及国家政治生活中的作用给予了充分肯定，但同时他认为日本电影事业的现状存在诸如制作数量过多、普及流通不够、放映设施偏少等诸多不足，"不但妨碍电影事业的健康发展，在促进国民文化的提升上也做得不够，留有遗憾"。因此，木户认为当务之急是借助《映画法》实现对电影事业的国家统制，"将本法作为我国电影行政的根干，在实施上与各项行政措施相辅相成"，并一再强调"许可制"和"取缔性"原则并非对电影事业的约束和管制，相反是为了促进电影事业体制的改善，"以此谋求电影质量的提升及电影事业的健康发展"⑤。

① 「映画に関する法律案要綱」、『種村氏警察参考資料第 48 集』、JACAR（アジア歴史資料センター）、Ref.A05020188700、国立公文書館。

② 「映画法草案に対する外務省意見」、『種村氏警察参考資料第 102 集』、JACAR（アジア歴史資料センター）、Ref.A05020286700、国立公文書館。

③ 「映画法草案に対する内閣情報部、陸軍省情報部意見」、『種村氏警察参考資料第 102 集』、JACAR（アジア歴史資料センター）、Ref.A05020286800、国立公文書館。

④ 「舘林三喜男日記」1939 年 2 月 27 日条。引自加藤厚子：「日中戦争期における映画統制——映画法制定をめぐって」、『史学雑誌』2000 年第 6 号、第 1176 頁。

⑤ 「第七十四回帝国議会衆議院映画法案委員会議録（速記）第二回」、1939 年 3 月 11 日、第 1 頁。「国会会議録検索システム検索用 API」、https：//teikokugikai-i.ndl.go.jp/#/detailPDF?minId=007410102X00219390311&page=1&spkNum=0&current=29。

然而，该法案在审议过程中还是引发了议员们对其所谓"积极性"的质疑和批判。议员普遍认为由于该法案取缔性、限制性措施过多，"能够被视为积极的规定不过二三条"，因此他们尖锐指出，该法案其本质上仍未脱离传统的以"取缔"为主的消极电影统制，不过是"在维持我国电影事业消极现状的状态下对电影事业的立法化"①。而政府却坚称该法案是"树立电影国策的根干"②，此后制定的所有电影国策具体措施都应以该法律为基础。换言之，如果《映画法》无法通过审议，则电影国策也就无从谈起。尽管内务省和议员之间对《映画法》草案存在认知上的不同，但双方均认为战时加强电影法制建设是有必要的。因此，该法案于 4 月 4 日在议会得以通过并于翌日正式公布。

为推进该法令的实施，日本当局以敕令形式于 9 月 26 日颁布《映画法施行令》，对《映画法》中所涉及的"电影制作业"和"电影配给业"的范围进行了界定，并对其中所涉及电影业各环节的主务大臣进行了规定。9 月 27 日，内务、文部、厚生三省共同发布了《映画法施行规则》，对《映画法》所有条文中所涉及的内涵及实施细则进行了法律解释，进一步提升了《映画法》的可执行性。

日本各阶层认识到电影"对国民文化进展有所帮助"，而国民文化的提升又离不开"电影质量的提升和电影事业的健康发展"③。基于此共识，《映画法》明确了其立法目的为"有助于国民文化的发展，促进电影质量的提升，实现电影事业的健全发展"④。换言之，该法案的目的是试图将电影纳入到国民总动员体制下，使之成为促进战时日本文化发展和思想形成的重要手段。为此，《映画法》确立了如下电影统制政策。

第一，电影的制作和配给实行许可制，电影机构从业资格需获得官方许可，并在相关部门登记备案，且政府出于"危害预防、卫生及其他公共利益保护方面之必要"，可发布行政命令对电影制作、配给实施限制，也可随时撤销许可或取消其资格，从而在电影产业准入机制方面强化"电影的国家性和公共性"，促进电影业在"教育、教化、宣传、

---

① 「第七十四回帝国議会衆議院映画法案委員会議録（速記）第七回」、1939 年 3 月 17 日、第 4 頁。「国会会議録検索システム検索用 API」、https∶//teikokugikai-i.ndl.go.jp/#/detailPDF?minId=007410102X00719390317&page=4&spkNum=15&current=23。

② 「第七十四回帝国議会衆議院映画法案外一件委員会議録（速記）第三回」、1939 年 3 月 13 日、第 4 頁。「国会会議録検索システム検索用 API」、https∶//teikokugikai-i.ndl.go.jp/#/detailPDF?minId=007410102X00319390313&page=2&spkNum=4&current=27。

③ 「映画法逐条解説」、『映画法逐条解説』、JACAR（アジア歴史資料センター）、Ref.A04010505600、国立公文書館。

④ 「映画法」、『御署名原本・昭和十四年・法律第六六号・映画法（勅令第六百六十七号参看）』、JACAR（アジア歴史資料センター）、Ref.A03022332300、国立公文書館。

报道、慰安等各方面"作出"积极的协助"①。

第二，从积极和消极两方面强化电影的"国策宣传"功能。一方面，设立专项经费对"有助于国民文化提升的影片实施奖励"，以强化对电影宣传导向的引导；另一方面，确立了"强制放映"原则，要求电影放映机构在指定时间内必须放映由文部大臣认定的"有助于国民精神涵养和国民智慧提升的电影"，且规定"电影放映机构在每次放映时必须同时放映符合上述规定的电影胶片250米以上"②，从而在放映内容和放映时长方面确保"启发宣传所需影片"的宣传效果。同时，该法规定主管大臣认为必要时"可对电影制作业者、电影配给业者及电影放映业者发布关于应制作的电影种类或数量的限制、电影的配给调整、设备的改良或不当竞争的防止等必要事项的命令"③。该项规定为日本当局干预电影事业经营权及实施电影配给一元化提供了依据。

第三，强化对国产和进口影片的审查力度，规定未通过审查的国产影片不得在国内放映及向海外输出，并可随时发布命令对"已审查合格影片的输出及放映实施限制或禁止"④。审查标准除前述《输出活动写真影片取缔规则》所确定的原则外，新增"鼓吹扰乱朝宪思想""扰乱善良之风俗、致使国民道义颓废"及"有碍于国民文化发展"⑤等内容，表现出日本当局对电影在思想文化引领和塑造方面的诉求。而对于引进的外国影片，该法规定当局有权对其配给和放映种类、数量实施限制。

综上，《映画法》除了进一步强调对电影实施"事前审查"，在电影制作、配给、放映等环节全面推行"许可制"，强化对电影的全过程、全方位监管外，还注重通过资金支持及政策倾斜等形式扶助符合日本当局宣传诉求和价值观的"优秀影片"的制作和普及，从而体现出了《映画法》在电影统制方面有别于传统电影法规的"积极性"。

三、电影国策的内容

如前所述，电影国策的初衷是实现对电影事业的积极指导和统制，以发挥电影的"国策使命"，处于内务省等政府机构监管下的映画统制委员会和其实施机构大日本映画

---

① 「映画法逐条解説」、『映画法逐条解説』、JACAR（アジア歴史資料センター）、Ref.A04010505600、国立公文書館。

② 「映画法施行規則」、内務省警保局：『活動写真フイルム検閲年報（昭和13年）』、東京：内務省警保局1939年、第119頁。

③ 「映画法」、『御署名原本・昭和十四年・法律第六六号・映画法（勅令第六百六十七号参看）』、JACAR（アジア歴史資料センター）、Ref.A03022332300、国立公文書館。

④ 「映画法」、『御署名原本・昭和十四年・法律第六六号・映画法（勅令第六百六十七号参看）』、JACAR（アジア歴史資料センター）、Ref.A03022332300、国立公文書館。

⑤ 「映画法施行規則」、内務省警保局：『活動写真フイルム検閲年報（昭和13年）』、東京：内務省警保局1939年、第116頁。

协会是电影国策推行的主体，"作为日本电影国策的中枢机构"①，加强了政府部门、电影业界、电影观众之间的联系，其内容综合起来看主要体现在以下几个方面。

首先，在电影制作和放映方面，影片内容质量的高低、影片导向的好坏均左右着电影国策的推行，电影制作环节由此成为电影国策的核心，最为日本当局所关注。电影制作方面的电影国策主要包括：

第一，鼓励和推动"优秀影片"的制作。在日本当局看来，当时日本出产的影片普遍存在内容消极、过于娱乐化、国策指向淡薄等倾向，对民众的精神、思想产生负面影响，使得国家对电影的诉求无法得到贯彻，从而对"总体战"体制的推行造成一定阻碍。为此，必须改变"立足于极端营利心理的制作方针"，引导制作"优秀健全的娱乐电影"。鉴于此，一方面内务省通过审查制度加强了对"不良影片"的打击和取缔，另一方面文部省通过奖励和推荐制度促进"优秀影片"的制作和上映，而映画统制委员会和大日本映画协会则通过电影制作大赛、电影制作人员表彰等方式对内务省和文部省的上述政策进行回应，同时还设立了电影演员学校、电影技术学校等教育机构和研究机构，对其在政策和资金方面提供扶持，促使其按照政府需求规格进行电影人才培养，以实现"优秀娱乐电影的制作"②。

第二，推动文化影片的拍摄。"文化影片"译自德国电影公司乌发（UFA）公司制作的教育科学类系列纪录片"Kulturfilm"一词，其内涵因各国政府的界定而有所差异。就日本而言，《映画法》第 15 条所涉及"对国民教育有益的特定种类的影片"③，即为文化影片，由文部省负责认定。凡涉及歪曲日本历史事实、违背教科书内容、诱导青少年犯罪等"对青少年教育产生妨碍"④内容的影片均不具有文化影片的申请资格。文化影片的认定标准为：

> 一、给予认定的文化影片应当与政治、国防、教育、学艺、产业、保健等相关，且有助于国民精神的涵养和国民智慧的启发，且不可为故事影片。但在不歪曲取材真实性的范围内，部分内容可介入故事要素。

① 「映画国策について（その一）」、『官報』第二七四三号、1936 年 2 月 26 日、東京：大蔵省印刷局、雑報第 1 頁。
② 「映画国策について（その二）」、『官報』第二七四九号、1936 年 3 月 4 日、東京：大蔵省印刷局、雑報第 1 頁。
③ 「映画法」、『御署名原本・昭和十四年・法律第六六号・映画法（勅令第六百六十七号参看）』、JACAR（アジア歴史資料センター）、Ref.A03022332300、国立公文書館。
④ 「一般用映画認定ノ標準」、『種村氏警察参考資料第 68 集』、JACAR（アジア歴史資料センター）、Ref.A05020224700、国立公文書館。

二、给予认定的文化影片要素如下：
    （一）含有一惯性的指导内容
    （二）取材内容正确
    （三）电影表现力适当
    （四）能够让普通电影观众理解

三、下述电影可列入认定对象：
    （一）广告电影中其内容不涉及营利且内容优秀的影片
    （二）观光或风景电影中涉及民族性、历史性、风土性等内容的影片 ①

从上述标准来看，日本当局所认定的文化影片的范围是比较宽泛的，除故事影片之外的其他电影均在认定范围内，但文部省在实际认定过程中却是极为严格的，有些影片被公认为文化影片，但却因其内容无法体现"国策性"或"国策性"指向较弱而无法获得文部省的认可。换言之，"被文部大臣认定为不适合指定上映对象的影片不能称其为文化影片"。这说明虽然文部省制定了判断的标准，但文化影片概由当局判断，这也为日后日本文化影片的发展趋势埋下了伏笔。②

其次，在电影配给方面，电影国策的推行固然受影片内容影响，但作为连接影片制作单位和观众之间的中间环节，负责影片选择和配给的影片配给业务会在很大程度上影响电影国策的发展方向和实施效果。为此，日本当局在电影配给方面针对国产电影和进口电影采取了截然不同的政策。

第一，鼓励国产电影向海外输出。日本当局对日本电影的输出现状极端不满，认为国产电影的配给范围多限制在日本国内，输出数量极少，不但在利润回报率上无法满足电影产业的发展，且输出影片受众主要集中于海外日本人，这就造成了"利用电影所具有的宣传威力，对我国政治、经济、社会、民情进行真实宣传介绍，以此推动外国民众对我国形成正确舆论的欲求在事实上无法达成"，必须采取措施鼓励国产影片的海外输出。一方面，取消《输出活动写真胶片取缔规则》对国产影片海外输出的限制；另一方面，设立影片输出鼓励资金，为影片输出提供政策和资金方面的支持。

第二，限制海外电影向日本输入。由于电影在价值观塑造和价值观输出上具有其他宣传媒介所不具有的优势，因此电影往往成为各国向他国实施对外宣传的重要工具。鉴于此，

---

① 「文化映画認定ノ範囲及標準」、『種村氏警察参考資料第 68 集』、JACAR（アジア歴史資料センター）、Ref.A05020224600、国立公文書館。
② 小林真二：「日映時代の坂口安吾をめぐるノート（二）：日映の文化映画」、『語学文学』2006 年第 44 号、第 12 頁。

日本当局对海外电影向日本输入采取了极为谨慎的态度，对于国际上普遍采用的"比例法"，即按照电影公司面向海外输出的国产影片数量来决定其可从海外输入的进口影片数量的做法提出了异议。理由之一为日本电影市场中海外影片所占比重本就极低，若实施"比例法"反而会提升其比重，不利于国内电影产业的发展；之二为忌惮外国电影中所具有的煽动性和宣传性"对我国青少年阶层令人担忧的影响"①。因此，日本当局要求电影放映机构在制订影片放映计划时必须强制性设置国产影片比例，以限制海外影片的比例。

最后，在电影上映方面，日本当局的电影国策对电影产业的终端放映环节也实施了严格管制，不但强制规定国产影片和进口影片的放映比例，还统一了国产电影和进口电影的审查机构，将原来分属内务省和海关的审查权统一归由大日本映画协会来实施。此外，还在影片类型和放映时间上作了相应规定。

第一，推行文化影片强制上映体制。虽然日本当局对文化影片的制作实施了鼓励和扶助措施，但对观众最具有吸引力的依然是情节丰富的故事影片，放映机构出于经济利益的考虑也多将故事片列入放映计划，因此要发挥文化影片的宣传作用，"仅仅拘泥于供给问题是永远无法解决强制上映问题的"②，必须加大文化影片的上映率，为此大日本映画协会向内务省和文部省提出强制文化影片上映时免征上映税和观影税等建议，并提供一定经济补助，以对冲文化影片上映导致观众数量减少所带来的经济损失。

第二，对影片放映时间和放映周期进行限制。1937 年 11 月，内务省发布省令，要求全国电影放映机构每次电影放映时间不得超过 3 小时，这就对电影制作环节形成倒逼，以"扶助和促进优秀电影"的制作和放映。此外，为促进文化影片等优秀电影的发展，日本当局在放映环节延长了电影放映周期，将放映周期由原来的 7 天延长至 10 天，以便让制作单位有更多时间来生产优秀影片，以防止因放映周期过短而引起的恶性竞争，造成影片质量的下降。

综上所述，电影国策的初衷是通过强化政府部门、电影业界、电影观众三者之间的联系，实现电影制作、配给、放映三个环节之间的一元化统制，对电影事业实施积极指导和统制，以发挥电影的"国策使命"。它是各方面综合要素共同作用的结果，其中电影统制机构的建设为电影国策理念的提出、确立和发展奠定了基础，电影统制法规的完善为电影国策的推行提供了政策保障，而日本当局和电影业界实施的业界格局重构共同推动了电影国策的落实和向纵深发展，强化了电影业界对电影国策的认同和参与。

---

① 「映画国策について（その三）」、『官報』第二七五五号、1936 年 3 月 11 日、東京：大蔵省印刷局、雑報第 1 頁。

② 「映画国策について（その三）」、『官報』第二七五五号、1936 年 3 月 11 日、東京：大蔵省印刷局、雑報第 1 頁。

第二节　确立电影新体制，加强对电影事业的积极统制

如前所述，电影国策理念的形成及大日本映画协会的成立推动了战时日本电影向"国策性"指向发展。在此过程中，日本当局一步步强化了对电影事业的统制。特别是随着近卫内阁上台后日本国家层面的"战时体制"的确立，建立与"战时体制"相适应的电影新体制逐渐被提上日程。电影新体制是电影国策在日本战时发展到特定阶段的表现形式之一，其主要体现在影片制作、配给和上映等电影事业的各个环节。

一、加强电影业界联合，完善电影新体制的组织领导

电影新体制不是一个单纯的理念或口号，作为电影国策的表现形式之一，它是为适应日本"战时体制"而形成的电影界的新体制，而电影新体制是在内阁情报部及后来的情报局、内务省等政府部门的推动下，依靠合并、联合等手段改变电影业的组织形态来实现的，其具体表现就是不同类型电影统制团体的成立。

第一，以日本当局为主导推行的电影国策机构建设，不但为电影国策的实施提供了组织保障，也在电影新体制构建过程中推动电影国策理念日臻完善。

为充分发挥以时局为主要题材的新闻影片以及文化影片所具有的"启发宣传力"及对日本国策的宣传功能，日本当局各部门自日本侵华战争全面爆发后开始积极探讨成立"国策电影团体"，试图借助一元化电影统制机构的强制力来谋求电影的国策宣传功能。

在日本当局看来，由于缺乏统一监管，新闻影片制作方面的无序竞争不但造成了资材的极大浪费，也给电影监管带来了极大不便。为此，政府各部门建议"设立综合各制作公司力量的一大新闻影片机构，将制作、配给及与外国新闻影片公司实施交换销售等事业统一起来"，以实现"影片的优良性和经济性，并最有效达成政府目的"。该机构的主要业务是负责新闻影片、文化影片等"以国民教化、内外宣传等为目的的影片"的制作、配给和上映，同时在政府指导下"与外国进行新闻影片、国民教化、学校教材、学术研究、对内外宣传影片的交换及特约销售"，从而实现"一方面促进新闻影片对国民教育的进步发展，另一方面使对外宣传更加有效适当"[①] 的目标。应该说，该方案是日本当局按照电影国策的要求，针对新闻影片和文化影片等"国策影片"而制定的统制方案，其体现出的"一元化统制"思想对日后电影新体制的形成和发展均具有重要指导意义。

为进一步细化该方案，日本当局于1939年12月成立了演剧映画音乐改善委员会和映画委员会两个调查审议机构对上述国策电影公司的成立开展调研。其中，前者设于文

---

① 「大日本国策映画会社（仮称）設立案」、『大日本国策映画会社（仮称）設立案』、JACAR（アジア歴史資料センター）、Ref.A15060362200、国立公文書館。

部省，职责是"在文部大臣的监督下，回应其咨询，并对演剧、电影、音乐等改善相关事项实施调查审议"①；后者设在内务省，主要负责"在内务大臣的监督下，回应内务大臣、文部大臣及厚生大臣的咨询"，并对《映画法》实施过程中的重要事项进行调查审议，同时还可"针对电影相关事项向相关大臣提交建议"②。

为助推该方案的实施，内阁情报部要求各部门对该国策电影公司的业务予以扶助，在宣布"对该公司的新闻影片拍摄提供便利"的同时，要求"各部门计划推出的教化、宣传及教材等影片均委托给本公司制作"③，并在组织上、政策上、业务上落实该方案的实施。

在组织上，内阁情报部积极推动朝日新闻社、东京日日新闻社、读卖新闻社和同盟社四家机构将各自新闻影片制作业务剥离出来，以"实现事业的联合、强化"④，最终于1940年4月9日合并成立一元化新闻影片制作配给公司——日本新闻映画社，负责制作并向日本国内外发行新闻影片，从而"迈出了新闻影片统合的第一步"⑤。

在政策上，内务省、文部省、厚生省于1940年9月对《映画法施行规则》进行修订，将强制上映的影片范围由文化影片扩展为"文化影片和时事影片"，并要求"电影放映者在每次放映时必须同时放映符合上述规定的影片一部以上"，从而确立了"强制上映"的原则。日本新闻映画社相时而动，于10月初设置"文化电影课"，开始染指"有助于国民精神涵养和国民智慧提升的电影"⑥的制作，并于翌年3月涉足文化影片的配给业务。在"强制上映"原则的加持下，日本新闻映画社的新闻影片事业得以长足发展，截至当年9月，日本新闻映画社已向日本及朝鲜、台湾等地发行新闻影片达236部。⑦

在业务上，1940年9月，内阁情报部召开电影联络协议会，对政府各部门计划推出的新闻影片配给、放映事宜作出专门规定，"要求今后各部门制作的影片在实施配给时，若无特殊情况，由社团法人日本新闻映画社负责配给上映"，从而赋予该公司政府部门新闻影片的独家代理权。针对影片放映过程中产生的费用及收益问题，该协议会规

---

① 「演劇、映画、音楽等改善委員会官制」、『御署名原本・昭和十四年・勅令第八四六号・演劇、映画、音楽等改善委員会官制』、JACAR（アジア歴史資料センター）、Ref.A03022419300、国立公文書館。
② 「映画委員会官制」、『御署名原本・昭和十四年・勅令第八四〇号・映画委員会官制』、JACAR（アジア歴史資料センター）、Ref.A03022418700、国立公文書館。
③ 「国策映画会社設立ニ関スル件」、『大日本国策映画会社（仮称）設立案』、JACAR（アジア歴史資料センター）、Ref.A15060362200、国立公文書館。
④ 『同盟旬報』1940年第4巻第11号（通号102号）、第54頁。
⑤ 日本映画雑誌協会編：『昭和十八年版映画年鑑』、東京：日本映画雑誌協会1943年、第315頁。
⑥ 「映画法施行規則改正」、『官報』第四千百四号、1940年9月9日、東京：大蔵省印刷局、第241頁。
⑦ 日本映画雑誌協会編：『昭和十八年版映画年鑑』、東京：日本映画雑誌協会1943年、第315頁。

492

定日本新闻映画社自行组织的影片放映活动所产生费用"全部由该公司经费承担"，相应的影片配给权及所产生的放映收益也归该公司所有，而由政府统一组织的电影放映活动，其费用由政府各部门承担，影片放映过程中所产生的收益三成归日本新闻映画社支配，用于充当"宣传费及其他经费"①。

为进一步推动电影新体制的发展，日本当局于 1941 年 4 月底将文化映画协会并入日本新闻映画社，并于 5 月将日本新闻映画社改组为日本映画社。在人事安排上，日本映画社除了保持原有的人事安排外，还吸收了东宝社长植村泰二、松竹专务城户四郎、东和商事创始人川喜多长政等电影界知名人士担任理事。在组织架构上，日本映画社对其内部机构进行了整合，设总务、新闻、文化、技术、调查、业务 6 部。其中，新闻部除拍摄日本新闻影片外，还发行华文新闻、《满映时报》以及法属印度版和泰国版新闻影片。但是，随着战局的发展，国际新闻题材来源越来越少，日本映画社于 9 月 10 日在发行了第 48 期海外新闻后不得已宣布停止海外新闻影片的发行。

日本映画社成立后不但对新闻影片的统一制作、统一配给和指定上映等工作实施了全面统制，还承担起日本在占领区的电影宣传工作。1941 年 12 月 1 日，为实现对文化影片制作机构的统一管理，日本映画社接收了东宝文化影片部、十字屋电影部、松竹文化影片部、富士电影各部门的员工，租借了朝日新闻、东京日日新闻和读卖新闻三家报社富余的文化影片制作器材及其技术人员，同时为了提高影片冲印和机械维修效率，又收购了富士胶卷公司的一家工厂，将其改造为直营影片制作所。此外为配合日本的南方战略，扩大向泰国、法属印度等南方占领区的影片输出和上映，在情报局的支持下日本映画社收购了株式会社南洋映画协会②半数以上股份，掌握了该协会的业务主导权。太平洋战争爆发后，日本映画社被大藏省指定接管 8 家外国电影公司共计 1301 万多元的在日资产③，其经济实力得以大大提升。

1942 年 9 月 10 日，"为向南方共荣圈普及贯彻日本的道义和宣示实力，为南方

---

① 「官庁映画配給ニ関スル件」、『収受文書（内閣関係）・第十二冊』、JACAR（アジア歴史資料センター）、Ref.A17110143100、国立公文書館。

② 为推进在南方日占区的文化侵略，在内阁情报部及其他政府部门的大力推动下，由日本国内主要电影公司东宝、松竹、东和商事与满洲映画协会、华北电影公司、中华电影公司共同出资，于 1940 年 12 月 1 日成立了株式会社南洋映画协会，在河内、香港、西贡、马尼拉等地设有分支机构，号称"日满支三国电影业界"共同打造的南方电影统制团体。该协会从日本国内电影公司购买新闻影片后，制作成不同语种的影片向南方日占区各地输出。1942 年 9 月，日本当局公布《南方电影工作处理要领》，要求该协会解散，其业务分别由映画配给社和日本映画社继承。

③ 日本映画雑誌協会編：『昭和十八年版映画年鑑』，東京：日本映画雑誌協会 1943 年、第 316 頁。

民众带来娱乐和文化"①，日本内阁次官会议通过了《南方电影工作处理要领》，要求解散南洋映画协会，"南方诸地区的电影事业及电影工作中时事电影及文化影片的当地制作，由社团法人日本映画社承担"，并表示"经营上产生损失时将交付所需补助金"②。为回应日本当局对其期待和诉求，日本映画社对其内部机构及在南方占领区的机构进行了改革和扩充，在内部设立总务局、时事电影制作局和文化影片制作局三部门，11月又增设海外局，负责与南方占领区各分支机构之间的联络和管理。同时在昭南岛、香港、西贡、马尼拉、雅加达等地设立分支机构，配备相当强的人力和物力，并在与总社保持紧密联系的基础上维持其较大的独立性，制作了法语、泰语、缅语、菲语、马来语、印度语、粤语等7个版本的新闻影片、文化影片和宣传影片，"在内外报道、启发、宣传方面发挥了重大作用"③，为日本在南方占领区的军政统治摇旗呐喊。

第二，为实现电影业均衡发展，消除资本要素对电影产业的过度干涉而成立的业界自治团体强化了对电影国策的回应，推动了战时日本电影事业向"国策性"指向的发展。

电影国策要得以顺利实施并使宣传效果达到预期，除依靠行政力量加以强制推行外，更离不开电影业界的参与。事实上，日本当局和电影业界共同推动了电影国策的落实和纵深发展。其中，内务省等行政机构是电影国策的管理机构，负责相关政策立案、组织监督、奖励扶助等业务，而不同类型电影业界团体则是电影国策的实施机构，负责上述政策的具体落实。

为解决日本电影事业发展初期影片审查机构分散、审查标准不统一、多重审查、重复审查等问题，在内务省的推动下于1925年6月成立横跨电影制作、输入、配给等业务领域的行业组织大日本活动写真协会，负责"电影审查问题及与相关官厅之间的交涉""提升国产影片质量，促其发展"及"电影事业必要的诸项调查及统计"④等业务。该协会将日本国内从事电影制作、输入、配给等事业的机构均笼络为其会员，其目的是通过上述活动"拥护同业者的共同利益，实现电影业的昌盛发达"⑤，很大程度上改善了影片审查方面存在的混乱局面，为早期日本电影业的发展和电影统制作出了一定贡献，但对当时各电影机构之间过度竞争的问题却束手无策。

---

① 『大阪朝日新聞』1942年9月11日。

② 「南方映画工作処理要領」、『各種情報資料・主要文書綴（一）』、JACAR（アジア歴史資料センター）、Ref.A03025360700、国立公文書館。

③ 日本映画雑誌協会編：『昭和十八年版映画年鑑』、東京：日本映画雑誌協会1943年、第316頁。

④ 「大日本活動写真協会定款」、大日本映画事業聯合会：『大日本映画事業聯合会事業誌』、東京：大日本映画事業聯合会1942年、第32頁。

⑤ 内務省警保局：『活動写真「フイルム」検閲年報（昭和元年）』、東京：内務省警保局1926年、第143頁。

在电影事业未被纳入战时体制之前，日本各大电影公司在影片制作、演员、导演等人员配备等方面存在着激烈竞争，导致当时的电影业处于过度竞争、追求营利的混乱无序状况，同时无形中也推动了资本在电影产业发展中话语权逐渐增大，各电影公司之间发展极不平衡。其中，在小林一三的努力下，东宝公司借助其雄厚资本推动了被称为"对几乎被松竹所垄断的电影界来说可谓晴天霹雳之大事件"①的东宝系统资本重组，在竞争中占据了较大优势，在很大程度上威胁到其他电影公司的利益。为此松竹、日活、新兴、大都、极东、全胜六家电影公司结成六社联盟与之对抗，业界对六社联盟普遍采取了支持的态度，认为"以六社协定排击东宝的做法能够给电影界带来最大的利益"②，甚至有人提出电影界应该参考保险行业的通行做法，将东宝设为电影业的黑名单，禁止其加入任何业界团体。

在日本当局看来，这种无序竞争无论是对日本电影事业的发展还是对日本电影事业的统制和管理都是极其不利的。为消除因资本在电影产业发展中话语权逐渐增大而致使业界格局严重失衡以及因过度追求经济利益而弱化"国策"指向等弊端，日本当局开始对该问题给予关注并尝试以行政力量加以干预。另外，电影业界为适应新形势下电影统制的需求，也开始积极寻求解决方法缓和各团体之间的矛盾，经过多方协调最终达成"全体电影事业者团结一致建立一个亲睦协调机构"③的共识。在日本当局的推动下，日本电影业界开始实施体制改革，初步形成解散六社联盟及大日本活动写真协会等现有团体、创设新的业界联合体的构想。

电影业界以大日本活动写真协会为母体成立新体制推进委员会，松竹专务城户四郎、东宝专务大桥武雄作为牵头人为新体制的成立而奔走。在城户和大桥及电影业界的支持下，10 家故事影片制作公司、7 家文化影片制作公司、4 家放映机制造公司和 4家电影机材、胶片制造公司共计 25 家电影产业团体宣布将共同成立电影产业联合体。1940 年 2 月 28 日，大日本映画事业联合会举行创立总会，从而正式宣告能够体现"电影界大同团结"④的电影产业联合体诞生。

按照创立趣意书，大日本映画事业联合会是在日本侵华战争发展到"处理阶段"，日本全国上下为建立国家新体制的背景下，为发挥电影在提升国民文化、确立国家认识的作用而设立的团体，并表示设立该联合会的目的是通过电影事业团体的联合"实现电

① 筈见恒夫：『映画五十年史』、東京：鱒書房 1947 年、第 179 頁。
② 小笹正人：『映画国営論——業界報告第二輯』、出版社不明 1938 年、第 39 頁。
③ 大日本映画事業聯合会：『大日本映画事業聯合会事業誌』、東京：大日本映画事業聯合会 1942 年、第 12 頁。
④ 日本映画雑誌協会編：『昭和十八年版映画年鑑』、東京：日本映画雑誌協会 1943 年、第 307 頁。

影的质量提升，促其向世界进展，同时完成其国家使命"①。换言之，尽管该联合会是日本业界的自主统制团体，但其"国家使命"的目的仍表明它是一个电影国策的执行机构。

大日本映画事业联合会章程规定该联合会"由在大日本帝国领土内从事电影制作、配给及其他电影相关事业者组建"，会员范围同样涵盖日本电影事业的各个领域，其主要任务是"推行为促进我国电影事业的提升和发展所必须的事业，同时实现会员之间的相互亲睦团结"。其具体业务主要集中在内外两方面：对内负责各电影公司之间的业务协调及"电影事业必要的诸项调查统计相关事项"，以"促进电影事业提升发展"；对外则作为政府机构和电影业界的中介，充分发挥联络调整功能，代表电影业界"与官厅及电影相关诸团体之间的联络、交涉"②，力促两者在政策推行方面达成共识。

由于大日本映画事业联合会设有文化影片部会，其业务内容与专营文化影片和新闻电影的日本新闻映画社有所重合。因此，联合会成立不久就与日本新闻映画社在新闻影片的配给业务上产生纠纷，最后在内务省和文部省的调停下设立新闻影片配给委员会专门负责新闻影片的配给，才使得纠纷得以平息。此外，作为政府机构和电影业界的中介，联合会充分发挥联络调整功能，特别在电影胶片实施配给的时候，联合会在内务省、文部省各电影产业机构之间奔走，力促两者在政策推行方面达成平衡，在"顺应重大时局，促进各会员社的职域奉公，努力达成电影使命"③上发挥了重要作用。

二、电影新体制的形成

日本侵华战争的全面爆发导致日本人力、物力和财力消耗剧增，资源匮乏和生产能力低下等不利因素的叠加致使生产、生活物资供应严重不足，就电影业而言，所遭受的最直接影响是电影胶片的供求严重失衡。一方面，受战争爆发及时局发展的刺激，电影产量特别是文化影片和时事影片的需求量大增；另一方面，生产力低下造成电影胶片的供应严重不足，而胶片作为非军用物资一直未被列入物资动员计划的范围内，这使得胶片产能一再下降。特别是"七七禁令"颁布后，作为电影胶片生产原料的硝酸盐被列入禁止民用的品目，导致胶片产量更是呈现断崖式下降的趋势，在客观上加剧了胶片供求的不平衡。为此，日本当局加强了对电影产业的统制，出台了一系列措施加以应对，并以电影胶片统制为突破口，逐步构建完成电影新体制。

1937 年 8 月，日本当局出台政策要求削减故事影片的制作数量。11 月，开始对电

---

① 「大日本映画事業聯合会創立趣意書」、大日本映画事業聯合会：『大日本映画事業聯合会事業誌』、東京：大日本映画事業聯合会 1942 年、第 2—3 頁。

② 「大日本映画事業聯合会定款」、大日本映画事業聯合会：『大日本映画事業聯合会事業誌』、東京：大日本映画事業聯合会 1942 年、第 32 頁。

③ 日本映画雑誌協会編：『昭和十八年版映画年鑑』、東京：日本映画雑誌協会 1943 年、第 327 頁。

影胶片的配给实施限制。为寻求解决电影宣传需求大增和电影胶片供应严重不足的矛盾，将胶片纳入国家统制框架之下逐渐成为日本各界的共识。1941 年 1 月，基于"胶片配给统制是当下及未来电影政策的紧要问题"的判断，内阁次官会议决定成立电影胶片统制协议会，结合日本国内的物资局势，在情报局的监管下综合政府部门的意见，对电影胶片的具体统制方案进行协议，并以此为突破口谋求"电影政策和启发宣传政策之间的调和"①。

1941 年 7 月 28 日，日本正式启动对美国在日资产冻结工作，日美关系更趋恶化，对日贸易禁运对本已陷入物资困境的日本来说更是雪上加霜。为此，日本当局对物资动员计划进行重新修订，大幅削减了胶片生产原料的供应，直接导致民用电影胶片生产陷入极度困境。对此，情报局会同政府相关部门协商后一致决定全面实施电影胶片配额制，同时为有效推进该项工作，决定并"断然对现行业界机构实施重构，迅速建立电影新体制"②。这是日本当局首次提出电影新体制的主张。

尽管日本当局是从电影胶片配额的角度提出电影新体制构想的，但其目的并非仅仅局限于胶片配给问题，而是试图通过电影制作必不可少的胶片配给为武器对整个电影事业实施统制，"其实质是对日本电影 40 年历史的发展方向实施大刀阔斧改革"，从而在电影界贯彻所谓"国家第一主义"③ 的电影政策。

1941 年 8 月 16 日，情报局第五部部长川面隆三邀请时任大日本映画协会常务理事城户四郎、植村泰二、大桥武雄三人赴情报局就电影统制进行非正式座谈，川面在会上向三人说明了电影胶片供给的困境，称国产胶片供给军需已是捉襟见肘，"能够调配给民间的胶片早已连 1 英尺都没有了"。因此，他极力主张对胶片配给实施统一调配，"只有在制作国家认为有必要的影片时才会将军需用胶片挪作民用，民间今后能够自由使用的胶片是绝无指望的，这是日本当前所面临的临战体制"④。18 日，在大日本映画协会理事会上，情报局第五部第二课长不破祐俊正式提出了构建电影新体制的要求，称"事已至此已不再是某一电影制作公司的问题，全体制作公司均须顺应国家目的，对被称为文化财产弹药的电影界体制进行完善，不可使之有一发哑弹"⑤。与会的电影业界对政府的上述提案表示了积极响应，随后就电影新体制的构建进行了充分探讨。

---

① 「映画用生フイルム統制協議会ニ関スル件」、『各種情報資料・主要文書綴（一）』、JACAR（アジア歴史資料センター）、Ref.A03025360600、国立公文書館。
② 日本映画雑誌協会編：『昭和十八年版映画年鑑』、東京：日本映画雑誌協会 1943 年、第 41 頁。
③ 『大阪朝日新聞』1941 年 8 月 17 日。
④ 城戸四郎：『日本映画伝』、東京：文藝春秋新社 1956 年、第 191 頁。
⑤ 大日本映画事業聯合会：『大日本映画事業聯合会事業誌』、東京：大日本映画事業聯合会 1942 年、第 11 頁。

大日本映画事业联合会于电影新体制构想提出当日召集松竹、东宝、日活、新兴和大都 5 家电影公司首脑召开紧急会议，由理事长城户四郎传达了情报局的要求，并决定由各公司派出 2 名代表组成委员会，负责新体制具体方案的拟订，并于 8 月 23 日向情报局第五部长川面隆三递交了新体制草案。该方案提出由电影业界人士及相关团体"组建电影统制会，置于当局监督之下"，负责"电影制作相关统制、电影配给机构统制及电影事业必要的物资配给统制"①，同时对电影统制会的组织构成、会长资格及职能进行了设定，并提出了会长、副会长人选建议名单。可以看出，该方案是在维持现有体制的基础上设立一个"统制会"，负责影片制作、配给及物资配给，它并未触及电影事业内部改革，也未从根本上突破现有体制的框架，因此未达到情报局提出的体制改革的目标。

情报局对业界提出的上述方案进行讨论后，于 8 月 25 日召集电影业界代表进行反馈，以"在近日之紧急事态下，作为构建新体制手段之一的电影统制会，要直接付诸实施还不够成熟"②为由将上述方案搁置。与此同时，为促进电影业界实施改革的决心，情报局在会上提出如下政府方案。

  一、将现存的故事电影制作公司松竹株式会社、东宝映画株式会社、日本活动写真株式会社、大都映画株式会社、新兴映画株式会社、东京发声映画株式会社、南旺映画株式会社、大宝映画株式会社、宝冢映画制作所、兴亚映画株式会社等十家公司合并为两大制作公司，按照国家目的，每月制作两部优秀影片；

  二、将以获映画法认可的现存九家文化影片制作公司为中心的两百余家文化、教育影片制作公司实施统合，设立一个营利法人性质的新文化影片制作公司；

  三、对日本映画社进行改组，停止其既有的文化影片配给权，除每周一部时事影片外，每月与新文化影片制作公司共同制作两部文化影片；

  四、关于配给机构，改变由原属不同制作公司系统实施配给的做法，新设一个公益法人性质的配给机构，实现对故事影片、文化影片、时事电影的一元化配给；

  五、与业者的临战体制相呼应，官厅方面将原来分属情报局、内务省、文部省、厚生省的电影行政实现一元化，积极推进电影的企画指导。③

---

① 大日本映画事業聯合会：『大日本映画事業聯合会事業誌』、東京：大日本映画事業聯合会 1942 年、第 12 頁。

② 大日本映画事業聯合会：『大日本映画事業聯合会事業誌』、東京：大日本映画事業聯合会 1942 年、第 13 頁。

③ 日本映画雑誌協会编：『昭和十八年版映画年鑑』、東京：日本映画雑誌協会 1943 年、第 42 頁。

政府方案的核心是对现有电影公司实施合并，成立一个公益法人性质的团体对电影配给实施一元化统制，同时将分属不同政府部门的"电影行政"统一起来，"积极实施电影的企画指导"。该方案的基本原则是实现电影制作和配给分离，消除商业主义对电影制作的影响，"发挥电影事业的公共性"，以促进电影业向"国家目的第一主义的转换"①。需要注意的是，尽管政府方案是在业界方案提出后仅两日内出台的，但其思路之清晰、内容之完备说明该方案并非仓促而就的，而是"政府的电影行政当局经过反复考究后得出的结论"②，并"以胶片不足为'实施契机'而公布"③。换言之，政府电影新体制方案的形成早已在有计划地推进并已成型，而胶片不足则成为该方案面世的催化剂。

比较上述政府方案和业界方案不难发现，前者要求彻底打破现行电影体制并进行重组，从而在"电影事业运营整体上实施彻底的国家指导"④，以此压缩电影业界自主权，提升管理机构在电影统制方面的话语权；后者则主张在维持电影业界现行体制的基础上设立一个一元化配给机构，负责所有电影公司的配给业务，从而试图维持电影业界的经济利益和主体地位。由于两者之间分歧较大，业界在大日本映画事业联合会内成立了临战体制确立协议会，对政府方案进行了研议，表示"对公司的统合并无异议"，但对统合后大幅压缩故事影片制作量的做法提出了异议，称其必将"对今后电影界的顺畅运营造成极大困难"⑤，从而要求政府对其方案进行修订，以此寻求两种方案之间的平衡。

但在合并后的业界格局方面，各公司出于利己性诉求而存在较大分歧，具体体现在两方面。其一是在合并后电影制作公司数量方面"存在着二社说和三社说之间的对立"⑥；其二是部分公司极力反对配给机构以公益法人的形式运营。尽管情报局居间做了大量协调工作，但依然"未达成一致的对策案"⑦，业界不得不作出"一切委任当局"⑧的决定。

情报局在同政府其他相关部门进行协议并在充分考虑业界上述意见的基础上，对第一次政府方案进行了修订，形成了"制作配给分离"的妥协性方案，并于 9 月 18 日提交次官会议审议通过。9 月 19 日，情报局将新方案向电影业界作了传达，并要求业界

---

① 市川彩：『アジア映画の創造及建設』、東京：国際映画通信社出版部 1941 年、第 1—38 頁。
② 「時事録音 映画臨戦発表その後に来るもの」、『映画旬報』1941 年 9 月 11 日号、第 11 頁。
③ 加藤厚子：『総動員体制と映画』、東京：新曜社 2003 年、第 100 頁。
④ 不破祐俊：『映画法解説』、東京：大日本映画協会 1941 年、第 100 頁。
⑤ 大日本映画事業聯合会：『大日本映画事業聯合会事業誌』、東京：大日本映画事業聯合会 1942 年、第 15 頁。
⑥ 日本映画雑誌協会編：『昭和十八年版映画年鑑』、東京：日本映画雑誌協会 1943 年、第 43 頁。
⑦ 「時事録音 臨戦体制問題漸く進歩」、『映画旬報』1941 年 9 月 21 日号、第 7 頁。
⑧ 「旬間時事」、『映画旬報』1941 年秋季特別号、第 35 頁。

给予协助。新方案的主要内容如下：

一、将松竹、东宝、日活、新兴、大都、东发、南旺、兴亚、宝冢、大宝各故事影片制作公司合并为三家公司；

二、三家公司每月可制作六部故事影片，即各公司每月可制作两部长度为八千英尺左右的影片；

三、成立一元化的公益法人性质的配给公司，在其运营上由各公司派出专业人员负责，以期万全；

四、为确保企业合并过程中电影质量的提升，在官方层面设置企划审议相关常设机构，积极对此前电影脚本消极的事前审查实施强化。[1]

与最初的政府方案相比，新方案确立了"三社体制"，充分体现了业界的诉求。由于该方案不但可以在相当程度上缓和电影业界无序竞争和人力资源过度节余的困境，也有利于当局对电影事业的统制，能够确保企业合并过程中电影事业能够沿着当局所设定的路线发展，获得了双方一致同意。

三、电影新体制的构成要素

9 月 20 日，临战体制确立协议会向情报局作出接受新方案的正式答复，并确定了电影制作公司合并的最终方案，松竹合并兴亚后组建第一公司，东宝吸收东发、南旺和大宝组建第二公司，日活、新兴、大都合并为第三公司。为促进上述方案的落实，情报局于 9 月 30 日成立了故事影片公司统合实行协议会和电影配给机构设立准备协议会两个机构，"向着不折不扣的官民协力新体制的实现而迈进"[2]，有力推进了战时电影制作、配给及放映方面的统制进程，由此完成了电影新体制组织框架的构建。

第一，在影片制作方面，推动电影制作机构整合，构建故事影片制作"三社体制"和文化影片制作"四社体制"行业格局，强化了影片制作环节的"国策性"指向。

由于故事影片在各电影公司的业务中占据主要地位，因此日本当局首先从故事影片制作机构入手推动电影制作领域的机构整合。1941 年 10 月 15 日，故事影片公司统合实行协议会召开第一次会议，开启了电影机构合并的序幕。由于第一公司和第二公司分别以松竹和东宝为核心，将其伞下公司吸收合并即可，因此两大公司的合并组建较为顺利，在 10 月末基本完成。然而，由于日活、新兴和大都分属不同的系统，又

---

① 日本映画雑誌協会编：『昭和十八年版映画年鑑』、東京：日本映画雑誌協会 1943 年、第 43 頁。

② 大日本映画事業聯合会：『大日本映画事業聯合会事業誌』、東京：大日本映画事業聯合会 1942 年、第 18 頁。

在资本上或业务上与其他公司有着千丝万缕的联系，而恰在此时又遇到日活内部发生内讧导致日活高层发生变动，合并问题一度被搁置。为此，在情报局的主持下成立了一个专门负责协调三者之间矛盾的小委员会，但由于与日活有着资本关系的松竹、东宝及宝冢各公司社长均位列其中，这非但未能弥合各公司之间的分歧，而且围绕第三公司成立各方关系变得更加错综复杂。总体来看，各方之间最大的分歧体现在合并方式上。

新兴主张速度优先的"拙速主义"全资合并，即按照各公司现有资本"日活800万、新兴425万、大都70万资本金立即合并"，合并后各公司处于对等地位。而持有日活半数股份的东宝则表示强烈反对，东宝认为，新兴和大都实力与日活不可相提并论，不能以现有资本金为基础实施合并，合并的前提是"新兴、大都必须调低其资产值"①，即按一定比例实施合并。而东宝则以商法规定为依据提出日活在合并前必须首先偿还330万日元协议债务，否则在法律上无法与其他公司实施合并。三者之间各执一词，难以达成共识。对于电影新体制的推进者且急于将电影新体制早日付诸实施的情报局来说，日活的债务偿还问题成为首先必须突破的问题点。情报局对因日活债务问题"导致第三公司不能成立，包括松竹、东宝映画在内的新体制也迟迟无法开启"的局势进行了批判，并表示"或许可以抛开日活，由新兴、大都开始组建新公司也未为不可"②，从而展现了强硬态度。

在情报局等各方压力下，日活于10月30日召开临时大会对领导层进行了改选，新任会长、社长及董事等公司高层基本出自松竹和东宝两大集团，由此确立了所谓"松竹、东宝联立内阁"，使得"第三公司的成立处于松竹和东宝两系统的完全协助之下"③，从而为第三公司的成立奠定了基础。新领导层围绕上述债务偿还问题进行了多轮紧急磋商后，决定"日活将摄影所和一切设备以现物出资的形式提供给第三公司，并取得与之相当数额的股权，拍摄专业人员也全部由新公司接收。日活作为放映公司得以保留18家直营馆，并继承协议债权"④。换言之，日活将其制作和放映业务进行分离，制作部门并入第三公司，合并后仅保留了放映业务。

债权问题解决后，第三公司的成立进程得以重启，各公司进入资产评估阶段。11月24日，日活将其现物出资的资产评估为550万日元，该评估价远远超过了其账面价，被情报局打回重评，合并工作又陷入停顿。而此后恰逢太平洋战争爆发，在举国一致

① 「時事録音 難航する臨戦組織の確立」、『映画旬報』1941年12月1日号、第5頁。
② 鈴木勇吉：「映画臨戦機構の樹立近し」、『映画旬報』1941年12月1日号、第15頁。
③ 日本映画雑誌協会編：『昭和十八年版映画年鑑』、東京：日本映画雑誌協会1943年、第44頁。
④ 鈴木勇吉：「映画臨戦機構の樹立近し」、『映画旬報』1941年12月1日号、第15—16頁。

的口号下，"热衷于利益追求而持续无秩序、无统制经营"①状态下的电影业界遭到各界批评，日活不得不将评估价调低为215万日元。资产评估工作结束后，故事影片公司统合实行协议会完成其使命后解散，随后指定第三公司发起人，正式为新公司的成立做准备。因此，从某种意义上说"大东亚战争的爆发是电影新机构结成的一大推进力"②。

12月11日，第一次新公司发起人会议召开，对新公司成立所需的文件、程序进行了讨论。13日，将新公司名称定为大日本映画制作株式会社（简称"大映"），并决定先行以10万日元资本金创立新公司。1942年1月6日，大映举行创立总会。4月1日，大映依照《映画法》规定获得电影制作业许可后开始接收原新兴和大都的电影制作业务。7月13日，新兴和大都分别以470万日元和70万日元的资本金全资并入大映，加上日活215万日元现物出资，大映的资本实力和电影制作能力均得以大幅提升。大映的成立标志着故事片制作领域"三社体制"的最终确立。

大映虽然采用株式会社的商业运营模式，但从其成立过程及章程来看却具有浓厚的"国策性"。从成立过程来看，在围绕"三社体制"和"二社体制"之争的问题上，负责政府和业界之间沟通工作的临战体制确立协议会委员长永田雅一和情报局达成了一致意见，认为应该另外成立一个"不同于松竹、东宝且具有独特色彩的"第三家公司，并表示"赋予其浓厚的国策性格"③，可以说，大映在电影新体制的构想阶段就已经被赋予了"国策性"的角色设定。从大映的章程来看，章程第3条规定大映的目的是"为达成国家目的而推行电影应承担的任务"，社长等高层领导的任命"须获得情报局总裁的认可"④。这说明，大映的业务内容和人事安排都将体现情报局意志，也就不可避免地拥有了"国策公司"的性质。促成大映"国策性"的因素是多方面的，其中起决定性作用的是日本当局对第三家新公司即大映的定位和期望。

"三社体制"是电影业各界利益博弈的结果，而作为监管机构的情报局之所以同意"三社体制"则有着战略上的考量。情报局第五部第二课长不破祐俊在谈及该方案时声称"当局实施三社案的依据是，统合的难易、各社的希望、作品的多样性及其特征，以及资本系统的考量"⑤。但这只不过是表面文章，其真实意图为希望将大映改造为"国策

---

① 市川彩：『アジア映画の創造及建設』、東京：国際映画通信社出版部1941年、第25頁。
② 市川彩：『映画新体制論』、東京：国際映画通信社出版部1942年、第94頁。
③ 永田雅一：「新世代の映画界に寄せる」、『映画旬報』1942年2月21日号、第47頁。
④ 「大日本映画製作株式会社定款」、『映画旬報』1942年2月21日号、第20—21頁。
⑤ 「時事録音 映画新体制樹立への道——不破課長との一問一答」、『映画旬報』1941年10月11日号、第4頁。

公司"，这一点可从以下两方面得到印证。

其一，从大映成立的重要推动者永田雅一在提出"三社体制"方案的动机中可窥见一斑。首先，永田认为，另设一家新公司可打破松竹、东宝两极格局，从而激活电影业界的活力。在永田看来，若继续维持"二社体制"，就会加剧松竹和东宝这两家资本最为雄厚的电影集团之间的竞争，而这与当时日本电影界的现状相比并无本质区别，"与二社相比，三社在电影制作上的竞争和研究仍将更加旺盛"①。因此，他力主在上述两家公司之外另成立一家新公司予以制衡。其次，永田认为"三社体制"也符合业界的根本利益。按照政府最初方案，"二社体制"下每月生产 4 部影片，拷贝数每部 50 份，将导致导演、摄影等技术人员大量闲置，而"三社体制"下每月可拍摄影片 6 部，且每部可提供 8000 英尺胶片和相同长度的负片，拷贝数量降至 30 份，拷贝数量降低所节约的胶片长度可以用来补充影片制作数量增加所需的胶片数量。"三社体制"会在一定程度上缓解电影业界的失业压力，同时也能满足民众"以电影为最大娱乐"②的需求。概言之，永田的"三社体制"构想既符合政府对电影业界实施统制的需要，也符合电影业界自身的利益诉求。在各方合力下，"三社体制"的构想最终得以实现。

其二，从大映的监管机构情报局对大映在电影新体制中的定位也能找到答案。在酝酿"三社体制"方案并同情报局沟通过程中，永田就敏锐地捕捉到情报局对第三公司的期待。在 1941 年 10 月举行的座谈会上，电影评论家津村秀夫就针对情报局最初方案中的"二社体制"表示了反对，他认为松竹、东宝两大集团并存的体制对日本电影界有百害而无一利，若仅保留此两大公司并任其发展，则其"可能会称霸电影界，并在今后为所欲为"。因此，他建议应"建立第三势力"③，借此打破松竹、东宝的垄断格局，从而将新公司的成立与电影业界统制联系起来。永田在窥知情报局真实意图的基础上对津村意见表示了赞同，并提出了组建一个"按照情报局指令开展活动的半官半民公司"④的建议。他不但认为松竹、东宝形成的"二社体制"无法从根本上根除电影业界无序竞争的局面，且会加剧电影业的过度垄断，同时他还担心松竹、东宝作为民营企业，在执行政府决议时或存在抵触情绪，"有时可能会联合起来对抗政府主张"，不利于国策的贯彻执行。因此，他建议"有必要新设具有国策性质的第三公司，对两家公司实行牵制"，

---

① 田中純一郎：『永田雅一』，東京：時事通信社 1962 年、第 85 頁。
② 城戸四郎、大橋武雄、永田雅一：「映画新体制に直面して——座談会」，『映画旬報』1941 年秋季特別号、第 25 頁。
③ 津村秀夫：「新体制の映画界に要望する」，『映画旬報』1941 年 10 月 11 日号、第 17 頁。
④ 城戸四郎：『日本映画伝』，東京：文藝春秋新社 1956 年、第 195 頁。

从而将第三公司定位上升到"国策公司"的层次。而情报局出于电影事业统制及国策宣传的需要，"为国策公司的说法所吸引"①，最终也同意了"三社体制"，也就等于为大映贴上了"国策公司"的标签。换言之，大映的成立既符合政府对电影业界实施统制的需要，也符合电影业界自身的利益诉求，且在新体制构想阶段就已经被赋予了"国策性"的角色设定。

另一方面，鉴于文化影片在国策推行方面的重要宣传和教化功能，日本当局在电影国策的提出和构建过程中还极为重视文化影片的制作，并不断强化对文化影片的统制，于1941年5月成立日本映画社，全面负责文化影片的统一制作、统一配给和指定放映业务。12月1日，为实现对文化影片制作机构的统一管理，日本映画社接收了东宝文化影片部、十字屋电影部、松竹文化影片部、富士电影各部门的员工，租借了朝日新闻、东京日日新闻和读卖新闻三家报社富余的文化影片制作器材以及其技术人员，专门负责日本当局文化影片国策的组织和实施。

除了官方性质的日本映画社外，在日本当局大力推进故事影片制作体制形成的同时，也逐步推行民间文化影片制作公司的统合问题。早在情报局推出关于电影新体制的第一次政府方案时就提出将现有的"约200家文化、教育电影制作公司统一为1家营利法人"，剩余的其他公司并入官方机构日本映画社的主张，并确定了两者文化影片制作数量，"新设文化影片制作公司每月3部，日本映画社每月1部"②。概言之，按照情报局的规划，民间文化影片制作机构要统合为一家机构。

为推进上述构想的实现，情报局于1941年10月24日和27日两次召开座谈会就政府方案进行讨论。会上，文化影片制作机构对"一社方案"提出了异议，主张"设立二社或三社，在通过竞争创作出优秀作品的同时推进统合的顺利进展"。鉴于此，情报局对其方案进行了修订，决定将现有文化影片制作机构"合并形成三社，每月制作1部，以电通、朝日、理研、艺术、东亚发声、横滨6社为中核体组建"③。然而在12月12日的座谈会上，情报局又否定了"三社方案"，决定还是执行最初的"一社方案"，并任命了8名筹备委员，计划于1942年初成立一个囊括全国200余家文化影片制作机构的新公司。

1942年1月16日，筹备委员会召开会议，制订了最初的合并方案，要求以收购的方式将文化影片制作机构进行合并，"以电影制作许可公司为中心成立一个制作公

① 田中純一郎：『活動写真がやってきた』、東京：中公文庫1985年、第267頁。
② 市川彩：『映画新体制論』、東京：国際映画通信社出版部1942年、第71頁。
③ 大日本映画事業聯合会：『大日本映画事業聯合会事業誌』、東京：大日本映画事業聯合会1942年、第20頁。

司"①，同时决定解散筹备委员会，成立新公司创立委员会以推动该方案的顺利实施。该方案不但严格执行了情报局"一社体制"的原则，而且明确了情报局对文化影片制作公司合并的主导地位，文化影片公司的合并工作由此进入了一个新阶段。

但是，由于筹备委员会成员之间存在意见分歧，而且未能进入该委员会名单的普通文化影片制作机构对委员会决议及委员均存在极大的不信任感，导致情报局不得不重新任命新一届成立委员。1942 年 2 月 16 日，情报局指定日本映画社、朝日映画制作株式会社、东亚发声映画株式会社、映画配给社（简称"映配"）等 9 家主要文化影片机构代表人组成新机构成立委员会。后来，关东地区实力较弱的 17 家电影机构结成"关东联盟"加入其中，使得成立委员会代表的范围得以扩展。

按照情报局最初提出的"一社方案"，成立委员会积极推进文化影片制作机构的合并进程。然而，合并工作同样经历了重重困难。如"关东联盟"加入后与其他机构存在着意见不统一，由此造成了代表不同集团利益的派别纷争，就连"关东联盟"内部也处于分崩离析的状况。其中的东京映画社、文化企业株式会社、KS 有声电影制作社、秀映社等 4 家机构宣布对参与新体制持保留意见，而新世纪映画制作所、星映画制作所、山口商会则被理研科学映画株式会社②收购而退出"关东联盟"，加之"日本文化影片制作公司中历史最为悠久、发挥着先导作用"③的横滨电影公司以其雄厚的实力和丰富的业绩而试图单独与官方机构日本映画社合并，经过尝试未果后宣布退出新体制建设，这使得文化影片制作机构的统合进程更是陷入一片混乱。

由于文化影片各制作方难以达成一致，情报局不得已放弃"一社方案"。后来，在日本映画社长植村泰二等人的斡旋下，各方经过斗争和妥协，最终于 1943 年 1 月形成了如下"三社方案"：以朝日映画制作株式会社、艺术映画社为主体收购片桐商社、兴亚文化映画制作所等成立第一家公司；以日本电报通信社映画部、东亚发声映画株式会社为主体收购京都映音制作所、合同映画社、日本映画科学株式会社成立第二家公司；将理研科学映画株式会社和关东 10 家公司合并为第三家公司。1943 年 8 月，上述合并基本完成，各公司正式开展业务，从而形成朝日、电通和理研构成的民间"三社体制"，加上此前已经存在的官方机构日本映画社，在文化影片制作方面最终形成"四社体制"。

---

① 大日本映画事业联合会：『大日本映画事业联合会事业志』、东京：大日本映画事业联合会 1942 年、第 21 页。
② 理研科学映画株式会社简称"理研"，于 1938 年 4 月成立，注册资本 4,005 万日元，其主业除科学电影摄制外，还涉足文化电影领域。在文化电影制作机构合并过程中，于 1942 年相继收购了山口、新世纪和星映画，1943 年后又合并了皇国映画、协映社等公司，形成以理研为中心的 11 家公司集团。
③ 大村英之助、礒野信威他：「文化映画の統合は如何にすべきか?」、『映画旬報』1942 年 7 月 11 号、第 12 页。

第二，在影片配给方面，成立映画配给社，构建起一元化影片配给体系，强化配给环节对电影国策的参与功能。

在电影新体制确立之前，影片配给由各电影公司自主实施，票房收入不可避免成为影片制作和配给的指挥棒。各电影制作公司不但盲目扩大电影制作数量，同时还向观影群体集中的大中城市电影放映机构大量投放影片。这种以追求经济利益为导向的经营方式在日本当局看来无疑与电影国策理念格格不入。为改善"营利第一主义的旧体制残渣作品"① 对电影国策造成的负面冲击，日本当局在对电影制作机构实施合并的基础上，强化了对电影配给环节的统制，力图通过统一的影片配给体系保障电影国策的贯彻和实施。

由于电影界在影片配给统制方面意见基本一致，所以配给公司的成立相对较为顺利。在 1941 年 10 月 21 日举行的电影配给机构设立准备协议会第一次会议上，各方就配给公司达成协议，决定"由新成立的三家故事影片公司、一家文化影片公司及日本映画社共计五家公司出资"② 成立社团法人性质的新配给机构。10 月 25 日，举行的第二次协议会对该机构的章程原案进行了审议，此后又经过多次协议会审议后，一元化电影统制机构的成立方案逐渐成熟。12 月 27 日，东宝社长植村泰二接受情报局的提议，同意担任新配给机构社长一职。1942 年 1 月 16 日，确定了常务理事、理事等重要人事安排。2 月 6 日，以"通过电影适当、顺畅配给达成其国家使命"③ 为目标的一元化电影配给机构新配给机构映画配给社正式成立。

映配由电影制作、放映及从事电影进出口业务的电影业界团体组成，主要业务是对电影制作公司的影片实施统一配给，并负责国产影片的海外输出和海外影片的进口业务。虽然章程规定映配社长由员工总会选举产生，但如前所述，首任社长植村泰二是由情报局指定的，而理事和监事人选也必须获得主务官厅的认可，且员工大会的所有决议以及业务规程、配给方法及条件等文件的制定和变更等也必须获得主务官厅认可方有效力。除此之外，日本当局还在映配设立许可书中要求映配将会议纪要及每年度的业务计划和预算等提交主务官厅备案，并规定"主务大臣可就公益上必要之事项发出相关命令"④。由上可知，尽管映配名义上为行业组织，但其人事安排、业务运营、预算决算等均须取得主管部门许可，接受主管部门领导和监督。因此，其实质是一个具有官方性

---

① 日本映画雑誌協会编：『昭和十八年版映画年鑑』、東京：日本映画雑誌協会 1943 年、第 39 頁。
② 日本映画雑誌協会编：『昭和十八年版映画年鑑』、東京：日本映画雑誌協会 1943 年、第 43 頁。
③ 「社団法人映画配給社定款」、『公文類聚・第六十六編・昭和十七年・第六巻・官職二・官制二（内閣二）』、JACAR（アジア歴史資料センター）、Ref.A14100978500、国立公文書館。
④ 「社団法人映画配給社設立許可書」、『公文類聚・第六十六編・昭和十七年・第六巻・官職二・官制二（内閣二）』、JACAR（アジア歴史資料センター）、Ref.A14100978500、国立公文書館。

质、执行官方决议的电影行业自治团体。

关于"主务官厅",章程并无明确指定,但从 1942 年 4 月 6 日情报局总裁谷正之向内阁总理大臣东条英机提交的一份名为《关于社团法人映画配给社的法人监督事宜》的请示中可窥见端倪。1941 年 8 月 26 日,内阁总理大臣曾向情报局总裁下发通牒,规定"情报局所管事务中,应由内阁总理大臣处理的某些事项,可由情报局总裁代替裁决,并以内阁总理大臣之名义执行"①,其中对大日本映画协会等电影业界法人机构的日常业务实施监管成为可由情报局总裁代行的电影业务之一。谷正之在上述请示中建议对于映配的"法人监督事务处理,应按照 1941 年 8 月 26 日内阁阁甲第 300 号通牒情报局总裁代决事项相关事宜"②进行处置,即将映配列入情报局的监督范围之内。1942 年 4 月 8 日,内阁总理大臣发出指令,同意了谷正之的要求,从而明确了情报局作为映配主务官厅的地位。

映配于 1942 年 4 月 1 日正式开始业务运营,并逐步接收新成立的三家电影制作公司、日本映画社及专司"在大东亚战争下从各轴心国进口影片并通过映画配给社配给"③的"外国映画株式会社"④的配给业务。映配除了面向全国的电影放映场馆配给娱乐、文化及新闻等各种类型的影片外,还采取种种措施大力推行电影普及业务。

在制度上,为促进"国民教育上有效之优秀电影的普及",制定《国民映画普及会规约》,自 1942 年 12 月 3 日起推动在日本全国范围内设立国民映画普及会,主要负责"文部大臣推荐或选定的电影、情报局的国民电影及其他优良电影的普及"。该规约要求各地普及会"在放映时间外的空余时间,利用电影放映场馆举行优良电影上映会",同时为贯彻"通过电影服务于国策推行"的理念,要求电影放映机构在国民映画普及会的指导下"以后援支持的立场给予协助"⑤,所产生费用由映配承担。

为促进"教育上优秀影片在电影馆放映时间内能够廉价且适当地面向特殊国民团体放映"⑥,映配制定《团体观览取扱规定》,要求日本各地电影放映机构自 12 月 3 日起向

---

① 「情報局所管事務ニシテ内閣総理大臣ニ於テ処理スヘキ事項中情報局総裁ヲシテ代決セシムヘキ事項ヲ決定ス」、『公文類聚・第六十五編・昭和十六年・第六巻・官職三・官制三(内閣二)』、JACAR(アジア歴史資料センター)、Ref.A14100864400、国立公文書館。

② 「社団法人映画配給社ノ法人監督ニ関スル件」、『公文類聚・第六十六編・昭和十七年・第六巻・官職二・官制二(内閣二)』、JACAR(アジア歴史資料センター)、Ref.A14100978500、国立公文書館。

③ 日本映画雑誌協会編:『昭和十八年版映画年鑑』、東京:日本映画雑誌協会 1943 年、第 321 頁。

④ 外国映画株式会社成立于 1942 年 7 月,它由东和商事、日本映画贸易株式会社等八家从事国外影片进口业务的公司合并而成,主要负责海外电影的引进业务。

⑤ 権田保之助:『娯楽教育の研究』、東京:小学館 1943 年、第 180—181 頁。

⑥ 権田保之助:『娯楽教育の研究』、東京:小学館 1943 年、第 182 頁。

组织集体观影的普通国民团体以及教化公共团体、妇女团体及大政翼赞会外围团体等国策团体、中小学生、军人及军人援护团体等特殊团体按照观影人数提供比例不等的优惠，其中军人团体最高可优惠 50%，以此努力扩大观影人群。

在组织上，无论是"国民映画普及"还是"团体观览"，均是在固定的电影场馆内实施的，因此无法辐射到不设有电影场馆的边远地区。为弥补电影放映资源无法辐射边远地区和特定人群的不足，扩大电影宣传的覆盖人群，映配设立普及开发部组织影片巡回放映和移动放映。普及开发部的设立趣旨如下：

> 为确立世界人类史上无与伦比的东亚解放共荣圈而进行的圣战，实为我国乾坤一掷之大业，是生死攸关之歧路。虽在皇威之下早已确保立于不败之地，然今后为勇敢跨越堆积如山之障碍，努力克服困苦匮乏之困境，专注完成国家百年之大计，一亿国民必须团结一致，作出决死之努力。
>
> 在此之时，我们也痛感应通过最具现代效果和要素且应用广泛的"电影"，挺身于职域奉公之职责。鉴于此，我公司将通过电影为昂扬士气，向皇军士兵表达感谢和慰问；为增强生产，向产业战士表达慰问和鞭策；为振作精神、建设文化，向国民实施启发宣传教化，并以此公共奉献为最大使命。为此特设普及开发部，并恳望诸君给予大力协助。①

从该设立旨趣来看，映配是将普及开发部置于国民精神总动员的制度框架之下的。普及开发部下设普及班、开发班、慰问班、文化班、教育班 5 个部门，其中普及班通过与各地方政府及民间人士合作的方式组建农山渔村映画普及联盟和日本移动映画联盟，主要面向那些电影放映资源匮乏的偏远地区和农村地区人口以及城市里那些"孜孜于厉行增产而无法享受电影文化的光明和慰藉"的"战时产业战士"，以巡回放映或流动放映的形式为其"提供健全的娱乐慰问，同时有助于启发、宣传、教化等"；开发班主要针对那些因电影放映场馆经营不善而导致其放映事业难以为继从而影响电影普及的情况，以及出于特定需求而需要临时增加电影放映的情况，每月定期举行两三次电影加映活动，以"促进电影放映事业健全、公平地发达，将电影向广大民众进一步普及"，既是对电影放映事业的补充，也能够提升电影观众数量；慰问班主要面向前线士兵、伤残军人及一些特定的团体开展电影慰问放映，以"向皇军表达衷心的感谢和慰问"；文化班主要联合中央及地方政府及相关公共团体，面向产业、教育、军事思想等领域的行政

---

① 権田保之助：『娯楽教育の研究』、東京：小学館 1943 年、第 186 頁。

宣传、教化运动有针对性地提供影片放映，以发挥电影在"启发、宣传、教化及社会事业、学术研究等文化运动"中的作用；教育班是基于电影在学校教育中的作用极为重要，而学校缺乏电影放映设备、场馆、经费等现实情况下设立的，它通过与文部省及相关团体的协作，向各级各类学校及青少年团体提供移动放映服务，以促进"电影在教育事业中得以顺利应用"①。

综上，作为"资材统制国策"和"士气振兴政策"②的重要一环，映配通过一元化的电影配给业务不但消除了各电影制作公司在影片配给上的无序竞争，实现了"配给业务的健全发展"，使得"电影界整体的氛围显著得以明朗化"③，也扩大了电影媒介的普及范围，拓宽了国策宣传的受众群体，从而强化了电影国策的实施效果。

第三，在影片放映方面，设立大日本兴行协会（简称"大兴"），不断完善放映政策，推动电影国策在放映环节的落实。

受业界发展水平的限制，相当长一段时期内日本电影事业的配给和放映业务分工并不明确。因此，映配的业务事实上也广泛涉及放映层面。映配在制订统一的影片配给计划时，还对当时日本放映制度进行了改革，取消了直营馆和独立馆所拥有的影片配给垄断权和优先权，取而代之对日本全国放映机构实施登记，并将2350家常设馆分成红白两大系统，影片以一个星期为周期在分属不同系统的影院中交替放映。这种做法不但极大制约了电影企业经营的自由度，也在很大程度上消除了企业竞争，从而"通过配给方法的统制事实上实现了映配对放映部门的一元化控制"④。

此外，映配还插手观影价格并规定票房分配比例。在电影新体制建立之前，为提升观众人数，放映场馆往往会根据影片内容、观影群体、场馆条件等要素随意调整价格，以博取更多利润。为改变这种营利主义经营路线，映配将全国电影院分成普通电影放映场、档期外电影放映场和时事电影放映场三类，并制定了相应的观影价格。同时，对电影制作公司、映配及放映场馆的票房收入分配比例作了统一规定，使得"制作、配给、放映三部门在经济责任和权利分担方面"⑤形成利益共同体。这种电影经济新模式不但确立了映配在电影新体制中的核心地位，而且对电影市场的经营理念造成了一定冲击，"对多年的自由主义体制进行了清算，在国家命令新理念的确立上展现出历史性的巨大转换"⑥。

① 権田保之助：『娯楽教育の研究』、東京：小学館 1943 年、第 187—189 頁。

② 日本映画雑誌協会編：『昭和十八年版映画年鑑』、東京：日本映画雑誌協会 1943 年、第 29 頁。

③ 日本映画雑誌協会編：『昭和十八年版映画年鑑』、東京：日本映画雑誌協会 1943 年、第 36 頁。

④ 井上雅雄：「大映研究序説——映画臨戦体制と大映の創設」、『立教経済学研究』2011 年第 64 巻第 3 号、第 62 頁。

⑤ 紅白亭：「興行雑談」、『映画旬報』1943 年 1 月 21 号、第 72 頁。

⑥ 日本映画雑誌協会編：『昭和十八年版映画年鑑』、東京：日本映画雑誌協会 1943 年、第 39 頁。

基于制作、配给与放映三者之间的联动关系及配给与放映之间行业分工不清晰等因素的考量，加之在电影制作、配给和放映的利益链条中，票房收入直接影响电影制作公司的经营利润，各电影制作公司纷纷拓展放映业务，试图在电影放映市场上分得一杯羹，各公司以收购、投资等形式将放映场馆的经营权收至麾下，从而使得"放映界在新体制之前和之后实现了革命性变化"①，电影放映市场竞争由此变得尤为激烈。在此背景下，单靠映配对放映环节实施间接影响和调控已无法满足日本当局对影片放映环节的控制需求。为此内务省在电影新体制下开始寻求对日本全国放映机构实施统制，以实现其"大同团结"。

内务省推动各地政府成立地方兴行协会，将其所辖区域的电影放映机构全部网罗其中，并于1942年1月成立由各地兴行协会电影部门、电影同业公会及相关团体组成的道府县兴行协会映画部联络委员会，负责就影片配给、放映档期、电影票价等问题与映配进行积极协调，并为成立全国性放映统制机构进行协商。

经过前期准备，1943年1月8日，内务省、警视厅召集道府县兴行协会映画部联络委员会东京常任委员会开会，一致同意成立全国性兴行协会，并促请全国各地联络委员会代表赴东京，于1月12日成立全国性兴行协会结成准备委员会，对协会的具体成立事项进行最后商讨，确定了经费分担方法、人事安排、捐赠行为章程等。4月10日，财团法人——大日本兴行协会正式宣告成立。

由于大兴为财团法人性质，故在运营上采用了捐赠行为原则，按照其捐赠行为章程，该协会的目的是"实现电影、演剧、演艺及竞技等演出的革新和提升，同时致力于国民精神的涵养、德智的启发培养，以推动国运的进展"。其具体业务包括以下内容：

一、协助演出行政推行相关事项；

二、演出的革新和提升相关事项；

三、协助国策的达成相关事项；

四、与官厅之间的联络、协调相关事项；

五、演出相关灾害的防止及保健卫生的增进相关事项；

六、演出资材配给的联络调整相关事项；

七、电影、演剧、演艺及竞技的配给调整、演出场地的合理配置等相关事项；

八、为达成本会目的而必要的会刊发行及出版相关事项；

---

① 中野節朗：『カッドウ屋風雲録　安部辰五郎』、東京：連合通信社1979年、第151頁。

九、其他为达成本会目的所需必要事项。①

由上观之，大兴的业务主要集中在电影等演艺事业演出的协调、电影上映资材的配给、演出场地的配置等"演出行政的推行相关事项"，并负责就电影放映统制同政府相关部门进行沟通。大兴的会长由时任内务大臣汤泽三千男担任，顾问主要由相关部门的大臣、情报局总裁等担任，参与则由政府相关部门负责人担任，理事多由电影业界人士担任。由此来看，大兴是一个半官半民的机构组织。

随着大兴机构的扩展，其业务由与映配和各电影放映机构之间的联络调整逐渐扩展至"上映档期顺序的修订""电影配给费的修订"以及"影片胶片的增配"② 等影片配给环节，不断扩大其在配给和放映两方面的权限。其目的是，通过"实现电影、演剧、演艺及竞技等演出的革新和提升，致力于国民精神的涵养、德智的启发培养"，完成"协助国策达成"③ 的目标，以推动电影国策的落实。

第四，推行电影机构改革，简化电影行政管理体系，成立涵盖电影业生产、流通、放映各环节的一元化电影国策执行团体——映画公社，以推进"电影决战体制"的确立和实施。

如前所述，随着战时电影制作、配给及放映方面统制进程的推进，电影新体制完成了其制度框架的搭建，形成了以松竹、东宝、大映构成的故事影片制作机制、以日映和朝日、电通和理研三大民间公司构成的文化影片制作机制，以映配为一元化统制的电影配给机制，以大兴为一元化统制的电影放映机制，对战时日本电影产业实施全过程统一监管，以充分发挥电影在国策宣传方面的"文化使命"。

然而，在电影新体制下，制作、配给和放映各环节不但对应不同的官方管理机构，而且各环节还有相对独立的团体负责政策的具体落实，甚至各团体之间如映配和大兴之间又存在着诸多业务的交叉和重叠。这种多头管理模式使得电影业界往往在各部门、各机构之间疲于应付，造成了电影业管理成本的巨大浪费。因此，各界对电影业"要求实现一元化的愿望非常强烈"④。鉴于此，"为达成电影事业的国家使命，实现必要的综合

---

① 「財団法人大日本興行協会寄附行為」、日本映画雑誌協会編：『昭和十八年版映画年鑑』、東京：日本映画雑誌協会 1943 年、第 346 頁。

② 東京国立近代美術館フィルムセンター監修：『戦時下映画資料②』、東京：日本図書センター 2006 年、第 394 頁。

③ 「財団法人大日本興行協会寄附行為」、日本映画雑誌協会編：『昭和十八年版映画年鑑』、東京：日本映画雑誌協会 1943 年、第 346 頁。

④ 東京国立近代美術館フィルムセンター監修：『戦時下映画資料④』、東京：日本図書センター 2006 年、第 510 頁。

统制运营，且为电影相关国策的推行提供协助"①，情报局决定对大日本映画协会进行体制改革，将其团体性质由原来的财团法人变更为社团法人，并将"电影事业相关综合企画立案"及"电影制作指导"等制作环节、"日本电影对外输出的促进、电影资材的配给"等配给环节、档期调整、收入分配等放映环节以及"电影相关各种调查研究、电影技术人员的培养及再教育、电影从业员的福利厚生设施、电影相关功劳人员的表彰、电影相关出版物的刊行及其他为达成本协会目的的必要事业"② 等均列入改组后的大日本映画协会业务范畴，不但发挥了"电影制作参谋本部的作用"③，也形成了战时电影事业的"综合统制运营体制"④。因此，尽管大日本映画协会的社团法人性质表明日本当局对电影事业的统制形式由内务省和情报局直接监管转变为通过大日本映画协会实施间接统制，且这种形式的变化给电影业界带来一定程度的自主权，但从实际操作看，改组后的大日本映画协会依旧具有"浓厚的官僚色彩"⑤，它非但没有缓和电影统制，反而在业务内容和监管力度上均将战时日本电影统制推向了一个新阶段，成为战时"完成电影国策的最终的一元化统制机构"⑥，在电影国策的推行过程中发挥了重要的作用。

到 1944 年下半年太平洋战争转入"本土决战"阶段后，物资的匮乏、战局的严峻及内外局势的变动使得电影国策逐渐丧失了赖以存在的物质基础和推行的必要性。鉴于此，情报局决定进一步简化电影行政管理体系，于 1945 年 6 月以映配为核心，吸收了大日本映画协会和大兴等团体，成立了新的电影统制团体——映画公社。映画公社是在"处于本土决战、一亿玉碎的窘迫局势下"⑦，由情报局主导成立的一个"简洁有力、综合一元的电影国策执行团体"⑧，它的成立标志着"电影决战体制"的形成。但由于映画公社成立时，日本已处于战争末期的处理阶段，随着日本宣布投降，映画公社也宣告解散，其并未发挥实际作用。

综上，鉴于电影媒体在国策宣传上的巨大影响力，日本当局在战时初期即将电影纳入其宣传体系内，并逐步确立起电影国策的统制方针，推动了战时日本电影行业向"国

---

① 日本映画雑誌協会編：『昭和十八年版映画年鑑』、東京：日本映画雑誌協会 1943 年、第 595 頁。

② 日本映画雑誌協会編：『昭和十八年版映画年鑑』、東京：日本映画雑誌協会 1943 年、第 595 頁。

③ 東京国立近代美術館フィルムセンター監修：『戦時下映画資料④』、東京：日本図書センター 2006 年、第 510 頁。

④ 大日本映画協会：「社団法人大日本映画協会設立趣意書」、『日本映画』1943 年 12 月 1 日号、第 35 頁。

⑤ 東京国立近代美術館フィルムセンター監修：『戦時下映画資料④』、東京：日本図書センター 2006 年、第 512 頁。

⑥ 大日本映画協会：「社団法人大日本映画協会の新発展」、『日本映画』1944 年 1 月 1 日号、第 5 頁。

⑦ 田中純一郎：『日本映画発達史』第三巻、東京：中央公論社 1980 年、第 167 頁。

⑧ 東京国立近代美術館フィルムセンター監修：『戦時下映画資料②』、東京：日本図書センター 2006 年、第 303 頁。

策性"指向发展。随着"近卫新体制"的实施,日本当局也进一步推动电影国策发展,最终确立起电影新体制。

电影新体制的确立是各方综合要素共同作用的结果,其直接诱因是电影胶片的不足带来的"以最小限度的电影资材实现最大限度的电影效果"的需求,而电影统制机构的建设为电影国策理念的提出、确立和发展奠定了基础。电影统制法规的完善为电影国策的推行提供了政策保障。日本当局和电影业界实施的业界格局重构共同推动了电影国策的落实和向纵深发展,强化了电影业界对电影国策的认同和参与。而"战时下拥有与弹丸相同使命"① 的电影国策定位则为电影新体制的推行提供了必要性。

电影国策理念指导下的日本电影事业呈现出浓厚的战争色彩,作为其产物的国策电影或宣扬所谓"大东亚圣战"之正义,或粉饰日本殖民统治之"王道乐土",或鼓吹前线士兵之英勇善战,或渲染后方国民之援战热潮,对战争进程的推动、战争氛围的塑造、"圣战完遂"等国民意识的酿成及"万邦无比之日本国体"等国体观念的贯彻等发挥了重要的推动作用。

---

① 川面隆三:「戦時下の映画」、『日本映画』1941 年 10 月 1 日号、第 12 頁。

结语篇

　　为将全部社会资源纳入到战争推行机制，塑造全民战争氛围，基于对"一战"的全面考察和交战各方在体制、策略等诸方面胜败得失的反思，战时日本当局效仿德国"国家总体战"理论，以国家统治力量为依托，大力推行国家总动员的战时体制，力图实现对全部资源的控制和利用，并将其全部纳入战时体制，其最终目的是构建"总力战"国家形态，为侵略战争服务。其中，媒体因其广泛的传播力、缜密的解读力和强大的引导力，在战时体制中被塑造成按照当局意志、配合局势需要、有组织地开展宣传活动的战争宣传工具。它既是战时体制下的统制对象，以其特有的宣传功能被动服务于战时体制，又是战时体制的宣传机构，对战时体制的制定、实施开展主动宣传与诱导。在诸多因素的合力推动下，日本媒体逐渐完成了国家宣传机构化的构建和角色定位，最终走上了法西斯化的道路。

一、战时日本传播网络链条上的"三要素"

战时日本当局的传播诉求主要集中于政策传播。当局推出的政策必须传达给民众，获得民众理解并在此基础上形成对该政策的正面回应才能得以顺利推行。尤其是在"总体战"的战争理念下，要想把全社会资源动员起来，没有强有力的宣传体制而仅靠武力推行是行不通的。鉴于此，日本当局通过自上而下的立法手段和制度手段塑造了符合其宣传诉求的舆论生态，并赋予媒体国家宣传机构的角色定位，以借助媒体的强大宣传力对战时内外政策进行剖析、解读，并以政府意愿为目标进行特定引导，以此对受众的思想、行为产生特定影响，使之完全按照政府的意图行事，方完成政府所期待的宣传任务。

上述日本战时传播过程涵盖了传播者、媒介和受众三大传播要素，其中传播者要素包括传播者的身份、角色和动机，传播者的决策和行动能够决定媒介的态度和行为，进而生成特定的舆论导向，塑造特定的舆论氛围，以此影响、引导、改变受众的态度和行为，在传播链条中发挥着传播主体的作用；媒介要素指的是不同类型传播媒介所具有的传播效力、传播优势等要素，媒介是传播信息的主要载体，它在传播过程中发挥着连接传播者和受众桥梁的中介作用，能够在传播者的规定下向受众传递并解释传播者的传播意图，以此影响并决定着传播的效果和目的，是传播链条中不可或缺的组成部分；受众要素指的是信息接受者的特征和需求，受众具有广泛性、混杂性、隐蔽性等特征，其个体要素、心理要素、社会要素等影响着信息的接受能力，其反应和互动决定着传播的接受程度和效果，是传播链条中的关键部分。

就战时日本传播而言，作为传播者的日本政府和军部在传播过程中扮演着传播主体的角色，承担着塑造传播生态、制定传播方针、构建传播机制、设定传播导向、提供传播内容、监管传播行为等重要职责，是战时日本媒体法西斯化的主导力量；作为传播媒介的各类媒体在传播过程中发挥了传播渠道的作用，是开展传播行为、落实传播目的的参与者，是塑造传播生态和构建传播机制的当事者，是传递信息内容、引领舆论导向的实施者，是战时日本媒体法西斯化的推动力量；作为传播客体的日本社会各阶层、中国社会各阶层及作为第三方的国际社会各阶层分别是战时日本对内传播、对华传播和对外传播的对象，它决定着战时日本传播内容和传播方式的取舍，反映着战时日本传播性质和传播效果，影响着战时日本传播生态和传播机制，并在相当大的程度上决定了媒介的编辑方针、内容特点、风格定位、运作模式和操作方法，是战时日本媒体法西斯化的影响力量，而战时日本传播路径的构建即是围绕此三要素展开的。

首先，为保障对传播渠道的有效控制，掌握话语权，作为传播主体的日本当局利用其自身掌握的政治优势和资源优势，根据"总体战"推行的需要，千方百计地加强对新闻报道的管制，压缩言论自由的空间，其中最重要的手段便是制定言论统制法令、法规，完善言论统制机构。同时，日本当局通过控制信息来源的方式等来控制媒体。媒介希望从当局获得相关信息，因而比以往更加依赖权力机构。受制于诸多条件的限制，战时记者想通过采访来获得准确、全面的第一手资料十分困难，其信息往往是通过交战国双方的政府或军方的新闻发布会获取。在此情况下，媒介就不可避免地落入了权力设置的陷阱，按照权力预设的路径去生成报道，塑造舆论。如果有媒体想通过独立方式获得信息或者发布令政府不满的信息，政府可以通过拒绝为其发放采访许可或拒绝接受专访等形式剥夺其从政府和军方获取信息的权力来施以压制，由此完成了战时日本传播网络自上而下的构建。

其次，是否能够完成当局的传播期许取决于媒介的宣传姿态和配合程度。决定战时日本传播媒介价值取舍的除了由言论立法、统制机构和言论政策构筑的传播生态等客观要素之外，更重要的还是媒体在面对由当局构筑的传播生态时所作出的主观抉择。可以说媒体的主观抉择决定着战时日本传播网络的构筑方向及战时宣传的实施效果，它既回应了政府的宣传诉求，也体现了媒体自身的利益诉求。在这种双重诉求的捆绑下，媒体自然会主动站在日本当局一边，一方面力求使自己的报道与当局的宣传诉求保持高度一致，另一方面则有助于以"总体战"为核心的国家总动员体制的形成和实施。换言之，媒体在面对战争时，主观抉择是确定其报道姿态的决定性要素，也是决定战时日本内外舆论导向的根本性因素。受政府权力的压制和大众情绪的影响，在举国一致夺取"大东亚战争"胜利的舆论狂潮中，媒体从业人员作为国民中的个体，很难避免被这种畸形爱国主义所裹挟，而对媒介机构而言，在进入资本主义经营时代，资本成为各机构维持正常运营和在激烈竞争中保持优势的绝对要素，而在战时体制这种特殊语境下，资本的攫取很大程度上取决于媒介机构与当局所塑造的舆论生态之间的适应程度。因此畸形爱国主义情感下所生发的那种精神上的国家主义和对经济利益的追逐是媒体参与战时传播网络构建的主导性内因。换言之，物质上的商业利益和精神上的国家主义促使日本媒体主动按照当局诉求参与战争宣传，从而完成了战时日本传播网络自下而上的构建。

第三，受众也是推动战时传播网络构建的主体之一。一方面媒体可通过议题设置功能左右甚至塑造公众舆论，在塑造公众意见、引导社会话题以及形成政策决策等方面发挥着重要作用；另一方面公众舆论也可通过诸如公共情绪表达等非正式渠道反作用于媒体报道的深度、广度和向度，媒体由此可能成为被公众舆论操纵的工具，为特定的利益集团服务。从某种意义上讲，作为传播对象的受众是传媒的顾客，传媒在向公众进行宣传的时候，必须考虑受众的接受能力。这里所说的"接受能力"除了受众的身体状况和文化水平之外，更重要的还要考虑受众所处的环境。如果媒体的论调与受众的接受能力背道而驰，必然会遭到受众的抛弃。而受众对媒体的抛弃，必然造成经济利益和社会影响力受损，这是媒体所不能承受的。比如战时在日本民众的排外主义和战争狂热空前高涨的情况下，"国民的爱国热情越高涨，报纸就越会被读者的要求和周围的局势所影响，自然无论是言论还是报道都会趋向国家主义化和帝国主义化"①。换言之，政府借助传播网络营造了一个狂热的战争环境，而处于这个战争环境中的受众则反之进一步强化了这种战争环境，进而促进了传播网络的日臻完善。

总之，在这个上下贯通的传播链条中，作为上层建筑的日本当局和作为基层组织的日本媒体以及作为传播对象的日本民众是缺一不可的，三者构成的传播网络不但能够充分保障战时传播的顺利开展，而且能够对战时传播的实施加以完善、修正，从而在很大程度上对战时传播的原则、性质和效果产生重要影响力。

---

① 前坂俊之：『太平洋戦争と新聞』、東京：講談社 2007 年、第 106—107 頁。

二、战时日本传播网络的"双通道"构建模式

如上所述，战时日本媒体法西斯化的过程是日本当局构建战时传播网络的过程，也是日本媒体走向战时化的过程，而传播网络的构建和战时传播的实施又进一步强化了日本当局话语权的构建，两者相互影响，相互依存，从而将传播主体、传播渠道、传播客体三要素统一为一个整体性、系统性的传播网络，并由此形成了日本当局作为传播主体自上而下构建法西斯化的言论统制生态、日本媒体作为传播媒介自下而上完善法西斯化的言论统制内涵的"双通道"传播路径构建模式（见下图），从而最终完成战时日本传播的全过程。

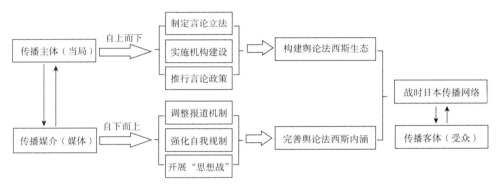

战时日本传播路径的"双通道"构建模式

一、通道一：日本当局"自上而下"构建法西斯化言论统制生态

这个过程使得新闻专业主义随着日本媒体政治性的彰显和膨胀而缺失，最终导致"国家"成为一个抽象化的概念，而抽象化的"国家"概念往往容易被各种政治力量随心所欲地诠释，这也是日本媒体自觉地支持强硬的军部政府的习惯性思维方式。

第一，言论立法构建战时传播的舆论生态。鉴于媒体所特有的宣传力，日本当局在宣传领域的控制尤为严密，出台了一系列言论统制法令、法规，这些法规既包括《治安维持法》等贯穿战时始终的常态化法律，也包括《对日英美战争的情报宣传方策大纲》等针对某一特定事件、特定局势而制定的临时性法规，既包括《国家总动员法》等覆盖

全媒体的综合性法规，也包括《新闻纸法》《出版法》等更具针对性和适用性的单项法规。它们在条文内容上相互交叉，互为补充，在处罚力度上逐次强化，不断升级，在实施手段上政治高压、经济遏制双管齐下，从而构建了一个符合当局统治意志、回应当局宣传诉求、服务当局内外政策的言论统制体系。且战时不同时期，日本当局推行的新闻法制政策的特点、侧重点也有所迥异，体现出阶段性、针对性和时局性的特点。

九一八事变时期，日本当局强化了对已有言论统制法规的扩充和利用，并在此基础上对言论统制实行了有组织的、系统化的、全面的改造。在言论统制制度上，对当时现行言论统制法令加以系统化改造，扩大监管范围，将音像制品、宣传海报、讲演讲座等列为监管对象；强化审查体制，确立出版单位和印刷单位连带责任、事前审查和事后审查双重监管模式；升级处罚力度，要求对违规宣传"给予严厉取缔，施以重罚"①。在言论统制方式上，一是采取"应急性对策"，要求改善诉讼程序，扩充审查机构，扩大审查权力，强化取缔政策，对所谓"危害社会稳定"的思想言论实施事前预防和事后镇压；二是采取"根本性对策"，要求实施政治行政革新，强化思想教育钳制，注意从源头上防止"动摇国民意志，酿成不稳思想"②舆论的生成，努力构建事前预防性对策机制；在言论统制策略上，出台了一系列"宣传计划"，旨在进一步加强对舆论的管控和引导，从而为该时期日本的对内对外舆论宣传吹风定调，统一声音，缓解日本在国内外舆论场上的压力，以配合当时内政外交的推行。

日本侵华战争全面爆发时期，日本当局进一步强化、扩充了现行言论统制立法，在此基础上继续利用行政力量出台了一系列宣传指导方针，强化对宣传媒体的引导，加速推进"举国一致"战时舆论宣传体制的塑造。首先，继承以监管和取缔为主要特征的传统言论统制方法，对反军、反战及反法西斯主义思想言论及违反舆论法规的宣传媒体保持持续高压态势，同时颁布《国家总动员法》及一系列衍生法规，从报道机制、经营体制及报道内容方面加强对涉及军事、外交等"可能对国策顺利推行产生阻碍事项"③的监管，确立了军事报道和外交报道的监管体制，并推动该体制向纵深发展；其次，在保持政治强压的同时，积极寻求从道义、法律、行政以及营业方面对新闻媒体实施综合"指导"，以道德绑架和经济遏制等手段对传统言论统制实施补强和延展，确保了日本当

---

① 「第六十九回帝国議会貴族院議事速記録第十五號」、『官報』号外、1936 年 5 月 26 日、東京：大蔵省印刷局、第 241 頁。

② 「社会政策に関する具体的方策案」、『思想対策協議会に関する件』、JACAR（アジア歴史資料センター）、Ref.A15060002900、国立公文書館。

③ 「新聞紙等掲載制限令」、『本邦ニ於ケル新聞、雑誌取締関係雑件 第二巻』、JACAR（アジア歴史資料センター）、Ref.B02031109900、外務省外交史料館。

局对媒体的"经营及编辑两方面的发言权"①；最后，为应对日军在华军事行动所引发的国内外舆论，日本当局在强化舆论监管的同时，还根据国策推行需要推出了极具针对性、可行性、即时性和指导性的宣传计划，以强化对媒体"国策宣传"功能的引导和形塑，营造"在宣传上处于有利且主动地位的环境"②。

太平洋战争爆发之后，对媒体"国策功能"的强化成为该时期日本当局言论统制的核心理念，为达此目的，在继续以言论法规为武器强化舆论监管的同时，日本当局更注重对媒体实施引导，传统的"言论统制"和积极的"言论诱导"并用成为该时期日本言论统制的特点。一方面，日本当局在颁布覆盖全媒体领域的综合性法规外，为防止资本过度掣肘舆论报道从而造成"国策宣传"的损耗甚至背离，还以《新闻纸法》《出版法》等基本法律为基础，出台了更具针对性和可操作性的行政法规和管理条例，从而形成上位法和下位法相辅相成的言论法制体系。另一方面，面对太平洋战争爆发后日本所面临的内政、外交压力以及由此引发的内外宣传危机，日本当局意识到以压制和取缔为主要手段的传统言论统制模式存在的弊端，遂出台了一系列指导性法规，要求媒体在宣传中强化"国策推行和宣传之间的密切联系"③，以此确保舆论与日本当局的宣传诉求保持高度一致。

第二，机构设置催生战时传播的管理主体。在言论统制体系中，言论统制机构居于核心地位，它既是言论政策的顶层设计者，又是言论政策的实践推动者，故"言论机关的统制对于舆论统制和思想统制具有重要意义"④。为更好地加强对媒体的统制和利用，战时日本当局不断完善言论统制机构，从而形成规模庞大、种类繁多、层次多样、组织严密的"政军民一体化"言论统制机构体系。

日本政府在战时日本言论统制体系中居于主导地位，是政略宣传的主导者。自明治以来，随着媒体在政治生活中的地位和作用逐渐为各界所认识，日本政府也逐渐加大了对媒体的监管力度。但由于当时对媒体统制的认知不足，多头管理的媒体监管模式在很大程度上导致宣传效果减损的弊端，强化言论统制机构建设，设立一个超越单一部门、打破各部门壁垒的监管体制遂成为共识。首先，外务省和陆军省高级官员于 1932 年 6 月以"联席会议"组织了时局同志会，就九一八事变后所引发的一系列外交问题及与之

---

① 内川芳美：『現代史資料・41・マス・メディア統制(二)』、東京：みすず書房 1996 年、第 272—273 頁。
② 「宣伝計画」、『北支那方面軍状況報告綴　昭和 12 年 10 月 25 日—昭和 14 年 6 月 25 日』、JACAR（アジア歴史資料センター）、Ref.C11110932600、防衛省防衛研究所。
③ 「対敵宣伝方策要綱」、『重要国策決定綴　其 6　昭和 19 年 8 月 4 日—20 年 3 月 29 日』、JACAR（アジア歴史資料センター）、Ref.C12120228000、防衛省防衛研究所。
④ 野村重臣：『思想戦と言論報国会』、横浜：昭和書房 1943 年、第 30 頁。

相应的对外宣传工作进行探讨，并提出了建立统一宣传机构的主张。此后在外务省的推动下于 1932 年 9 月成立了情报委员会，负责"统一、强化时局宣传"，"审议、研究宣传方针、方法、手段"，并"研究非常时期或战时情报宣传机关的统一事项"[①]。尽管上述机构均为非正式组织，对言论统制缺乏足够的统制力和约束力，但却为此后言论机构建设奠定了坚实的基础。其次，随着内外局势的发展及国内外舆论力量对比的变化，强化言论统制机构职能的呼声日益高涨。1936 年 7 月，一个"更具政府机构性质和部局性质"[②] 的官方组织内阁情报委员会正式成立。该机构不仅是一个言论统制方针制定的立案机构，也是一个言论统制政策实施的协调机构，其主要任务为"对国策推行基础之情报、内外报道及启发宣传实施联络调整"[③]，并确立了"消极取缔和积极宣传有机结合"[④] 的言论统制模式。1937 年 9 月，内阁情报委员会升格为内阁情报部，从联络调整的媒介一跃升格为具有独自管理权限的国家情报机构。最后，随着国民精神总动员运动的推进及"总体战"体制的发展，日本当局开始寻求对现有情报机构体系进行改造升级，于 1940 年 12 月将内阁情报部升格为情报局，并在此后进行了多次内部机构调整，最终成为集递信省、外务省情报部、内务省警保局以及陆海军情报部职责于一身的战时国策宣传和对外思想战的最高统制机构，实现了"各方面情报宣传机构的一元化"[⑤]，使日本当局的言论统制更加体系化、细致化和有组织化，对"内外各项政策方面举国舆论的形成"[⑥] 发挥了重要作用。

日本军部在战时日本言论统制体系中有着重要影响力，是战略宣传的承担者。随着军部在日本政治结构中势力的崛起，军事相关言论统制工作逐渐转移至陆军省，陆军省由此成为日本言论统制体系中的重要一极，在军事相关言论统制方面拥有绝对发言权。首先，陆军省率先就言论统制的组织机构建设问题进行了探索和尝试，早在 1904 年陆军省即设立新闻检阅委员一职，专门负责军事报道的审查和取缔工作。为应对"米骚动"所引发的反军情绪高涨、军部负面形象日趋固化的局面，"增进国民对陆军的理

---

① 著者不明：『戦前の情報機構要覧：情報委員会から情報局まで』、出版社不明 1964 年、第 4 頁。

② 「国家と情報宣伝」、『思想戦講習会講義速記　第 1—4 輯　昭和 13.2』、JACAR（アジア歴史資料センター）、Ref.C14010448900、防衛省防衛研究所。

③ 「情報委員会事務規程」、『公文類聚・第六十編・昭和十一年・第三巻・官職一・官制一（内閣）』、JACAR（アジア歴史資料センター）、Ref.A14100483500、国立公文書館。

④ 内川芳美：『マス・メディア法政策史研究』、東京：有斐閣 1989 年、第 226 頁。

⑤ 著者不明：『戦前の情報機構要覧：情報委員会から情報局まで』、出版社不明 1964 年、第 193 頁。

⑥ 「内閣情報部官制中〇高等官官等俸給令中ヲ改正ス・（拡大強化ノ為ノ準備事務等ノ為勅任情報官設置）」、『公文類聚・第六十四編・昭和十五年・第四巻・官職二・官制二（内閣二）』、JACAR（アジア歴史資料センター）、Ref.A02030166300、国立公文書館。

解"①，陆军省于 1919 年 1 月设置"新闻系"一职，并在 4 个月后扩充为新闻班，陆军省的舆论统制由此走上了组织化的发展道路。新闻班一方面主要负责舆情汇编工作，从而为陆军省相关政策的制定提供决策参考，具有"内参"性质；另一方面则通过行政手段强化言论审查和监管，并通过舆论操纵的方式"从宣传的角度对事态的发展实施主动引导"②，为媒体提供一个共同的认知、理念和共享的逻辑，以此来操纵、引导和重塑民众的信仰、态度和行动，形成新的舆论气候，从而为陆军省内外政策的推行塑造有利的舆论环境。其次，全面战争爆发之后，陆海军省宣布复设大本营，并设立了大本营陆海军报道部，负责"战争推行所必要的对内、对外及对敌国宣传报道相关计划及实施"③。大本营陆海军报道部的舆论管控手段有二：其一是定期召集媒体负责人召开"恳谈会"，对当下舆论界动向及态度进行通报的同时传达其宣传诉求，并要求各媒体事前提交宣传计划以供审查；其二是以"战况报道的准确性"为由，禁止传播未获大本营许可的信息，从而通过"大本营发表"的形式垄断了新闻源，成为军部控制新闻舆论的强有力武器。最后，除上述军部系统的宣传机构外，为强化其在情报机构中的主导权，陆军省曾提交一份名为《宣传省设置要纲》的提案，要求效仿德国成立宣传省，将包括政府、军部、民间在内所有言论统制机构的相关业务全部移交该部门统一管理，从而推进"作为国策形成和实施基础的情报的搜集整理及国内外报道、启发、教化、宣传业务的统合"④。虽然由于宣传省的业务内容将极大威胁到其他部门的职权和利益而未能实现，但其言论统制机构一元化的理念与战时日本言论统制机构的建设理念高度一致，可以视为军部为获得在言论统制机构建设中的发言权所做的一次尝试。

在"政军民一体化"体系中，介于官方机构和媒体机构之间的舆论自治机构因应日本当局的宣传诉求，依据政府、军部等体制内机构的指令和引导实际参与言论统制政策的实施，从而构成了言论统制体系的重要组成部分。这些团体既有分布在报界、出版界等各领域相对单一的行业自治团体，也有在政府、军部主导下组建的横跨文学界、舆论界、思想界等领域的综合性自治团体。这些团体多以独立经营的业界法人为组织形态，以超越一切政党政派的中立立场为活动宗旨，但在实际运营过程中，不但政府、军部等官方力量深度参与其中，并且在运营经费、政策资源、人员配置等方面也高度受制于官

① 田中義一伝記刊行会：『田中義一伝記』（下巻）、東京：田中義一伝記刊行会 1960 年、第 219 頁。
② 「宣伝計画」、『北支那方面軍状況報告綴　昭和 12 年 10 月 25 日—昭和 14 年 6 月 25 日』、JACAR（アジア歴史資料センター）、Ref.C11110932600、防衛省防衛研究所。
③ 「昭和 12 年 10 月 30 日　大本営報道部の任務」、『大本営に関する綴　昭和 12 年—19 年』、JACAR（アジア歴史資料センター）、Ref.C12120347600、防衛省防衛研究所。
④ 「宣伝省（仮称）設置要綱（試案）」、『内閣情報部並外務省情報部拡充及統合関係一件』、JACAR（アジア歴史資料センター）、Ref.B14090111800、外務省外交史料館。

方机构，必须执行当局的宣传方针，接受当局的指导监督，官方机构由此获得其组织架构、业务运营等方面的发言权。与官方机构相比，这类机构虽有"新闻自治"之名，却无"新闻自治"之实，从本质上看，不过是日本当局一手操纵的御用新闻团体，且在言论统制体系中其操作更具隐蔽性和欺骗性，在促进舆论统制方面发挥了极其重要的作用。

第三，言论政策推动战时传播的体制构建。日本当局通过法规建设和机构建设为战时传播做了顶层设计，构建了一个遍布政府、军部、民间三大管理主体、覆盖报纸杂志、广播电影、图书出版等全部媒体类型、包含日本国内及其海外占领区等所有地理空间的传播网络，并依托该网络推出了一系列言论政策，推动了战时传播体制的构建和完善。

针对报界，以政策杠杆和经济手段干涉经营路线，构筑报界战时体制。战时日本当局在构建完成法西斯化的传播网络后，还实施了一系列针对报界的传播政策，对报社经营实行多元化干预，并通过一系列行政手段对报界进行整肃。首先，控制纸张配额，最大限度限制报业经营规模，控制报界舆论导向。在制度层面日本当局出台了《报纸用纸消费限制方针》《用纸限制令》等法规，对报社经营不可或缺的印刷用纸实施配给制；在体制方面设立了直属内阁情报部的新闻杂志用纸统制委员会，负责"制定报刊用纸一般统制方针，处理现有及今后创办报刊用纸配额及增额申请"[1]事宜，从而使内阁情报部实际掌握了印刷纸张分配权；在操作层面以"献纳广告"的名义无偿挤占广告空间，以"七七禁令"为武器限制药品、化妆品等所谓非生活必需品广告，在最大程度上压缩广告收入。其次，大规模合并报纸，加紧推行"一县一报"体制，实现对报界的集权化控制。此举不但能够缓解纸张供需结构性失衡的矛盾，也能够"彻底清除弱体不良报纸、发展并助长国策报纸"[2]，使战时日本报业格局实现重构，形成了以大报为中心的报业体系，从而在很大程度上防止舆论分化的局面。最后，加强报社联合，维持报业运营。在战争末期美军开始轰炸日本本土时，许多报社的设施和印刷设备遭到毁灭性破坏，报纸的正常出版发行受到影响。在此情况之下，为防止出现新闻报道的完全真空状态，日本当局宣布确立报界非常体制，要求各报实行联合经营和共同印刷，以"确保读者必有一报可供阅读"[3]。

针对出版界，以"出版报国"理念为指导推动出版体制改革，强化出版业对战时宣

---

① 内川芳美：『現代史資料・41・マス・メディア統制㈡』、東京：みすず書房 1996 年、第 264 頁。

② 『新聞之新聞』1940 年 2 月 24 日。

③ 「戦局ニ対処スル新聞非常態勢ニ関スル暫定措置要綱」、内川芳美：『現代史資料・41・マス・メディア統制㈡』、東京：みすず書房 1996 年、第 532 頁。

传的服务功能。在大力推行以"总力战"为特征的战时体制语境下，为适应内外宣传的需要，日本当局推动出版界构建"以新文化建设和高度国防国家为使命"①的"出版新体制"。"出版新体制"是一个由多部门、多机构、多层次构成的系统化、立体化的出版统制体系，它主要包括如下方面：一是实施用纸统制，充分发挥用纸配额的杠杆作用，确立了"出版新体制"下纸张配额与言论统制相结合的出版统制理念，力图从源头上对出版内容、出版方向实施控制和引导。二是完善出版配给体系，构筑覆盖日本本土及其海外占领区的一元化配给新体制，从流通中间环节和销售终端环节两方面对出版业宣传导向实施倒逼统制，强化了出版业对"国策宣传"理念的渗透和执行。三是采用分类指导、专项管理的原则，对不同性质的出版机构制定具有针对性的整合策略，推动出版业整合，并强化"出版报国"理念的贯彻和实施。

针对广播界，从技术、政策强化对广播事业的扶植和监管，推动"广播在国策宣传报道、宣传上的一元化和积极化"②。随着内外局势发展所带来的信息需求量爆炸式增长及广播事业的发展，广播在日本宣传体系中的作用日益凸显，日本当局在政策层面不断强化对广播事业的监管。一方面在"一家庭一收音机"③的理念下加大资金投入和政策倾斜，提升广播普及率；另一方面则出台一系列管理措施，强化了对广播内容的限制和广播接收设备的管制。太平洋战争后，日本当局在广播节目的内容、编排、播放等方面确立起战时广播体制。一是加强电波管制，并根据宣传需求动态调整广播频率，从技术和体制上确保了广播设施的安全，同时也提高了播音质量和宣传效果；二是推行"放送监督指示簿"制度，对广播方针的制定、广播政策的实施提出指导性意见，同时设立"措置检讨会"对指示簿体制的运行情况进行监督和反馈，从而将对广播的指导机制和反馈机制有机结合起来，以此谋求最大限度发挥广播的战时宣传作用，以"应对变幻无常的内外局势，准确无误地完成广播的使命"④。

针对电影界，制定电影国策，强化电影事业的"国策"指向。鉴于电影媒体在内外宣传上的巨大影响力，日本当局在战时初期即将电影事业纳入其宣传体系内，在日本映画社等统制机构的推动及《映画法》等法律的加持下，逐步生成电影国策方针，并通过业界整合和重构推动电影产业深度参与电影国策，为战时日本内外政策的推行提供了重

① 日本読書新聞社雑誌年鑑編纂部：『雑誌年鑑』、東京：日本読書新聞社 1941 年、第 12 頁。
② 「情報局ノ組織ト機能」、『情報局ノ組織ト機能 昭和 16 年 5 月』、JACAR（アジア歴史資料センター）、Ref.A06031104700、国立公文書館。
③ 「参考資料第 8 輯 国家と放送」、『参考資料』、JACAR（アジア歴史資料センター）、Ref. A06031104500、国立公文書館。
④ 「『放送監督指示簿』及び『措置検討会』を中心として（一）」、内川芳美：『現代史資料・41・マス・メディア統制㈡』、東京：みすず書房 1996 年、第 477 頁。

要的舆论支持。首先，为实现电影业均衡发展，消除资本要素对电影产业的过度干涉而成立的"大日本电影事业联合会"等业界自治团体强化了对电影国策的回应，推动了战时日本电影事业向"国策性"指向的发展。其次，依靠合并、联合等手段重构电影业界新体制，实现了对战时日本电影产业制造、配给和放映的全链条监管，有力推进了电影产业"向着不折不扣的官民协力新体制的实现而迈进"①，将战时日本电影统制推向最高峰，对战争进程的推动、战争氛围的塑造、"圣战完遂"等国民意识的酿成及"万邦无比之日本国体"等国体观念的贯彻等发挥了重要的推动作用。

二、通道二：日本媒体"自下而上"完善法西斯化言论统制内涵

战时传播网络的构建仅仅依靠自上而下的外力推动是不够的，在上层建筑按照强权意志搭建政治传播网络框架的过程中以及框架搭建完成后，自下而上的主动参与是不可或缺的必要条件，它进一步完善了法西斯化言论统制内涵。换言之，只有自上而下的外力推动和自下而上的主动参与这两个条件同时具备时，战时日本传播网络的构建才算最终完成，两者缺一不可。战时日本媒体主动参与战时传播网络构建主要表现在：不同媒体针对当局的言论统制所做出的思想上的认同和行动上的趋同。

随着国家层面战时体制的确立及实施，为强化对各类型媒体的统制，在日本当局的领导和推动下，确立了诸如报界战时体制、"出版新体制"、战时广播体制和电影新体制等不同媒体领域的宣传体制，从而形成了既覆盖不同媒介类型，又具有针对性的战时媒体宣传体制。作为战时宣传体制的统制对象和战时宣传的实施者和参与者，不同媒介因其存在形式、运营方式、传播载体等要素不同，决定了其传播行为、传播机制都会存在较大差异，因此不同类型媒体对战时宣传体制的认同和趋同也存在着一定的差异性。但与此同时，战时日本媒体在自下而上参与战时传播网络构建、实施战时传播上也存在着如下共性。

第一，确立并强化宣传体制，提升宣传能力和宣传效果，以满足日本当局战时宣传诉求。在上述全面化和差异化兼备的媒体统制框架下，战时日本媒体根据战时体制推行的需要，纷纷确立并不断强化了宣传体制。

一是在运营方面强化编辑权限，以排除资本、党派等外在因素对当局言论统制体制及战时宣传体制可能造成的冲击。编辑权限是影响媒体舆论导向的根本要素，也是舆论生产的决定性要素。在实际运营过程中，媒体的宣传活动除受资本约束外，还极易受到战争、政争、党争等特殊社会环境的影响和制约。因此，弱化营利性经营路线，降低资

---

① 大日本映画事業聯合会：『大日本映画事業聯合会事業誌』、東京：大日本映画事業聯合会 1942 年、第18 頁。

本权限的话语权，提升编辑队伍的责任意识和核心能力成为日本当局实施言论统制和日本媒体参与言论统制的重要内容。如报社设置了包括主笔、总编以及编辑主任在内的编辑会议，广播领域也在中央、地方及海外日占区等地成立了编辑会，负责对报社、广播机构的编辑方针、报道内容作出决策，以保证宣传报道不受报业资本和行政力量的干涉，其在媒体机构的话语权和地位远超其他部门。

二是在实施方面充分发挥行业团体的自治作用，以推动媒体对战时宣传体制的趋同，提升其宣传能力和宣传效果。行业团体是介于政府与行业之间的自治团体，是政府与行业之间的桥梁和纽带，发挥着沟通、协调、自律和监督功能，同时又受政府和行业的影响和制约。战时日本媒体领域成立了很多行业团体，有日本新闻会、日本出版会、日本广播协会、大日本映画协会等不同媒体领域的行业团体，也有大日本言论报国会、满洲弘报协会等覆盖不同媒体领域的跨行业团体，这些行业团体在日本当局的支持下，依赖当局赋予的有限权力和自治团体具有的欺骗性外衣，推动媒体的自我管理和自我约束。以出版业为例，日本出版会等出版界自治统制行业团体负责出版统制的策划、组织和统筹，日配等出版业各领域组建的行业团体负责出版新体制下出版统制政策的具体业务实施，而出版报国团等外围实践团体则以自下而上的积极态度主动参与"出版报国"事业，由此强化了出版行业对战时日本言论统制的回应。

第二，实施内部机构改革，加强自我规制和内部审查力度，以防止与当局的言论统制政策产生抵触。战时日本媒体处于多主体管理和全过程监管的统制框架之下，不但要接受隶属于政府和军部的多个媒体监管部门的多重审查和监督，而且事前报备的"许可制原则"、事中指导的"指令性原则"和事后审查的"取缔性原则"贯穿于媒体活动全过程。尽管如此，各媒体为避免出现与当局论调不一致的"误报"，不断强化内部审查机制。

一是在报道体制上实施机构改革，一方面在机构内部设置报道审查部门，负责在报道内容提交有关部门审查之前，按照当局颁布的报道宣传方针、报道取缔规则对新闻报道的内容、舆论导向甚至遣词造句等逐一实施自我审查，更有甚者连天气预报等普通的生活信息也因担心泄露军事秘密而使其在报纸和广播中销声匿迹。另一方面则不断优化编辑阵营，努力实现媒体机构中央部门和地方部门之间以及内部不同部门之间编辑体制的一元化，以确保舆论宣传能够按照政府的言论政策加以实施。

二是在经营体制上实施自我规制，一方面修改机构章程，对股权实施清理并对持股人加以限制，推动资本经营分离，以排除外部资本对宣传机构经营方针和编辑方针的干预，同时大力压制营利主义路线，从内部防止因过度追求经济利益而导致资本在媒介产业发展中话语权逐渐增大，从而造成对当局宣传诉求的背离和缺失，并避免与当局的言论统制产生龃龉和冲突。另一方面则通过自主的横向联合或纵向合并的方式，推动行业整合，重构媒介格局，不但在很大程度上降低了因过度竞争而造成媒体行业在人员、资源等方面的损耗，提升了媒体宣传效率和宣传效果，而且也避免了因业界格局严重失衡等弊端而导致媒体溢出言论统制框架的风险。

第三，以"国策性"作为推进机构运营、开展宣传活动的准则，完成对国家宣传机构的身份构建和角色定位。随着战时体制的发展及言论统制的强化，反映国家意志、引导舆论导向、塑造公共意识的"国策性"取代了不偏不党、"社会木铎"的新闻伦理，成为日本当局对新闻媒体实施监管、取缔的唯一判定标准，也成为战时日本媒体的行为准则。

一是在人事上，媒体主动邀请政府和军部相关人士担任媒体行业团体及媒体机构自身的重要职务，以现场办公的方式深度介入媒体的日常运营，以实现对媒体的在地化、全天候监管，如情报局课长级别官员以及海军少将匝瑳胤次、陆军少将齐藤浏等退役军人担任了大日本言论报国会理事等要职。与此同时一些具有重要影响力的媒体人士也纷纷担任当局舆论管制部门要职，如同盟社长古野伊之助、读卖新闻社长正力松太郎等人担任了近卫新体制筹备委员会委员职务，朝日新闻社长兼主笔绪方竹虎就任情报局总裁一职。担任官方媒体监管部门要职不但能够在信息获取、政策制定方面享有一定发言权，而且也能亲身参与战时舆论政策的制定和实施，是战时日本媒体国家机构化的具体表现之一。

二是在思想上，媒体行业从战时体制下角色认知出发，利用内部培训、讲习会、弓道大会、剑道大会等机会，通过精神修炼、"被禊"等颇具宗教色彩的仪式向员工灌输国粹主义、天皇法西斯主义思想，体现出强烈的"尊皇"信念和"国粹"倾向，力图从精神上强化媒体对"日本精神"和"国策"的认同，"确立日本世界观，阐明建立大东亚新秩序的原理和构想，进而挺身加入皇国内外的思想战"①，从而将媒体本身自我定位为引领国民思想、诱导国民舆论的"思想战之弹丸"，将媒体从业人员定位为"思想战战士"，以"国家本位主义"为其行动宗旨，以"国家至上"作为其新闻伦理，以完成媒体行业的"国家使命"作为其行动目标，在思想上、行动上全方位回应日本当局对媒体提出的"言论、文笔皆为战力"的诉求，由此通过自我身份建构完成了思想战宣传武器的身份定位。

综上，在政府、受众、媒体三大传播要素构成的"双通道"传播网路构建模式中，作为传播主体的日本当局是推动战时媒体法西斯化的外力，是战时法西斯化言论统制生

---

① 「社団法人大日本言論報国会定款」、野村重臣：『思想戦と言論報国会』、横浜：昭和書房 1943 年、第 39—40 頁。

态的顶层设计者和言论统制政策实施的主导者，作为传播媒介的媒体是战时法西斯化言论统制生态的被约束对象和言论统制政策实施的参与者，其政治利益诉求、经济利益追逐及民族主义带来的精神枷锁则是对战时媒体法西斯化起决定性作用的内力，而作为传播客体的受众不但是改造后的传播产品的消费群体，同时也会通过一定渠道反作用于传播网络。换言之，媒体的自我规制以及受众对传播网络的反作用塑造了战时日本舆论高度统一的局面，同时也推动了言论统制的强化和发展，并最终导致其被纳入到国家战时体制之中，成为战争推行的重要一环。

三、战时日本传播网络下媒体的战争责任
——以报界为例

战时日本传播网络的构建是依托言论统制体系的建立和完善而实现的，同时也是日本当局实施战时宣传的体制保障和必然产物。在战时日本当局的言论统制框架下，战时日本媒体对内利用强大的传播功能宣传政府"国策"，统一国内舆论，向国民灌输对外侵略思想；对外则承担起国际宣传的重任，为日本发动侵略战争寻找借口，并大加粉饰、歌颂，将其美化为"解放东亚人民的圣战"，甚至直接参与军国主义战争，对占领区的新闻文化事业造成了严重的破坏，负有不可推卸的战争责任。日本媒体的战争责任问题与其国家机构化的构建和角色定位是同步进行的，日本媒体国家机构化构建的过程体现了其战争责任，日本媒体的战争责任又是其国家机构化构建的最终结果，两者是一体两面的关系。

在战时众多宣传媒介中，一方面，作为最早登上日本历史舞台的近代媒体，报纸在日本近代化历史进程中，以其强大的发行网络、广泛的读者群以及无形的宣传张力，在日本全国范围内构筑了一个独特而缜密的话语空间，并牢牢地掌控着话语权，对战时日本宣传的性质、发展方向都发挥了决定性的引导作用；另一方面，尽管广播、出版、电影等媒体也因其各自的宣传优势和特色，在战时传播体系中发挥着重要作用，但与报纸相比，这些新媒体在经营理念、报道体制、受众群及普及方式等方面均存在着一定的先行性不足。上述两方面使得报纸成为战时日本宣传的主流媒体。鉴于此，报纸的战争责任在很大程度上能够体现战时日本媒体的战争责任，故在此以报纸为例，从政策宣传、战争报道、后方动员、身份构建四个层面对战时日本媒体的战争责任做一探究。

一、配合日本当局的政策调整，实施主动宣传、偏向解读与特定诱导

报纸这种传播形态除了具有作为信息载体最基本的传播功能外，还具有独特的分析功能和指导功能，能够在一定程度上促进形成特定的政治背景，使政治朝着统治阶级所喜好的特定的方向发展。就战时日本报界而言，在开展政策宣传过程中，首先，回应日本当局诉求，对战时政策进行积极宣传。政策推行的前提是必须传达给民众并使民众理

解以至获得民众的支持。其次，按照当局意志，对战时政策进行偏向性解读。报界除了向人们迅速、及时地提供新闻资讯外，还必须对其进行剖析、解读，以帮助读者挖掘隐藏在新闻背后的新闻。报纸的解释功能在说明、解释和评论社会事件、政策解读方面所起的作用却越来越大，特别是在就社会目标和公众事务展开广泛辩论而又需要针对简单的报道作出深刻分析的时候，报纸增强解释功能的发挥就更为重要。最后，遵照政府意图，对战时政策进行特定诱导。报纸在完成政策传播和解读的基础上，对受众的思想或者行为产生特定的影响，使之完全按照政府的意图行事，才算完成政府所期待的宣传任务。因此可以说指导功能是报界发挥传播功能的目标，也是政府对媒体的最高要求。鉴于此，战时日本当局在出台战时政策时，除了通过行政力量强制推行外，往往对包括报界在内的舆论界有极大的宣传期待。而战时日本报界的报道姿态在很大程度上回应了日本当局的宣传诉求。

第一，在对外宣传方面，塑造"正义"形象，为日本侵略行为寻找"合法外衣"。九一八事变爆发后，为日本发动侵略战争寻找"正当"理由成为当时日本军部面临的重要课题，而承担起如此重任的则是日本报界。日本报界一改此前对军部的批判论调，对日军的侵略行为给予了肯定，并大肆宣扬"满蒙特殊权益论"，声称"对日本事关重大的满蒙权益受到侵害、践踏时，日本即使豁出性命也要加强防卫"①，且"此次军队的行动全然未超出拥护我国权益、保持我帝国威信和名誉的精神之外"②，反复强调了事变的所谓"正当性"和"合法性"。此外，报界还专门为海外媒体撰写稿件，阐明日本"受害者"立场及采取军事行动的"正义性"，称事变纯粹是"日本自卫权的行使，是关乎日本帝国生死的问题"③。应美国报界邀请，每日新闻社长本山彦一在美国25家报纸上发表文章，阐述"满洲事变的正当性"，从而在舆论和行动上对军部行动提供支持。

事变爆发后，南京国民政府向国联提起诉讼，国联介入其中，并先后做出三次决议。在前两次决议中，由于国联要求日本限期撤兵，遭到了日本报界的集体批判，其中《朝日新闻》甚至向《伦敦时报》和《纽约时报》发去题为《对联盟理事会的期望》的评论文章，声明"联盟要求日本撤兵是绝对错误的"④。而第三次决议撤回了限期撤兵的主张，并在一定程度上满足了日方的要求，此举获得日本报界的认同，并将其视作外交的胜利。换言之，日本报界通过对国联的批判来向国民论证"维持生存"的合理性，并进一步通过国联的让步，从反面论证其侵略的合法性。所以，报界对国联决议的批判

① 『東京朝日新聞』1931 年 9 月 20 日。
② 『毎日新聞』1931 年 9 月 20 日。
③ 日本新聞協会：『日本新聞協会二十年史』、東京：日本新聞協会 1932 年、第 69 頁。
④ 『朝日新聞』1931 年 11 月 17 日。

构成了其煽动排外主义热潮的重要一环，也是其战争责任的具体表现。可以说，"正是九一八事变后立即出现的'奇妙的''全体一致的'论调，使得这种倾向日后得以日益强化"①，这也是日本报界在战时呈现出"举国一致"舆论状态的开始。对于报界的上述动向，日本军部给予了高度关注。就在事变爆发两个月后，参谋本部第二课制定了"昭和六年秋末情势判断及对策"，称"日本国内舆论……至事变爆发后推动国民情绪达到高潮，同时也提升了对军部的信任"②，从而对日本报界的"转向"给予了肯定，并对其效果表示满意。从该报告中可以看出，报界的"转向"完全符合了军部的期待，使得事变爆发后的对外侵略的国内舆论占据上风，并由此获得民众的信赖，这也是报界追随军部的重要证明之一。

第二，在思想统制方面，助推思想镇压，为思想统制的强化及军部法西斯理论的扩张推波助澜。战时日本当局对国内舆论的诉求是希望借媒体力量形成一种全民一致的"国家观念"，推行全民参与的"总力战"，这就决定了任何与上述目标相悖的思想、言论、行为必将成为被取缔和被镇压的对象。尽管日本报界处于被统制的地位，但同时却不遗余力对日本当局制造的诸如"泷川事件""天皇机关说"等思想镇压事件进行了美化，鼓吹"培养与国家统治原则不相容的思想是理应受到镇压的"③，成为当局推行思想统制的舆论宣传工具。随着法西斯势力的抬头，军部干预政治的倾向越来越强。1934 年 10 月 10 日，陆军省新闻班公开出版《国防的本义及其强化的提倡》一书，对军部法西斯扩张理论进行了系统表述，它竭力主张按照法西斯"总力战"思想建立"高度国防国家体制"即法西斯极权主义体制，标志着军部公然介入国策。该书发行第二天，报界对其进行了大幅报道，认为其"具有对现代国防军备进行广泛解说的启蒙价值，特别是能让人感到对国家现状的忧虑情感"④，主张全体国民对该书提出的诸如积极扩充军备等观点应给予支持。

第三，在政治传播方面，鼓吹"翼赞体制"，全程介入为战时日本一元化独裁体制构建的鼓动宣传。第二次近卫内阁上台后，建立了全国性的一元化政治指导体制——"大政翼赞体制"。该体制是战时日本法西斯的独裁体制，也是日本战时体制的最高表现形式。报界既是该体制的管理对象，也是该体制的宣传工具。在该体制的准备阶段，报

---

① 細谷千博等編：『日米関係史：開戦に至る十年——1931—41 年〈4〉マス・メディアと知識人』、東京：東京大学出版会 1972 年、第 126 頁。
② 「昭和六年秋末ニ於ケル情勢判断及同対策」、『満洲事変作戦指導関係綴 別冊其の 2 昭和 6 年 9 月 15 日—6 年 12 月 10 日』、JACAR（アジア歴史資料センター）、Ref.C12120035800、防衛省防衛研究所。
③ 『大阪朝日新聞』1933 年 5 月 12 日。
④ 『東京朝日新聞』1934 年 10 月 6 日。

界对近卫文麿二次组阁表示了欢迎，呼吁"既成政党自动解散，为政治新体制开辟道路"①，并希望凭借近卫提出的"新体制构想"建立一个与日本"国体本意相适应的新体制以及适应肇国理想的世界政策"②，建立"高度国防国家的体制"③，从而为"大政翼赞体制"的建立和发展提供了充分的舆论准备。在该体制发展阶段，报界对"大政翼赞会"的成立给予了持续关注，认为其"从根本上全面刷新了原有的国民组织"，"是仅次于大化新政、明治维新的日本历史上罕见的国政革新"④，从而对大政翼赞会的成立赋予了影响日本历史进程的历史意义。然而由于大政翼赞会是一个凌驾于宪法之上的超然政治团体，议会内部就其是否违宪问题意见不一。对此，报界以特殊的战时环境为由明确宣称"翼赞会并不违反宪法"⑤，多次强调了大政翼赞会的合法性。1941年10月东条英机组阁后对大政翼赞会进行了改革，强化了"大政翼赞体制"，使其发展成为日本战时法西斯体制的最高形式。此后东条内阁通过所谓的"翼赞选举"建立起一元化政治体制，报界对此大加褒扬，认为"翼赞选举"是"团结举国政治力量，完成大东亚战争"的前提，是"日本政治的新起点"⑥，可以保证战时内阁制定的任何政策都能够得以顺利实施，"首次确立了彻底击灭英美的强韧的政治体制"⑦，该报上述主张可谓正中东条内阁下怀。然而该体制非但没能挽救东条内阁以及日本的命运，反而加速了日本军国主义走向覆灭的步伐。随着战局的发展，"大政翼赞体制"逐渐走上崩溃的道路。这时报界的注意力转移到国内生产方面，开始大力宣传增产、储蓄等"实践精神"，试图利用仇敌心理和排外情绪来挽救"大政翼赞体制"的没落。报纸不断呼吁国民扩大生产、增加储蓄，"填补物资生产统制的缺陷，确保更加合理的战时经济生活"⑧，并要求"在各自工作岗位上将对英美敌人的愤怒转化为增产实践活动"⑨，从而将国民的仇敌心理和战争情绪转化为生产动力，"这不仅是政府的任务，也应是每个国民的意志与实践问题"⑩。

综上所述，日本当局在制定和推行战时政策的过程中，非常重视媒体的宣传功能，而报界在宣传过程中也积极配合当局的政策调整，对当局的战时政策实施主动宣传、偏

---

① 『読売新聞』1940 年 8 月 7 日。
② 『大阪朝日新聞』1940 年 7 月 18 日。
③ 『東京朝日新聞』1940 年 8 月 29 日。
④ 『読売新聞』1940 年 10 月 13 日。
⑤ 『東京日日新聞』1941 年 2 月 6 日。
⑥ 『朝日新聞』1942 年 5 月 15 日。
⑦ 『朝日新聞』1942 年 5 月 21 日。
⑧ 『読売新聞』1944 年 6 月 2 日。
⑨ 『日本経済新聞』1944 年 10 月 9 日。
⑩ 『朝日新聞』1944 年 7 月 14 日。

向解读与特定诱导，对战时政策的制定和推行起了推动作用。1932 年陆军省新闻班负责人本间雅晴在谈及报界与军部关系时，对报界所发挥的战时传播、解读和指导功能给予了充分肯定，称"全国国民依靠言论机构为中介，完全谅解了政府，特别是对军部的诚意和努力表现出了全面的理解"①，这可以说是对战时日本报界作用的最准确的注解。在这种利用与被利用的较量中，报纸作为战争宣传机器的功能也逐渐得以强化，并因此背负上战争责任的历史债。

二、完善报道网络和体制，为后方提供经过过滤或改造的"媒介化事实"

战争背景下，战场信息是交战各方以及国际社会聚焦的焦点，要满足后方的信息欲求，就必须借助现代传媒手段，开展战争宣传。但后方获得的战场信息并非一定是前方战场的实况再现，事实上为了达到特定的宣传目的，宣传主管机构往往会按照国际国内局势、敌我力量对比等一定的价值判断对这些信息进行特定的过滤、加工甚至改造。而作为传播工具的报界则会充分利用"媒介化事实"②与国民认知的关系，借助信息传播的优势，引导公共舆论，诱导民众意识自觉朝战争合理性、必要性的肯定方向发展，成为战时政府当局推行对外战争的吹鼓手。

战时，日本报界派出大批记者赶赴前线，不断完善报道体制，建立起强大的报道网络，开展了激烈的"报道战"，每天大量的战争报道从前线传到报社。由于战时存在着严苛的言论立法和严密的审查机构，因此这些战争报道在经过筛选、改造后再通过拥有巨大发行量的报纸传达给后方。改造后的战争报道即"媒体化事实"塑造并固化了后方的战争认知，成为日本当局动员国民支持战争、参与战争的宣传工具。

第一，罔顾事实，掩盖并美化日军军事行动的侵略本质。考察战时日本报界的报道，我们不难发现，歪曲事实、主张日本军事行动"正义性"是其共性。如九一八事变爆发后，日本报界固守"中国军队挑衅"论调，为日军的侵略行径大加粉饰。但事实上报界对事实真相并非一无所知，相反，大多数派驻前线的报社记者对事变是由关东军自编自导的这一事实非常清楚。如 1931 年 10 月 9 日，日本宪兵队司令官曾向军部提交了一份秘密报告，称《大阪每日新闻》记者野中成童赴前方战线采访回国后向友人透露"铁道破坏似乎是日本军以炸弹自己爆破而嫁祸于支那方面，从而占领支那兵营"③。《东京朝日新闻》记者石桥恒喜战后回忆说，陆军省新闻班成员曾偷偷告诉他们说事变"实际

---

① 前坂俊之：『太平洋戦争と新聞』、東京：講談社 2007 年、第 107 頁。

② 最早提出"媒介化事实"的是乔姆斯基，他指出由于大众的活动范围、精力和注意力有限而只能通过各种媒体去了解、认知大千世界。媒体在展现事实的时候，对信息进行选择和再加工，其后果是受众因信息不完整，无法做出正确的价值判断，导致事实判断和舆论方向的错误。

③ 藤原彰、功刀俊洋：『資料日本現代史・8・満州事変と国民動員』、東京：大月書店 1983 年、第 86 頁。

上是关东军所为"①。此外,《东京朝日新闻》记者武内文彬早在事变爆发前的 5 月 2 日,曾经拜访过关东军司令部高级参谋板垣征四郎,并在谈话中得知关东军获得了爆破南满铁路的 5 万日元资金的事实。② 然而,报界却罔顾事实,主动追随于法西斯军部之后,充当日本帝国主义的宣传工具。非但如此,报界甚至将日军发动的一系列侵略行动美化为"东亚解放战"或"新大东亚史的创造战",并号召国民支持"圣战","为兴亚大业而奋斗"③。

第二,制造"美谈佳话",煽动民众战争意识。九一八事变发生后,日军继续扩大在华侵略活动,1932 年 1 月 28 日又制造了一·二八事变,但日军的侵略行动遭到了中国军民的激烈抵抗。此后日军不断增兵上海,试图扭转战局。在 22 日进攻上海闸北庙行镇的战役中,3 名日本士兵携带爆破筒炸毁铁丝网时身亡。为鼓吹战争,煽动战争情绪,日本报界将其标榜为"爆弹三勇士"并对此展开了长篇累牍地报道,"满洲事变以来最大的军事美谈"④ 充斥了各报版面,授予 3 名士兵最高荣誉,并编入教科书、树铜像、建纪念碑、编纂传记等,"以讴歌其勇名,告慰三勇士的魂灵"⑤ 的呼声日益高涨。在当局的支持下、民众的拥护下以及报纸的宣传下,3 名普通日本士兵被当作"现实中的军神,大和魂的化身"⑥ 供奉起来。"爆弹三勇士"的"美谈"在国民中间引起极大反响,全国掀起了一股为"爆弹三勇士"遗族捐款的热潮,报界也积极参与其中。《每日新闻》向"爆弹三勇士遗族各捐赠 1000 日元,共计 3000 日元"⑦,《大阪朝日新闻》向地方社会团体免费赠送"光荣的肉弹三勇士肖像和战记"⑧。据统计,截至 3 月 8 日,《朝日新闻》募得抚恤金 34549 日元,《大阪每日新闻》的抚恤金在 3 月 12 日达到 30575 日元,创下了历史纪录。

为配合军部的宣传,掀起更加狂热的战争热潮,2 月 28 日,《朝日新闻》和《每日新闻》刊登广告,向全社会征集"肉弹三勇士之歌"。到 3 月 10 日,前者共收到应征信 124561 封,后者共收到 84177 封。⑨ 与此相适应,各电影院也竞相放映以"爆弹三勇士"为题材的影片。"三勇士"的热潮甚至影响到了国民的普通生活,出现了所谓的"三勇

① 石桥恒喜:『昭和の反乱』(上卷)、東京:高木書房 1979 年、第 62 頁。
② 朝日新聞取材班編:『戦後五十年メディアの検証』、東京:三一書房 1996 年、第 25 頁。
③ 『東京日日新聞』1941 年 12 月 9 日。
④ 『大阪朝日新聞』1932 年 2 月 24 日。
⑤ 『大阪朝日新聞』1932 年 2 月 25 日。
⑥ 『大阪朝日新聞』1932 年 2 月 27 日。
⑦ 『大阪毎日新聞』1932 年 2 月 26 日。
⑧ 『大阪朝日新聞』1932 年 2 月 27 日。
⑨ 江口圭一:『日本帝国主義史論』、東京:青木書店 1975 年、第 168 頁。

士煎饼""爆弹巧克力"之类的称呼，全国掀起了"三勇士"热潮，"世界进入爆弹三勇士的时代"①。

除了"军国美谈"外，报界还炮制出诸多"报国佳话"，其中未亡人"报国佳话"常常见诸报端。战争造成了大量日本军人死伤，同时也造成了约 187 万未亡人。而在军国主义家族国家观的迷惑下，一些未亡人以丈夫战死为荣，更有甚者自杀殉国。报界对此类行为大肆宣扬，并称赞此举为"与武士之妻身份相适应的最终选择"，"作为军人的妻子这是无尚的光荣"②。这些极端"奉公"报道的最直接后果是不但激起了前线士兵的斗志，而且刺激了后方国民的战争热和排外热，同时也向日本国民传达了一个错误的价值观，即在爱国名义下的任何极端行为都是光荣的，值得发扬的。

第三，选择性的南京陷落报道，抹杀了南京大屠杀的历史真相。卢沟桥事变后，局部战争升级为全面侵华战争。日本当局加紧了对华侵略步伐，并由上海向南京进发，并于 1937 年 12 月 13 日攻陷南京。在进攻南京过程中，日本报界派出记者随军采访，并刊发了大量相关报道。但这些报道对日军的烧杀抢掠只字未提，其聚焦的是日军所谓的"英勇"，其中最具代表性的便是"百人斩竞赛"的报道。《东京日日新闻》《大阪朝日新闻》等主流报纸对"百人斩"进行了追踪报道，在日本国内狂热的战争热潮，两位当事人野田毅、向井敏明成了日本家喻户晓的"英雄"。日本报纸除了大肆报道"百人斩竞赛"等残酷的杀人游戏之外，还在报纸上宣传所谓的"杀敌"方法。《松阳新闻》用大量篇幅报道说，入伍之前曾经做过剑道教师的有马三郎利用日本刀连斩 28 名中国军人。接着，该报道又详细介绍了用日本刀和枪刺斩杀中国军人的诀窍。它对刺杀的部位、刺杀时力量的大小、日本刀的选择以及战场上的应急措施等等进行了详细讲解。③ 这些所谓"英雄武勇美谈"产生了极恶劣的社会影响，在这方面，报社的责任不容置疑的，它犯下的罪行是不可饶恕的。

南京陷落后，日军举行了声势浩大的所谓"陆海空三军相呼应的历史性入城式"④。此后日军制造了惨绝人寰的南京大屠杀，时任日本外务省东亚局局长石射猪太郎在日记中写道："上海来信详细报告了我军士兵在南京的暴举，掠夺、强奸，惨不忍睹"⑤。但是日本报界对于南京大屠杀却几乎只字未提。当时从军的报社记者有 100 多人，另外报社、杂志社亦派出数量可观的特派员，再加上中国和欧美舆论界都对南京大屠杀进行了

---

① 『東京日日新聞』1932 年 3 月 5 日。

② 『大阪時事新報』1938 年 5 月 9 日。

③ 『松陽新聞』1937 年 11 月 18 日。

④ 『東京日日新聞』1937 年 12 月 13 日。

⑤ 石射猪太郎：『外交官の一生』、東京：中央公論社 1989 年、第 332—333 頁。

报道，因此日本报界对南京大屠杀不会不知道。然而当时各报却采取了与军部一致的做法，没有发表"有损于皇军名誉"的报道。正如时任《朝日新闻》纽约特派员森恭三所说："美国报纸对日军制造的南京大屠杀作了大量报道，我作为纽约特派员，当然将那些新闻发回本部，但是从东京邮送来的报纸却一行也没刊登。"①在报界的选择性报道方针下，南京大屠杀的真相直到战后东京审判中方为日本国民所知晓。

第四，夸大或虚报战果，将国民驱入战争深渊。随着侵略战争的推进，战局开始发生逆转，特别是进入太平洋战争时期，为提升前线士气，增加后方必胜信念，报界开始过度渲染甚至恣意扩大日军"赫赫战果"，蒙骗国民继续为战争效力。经历了战略进攻时期的陶醉式报道、战略防守时期的欺骗性报道后，到了战略溃败时期，日本报界非但没有客观冷静地引导舆论走向，反而发表虚假战况，大肆鼓吹"本土决战"，呼吁国民"组成全员特攻队，出动人、船、飞机等所有能够出动的资源，尽全力歼灭敌人"②。甚至在冲绳失守的情况下仍然呼吁进行"一亿决战"，要求民众发扬"一亿国民的玉碎精神"完成战争使命。美国在广岛、长崎投下原子弹后，报界的反应却出乎意料地冷淡，不但没有报道遭受爆炸地区的悲惨状况，反而轻描淡写，称"损害较小"，并叫嚣"决不能屈服于新兵器"，"现在最重要的是'战斗意志'，即克服恐惧心理和誓死不屈的'意志'"③。为消除民众的恐慌情绪，报界甚至发布诸如"战壕是对付新型炸弹的有效方法"，"只要穿着军服之类的服装就不用担心被烧伤"④的荒谬言论。在战略溃败以至战败的时期内，日本报界直至战争的最后一刻仍然坚持"本土决战"的主张，竭力号召国民发扬"玉碎"精神，将战争进行到底。从这个意义上来讲，战争后期日本的巨大伤亡在一定程度上与报界的虚假报道不无关系。

综上所述，日军在中国发动的历次军事行动理所当然成为报界报道的重心，但这些报道往往是按照当局喜好对事实进行歪曲，真实性、客观性原则让位于所谓的"国家利益"，其目的无非是提高民众的战争意识，煽动排外主义思潮，塑造全民皆战的战争体制。

三、致力于后方动员，无所不至的新闻触角加速了总力战体制的完善

"总力战"的战争理念不但要求国家的每一个要素都为战争服务，更要求这些分散的点组合成统一的面，于是根据前线战况的发展在后方实行战争动员就成为日本当局构筑"总力战"的不可或缺的内容。与此相适应，战时日本报界不仅积极宣传战争政策、

---

① 森恭三：『私の朝日新聞社史』、東京：田畑書店 1981 年、第 24 頁。
② 『読売新聞』1945 年 4 月 2 日。
③ 『朝日新聞』1945 年 8 月 12 日。
④ 『朝日新聞』1945 年 8 月 10 日。

进行前方战场战况报道，还在国家总动员体制下，配合政府积极开展后方动员。

第一，助推女性动员意识，推动女性动员发展。随着日本对外侵略战线的扩大，日本国内人力资源日趋紧张，女性逐渐被纳入到全民总动员体制中。战时日本报界对形成女性动员意识、推动女性动员发展发挥了无可替代的作用。

首先，唤起并强化女性"勤劳报国"意识，称女性动员是实现女子报国的最佳途径，"是战时家庭防空活动的根本，同时也是作为大东亚共荣圈指导者的大和民族永远发展的基础"[①]。1943年9月，日本当局在全国各地成立了由未婚女性组成的女子挺身队，以补充军需工厂劳动力。女子挺身队成立后，报界对其进行了持续报道，一方面对其存在的不足进行了批判，另一方面肯定了其存在的意义，称"挺身队是女性参与战斗序列的最佳途径"[②]，"是战力增强的最后一张王牌"[③]。1945年3月的冲绳战役中，冲绳师范学校和冲绳县立第一高等女子学校共222名女生组成姬百合女子部队参与冲绳保卫战，结果有219名学生和教职员丧生。[④]

其次，力倡女性"生育繁衍"责任，打出"生育报国"口号。太平洋战争爆发后，国内青壮年被送上战场，致使出现兵力和劳动力匮乏的现象。为此，政府制定《人口政策确立要纲》，提倡早婚多育。为此报纸大肆鼓吹"生儿育女是女性报国的义务，也是守护家园的使命"[⑤]，从而把国民个人的结婚和生育等问题与确保兵力和生产力等战争国策联系起来，使之成为推行战争的手段。报纸不但在舆论上造势，行动上也不甘落后。为促进"结婚报国"行动的展开，报纸纷纷开设"报纸结婚咨询专栏"，连篇累牍地发表"战时促进结婚座谈会"等消息和文章，甚至派出"结婚斡旋委员"极力游说有结婚意愿的男女双方尽快结婚。报纸的"结婚报国"宣传卓有成效，全国各地出现了结婚热潮和早婚现象。

再次，鼓动女性参与"满洲移民"。在"满蒙生命线"框架下，日本当局除了极力强调"满蒙"在日本经济、国防上的重要性之外，还把"满蒙"定位为"日本过剩人口的吸纳地"。由此，还积极实施"满洲移民"计划。然而随着单身男性及青少年义勇军开拓团成员大量涌入伪满地区，结婚问题成为日本政府关心的头等大事，于是女性逐渐成为"满洲移民"的主要动员对象，鼓吹女性参与"满洲移民"运动成为当时报界的宣传热点。报界认为称"无论男性如何浴血奋战，没有女性的参与绝非是完整的大陆开

---

① 『東京新聞』1943年9月1日。

② 『朝日新聞』1944年6月5日。

③ 『読売新聞』1944年2月7日。

④ 胡澎：《战时体制下的日本妇女团体（1931—1945）》，吉林大学出版社2005年版，第119页。

⑤ 『読売新聞』1941年1月23日。

发"①，从而掀起了新一轮女性"满洲移民"高潮。针对"大陆新娘"人数过少的现状，报界极力放大"满洲移民"的优点，并对女性在"满洲开发"过程中的作用给予了较高评价，称女性是"传播日本文明生活方式"所不可或缺的重要力量。在报纸的煽动下，大批不明真相的日本妇女背井离乡，到伪满地区开辟所谓的"第二故乡"。然而实际情况却与报纸的宣传大相径庭。她们不但没能获得足够的土地和生产工具，而且还因土地分配问题屡屡与当地中国百姓产生矛盾，并且由于其到达伪满地区后与结婚对象因缺少充分的了解而大多生活并不如意，最终他们只是维持"满洲移民"数量和规模的繁衍机器而已。

第二，派遣"笔部队"，掀起"文学报国"狂潮。在德国军事家鲁登道夫的"国家总力战"理论中，思想统一化是实现国策统一化的必要前提和条件，而要实现思想统一，除了依靠权力强硬推行外，更为有效的手段则是通过文学等软实力进行潜移默化式的熏陶，由此"笔部队"应运而生。德国的"笔部队"被称为"没有武装但却比武装起来保卫要塞的军队更具强大威力的军队"②，这一理论被日本军国主义完全接受下来。

首先，日本报界延揽众多文学名家，组建"笔部队"民间预备力量，炮制大量战争文学。卢沟桥事变之后，日本法西斯军国主义体制进一步强化，举国一致的战时体制日臻完善。为塑造全民支持战争的社会氛围，日本国内舆论工具开足马力，向国民展开了规模巨大的战争宣传。报纸开始刊登所谓"战争小说"、报告文学、战争诗歌、战场通讯之类的文章，获得了大量的读者，报刊对此类稿件的需求也越来越大，于是报社和杂志社除了向战场派遣本社的记者和通讯员外，又网罗了一些在社会上较有影响的文学家派往中国战场。1937 年 8 月初，《东京日日新闻》派遣"大众文学巨匠吉川英治氏飞抵天津"③，8 月下旬又将小说家木村毅派往上海。这些作家到达前线后便开始着手战争通讯的采写，其稿件几乎同步与读者见面。到 8 月底，各报社、杂志社向中国战场派出了大量的从军作家，这些大多是一些当时"比较少壮的、被称为文坛中坚分子的精力旺盛的人"④。这些文学家的"从军记"和"现地报告"之类的文字一时充斥杂志报端，为日本国民的战争狂热推波助澜，可以说他们是初期的"笔部队"。对战争性质的颠倒，对战争狂热的煽动，对中国抗日军民的丑化和诬蔑，对中国现状的歪曲描写，是这些作家

---

① 『中外商業新報』1938 年 11 月 2 日。
② 櫻本富雄：『文化人たちの大東亜戦争——大東亜戦争下の文学者たち』、東京：青木書店 1995 年、第 11 頁。
③ 『東京日日新聞』1937 年 8 月 3 日。
④ 櫻本富雄：『文化人たちの大東亜戦争——大東亜戦争下の文学者たち』、東京：青木書店 1995 年、第 11 頁。

的大部分作品的共同点。

其次，日本报界对由长期在军队服役并直接参与作战的"军人作家"组成的"笔部队"主力的活动及作品进行大力宣传，塑造战争文学热潮。1937 年 9 月 25 日内阁情报委员会升格为内阁情报部后，"笔部队"的组建进入紧锣密鼓的酝酿筹备阶段。1938 年 8 月，为确保和扩大武汉会战效果，配合日本法西斯侵华战略调整（不以国民政府为对手，重点摧毁蒋介石集团抗战意志，着手扶持傀儡政权），日本当局开始组建真正意义上的"笔部队"。1938 年 8 月 23 日，在内阁情报部的委托下，日本文艺家协会会长菊池宽带领 11 名作家前去内阁情报部开会。会上陆军省新闻班负责人松村秀逸中佐提出希望派遣 20 名作家到中国前线从军，"向国民报道武汉攻克战中陆军部队官兵的英勇奋战以及劳苦的实相。同时报道占领区建设状况，以促使国民奋起促进对华问题的根本解决。"① 对于这次文坛总动员，日本报界给予了极高评价，称其为"划时代的伟大壮举，是文坛对国家至高无上的贡献"②。8 月 26 日下午，内阁情报部公布了 22 名从军作家名单。此后，日本报界为这批从军作家举行了所谓的"从军作家壮行会"，并对他们进行了追踪报道，他们撰写的"笔部队报告"一时成为各报争先恐后抢发的新闻素材。

再次，日本报界在"笔部队"回国后开展了一系列后续报道，使得"战争文学"热潮持续发酵。报界除了刊登"笔部队报告"外，还围绕"笔部队"开展了一系列非新闻性活动。如组织从军作家向军部捐献稿费，主办从军作家演讲会和座谈会，召开从军作家慰劳欢迎会，等等，形成了侵华战争期间所谓的"战争文学热"。"笔部队"成员的作品尽管内容、表现手法有所不同，但他们都不同程度地贯彻了军部的意图，完全是日本军国主义"国策"的产物。"笔部队"的组建以及开往中国的过程表明日本文学也被卷入了侵华战争的旋涡，是日本文学及日本作家自觉地全面协力侵略战争的象征性事件，也是日本报界"协力"战争的手段之一。

总之，"笔部队"掀起的战争文学热潮与报纸不遗余力地宣传和支持是分不开的。一方面，报界的战时协力体制造就了"笔部队"；另一方面，"笔部队"的有关作品又在相当程度上协助报纸为日本的武力侵华推波助澜，从而形成了"枪杆子"和"笔杆子"一哄而上、武力侵略和文化进攻双管齐下的侵华战争格局。

第三，利用媒介资源，开展援战恤兵运动。媒体的宣传力量是一种特殊的社会资源，它具有广阔的覆盖面、强大的号召力和独特的诱导性，战时体制下日本报界正是将媒体的宣传力发挥至极致。

---

① 转引自王向远：《日本的"笔部队"及其侵华文学》，《北京社会科学》1998 年第 2 期。

② 『東京日日新聞』1938 年 8 月 24 日。

首先，日本报界积极号召国民捐款捐物，支援前线。九一八事变爆发后，《大阪朝日新闻》向军部捐赠 1 万日元，并出资购买 2 万个慰问袋赠送给前线士兵，此举在日本国内拉开了捐款捐物的序幕。与此同时，各报社刊登广告呼吁读者捐款、捐物，并在报纸上作为"美谈"而大肆渲染。卢沟桥事变后，在报界的极力煽动下，日本国民掀起了继九一八事变以来又一轮募捐狂潮，《朝日新闻》分别向陆海军捐款 200 万日元，此外"慰问皇军将士的恤兵物品亦源源不断送达"①。此后随着战局的发展，捐款狂潮达到白热化。募捐活动的高潮是全国各界竞相捐献军用飞机，这是在日本当局的领导下实施的，是在"举国一致"口号下推进的，同时又是在报社的直接组织下实现的。

其次，除了物质上的恤兵运动外，日本报界还开展了一系列精神援战活动。特别是九一八事变后，1931 年 10 月 28 日，为了对"与暴戾之支那兵、士贼艰苦作战的在满出征战士表达慰问"，《东京朝日新闻》发布告示向全国小学生征集慰问文。"从桦太（库页岛）、北海道等东日本各小学集中送到本社的儿童慰问信堆积成山。到 11 月 14 日为止，其中的第一批共计 18907 封送往军部。"②1931 年 11 月 20 日，有姐妹二人向军队送去 5 个慰问袋，其中竟然装了"鲜血写就"的慰问书，被《大阪朝日新闻》高度赞扬为"爱国热忱连男子也不及的巾帼英雄"③。以此为开端，全国掀起了寄赠血书行动，"令所有将官无不含着感激的热泪"④。此外，在报界的主持下还举行了诸多颠倒黑白、混淆是非的演讲会、展览会以及时事纪录片放映等活动，一方面渲染了日本军队的"忠诚勇武"，另一方面点燃了日本国民的排外情绪，"掀起了狂热的战争热潮"⑤。

再次，为营造后方的援战环境，报界不断充实报道力量，刊发大量战争报道。九一八事变后，报界立即拉开报道网，迅速向战场派出大量战地记者，竞相采用先进的印刷、传输设备，不断强化报道体制，不遗余力地煽动战争狂热。1937 年 8 月 3 日，陆军省宣布将各报社派出记者纳入国家宣传机构体系内，并向其提供一定报酬。此举造成了日本在华记者数量激增，报社记者以"陆军从军记者"身份同陆军省新闻班成员一起开展战争报道，"皇军所到之处必有报社记者和僧侣随行"⑥。据统计，截至 1940 年 6 月 28 日，仅陆军从军记者达到 2556 名。⑦ 每天大量稿件像雪片一样传回报社，报道日军胜利的各种"美谈"铺天盖地。国民每天都能从报纸上读到最新的战况，全国笼罩在

---

① 『国民日报』1937 年 9 月 4 日。

② 『東京朝日新聞』1931 年 11 月 17 日。

③ 『大阪朝日新聞』1931 年 11 月 22 日。

④ 『名古屋新聞』1932 年 2 月 27 日。

⑤ 『大阪朝日新聞』1931 年 9 月 24 日。

⑥ 『東京日日新聞』1937 年 8 月 13 日。

⑦ 新聞研究所編：『日本新聞年鑑』、東京：新聞研究所 1941 年、第 2 頁。

一片战争烟云之中。

综上，战时日本报界的后方报道主要围绕国家总动员展开，其内容涉及精神动员、物资动员和人力动员，且与当时的国家政策紧密相关，它忠实地回应了日本当局"昂扬国论、发扬国民志气"①的宣传使命，极大地配合了当局"统一国论"的要求。

四、开展"思想战"宣传，构建"皇道新闻观"新闻伦理

随着日本侵华战争的深入，日本逐渐陷入到长期战的泥沼之中不能自拔，加之日本当局穷兵黩武，将所有资源向军工企业倾斜，导致日本国内悲观、厌战、怠工情绪蔓延。为改变此局面，日本当局多次出台相关文件，要求宣传机构"巩固国内团结，振兴举国共赴困难之气概"②，号召国民做好长期持久战的心理准备，以"国内即战场、国民即战士"的自觉确立战时生活体制，"贯彻万邦无比之皇国国体本义，奉戴政教合一之圣旨，匡正学问思想之根源，昂扬忠诚奉公之精神"③。报界以此为方针，逐渐构筑起思想宣传的舆论阵地。

第一，将战时体制下日本报界重新定义为"大东亚战争"的精神武器，提出"宣传报国"口号。1941 年 11 月，《朝日新闻》业务局长刀祢馆正雄发文对当时日本国内"民心涣散"的局势进行了批判，称战场劣势及资源短缺并不可怕，"国内的对立争斗才是最可怕的"，因此必须加强国内团结，以"一亿一心、全民亲和、共同努力"的精神去应对困局。而要实现上述目标，"就必须普及那些真正支持国策、指明国民前进方向的好报纸"。④ 而那些妄议国策、引发国民疑虑和不安情绪的报纸则被刀祢馆正雄归为"坏报纸"，据此他号召报界必须实行全面改革，创办支持国策、激励国民的"好报纸"。而对于"好报纸"的定义，该报记者寺田勤在其著作中做了进一步解释。他认为所谓"好报纸"，"最重要的是应将国家意志、政策、要求即国家所思所想、所作所为反映在纸面上，成为国民战争生活的指针"，因此报界应抛弃"报道本位"和"营利主义"路线，优先反映国家意志，指导国民生活。而对于那些不以国家意志为第一要义的报纸，寺田勤将其定义为"与决战精神相违背的旧报纸"⑤，是应加以取缔的。《每日新闻》特派员平田外喜二郎对战时报纸的作用进行了阐述，称报纸应抛弃所谓的"新闻商品主

---

① 「新聞指導要綱」（昭和十六年八月）、内川芳美：『現代史資料・41・マスメディア統制(二)』、東京：みすず書房 1996 年、第 355 頁。

② 「日英米戦争ニ対スル情報宣伝方策大綱」、『大東亜戦争関係一件／開戦関係重要事項集（A—7—0—0—9_51）』、JACAR（アジア歴史資料センター）、Ref.B02032970000、外務省外交史料館。

③ 「戦時国民思想確立ニ関スル基本方策要綱」、『各種情報資料・主要文書綴（一）』、JACAR（アジア歴史資料センター）、Ref.A03025359500、国立公文書館。

④ 刀禰館正雄：『日本精神と新聞』、東京：ぐろりあ・そさえて 1941 年、第 20 頁。

⑤ 寺田勤：『新聞の読方・考へ方』、東京：麴町酒井書店 1942 年、第 84—85 頁。

义"的经营思路，"对外作为我们国家伟大的发言人，对内要使国民大众完全了解国家方针，同时负担起重要使命，激励、鼓舞官民，指导、启发他们不要走错哪怕一步半步的道路"①。该社顾问上田正二郎对战时体制下报纸的角色做了更为明确的定位，称报纸是"杰出的军需工厂"，应发挥引领国民思想、诱导国民舆论的作用，"成为思想战的弹丸"。而那种将报纸视为和平产业的做法是不可取的，"利润第一主义的报纸时代已一去不返"，战时体制下报社应为"灭私奉公的军需工厂"，"油墨是汽油，笔是枪剑，新闻人的战场是版面。一定要把整个报纸的版面化作战场，争取胜利，不能失败。"②上述观点尽管不尽相同，但他们都极力主张报纸应放弃其应有使命，成为激励前线战士、鼓动后方百姓的重要精神武器。

第二，将战时体制下日本报界视为国家宣传机构，提出"一元化统制"的建议。1941 年，日本新闻联盟编辑委员会向日本当局提交了一篇名为《关于言论报道统制意见》的建议书，开篇即对报界的国家机构化定位做了阐述，称"战时下吾等报人应将报纸作为思想战之武器，将报社记者视为思想战战士，关于言论报道，应一致协助国策指向的方向基准，对外进行国际宣传战，对内进行国论启发指导战，以此来发挥其本来功能。"由此观之，日本新闻联盟已自我定位为协助国策开展内外宣传的"思想战战士"，它表明该意见书是将报界视为战争宣传机构为前提的。日本新闻联盟对战时体制下报界的表现并不满意，指出其在舆论宣传和诱导方面"萎缩沉闷，大大降低了报纸作为思想战武器的效果"。在其看来，之所以出现这种局面，究其原因在于"一体化的指导和协力机制还远未完善"。由此，日本新闻联盟提出了具体的改善建议，要求实现"指导机构和审查机构的一元化"③，将指导和审查权力归于情报局统一行使，进一步加强对报界的一贯性、体系化的指导和监督。可见，日本新闻联盟的上述主张不但完全抛弃了对政府言论统制政策的批判功能，反而主动要求政府强化体系化的一元化统制。取代日本新闻联盟后成立的日本新闻会在其成立章程中明确规定"本会的目的是为完成新闻事业的国家使命谋求必要的综合性统制运营，同时协助新闻事业相关国策的立案及实施"④。同时，该机构对记者的资格做了明确界定，规定只有"对国体观念做出正确判断，能够明确把握记者国家使命"⑤的人方可登记为记者。换言之，无论是作为集体的报业团体机

---

① 平田外喜二郎：『戦時新聞読本』、大阪：大阪毎日新聞社 1940 年、第 3 頁。
② 上田正二郎：『これからの新聞―戦時下の新聞人と読者の心構へ』、大阪：綜文社 1943 年、第 3―4 頁。
③ 塚本三夫：『実録 侵略戦争と新聞』、東京：新日本出版社 1986 年、第 242―243 頁。
④ 「日本新聞会定款」、『公文類聚・第六十六編・昭和十七年・第八十五巻・軍事二・国家総動員一』、JACAR（アジア歴史資料センター）、Ref.A03010051100、国立公文書館。
⑤ 山中恒：『新聞は戦争を美化せよ！――戦時国家情報機構史』、東京：小学館 2001 年、第 19 頁。

构，还是作为个体的报业从业人员，都必须完成对国家使命的正面反映，成为国家宣传机器的一分子。

第三，对战时体制下日本报界的新闻伦理进行了重新诠释，提出"皇道新闻观"主张。新闻伦理是业内适应新闻活动特点而形成的要求自己"应当如何"的自律规范，以及公众认为该业在新闻活动中"应当如何"的观念和舆论约束①，它是传媒从业者的责任、良知与操守，是对传媒从业者从事传媒活动进行限制和规范的道德法则。新闻伦理的形成主体是新闻业内人士，具有非官方和非法律性质。战时体制下，日本报界对"应当如何"进行了自我诠释，并最终形成了"皇道新闻观"的伦理规范。其内容包括以下三点：

首先，认为报界应当肩负起巩固必胜信念、激发国民士气的重任。报界认为报纸在战时体制下的最大使命是"激发国民士气，掀起国民对英美的敌忾心理，指导他们为赢取大东亚战争的胜利而努力"，因此应强化报界的使命感，"以报纸为武器打败英美"②。而对于战时报道基调，报界主张必须要同政府的口径保持一致，向国民传达政府的所作所为以及国策主张，"牺牲一切，为赢得胜利而发行报纸"③，并"彻底强化国民战争必将获胜的信念"④。与之相对应，报社记者也被赋予了"报道战士"的身份，成为战争宣传的主力军，"全体报社从业人员都必须强化作为皇国新闻人的自觉，确立皇国新闻观"⑤。

其次，认为报界应当肩负起实施言论指导、开展内外宣传的重任。报界认为要取得战争的胜利，除了充实军备、增加生产之外，最重要的是要"强化一亿国民的团结"，以增强军事力，提升生产力，凝聚精神力，而"达成国内一致的有力武器则是决战下言论报道的指导"。对于言论报道的具体方针，报界认为原则上要做到"上情下达"，"彻底让国民周知政府意图"，同时还要"通过旺盛润达的言论报道昂扬国论，振奋国民士气，对大东亚共荣圈、中立国以及其他各国人民进行彻底宣传"⑥。

最后，认为报界应当摒弃"趣味主义"路线，追求"国家本位主义"。报界认为战时体制下"报纸是战时生活的灯塔"，对社会舆论方向、国民思想趋势发挥着引领作用，"国家的真正方向应通过报纸传达给国民"，这才是报纸存在的意义所在，因此追求"低俗的趣味"是与战时体制下报纸的身份相悖的。在报界看来，所谓"低俗的趣味"就是

---

① ［美］迈克尔·波特：《竞争战略》，陈小悦译，华夏出版社 1997 年版，第 12 页。
② 『朝日新聞社報』1943 年 1 月 10 日。
③ 『朝日新聞社報』1943 年 12 月 27 日。
④ 『朝日新聞社報』1944 年 7 月 10 日。
⑤ 前坂俊之：『太平洋戦争と新聞』，東京：講談社 2007 年、第 402 頁。
⑥ 『読売新聞』1943 年 2 月 17 日。

追求言论自由、读者至上的编辑路线。而要摒弃这种"趣味主义"路线，就必须加强言论统制，"尽管报道限制和官方发布较多，但那才是以国家本位为基础而出现的报纸动向"①，换言之，报界认为言论统制是必要且理所当然的。

日本新闻会理事冈村二一对报界的上述主张进行了理论升华，提出了"皇道新闻观"的伦理规范。首先他认为报界应有与国家共进退的国家观念。他主张报界在开展新闻活动时"应与当下的国家政治和战略这一巨大且唯一的目标密切结合，从中汲取精华"，并进一步坚定"热爱国家，与国家共存亡"的信念，方能完成报界的宣传使命。在冈村看来，这种新闻观既不同于纳粹法西斯的言论统制，更不是民主主义和自由主义，而是"日本独特且独有的东西"②，也即所谓"皇道新闻观"。在"皇道新闻观"伦理下，报界必须以对权力的认同和归属为前提，必须承担起权力宣传武器的责任。

接着冈村对言论统制进行了美化，认为报界应抛弃自由至上的编辑方针，转而坚持国家至上的新闻伦理。他对新闻自由主义大加挞伐，认为"过去自由竞争时代的报纸一味献媚读者，投读者所好，这种趣味已不适合今日之后的报纸"。在他看来，对言论统制持反对态度是"报纸制作者的耻辱"，当下的报界应摒弃读者至上的"趣味主义"路线，"从真正爱国家、爱民族的立场来看"，最大限度回应日本当局宣传诉求的报纸才是"好的报纸、愉快的报纸、有趣的报纸"③。

"皇道新闻观"的核心理念就是"新闻国家观"，它将作为"国家公民公器"的报界所应遵循的客观性和独立性弃之一旁，而是主张报界必须以国家政策为指向，以言论统制为规范，以服务权力为重任。其目的是试图为言论统制的实施披上正当化的外衣，为报界国家宣传机构身份的构建提供合理化的解释。

五、日本报界"受害者"战争责任观批判

随着反法西斯战争的胜利，战争责任的认知与追究成为战后初期日本各界所面临的重要课题，然而日本报界在战争责任的自我认知方面却一再高唱"一亿总忏悔"论调，模糊了战争责任主体，扭曲了战争责任追究的内涵，"受害者"的战争责任观大行其道。

毋庸置疑，战时体制下，尽管日本政府与军部在诸多问题上态度不尽相同，甚至产生严重对立，但是在对待社会舆论的态度上却空前一致，即为动员全体社会力量参与战争，采用消极统制和积极诱导的两面政策，加紧对宣传媒体的控制和利用。其主要措施

---

① 平田外喜二郎：『戦時新聞読本』、大阪：大阪毎日新聞社 1940 年、第 4 頁。
② 奥平康弘監修：『言論統制文献資料集成（第 13 巻）新聞新体制の理論と実際・日本新聞会の解説・日本新聞会便覧』、東京：日本図書センター 1992 年、第 85 頁。
③ 奥平康弘監修：『言論統制文献資料集成（第 13 巻）新聞新体制の理論と実際・日本新聞会の解説・日本新聞会便覧』、東京：日本図書センター 1992 年、第 73—74 頁。

是以新闻法制建设为依托，以舆论统制机构为主体，辅以一系列法律外手段加强了对新闻舆论的管控，营造法西斯化舆论生态，牢牢掌控着战时舆论的走向。

具体来讲，在法律层面，通过出台一系列言论统制法案，为言论统制提供法律依据。这些法规既包括贯穿战时始终的常态化法律，也包括针对某一特定事件、特定局势而制定的临时性法规，它们在内容上相互交叉，互为补充，在处罚力度上逐次强化，不断升级，在实施手段上政治高压、经济遏制双管齐下，从而形成了一个覆盖面广、制约力强的严密的、立体的法律空间。在机构层面，整合政府、军部及全部社会资源，设置隶属不同机构的重重言论统制团体。这些团体或位列权力秩序之内，本身即为国家机构的一部分，具有鲜明的国家性质，承担着实施新闻监管、把控舆论方向的职能；或位于权力秩序之外，标榜新闻自治、自我管理，但实际上有"新闻自治"之名，无"新闻自治"之实，不过是政府一手操纵的御用新闻团体。在政策层面，运用国家权力及所掌握的社会资源，制定针对社会舆论的倾向性统制政策，按照掌握强权的部分权力者的好恶，对社会资源进行重新分配，限制报业经营规模，重构报业分布格局，掌握报社经济命脉，把握报社舆论导向，对报界的编辑权、经营权均造成了一定程度的破坏。

由此观之，似乎战时日本报界的确处于"被害者"的弱势地位，这也正是"受害者论"主张的出发点，也是其"受害者"身份界定的重要理论依据，其结果导致报界在战后战争责任认知过程中"受害者"论调大行其道。例如战后在盟国对日占领政策的驱使下，各报社纷纷开展了战争责任的自我认知和追责，如《朝日新闻》于1945年8月23日发表著名的"罪己辩"社论，对其战时宣传"虚心坦诚地进行反省"。然而在论及报界化身为战争宣传机器的原因时，该报认为"作为个人，我辈相信不是所有人都是优柔寡断的，但作为组织的一分子进行考虑时，难免会强烈感觉到遵从组织的必要，因此……服从当时的政策以及我辈所属组织的要求是理所当然的"[1]，从而将责任归结为报界的外部舆论环境，这可谓典型的"受害者"谬论。此外，战后各报社编纂出版了数量众多的社史，这些社史在述及其战争责任时大多强调日本当局对报纸"细枝末节"的干涉，从而将其置于言论统制的"受害者"地位，将责任推得一干二净。

但是我们应该看到，战时日本报界变身为战争宣传机器的过程既与战时传播生态、政治生态、国际形势、思想意识形态息息相关，但媒体自身认知能力欠缺、社会责任缺失、经济利益驱动等也是重要原因。"受害者论"无论是从理论上还是事实上都是站不住脚的。

第一，从理论上看，按照马克思主义辩证法的观点，内外因在事物发展中同时存

---

[1] 『朝日新聞』1945年8月23日。

在，内因是事物变化发展的根据，外因是事物变化发展的条件，内因决定外因，外因通过内因起作用。对日本报界来讲，战时言论统制政策是影响战时报界发展方向、舆论导向以及报道姿态的外因，而报界的经济利益、政治利益以及民族文化心理则是决定其向国家宣传机构转化的内因。

首先，追求经济利益是战时日本报界国家机构化的主要动力。作为一种产业，报纸要生存下去，就必须找到读者感兴趣的话题进行炒作，才能争取到更多的读者，提高其发行量。而要在当时言论统制政策的束缚下就国内政治、社会问题展开讨论，其风险性较大，容易受到当局的打击和压制，不但善后极其麻烦，而且最先受损的自然是报社的经济利益。而炒作对外战争，既符合日本当局的内外政策，也符合当时对外侵略意识不断膨胀的社会舆论，从而满足了官方和民间双方的宣传诉求，其结果是不但规避了因受官方打压而造成经济利益受损的风险，又迎合了民众的阅读需求，培养了大量的读者群，刺激了报纸的销量，扩大了报纸的影响。基于此，日本报界在战时体制下积极鼓动战争，为军国主义战争充当宣传机器，其主战观念甚至超越当权政府把握的分寸。"战争中的大赢家是军需工业和报社，他们没有理由不对战争表示欢迎"①。

其次，获取政治利益是战时日本报界国家机构化的催化剂。政治利益是一定阶级借助社会公共权力来实现其特定利益的过程和方式总和，其根本目标还是谋求经济利益的最大化。战时日本报界要想获得发展，除了借助自身的经营方针外，还必须借助于一定的政治权利来加以保障。特别是在战时这种非正常的政治生态下，政治利益至少是实现经济利益最大化的催化剂。于是在此背景下，政治利益的寻租成为战时日本报界的特色之一，主要表现在：其一，报界人士纷纷担任政府舆论管制机构要职，参与战时舆论政策的制定。且不说战时成立的名为"新闻自治团体"，实为政府御用新闻机构的形形色色的新闻协会，就连纯粹的政治机构，其主要职位也常常看到报界人士的影子。如近卫上台之后，成立新体制准备委员会为"大政翼赞体制"的推行做准备。同盟通信社社长古野伊之助、《东京日日新闻》会长高石真五郎、读卖新闻社长正力松太郎、《朝日新闻》主笔绪方竹虎等主要报社负责人均名列委员之列。此外，绪方竹虎在小矶内阁时期就任战时国策宣传和对外思想战的最高统制机构情报局总裁一职。担任政府要职不但能够在信息获取、政策制定方面享有一定的发言权，其本身也是日本报界国家机构化的一个具体表现。其二，报界以"表忠心"的方式换取政治资源，成为言论统制的"受益者"。如同盟通信社为日本当局控制和制造舆论导向发挥了重要作用，作为回报，日本当局在政策和资金方面向其倾斜，赋予其独享无线电信的垄断权，并为其提供巨额的补助金，

---

① 藤原彰：『日本民衆の歴史（9）戦争と民衆』、東京：三省堂 1975 年、第 104 頁。

从而使得同盟通信社受益匪浅，其在短时间内获得快速扩张。当然在这个过程中，同盟通信社也被贴上了"国家代表通信社"的身份标签。

最后，民族文化心理是战时日本报界国家机构化的内在动力源泉。其一，战时畸形爱国主义为日本报界国家机构化提供了思想前提。战时日本当局大力推行的"忠君爱国"军国主义教育滋生出一种畸形的爱国主义，它以牺牲其他民族的利益来壮大自己的利益为核心，具有专制性、封建性和侵略性，其本质是披着爱国主义外衣的极端民族主义。在这种畸形爱国主义的熏陶下，任何有悖于军国主义侵略战争的言行都被认为是不爱国的表现，都会被贴上"非国民"和"卖国贼"的标签。因此，战时体制下日本报界不但难以摆脱畸形爱国主义的束缚，而且只有充分利用和迎合国民的这种畸形爱国主义热情，才能获得相应的经济利益。其二，日本民族的集团性是日本报界国家机构化的重要思想文化原因。集团性的特征之一就是集团高于个人和个人对集团的绝对服从，政府当局正是利用了这一国民特性，将全体国民绑上了战车。特别是在甲午战争、日俄战争后，在法西斯思潮暗流涌动的社会背景下，通过对外战争实现"开拓万里波涛，宣布国威于四方"的夙愿成为九一八事变后主流舆论之一，于是报纸自然会掉转方向，转而支持这场战争。

第二，从事实上看，尽管战时日本报界发生整体转向，最终堕落为侵略战争的宣传机器，但并非所有的报纸都主动迎合军部法西斯势力，为了舆论所尊崇的"言论自由"准则和以营利为目的的自由竞争权利，仍有一些报纸表示过一定的反抗。例如，菊竹六鼓主持的《福冈日日新闻》和桐生悠悠主持的《信浓每日新闻》都曾发文痛斥法西斯军人的暴行，并对当时大多数报纸发生"转向"提出了严厉的批评。就连一些最终屈服于强权政治的报纸如《朝日新闻》等也曾发表过类似的批判的文章。在这些反战言论中影响最大的当属日本共产党旗下的机关报《赤旗》。《赤旗》对日本资产阶级发动侵略战争的本质进行了无情的揭露和抨击，对中国人民的反侵略战争给予了声援。不但让包括日共党员在内的部分日本人民看清了日本帝国主义发动的侵华战争的真实意图和本质，也对当时日本国内舆论集体"转向"的状态进行了有力回击。这从另一个侧面说明，尽管当时日本媒体的生存环境相当恶劣，但其仍然具有一定生存空间，除了屈服、迎合之外，还有另外的选择，促使当时的主流报纸在战时体制下发生"转向"的原因并非完全取决于战时舆论统制政策，报社、报人的价值取向和职业素养也是重要的原因之一。因此也就否定了"日本媒体被迫转向"这个命题，从而揭开了"日本媒体受害者"言论的荒谬，其"加害者"的角色是不容置疑的。

综上，在战时体制下，日本报界扮演着双重角色。首先它是战时体制下的统制对象，以其特有的宣传功能被动服务于战时体制；其次它又是战时体制的宣传机构，对战时体制的制定、实施开展主动宣传与诱导。这种双重角色定位衍生出"被害论"与"加害论"两种截然不同的战争责任观。日本报界的上述"受害者"和"加害者"的双重定位是我们研究战时日本报界所不可回避的问题，但两者并非平行并列的关系，而是有着本质的区别。"受害者"论着力强调客观因素，它是从外来因素对报界影响的角度来加以论述的，而"加害者"论则强调主观因素，从内因对报界战时角色的构建过程进行评析。笔者主张应对"受害者"和"加害者"两种论点进行综合考察，不可失之偏颇，但亦不能相提并论。

总而言之，战时日本报界的"受害者"身份定位是表象，是一个既不符合理论逻辑又违背历史事实的伪命题。而"加害者"身份定位是报界自身战争责任的具象表现，也是对报界战争责任进行理性归纳和探讨所不可或缺的前提，是不容否认的历史本质。

四、战后日本媒体战争责任观——以报界为例

自日本决定接受《波茨坦宣言》之日起，战争责任认知即成为战后初期日本社会各界所面临的重要课题。媒体的战争责任认知成为战后处理的重要组成部分，也成为媒体无法回避的重要问题。战后媒体战争责任的认知分两个层次展开，其一是作为社会意识投射最为集中、民意反映最为敏感的大众传播重要载体，对日本国家、民族、社会各阶层战争责任的认知，是建立在他者意识基础上的整体认知；其二是作为社会阶层的一分子和作为企业经营的个体，对自身战争责任的认知，是建立在自我意识基础上的个体认知。认知决定态度，态度决定行动。战争责任的整体认知和个体认知的内向构建完成后，表现在外在行为上就是对战争责任的追责。

整体而言，战后初期日本媒体战争责任论经历了由消极回避到积极面对、由模糊暧昧到逐渐清晰的过程，同时在该过程中突破和局限、正确和谬误并存，有着明显的历史局限性和不完整性，这也是战后 70 年来日本战争责任认知缺失的一个缩影。下面仍以报界为例对战后初期日本媒体战争责任观做一考察。

一、固守战时报道方针，极力回避战败现实

中途岛海战日本舰队遭到重创，以此为转折，战局开始向着日本不利的方向发展，特别是美军开始大规模跨海轰炸日本本土，进而占领冲绳后，日本已难逃战败命运。为尽快结束战争，1945 年 7 月苏美英三国召开波茨坦会议，会后发表由中美英三国首脑共同签署的《波茨坦宣言》，敦促日本投降，并确立了苏联出兵日本的方针。在日本战败大局已定的局势下，日本报界却不愿面对现实，而是秉持了其战时一贯的报道方针。

第一，在获知日本即将接受《波茨坦宣言》的确切消息后，对"战败"保持了集体沉默。

对于《波茨坦宣言》，日本当局采取了无视的态度，日本报界也采取了与当局同步的报道方针，认为《波茨坦宣言》不过是"舆论宣传和对日恫吓"，其目的：一方面是"昂扬本国国民斗志"；另一方面是"试图离间大东亚诸国间关系"和"日本国内军民关系"，

因此"无任何重大价值，可无视之，并继续为完成战争而迈进"①。

日本当局无视《波茨坦宣言》的态度致使日本丧失了和平投降的机会。1945 年 8 月 6 日，美军在广岛投放了一颗原子弹，广岛瞬间成为一片废墟。然而，各报对于原子弹爆炸的反应却是出乎意料地冷淡。《朝日新闻》仅仅在 8 月 7 日发表了一个简短的消息称，美军向广岛投掷了燃烧弹，"该市及附近地区蒙受若干损失"②。8 月 9 日，美军又在长崎投放一颗原子弹，造成 7 万多人伤亡。对此各报依然没有给予应有的重视，而是称"损害较小"，并要求国民做好防空准备，称"战壕是对付新型炸弹的有效方法"，"只要穿着军服之类的服装就不用担心被烧伤"③。此外还叫嚣"决不能屈服于新兵器"，"现在最重要的是'战斗意志'，即克服恐惧心理和誓死不屈的'意志'"④，从而主张将战争进行到底。

8 月 8 日，苏联政府召见日本驻苏大使，宣布次日起苏联与日本进入战争状态，9 日苏军对日发起进攻，加速了日本法西斯的溃灭。在此背景下，1945 年 8 月 9 日日本召开最高战争指导会议，并在 10 日凌晨举行的御前会议上由昭和天皇作出了接受《波茨坦宣言》，向中、美、英、苏发出乞降照会的最终决定。

第二，回应日本当局舆论统制诉求，以此确定战败前后的报道基调。对于接受《波茨坦宣言》后即将引发的日本国内舆论及民众情绪，政府情报机构表示了担忧，特别是报纸报道经常出现互相矛盾、互相对立的混乱局面。例如，8 月 10 日下午时任情报局总裁下村宏召集报社发表了关于时局的谈话，暗示日本当局已接受《波茨坦宣言》。8 月 11 日报界在报道"下村谈话"的同时，却在同一版面上以相同体例又刊登了陆军大臣阿南惟几《告全军将士书》，要求全体日本士兵"断然将神州护持之圣战进行到底。即使食草、嚼土、伏于野外，也应断然战斗，相信可死中求活"⑤。"下村谈话"坦承日本已处于命悬一线的最坏状态，暗示战争即将终结，而"陆相训示"则要求全体士兵发扬"圣战"精神，决一死战。报界的这种互相矛盾的报道方针在战争末期表现得尤为突出，可谓日本报界丧失自我主体意识的最有力表现，同时也体现出当时日本国内舆论不统一的乱象，给人造成一种"右手战斗，左手推进和平工作"⑥的印象。为此，情报局、内务省等部门相继出台了一系列"言论指导方针"，确定了时下报界的报道方针和标准。

---

① 『朝日新聞』1945 年 7 月 28 日。

② 『朝日新聞』1945 年 8 月 7 日。

③ 『朝日新聞』1945 年 8 月 10 日。

④ 『朝日新聞』1945 年 8 月 12 日。

⑤ 『朝日新聞』1945 年 8 月 11 日。

⑥ 下村海南：『終戦記』、東京：鎌倉文庫 1948 年、第 133 頁。

《每日新闻》编辑总长高田元三郎在 8 月 15 日谈到该报此后的编辑方针时表示"我们的道路只有一条，即国体护持、皇国再建，需将一亿国民团结于此，作为报人应为达此目的而挺身奋斗"①，高田的主张可谓对上述言论指导方针的忠实回应。报界对政府言论政策的回应具体表现在两个方面：

首先，大谈日本面临困境，发出"国体护持"呼声。各报纷纷对战争末期日本的国际国内形势表示了担忧，称日本正面临着"最恶之状态"，必须防止"国民连锁式的精神破产"②，因此报界呼吁日本国民"无论面对如何事态均应毫不动摇"，"一亿国民应以皇室为中心团结起来"③，"发挥陛下赤子之本分"④，保卫日本国体，以"冷静处事、沉着处事""不屈不挠，同心一体"的精神"怀有神州不灭之信心，燃起国体护持之信念，使各自之小我与悠久之大我达成一致，消除个体之间的对立，实现个体与整体之合意"，最终超克"历史性难局"⑤。报界大唱"最恶之状态"，其目的并非唱衰日本，而是试图以此"危机论"引发"国体护持"的主张。毋庸置疑，这与言论指导方针是一致的。

其次，原子弹爆炸报道方针呈现出混乱矛盾的双重标准。一方面，日本报界高举人道主义道德旗帜，以"全人类及文明的名义谴责美国政府"，称原子弹"具有天文学的爆炸力，将导致人类灭亡"⑥，美军的行为是"隐藏在人道主义和文明假面后的极其暴虐之鬼畜行为"，敦促美国"放弃使用非人道武器"⑦。另一方面，报界又极力弱化原子弹的威力，以此消除国民的恐惧心理，报界认为"任何新武器在最初都会发挥其威力，但一旦建立相应对策，其威力就会大打折扣"，认为美国使用原子弹的更大威胁在于"试图消除国民的斗志"，所以对敌人最大的报复就是"在工作中默默坚守内心熊熊燃烧的信念"⑧，全力将战争进行到底。报界报道之所以持如此矛盾的双重标准，不过是对言论指导方针的回应。

综上所述，战败前后日本报界的报道尽管存在个体差异，但从整体上看都忠实地遵循了政府制定的"国民舆论指导方针"，基本上延续了战时的报道基调，且报道姿态也与战时没有根本性改变。

---

① 「毎日新聞編輯総長高田元三郎訓示」、『新聞資料ライブラリー紀要』1989 年第 3 号、第 10 頁。
② 『読売報知』1945 年 8 月 12 日。
③ 『毎日新聞』1945 年 8 月 13 日。
④ 『朝日新聞』1945 年 8 月 12 日。
⑤ 『朝日新聞』1945 年 8 月 12 日。
⑥ 『読売報知』1945 年 8 月 13 日。
⑦ 『朝日新聞』1945 年 8 月 11 日。
⑧ 『朝日新聞』1945 年 8 月 14 日。

二、渲染战败危机，转移战争责任追究视线

1945 年 8 月 15 日，日本广播协会向日本全国播送了"玉音放送"，向民众宣布接受《波茨坦宣言》，从而正式宣告了"大东亚战争"的终结，由此开启了战争责任清算的序幕。这一天出版的日本各大主流报纸均对日本接受《波茨坦宣言》和天皇的诏书进行了报道，向全体民众宣告了"大东亚战争的终结"。需要注意的是报道没有使用"战败""投降"之类的词语，而是用颇具积极意义的"终结"一词来代替，甚至称天皇发布停战诏书是"圣断"，"为万世开启太平之路"①。此外，报界在"战争正当化"和"战后危机论"上大做文章，试图以此来转移关于战争责任追究的舆论视线。

第一，顽固坚持"战争正当化"论调。报界在日本战败已成定局的情况下依然坚持其战时一以贯之的宣传方针，号召日本民众"静观事态发展，相信军事当局"②，在军政当局领导下开展"本土决战"。15 日当天的报纸虽不再鼓吹"本土决战"，但美化侵略战争的言论却大行其道。《朝日新闻》在社论中旧调重弹，继续鼓吹战争的目的是解放东亚被奴役民族，支持国家重建，并声称虽然战争已经结束，但日本在战争中形成的思想是"永远值得大书特书的，是体现日本国民性的美好果实"③。毋庸置疑，该思想的实质就是日本为推行战争所制定的路线、方针、政策以及在此过程中所酿成的精神环境。该报顽固坚持上述侵略思想的核心精神动力——"大东亚战争正当化"的论调，认为"虽然随着大东亚战争的终结，大东亚解放的理想走向溃灭，但大东亚战争所燃起的有色人种之烈火是永不熄灭的"④，从而高唱"大东亚解放"的陈词滥调。《读卖报知》更是赤裸裸地宣称战争的目标是谋求"东亚的解放和 10 亿民众的康宁福祉，即以人种平等、政治独立、经济互惠、文化交流为四大支柱，构筑东亚恒久和平的基石，为世界和平和人类进步作出贡献"，因此日本民众要"克服眼前困难，尽一切力量完成皇国护持的使命"⑤。同时，该报还谈到了明治以来日本的对华政策，认为战争"牵制了发达的欧美列强妄图分割东亚的野心"，是"正义之战，自存自卫之战"，并声称"今后该基本理念也将毫不动摇"⑥。换言之，在报界的逻辑体系下，既然战争是正义的，那么也就不存在追究战争责任的问题。如此态度表明，日本报界一贯追随强权政治的报道姿态在战后并未有根本改变。

---

① 『朝日新聞』1945 年 8 月 15 日。
② 『朝日新聞』1945 年 8 月 14 日。
③ 『朝日新聞』1945 年 8 月 15 日。
④ 『朝日新聞』1945 年 8 月 16 日。
⑤ 『読売報知』1945 年 8 月 15 日。
⑥ 『読売報知』1945 年 8 月 19 日。

第二，大肆渲染"精神国防沦丧"危机，主张开展新的"思想战"。日本战败前后的巨大落差给予日本社会的思想冲击是毋庸置疑的，尤其是盟国将对日实施占领，必将给日本战时确立的社会秩序带来震荡。因此报界在发表美化战争舆论的同时，还对即将到来的社会变革产生了强烈的抵触意识和危机感，宣称盟国对日占领"必将破坏日本国民的精神力"①，"如果政府以及国民不能时刻牢记护持国体、维持民族历史传统，则在自由美名下国民无法挽救大势已去的局面"②，故报界呼吁日本民众应该提高警惕，强化精神国防，"沉着冷静努力打破今后的困境"，以此来应对和抵抗即将实施的盟国对日占领政策所造成的"精神冲击"。为此，报界对部分日本民众对战后日本改革抱有期待的情绪提出了严厉警告，强调战后改革必将使"我国主权置于盟国最高司令官之下"，因此"今后所有事情将由美英单方面发言权来加以处理，日本的意志即使被完全抹杀也不能有所怨言"③。该言论一改前几日避谈战败的做法，而是高唱"无条件投降"论调，其目的无非是试图通过渲染悲观情绪来唤起国民意志的兴起。作为防止"国民精神沦丧"的手段，报界并不满足于悲观情绪的渲染，而是采取了更为直接的做法，呼吁民众"应心机一转，必须停止为过去所有一切所束缚的做法"④，开展新的"思想战"，并将为防止"国民精神溃灭"而开展"国民舆论指导"定位为日本"舆论界新的重大使命"⑤。

第三，极力放大"国体危机"，继续鼓吹"国体护持"口号。《朝日新闻》刊发了《一亿相哭之秋》的长篇社论，要求全体日本国民以"大东亚宣言的真髓和日本军队独有的特攻队精神"以及"神州不灭的信念"达成"举国一致、护持国体"的目标，并以"自省自责、自肃自戒"的精神追究国民个人的责任，而"对于君国面临的新事态，内心充满了对天皇和天地神明的愧疚之情"⑥。为此，该报报道了部分日本民众在皇居前狂呼"天皇陛下万岁"的情景，称民众的呼声是"民族的呼声，是拥戴天皇圣心，向苦难生活勇往直前的民众呼声"，由此放言"日本民族并未失败"⑦。《每日新闻》也在社论中呼吁拥戴皇室，称"皇室安泰是不幸中之大幸。国民恭敬拥戴皇室，无论陷入何等困境，精神上决不可崩溃，应以大国国民的品格和同胞之间互相体恤的温情，迈向新生活"⑧，

---

① 『每日新聞』1945 年 8 月 16 日。
② 『每日新聞』1945 年 8 月 19 日。
③ 『每日新聞』1945 年 8 月 20 日。
④ 『読売報知』1945 年 8 月 16 日。
⑤ 『朝日新聞』1945 年 8 月 23 日。
⑥ 『朝日新聞』1945 年 8 月 15 日。
⑦ 『朝日新聞』1945 年 8 月 16 日。
⑧ 『每日新聞』1945 年 8 月 15 日。

并"谨遵战争终结大诏、发扬国体精华"①。其他各报的论调大同小异，他们关心的并非因战争而丧失生命的民众，也非因战争而满目疮痍的国家，更非因战争而备受侵略和奴役的受害国，而是如何"铭记诏敕全身投入国体护持"②的问题，以及如何回避对天皇战争责任追究的问题，同时对"作为报道机关和报人对国民读者应负的客观责任也没有涉及"③。

第四，片面夸大"社会秩序混乱"危机，强调要防止暴动、叛乱等事件的发生等，而对战争责任、战争反省以及战败原因等内容并没任何触及。《朝日新闻》主张日本国民在不得不接受战败事实的同时，还"应该冷静沉着，维持秩序"，"事已至此，军官民都有自己的辩解，但现在不是互相批判、互相伤害的时候"。而同一天的评论专栏"神风赋"也主张"不要问为何事已至此，也不要说责任应由谁承担"，"现在日本国民的唯一道义是相信国家的组织力"④。《每日新闻》也在社论中要求取消关于战争责任的探讨，"责任论可能会在国民头脑中挥之不去，但是我们认为此时不应尝试进行责任论的追究"⑤，而是应"强烈认识自身之不肖，并强烈感受国家之不幸"⑥。所谓"自身之不肖"并非出于战时日本报界对战争的错误报道机制的反省，相反是报界认为自身对战争的参与度和协助度的预期和现实之间存在巨大落差而催生的"不肖"。换言之，在报界看来，正因为存在着如上"自身之不肖"，所以"丧失了追究战争责任的资格，以此理论提前构筑了一条责任追究的预防线"⑦，从而试图将关于战争责任的所有舆论消弭于未成形之前。

不难看出，"战争正当化"和"战后危机论"相辅相成，共同构成了战后初期日本报界战争责任认知的基础。"战争正当化"可以消除民众对战争的怀疑和否定，"战后危机论"可以防止日本民众战败意识的滋生和蔓延，"国体护持"口号则能唤起日本民众对国家和皇室的认同感，其最终目的是企图以此掩盖和消弭战争责任的"舆论危机"。个中原因除了试图维护天皇制国体之外，还跟报纸试图淡化人们对其盲目追随军部，煽动战争狂热，驱使国民参与战争的战争责任的追究不无关系。

三、调整报道机制，扭曲战争责任追究的内涵

战后初期，日本报界不但通过上述"危机转移"的形式对战争责任问题避而不谈，

① 『毎日新聞』1945 年 8 月 15 日。
② 『読売報知』1945 年 8 月 15 日。
③ [日] 内川芳美、新井直之编：《日本新闻事业史》，张国良译，新华出版社 1986 年版，第 70 页。
④ 『朝日新聞』1945 年 8 月 15 日。
⑤ 『毎日新聞』1945 年 8 月 15 日。
⑥ 『毎日新聞』1945 年 8 月 15 日。
⑦ 有山輝雄：『占領期メディア史研究——自由と統制・1945 年』、東京：柏書房 1996 年、第 100 頁。

甚至明确表示应消除关于"战争责任"问题的任何讨论。然而，随着战后局势发展的明朗化，战争责任的追究成为日本报界再也无法回避的问题。在此背景下，日本报界就开始逐渐调整报道机制，改变此前一味回避的"消极"宣传策略，进而采取了直面战争责任的"积极"宣传路线。

第一，在坚持"国体护持"论调的同时提出了"民主主义"口号，并对"战争责任指导者"给予了有限批判。

尽管 8 月 15 日后各大报纸依然固守"万民赤子忠诚之心""军民一体"的主张，但其内容却有了新的变化，甚至提出了"转换国民思想""建设新日本""确立新世界观"的主张，要求日本民众"努力从事确立世界和平的诸项事业，并为其作出贡献"①。此外，报界还提出了"民主主义""自由主义"的口号，称"现今举世为民主主义大旗所占领，同第一次世界大战一样，'民主主义的胜利'将得以再现"，因此就舆论基调而言，"必须对言论自由予以贤明的考虑"②。

同时报界还对当时"国体护持"论大行其道的舆情表现出了担忧。在报界看来，一些持"国体护持"主张的政客一味空谈"国体护持"口号，在实际行动上却"无为无策"，只能算作"职业性的国体论者"。由此《读卖报知》认为"尽管以国体为中心团结国民是当务之急，但同时也应在团结工作中融入现实的内容，并将其充实到政治中，这是不容指导者回避的职责"③，从而主张进行实质性政治变革，促进"民主主义倾向的复兴和强化"，同时提出"如果缺乏国民精神的内在变革及锻炼，民主主义是无法确保的"④，从而要求涵养民众的民主意识。该立场不但对战争指导层提出了一定程度的批评，还提出了"民主主义"的主张，尽管还存在不足之处，但"在当时的状况下，可以说《读卖报知》是最先进的"⑤。

报界之所以出现如此改变，究其原因在于尽管当时盟军对日占领政策特别是舆论政策并不明朗，但可以预见盟军将对战时日本舆论立法、舆论机构以及舆论姿态进行清算，以确定战后日本大众传播的体制。因此，提前采取积极的应对措施不失为一种规避即将到来的"风险"的一种良策。此外随着日本战败，战时体制也随之走向瓦解，基于战时体制的言论统制政策也因此失去其存在的基础，新闻舆论生态环境得以改善，沉睡已久的新闻界民主意识也逐渐觉醒，这些主客观条件成了促使日本报界战后转换报道基

---

① 『朝日新聞』1945 年 8 月 20 日。
② 『読売報知』1945 年 8 月 21 日。
③ 『読売報知』1945 年 8 月 22 日。
④ 『読売報知』1945 年 9 月 1 日。
⑤ 有山輝雄：『占領期メディア史研究——自由と統制・1945 年』、東京：柏書房 1996 年、第 110 頁。

调的因素。当然这种改变是渐进式的，具有一定的反复性和极大的局限性。

第二，报界对日本战败的原因进行了分析，并以此构筑战争责任主体，但缺乏客观和理性的分析导致了责任主体的模糊不清甚至谬误。报界认为导致日本战败的原因有三。

首先，反法西斯同盟的军事胜利，特别是"拥有科学史上前所未有的残虐效果的原子弹爆炸"以及"苏联倒戈与皇国为敌"是导致"战争事与愿违"的直接原因，从而将日本战败片面归咎于美苏对日宣战等外部环境，忽视了日本走向战败是包括中国人民在内的反法西斯同盟开展艰苦卓绝的反法西斯战争的结果，是历史发展的必然趋势。

其次，报界认为日本当局制定的战时政策是导致日本战败的根本原因。报界对战时日本政策提出了批评，认为"滥发众多规则法律以及不适合日本统治政策导致国民被完全束缚，一事无成"，从而导致"政府、官吏、军人自身不知不觉地将战争引向了战败的方向"。特别是对于战时日本舆论政策，报界更是直截了当地给予了批判，称若今后日本固守具有"德意风格的集体主义式"的言论政策，"则智者、贤者将如此前一样空隐山野，其结果只能是那些能力和操守俱无的宣传家打着思想家和评论家的幌子横行跋扈"，从而要求废除军国主义色彩浓厚的舆论政策。但不难看出，报界批评的着眼点是并非否定日本当局军国主义侵略路线、方针、政策，也即在报界看来，错误的战时政策和无能的战争指导机构未能更好地满足战争的需求是战败的原因之一。

再次，报界认为"国民道德低下"是导致日本战败的内在原因。报界在承认政府对战败负有重大责任的同时，又将批判的矛头转向了普通民众，称"事已至此，政府的政策固然不好，但国民道义的颓废也是原因之一"。在报界看来，尽管导致"战败原因不止一个，但无论前线还是后方，无论军部、政府还是民众"[1] 缺乏"万众一心、举国一家、戮力精进、不断努力"的"国民精神"，即"一亿国民敢斗的意志力以及尽忠的精神力"的匮乏才使得"大东亚战争"以失败告终，这与战争末期日本报界大肆渲染"国民精神"崩溃危机的宣传路线是一致的，"是十五日前后言论报道的延长线"[2]。

无论报界对战败原因的上述分析是刻意为之还是认知所限，其客观结果是导致了战争责任主体不明，在一定程度上助长了天皇、政府、军部等战争指导层逃避战争责任追究的恶果。

第三，基于上述模糊战争责任主体的做法，日本报界在战争责任的认知上与东久迩

---

[1] 千本秀樹：『天皇制の侵略責任と戦後責任』、東京：青木書店 1991 年、第 146 頁。
[2] 有山輝雄：『占領期メディア史研究——自由と統制・1945 年』、東京：柏書房 1996 年、第 105 頁。

皇族内阁提出的"一亿总忏悔"①论调如出一辙,偷换了战争责任概念,扭曲了战争责任追究的内涵。

首先,日本报界对"一亿总忏悔"论调给予了肯定倾向的报道,并成为该时期的宣传主线。报界认为既然全体国民都负有战争责任,那么"面对现实,这个苦果不能不由全体国民一起来分享",故"军、官、民等全体国民都必须彻底反省和忏悔",并强调"全体国民总忏悔是我国重建的第一步,也是我国国内团结的第一步"②。即便是在论及自身战争责任问题时,报界也极力强调"决不能将责任归于特定的某个人,一亿国民都应该负有战争责任"③。

其次,报界所谓"责任"并非日本违反国际法和人道主义给中国和其他国家带来战争灾难而需承担的责任,而是指日本没能打赢"大东亚战争"而落到"悲惨命运"的责任。换言之,报界将"战争责任"偷换成了"战败责任",而两者无论是在内涵还是外延均有着较大的差别。前者是发动战争主体因为战争行为向战争受害者承担的责任,责任的转移方式一般是指向外部的;后者是因为战争主体的政策失误等导致战争行为最终失败所需要承担的责任,责任的追究更多是在内部进行的。

再次,"战争责任"和"战败责任"的混淆导致责任的追究即报界所谓的"忏悔"也发生扭曲和异变。报界主张的"忏悔",针对的并非对日本发动侵略战争所进行的忏悔,而是对因战争政策错误、战争推行不力而导致日本战败的责任进行忏悔,也即"对战争以战败告终的结果进行忏悔"④。

总之,该时期日本报界的所谓"积极"宣传路线提出了"民主主义"口号,以分析战败原因为切入点,进而将导致战败的各方作为战争责任的主体加以追究,从而完成了与"一亿总忏悔"论调的同步,混淆了"战争责任"和"战败责任"是两个完全不同的概念,其最终目的依然是试图将战争责任的追究引向错误的方向。

四、开展战争责任的自我认知及追究

1945 年 8 月 30 日,盟军总司令麦克阿瑟抵达厚木机场,开启了对日占领的新时代。此后,盟军总司令部发出了一系列指令,瓦解日本战时体制,推行民主化改革。针对大众传媒,盟军总司令部采取了"直接统制"的方式,即直接发布有关大

---

① 为维护天皇制国体,东久迩皇族内阁上台伊始便在记者招待会上抛出了旨在掩盖昭和天皇战争责任的"一亿总忏悔"论调,在承认政府、军部对战败负有责任的同时,又指出全体国民亦对战败负有责任,要求全体日本国民进行"总忏悔"。

② 『朝日新聞』1945 年 8 月 30 日。

③ 『朝日新聞』1945 年 8 月 23 日。

④ 山中恒:『新聞は戦争を美化せよ!——戦時国家情報機構史』、東京:小学館 2001 年、第 836 頁。

众传播的政策性文件，解散所有战时成立的言论统制机构，并将部分媒体人士列为战犯进行追责，由此奠定了战后日本大众传播体制的基础。在此背景下，被战时体制所压制的报界逐渐摆脱舆论统制的桎梏，新闻责任开始觉醒，发起了战争责任的自我认知，并实施了一系列民主化改革，对战时形成的具有鲜明战时色彩的体制进行改革和重构。

第一，对战时报界追随日本军国主义的行为进行了一定程度的反省和自我批判。早在获知日本即将接受《波茨坦宣言》的消息后，《每日新闻》西部总社编辑局长高杉孝二郎便向社长奥村信太郎上书，要求报社就"讴歌战争、煽动国民"的行为"在最大形式上向国民谢罪"①，即每日新闻废刊，报社主要干部全部引咎辞职，并率先辞去编辑局长职务。此后，尽管"国体护持"的口号依然占据报纸报道的主要版面，但同时也出现了"战争责任反省"的声音。其中最具代表性的便是《每日新闻》的"空白报道"事件和《朝日新闻》的"罪己辩"社论。

终战诏书的发布打乱了各报社原定的版面组稿计划，但大部分报社均紧急调用其他素材救急，保证了报纸的正常发刊。然而《每日新闻》却放弃了此种做法。在时任该报西部本社整理部长山路贞三的建议下，编辑局长高杉孝二郎决定对该报的战争责任进行反省和追究，具体在报纸编辑上做了如下安排：1945 年 8 月 15 日出版的《每日新闻》头版刊登了天皇终战诏书以及政府声明，其他版面均以"开天窗"形式空白发行，接下来 5 天内该报版面均做如此安排。在印刷纸张极度匮乏的时期版面做如此不同寻常的安排，并非因缺少报道素材。作了如下说明："直到昨天为止还在版面上高喊鬼畜英美，叫嚣焦土决战，今日却要在同一编辑手中发生 180 度大转弯，这种投机行为是良心所不允许的。呼吁'国民从今日开始也要转变'，岂有如此恬不知耻的道理？在版面上刊登终战诏敕等官方发布的声明以及事实进展状况已是我良心所能允许的最大限度了。结果不得不一半以上版面空白了"②。此举被评价为"作为报社自身最早进行自我反省的具体表现，是应该值得被纪念的"③。

《朝日新闻》也对报界自身战争责任做出了回应。该报于 1945 年 8 月 23 日发表题为"罪己辩"的社论，要求"与国民趋势、舆论、民意等有着最为密切联系"的报界"决不能对过去自我堕落持暧昧态度，必须要有充足的'罪己'决心"，对其战时宣传"虚心坦诚地进行反省"④。该社论是战后首次论及报界战争责任的开山之作，被认为是此后

---

① 每日新聞百年史刊行委員会：『毎日新聞百年史』、東京：毎日新聞社 1972 年、第 211 頁。
② 每日新聞百年史刊行委員会：『毎日新聞百年史』、東京：毎日新聞社 1972 年、第 212 頁。
③ 塚本三夫：『実録　侵略戦争と新聞』、東京：新日本出版社 1986 年、第 33 頁。
④ 『朝日新聞』1945 年 8 月 23 日。

兴起的"报界民主化运动的思想先驱"①,"宣告了报界战后史的开端"②,《朝日新闻》社自身也将其定位为"舆论人的自我批判""究明报界责任"③的宣言。

然而我们应该看到,该社论仍存在着诸多不足,其对报界战争责任的认识还存在着极大的局限性。首先,在论及报界化身为战争宣传机器的原因时,社论认为"作为个人,我辈相信不是所有人都是优柔寡断的,但作为组织的一分子进行考虑时,难免会强烈感觉到遵从组织的必要,因此……服从当时的政策以及我辈所属组织的要求是理所当然的",从而将责任归结为报界的外部舆论环境,这可谓典型的"受害者"谬论;其次,在论及战争责任的问题时,社论虽然承认报界"责任极其重大",但同时又强调"责任决不能归于特定的某个人,一亿国民都应负有战争责任"④,从而将战争责任归为全体国民,模糊了战争责任主体,属于典型的"一亿总忏悔"论调。

第二,开展人事改革,实现报社干部的新旧交替,一定程度上清除了战时意识形态对报道方针的影响。最先从实际行动上对报社自身战争责任做出回应的是《每日新闻》。在高杉孝二郎的积极推动下,8月20日社长奥村信太郎辞职,8月29日东京总社编辑总长高田元三郎、编辑主干阿部贤一、大阪总社编辑主干下田将美、主笔上原虎重等人纷纷提交辞呈。"为明确战争责任,完善重建态势",11月1日,《每日新闻》以全体员工的名义发表声明,要求对社长等"所有主要干部进行妥善处理","以促进每日新闻社所有职员的反省"⑤。从结果来看,尽管并未实现《每日新闻》废刊的目标,但却促使主要干部辞职,并在一定程度上强化了对自身战争责任的认知。如高田元三郎就认识到"报纸在阻止战争方面未能做出充分努力,连言论自由都未能守住,至少应该承担一半责任"⑥。《每日新闻》的上述人事改革可谓"媒体人自我追究战争责任"⑦的具体表现,并由此"掀起了明确战争责任、开展社内民主化运动"⑧的序幕。

此后《读卖新闻》《朝日新闻》等其他报社也开展了人事变革,但其过程却并不像《每日新闻》这般顺利。如《读卖新闻》论说委员铃木东民等人于9月13日联名向社长正力松太郎递交请愿书,要求"明确战时误导国民的战争责任,更换主笔、编辑局长

① 新井直之:『新聞戦後史——ジャーナリズムのつくりかえ』、東京:双柿舎 1979 年、第 5 頁。
② 塚本三夫:『実録 侵略戦争と新聞』、東京:新日本出版社 1986 年、第 35 頁。
③ 朝日新聞百年史編修委員会:『朝日新聞社史・昭和戦後編』、東京:朝日新聞社 1995 年、第 14 頁。
④ 『朝日新聞』1945 年 8 月 23 日。
⑤ 山本武利:『占領期メディア分析』、東京:法政大学出版局 1996 年、第 81—82 頁。
⑥ 毎日新聞百年史刊行委員会:『毎日新聞百年史』、東京:毎日新聞社 1972 年、第 213 頁。
⑦ 茶本繁正:『戦争とジャーナリズム』、東京:三一書房 1984 年、第 355 頁。
⑧ 前坂俊之:『太平洋戦争と新聞』、東京:講談社 2007 年、第 21 頁。

等"①。10 月 25 日，该报再次重申清算战争责任的主张，要求"对战争责任者进行彻底扫荡，并彻底变革充当其根据地的机构制度"，并明确指出报纸负有不可推卸的战争责任。"尽管战争前后报纸处于镇压之下，但其充当军阀、财阀、官僚等特权阶级的马前卒，将国民驱入战争，导致战争扩大的罪行是极大的"，因此"必须摒弃报纸原有的旧机构、旧制度，将全体职员的意志组织起来，建立新的民主主义机构和制度，以此来制作贯彻民主化思想的版面"②，并要求正力本人引咎辞职。然而正力非但拒绝辞职，甚至扬言辞退闹事分子，由此引发第一次"读卖争议"。在各方的压力下，加之正力松太郎于 12 月 3 日被指定为甲级战犯，他最终于 12 日辞去社长职务并被迫承诺实行报社内部民主化。

尽管《朝日新闻》在战后发表前文所述"罪己辩"社论表达了反省战争责任的决心，但由于战后初期报社内部存在着严重的派阀斗争，指示报社方针难以在短时间内达成统一，社内人事变革的进程由此明显落后于《每日新闻》。但战后兴起的一系列民主化改革使《朝日新闻》认识到"明确报纸战争责任，实现报纸企业民主化的自主性运动将成为一股旋风袭击整个日本报界"，因此该报不但对第一次"读卖争议"中正力松太郎"不肯承认战争责任，甚至做出控告员工最高斗争委员会的暴举"③进行了批判，还开展了报社内部追责运动。在时任东京总社编辑局长细川隆元等人的推动下，要求社长村山长举和会长上野精一退居二线、全部主要干部辞职的呼声日益高涨，最终于当年 10 月末演化为报社干部被迫集体辞职。

这一动向在日本全国范围内展开。据统计，截至 1945 年 12 月，战后存留下来的 56 家报社中有 44 家报社主要负责人引退，1946 年其余 12 家报社也完成了干部更迭④。尽管这种自下而上的人事更迭并不能完全达到清算战争责任的目的，但它在一定程度上清除了战时形成的战争意识形态对报界编辑、报道方针的影响，促进了报界民主化运动的发展。《每日新闻》于 11 月 10 日发表声明对前期的报社内人事更迭进行了回顾，称将"以全体职员的反省为基础，明确报纸的战争责任，确立社内民主体制"⑤。《读卖新闻》在第一次争议结束后的当日发表社论，宣布"今日以后读卖新闻将真正成为民众之友，永久做人民的机关报"⑥。《朝日新闻》则在 11 月 7 日发布了宣言，承认了该报"没

---

① 春原昭彦:『日本新聞通史』、東京：新泉社 1987 年、第 235 頁。
② 『読売新聞』1945 年 10 月 25 日。
③ 『朝日新聞』1945 年 11 月 17 日。
④ 新井直之:『新聞戦後史——ジャーナリズムのつくりかえ』、東京：双柿舎 1979 年、第 8 頁。
⑤ 『毎日新聞』1945 年 11 月 10 日。
⑥ 『読売新聞』1945 年 12 月 12 日。

有能够充分履行真实报道、严正批评的重责",宣布"今后朝日新闻的运营,当以全体从业人员的总意为基础,时刻与国民在一起,以国民的声音为声音"①,并认为"报纸所承担的终极使命应是成为一个诞生自劳动人民之间的日本民主主义战线的机关",成为"日本民主主义化的基础"②。

第三,推进工会建设以加强民主化改革的推进力量,推进战争责任追究的深入发展。战后由于盟军总司令部废除了战时日本当局颁布的所有言论统制法令,言论自由在一定程度上得以复苏,一些谋求言论自由、追求合法权益的组织开始出现。特别是日本国会于1945年12月通过了《工会法》,使得工会在各行业如雨后春笋般涌现出来,报界的工会力量在战争责任的追责过程中也发挥了积极的领导和组织作用。例如在第一次"读卖争议"中,铃木东民等人在召集职工大会的基础上宣布成立工会,提出了改革社内机构、改善员工待遇,清算战争责任的主张,并领导报社员工开展了一系列斗争。在斗争中,工会采取了较为激进的"生产管理"方式,将编辑、印刷等报社中枢组织置于工会领导之下,从而控制了报纸的宣传路线。经过艰苦斗争,12月12日,劳资双方签订备忘录,正力同意辞去社长一职,并答应改善员工待遇。此外更为重要的是,报社承认工会的合法性,并成立经营协议会,负责"编辑及业务方面的相关重要事项的协议工作"③。可以说,第一次"读卖争议"是在工会的领导下开展的,也是以工会的胜利而告终的。

为加强工会在传媒行业的话语权,在铃木东民、听涛克巳(《朝日新闻》工会负责人)等人的倡议和推动下,于1946年2月9日成立了横跨报纸、通讯、广播等行业的工会组织——日本新闻通信放送劳动组合(简称"新闻单一"),成立伊始共有33个工会加入,成员达到22335人,8月底扩大为52个支部,人数达到30977人。④此后,"新闻单一"领导各分工会开展了斗争,并对战时媒体的战争责任给予了批判,称"言论报道机构在战时积极讴歌宣传战争,或消极掩盖战争真相,导致国民误判此次战争实态,演变为军国主义统治者达成其野心的机构"⑤,但如何清算并无具体措施和方案。

在"新闻单一"的支持下,报界工会开展了一系列斗争,特别是以《读卖新闻》《北海道新闻》和《西日本新闻》为代表的工会斗争(合称"三大争议")取得了一定成效,

① 『朝日新聞』1945 年 11 月 7 日。

② 『朝日新聞』1945 年 11 月 7 日。

③ 読売新聞百年史編集委員会:『読売新聞百年史』、東京:読売新聞社 1976 年、第 490 頁。

④ 吉田健二:「日本ジャーナリスト連盟の結成と新聞単一(下)——増山太助氏に聞く」、『大原社会問題研究所雑誌』2008 年 7 月号、第 57 頁。

⑤ 美馬孝人:「敗戦直後日本の労働運動(6)」、『北海学園大学経済論集』第 58 巻第 3 号、第 12 頁。

工会话语权得以提升，战争责任追究的力度更加深入。但在报社资本和驻日盟军总司令部下属部门民间情报教育局（CIE）的共同打击下，"三大争议"以失败告终，报社编辑权又回到经营者手中。此后工会内部出现了分裂，大大削弱了斗争力量，报社民主化运动也逐渐转入低潮。

开展战争责任的自我认知及追究是战后日本报界战争责任认知的一个重要组成部分，它是在战后处理大背景下，在新闻意识觉醒和盟国对日占领政策的刺激下由报界自我完成的，它在一定程度上肃清了报社长久以来形成的战时意识形态。但同时我们应该看到，战后报界追究战争责任的民主化运动深受驻日盟军总司令部的媒体政策所左右，并不能从根本上对战争责任进行追究和清算。

五、战后日本报界战争责任论衍变的原因

战后初期日本报界先是固守战时宣传体制，不愿面对战败现实，继而以"国体护持"为幌子渲染战败危机，试图以此消除关于战争责任的任何舆论。然而，随着战后局势发展的明朗化，日本报界不得不直面战争责任问题，但却在报道过程中扭曲和异化了战争责任追究的内涵。最终随着战后民主化改革政策的实施，日本报界也对其自身的战争责任进行了反思，并实施了一系列改革行动，对战时形成的具有鲜明战时色彩的体制进行改革和重构。

日本报界在如此短的时间内呈现出如此的历史变动轨迹，其原因是多方面的，既有因政府、军部等权力阶级对舆论的压制和期许（实际上压制和期许贯穿战时言论管控的全过程）而构筑的政治环境，又有在趋利避害思维模式下衍生的利益诉求和精神诉求，同时还与盟国对日占领的国际环境息息相关。

第一，日本当局的言论统制政策束缚了言论自由，压制了舆论空间，这是决定日本报界战后报道基调的外部因素。例如就广岛原子弹爆炸的报道问题，外务省、军部、情报局等部门曾开会讨论，由于担心如实报道会"对国民心理造成强烈冲击，从而妨碍战争指导"，因此最终决定在广播和报纸上均不得出现"原子弹"字样，而是用"新型炸弹"代替，并要求报纸着重宣传"混凝土建筑物安全、掩体战壕可抵挡冲击、白衣服对热辐射有效，并强调新炸弹不足为惧"[①]。因此在原子弹报道中，各报将重点放在了鼓舞士气上，而对炸弹的威力则轻描淡写。

此外，前文所述 8 月 11 日各报均在同一版面刊登了"下村谈话"和"陆相训示"，这两篇主张截然相反的文章报道体例相同，排版顺序一致，由此可断言当日报道是处于情报局的严格指导下编辑完成的。这从当时情报局的言论统制政策可窥一斑。当时的情

---

① 下村海南：『終戦記』、東京：鎌倉文庫 1948 年、第 97 頁。

报局与报社保持着极其频繁的往来和极为密切的关系，情报局定期召集驻东京各报社编辑局长开会，以确定该时期宣传方针的宣传基调。尽管针对"下村谈话"和"陆相训示"的报道，下村宏和阿南惟几曾有过交涉，但最终还是确定了"不可暴露真实底细，而应展现强硬一面"①的方针，应该说上述版面安排就是情报局指导的结果，"至少从大局上没有偏离新闻指导的基本路线"。②

1945 年 8 月 10 日凌晨御前会议决定接受《波茨坦宣言》。对于接受《波茨坦宣言》后即将引发的日本国内舆论，政府情报机构进行了预判，认为有可能造成"经济、社会、道德混乱"，为应对即将到来的"舆论危机"，情报局、内务省等公布了一系列言论统制法令，对报界的报道方针做了规定。

8 月 12 日内务省警保局颁布《应对新形势的言论取缔标准》，决定对"追究战争责任以及对其给予启发暗示的言论、有可能酿成对既往战争指导、政治、外交等措施进行非难评论或助长不平不满的言论、有可能将责任归为政府、军部、官僚等引起国民不信任或助长不平不满的言论、对政治高层进行和平策动以及对其给予启发暗示的言论"③给予取缔。8 月 13 日又公布了《言论报道取缔方针》，制定了"将国体护持作为绝对信念"加以维护的根本方针，并明确规定将"追究既往战争责任、扰乱国内团结""挑唆煽动共产主义或社会革命风潮"以及"诱发煽动国民相互敌视"等言论列为被取缔对象，以达到"军官民一致团结，昂扬国民志气"④的目的。

此外，8 月 14 日情报局公布了《大东亚战争终结交涉舆论指导方针》，要求日本国内舆论"保持全体国民团结，护持国体，应对前所未有的困难"，其具体措施之一便是要求"每个国民承担起招致此前所未有困难的责任，对陛下深表谢意"，同时特别强调"对军部及政府的领导层（战争指导责任人）进行批判的所有言论"将严厉取缔。8 月 16 日公布的《情报局联络会议要领》，对宣传方针作了更为详细的规定，要求报界"删除战争责任追究以及言及军部战争责任等扰乱国内团结"的言论，针对部分日本人对战争结束抱有期待的现象，该要领要求报界"在不引起恐惧心理的程度内，将终结后严峻现实向国民彻底周知"⑤。

---

① 下村海南：『終戦記』、東京：鎌倉文庫 1948 年、第 134 頁。
② 細川隆元：『朝日新聞外史』、東京：秋田書店 1965 年、第 155 頁。
③ 「新情勢ニ対応スル言論出版取締標準」、粟屋憲太郎：『資料日本現代史·2·敗戦直後の政治と社会①』、東京：大月書店 1980 年、第 18 頁。
④ 「言論報道取締方針（昭和二十年八月十三日）」、『言論報道取締方針』、JACAR（アジア歴史資料センター）、Ref.A06030096800、国立公文書館。
⑤ 「大東亜戦争終結交渉に伴う輿論指導方針」、高桑幸吉：『マッカーサーの新聞検閲』、東京：読売新聞社 1984 年、第 36 頁。

从日本宣布投降前后的新闻报道来看，"8 月 15 日及此后的报纸极其忠实且富有使命感地执行"① 了上述言论指导方针。战后初期新闻舆论避谈战争责任、鼓吹"国体护持"、渲染"战败危机"的论调的确与政府言论指导密切相关。

第二，试图逃避自身战争责任的考量是报界之所以一再回避战争责任问题的内部因素。以日本报界为代表的战时日本舆论界罔顾事实，依靠其传播功能为塑造全民精神总动员、构筑战时精神、统一国民思想、推动战时体制的建立摇旗呐喊，发挥了战争催化剂的作用，负有不可推卸的战争责任。如何清算战争责任问题是战后日本报界所无法回避的一个问题，这也是确定战后报界报道方针、言论基调所必须给予充分考虑的问题。然而，战后日本报界关注的却是如何在淡化全社会战争责任的过程中逃避自身责任、维持自身生存的现实性问题，这一点在战败前的报道内容、报道基调的选择上表现得尤为明显。

在日本讨论是否接受《波茨坦宣言》之际，日本报界已经通过各种渠道获知了日本即将战败的消息。特别是前述情报局总裁下村宏在发表"下村谈话"时公开表示局势"已发展到最坏状态"，已到了"护持国体，维护民族荣誉的最后一刻"②，暗示战争即将结束。以报界对新闻特有的嗅觉以及作为报人独有的信息敏感度和判断力，报界早已判断出日本即将战败的命运，如《朝日新闻》记者细川隆元早在同大本营陆军部报道部长松村秀逸谈话中就敏锐指出"此次战争将以失败而告终"，并主张日本应及早投降，"投降越早，失败的损失就会越少"③。然而，面对此局面，报界在报道方针的选择上却丧失了自我主体意识，其关注点聚焦于两方面：一是对外如何同盟国谈判以达到"护持国体，保持民族名誉"④ 的目的；二是对内如何维护国内秩序问题。因此"尽管对战争终结即将到来的客观形势有清楚的把握"，但报界却"装出一副毫不知情的样子"，极力避免刊登战败及战争责任追究的报道。而且报界认为若报道方针发生突变，不但"会给军部和社会造成刺激，还有可能引发国内动乱"⑤，从而威胁到报社自身的生存，而且也等于直接否定了战时日本报界的报道姿态，必然引发对报界战争责任的追究问题。因此"无疑对于昨天还在鞭策国民为最后胜利而奋斗的日本报纸和记者，没有比制作这天报纸更加痛苦的事情了"⑥。

① 有山辉雄：『占領期メディア史研究——自由と統制・1945 年』、東京：柏書房 1996 年、第 96 頁。
② 下村海南：『終戦記』、東京：鎌倉文庫 1948 年、第 131 頁。
③ 有山辉雄：『占領期メディア史研究——自由と統制・1945 年』、東京：柏書房 1996 年、第 219 頁。
④ 『毎日新聞』1945 年 8 月 11 日。
⑤ 有山辉雄：『占領期メディア史研究——自由と統制・1945 年』、東京：柏書房 1996 年、第 220 頁。
⑥ ［日］内川芳美、新井直之编：《日本新闻事业史》，张国良译，新华出版社 1986 年版，第 70 页。

第三，盟国对日占领政策是影响战后初期日本报界的战争责任认知的国际因素。战后初期日本报界开展战争责任的自我认知及追究在一定程度上肃清了报界长久以来形成的战时意识形态，普及了民主主义思想，锻炼了工会的组织能力，"堪称一场革命性变革，它的意义不仅在于对战争的反思，还在于日本的大众传播工作者向民众靠拢了一大步"①。但同时我们应该看到，报界的上述活动深受盟国对日占领政策所左右。

　　战后初期，为顺利推行对日占领政策，消除战时日本军国主义思想，培植民主主义意识，盟军总司令部对报社民主化给予了极大的支持；但国际局势发生变化，"美苏冷战"拉开帷幕后，"反苏防共"逐渐渗透入美国对日政策之中，表现在意识形态领域就是防止共产主义思想、舆论的传播和渗透，因此后期盟军总司令部政策发生逆转，由支持工会变为对工会的打压。特别是新任报纸科长丹尼尔·英博登（Imboden Daniel）上台后更是加大了对工会打压的力度。如在前述"三大争议"中，英博登亲赴北海道，向《北海道新闻》报社重申"编辑方针和人事权应属社主、管理者或被委任的最高责任人，而不应由政党、工会等其他团体控制"，并以"削减纸张供应"为手段，要求该报开除46名工会成员，否则"将关闭北海道新闻"。最终《北海道新闻》发表声明表示将在盟军总司令部的指导下"加深反省，贯彻革新"②，并将46名工会成员以"违反工会法"为由提起诉讼。"西日本新闻争议"发生后，英博登以工会活动侵犯报社编辑权为由，要求报社解雇5名工会干部。而在第二次"读卖争议"中，英博登更是站到了台前，亲自到报社召开大会，明确支持社长马场恒吾开除铃木东民等人的决议。

　　由此，战后初期尽管报界战争责任的自我认知和追责取得一定进展，但这仅仅是在美国所主导的盟国对日占领政策所允许的框架内进行的，其实质不过是盟国对日占领政策的自我修正，其出发点和目的也是为盟国对日占领政策服务的。从实施效果看，对战后日本报界战争责任的自我认知和追责产生了阻滞。

　　造成战后初期报界战争责任认知出现偏差的原因是多方面的，它既与战时传播生态、政治生态、国际形势、思想意识形态息息相关，又与媒体自身认知能力欠缺、社会责任缺失、经济利益驱动等有关，更受战后日本国内、国际局势，特别是美国的对日占领政策左右。但上述各要素的地位并非并列的，言论统制政策的干扰和施压以及盟国对日占领政策是外因，趋利避害思维模式下衍生的利益诉求和精神诉求是内因，起决定性作用。

　　综上，以报界为代表的大众传播媒介的战后战争责任认知呈现出或顾左右而言他，

---

①　张国良：《现代日本大众传播史（1945—1990）》，学林出版社1992年版，第16页。
②　渡辺一雄：『北海道新聞二十年史』，札幌：北海道新聞社1964年、第99頁。

或避重就轻、扭曲异化的样态。梳理其战争责任论衍变的过程不难发现：媒体先是以"国体护持"为幌子采取淡化、漠视的态度，试图以此消除关于战争责任的任何舆论；而随着战后民主化改革政策的实施，媒体也开始对战争责任进行了反思，并实施了一系列改革行动，对战时形成的具有鲜明战时色彩的体制进行改革和重构。但媒体自始至终坚持了"一亿总忏悔"的宣传基调，模糊了战争责任主体，扭曲了战争责任追究的内涵，"受害者"的身份定位贯穿始终。从某种意义上说，战后初期日本媒体的战争责任认知是战时宣传体制的延续。

参 考 书 目

中文书目

一、专著、译著

[1] [法] 阿芒·马特拉:《世界传播与文化霸权》,陈卫星译,中央编译出版社 2001 年版。

[2] [日] 大谷正:《甲午战争》,刘峰译,社科文献出版社 2019 年版。

[3] [德] 鲁登道夫:《总体战》,戴耀先译,解放军出版社 1988 年版。

[4] [美] 法兰克·吉伯尼编:《战争——日本人记忆中的二战》,尚蔚、史禾译,中央编译出版社 2003 年版。

[5] [日] 稻叶三千男、新井直之:《日本的报业理论与实践》,张国成等译,新华出版社 1985 年版。

[6] [日] 古市雅子:《"满映"电影研究》,九州出版社 2010 年版。

[7] [日] 吉田裕:《日本人的战争观——历史与现实的纠葛》,刘建平译,新华出版社 2002 年版。

[8] [日] 加藤阳子:《病入股肱:日本近代史上的天皇与军队》,贺申杰译,浙江人民出版社 2023 年版。

[9] [日] 加藤阳子:《日本人为何选择了战争》,章霖译,浙江人民出版社 2019 年版。

[10] [日] 江口圭一:《日本十五年侵略战争史》,杨栋梁译,天津人民出版社 1995 年版。

[11] [日] 内川芳美、新井直之:《日本新闻事业史》,张国良译,新华出版社 1986 年版。

[12] [日] 秋山洋子、加纳实纪代编:《战争与性别——日本视角》,社会科学文献出版社 2007 年版。

[13] [日] 日本读卖新闻战争责任检证委员会编:《检证战争责任——从九一八事变到太平洋战争》,郑钧等译,新华出版社 2007 年版。

[14] [日] 若槻泰雄:《日本的战争责任》,赵自瑞等译,社会科学文献出版社 1999 年版。

[15] [日] 山本文雄:《日本大众传媒史》(增补版),诸葛蔚东译,广西师范大学出版社 2007 年版。

[16] [日] 升味准之辅:《日本政治史》(第 1—4 册),郭洪茂等译,商务印书馆 1997 年版。

[17]　[日] 土屋礼子:《大众报纸的起源——明治时期的小报研究》,杨珍珍译,北京大学出版社 2015 年版。

[18]　[日] 信夫清三郎编:《日本外交史》(上、下册),天津社会科学院日本问题研究所译,商务印书馆 1980 年版。

[19]　[日] 岩崎昶:《日本电影史》,钟理译,中国电影出版社 1963 年版。

[20]　[英] 苏珊·L.卡拉瑟斯:《西方传媒与战争》,张毓强等译,新华出版社 2002 年版。

[21]　安平:《近代日本报界的政治动员(1868—1945)》,广西师范大学出版社 2022 年版。

[22]　陈庆云:《公共政策分析》,中国经济出版社 1996 年版。

[23]　冯悦:《日本在华官方报:英文〈华北正报〉(1919—1930)研究》,新华出版社 2008 年版。

[24]　复旦大学历史系日本史组编译:《日本帝国主义对外侵略史料选编(1931—1945)》,上海人民出版社 1975 年版。

[25]　华北政务委员会政务厅法制局编:《华北政务委员会法规汇编(下册)》,(伪)华北政务委员会政务厅法制局发行 1941 年版。

[26]　胡昶、古泉:《满映——国策电影面面观》,中华书局 1990 年版。

[27]　胡澎:《战时体制下的妇女团体(1931—1945)》,吉林大学出版社 2005 年版。

[28]　经盛鸿:《恶魔的吹鼓手与辩护士——战时日本新闻传媒与南京大屠杀》,南京出版社 2008 年版。

[29]　雷国山:《日本侵华决策史研究(1937—1945)》,学林出版社 2006 年版。

[30]　立法院编译处:《中华民国法规汇编》(第七册),(伪)立法院编译处 1943 年版。

[31]　李宏、李民等:《传媒政治》,中国传媒大学出版社 2006 年版。

[32]　罗钢、刘象愚:《后殖民主义文化理论》,中国社会科学出版社 1999 年版。

[33]　米庆余:《日本近现代外交史》,世界知识出版社 2010 年版。

[34]　南京大屠杀史料编辑委员会编:《侵华日军南京大屠杀史稿》,江苏古籍出版社 1987 年版。

[35]　宁新:《日本报业简史》,中国社会科学出版社 1981 年版。

[36]　齐红深主编:《日本对华教育侵略——对日本侵华教育的研究与批判》,昆仑出版社 2005 年版。

[37]　任白涛:《综合新闻学》(123)影印本,中国传媒大学出版社 2018 年版。

[38]　沈予:《日本大陆政策史》,社会科学文献出版社 2005 年版。

[39]　苏进添:《日本新闻自由与传播事业》,致良出版社(台北)1990 年版。

[40]　孙继强:《侵华战争时期的日本报界研究(1931—1945)》,中央编译出版社 2014 年版。

[41]　汤重南等主编:《日本帝国的兴亡》,世界知识出版社 1996 年版。

[42]　王萌:《谋心:日本在中国沦陷区的"宣抚工作"(1937—1945)》,社会科学文献出版社 2021 年版。

[43] 王屏：《近代日本的亚细亚主义》，商务印书馆 2004 年版。

[44] 王向远：《"笔部队"和侵华战争》，昆仑出版社 2005 年版。

[45] 王向远：《日本对中国的文化侵略——学者、文化人的侵华战争》，昆仑出版社 2005 年版。

[46] 王向远：《日本右翼言论批判——"皇国史观"与免罪情节的病理剖析》，昆仑出版社 2005 年版。

[47] 吴廷璆主编：《日本史》，南开大学出版社 1994 年版。

[48] 谢岳：《大众传媒与民主政治》，上海交通大学出版社 2005 年版。

[49] 宣传部编：《国民政府还都周年纪念册 和平反共建国文献》，（伪）宣传部 1941 年版。

[50] 阳美燕：《日本在华首家政论报纸〈汉报〉（1896—1900）研究》，中国社会科学出版社 2015 年版。

[51] 杨栋梁主编：《日本进步史学家江口圭一》，人民出版社 2002 年版。

[52] 尹良富：《日本报业集团研究》，南方日报出版社 2005 年版。

[53] 翟意安：《抗日战争期间中日间的宣传战（1937—1945)》，社会科学文献出版社 2021 年版。

[54] 张采：《日本广播概观》，中国广播电视出版社 2001 年版。

[55] 张国良：《现代日本大众传播史（1945—1990)》，学林出版社 1992 年版。

[56] 张宪文主编：《南京大屠杀史料集》，江苏人民出版社、凤凰出版社 2005 年版。

[57] 赵敏恒：《外人在华的新闻事业》，中国太平洋国际学会 1932 年版。

[58] 赵玉明主编：《日本侵华广播史料选编》，中国广播影视出版社 2015 年版。

[59] 中国政法大学法律古籍整理研究所编：《清代民国司法档案与北京地区法制》，中国政法大学出版社 2014 年版。

[60] 周佳荣：《近代日人在华报业活动》，三联书店（香港）有限公司 2007 年版。

[61] 朱成山编：《侵华日军南京大屠杀日本报刊影印集》（上下册），南京出版社 2011 年版。

二、论文

[1] 〔日〕池田一之：《九一八事变与日本新闻报道》，《日本研究》1991 年第 2 期。

[2] 陈力丹：《论日本媒体"二战"时的法西斯化》，《国际新闻界》2001 年第 3 期。

[3] 崔磊：《二战时期日本舆论的调控研究》，《军事记者》2012 年第 12 期。

[4] 丁果：《九一八事变与朝日新闻》，《外国问题研究》1988 年第 3 期。

[5] 丁珊珊：《论"满映"的女明星形象及其文化内涵》，《江苏社会科学》2009 年第 4 期。

[6] 蒋蕾、杨悦：《以法律之名制造的"新闻樊篱"——对伪满新闻统制的历史考察》，《社会科学战线》2016 年第 6 期.

[7] 蒋蕾：《"满映"作家群落考》，《社会科学战线》2008 年第 5 期。

[8] 蒋蕾：《"满映"作家王则与三份杂志》，《电影文学》2009 年第 10 期。

[9]　蒋蕾：《一个笔名，一段历史——关于满映作家李民笔名的研究》，《电影文学》2008 年第 10 期。

[10]　李卓：《战时日本的家庭动员与家庭统制》，《日本研究》1996 年第 4 期。

[11]　逢增玉、王红：《"满映"影片中的东北风情与形象——殖民主义的电影想象与叙事逻辑》，《文艺争鸣》2015 年第 9 期。

[12]　逢增玉、王红：《"满映"影片中的殖民叙事与帝国主义美学》，《文艺研究》2010 年第 11 期。

[13]　齐辉、李钟隽：《伪满时期日本对东北的新闻监管与舆论控制——以伪满弘报处为中心讨论》，《国际新闻界》2013 年第 7 期。

[14]　齐辉：《抗战前日本在华新闻舆论势力的扩张与建构——以"满铁"在华新闻活动为中心的解读》，《现代传播》2015 年第 11 期。

[15]　齐辉：《试论抗战时期日本对华广播侵略与殖民宣传——以日本在"满洲国"的放送活动为中心》，《新闻与传播研究》2015 年第 9 期。

[16]　日本侵华广播史研究唐山课题组：《日本法西斯侵略中国十五年间的广播宣传》，《中国广播电视学刊》2005 年第 11 期。

[17]　沈予、谢雪桥：《"田中外交"的对华政策》，《历史研究》1988 年第 1 期。

[18]　孙继强：《论战时日本报界国家宣传机构身份的构建——驳日本报界"受害论"战争责任观》，《新闻与传播研究》2016 年第 5 期。

[19]　孙继强：《侵华战争时期日本报界战时宣传的特征及评析》，《新闻与传播研究》2014 年第 10 期。

[20]　孙继强：《侵华战争期间日本报界"转向"的历史考察》，载南开大学世界近现代史研究中心主编：《世界近现代研究（第四辑）》，中国社会科学出版社 2007 年版。

[21]　田野、梅川：《日本帝国主义在侵华期间的电影文化侵略》，《当代电影》1996 年第 1 期。

[22]　王翠荣：《伪满洲国成立前日本对东北的新闻侵略及东北新闻界的抵制》，《民国档案》2010 年第 3 期。

[23]　王东艳：《日本报纸的萌芽及其特点分析——17 世纪初至明治维新动乱时期报纸的发展》，《日本学论坛》1999 年第 3 期。

[24]　王洪、张宏波：《"满映"传播机制考》，《电影文学》2015 年第 19 期。

[25]　王萌：《"千人针"——一个军国"美谈"的生成与传播》，《世界历史》2020 年第 2 期。

[26]　王向远：《日本的"笔部队"及其侵华文学》，《北京社会科学》1998 年第 2 期。

[27]　王晓岚：《军国主义新闻观的酝酿发育——日本二战前夕及战争期间的新闻理论》，《新闻与传播研究》1995 年第 2 期。

[28]　王晓岚：《日本侵华战争中的新闻谋略》，《河北学刊》2002 年第 2 期。

[29]　王晓露：《二战时期日本政府对舆论的调控》，《军事记者》2008 年第 10 期。

[30]　王艳华：《"满映"与电影的国策思想宣传》，《东北师大学报（哲学社会科学版）》

2008 年第 2 期。

    [31]   武向平：《"日德防共协定"扩张与远东国际关系》，《日本研究》2008 年第 1 期。

    [32]   薛子奇、于春梅：《近代日本满蒙政策的演变》，《北方论丛》2003 年第 1 期。

    [33]   虞文俊：《"满洲弘报协会"探微》，《新闻大学》2018 年第 4 期。

    [34]   臧运祜：《抗战中后期日本的"重庆工作"述论（1941—1945）》，《抗日战争研究》
2008 年第 2 期。

    [35]   张国良：《日本新闻法制的历史和现状》，《新闻大学》1995 年第 1 期。

    [36]   张昆：《十五年战争与日本报纸》，《日本研究》1991 年第 2 期。

    [37]   赵玉明：《日本侵华广播史略（上）》，《中国广播》2015 年第 5 期。

    [38]   赵玉明：《日本侵华广播史略（下）》，《中国广播》2015 年第 6 期。

    [39]   中广研委会唐山课题组：《华北沦陷区日伪广播史研究》，《中国广播》2005 年第 12 期。

    [40]   中广研委会唐山课题组：《日本侵华时期的日伪广播研究》，《中国广播》2005 年第
12 期。

    [41]   周光明：《日本步入近代化过程中的政府与新闻媒体之关系》，《国际新闻界》2001 年
第 2 期。

日文书目

一、报刊、杂志

    [1]   『報知新聞』、『赤旗』、『大阪朝日新聞』、『大阪毎日新聞』、『東京朝日新聞』、『東京
日日新聞』、『東洋経済新報』、『読売新聞』、『福岡日日新聞』、『満州日日新聞』、『毎日新聞』、『信
濃毎日新聞』、『朝日新聞』、『キネマ旬報』、『日本映画』、『同盟旬報』、『官報』

二、著作

    [1]   R. H. ミッチェル著、奥平康弘・江橋崇訳：『戦前日本の思想統制』、東京：日本評論
社 1980 年。

    [2]   安川寿之輔：『十五年戦争と教育』、東京：新日本出版社 1986 年。

    [3]   安田将三、石原孝太郎：『朝日新聞の戦争責任』、東京：太田出版 1995 年。

    [4]   奥平康弘監修：『言論統制文献資料集成（第 12 巻）出版新体制の全貌・日本出版会
の概要』、東京：日本図書センター 1992 年。

    [5]   奥平康弘監修：『言論統制文献資料集成（第 13 巻）新聞新体制の理論と実際・日本
新聞会の解説・日本新聞会便覧』、東京：日本図書センター 1992 年。

    [6]   奥平康弘監修：『言論統制文献資料集成（第 17 巻）同盟通信社関係資料・国通十年
史』、東京：日本図書センター 1992 年。

    [7]   坂本慎一：『ラジオの戦争責任』、東京：PHP 研究所 2008 年。

[8]　北河賢三：『国民総動員の時代』、東京：岩波書店 1989 年。

[9]　北山節郎：『戦時体制下日本の対外放送　Ⅰ真珠湾への道』、東京：田畑書店 1988 年。

[10]　北山節郎：『戦時体制下日本の対外放送　Ⅱ「大東亜」への道』、東京：田畑書店 1989 年。

[11]　北山節郎：『戦時体制下日本の対外放送　Ⅲ敗北への道』、東京：田畑書店 1990 年。

[12]　北一輝：『北一輝著作集（2）支那革命外史・日本改造法案大綱』、東京：みすず書房 1972 年。

[13]　本庄繁：『本庄日記』、東京：原書房 1995 年。

[14]　不破祐俊：『映画法解説』、東京：大日本映画協会 1941 年。

[15]　茶本繁正：『戦争とジャーナリズム』、東京：三一書房 1984 年。

[16]　長谷川如是閑：『新聞論』、東京：政治教育協会 1947 年。

[17]　成島柳北著、成島復三郎、山本徳五郎校：『柳北遺稿』（第一巻）、東京：博文館 1890 年。

[18]　城戸四郎：『日本映画伝』、東京：文藝春秋新社 1956 年。

[19]　池田順：『昭和戦前期内務行政史料——地方長官警察部長会議書類』第 21 巻、東京：ゆまに書房 2001 年。

[20]　池田順：『昭和戦前期内務行政史料——地方長官警察部長会議書類』第 25 巻、東京：ゆまに書房 2001 年。

[21]　池田一之：『記者たちの満州事変——日本ジャーナリズムの転回点』、東京：人間の科学新社 2000 年。

[22]　赤木須留喜：『近衛新体制と大政翼賛会』、東京：岩波書店 1984 年。

[23]　赤沢史郎：『徳富蘇峰と大日本言論報国会』、東京：山川出版社 2017 年。

[24]　赤沢史郎、北河賢三：『文化とファシズム——戦時期日本における文化の光芒』、東京：日本経済評論社 1993 年。

[25]　赤沢史郎、北河賢三、由井正臣：『資料日本現代史・13・太平洋戦争下の国民生活』、東京：大月書店 1990 年。

[26]　赤沢史朗他：『大政翼賛会』、東京：大月書店 1984 年。

[27]　赤澤史郎他：『戦時下の宣伝と文化』、東京：現代資料出版 2001 年。

[28]　赤澤史郎他：『総力戦・ファシズムと現代史』、東京：現代資料出版 1997 年。

[29]　重光葵：『外交回想録』、東京：毎日新聞社 1953 年。

[30]　川上富蔵：『毎日新聞販売史』、東京：毎日新聞社 1979 年。

[31]　春山行夫：『満洲の文化』、営口：大阪屋号書店 1943 年。

[32]　春原昭彦：『日本新聞通史』、東京：新泉社 1987 年。

[33]　大阪本社販売百年史編集委員会：『朝日新聞販売百年史——大阪編』、東京：朝日新聞社大阪本社 1979 年。

[34] 大江志乃夫他：『近代日本の植民地・7・文化のなかの植民地』、東京：岩波書店 2001 年。

[35] 大久保純一郎：『文化統制の研究』、東京：東洋書館 1943 年。

[36] 大日本言論報国会：『思想戦大学講座』、東京：時代社 1944 年。

[37] 大日本映画事業聯合会：『日本映画事業聯合会事業誌』、東京：大日本映画事業聯合会 1942 年。

[38] 大西林五郎：『日本新聞販売史』、東京：日刊新聞通信社 1931 年。

[39] 刀襴館正雄：『日本精神と新聞』、東京：ぐろりあ・そさえて 1941 年。

[40] 稲葉正夫：『現代史資料・37・大本営』、東京：みすず書房 1996 年。

[41] 帝国在郷軍人会本部：『大日本帝国憲法の解釈に関する見解』、東京：軍人会館本部 1935 年。

[42] 逓信外史刊行会：『逓信史話 . 上巻』、東京：電気通信協会 1962 年。

[43] 荻野富士夫：『情報局関係極秘資料』第 8 巻、東京：不二出版 2003 年。

[44] 東京国立近代美術館フィルムセンター監修：『戦時下映画資料②』、東京：日本図書センター 2006 年。

[45] 東京国立近代美術館フィルムセンター監修：『戦時下映画資料④』、東京：日本図書センター 2006 年。

[46] 東京経済大学大学院コミュニケーション学研究科：『日本の国際情報発信』、東京：芙蓉書房出版 2004 年。

[47] 東京書籍商組合：『出版年鑑 . 昭和 15 年版』、東京：東京書籍商組合 1940 年。

[48] 東亜産業時報社：『日本紙業年報 . 昭和 17 年版 内国編』、東京：東亜産業時報社 1941 年。

[49] 東洋経済新報社：『完結昭和国勢総覧』第三巻、東京：東洋経済新報社 1991 年。

[50] 渡辺一雄：『北海道新聞二十年史』、札幌：北海道新聞社 1964 年。

[51] 渡辺銕蔵：『自滅の戦ひ』、東京：修文館 1947 年。

[52] 読売新聞 100 年史編集委員会：『読売新聞百年史』、東京：読売新聞社 1976 年。

[53] 読売新聞社史編纂室：『読売新聞八十年史』、東京：読売新聞社 1955 年。

[54] 法政大学大原社会問題研究所：『太平洋戦争下の労働運動』、東京：労働旬報社 1965 年。

[55] 福島鋳郎：『戦後雑誌発掘——焦土時代の精神』、東京：日本エディタースクール出版部 1972 年。

[56] 富永謙吾：『現代史資料・39・太平洋戦争 5』、東京：みすず書房 1984 年。

[57] 富永謙吾：『大本営発表の真相史』、東京：自由国民社 1971 年。

[58] 福沢諭吉：『福沢全集 . 続 第 7 巻』、東京：岩波書店 1933 年。

[59] 甘利璋八：『「ニュースペッパー」上陸す』、東京：新人物往来社 1987 年。

[60]　岡田聡：『戦中・戦後——新聞記者三十五年』、東京：図書出版社 1976 年。

[61]　高梨正樹：『目撃者が語る昭和史（第 5 巻）日中戦争泥沼化する中国戦線』、東京：新人物往来社 2007 年。

[62]　高崎隆治：『「一億特攻」を煽った雑誌たち——文芸春秋・現代・婦人倶楽部・主婦之友』、東京：第三文明社 1984 年。

[63]　高崎隆治：『新潮社の戦争責任』、東京：第三文明社 2003 年。

[64]　高崎隆治：『雑誌メディアの戦争責任——「文芸春秋」と「現代」を中心に』、東京：第三文明社 1995 年。

[65]　高崎隆治：『戦時下のジャーナリズム』、東京：新日本出版社 1987 年。

[66]　高崎隆治：『戦時下の雑誌——その光と影』、東京：風媒社 1976 年。

[67]　高崎隆治：『戦時下文学の周辺』、東京：風媒社 1981 年。

[68]　高橋彦博：『民衆側の戦争責任』、東京：青木書店 1989 年。

[69]　高橋正則：『大東亜共栄圏の指導理念』、東京：豊国社 1941 年。

[70]　高橋正則：『決戦満洲国全貌』、東京：山海堂出版部 1943 年。

[71]　高桑幸吉：『マッカーサーの新聞検閲』、東京：読売新聞社 1984 年。

[72]　高田元三郎：『記者の手帳から』、東京：時事通信社 1967 年

[73]　宮居康太郎：『日本新聞会の解説——新聞新体制の最高機関』、東京：情報新聞社 1942 年。

[74]　宮居康太郎：『新聞共販制の解説並に規約・定款・細則一覧』、東京：情報新聞社 1941 年。

[75]　掛川トミ子解説：『現代史資料・42・思想統制』、東京：みすず書房 1991 年。

[76]　光行寿：『新体制下の新聞構想』、東京：第一公論社 1940 年。

[77]　貴志俊彦、川島真：『戦争・ラジオ・記憶』、東京：勉誠出版 2006 年。

[78]　国務院総務庁：『弘報関係法規集』、新京：国務院総務庁弘報処 1941 年。

[79]　海外放送研究グループ：『NHK 戦時海外放送』、東京：原書房 1982 年。

[80]　鶴見俊輔：『戦時期日本の精神史：1931 ～ 1945』、東京：岩波書店 2001 年。

[81]　河野幸之助：『隆島菊次郎伝』、東京：日本時報社 1957 年。

[82]　和田守・竹山護夫・栄沢幸二：『近代日本の思想（2）徳富蘇峰／大杉栄／尾崎行雄』、東京：有斐閣 1979 年。

[83]　黒田秀俊：『血ぬられた言論——戦時言論弾圧史』、東京：学風書院 1952 年。

[84]　黒田秀俊：『昭和言論史への証言』、東京：弘文堂 1966 年。

[85]　黒羽清隆：『昭和史（上）　戦争と民衆』、東京：飛鳥社 1989 年。

[86]　黒羽清隆：『昭和史（下）　世界と平和』、東京：飛鳥社 1989 年。

[87]　横溝光暉：『昭和史片鱗』、東京：経済往来社、1974 年。

[88]　後藤孝夫：『辛亥革命から満州事件へ——大阪朝日新聞と近代中国』、東京：みすず

書房 1987 年。

[89]　吉田裕、吉見義明：『資料日本現代史・10・日中戦争期の国民動員』、東京：大月書店 1984 年。

[90]　吉野作造：『明治文化全集・第 2 巻 正史篇 上巻』、東京：日本評論社 1928 年。

[91]　加藤厚子：『総動員体制と映画』、東京：新曜社 2003 年。

[92]　嘉治隆一：『緒方竹虎』、東京：時事通信社 1962 年。

[93]　江口圭一：『1941 年 12 月 8 日』、東京：岩波書店 1992 年。

[94]　江口圭一：『日本帝国主義史論——満州事変前後』、東京：青木書店 1975 年。

[95]　江口圭一：『日本帝国主義史研究』、東京：青木書店 1998 年。

[96]　江口圭一、木坂順一郎：『治安維持法と戦争の時代』、東京：岩波書店 1986 年。

[97]　江藤文夫、鶴見俊輔・山本明：『事件と報道：講座・コミュニケーション 5』、東京：研究社出版 1972 年。

[98]　姜東鎮：『日本言論界と朝鮮（1910—1945）』、東京：法政大学出版局 1984 年。

[99]　講談社 OB 会記念出版委員会：『緑なす音羽の杜に：OB たちの記録　講談社創業八十周年によせて』、東京：講談社 OB 会幹事会 1991 年。

[100]　近代女性文化史研究会：『戦争と女性雑誌——1931 年～ 1945 年』、東京：ドメス出版 2001 年。

[101]　近盛晴嘉：『人物日本新聞史』、東京：新人物往来社 1970 年。

[102]　津田敬武：『祭政一致の本義』、京都：京文社 1937 年。

[103]　近衛文麿：『翼賛の道』、東京：大政翼賛会宣伝部 1941 年。

[104]　井上清、衛藤瀋吉：『日中戦争と日中関係——盧溝橋事件 50 周年日中学術討論会記録』、東京：原書房 1988 年。

[105]　井上佑子：『戦時グラフ雑誌の宣伝戦——十五年戦争下の「日本」イメージ』、東京：青弓社 2009 年。

[106]　軍事史学会：『日中戦争の諸相』、東京：錦正社 1997 年。

[107]　筈見恒夫：『映画五十年史』、東京：鱒書房 1947 年。

[108]　蠟山政道、宮澤俊義、小野秀雄：『新聞の自由』、東京：岩波書店 1952 年。

[109]　李相哲：『満州における日本人経営新聞の歴史』、東京：凱風社 2000 年。

[110]　里見脩：『ニュース・エージェンシー——同盟通信社の興亡』、東京：中央公論社 2000 年。

[111]　里見脩：『新聞統合——戦時期におけるメディアと国家』、東京：勁草書房 2011 年。

[112]　栗田直樹：『緒方竹虎——情報組織の主宰者』、東京：吉川弘文館 1996 年。

[113]　笠原十九司：『アジアの中の日本軍——戦争責任と歴史学・歴史教育』、東京：大月書店 1994 年。

[114]　歴史学研究会／日本史研究会：『講座日本史 7——日本帝国主義の崩壊』、東京：東

京大学出版会 1971 年。

　　[115]　鈴木安蔵、畑中繁雄他：『言論弾圧史』、東京：銀杏書房 1949 年。

　　[116]　鹿野政直、由井正臣：『近代日本の統合と抵抗・4・1931~1945』、東京：日本評論社 1982 年。

　　[117]　馬淵逸雄：『国民に愬ふ』、東京：大政翼賛会宣伝部 1941 年。

　　[118]　満田巌：『聖戦の本義』、東京：世界創造社 1942 年。

　　[119]　満州弘報協会：『満州の新聞と通信』、新京：満州弘報協会 1940 年。

　　[120]　満洲電信電話株式会社：『昭和十五年康徳七年満洲放送年鑑』、新京：満洲電信電話株式会社 1940 年。

　　[121]　満洲国交通部郵政総局：『満洲帝国郵政事業概要』、新京：満洲逓信協会 1942 年。

　　[122]　 満洲国史編纂刊行会：『満洲国史』（各論）、新京：満蒙同胞援護会 1970 年。

　　[123]　満洲国通信社：『国通十年史』、新京：満洲国通信社 1942 年。

　　[124]　満洲国通信社：『満洲国現勢．康徳 5 年版』、新京：満洲国通信社 1938 年。

　　[125]　 満洲事情案内所：『満洲国策会社綜合要覧』、新京：満洲事情案内所 1939 年。

　　[126]　満洲映画協会：『満映男演員名簿』、新京：満洲映画協会 1940 年。

　　[127]　満洲中央銀行調査課：『特殊会社準特殊会社法令及定款集』、新京：満洲中央銀行調査課 1938 年。

　　[128]　毎日新聞 130 年史刊行委員会：『「毎日」の 3 世紀——新聞が見つめた激流 130 年』（上・下・別巻）、東京：毎日新聞社 2002 年。

　　[129]　 毎日新聞百年史刊行委員会：『毎日新聞百年史』、東京：毎日新聞社 1972 年。

　　[130]　美土路昌一：『明治大正史　第 1 巻　言論篇』、東京：朝日新聞社 1930 年。

　　[131]　美土路昌一：『社会と新聞』、東京：朝日新聞社 1929 年。

　　[132]　美作太郎、藤田親昌、渡辺潔：『言論の敗北——横浜事件の真実』、東京：三一書房 1959 年。

　　[133]　明石博隆、松浦総三：『昭和特高弾圧史 5——庶民にたいする弾圧（1936 ~ 45 年）』、東京：太平出版社 1975 年。

　　[134]　木坂順一郎：『昭和の歴史（7）太平洋戦争』、東京：小学館 1989 年。

　　[135]　木村愛二：『読売新聞・歴史検証』、東京：汐文社 1996 年。

　　[136]　木村栄文：『記者ありき——六皷・菊竹淳の生涯』、東京：朝日新聞出版 1997 年。

　　[137]　木村栄文：『六皷菊竹淳——論説・手記・評伝』、東京：葦書房 1975 年。

　　[138]　牧野伸顕：『牧野伸顕日記』、東京：中央公論社 1990 年。

　　[139]　奈良弘美：『新聞学教室』、東京：四季書房 1970 年。

　　[140]　内川芳美：『マス・メディア法政策史研究』、東京：有斐閣 1989 年。

　　[141]　内川芳美：『現代史資料・12・日中戦争（4）』、東京：みすず書房 1983 年。

　　[142]　内川芳美：『現代史資料・41・マスメディア統制㈠』、東京：みすず書房 1991 年。

[143]　内川芳美：『現代史資料・41・マスメディア統制㈡』、東京：みすず書房 1996 年。

[144]　内川芳美：『中国侵略と国家総動員』、東京：平凡社 1983 年。

[145]　内務省警保局：『活動写真「フイルム」検閲年報（昭和元年）』、東京：内務省警保局 1926 年。

[146]　内務省警保局：『活動写真「フイルム」検閲年報（昭和 10 年）』、東京：内務省警保局 1936 年。

[147]　内務省警保局：『活動写真フイルム検閲年報（昭和 13 年）』、東京：内務省警保局 1939 年

[148]　内務省警保局：『昭和十年中に於ける出版警察概観』、東京：内務省警保局 1935 年。

[149]　内政史研究会：『内政史研究資料・横溝光暉氏談話速記録（下）』、東京：内政史研究会 1973 年。

[150]　鳥居英晴：『国策通信社「同盟」の興亡──通信記者と戦争』、東京：華伝社 2014 年。

[151]　平川新：『紛争と世論──近世民衆の政治参加』、東京大学出版会 1996 年。

[152]　平田外喜二郎：『戦時新聞讀本』、大阪：大阪毎日新聞社 1940 年。

[153]　平櫛孝：『大本営報道部──言論統制と戦意昂揚の実際』、東京：光人社 2006 年。

[154]　迫太平：『日本新聞協会二十年史』、東京：日本新聞協会 1932 年。

[155]　前坂俊之：『太平洋戦争と新聞』、東京：講談社 2007 年。

[156]　千本秀樹：『天皇制の侵略責任と戦後責任』、東京：青木書店 1991 年。

[157]　前芝確三、奈良本辰：『体験的昭和史』、東京：雄渾社 1968 年。

[158]　浅野健一：『天皇の記者たち──大新聞のアジア侵略』、東京：スリーエーネットワーク 1997 年。

[159]　秦郁彦：『南京事件』、東京：中央公論社 1992 年。

[160]　青木武雄：『報知七十年』、東京：報知新聞社 1941 年。

[161]　青水英夫：『権力とマスコミ』、東京：学陽書房 1974 年。

[162]　清水文吉：『本は流れる──出版流通機構の成立史』、東京：日本エディタースクール出版部 1991 年。

[163]　清澤洌：『暗黒日記』、東京：東洋経済新報社 1954 年。

[164]　情報部：『外務省執務報告』、東京：クレス出版 1995 年。

[165]　権田保之助：『娯楽教育の研究』、東京：小学館 1943 年。

[166]　日本ジャーナリスト連盟：『言論弾圧史』、東京：銀杏書房 1949 年。

[167]　日本出版協同株式会社：『日本出版年鑑・昭和 19─21 年版』、東京：日本出版協同 1947 年。

[168]　日本電報通信社：『新聞総覧』（昭和 16 年版）、東京：日本電報通信社 1941 年。

[169]　日本電報通信社：『新聞総覧』（昭和 17 年版）、東京：日本電報通信社 1942 年。

[170]　日本電報通信社：『新聞総覧』（昭和 18 年版）、東京：日本電報通信社 1942 年。

［171］　日本読書新聞社雑誌年鑑編纂部：『雑誌年鑑．昭和 16 年版』、東京：日本読書新聞社 1941 年。

［172］　日本読書新聞社雑誌年鑑編纂部：『雑誌年鑑．昭和 17 年版』、東京：日本読書新聞社 1942 年。

［173］　日本放送協会：『日本に於ける教育放送』、東京：日本放送協会 1937 年。

［174］　日本放送協会：『日本放送史』（上巻）、東京：日本放送協会 1965 年。

［175］　日本放送協会：『日本放送協会史』、東京：日本放送協会 1939 年。

［176］　日本放送協会：『昭和六年版ラヂオ年鑑』、東京：誠文堂 1931 年。

［177］　日本放送協会：『昭和七年版ラヂオ年鑑』、東京：日本放送出版協会 1932 年。

［178］　日本放送協会：『昭和八年版ラヂオ年鑑』、東京：日本放送出版協会 1933 年。

［179］　日本放送協会：『昭和九年版ラヂオ年鑑』、東京：日本放送出版協会 1934 年。

［180］　日本放送協会：『昭和十三年版ラヂオ年鑑』、東京：日本放送出版協会 1938 年。

［181］　日本放送協会：『昭和十六年版ラヂオ年鑑』、東京：日本放送出版協会 1941 年。

［182］　日本放送協会：『昭和十七年版ラヂオ年鑑』、東京：日本放送出版協会 1942 年。

［183］　日本共産党中央機関紙アカハタ本局：『非合法時代の日本共産党中央機関紙『赤旗』第一巻』、東京：三一書房 1954 年。

［184］　日本共産党中央機関紙アカハタ本局：『非合法時代の日本共産党中央機関紙『赤旗』第二巻』、東京：三一書房 1954 年。

［185］　日本共産党中央機関紙アカハタ本局：『非合法時代の日本共産党中央機関紙『赤旗』第三巻』、東京：三一書房 1952 年。

［186］　日本共産党中央機関紙アカハタ本局：『非合法時代の日本共産党中央機関紙『赤旗』第四巻』、東京：三一書房 1954 年。

［187］　日本商工会議所東亜経済部：『東亜経済資料第 21——満洲国の貿易統制』、東京：日本商工会議所 1941 年。

［188］　日本現代史研究会：『日本ファシズム——国民統合と大衆動員』、東京：大月書店 1982 年。

［189］　日本新聞会事務局：『日本新聞会便覧』、東京：日本新聞会 1944 年。

［190］　日本新聞協会：『別冊新聞研究：聴きとりでつづる新聞史（8）』、東京：日本新聞協会 1979 年。

［191］　日本新聞協会：『別冊新聞研究：聴きとりでつづる新聞史（12）』、東京：日本新聞協会 1981 年。

［192］　日本新聞協会：『日本新聞協会二十年史』、東京：日本新聞協会 1932 年。

［193］　日本新聞協会：『日本新聞協会事業概要』、東京：日本新聞協会 1932 年。

［194］　日本映画雑誌協会：『昭和十八年版映画年鑑』、東京：日本映画雑誌協会 1943 年。

［195］　日本政治研究室：『日本政治年報』（昭和 18 年度第 1 輯）、横浜：昭和書房 1942 年。

[196]　日高一郎：『日本の放送のあゆみ』、千葉：人間の科学社 1991 年。

[197]　入江徳郎他：『新聞集成　昭和史の証言 5 満州事変・軍ファッショ』、東京：本邦書籍 1983 年。

[198]　入江徳郎他：『新聞集成 昭和史の証言 6 五・一五事件・テロ横行』、東京：本邦書籍 1990 年。

[199]　入江徳郎他：『新聞集成 昭和史の証言 7 国際連盟脱退・世界の孤児』、東京：本邦書籍 1990 年。

[200]　入江徳郎他：『新聞集成　昭和史の証言 11 蘆溝橋事件・三国同盟』、東京：本邦書籍 1985 年。

[201]　入江徳郎他：『新聞集成　昭和史の証言 12 統制経済・スフ代用品時代』、東京：本邦書籍 1985 年。

[202]　入江徳郎他：『新聞集成　昭和史の証言 14 大政翼賛・紀元二千六百年』、東京：本邦書籍 1985 年。

[203]　入江徳郎他：『新聞集成　昭和史の証言 15 太平洋戦争・一億総決起』、東京：本邦書籍 1985 年。

[204]　入江徳郎他：『新聞集成　昭和史の証言 16 東京初空襲・戦況下降線』、東京：本邦書籍 1988 年。

[205]　入江徳郎他：『新聞集成　昭和史の証言 17 玉粋・竹ヤリ・学生出陣』、東京：本邦書籍 1988 年。

[206]　入江徳郎他：『新聞集成　昭和史の証言 18 神風特攻・本土決戦』、東京：本邦書籍 1988 年。

[207]　入江徳郎他：『新聞集成　昭和史の証言 19 原爆・降伏・旧体制崩壊』、東京：本邦書籍 1988 年。

[208]　若杉浪雄：『国際宣伝戦に備へ──宣伝省の新設を促進せよ！』、東京：東亜国勢調査所 1936 年。

[209]　若杉浪雄：『宣伝省創設論』、東京：東亜国勢調査所 1940 年。

[210]　三枝重雄：『言論昭和史──弾圧と抵抗』、東京：日本評論新社 1958 年。

[211]　色川大吉：『昭和史世相篇』、東京：小学館 1994 年。

[212]　森恭三：『私の朝日新聞社史』、東京：田畑書店 1981 年。

[213]　山本文雄：『日本新聞発達史』、東京：伊藤書店 1944 年。

[214]　山本武利：『占領期メディア分析』、東京：法政大学出版局 1996 年。

[215]　山口猛：『幻のキネマ満映──甘粕正彦と活動屋群像』、東京：平凡社 2006 年。

[216]　山中恒：『新聞は戦争を美化せよ！──戦時国家情報機構史』、東京：小学館 2001 年。

[217]　上泉秀信：『文化のこころ』、東京：翼賛出版協会 1943 年。

[218]　上田正二郎：『これからの新聞——戦時下の新聞人と読者の心構え』、大阪：綜文社 1943 年。

[219]　社団法人大日本言論報国会：『日本文学報国会大日本言論報国会設立関係書類（上、下巻）』、大阪：関西大学出版部 2000 年。

[220]　社団法人電信協会：『内国無線電信無線電話法規（追加）』、東京：社団法人電信協会 1939 年。

[221]　神島二郎：『近代日本思想大系・8・徳富蘇峰集』、東京：筑摩書房 1978 年。

[222]　石川勝司：『報道戦士』、東京：日本新聞会 1942 年。

[223]　石橋恒喜：『昭和の反乱』（上巻）、東京：高木書房 1979 年。

[224]　石射猪太郎：『外交官の一生』、東京：中央公論社 1989 年。

[225]　市川彩：『アジア映画の創造及建設』、東京：国際映画通信社出版部 1941 年。

[226]　私たちの歴史を綴る会：『婦人雑誌からみた一九三〇年代』、東京：同時代社 1987 年。

[227]　思想科学研究会：『共同研究　転向』、東京：平凡社 1960 年。

[228]　寺田勤：『新聞の読方・考へ方』、東京：麹町酒井書店 1942 年。

[229]　松本俊郎：『侵略と開発——日本資本主義と中国植民地化』、岡山：岡山大学経済学部 1988 年。

[230]　松本潤一郎：『戦時文化政策論』、東京：文松堂 1945 年。

[231]　松村秀逸：『三宅坂』、東京：東光書房、1952 年。

[232]　松村義久：『生活戦体制へ——国民生活の動員』、東京：大政翼賛会宣伝部 1941 年。

[233]　松浦総三：『戦時下に言論統制——体験と資料』、東京：白川書院 1975 年。

[234]　松下芳男：『明治大正反戦運動史』、東京：草美社 1949 年。

[235]　粟屋憲太郎：『資料日本現代史・2・敗戦直後の政治と社会①』、東京：大月書店 1980 年。

[236]　粟屋憲太郎、茶谷誠一：『日中戦争 対中国情報戦資料』（第三巻）、東京：現代史料出版 2000 年。

[237]　粟屋憲太郎、中園裕：『戦時新聞検閲資料』第十五巻、東京：現代史料出版 1995 年。

[238]　太田雅夫：『評伝桐生悠々——戦時下抵抗のジャーナリスト』、東京：不二出版 1987 年。

[239]　太田雅夫：『桐生悠々反軍論集』、東京：新泉社 1969 年。

[240]　藤原彰、功刀俊洋：『資料日本現代史・8・満州事変と国民動員』、東京：大月書店 1983 年。

[241]　藤原彰：『日本民衆の歴史（9）戦争と民衆』、東京：三省堂 1975 年。

[242]　藤原彰：『戦争と民衆』、東京：三省堂 1975 年。

[243]　藤原彰：『昭和の歴史（5）日中全面戦争』、東京：小学館 1988 年。

[244]　田代金宣：『出版新体制の話』、東京：日本電報通信社出版部 1942 年。

[245]　天羽英二：『天羽英二 日記・資料集第 3 巻』、東京：天羽英二日記・資料集刊行会 1990 年。

[246]　田中純一郎：『活動写真がやってきた』、東京：中公文庫 1985 年。

[247]　田中純一郎：『日本映画発達史』第三巻、東京：中央公論社 1980 年。

[248]　田中純一郎：『永田雅一』、東京：時事通信社 1962 年。

[249]　田中浩：『近代日本におけるジャーナリズムの政治的機能』、東京：御茶ノ水書房 1982 年。

[250]　田中義一伝記刊行会：『田中義一伝記』(下巻)、東京：田中義一伝記刊行会 1960 年。

[251]　畑中繁雄：『覚書　昭和出版弾圧小史』、東京：図書新聞社 1965 年。

[252]　畑中繁雄：『日本ファシズムの言論弾圧——横浜事件・冬の時代の出版弾圧』、東京：高文研 1986 年。

[253]　田中彰：『アジア太平洋戦争　私の遺書』、東京：日本放送出版協会 1995 年。

[254]　通信社史刊行会：『通信社史』、東京：通信社史刊行会 1958 年。

[255]　同盟通信社：「同盟の組織と活動」、東京：同盟通信社 1941 年。

[256]　同盟通信社調査部：『国際宣伝戦』、大阪：高山書院 1940 年。

[257]　同志社大学人文科学研究所：『戦時下抵抗の研究』(Ⅰ・Ⅱ)、東京：みすず書房 1969 年。

[258]　外務省：『日本外交年表並主要文書』(下巻)、東京：原書房 1966 年。

[259]　外務省情報部：『新聞要覧 . 日本ノ部 昭和 21 年度版』、東京：外務省情報部 1946 年。

[260]　外務省情報部：『最近ニ於ケル欧米人ノ支那観 . 第一輯』、東京：外務省情報部 1924 年。

[261]　丸山雍成：『日本の近世・6・情報と交通』、東京：中央公論社 1992 年。

[262]　文化奉公会：『大東亜戦争陸軍報道班員手記』、東京：大日本雄弁会講談社 1943 年。

[263]　武藤富男：『満洲国の断面——甘粕正彦の生涯』、東京：近代社 1956 年。

[264]　西田長寿：『明治時代の新聞と雑誌』、東京：至文堂 1961 年。

[265]　細川護貞：『情報天皇に達せず』、東京：同光社磯部書房 1953 年。

[266]　細川隆元：『朝日新聞外史』、東京：秋田書店 1965 年。

[267]　細谷千博、今井清一、斎藤真、蝋山道雄：『日米関係史：開戦に至る十年——1931—41 年〈4〉マス・メディアと知識人』、東京：東京大学出版会 1972 年。

[268]　下村海南：『終戦記』、東京：鎌倉文庫 1948 年。

[269]　香内三郎・上野征洋：『抵抗と沈黙のはざまで：雑誌『自由』(一九三六→一九三八)の軌跡』、東京：新時代社 1985 年。

[270]　小倉正太郎：『東洋経済新報言論六十年』、東京：東洋経済新聞社 1955 年。

[271]　小池洋次郎：『日本新聞歴史』、東京：厳厳堂 1882 年。

[272] 小林龍夫、島田俊彦：『現代史資料・7・満洲事変』、東京：みすず書房 1964 年。

[273] 小笹正人：『映画国営論——業界報告第二輯』、出版社不明 1938 年。

[274] 小林英夫：『甘粕正彦と李香蘭——満映という舞台』、東京：勉誠出版 2015 年。

[275] 小野賢一：『翼賛政治の研究』、東京：新日本出版社 1999 年。

[276] 小野秀雄：『日本新聞史』、東京：良書普及会 1948 年。

[277] 協同出版社：『書籍年鑑.昭和 17 年版』、東京：協同出版社 1942 年。

[278] 協同出版社編纂部：『日本出版年鑑.昭和 17 年版』、東京：協同出版社 1942 年。

[279] 協同出版社編纂部：『日本出版年鑑.昭和 18 年版』、東京：協同出版社 1943 年。

[280] 新井直之：『新聞戦後史——ジャーナリズムのつくりかえ』、東京：双柿舎 1979 年。

[281] 新聞解放満鮮総支社：『動く満洲言論界全貌』、大連：新聞解放満鮮総支社 1936 年。

[282] 新聞研究所：『昭和三年 日本新聞年鑑』、東京：新聞研究所 1927 年。

[283] 新聞研究所：『昭和五年日本新聞年鑑』、東京：新聞研究所 1934 年。

[284] 新聞研究所：『昭和八年日本新聞年鑑』、東京：新聞研究所 1932 年。

[285] 新聞研究所：『昭和十三年日本新聞年鑑』、東京：新聞研究所 1938 年。

[286] 新聞研究所：『昭和十四年日本新聞年鑑』、東京：新聞研究所 1938 年。

[287] 新聞研究所：『昭和十五年日本新聞年鑑』、東京：新聞研究所 1939 年。

[288] 緒方竹虎：『明治末期から太平洋戦争まで』、東京：朝日新聞社 1951 年。

[289] 緒方竹虎伝記刊行会：『緒方竹虎』、東京：朝日新聞社 1963 年。

[290] 岩本清：『別冊新聞研究』（第 12 期）、東京：日本新聞協会 1981 年。

[291] 岩下哲典：『幕末日本の情報活動——「开国」の情報史』、東京：雄山閣 2000 年。

[292] 野村重臣：『思想戦と言論報国会』横浜：昭和書房 1943 年。

[293] 野島嘉晌：『大川周明』、東京：新人物往来社 1972 年。

[294] 野添憲治、簾内敬司：『銃後の戦史』、秋田書房 1977 年。

[295] 伊藤隆：『近衛新体制』、東京：中央公論社 1983 年。

[296] 伊藤隆：『昭和初期政治史研究』、東京：東京大学出版会 1969 年。

[297] 伊藤正徳：『新聞生活二十年』、東京：中央公論社 1933 年。

[298] 伊藤正徳：『新聞五十年史』、東京：鱒書房 1943 年。

[299] 伊藤正己、清水英夫：『マスコミ法令要覧』、東京：現代ジャーナリズム出版会 1966 年。

[300] 翼賛運動史刊行會：『翼賛國民運動史』、東京：翼賛運動史刊行会 1954 年。

[301] 櫻本富雄：『本が弾丸だったころ——戦時下の出版事情』、東京：青木書店 1996 年。

[302] 櫻本富雄：『大東亜戦争と日本映画——立見の戦中映画論』、東京：青木書店 1993 年。

[303] 櫻本富雄：『文化人たちの大東亜戦争——大東亜戦争下の文学者たち』、東京：青木書店 1995 年。

[304] 櫻本富雄：『戦争とマンガ』、東京：創土社 2000 年。

[305] 櫻本富雄：『戦争はラジオにのって——1941 年 12 月 8 日の思想』、東京：マルジュ社 1985 年。

[306] 永井柳太郎：『東亜の大業を目指して』、東京：大政翼賛会宣伝部 1941 年。

[307] 有山輝雄、西山武典：『同盟通信社関係資料』（第一巻）、東京：柏書房 1999 年。

[308] 有山輝雄、西山武典：『同盟通信社関係資料』（第五巻）、東京：柏書房 1999 年。

[309] 有山輝雄、西山武典：『同盟通信社関係資料』（第六巻）、東京：柏書房 1999 年。

[310] 有山輝雄、西山武典：『情報局関係資料』（第二巻）、東京：柏書房 2000 年。

[311] 有山輝雄、西山武典：『情報局関係資料』（第六巻）、東京：柏書房 2000 年。

[312] 有山輝雄、西山武典：『情報局関係資料』（第七巻）、東京：柏書房 2000 年。

[313] 有山輝雄：『占領期メディア史研究——自由と統制・1945 年』、東京：柏書房 1996 年。

[314] 早瀬貫：『太平洋戦争と朝日新聞』、東京：新人物往来社 2001 年。

[315] 早乙女勝元、松浦総三：『太平洋戦争末期の市民生活』、東京：鳩の森書房 1977 年。

[316] 朝日新聞百年史編修委員会：『朝日新聞社史　大正・昭和戦前編』、東京：朝日新聞社 1995 年。

[317] 朝日新聞取材班：『戦後五〇年メディアの検証』、東京：三一書房 1996 年。

[318] 朝日新聞社：『昭和十二年朝日年鑑』、大阪：大阪朝日新聞社 1936 年。

[319] 朝日新聞社：『週刊朝日が報じた昭和の大事件』週刊朝日 85 周年記念増刊、東京：朝日新聞出版 2007 年。

[320] 朝日新聞社社史編修室：『朝日新聞七十年小史：創刊七十周年記念』、東京：朝日新聞社 1949 年。

[321] 中村正吾：『永田町一番地』、東京：ニュース社 1946 年

[322] 中等教科書協會：『中等教科書協會有終史』、東京：中等教科書協會 1941 年。

[323] 中内敏夫：『軍国美談と教科書』、東京：岩波書店 1988 年。

[324] 中日新聞本社開発局：『中日新聞に見る——昭和の追憶（上巻）』、東京：中日新聞本社 1978 年。

[325] 塚本三夫：『実録　侵略戦争と新聞』、東京：新日本出版社 1986 年。

[326] 竹山昭子：『史料が語る太平洋戦争下の放送』、京都：世界思想社 2005 年。

[327] 竹山昭子：『戦争と放送——史料が語る戦時下情報操作とプロパガンダ』、京都：世界思想社 1994 年。

[328] 著者不明：『戦前の情報機構要覧：情報委員会から情報局まで』、出版社不明 1964 年。

[329] 荘司徳太郎、清水文吉：『資料年表　日配時代史——現代出版流通の原点』、東京：出版ニュース社 1980 年。

[330]　左山貞雄：『大川周明博士その思想』、大阪：大同書院 1944 年。

[331]　佐藤明夫：『戦争動員と抵抗——戦時下愛知の民衆』、東京：同時代社 2000 年。

[332]　佐藤賢了：『佐藤賢了の証言』、東京：芙蓉書房 1976 年。

[333]　佐藤卓己：『言論統制——情報官・鈴木庫三と教育の国防国家』、東京：中央公論社 2004 年。

[334]　佐佐木隆：『メディアと権力』、東京：中央公論新社 1999 年。

[335]　中野節朗：『カッドウ屋風雲録　安部辰五郎』、東京：連合通信社 1979 年。

三、论文

[1]　柴田陽一：「思想戦と『日本地政学』——小牧実繁のプロパガンダ活動の展開とその社会的影響」、『人文學報』2014 年第 105 期。

[2]　村上聖一：「放送の『地域性』の形成過程——ラジオ時代の地域放送の分析」、『放送研究と調査』2017 年 1 月号。

[3]　長尾政憲：「明治二年の出版条例成立の意義——福沢諭吉研究の一部として」、『法政史学』1977 年第 3 号。

[4]　池田一之：「新聞ジャーナリズムの思想・行動——国家の進路選択時にみる一考察（上）」、『政経論叢』1986 年第 54 巻。

[5]　大熊信行：「大日本言論報国会の異常性格」、『文学』1961 年 8 月号。

[6]　吉田健二：「日本ジャーナリスト連盟の結成と新聞単一（下）——増山太助氏に聞く」、『大原社会問題研究所雑誌』2008 年 7 月号。

[7]　吉田貞次：「ああ幻の撮影所——満映」、『映画撮影』1980 年第 71 期。

[8]　加藤厚子：「日中戦争期における映画統制——映画法制定をめぐって」、『史学雑誌』2000 年第 6 号。

[9]　井上雅雄：「大映研究序説——映画臨戦体制と大映の創設」、『立教経済学研究』第 64 巻 2011 年第 3 号。

[10]　久保健助：「翻刻 内務省『警保委員会特別委員会 議事録』（三）」、『現代法学』2017 年第 32 号。

[11]　里見脩：「同盟通信社の『戦時報道体制』——通信社と国家」、『マス・コミュニケーション研究』2005 年第 66 巻。

[12]　弥吉光長：「明治維新の出版行政の変遷」、『国学院大学紀要』1969 年第 7 輯。

[13]　美馬孝人：「敗戦直後日本の労働運動(6)」、『北海学園大学経済論集』第 58 巻第 3 号。

[14]　坪井與：「満洲映画協会の回想」、『映画史研究』1984 年第 19 号。

[15]　前坂俊之：「太平洋戦争下の新聞メディア」、『マス・コミュニケーション研究』2005 年第 66 号。

[16]　松村正義：「外務省情報部の創設と伊集院初代部長」、『国際法外交雑誌』、1971 年

第 70 巻第 2 号。

[17]　湯原健一：「大阪屋号書店小史」、『国研紀要』2019 年第 153 号。

[18]　天羽英二：「国策通信社を回想する」、『新聞研究』1953 年 10 月号。

[19]　天羽英二：「同盟通信社の興亡」、『新聞研究』1953 年 10 月号。

[20]　西山正夫：「京都哲学派弾圧の経緯」、『太平』1946 年 2 月号。

[21]　西澤梨花：「総力戦体制下における新聞共販制度――日本新聞聯盟業務委員会の役割を中心に」、『昭和のくらし研究』2017 年第 15 号。

[22]　相澤淳：「大本営発表とミッドウェー海戦」、『戦史研究年報』2004 年第 7 号。

[23]　小林真二：「日映時代の坂口安吾をめぐるノート（二）：日映の文化映画」、『語学文学』2006 年第 44 号。

[24]　小野晋史：「陸軍省新聞班の設立とその活動――大正期日本陸軍の言論政策」、『法学政治学論究』2002 年第 55 号。

[25]　中田崇：「大正・昭和戦前期日本外交におけるプロパガンダの性格について」、『研究紀要』2017 年第 87 期。

[26]　中田崇：「満洲事変初期における日本の宣伝活動」、『研究紀要』2015 年第 89 期。

[27]　中井晨：「鮎川信夫と『新領土』（その 11―1）」、『言語文化』2011 年第 13 巻第 4 号。

四、日文原始档案

[1]　内閣情報委員会：『支那事変に対する宣伝方策大綱』、アジア歴史資料センター、Ref.A15060361500、国立公文書館。

[2]　内閣情報部：『漢口作戦に伴い政府の行うべき宣伝方策』、アジア歴史資料センター、Ref.A15060362100、国立公文書館。

[3]　外務省情報部：『支那事変ニ於ケル情報宣伝工作概要 1 ～ 3』、アジア歴史資料センター、Ref.B02030585100、Ref.B02030585200、Ref.B02030585300、外務省外交史料館。

[4]　内閣情報部：『東亜新秩序建設に関する宣伝方策大綱』、アジア歴史資料センター、Ref.A15060362400、国立公文書館。

[5]　中支那派遣軍報道部：『宣伝機関統制書類綴　昭和 14 年度』、アジア歴史資料センター、Ref.C11110766400、防衛省防衛研究所。

[6]　内閣情報部：『思想戦講座』、アジア歴史資料センター、Ref.C14010452300、防衛省防衛研究所。

[7]　宣伝戦研究所：『宣伝戦根本方策大綱　宣伝戦研究所の関与・実施せんとする要綱』、アジア歴史資料センター、Ref.C14010458500、防衛省防衛研究所。

[8]　宣伝戦技術研究所：『綜合宣伝戦の必須要綱・大東亜建設根本要項・大東亜建設実施基本方策・宣伝戦技術研究所』、アジア歴史資料センター、Ref.C14010460300、防衛省防衛研究所。

　[9]　外務省：『各国宣伝関係雑件／満洲国対内外宣伝関係 第一～三巻』、アジア歴史資料センター、Ref.B02030888200、Ref.B02030889200、Ref.B02030891300、外務省外交史料館。

　[10]　外務省：『支那事変関係一件：第七巻』、アジア歴史資料センター、Ref.B02030529600、外務省外交史料館。

　[11]　外務省：『帝国ノ対外政策関係一件：第一巻』、アジア歴史資料センター、Ref.B02030010900、外務省外交史料館。

　[12]　内閣情報部：『時局宣伝資料 支那事変処理の概貌』、アジア歴史資料センター、Ref.A06031095900、国立公文書館。

　[13]　内閣情報部：『時局宣伝資料 皇国内外の情勢に就いて』、アジア歴史資料センター、Ref.A06031096000、国立公文書館。

　[14]　外務省：『出版物及映画関係検閲月報（6月分）送付ノ件』、アジア歴史資料センター、Ref.B02031086500、外務省外交史料館。

　[15]　外務省：『1. 出版物検閲並取締関係（一般・雑・新聞記事差止ヲ含ム）』、アジア歴史資料センター、Ref.B02031108400、外務省外交史料館。

　[16]　関東軍参謀部第四課：『3. 実施要領並概況 9. 弘報宣伝』、アジア歴史資料センター、Ref.C13010305100、防衛省防衛研究所。

　[17]　関東軍参謀部第四課：『3. 実施要領並概況 9. 弘報宣伝』、アジア歴史資料センター、Ref.C13010305100、防衛省防衛研究所。

　[18]　陸軍省：『満密大日記：二十四冊ノ内其二十一』、アジア歴史資料センター、Ref.C01002932300、防衛省防衛研究所。

　[19]　情報局：「情報局ノ組織ト機能」、『情報局ノ組織ト機能 昭和16年5月』、アジア歴史資料センター、Ref.A06031104700、国立公文書館。

　[20]　内閣書記官長：「思想取締方策具體案」、『思想対策協議会に関する件』、アジア歴史資料センター、Ref.A15060002800、国立公文書館。

　[21]　関東軍参謀部：「熱河討伐に伴う宣伝計画及宣伝資料の件」、『昭和8年「満密大日記24冊の内其7」』、アジア歴史資料センター、Ref.C01002848000、防衛省防衛研究所。

　[22]　陸軍省新聞班：「日支問題に関する対外宣伝方針」、『密大日記 第6冊 共8冊 昭和11年』、アジア歴史資料センター、Ref.C01004230700、防衛省防衛研究所。

　[23]　陸軍省新聞班：「時局に関する宣伝方策」、『密大日記 第4冊 昭和12年』、アジア歴史資料センター、Ref.C01004292600、防衛省防衛研究所。

　[24]　北支那方面軍司令部：「宣伝計画」、『北支那方面軍状況報告綴昭和12年10月25日～昭和14年6月25日』、アジア歴史資料センター、Ref.C11110932600、防衛省防衛研究所。

　[25]　寺内部隊宣撫班本部：「宣撫工作指針」、『宣伝、宣撫工作資料4（附情報）』、アジア歴史資料センター、Ref.C13032518900、防衛省防衛研究所。

　[26]　陸軍省情報部：「新聞指導要領（一）送付の件」、『密大日記 第3冊 昭和15年』、ア

ジア歴史資料センター、Ref.C01004737700、防衛省防衛研究所。

　　[27]　内閣：「防衛ニ関スル報道、宣伝業務計画」、『各種情報資料・主要文書綴（一）』、アジア歴史資料センター、Ref.A03025358000、国立公文書館。

　　[28]　内閣情報部：「東亜新秩序建設ニ関スル宣傳方策大綱」、『情報部常務部会書類（国民精神総動員）』、アジア歴史資料センター、Ref.A15060362400、国立公文書館。

　　[29]　陸軍省情報部：「新聞指導要領（二）送付に関する件」、『密大日記 第7冊 昭和15年』、アジア歴史資料センター、Ref.C01004790600、防衛省防衛研究所。

　　[30]　第二復員局残務処理部資料課：「大本営発表昭和18年」、『昭和17.1.12 ～ 19.12.30 大本営発表（B）陸海軍部』、アジア歴史資料センター、Ref.C16120664700、防衛省防衛研究所。

　　[31]　閣議決定：「戦局の現況に即応する報道宣伝要領」、『雑誌指導資料』、アジア歴史資料センター、Ref.A06030046000、国立公文書館。

　　[32]　閣議決定：「決戦輿論指導方策要綱」、『決戦輿論指導方策要綱（閣議決定）』、アジア歴史資料センター、Ref.A06030161600、国立公文書館。

　　[33]　最高戦争指導会議：「対敵宣伝方策要綱」、『重要国策決定綴　其6　昭和19年8月4日～ 20年3月29日』、アジア歴史資料センター、Ref.C12120228000、防衛省防衛研究所。

后　记

本书为本人承担的第二个国家社科基金项目"战时日本媒体法西斯化研究（1931—1945)"（项目批准号：15BSS018）的最终结项成果，同时也受到"苏州大学人文社会科学优秀学术专著出版计划"资助。

当我在电脑上敲下书稿的最后一个字时，已是午夜时分，虽有些倦意，但头脑却格外清醒。过去的时光如同电影胶片一般，一帧一帧在头脑中闪过，而我却像一个观众，以局外人的视角看着往日情景在眼前不断重现。

首先我要感谢南开大学日本研究院的各位先生们。20 年前我懵懵懂懂踏入南开日研的大门，受教于恩师李卓教授、杨栋梁教授、宋志勇教授、赵德宇教授，几位先生彼时正值青春年华，却已是日本史研究领域的代表学者。承蒙先生们不弃，愿意给我一个未曾接触过日本史知识、遑论日本史研究的"小白"一个学习机会，指点我走上了日本史研究的道路，并让我得以顺利获得博士学位。毕业 15 年间，各位先生依然不厌其烦地在学习工作生活中给予我极大的关心、指导和帮助，而我依然享受着南开日研以及各位先生们带来的"红利"。在此，请允许我再次向南开日研，向南开日研的诸位先生们致以真挚的谢意！感谢之情无以言表，唯有努力方能报答一二。

我还要感谢这么多年来关心支持爱护我的各位同事。我工作过的南京信息工程大学语言文化学院各位领导和同事都给了我极大的帮助。2019 年 7 月入职苏州大学后，人力资源处、人文社科处、外国语学院的各位领导和老师都给了我一个初来乍到的"新人"极大的关怀。外国语学院的朱建刚、黄芝两位教授学识渊博、为人和善，不但在生活上给了我兄弟般的关照，更是在饭后的咖啡时间让我充分领略到两位教授的才思和才情。得此良友，夫复何求！

一路走来，也离不开日语界各位前辈好友的提携和关照。他们平易谦诚的高尚人格、严谨博学的治学态度、提携后辈的无私精神都时时刻刻影响着我，并鞭策我一路前行，工作中的些许进步无不凝结着前辈们的期许、提携和帮助，在此深表谢意！

要特别感谢本书责任编辑朱云河老师。正是因为朱老师专业的业务水平、严谨的工作态度，才使得本书得以面世。

最后感谢家人一直以来对我的宽容和鼓励！上一本书出版时，小女泽希刚刚咿呀学语，如今已经是一个五年级的小学生。从她记事起就知道爸爸每天要"查资料""看文献""写基金""写论文""写书"，这本书也是在她的督促和激励下完成的，希望这本书能够成为我送给她的礼物，也希望她能够快乐成长！

要感谢的人太多太多，在此恕不一一列出，请允许我在心里向各位道一声感谢！

由于本人才疏学浅，书中一定存在不少疏漏谬误之处，恳请学界专家不吝赐教。

孙继强

2023 年 12 月于姑苏天赐庄

责任编辑：朱云河

装帧设计：王欢欢

责任校对：张彦彬

图书在版编目（CIP）数据

统制与谎言：日本媒体法西斯化研究：1931—1945 / 孙继强 著 . —北京：
　人民出版社，2024.5

ISBN 978 - 7 - 01 - 025776 - 1

I. ①统…　II. ①孙…　III. ①传播媒介－历史－研究－日本 –1931—1945

　IV. ① G219.313

中国国家版本馆 CIP 数据核字（2023）第 113592 号

统制与谎言

TONGZHI YU HUANGYAN

——日本媒体法西斯化研究（1931—1945）

孙继强　著

人民出版社 出版发行

（100706　北京市东城区隆福寺街 99 号）

北京中科印刷有限公司印刷　新华书店经销

2024 年 5 月第 1 版　2024 年 5 月北京第 1 次印刷

开本：710 毫米 × 1000 毫米 1/16　印张：37.75

字数：738 千字

ISBN 978 - 7 - 01 - 025776 - 1　定价：198.00 元

邮购地址 100706　北京市东城区隆福寺街 99 号

人民东方图书销售中心　电话（010）65250042　65289539